LEON WIDDRAT

Lieferkettensorgfaltspflichtengesetz und zivilrechtliche Haftung

Schriften zum Wirtschaftsrecht

Band 369

Lieferkettensorgfaltspflichtengesetz und zivilrechtliche Haftung

Von

Leon Widdrat

Duncker & Humblot · Berlin

Die Rechtswissenschaftliche Fakultät der Universität zu Köln
hat diese Arbeit im Jahre 2024 als Dissertation angenommen.

Bibliografische Information der Deutschen Nationalbibliothek

Die Deutsche Nationalbibliothek verzeichnet diese Publikation in
der Deutschen Nationalbibliografie; detaillierte bibliografische Daten
sind im Internet über https://dnb.d-nb.de abrufbar.

Satz: 3w+p GmbH, Rimpar
Druck: Beltz Graphische Betriebe GmbH, Bad Langensalza
Printed in Germany

ISSN 0582-026X
ISBN 978-3-428-19524-4 (Print)
ISBN 978-3-428-59524-2 (E-Book)

Gedruckt auf alterungsbeständigem (säurefreiem) Papier
entsprechend ISO 9706 ♾

Verlagsanschrift: Duncker & Humblot GmbH, Carl-Heinrich-Becker-Weg 9,
12165 Berlin, Germany | E-Mail: info@duncker-humblot.de
Internet: https://www.duncker-humblot.de

Für Jürgen Pauls

Vorwort

Die vorliegende Dissertation entstand während meiner Tätigkeit als Wissenschaftlicher Mitarbeiter am Institut für Nachhaltigkeit, Unternehmensrecht und Reporting (INUR) und wurde im Sommersemester 2024 von der Rechtswissenschaftlichen Fakultät der Universität zu Köln angenommen. Rechtsprechung und Literatur wurden bis einschließlich Juli 2024 berücksichtigt. Im Zuge der Drucklegung erfolgte zudem eine Aktualisierung der Kommentarliteratur (Stand: Januar 2025). Während des Promotionsverfahrens haben mich zahlreiche Personen unterstützt, denen ich an dieser Stelle meinen Dank aussprechen möchte:

Besonderer Dank gebührt zuvörderst meinem Doktorvater, Herrn Prof. Dr. Joachim Hennrichs, für die Betreuung der Dissertation und die Offenheit gegenüber dem von mir selbst gewählten Thema. Gerade in schwierigen Phasen (insbesondere als die Entwicklungen auf europäischer Ebene meine Arbeit zu überholen drohten) stand er mir stets mit gutem Rat zur Seite. Profitiert habe ich neben der unmittelbaren Betreuung der Doktorschrift ferner von der Unterstützung bei meinen ersten Publikationen sowie der Einbindung in verschiedene Lehrstuhlprojekte. Dies hat es mir ermöglicht, meine Fähigkeiten im wissenschaftlichen Arbeiten zu verbessern und die erzielten Fortschritte in die Dissertation einfließen zu lassen.

Frau Prof. Dr. Barbara Grunewald danke ich für die zügige Anfertigung des Zweitgutachtens und die anregende Diskussion im Rahmen der Disputation.

Dank schulde ich ferner dem gesamten Lehrstuhlteam, welches mich während des Entstehungsprozesses meiner Dissertation begleitet hat. Der tägliche Austausch über verschiedene (nicht nur juristische) Themen, die große Hilfsbereitschaft meiner Kolleginnen und Kollegen, die ich an dieser Stelle ganz besonders betonen möchte, sowie das gute Arbeitsklima haben mir den (Forschungs-)Alltag enorm erleichtert und somit zum Gelingen der Dissertation beigetragen. Namentlich danken möchte ich dabei Fee Tüshaus, Sebastian Harnischmacher, Niklas Kasper und Dr. Florian Kitzig, mit denen ich den Großteil meiner Stunden am Lehrstuhl verbringen durfte. Es war eine schöne Zeit!

Danken möchte ich ferner meiner Freundin Marcy „May" Derigs, die mich während und im Vorfeld meines Promotionsvorhabens auf verschiedene Art und Weise unterstützt hat. Angefangen bei dem Bewerbungsverfahren an der Universität zu Köln bis hin zur Einreichung meiner Dissertation konnte ich stets auf ihre Hilfe, Anregungen und klugen Ratschläge zählen. Ganz besonders große Dankbarkeit verspüre ich aber für die Geduld und die Nachsicht an schlechten Tagen, an denen der Umgang mit mir sicher nicht immer leicht war.

Schlussendlich bedanke ich mich bei meiner Familie (die ich in den letzten Jahren leider viel zu selten gesehen habe), vor allem meinen Eltern Jeannette Widdrat und Jan Pauls, für die fortwährende Unterstützung und Hilfsbereitschaft in sämtlichen Lebenslagen und die immer wieder zum Ausdruck kommende Bereitschaft, sich für mein Wohl und das meiner Geschwister einzusetzen. Bei diesem Stichwort möchte ich auch meinen Brüdern, namentlich Linus und Lysander Widdrat, für die schönen gemeinsamen Stunden in Göttingen danken, wenn ich eine Auszeit von komplizierten juristischen Fragestellungen gebraucht habe.

Die Arbeit widme ich meinem leider viel zu früh verstorbenen Großvater, Jürgen Pauls, der als erfolgreicher Jurist stets ein Vorbild für mich gewesen ist und dem ich viele großartige (Kindheits-)Erinnerungen verdanke. Danke für alles Opa!

Köln, im April 2025 *Leon Widdrat*

Inhaltsübersicht

1. Kapitel

2. Kapitel

3. Kapitel

5. Kapitel

6. Kapitel

7. Kapitel

Inhaltsverzeichnis

3. Kapitel

Zivilrechtliche Haftung inländischer Unternehmen *de lege lata* 80

7. Kapitel

Schluss 384

Abbildungsverzeichnis

1. Kapitel

Zum Gegenstand der Untersuchung

A. Einleitung

„Where there is great power there is great responsibility“[1]

Die Feinkostmetzgerei „Stephan“ aus Ingelheim am Rhein ist ein kleiner Handwerksbetrieb und beliefert regelmäßig ein Großunternehmen mit mehreren Tausend Beschäftigten. Zu Beginn des Jahres 2023 erhielt sie von ihrem Auftraggeber[2] die neuen „Rahmenbedingungen für die Zusammenarbeit“, wobei dieser zum Ausdruck brachte, dass die Nichterfüllung der dort formulierten Forderungen einen vollständigen Abbruch der Vertragsbeziehungen zur Folge haben würde. Die Rahmenbedingungen sehen vor, dass die Metzgerei einen Mechanismus für Beschwerdeverfahren für Beschäftigte zu installieren hat. Ferner ist „Abwasser aus Betriebsabläufen, Fertigungsprozessen und sanitären Anlagen vor der Einleitung oder Entsorgung zu typisieren, zu überwachen, zu überprüfen und bei Bedarf zu behandeln“. Ebenso zu verfahren ist in Bezug auf Luft-, Lärm-, und Treibhausgasemissionen. „Der Energieverbrauch ist zu überwachen und zu dokumentieren.“ Die Metzgerei solle auch Risiken innerhalb ihrer Lieferkette „identifizieren sowie angemessene Maßnahmen ergreifen“. Einmal jährlich soll im Rahmen eines Audits überprüft werden, ob die Inhaber all das installiert, kontrolliert, überwacht und dokumentiert haben.

Der Handwerksbetrieb ist mit diesen Bedingungen überfordert: „Ich glaube, die Absurdität dieser ganzen Regulierererei liegt auf der Hand“ erklärt der Ehemann der Inhaberin. Es müsse zur Erfüllung der Forderungen zusätzliches Personal inklusive eines Datenschutz- und Antikorruptionsbeauftragten eingestellt werden.[3] Der in

---

[1] The Parliamentary Debates (Authorised Edition 1906), Fourth Series, First Session of the Twenty-Eighth Parliament of the United Kingdom of Great Britain and Ireland, Volume 152 (First Volume of Session), Commons, Speaker: Winston Churchill, Date: February 28, 1906, Start Column Number 1233, Quote Column Number 1239, Printed and Published Under Contract with His Majesty’s Stationery Office by Wyman and Sons, London.

[2] Aus Gründen der besseren Lesbarkeit wird auf die gleichzeitige Verwendung männlicher, weiblicher und diverser Sprachformen verzichtet. Sämtliche Bezeichnungen gelten gleichermaßen für jedes Geschlecht.

[3] So die Sachverhaltsdarstellung von *Reimer* in der Wirtschaftswoche, Wie eine kleine Metzgerei in die Mühlen des Lieferkettengesetzes geriet, abrufbar unter: https://www.wiwo.

diesen Äußerungen zum Ausdruck kommende Frust dürfte nachvollziehbar erscheinen. Die vom Auftraggeber geäußerten Vertragsbedingungen mögen für große Unternehmen durchaus umsetzbar sein. Dass derartige Forderungen aber gerade kleine Familienbetriebe vor große Herausforderungen stellen, liegt auf der Hand. Doch wie kam es eigentlich dazu und was ist mit „dieser ganzen Reguliererei" überhaupt gemeint?

Im Falle der Feinkostmetzgerei geht es um das am 01.01.2023 in Deutschland in Kraft getretene Lieferkettensorgfaltspflichtengesetz (LkSG)[4]. Dieses verpflichtet bestimmte inländische Unternehmen zur Erfüllung einer Reihe menschenrechtlicher und umweltbezogener Sorgfaltspflichten, die auch vorsehen, dass die erfassten Unternehmen unter bestimmten Voraussetzungen Regulierungsmaßnahmen in der gesamten Lieferkette ergreifen müssen, indem sie Einfluss auf ihre Zulieferer nehmen (vgl. Kap. 2 B.).[5] Beim LkSG handelt es sich um das erste deutsche Gesetz zum Schutz der Umwelt und der Menschenrechte, welches rechtlich verbindliche und sanktionsbewährte Regelungen für inländische Unternehmen ab einer bestimmten Größe schafft.[6] Es geht auf den „Nationalen Aktionsplan Wirtschaft und Menschenrechte" (NAP)[7] der Bundesrepublik Deutschland aus dem Jahre 2016 zurück, in welchem die damalige Bundesregierung ihre Erwartungshaltung gegenüber nationalen Unternehmen zum Ausdruck brachte, freiwillig Menschenrechte entlang ihrer gesamten Liefer- und Wertschöpfungskette zu achten und zu schützen (sog. *Corporate Social Responsibility*[8]- *CSR*).[9] Auf diese Weise wollte die Bundesregierung einen Beitrag zur Umsetzung der UN-Leitprinzipien für Wirtschaft und Menschenrechte leisten.[10] Der Koalitionsvertrag zwischen CDU/CSU und SPD vom 14.03.2018 sah vor, dass die Bundesregierung eine konsequente Umsetzung des NAP anstrebt und, soweit die freiwillige Selbstverpflichtung der Unternehmen nicht ausreicht, „national gesetzlich tätig wird" und sich für eine „EU-weite Regelung einsetzt".[11]

---

de/politik/deutschland/buerokratie-wie-eine-kleine-metzgerei-in-die-muehlen-des-lieferketten gesetzes-geriet/29083752.html (Stand: 07.04.2023), zuletzt abgerufen am 30.07.2024.

[4] Gesetz über die unternehmerischen Sorgfaltspflichten in Lieferketten vom 16.07.2021, BGBl. 2021 I S. 2959.

[5] Zur möglichen vertraglichen Ausgestaltung von Weitergabeklauseln in Lieferverträgen siehe *Schönfelder/Braun/Dadush*, ESG 2023, 66 ff.

[6] *Wagner/Ruttloff/Wagner*, in: Wagner/Ruttloff/Wagner, LkSG, Vorwort, S. IX.

[7] *Bundesregierung*, Nationaler Aktionsplan, Umsetzung der VN-Leitprinzipien für Wirtschaft und Menschenrechte, abrufbar unter: https://www.auswaertiges-amt.de/blob/297434/8d6ab29982767d5a31d2e85464461565/nap-wirtschaft-menschenrechte-data.pdf, zuletzt abgerufen am 30.07.2024.

[8] Ausführlich zum Begriff der *Corporate Social Responsibility* siehe *Brunk*, Menschenrechtscompliance, 2022, S. 40 ff.

[9] Vgl. *Bundesregierung*, Nationaler Aktionsplan, S. 7 ff.

[10] Vgl. *Bundesregierung*, Nationaler Aktionsplan, S. 5.

[11] Vgl. Koalitionsvertrag zwischen CDU/CSU und SPD vom 14.03.2018, Ein neuer Aufbruch für Europa, Eine neue Dynamik für Deutschland, Ein neuer Zusammenhalt für unser

Das LkSG entstand in der Folge aus der „Enttäuschung“ heraus, dass nach den Ergebnissen der im Rahmen des Aktionsplans durchgeführten Untersuchungen lediglich zwischen 13 und 17 Prozent der befragten Unternehmen die Anforderungen des Aktionsplans erfüllten.[12] Um eine ausreichende Einhaltung zu gewährleisten, bedurfte es aus Sicht des Gesetzgebers daher eines „rechtlich verbindlichen und international anschlussfähigen Sorgfaltsstandards.“[13]

Das in der Gesetzesbegründung beschriebene Bedürfnis nach internationaler Anschlussfähigkeit suggeriert, dass im Ausland bereits vergleichbare Regelwerke existieren. In der Tat steht das LkSG mit seinem Ansatz, Regelungen zum Schutz der Menschenrechte und der Umwelt in Bezug auf grenzüberschreitende wirtschaftliche Aktivitäten zu statuieren, in Europa und der Welt nicht allein. Bereits der britische *Modern Slavery Act*[14] aus dem Jahre 2015 sieht Transparenzpflichten für Unternehmen hinsichtlich Zwangsarbeit und Sklaverei vor.[15] Das französische Sorgfaltspflichtengesetz (*loi de vigilance*)[16] aus dem Jahre 2017 geht darüber hinaus und enthält neben den Transparenzpflichten auch menschenrechtliche Sorgfaltspflichten.[17] Dasselbe gilt für das niederländische Gesetz gegen Kinderarbeit[18] aus dem Jahre 2019, welches speziell die Bekämpfung von Kinderarbeit zum Gegenstand hat.[19] Ebenfalls noch vor dem deutschen LkSG verabschiedete Norwegen ein Lieferkettengesetz[20], welches bestimmte Unternehmen zu einer menschenrechtlichen Risikoanalyse, Präventions- und Abhilfemaßnahmen sowie zu einer Berichterstattung verpflichtet.[21] In der Schweiz ist die „Konzernverantwortungsinitiative“, welche weitreichende Sorgfaltspflichten und eine Haftung vorsah, in einem Referendum gescheitert, so dass der Gegenvorschlag des Parlaments zum Tragen kam.[22]

Land, abrufbar unter: https://www.bpb.de/system/files/dokument_pdf/Koalitionsvertrag_2018.pdf, zuletzt abgerufen am 30.07.2024, S. 158.

[12] Vgl. *Widdrat/Harnischmacher*, CRZ 2023, 37, 41.

[13] BT-Drucks. 19/28649, S. 2.

[14] Modern Slavery Act 2015, abrufbar unter: https://www.legislation.gov.uk/ukpga/2015/30/contents/enacted, zuletzt abgerufen am 30.07.2024.

[15] Vgl. dazu *Ruttloff/Kappler*, in: Wagner/Ruttloff/Wagner, LkSG, § 3 Rn. 428 ff.

[16] Loi n° 2017-399 du 27 mars 2017 relative au devoir de vigilance des sociétés mères et des entreprises donneuses d'ordre, JORF Nr. 0074 v. 28.03.2017.

[17] Vgl. dazu *Ruttloff/Kappler*, in: Wagner/Ruttloff/Wagner, LkSG, § 3 Rn. 406 ff.; *Nasse*, ZEuP 2019, 774 ff.

[18] Wet van 24 oktober 2019 n. 401 houdende de invoering van een zorgplicht ter voorkoming van de levering van goederen en diensten die met behulp van kinderarbeid tot stand zijn gekomen (Wet zorgplicht kinderarbeid).

[19] Vgl. dazu *Ruttloff/Kappler*, in: Wagner/Ruttloff/Wagner, LkSG, § 3 Rn. 445 ff.

[20] Lov om virksomheters åpenhet og arbeid med grunnleggende menneskerettigheter og anstendige arbeidsforhold (åpenhetsloven), Lovvedtak 176 (2020–2021).

[21] Vgl. dazu *Mörsdorf*, IWRZ 2022, 251 ff.; *Götz*, RIW 2022, 99 ff.

[22] Vgl. dazu *Bundesamt für Justiz (Schweiz)*, Nachhaltige Unternehmensführung zum Schutz von Mensch und Umwelt, abrufbar unter: https://www.bj.admin.ch/bj/de/home/wirt-

Dieser sieht ebenfalls Sorgfaltsmaßnahmen zum Schutz der Menschenrechte vor. Im außereuropäischen Kontext sind vor allem der auf Berichterstattung fokussierte australische *Modern Slavery Act*[23] aus dem Jahre 2018[24] sowie Sektion 1502 des *Dodd-Frank-Acts*[25] aus den Vereinigten Staaten von Amerika zu nennen, die Pflichten in Bezug auf bestimmte Konfliktmineralien (Zinn, Tantal, Wolfram und Gold) formuliert[26].

Auch die Europäische Union wird auf den Gebieten Umweltschutz und Menschenrechte vor dem Hintergrund der Lieferkettenregulierung verstärkt tätig und nimmt dabei zunehmend transnational agierende Unternehmen in die Verantwortung. Bereits die EU-Holzhandelsverordnung (*European Timber Regulation* – EUTR)[27] aus dem Jahre 2010 verfolgte den Zweck, illegalen Holzeinschlag zu unterbinden und die mit diesem einhergehenden Gefahren für Menschen, Tier- und Pflanzenarten sowie Klima zu bekämpfen.[28] Sie wurde abgelöst durch die EU-Verordnung gegen Entwaldung[29] aus dem Jahre 2023. Die EU-Konfliktmineralienverordnung[30] aus dem Jahre 2017 verpflichtet Unionseinführer von Zinn, Tantal, Wolfram und Gold zur Einhaltung von menschenrechtlichen Sorgfaltspflichten innerhalb ihrer Lieferkette.

Neben solchen branchen- und fachspezifischen Regulierungen, zu denen jüngst auch die EU-Verordnung über Batterien und Altbatterien[31] zählt, hat der Unionsgesetzgeber zwei zentrale Rechtsakte mit lieferkettenregulierendem Schwerpunkt

schaft/gesetzgebung/verantwortungsvolle-unternehmen.html (Stand: 02.12.2022), zuletzt abgerufen am 30.07.2024.

[23] Australische Regierung Modern Slavery Act 2018, Nr. 153, abrufbar unter: https://www.legislation.gov.au/Details/C2018A00153, zuletzt abgerufen am 30.07.2024.

[24] Vgl. dazu *Ruttloff/Kappler*, in: Wagner/Ruttloff/Wagner, LkSG, § 3 Rn. 438 ff.

[25] Dodd-Frank-Act (Dodd-Frank Wall Street Reform and Consumer Protection Act) vom 21.07.2010; vgl. dazu *Stöbener de Mora/Noll*, NZG 2021, 1285, 1289.

[26] Vgl. dazu *Ruttloff/Kappler*, in: Wagner/Ruttloff/Wagner, LkSG, § 3 Rn. 414 ff.

[27] VO (EU) 995/2010 des Europäischen Parlaments und des Rates vom 20.10.2010 über die Verpflichtungen von Marktteilnehmern, die Holz und Holzerzeugnisse in Verkehr bringen, ABl. EU Nr. L 295 vom 12.11.2010, S. 23–34.

[28] Vgl. die Erwägungsgründe 3 und 31 der EUTR.

[29] VO (EU) 2023/1115 des Europäischen Parlaments und des Rates vom 31.05.2023 über die Bereitstellung bestimmter Rohstoffe und Erzeugnisse, die mit Entwaldung und Waldschädigung in Verbindung stehen, auf dem Unionsmarkt und ihre Ausfuhr aus der Union sowie zur Aufhebung der Verordnung (EU) Nr. 995/2010, ABl. EU Nr. L 150 vom 09.06.2023, S. 206–247; dazu näher *Coudenhove-Kalergi/Merl*, IRZ 2024, 167 ff.

[30] VO (EU) 2017/821 des Europäischen Parlaments und des Rates vom 17.5.2017 zur Festlegung von Pflichten zur Erfüllung der Sorgfaltspflichten in der Lieferkette für Unionseinführer von Zinn, Tantal, Wolfram, deren Erzen und Gold aus Konflikt- und Hochrisikogebieten, ABl. EU Nr. L 130 vom 17.05.2017, S. 1–20; dazu näher *Fehse/Markmann*, EuZW 2021, 113 ff.

[31] Vgl. dazu *Ruttloff/Wagner/Misztl*, ZfPC 2023, 54 ff.; *Harms*, RAW 2023, 174 ff.; *Öttinger*, InTer 2021, 202 ff.; *Öttinger*, NVwZ 2021, 1084 ff.

erlassen. Die *Corporate Sustainability Reporting Directive* (CSRD)[32] enthält umfangreiche Berichtspflichten der betroffenen Unternehmen im Hinblick auf die gesamte Lieferkette und bedient sich damit des sogenannten „Nudgings“[33], formuliert aber keine direkten Verbote oder unmittelbaren ökonomischen Anreize.[34] Über bloße Offenlegungspflichten hinausgehende Sorgfaltspflichten verlangt die neue Lieferkettenrichtlinie der EU (CSDDD)[35], welche vom deutschen Gesetzgeber derzeit noch nicht in nationales Recht umgesetzt wurde.[36]

Die immer stärker zunehmende Fülle von Nachhaltigkeitsvorschriften[37] mag – um auf die eingangs aufgeworfene Frage zurückzukommen – von vielen Betroffenen als eine uferlose „Reguliererei“ oder ein „Regulierungs-Tsunami“[38] empfunden werden,[39] dürfte für den nationalen und den europäischen Gesetzgeber im Hinblick auf Menschenrechte und Umweltschädigung in der Lieferkette aber die einzige Möglichkeit darstellen, spürbaren globalen Einfluss nehmen zu können, da ausländische bzw. außereuropäische Unternehmen dem gesetzgeberischen Zuständigkeitsbereich grundsätzlich entzogen sind.[40] Grenzüberschreitend agierende große Unternehmen sind häufig in der Lage, aufgrund ihrer einflussreichen Stellung an

---

[32] RL 2022/2464 des Europäischen Parlaments und des Rates vom 14. 12. 2022 zur Änderung der VO (EU) Nr. 537/2014 und RL 2004/109/EG, 2006/43/EG und 2013/34/EU hinsichtlich der Nachhaltigkeitsberichterstattung von Unternehmen, ABl. EU Nr. L 322 vom 16. 12. 2022, S. 15–80; vgl. dazu *Lanfermann/Baumüller*, DB 2022, 2745 ff.; *Fink/Schmidt*, KoR 2023, 105 ff.

[33] Vgl. dazu grundlegend *Purnhagen/Reisch*, ZEuP 2016, 629 ff.; speziell zur Verhaltenssteuerung durch die CSR-Richtlinie: *Schön*, ZHR 180 (2016), 279, 283 ff.; *Hennrichs*, ZGR 2018, 206, 209; *Kolter*, Nachhaltigkeit durch Transparenz?, 2023, S. 331 ff.

[34] Vgl. *Purnhagen/Reisch*, ZEuP 2016, 629, 635.

[35] RL (EU) 2024/1760 des Europäischen Parlaments und des Rates vom 13. 06. 2024 über die Sorgfaltspflichten von Unternehmen im Hinblick auf Nachhaltigkeit und zur Änderung der Richtlinie (EU) 2019/1937 und der Verordnung (EU) 2023/2859, ABl. EU Reihe L vom 05. 07. 2024.

[36] Vgl. zur CSDDD die Ausführungen in Kap. 6 A.

[37] Zum Begriff der Nachhaltigkeit und Definitionsproblemen siehe *Harnischmacher*, KlimaRZ 2024, 101, 102.

[38] Zit.: *Renner*, ZEuP 2022, 782.

[39] So ergab eine ca. 10 Monate vor Inkrafttreten des LkSG durchgeführte Umfrage des Deutschen Industrie- und Handelskammertages (DIHK) unter rund 2.400 international aktiven Unternehmen, dass das LkSG etwa die Hälfte dieser Unternehmen bereits zu diesem Zeitpunkt vor Probleme stellte, 93 % der Unternehmen sahen dabei den erhöhten bürokratischen Aufwand als Herausforderung an; die Ergebnisse der Umfrage sind abrufbar unter: https://www.dihk.de/resource/blob/97882/906311b0bf7fb8db5b1f564aed4c8d1e/sonderauswertung-lieferketten-going-international-2023-data.pdf, zuletzt abgerufen am 30. 07. 2024.

[40] *Blach*, CCZ 2022, 13, 15; *Renner*, ZEuP 2022, 782, 785: Regelungen zur Lieferkettenverantwortung „stellen mit ihrem weit gezogenen Anwendungsbereich gesellschaftsrechtliche Grenzziehungen in Frage und überschreiten die internationalprivatrechtlich gezogenen Grenzen der Anwendung nationalen Rechts, werfen aber zugleich die Frage nach den Funktionsgrenzen staatlicher Regulierung auf“.

der Spitze der Lieferkette (*chain leader*[41]) eine gewisse Kontrolle über die Arbeitsbedingungen im gesamten Herstellungsprozess auszuüben.[42] So formuliert auch die Kommentierung zu Leitprinzip Nr. 12 der UN-Leitprinzipien für Wirtschaft und Menschenrechte: „Da Wirtschaftsunternehmen Auswirkungen auf nahezu das gesamte Spektrum der international anerkannten Menschenrechte haben können, bezieht sich die ihnen obliegende Verantwortung auf alle diese Rechte." Vor diesem Hintergrund erscheint es jedenfalls naheliegend, globale Menschen- und Umweltrechte mittels Sorgfalts- und Berichtspflichten inländischer Unternehmen zu schützen.

B. Fragestellung

Gegenstand der hiesigen Untersuchung soll aber nicht die Notwendigkeit solcher teilweise als „Bürokratiemonster"[43] bezeichneter Regulierungen sein, sondern deren Inhalt und vor allem ihr Zusammenspiel mit der zivilrechtlichen Haftung. Die Formulierung unternehmerischer Sorgfaltspflichten wirft nämlich – insbesondere vor dem Hintergrund, dass die Wirkung freiwilliger Selbstverpflichtungen als nicht ausreichend erachtet wurde – die Frage auf, wie der Schutz transnationaler Menschenrechte und Umweltbelange rechtlich effektiv durchzusetzen ist. Dabei kommen sowohl eine öffentlich-rechtliche Durchsetzung (*public enforcement*) als auch eine privatrechtliche Durchsetzung (*private enforcement*) in Betracht.[44]

Zur Veranschaulichung soll folgender (auf Menschenrechte bezogener) Beispielsfall dienen:

Die in Deutschland ansässige A-AG verkauft Textilien an andere Unternehmen und Verbraucher. Ihre Produkte bezieht sie von verschiedenen Lieferanten, die sich überwiegend im Ausland befinden. Einer der Lieferanten ist Z, welcher T-Shirts in der Türkei herstellt. Über Z wurde mehrfach in deutschen Medien berichtet, da dieser seine Mitarbeiter weit unter dem in der Türkei geltenden Mindestlohn bezahlt und die Bildung von Gewerkschaften aktiv verhindert. Zudem kommt es täglich zu sexuellen Übergriffen auf Angestellte. Auch Kinder werden in den Produktionsstätten des Z beschäftigt. Z liefert seine Produkte ausschließlich an die A-AG.

Dem Vorstand (V) der A-AG sind diese Umstände bekannt. Er möchte auf den Abschluss von Lieferverträgen mit Z aber nicht verzichten, da gerade die niedrigen Löhne und die

---

[41] So bezeichnet von *Wagner*, ZEuP 2023, 517, 518.

[42] Vgl. *Krause*, RdA 2022, 303, 307 f.

[43] Vgl. etwa Die Presse, Deutsches Lieferkettengesetz, „ein Bürokratiemonster?", abrufbar unter: https://www.diepresse.com/6233020/deutsches-lieferkettengesetz-ein-buerokratiemonster, zuletzt abgerufen am 30.07.2024; kritisch in Bezug auf den mit der Nachhaltigkeitsregulierung durch die EU einhergehenden Bürokratieaufwand auch *Hennrichs*, KlimaRZ 2022, 77.

[44] *Hübner*, KlimaRZ 2023, 238, 243 fordert einen „smart mix" aus public enforcement und private enforcement.

Kinderarbeit es Z ermöglichen, seine Produkte zu geringen Preisen an die A-AG weiterzuverkaufen. Um die erhaltenen Produkte trotz inflationsbedingt steigender Betriebskosten weiterhin günstig in Deutschland verkaufen zu können und so einen Kundenstamm zu erhalten, verlangt V unter Androhung des Abbruchs der Vertragsbeziehungen die Überlassung der Produkte durch Z zu noch niedrigeren Preisen. Zudem erklärt er gegenüber Z, dessen Arbeitnehmermangel könne doch unproblematisch durch die Beschäftigung von weiteren Minderjährigen „in den Griff bekommen" werden. V ist bewusst, dass Z aufgrund seiner wirtschaftlichen Abhängigkeit von der A-AG die Möglichkeit der Preissenkungen dadurch schaffen wird, dass er die Löhne der Angestellten weiter senkt, die Arbeitszeiten drastisch verlängert und Sicherheitsvorkehrungen zum Schutz der Angestellten zurückfährt. Da Z seine wirtschaftliche Existenz in Gefahr sieht, kommt er den Forderungen des V nach. Infolge der Reduktion der Sicherheitsvorkehrungen und der längeren Arbeitszeiten erleiden zahlreiche Arbeitnehmer Gesundheitsschäden.

Mit Inkrafttreten des LkSG am 01.01.2023 sieht sich V in der Pflicht, den Sorgfaltspflichtenkatalog des LkSG zu erfüllen. Allerdings möchte er weiterhin keine Maßnahmen in Bezug auf Z ergreifen. Obwohl ihm die Arbeitsbedingungen bei Z bekannt sind und er davon ausgeht, nach dem LkSG für Abhilfe sorgen zu müssen, lehnt er ein Tätigwerden ab, da die Verhängung eines Bußgeldes voraussichtlich einen geringeren wirtschaftlichen Nachteil mit sich bringen würde, als das Einwirken auf Z, welches zu einer Verbesserung der Arbeitsbedingungen und damit dazu führen würde, dass Z nicht mehr in der Lage wäre, Produkte zu extrem günstigen Preisen zu liefern. Erst als der Aufsichtsrat damit droht, im Falle der Inanspruchnahme der A-AG sämtliche Schadensersatzansprüche und Bußgelder auf V abzuwälzen, erwägt dieser, Menschenrechtsverstöße in der Lieferkette stärker zu bekämpfen.

Der soeben dargestellte Sachverhalt wirft eine ganze Reihe rechtlicher Fragen auf und verdeutlicht, dass zur Verbesserung der internationalen Menschenrechtslage und zum Schutz der Umwelt sowohl öffentlich-rechtliche Regulierungsmaßnahmen als auch zivilrechtliche Haftungstatbestände dienen können.[45] *Public enforcement* und *private enforcement* sind in diesem Zusammenhang aber nicht nur gesondert voneinander zu betrachten, sondern könnten sich möglicherweise auch gegenseitig beeinflussen:

Im Zentrum der öffentlich-rechtlichen Lieferkettenregulierung steht das bereits angesprochene LkSG, welches sich zur Durchsetzung seiner Sorgfaltspflichten dem Verwaltungsrecht und dem Recht der Ordnungswidrigkeiten bedient (vgl. Kap. 2 B. V.). Bereits die Sanktion von Verstößen mittels Bußgeldern kann potenziell zivilrechtliche Konsequenzen nach sich ziehen, da schon vor Inkrafttreten des LkSG in der Literatur die Frage diskutiert wurde, ob und unter welchen Voraussetzungen gegen ein Unternehmen verhängte Bußgelder durch Geltendmachung eines Regressanspruches (insbesondere nach § 93 Abs. 2 Satz 1 AktG oder § 43 Abs. 2

---

[45] *Jouannaud*, in: Nachhaltigkeit im Privatrecht, 2023, S. 9, 37: Die Mittel des Privatrechts können in sinnvoller Kombination mit öffentlich-rechtlicher Regulierung die notwendigen gesellschaftlichen Veränderungsprozesse einleiten; *Hübner/Habrich/Weller*, NZG 2022, 644, 648 sprechen von einem „smart-mix" aus public und private enforcement; näher dazu *Hübner*, Unternehmenshaftung für Menschenrechtsverletzungen, 2022, S. 442 ff.

GmbHG) auf die Geschäftsleitung abgewälzt werden können (vgl. Kap. 4 A. VII.). Dieselbe Frage stellt sich in Bezug auf Pflichtverletzungen des Leitungspersonals, welches mit der Umsetzung von Sorgfaltspflichten betraut wurde. Im Kontext des LkSG kann dies vor allem ein nach § 4 Abs. 3 Satz 1 LkSG zu benennender Menschenrechtsbeauftragter sein (vgl. Kap. 4 B. II.).

Auch vertragliche Pflichten inländischer Unternehmen gegenüber Abnehmern und Endkunden könnten durch das LkSG beeinflusst werden, wenn Verstöße gegen die Sorgfaltspflichten zum Vorliegen eines Sachmangels führen würden (vgl. Kap. 3 A. II.). Hervorzuheben sind in diesem Zusammenhang vor allem die im Sorgfaltspflichtenkatalog enthaltene Pflicht zur Abgabe einer Grundsatzerklärung über die Menschenrechtsstrategie (§ 6 Abs. 2 LkSG) und die Berichtspflichten (§ 10 Abs. 2 LkSG), welche die bereits seit einiger Zeit in der Literatur geführte Diskussion, ob öffentliche Äußerungen über CSR-Belange unter § 434 Abs. 3 Satz 1 Nr. 2 lit. b BGB fallen, weiter nährt und stärker ins Licht rückt (vgl. Kap. 3 A. II. 4.). Zur Erfüllung der Sorgfaltspflichten des LkSG ist ferner – wie sich im Verlauf der Untersuchung zeigen wird – die Verwendung bestimmter Vertragsklauseln notwendig, deren Wirksamkeit von dem Pflichtenkatalog des LkSG abhängen könnte.

Im Hinblick auf eine mögliche deliktische Haftung inländischer Unternehmen für transnationale Menschen- und Umweltrechtsverletzungen erscheint es auf den ersten Blick naheliegend, die Sorgfaltspflichten des LkSG als Schutzgesetze im Sinne des § 823 Abs. 2 BGB zu bewerten oder in ihnen eine Konkretisierung von menschenrechtlichen Verkehrspflichten (§ 823 Abs. 1 BGB) zu sehen. In diesem Zusammenhang stellt sich vor allem die Frage nach dem Anwendungsbereich des § 3 Abs. 3 LkSG, welcher anordnet, dass eine Verletzung der Sorgfaltspflichten des LkSG keine zivilrechtliche Haftung begründet, eine unabhängig vom LkSG begründete Haftung aber unberührt bleiben soll. Die Vorschrift bezweckt nach dem Willen des Gesetzgebers jedenfalls eine Klassifizierung der Sorgfaltspflichten (§§ 3 ff. LkSG) als Schutzgesetze zu verhindern.[46] Welche darüber hinaus gehende Bedeutung dem nebulös formulierten Ausschlusstatbestand im Deliktsrecht, aber auch im sonstigen Zivilrecht, beizumessen ist, bedarf allerdings einer näheren Untersuchung.

Die Reichweite des § 3 Abs. 3 LkSG ist bislang auch deshalb wenig erforscht, weil ohnehin vollkommen unklar ist, welche zivilrechtlichen Anspruchsgrundlagen (vertraglich und deliktisch) im Falle transnationaler Menschenrechtsverletzungen und Umweltschädigungen tatbestandlich erfüllt sein können. Die Voraussetzungen solcher Ansprüche werden daher – soweit sie durch § 3 Abs. 3 Satz 1 LkSG beeinflusst werden könnten – im Rahmen dieser Arbeit näher untersucht. Anschließend kann dann die Frage beantwortet werden, ob der in § 3 Abs. 3 Satz 1 LkSG festgelegte Ausschluss der zivilrechtlichen Haftung tatsächlich eine unüberwind-

[46] Vgl. BT-Drucks. 19/30505, S. 39.

bare Schneise zwischen das Privatrecht und das LkSG zieht oder gewisse Wechselwirkungen zwischen Sorgfaltspflichten und zivilrechtlicher Haftung zulässt.

Ebenfalls unklar ist die Bedeutung des LkSG vor dem Hintergrund des Klimaschutzes. Das Klima ist im LkSG *de lege lata* zwar nicht explizit erwähnt, gleichwohl könnte die Reduktion schädlicher Treibhausgasemissionen bei entsprechender Gesetzesauslegung bereits jetzt vom Sorgfaltspflichtenkatalog erfasst werden (vgl. Kap. 2 B. II. 3.). Jedenfalls *de lege ferenda* dürften die Entwicklungen auf europäischer Ebene die Einführung (öffentlich-rechtlicher) klimabezogener Unternehmenspflichten verlangen (vgl. Kap. 6 A. IV.). Hieran anknüpfend wird in Literatur und Rechtsprechung zunehmend die Herleitung einer (deliktischen) klimabezogenen Verkehrspflicht zur Verhinderung von Schäden, die auf den anthropogenen Klimawandel zurückzuführen sind, diskutiert (vgl. Kap. 3 C.). Das Verhältnis von (*de lege lata* bestehenden oder *de lege ferenda* erforderlichen) Klimasorgfaltspflichten und deliktischer Klimahaftung ist daher ebenfalls näher zu beleuchten, da sowohl öffentlich-rechtliche als auch zivilrechtliche klimabezogene (Sorgfalts- und Verkehrs-)Pflichten bislang weitgehend juristisches Neuland darstellen.

Ziel dieser Arbeit soll nach alledem sein, zu untersuchen, ob bzw. auf welche Weise die zivilrechtliche Haftung inländischer Unternehmen für transnationale Menschen- und Umweltrechtsverletzungen mit dem LkSG verzahnt ist und von diesem beeinflusst wird. Abschließend soll auf Basis der gewonnen Erkenntnisse erörtert werden, ob *de lege ferenda* gesetzgeberischer Handlungsbedarf bei der Ausgestaltung zivilrechtlicher Haftungstatbestände oder unternehmerischer Sorgfaltspflichten besteht und wie sich die neue CSDDD voraussichtlich auf das *private enforcement* auswirken wird.

C. Eingrenzung des Themas

Die Untersuchung beschränkt sich dabei auf das LkSG und die mit diesem in einem engen Zusammenhang stehenden zivilrechtlichen Haftungsfragen. Branchenspezifische Rechtsakte mit lieferkettenregulierendem Charakter (etwa die Konfliktmineralien-VO oder die EU-Verordnung gegen Entwaldung) werden damit außer Acht gelassen. Diese Einschränkung rechtfertigt sich zum einen aus der Neuartigkeit der Vorschriften des LkSG, bezüglich deren Ausstrahlungswirkung auf das allgemeine Zivilrecht aufgrund vieler ungeklärter Rechtsfragen hinreichend Forschungsbedarf besteht. Zum anderen erlaubt der Fokus auf das LkSG eine klare Eingrenzung der Begriffe der Menschen- und Umweltrechte. Unter dem Begriff der Menschenrechtsverletzung versteht diese Arbeit daher sämtliche Verstöße gegen die in § 2 Abs. 2 LkSG genannten Verbote (vgl. Kap. 2 B. II. 1.). Als Umweltrechtsverletzung werden Verstöße gegen die in § 2 Abs. 3 LkSG genannten Verbote bezeichnet (vgl. Kap. 2 B. II. 2.).

Aus der Eingrenzung des Themas und dem Fokus auf zivilrechtliche Haftungsfragen folgt zunächst, dass mögliche strafrechtliche Verantwortlichkeiten der Geschäftsleitung in dieser Arbeit keine Beachtung finden.[47] Dasselbe gilt für Fragen der Täterschaft und Teilnahme bei Beteiligung an transnationalen Menschenrechtsverletzungen und Umweltschädigungen nach den §§ 25 ff. StGB, welche über § 830 BGB auch Eingang ins Deliktsrecht finden können.[48] Eine Untersuchung des § 830 BGB soll aus diesem Grund nicht stattfinden.

Die deliktische Haftung von Unternehmen für im Ausland begangene Menschenrechtsverletzungen war bereits Gegenstand zahlreicher Untersuchungen.[49] Bereits geklärt scheint daher die Frage nach einer Menschenrechtshaftung gemäß § 823 Abs. 2 BGB. Es wurde in zahlreichen Monographien[50], Aufsätzen[51] und Kommentierungen[52] geprüft, ob unverbindliche Verhaltensstandards (etwa DIN ISO 26.000), völkerrechtliche Übereinkommen oder Regelwerke wie die EMRK als Schutzgesetze bewertet werden können. Insbesondere nach den ausführlichen Untersuchungen von Nordhues[53] dürfte die Frage mittlerweile geklärt sein, weshalb sich diese Arbeit derartigen Fragestellungen nicht mehr widmet. Ebenso keine Beachtung findet die im Zusammenhang mit der deliktischen Menschenrechtshaftung viel diskutierte Anspruchsgrundlage des § 831 Abs. 1 BGB,[54] welche mangels konkreten Bezuges zum LkSG für die hiesige Untersuchung nicht von Interesse ist.[55] Erkennbar keine Auswirkungen hat das LkSG zudem auf eine mögliche deliktische Menschenrechtshaftung nach § 826 BGB. Die Vorschrift bleibt im Rahmen dieser Untersuchung daher ebenfalls unberücksichtigt. Das bedeutet allerdings nicht, dass der deliktischen Menschenrechtshaftung im Allgemeinen nur eine untergeordnete Bedeutung beigemessen wird.

---

[47] Zur Strafbarkeit von Leitungspersonen bei transnationalen Menschenrechtsverletzungen vgl. *Wittig*, in: Krajewski/Oehm/Maaß, Zivil- und strafrechtliche Unternehmensverantwortung für Menschenrechtsverletzungen, S. 195 ff.

[48] Vgl. *Wagner*, in: Münchener Kommentar zum BGB, 9. Auflage 2024, § 830 Rn. 9.

[49] Vgl. nur *Welwert*, Menschenrechtsverantwortung deutscher Konzerne, 2023, S. 89 ff.; *Brunk*, Menschenrechtscompliance, 2022, S. 372 ff.; *Nordhues*, Die Haftung der Muttergesellschaft für Menschenrechtsverletzungen, 2019, S. 35 ff.; *Haider*, Haftung von transnationalen Unternehmen und Staaten für Menschenrechtsverletzungen, 2019, S. 360 ff.; *Görgen*, Unternehmerische Haftung in transnationalen Menschenrechtsfällen, 2019, S. 149 ff.

[50] Vgl. statt vieler *Nordhues*, Die Haftung der Muttergesellschaft für Menschenrechtsverletzungen, 2019, S. 36 ff.

[51] Vgl. statt vieler *Thiede/Bell*, RIW 2017, 263, 265.

[52] Vgl. statt vieler *S. Wagner*, in: Wagner/Ruttloff/Wagner, LkSG, § 12 Rn. 1928 ff.

[53] Vgl. *Nordhues*, Die Haftung der Muttergesellschaft für Menschenrechtsverletzungen, 2019, S. 35 ff.

[54] Zum Meinungsstand vgl. *Fleischer*, DB 2022, 920, 923.

[55] Zu der Frage, ob Tochtergesellschaften und Zulieferer Verrichtungsgehilfen des Mutterunternehmens bzw. Auftraggebers sind vgl. auch *S. Wagner*, in: Wagner/Ruttloff/Wagner, LkSG, § 12 Rn. 1939 ff. m. w. N.

Weiterhin ungeklärt und mangels höchstrichterlicher Rechtsprechung nach wie vor heftig umstritten ist nämlich die Frage nach einer Haftung gemäß § 823 Abs. 1 BGB wegen der Verletzung menschenrechtsbezogener Verkehrspflichten.[56] Die Diskussion ist für die hiesige Untersuchung vor dem Hintergrund, dass in der Literatur seit Inkrafttreten des LkSG darüber gestritten wird, ob die Sorgfaltspflichten des LkSG die Verkehrspflichten im Sinne des § 823 Abs. 1 BGB prägen können und welche Rolle in diesem Zusammenhang der bereits genannte Haftungsausschluss des § 3 Abs. 3 LkSG spielt, von besonderem Interesse (vgl. Kap. 3 B. II. 2.). Sie soll daher auch im Rahmen dieser Untersuchung behandelt werden.

Im Rahmen der Geschäftsleiterhaftung wird sich diese Arbeit vor allem auf die Innenhaftung des Vorstands der Aktiengesellschaft fokussieren, welche primär über § 93 Abs. 2 Satz 1 AktG verwirklicht wird. Die dabei gewonnenen Erkenntnisse dürften zu großen Teilen auf die Parallelvorschrift des § 43 Abs. 2 GmbHG übertragbar sein, weshalb zur Vermeidung von Redundanzen nur die Aktiengesellschaft Gegenstand der Untersuchung sein soll.[57] Da hierbei die Möglichkeit der Abwälzung von durch Sorgfaltspflichtverletzungen (§§ 3 ff. LkSG) entstandenen Schäden auf den Vorstand im Mittelpunkt der Untersuchung steht, ist die Frage, ob Nachhaltigkeitsziele grundsätzlich im Rahmen des Geschäftsleiterermessens miteinzubeziehen sind oder miteinbezogen werden dürfen,[58] nicht abstrakt zu erörtern, sondern nur vor dem Hintergrund der allgemeinen Compliance-Pflicht. Diese hat allein die Einhaltung gesetzlicher Vorgaben und die Abwendung von Schäden zum Gegenstand (vgl. Kap. 4 A. II.). Daher ist bspw. die in der Literatur diskutierte Problematik, inwieweit der Vorstand bei Abschluss eines Kaufvertrages die Arbeitsbedingungen beim Zulieferer zu berücksichtigen hat,[59] auch nur in diesem Kontext zu beleuchten. Eine Außenhaftung der Vorstandsmitglieder, die insbesondere im Lichte des Baustoff-Urteils des VI. Zivilsenates des BGH[60] diskutiert wird[61], bleibt ebenfalls außer Acht. Keine Beachtung findet ferner eine mögliche Innenhaftung des Aufsichtsrates gemäß § 116 Satz 1 AktG in Verbindung mit § 93 Abs. 2 AktG.

Die Untersuchung von Regressansprüchen des inländischen Unternehmens gegen Angestellte unterhalb der Geschäftsleitung beschränkt sich auf Ansprüche gegen die nach § 4 Abs. 3 Satz 1 LkSG zur Überwachung des Risikomanagements

---

[56] Vgl. nur *Welwert*, Menschenrechtsverantwortung deutscher Konzerne, 2023, S. 133 ff.; *Görgen*, Unternehmerische Haftung in transnationalen Menschenrechtsfällen, 2019, S. 210 ff.; *Wagner*, RabelsZ 80 (2016), 717, 762 ff.; *Nordhues*, Die Haftung der Muttergesellschaft für Menschenrechtsverletzungen, 2019, S. 112 ff.; *Habersack/Ehrl*, AcP 219 (2019), 155, 196 ff.

[57] Vgl. *Altmeppen*, in: Altmeppen, GmbHG, 11. Aufl. 2023, § 43 Rn. 14.

[58] Vgl. dazu *Dörrwächter*, NZG 2022, 1083 ff.; zur geschichtlichen Entwicklung der Shareholder Value-Theorie und der Stakeholder Value-Theorie siehe *Brunk*, Menschenrechtscompliance, 2022, S. 60 ff.

[59] Vgl. dazu *Hübner*, Unternehmenshaftung für Menschenrechtsverletzungen, 2022, S. 343 f.

[60] BGHZ 109, 297 = BGH, NJW 1990, 976.

[61] Vgl. *S. Wagner*, in: Wagner/Ruttloff/Wagner, LkSG, § 12 Rn. 1980 ff.

zu benennende Person (gesetzliches Leitbild: Menschenrechtsbeauftragter). Der Menschenrechtsbeauftragter ist in den Pflichtenkanon des LkSG integriert und daher für die hiesige Fragestellung von besonderer Relevanz. Zudem dürften die gewonnenen Erkenntnisse zu dessen Innenhaftung ganz überwiegend auf sonstige Beauftragte und Führungspersonen, die nachhaltigkeitsbezogene Leitungsaufgaben zu erfüllen haben, übertragbar sein.

Die hiesige Arbeit befasst sich außerdem allein mit materiell-rechtlichen Anspruchsvoraussetzungen und berücksichtigt infolgedessen prozessuale Fragen sowie Fragen der Anwendbarkeit deutschen Rechts[62] und der Zuständigkeit deutscher Gerichte[63] grundsätzlich nicht.[64]

D. Gang der Untersuchung

Bei der Untersuchung soll wie folgt vorgegangen werden:

Das nachstehende Kapitel 2 ist den rechtlichen Grundlagen des globalen Menschenrechtsschutzes gewidmet. Im Rahmen dieses Kapitels werden zunächst die völkerrechtlichen Übereinkommen, die Gegenstand des LkSG sind, dargestellt. Das LkSG beruht schließlich auf den UN-Leitprinzipien für Wirtschaft und Menschenrechte, welche einen Menschenrechtsbegriff verwenden, der sich an anderen völkerrechtlichen Übereinkommen, namentlich den ILO-Kernarbeitsnormen und der Allgemeinen Erklärung der Menschenrechte sowie den daraus resultierenden Verträgen, orientiert (vgl. Kap. 2 B. II.). Die völkerrechtlichen Grundlagen dienen daher zum einen dem besseren Verständnis der Entstehungsgeschichte des LkSG, sind aber auch – wie sich im Laufe der Untersuchung zeigen wird – für dessen Auslegung relevant. Vor allem die dargestellten Umweltabkommen erweisen sich für die inhaltliche Ausgestaltung der im LkSG statuierten Verbote als unentbehrlich (vgl. Kap. 2 B. II. 2.). Der zweite Teil des Kapitels gibt einen Überblick über den Inhalt des LkSG und die daraus resultierenden Unternehmenspflichten.

In Kapitel 3 wird anschließend der Einfluss des LkSG auf die zivilrechtliche Haftung ausführlich untersucht. Die Arbeit geht dabei sowohl auf eine mögliche vertragliche Haftung inländischer Unternehmen gegenüber Abnehmern und Endkunden, die aus einer Verletzung der Pflichten des LkSG oder aus Verstößen gegen

---

[62] Vgl. dazu *Mansel*, ZGR 2018, 439, 454 ff.; *Habersack/Ehrl*, AcP 219 (2019), 155, 183.

[63] Vgl. dazu *Weller/Thomale*, ZGR 2017, 509, 523; *Stürner*, in: FS Coester-Waltjen, 2015, S. 843, 844; *Brunk*, Menschenrechtscompliance, 2022, S. 317 ff.; *Habersack/Ehrl*, AcP 219 (2019), 155, 180 f.

[64] Eine Ausnahme findet sich in Kap. 6 B. II. 4., da die dortigen Ausführungen zur Schaffung einer Eingriffsnorm für das Verständnis der Auswirkungen der EU-Lieferkettenrichtlinie förderlich sind.

CSR-Klauseln[65] resultieren könnte, als auch auf eine mögliche deliktische Haftung gegenüber im Ausland angestellten Arbeitnehmern (§ 823 Abs. 1 BGB) ein. Zum Schluss werden die Voraussetzungen der deliktischen Klimahaftung (nach den §§ 1004 Abs. 1, 823 Abs. 1 BGB) näher beleuchtet.

Kapitel 4 befasst sich mit Regressansprüchen inländischer Unternehmen gegen den Vorstand und den Menschenrechtsbeauftragten. Es wird untersucht, ob und unter welchen Voraussetzungen die in Kapitel 2 betrachteten öffentlich-rechtlichen Sanktionen, welche aus der Verletzung der Sorgfaltspflichten des LkSG resultieren, auf den Vorstand oder den Menschenrechtsbeauftragten abgewälzt werden können. Im Fokus der Vorstandshaftung steht dabei zum einen die Frage, ob sich der Vorstand bei der Erfüllung der Sorgfaltspflichten auf die Business Judgment Rule (§ 93 Abs. 1 Satz 2 AktG) berufen kann. Zum anderen wird geklärt, nach welchen Kriterien Verbandsgeldbußen, die auf Grundlage des LkSG verhängt werden, regressfähig sind. Um Regressansprüche inländischer Unternehmen gegen den Menschenrechtsbeauftragten zu untersuchen, muss zunächst dessen Rolle im LkSG geklärt werden. Anschließend ist danach zu fragen, wie sich diese auf die Innenhaftung auswirkt.

Kapitel 5 knüpft an die in Kapitel 3 gewonnen Erkenntnisse an und befasst sich mit möglichen Anpassungen des Deliktsrechts und des LkSG. Zunächst wird die Einführung eines menschenrechtlichen Haftungstatbestandes erwogen und ein entsprechender Legislativvorschlag unterbreitet. Anschließend erfolgt eine Auseinandersetzung mit der Frage, wie eine Klimasorgfaltspflicht *de lege ferenda* ausgestaltet werden könnte. Auch hier unterbreitet die Arbeit einen Legislativvorschlag.

Kapitel 6 trägt schließlich den jüngsten Entwicklungen auf europäischer Ebene Rechnung und wagt eine Prognose, welche Auswirkungen die neue EU-Lieferkettenrichtlinie und damit möglicherweise einhergehende Anpassungen des LkSG sowie des Deliktsrechts auf die zivilrechtliche Haftung haben könnten. Ferner wird untersucht, inwieweit die in Kapitel 5 vorgeschlagenen Gesetzesänderungen zur Umsetzung der Richtlinienvorgaben genügen würden.

Den Schluss bilden die Zusammenfassung der Untersuchungsergebnisse sowie ein Ausblick auf die Zukunft der unternehmerischen Verantwortung für Menschenrechte, Umwelt und Klima.

---

[65] Die hiesige Arbeit versteht unter dem Begriff der CSR-Klausel eine Vertragsbedingung, mithilfe derer der Verwender den Vertragspartner zur Einhaltung bestimmter Menschenrechts- oder Umweltstandards verpflichtet.

2. Kapitel

Rechtliche Grundlagen des globalen Menschenrechtsschutzes

Menschenrechte können definiert werden als universelle Rechte und Freiheiten, die sich aus der Würde des Menschen herleiten lassen und überall für alle Menschen in gleicher Weise gelten, „ohne irgendeinen Unterschied, etwa nach Rasse, Hautfarbe, Geschlecht, Sprache, Religion, politischer oder sonstiger Anschauung, nationaler oder sozialer Herkunft, Vermögen, Geburt oder sonstigem Stand"[1].[2] Die Universalität der Menschenrechte folgt dabei vor allem aus der Tatsache, dass die meisten Staaten zur Gemeinschaft der Vereinten Nationen gehören[3] und damit an die UN-Charta sowie den Gründungsvertrag und mithin an eine Art UN-Verfassung gebunden sind.[4] In der Charta der Vereinten Nationen formulieren die Mitglieder nämlich das Ziel, „eine internationale Zusammenarbeit herbeizuführen, um internationale Probleme wirtschaftlicher, sozialer, kultureller und humanitärer Art zu lösen und die Achtung vor den Menschenrechten und Grundfreiheiten für alle […] zu festigen"[5]. Zudem haben bereits über 170 Staaten die beiden aus der Allgemeinen Erklärung der Menschenrechte resultierenden internationalen Pakte ratifiziert, was ebenfalls zu einer universellen Geltung der Menschenrechte beiträgt.[6] Teilweise wird die Existenz und globale Geltung von Menschenrechten auch aus dem Naturrecht abgeleitet.[7]

Die völkerrechtlichen Übereinkommen, welche dem LkSG zugrunde liegen, stellen nach der Gesetzesbegründung eine „Auswahl des internationalen Men-

---

[1] Zit.: Art. 2 AEMR.

[2] *Wehrmann*, in: Depping/Walden, LkSG, § 2 Rn. 15; ähnlich *Fremuth*, Menschenrechte, 2019, S. 23; *Brunk*, Menschenrechtscompliance, 2022, S. 9; anders *Nowak*, Einführung in das internationale Menschenrechtssystem, 2002, S. 13: Menschenreche sind die „Summe von bürgerlichen, politischen, wirtschaftlichen, sozialen, kulturellen und kollektiven Rechten, die in internationalen und regionalen Menschenrechtsinstrumenten sowie in den Verfassungen der Staaten festgeschrieben sind"; zust. *Görgen*, Unternehmerische Haftung in transnationalen Menschenrechtsfällen, 2019, S. 58.

[3] Die Vereinten Nationen können derzeit 193 Mitgliedstaaten vorweisen, vgl. Vereinte Nationen, UN-Mitgliedstaaten, abrufbar unter: https://unric.org/de/mitgliedstaaten/ (Stand: 15. 02. 2019), zuletzt abgerufen am 30. 07. 2024.

[4] *Wehrmann*, in: Depping/Walden, LkSG, § 2 Rn. 15.

[5] Zit.: Art. 1 Abs. 3 der UN-Charta.

[6] *Wehrmann*, in: Depping/Walden, LkSG, § 2 Rn. 15.

[7] Vgl. dazu *Brune*, Menschenrechte und transnationale Unternehmen, 2020, S. 11 ff.

schenrechtskanons“[8] dar, wobei den ILO-Kernarbeitsnormen eine besondere Bedeutung zukomme, da in ihnen grundlegende Rechte und Prinzipien zum Ausdruck gebracht würden.[9] Der Katalog sei als Referenzrahmen für die unternehmerischen Sorgfaltspflichten zur Achtung von Menschenrechten durch seine Verankerung in den UN-Leitprinzipien für Wirtschaft und Menschenrechte (Leitprinzip 12) und den OECD-Leitsätzen für multinationale Unternehmen (Kapitel IV, Rz. 39) international anerkannt und deshalb als Grundlage für das LkSG geeignet.[10] Die Auswahl der völkerrechtlichen Übereinkommen begründet der Gesetzgeber ferner damit, dass die genannten Verträge durch langjährige Auslegung der jeweils zuständigen Gremien (insbesondere der UN-Vertragsausschüsse und des ILO-Sachverständigenausschusses) konkretisiert worden und im Rahmen dessen auch die Bedeutung einzelner Normen für die Unternehmensverantwortung herausgearbeitet bzw. geschärft worden seien.[11]

Im Folgenden sollen zunächst die soeben genannten Regelwerke zum Schutz der Menschenrechte vorgestellt werden. Sodann erfolgt eine Darstellung der in das LkSG einbezogenen Umweltabkommen. Anschließend wird der wesentliche Inhalt des LkSG dargestellt.

A. Völkerrechtliche Übereinkommen als Antriebsfeder nationaler Lieferkettenregulierung

I. Die Allgemeine Erklärung der Menschenrechte

Den historischen Ausgangspunkt des heute anerkannten internationalen Menschenrechtsschutzes bildet die Allgemeine Erklärung der Menschenrechte. Diese wurde im Jahre 1948 als unverbindliche Resolution der Generalversammlung der Vereinten Nationen verabschiedet und stellt weder einen völkerrechtlichen Vertrag dar, welcher gemäß Art. 59 Abs. 2 GG ins deutsche Recht inkorporiert wurde,[12] noch beansprucht sie über Art. 25 Abs. 1 GG den Rang eines Bundesgesetzes, da sie nicht als Völkergewohnheitsrecht zu bewerten ist[13]. Die Allgemeine Erklärung der

---

[8] Zit.: BT-Drucks. 19/28649, S. 34.

[9] BT-Drucks. 19/28649, S. 34.

[10] BT-Drucks. 19/28649, S. 34 f.

[11] BT-Drucks. 19/28649, S. 34.

[12] *Nordhues*, Die Haftung der Muttergesellschaft für Menschenrechtsverletzungen, 2019, S. 75.

[13] Dazu ausführlich *Nordhues*, Die Haftung der Muttergesellschaft für Menschenrechtsverletzungen, 2019, S. 75 f.; siehe zum Meinungsstand auch *Kau*, in: Vitzthum/Proelß, Völkerrecht, 8. Aufl. 2020, S. 269 f.

Menschenrechte wird im Schrifttum als Meilenstein im internationalen Menschenrechtsschutz bewertet.[14]

Sie enthält verschiedene grundlegende Menschenrechte, von denen für die hier zu behandelnde Thematik insbesondere der Gleichheitssatz des Art. 2 AEMR, das in Art. 3 AEMR enthaltene Recht auf Leben, Freiheit und Sicherheit sowie das Verbot der Sklaverei nach Art. 4 AEMR hervorzuheben sind. Daneben werden gerechte und befriedigende Arbeitsbedingungen, ein gleicher Lohn für gleiche Arbeit sowie ein gerechter Lohn zur Sicherung der Existenz gewährleistet (Art. 23 AEMR). Zu nennen ist auch das in Art. 24 AEMR enthaltene Recht auf vernünftige Begrenzung der Arbeitszeiten, bezahlten Urlaub sowie Erholung und Freizeit.

II. Völkerrechtliche Übereinkommen zum Schutz der Menschenrechte

1. Der internationale Pakt über bürgerliche und politische Rechte und der internationale Pakt über wirtschaftliche, soziale und kulturelle Rechte

Nach der Annahme der Allgemeinen Erklärung der Menschenrechte arbeitete die Menschenrechtskommission der UN an einer verbindlichen Umsetzung. Diese wurde durch den Ost-West-Konflikt und die divergierenden Sichtweisen der Menschen jedoch erheblich erschwert, sodass es nicht gelang, die Menschenrechte in einem einzelnen Vertragswerk zu kodifizieren.[15] Stattdessen wurden zwei separate Pakete geschaffen, namentlich der internationale Pakt über bürgerliche und politische Rechte (ICCPR[16]) sowie der internationale Pakt über wirtschaftliche, soziale und kulturelle Rechte (ICESCR[17]). Beide nahm die UN-Generalversammlung im Jahre 1966 an.[18]

---

[14] Siehe etwa *Herdegen*, in: Dürig/Herzog/Scholz, Grundgesetz-Kommentar, Werkstand: 105. EL August 2024, Art. 1 Abs. 2 GG Rn. 26: Die weitere Entwicklung des Menschenrechtsschutzes habe die Allgemeine Erklärung der Menschenrechte der UN-Generalversammlung entscheidend katalysiert; *Eickenjäger/Fischer-Lescano*, in: Ridder/Breitbach/Deiseroth, Versammlungsrecht, 2. Aufl. 2020, Transnationalisierung des Versammlungsrechts, Rn. 79: Die Allgemeine Erklärung der Menschenrechte stelle im Gefüge des internationalen Rechts das älteste menschenrechtliche Dokument dar; siehe auch *de Schutter*, International Human Rights Law, S. 14 ff.

[15] *Schilling*, Internationaler Menschenrechtsschutz, 2022, S. 12; *Nordhues*, Die Haftung der Muttergesellschaft für Menschenrechtsverletzungen, 2019, S. 77.

[16] International Covenant on Civil and Political Rights.

[17] International Covenant on Economic, Social and Cultural Rights.

[18] *Ramcharan*, in: The Oxford Handbook on The United Nations, S. 443; *Nordhues*, Die Haftung der Muttergesellschaft für Menschenrechtsverletzungen, 2019, S. 77.

Während der internationale Pakt über bürgerliche und politische Rechte insbesondere negatorische Abwehrrechte beinhaltet, kodifiziert der Pakt über wirtschaftliche, soziale und kulturelle Rechte in erster Linie Anspruchs- und Teilhaberechte.[19] Die Rechte des ICCPR werden teilweise als „Menschenrechte der 1. Generation", die Rechte des ICESCR als „Menschenrechte der 2. Generation" bezeichnet.[20] Bei beiden Pakten handelt es sich um völkerrechtliche Verträge, die im Jahre 1976 nach den erforderlichen Ratifikationen in Kraft traten.[21]

Die Bundesrepublik Deutschland hat beide Pakte ratifiziert und gemäß Art. 59 Abs. 2 GG ins Bundesrecht übernommen.[22] Da Unternehmen nicht als taugliche Völkerrechtssubjekte anzusehen sind, werden sie durch die in den Pakten kodifizierten Menschenrechte nicht gebunden.[23] Den Staaten bleibt es jedoch unbenommen, ihnen durch nationale Akte der Gesetzgebung Pflichten völkerrechtlichen Ursprungs aufzuerlegen.[24]

Von den im ICCPR enthaltenen Rechten sind für die hier zu behandelnde Fragestellung insbesondere das Recht auf Leben (Art. 6 ICCPR), das Verbot der Sklaverei, Leibeigenschaft und Zwangsarbeit (Art. 8 ICCPR), das Recht auf persönliche Freiheit (Art. 9 ICCPR) sowie das Recht zur Bildung von Gewerkschaften (Art. 22 ICCPR) relevant. Art. 14 ICCPR gewährt zudem eine Vielzahl von Verfahrensrechten im Strafverfahren.[25]

Der ICESCR kodifiziert in seinem Art. 7 das Recht auf sichere und gesunde Arbeitsbedingungen, welches auch einen gleichen Lohn für gleiche Arbeit, einen angemessenen Lohn zur Existenzsicherung sowie eine angemessene Begrenzung der Arbeitszeit einschließt. Art. 8 ICESCR gewährt – wie auch der ICCPR – das Recht zur Bildung von Gewerkschaften. Aus Art. 10 ICESCR folgt der Schutz vor wirtschaftlicher und sozialer Ausbeutung für Kinder und Jugendliche sowie das Recht auf ein Mindestarbeitsalter. Flankiert werden diese Rechte durch Art. 2 Abs. 2 ICESCR, welcher anordnet, dass sie ohne Diskriminierung hinsichtlich der Rasse, der Hautfarbe, des Geschlechts, der Sprache, der Religion, der politischen oder sonstigen Anschauung, der nationalen oder sozialen Herkunft, des Vermögens, der Geburt oder des sonstigen Status ausgeübt werden können.

---

[19] *Nordhues*, Die Haftung der Muttergesellschaft für Menschenrechtsverletzungen, 2019, S. 77.

[20] Vgl. *Herdegen*, in: Dürig/Herzog/Scholz, Grundgesetz-Kommentar, Werkstand: 105. EL August 2024, Art. 1 Abs. 2 GG Rn. 28; *Schilling*, Internationaler Menschenrechtsschutz, 2022, S. 12.

[21] *Kau*, in: Vitzthum/Proelß, Völkerrecht, 8. Aufl. 2020, S. 271.

[22] Vgl. BGBl. 1973 II S. 1533, 1534 (ICCPR); BGBl. 1973 II S. 1569 (ICESCR); siehe auch *Kau*, in: Vitzthum/Proelß, Völkerrecht, 8. Aufl. 2020, S. 271.

[23] *Brunk*, Menschenrechtscompliance, 2022, S. 23 ff., 37.

[24] *Brunk*, Menschenrechtscompliance, 2022, S. 24.

[25] Beispielsweise der auch in Art. 103 Abs. 3 GG verankerte Grundsatz, dass niemand wegen derselben Straftat mehrmals bestraft werden darf (*ne bis in idem*).

Auffällig ist, dass sowohl der ICCPR als auch der ICESCR trotz konzeptioneller Unterschiede eine ganze Reihe ähnlicher Arbeitnehmerrechte statuieren. Hieran knüpfen die ILO-Kernarbeitsnormen an und widmen sich vollumfänglich internationalen Arbeits- und Sozialstandards.

2. Die ILO-Kernarbeitsnormen

Die ILO (*International Labour Organisation*) wurde im Zuge der Versailler Friedensverhandlungen als Einrichtung des Völkerbundes gegründet und besteht seit 1946 als UN-Sonderorganisation fort. Sie widmet sich der Formulierung und Durchsetzung internationaler Arbeits- und Sozialstandards (insbesondere der sog. Kernarbeitsnormen).[26] Ihr Handeln ordnet sie dabei fünf Grundprinzipien unter. Zu diesen zählen Arbeitsschutz und Arbeitssicherheit[27], die Vereinigungsfreiheit und das Recht auf Kollektivverhandlungen, die Beseitigung der Zwangsarbeit, die Abschaffung der Kinderarbeit sowie das Verbot der Diskriminierung in Beschäftigung und Beruf.[28]

Ausgestaltet wurden die Grundprinzipien insbesondere durch acht völkerrechtliche Übereinkommen (ILO-Kernarbeitsnormen[29]), welche auch die Bundesrepublik Deutschland ganz überwiegend ratifiziert[30] und in nationales Recht umgesetzt hat. Inhaltlich enthalten die Übereinkommen etwa die Pflicht zur Abschaffung der Zwangsarbeit[31], Vorgaben zur Vereinigungsfreiheit[32], Diskriminierungsverbote[33]

---

[26] *Brunk*, Menschenrechtscompliance, 2022, S. 11.

[27] Dieses Grundprinzip wurde erst im Jahre 2022 im Rahmen der 110. Internationalen Arbeitskonferenz beschlossen, vgl. *ILO*, International Labour Conference adds safety and health to Fundamental Principles and Rights at Work, abrufbar unter: https://www.ilo.org/global/about-the-ilo/newsroom/news/WCMS_848132/lang–en/index.htm (Stand 10.06.2022), zuletzt abgerufen am 30.07.2024.

[28] Vgl. *ILO*, ILO-Kernarbeitsnormen, abrufbar unter: https://www.ilo.org/berlin/arbeits-und-standards/kernarbeitsnormen/lang–de/index.htm, zuletzt abgerufen am 30.07.2024.

[29] Sämtliche im Folgenden aufgezählten Übereinkommen sind abrufbar unter: https://www.ilo.org/berlin/arbeits-und-standards/kernarbeitsnormen/lang–de/index.htm, zuletzt abgerufen am 30.07.2024.

[30] Vgl. *ILO*, Ratifications of fundamental instruments by number of ratifications, abrufbar unter: https://www.ilo.org/dyn/normlex/en/f?p=NORMLEXPUB:10011:0::NO::P10011_DISPLAY_BY:2, zuletzt abgerufen am 30.07.2024.

[31] Übereinkommen Nr. 105 über die Abschaffung der Zwangsarbeit (1957), BGBl. 1959 II S. 441; siehe auch Übereinkommen Nr. 29 über die Zwangs- oder Pflichtarbeit (1930), BGBl. 1956 II S. 640.

[32] Übereinkommen Nr. 87 über die Vereinigungsfreiheit und den Schutz des Vereinigungsrechtes (1948), BGBl. 1956 II S. 2072; Übereinkommen Nr. 98 über die Anwendung der Grundsätze des Vereinigungsrechtes und des Rechtes zu Kollektivverhandlungen (1949), BGBl. 1955 II S. 1122.

[33] Übereinkommen Nr. 100 über die Gleichheit des Entgelts männlicher und weiblicher Arbeitskräfte für gleichwertige Arbeit (1951), BGBl. 1956 II S. 23; Übereinkommen Nr. 111 über die Diskriminierung in Beschäftigung und Beruf (1958), BGBl. 1961 II S. 97.

sowie Pflichten zur Bekämpfung der Kinderarbeit[34]. Die ILO selbst zählt auch die Übereinkommen zum Arbeitsschutz[35] zu den Kernarbeitsnormen.[36] Das Übereinkommen Nr. 155 über Arbeitsschutz und Arbeitsumwelt wurde noch nicht von der Bundesrepublik Deutschland ratifiziert. Unternehmen wird durch das LkSG nun allerdings auferlegt, die Einhaltung der Pflichten des Arbeitsschutzes zu fördern (vgl. § 2 Abs. 2 Nr. 5 LkSG), wobei die Gesetzesbegründung ausdrücklich das ILO-Übereinkommen Nr. 155 als Auslegungshilfe erwähnt.[37]

Adressat der völkerrechtlichen Verpflichtungen sind ausschließlich die Mitgliedstaaten der ILO. Die Übereinkommen richten sich nämlich ihrem Wortlaut nach an „Jedes Mitglied“. Eine derartige Formulierung lässt allein Übereinkommen Nr. 98 vermissen, welches wiederum in seinem Art. 8 klarstellt, dass es ebenfalls nur auf die Mitgliedstaaten Anwendung finden soll[38].

Anders verhält es sich mit der Dreigliedrigen Grundsatzerklärung der ILO zu multinationalen Unternehmen (*Tripartite Declaration of Principles*). Diese richtet sich neben Regierungen und Arbeitnehmern auch an transnationale Unternehmen und bietet diesen Richtlinien für die Bereiche Beschäftigung, Ausbildung, Arbeits- und Lebensbedingungen sowie Arbeitsbeziehungen.[39] Nach ihrer ersten Veröffentlichung im Jahre 1977 wurde sie in den Jahren 2001, 2006 und 2017 mehrfach aktualisiert.[40] Die Grundsatzerklärung stellt allerdings kein ratifikationsfähiges ILO-Übereinkommen dar und statuiert weder rechtsverbindliche Vorgaben[41] noch Durchsetzungsmechanismen.[42]

---

[34] Übereinkommen Nr. 138 über das Mindestalter für die Zulassung zur Beschäftigung (1973), BGBl. 1976 II S. 201; Übereinkommen Nr. 182 über das Verbot und unverzügliche Maßnahmen zur Beseitigung der schlimmsten Formen der Kinderarbeit (1999), BGBl. 2001 II S. 1290.

[35] Übereinkommen Nr. 155 über Arbeitsschutz und Arbeitsumwelt (1981); Übereinkommen Nr. 187 Förderungsrahmen für den Arbeitsschutz (2009), BGBl. 2010 II S. 378.

[36] Vgl. *ILO*, ILO-Kernarbeitsnormen, abrufbar unter: https://www.ilo.org/berlin/arbeits-und-standards/kernarbeitsnormen/lang–de/index.htm, zuletzt abgerufen am 30.07.2024.

[37] Vgl. BT-Ducks. 19/28649, S. 36.

[38] Vgl. Art. 8: „Dieses Übereinkommen bindet nur diejenigen Mitglieder der Internationalen Arbeitsorganisation, deren Ratifikation durch den Generaldirektor eingetragen ist.“

[39] *Mittwoch*, Nachhaltigkeit und Unternehmensrecht, 2022, S. 176.

[40] Siehe *ILO*, Dreigliedrige Grundsatzerklärung über multinationale Unternehmen und Sozialpolitik, abrufbar unter: https://www.ilo.org/wcmsp5/groups/public/—ed_emp/—emp_ent/documents/publication/wcms_579897.pdf (Stand: 5. Aufl. 2017), zuletzt abgerufen am 30.07.2024.

[41] Siehe dazu *Davarnejad*, Menschenrechtsverantwortung multinationaler Unternehmen, 2020, S. 186.

[42] *Mittwoch*, Nachhaltigkeit und Unternehmensrecht, 2022, S. 176 f.

3. Die UN-Leitprinzipien für Wirtschaft und Menschenrechte

Während die zuvor dargestellten völkerrechtlichen Verträge vor allem die Menschenrechte als solche im Blick haben, zielen die UN-Leitprinzipien für Wirtschaft und Menschenrechte und die OECD-Leitsätze für multinationale Unternehmen speziell darauf ab, die globale Verantwortung grenzüberschreitend tätiger Unternehmen zu kodifizieren.

Die UN-Leitprinzipien für Wirtschaft und Menschenrechte wurden am 06.07. 2011 vom Menschenrechtsrat der Vereinten Nationen angenommen.[43] Ihr Initiator war John Ruggie, was den Leitprinzipien auch den Namen „Ruggie-Principles" einbrachte.[44] Sie beinhalten 31 Pflichten, welche auf drei Säulen, namentlich „Protect" (schützen), „Respect" (achten) und „Remedy" (abhelfen) beruhen.[45] Die erste Säule bezieht sich auf die Pflicht des Staates, die Menschenrechte zu schützen. Die zweite Säule hat die Verantwortung der Unternehmen zum Schutz der Menschenrechte im Blick. Die dritte Säule soll gewährleisten, dass Betroffenen Zugang zu wirksamen Abhilfemaßnahmen gewährt wird.[46]

Bei den Leitprinzipien handelt es sich um völkerrechtliche Verpflichtungen. Sie sind für Unternehmen nicht rechtsverbindlich (*soft law*), da diese keine tauglichen Völkerrechtssubjekte darstellen.[47] Daran anknüpfend sprechen die Leitprinzipien in Bezug auf Unternehmen von „responsibility" (Verantwortung)[48] und nicht – wie im Falle der Staaten – von „duty" (Pflicht)[49].[50]

Den Begriff der Menschenrechte definiert Leitprinzip Nr. 12 als „die international anerkannten Menschenrechte, worunter mindestens die Menschenrechte, die in der Internationalen Menschenrechtscharta ausgedrückt sind, sowie die in der Erklärung der Internationalen Arbeitsorganisation über die grundlegenden Prinzipien und Rechte bei der Arbeit gennannten zu verstehen sind". Unter den Schutzbereich der Leitprinzipien fallen daher jedenfalls die ILO-Kernarbeitsnormen und diejenigen Rechte, welche in der Allgemeinen Erklärung der Menschenrechte, dem ICCPR und dem ICESCR zum Ausdruck kommen.[51]

---

[43] *UN-Menschenrechtsrat*, UN-Dok. A/HRC/RES/17/4.

[44] Vgl. *Ruttloff/Kappler*, in: Wagner/Ruttloff/Wagner, LkSG, § 3 Rn. 313.

[45] *Habersack/Ehrl*, AcP 219 (2019), 155, 172; *Ruttloff/Kappler*, in: Wagner/Ruttloff/Wagner, LkSG, § 3 Rn. 314; siehe auch *Paschke*, RdTW 2016, 121, 122 f.; *Voland*, BB 2015, 67, 70 ff.; *Spießhofer*, NJW 2014, 2473, 2475 ff.; *Brune*, Menschenrechte und transnationale Unternehmen, 2020, S. 35 ff.

[46] *Ruttloff/Kappler*, in: Wagner/Ruttloff/Wagner, LkSG, § 3 Rn. 315.

[47] *Ruttloff/Kappler*, in: Wagner/Ruttloff/Wagner, LkSG, § 3 Rn. 316.

[48] Vgl. etwa Leitprinzip Nr. 13.

[49] Vgl. etwa Leitprinzip Nr. 3.

[50] *Habersack/Ehrl*, AcP 219 (2019), 155, 173; *Ruttloff/Kappler*, in: Wagner/Ruttloff/Wagner, LkSG, § 3 Rn. 316.

[51] Vgl. *United Nations High Commissioner on Human Rights*, Guiding Principles on Business and Human Rights, S. 14.

Die Erwartungshaltung gegenüber Unternehmen wird insbesondere im zweiten Kapitel (*THE CORPORATE RESPONSIBILITY TO RESPECT HUMAN RIGHTS*) formuliert. Nach Leitprinzip Nr. 11 sollen Wirtschaftsunternehmen die Menschenrechte achten, indem sie es vermeiden, die Menschenrechte anderer zu verletzen und nachteilige Auswirkungen, an denen sie beteiligt sind, angehen. Dies dürfe dabei nicht nur für diejenigen Auswirkungen, welche die Unternehmen selbst verursachen, gelten. Vielmehr wird von den Unternehmen auch verlangt, sich darum zu bemühen, solche nachteiligen Auswirkungen auf Menschenrechte zu verhindern oder abzuschwächen, welche eine enge Verbindung zu ihren Produkten, Dienstleistungen oder Geschäftsbeziehungen[52] aufweisen.[53] „Negative Auswirkungen" (*adverse human rights impact*) liegen vor, wenn Aktivitäten eines Unternehmens ein Individuum vollständig oder teilweise daran hindern, seine Menschenrechte effektiv auszuüben.[54]

Die UN-Leitprinzipien legen zudem den Unternehmen an der Spitze der Lieferkette Sorgfaltspflichten auf. Nach Leitprinzip Nr. 17 trifft diese nämlich eine allgemeine „human rights due diligence" zur Feststellung und Minderung von Menschenrechtsverletzungen, welche nach Leitprinzip Nr. 19 nicht auf die eigene Aktivität beschränkt ist, sondern auch von dem Unternehmen unterhaltene Geschäftsbeziehungen und hergestellte Produkte sowie Dienstleistungen umfasst. Leitprinzip Nr. 22 fordert Unternehmen, die feststellen, dass sie an einer Menschenrechtsverletzung beteiligt waren, zur Wiedergutmachung auf. Die Wiedergutmachung ist allerdings ausweislich des Kommentars zu Leitprinzip Nr. 22 für Verletzungen, die das Unternehmen nicht selbst verursacht und zu denen es auch keinen Beitrag geleistet hat, ausgeschlossen.[55] Einen Aufruf dazu, sich mittels einer Grundsatzerklärung zur Achtung der Menschenrechte selbst zu verpflichten, enthält Leitprinzip Nr. 16. Eine derartige Erklärung soll von der höchsten Leitungsebene genehmigt werden.

---

[52] Der Begriff „Geschäftsbeziehungen" umfasst nach dem Kommentar zu Leitprinzip Nr. 13 sämtliche Beziehungen zu Geschäftspartnern, Unternehmen in der Wertschöpfungskette und jeder anderen nichtstaatlichen oder staatlichen Einrichtung, die direkt mit den Geschäftstätigkeiten, Produkten oder Dienstleistungen des zu beobachtenden Unternehmens verbunden sind; der UNGP Interpretive Guide (S. 8) stellt daran anknüpfend klar, dass die Wertschöpfungskette im Sinne der Leitprinzipien auch indirekte Geschäftsbeziehungen erfasst und sich unter anderem auf solche Einheiten erstreckt, die Produkte oder Dienstleistungen von dem zu beobachtenden Unternehmen erhalten; daraus kann geschlussfolgert werden, dass die Leitprinzipien auch den dem Unternehmen nachgelagerten Teil der Wertschöpfungskette erfassen („downstream"), vgl. *Walden*, in: Depping/Walden, LkSG, § 2 Rn. 485.

[53] Vgl. Leitprinzip Nr. 13.

[54] *High Commissioner of Human Rights of the United Nations*, The Corporate Responsibility to Protect Human Rights, An Interpretative Guide, 2012, S. 5; *Krajewski*, ZaöRV 2016, 309, 315.

[55] Vgl. *United Nations High Commissioner on Human Rights*, Guiding Principles on Business and Human Rights, S. 24 f.

4. Die OECD-Leitsätze für multinationale Unternehmen

Ein den UN-Leitprinzipien ähnliches Vertragswerk bilden die OECD-Leitsätze für multinationale Unternehmen. Im Jahre 1976 hat die OECD (*Organisation for Economic Co-operation and Development*) Leitlinien für multinationale Unternehmen erstellt, welche sie 2011 im Hinblick auf die menschenrechtsbezogene Unternehmensverantwortung umfassend überarbeitete.[56] Im Jahre 2023 erfolgten ebenfalls weitreichende Änderungen, im Rahmen derer vor allem Empfehlungen zur Ausrichtung der Unternehmen an den international vereinbarten Klima- und Biodiversitätszielen in die Leitsätze integriert wurden.[57] Sämtliche Teilnehmerstaaten verpflichten sich, auf die Einhaltung der Leitsätze durch die auf oder von ihrem Gebiet aus tätigen Unternehmen hinzuwirken. Für die Unternehmen selbst werden allerdings nur rechtsunverbindliche Verhaltenserwartungen formuliert.[58]

Die Leitsätze beziehen sich dabei auf das gesamte weltweite Wirtschaften der Unternehmen.[59] Nach mehreren inhaltlichen Änderungen[60] umfassen sie heute neben allgemeinen Grundsätzen auch die Bereiche Transparenz, Beschäftigung, Umwelt, Bestechung, Verbraucherschutz, Wettbewerb und Besteuerung sowie Wissenschaft und Technologie und gehen damit über die bestehenden UN-Initiativen hinaus.[61] Seit ihrer Aktualisierung am 25.05.2011 enthalten die OECD-Leitsätze ferner ein Kapitel über Menschenrechte[62].[63] Die zu beachtenden Menschenrechte werden darin nicht explizit genannt. Vielmehr erfolgt – wie auch bei den UN-Leitprinzipien für Wirtschaft und Menschenrechte – ein Verweis auf die „Internationale Menschenrechtscharta".[64] Gegebenenfalls sollen zusätzliche (speziellere) Standardwerke zu berücksichtigen sein.[65] Auch inhaltlich stimmen sie in großen Teilen mit den „Ruggie-Principles" überein:

---

[56] Siehe *OECD* (2011), OECD-Leitsätze für multinationale Unternehmen, Vorwort.

[57] Siehe *OECD* (2023), OECD-Leitsätze für multinationale Unternehmen, Vorwort.

[58] *Jahn*, ZUR 2020, 526.

[59] *OECD* (2023), OECD-Leitsätze für multinationale Unternehmen, Kapitel I, Ziff. 3; *Spießhofer*, in: Hauschka/Moosmayer/Lösler, Corporate Compliance, 3. Auflage 2016, § 11 Rn. 24.

[60] Vgl. dazu *Weidmann*, Der Beitrag der OECD-Leitsätze für multinationale Unternehmen zum Schutz der Menschenrechte, 2014, S. 175 ff.

[61] *Spießhofer*, in: Hauschka/Moosmayer/Lösler, Corporate Compliance, 3. Auflage 2016, § 11 Rn. 25.

[62] *OECD* (2011), OECD-Leitsätze für multinationale Unternehmen, Kapitel IV.

[63] *Spießhofer*, in: Hauschka/Moosmayer/Lösler, Corporate Compliance, 3. Auflage 2016, § 11 Rn. 25.

[64] *OECD* (2023), OECD-Leitsätze für multinationale Unternehmen, Kapitel IV, Erläuterungen Ziff. 44.

[65] Vgl. dazu *OECD* (2023), OECD-Leitsätze für multinationale Unternehmen, Kapitel IV, Erläuterungen Ziff. 45.

Den Unternehmen wird aufgegeben die Menschenrechte zu achten, indem eine Verletzung der Menschenrechte anderer vermieden und negativen Auswirkungen[66] auf die Menschenrechte, an denen das Unternehmen beteiligt ist, begegnet wird.[67] Dabei soll sowohl negativen Auswirkungen entgegengetreten werden, welche aus den eigenen Aktivitäten des Unternehmens entstehen,[68] als auch solchen, die einen engen Zusammenhang zu einer Geschäftsbeziehung oder den Produkten und Dienstleistungen des Unternehmens aufweisen[69]. Zu diesem Zweck wird den Unternehmen auferlegt, eine Erklärung auszuarbeiten, in welcher sie ihr Engagement zur Achtung der Menschenrechte darlegen.[70] Ferner haben sie je nach ihrer Größe, der Art und des Kontextes ihrer Geschäftstätigkeit und dem Ausmaß der Risiken von negativen Auswirkungen ihrer menschenrechtlichen Sorgfaltspflicht (*due diligence*) nachzukommen.[71] Schließlich sollen auch Verfahren gefördert werden, die eine Wiedergutmachung der negativen Auswirkungen auf die Menschenrechte ermöglichen, wenn sich herausstellt, dass die Unternehmen diese Auswirkungen selbst verursacht oder zu ihnen beigetragen haben.[72] Die OECD-Leitsätze beinhalten also nicht nur bloße Moralvorstellungen oder allgemeine politische Empfehlungen, sondern stellen „quasi-rechtliche Verhaltensnormen"[73] auf. Sie sind wie auch die UN-Leitprinzipien für Wirtschaft und Menschenrechte als *soft law* einzuordnen.[74]

Kapitel VI der OECD-Leitsätze enthält zudem Bestimmungen zum Schutz der Umwelt. Die Unternehmen sollen im Rahmen der Gesetze und unter Berücksichtigung internationaler Abkommen der Notwendigkeit des Schutzes von Umwelt, öffentlicher Gesundheit und Sicherheit in gebührender Weise Rechnung tragen und ihre Geschäftstätigkeit so ausüben, dass sie einen Beitrag zu dem allgemeinen Ziel der nachhaltigen Entwicklung leisten.[75] Konkret wird von den Unternehmen insbesondere gefordert, dass sie ein Umweltmanagementsystem einrichten[76], Um-

---

[66] Der Begriff „negative Auswirkungen" dürfte ebenso zu verstehen sein, wie im Rahmen der UN-Leitprinzipien für Wirtschaft und Menschenrechte, vgl. *Krajewski*, ZaöRV 2016, 309, 315.

[67] *OECD* (2023), OECD-Leitsätze für multinationale Unternehmen, Kapitel IV, Ziff. 1.

[68] *OECD* (2023), OECD-Leitsätze für multinationale Unternehmen, Kapitel IV, Ziff. 2.

[69] *OECD* (2023), OECD-Leitsätze für multinationale Unternehmen, Kapitel IV, Ziff. 3.

[70] *OECD* (2023), OECD-Leitsätze für multinationale Unternehmen, Kapitel IV, Ziff. 4.

[71] *OECD* (2023), OECD-Leitsätze für multinationale Unternehmen, Kapitel IV, Ziff. 5.

[72] *OECD* (2023), OECD-Leitsätze für multinationale Unternehmen, Kapitel IV, Ziff. 6.

[73] Zit.: *Krajewski*, ZaöRV 2016, 309, 313.

[74] *Hennings*, Über das Verhältnis von Multinationalen Unternehmen zu Menschenrechten – Eine Bestandsaufnahme aus juristischer Perspektive, 2009, S. 134; *Krajewski*, ZaöRV 2016, 309, 312; für eine Klassifizierung als „völkerrechtsähnliche Normen": *Weidmann*, Der Beitrag der OECD-Leitsätze für multinationale Unternehmen zum Schutz der Menschenrechte, 2014, S. 415.

[75] *OECD* (2023), OECD-Leitsätze für multinationale Unternehmen, Kapitel VI.

[76] *OECD* (2023), OECD-Leitsätze für multinationale Unternehmen, Kapitel VI, Ziff. 1.

weltschädigungen reduzieren[77] und sich um eine Verbesserung der Umweltergebnisse in der Lieferkette bemühen[78]. Ferner sollen sie „zur Konzipierung einer staatlichen Umweltpolitik beitragen, die ökologische Verantwortung und ökonomische Effizienz verbindet"[79], was beispielsweise durch Partnerschaften oder Initiativen, mit denen das Umweltbewusstsein gestärkt und der Umweltschutz verbessert wird, erreicht werden könne.

Die Teilnehmerstaaten – zu denen auch die Bundesrepublik Deutschland zählt – haben sich dazu verpflichtet, die OECD-Leitsätze umzusetzen und sich für ihre Anwendung einzusetzen. Zu diesem Zweck müssen die Regierungen der Staaten eine nationale Kontaktstelle[80] einrichten, welche die Beachtung der Leitsätze fördert und als Diskussionsforum für sämtliche Fragen bezüglich der Leitsätze fungiert.[81] Die nationalen Kontaktstellen bearbeiten die Beschwerden von juristischen oder natürlichen Personen mit einem nachweislichen Interesse für die Nichtumsetzung der Leitsätze durch Unternehmen. Eingegangene Beschwerden werden dann in einem Schlichtungs- und Mediationsverfahren mit dem betreffenden Unternehmen erörtert.[82] Im Falle eines Verstoßes gegen die Leitsätze hält die Kontaktstelle diesen am Ende des Prozesses in einer finalen Stellungnahme fest, welche sie auf ihrer Internetseite veröffentlicht.[83] Durch die Veröffentlichung kann es zu Reputationseinbußen kommen, weshalb die Unternehmen jedenfalls ein Interesse daran haben, die (an sich rechtlich unverbindlichen Leitsätze) einzuhalten.[84]

III. Völkerrechtliche Übereinkommen zum Schutz der Umwelt

1. Das Minamata-Übereinkommen über Quecksilber

Die völkerrechtlichen Übereinkommen zum Schutz der Menschenrechte werden im LkSG flankiert durch verschiedene Umweltabkommen, welche allerdings allesamt ebenfalls die Unversehrtheit von Menschenrechten zum Gegenstand haben.[85]

---

[77] *OECD* (2023), OECD-Leitsätze für multinationale Unternehmen, Kapitel VI, Ziff. 3 f.

[78] *OECD* (2023), OECD-Leitsätze für multinationale Unternehmen, Kapitel VI, Ziff. 5.

[79] Zit.: *OECD* (2023), OECD-Leitsätze für multinationale Unternehmen, Kapitel VI, Ziff. 8.

[80] Dazu ausführlich *Krajewski*, ZaöRV 2016, 309, 317 ff.; *Fuchs*, EuZW 2023, 399 ff.

[81] *OECD* (2023), OECD-Leitsätze für multinationale Unternehmen, Kapitel I, Ziff. 11.

[82] Zu ausgewählten Fällen, die bislang von der nationalen Kontaktstelle bearbeitet wurden, vgl. *Krajewski/Bozorgzad/Heß*, ZaöRV 2016, 309, 321 ff.

[83] *Jahn*, ZUR 2020, 526.

[84] *Mittwoch*, Nachhaltigkeit und Unternehmensrecht, 2022, S. 175.

[85] Vgl. Art. 1 des Minamata-Übereinkommens; Art. 1 des Stockholmer Übereinkommens; Präambel des Basler Übereinkommens (dazu sogleich).

Bei dem Minamata-Übereinkommen[86] handelt es sich um einen völkerrechtlichen Vertrag aus dem Jahre 2013, dessen Name auf die japanische Küstenstadt Minamata zurückgeht, in der Mitte der 1950er Jahre Tausende Menschen erhebliche – teilweise tödliche – Gesundheitsschäden[87] erlitten, weil ein Chemiekonzern quecksilberhaltiges Abwasser in eine der Stadt vorgelagert Bucht geleitete hatte.[88] Das Minamata-Überreinkommen verfolgt den Zweck, die menschliche Gesundheit und die Umwelt vor anthropogenen Emissionen und Freisetzungen von Quecksilber[89] und Quecksilberverbindungen in die Luft, das Wasser und den Boden zu schützen.[90] Es umfasst den gesamten Lebenszyklus von Quecksilber, angefangen beim Quecksilberbergbau bis hin zur Quecksilberentsorgung.[91]

a) Verbot der Herstellung, Einfuhr und Ausfuhr von mit Quecksilber versetzten Produkten

Die Vertragsstaaten haben gemäß Art. 4 Abs. 1 des Minamata-Übereinkommens geeignete Maßnahmen zu ergreifen, um die Herstellung, Einfuhr und Ausfuhr von mit Quecksilber versetzten Produkten, die in Anlage A Teil I des Abkommens aufgeführt sind, zu verhindern. Darunter fallen etwa Pestizide, Biozide, topische Antiseptika oder bestimmte Arten von Batterien. Für die verschiedenen als risikoträchtig erachteten Produkte wird jeweils ein Ausstiegsdatum[92] festgelegt. Ausnahmen von dem Herstellungs-, Einfuhr- und Ausfuhrverbot regelt Anlage A Teil I des Abkommens. Nicht verboten sind danach etwa bestimmte Impfstoffe oder Produkte, die für den Zivilschutz und militärische Verwendungszwecke unerlässlich sind.[93]

Art. 4 Abs. 2 des Minamata-Übereinkommens erlaubt den Vertragsstaaten zudem, unter gewissen Voraussetzungen von den Vorgaben des Übereinkommens abweichende Maßnahmen zu treffen oder Strategien zur Verringerung bestehender

---

[86] Übereinkommen von Minamata vom 10.10.2013 über Quecksilber, BGBl. 2017 II S. 610.

[87] Zu den Auswirkungen von Quecksilber auf die menschliche Gesundheit siehe Deutsche Welle, Giftiges Schwermetall, abrufbar unter: https://www.dw.com/de/was-macht-quecksilber-giftig/a-16514157-0 (Stand: 09.07.2013), zuletzt abgerufen am 30.07.2024.

[88] *Bundesministerium für Umwelt, Naturschutz, nukleare Sicherheit und Verbraucherschutz*, Die Minamata-Konvention, abrufbar unter: https://www.bmuv.de/themen/chemikalien sicherheit/minamata-uebereinkommen (Stand: 21.04.2021), zuletzt abgerufen am 30.07.2024; *Ruttloff/Schulga*, in: Wagner/Ruttloff/Wagner, LkSG, § 2 Rn. 248.

[89] Unter den Begriff Quecksilber fällt nach Art. 2 lit. d des Minamata-Übereinkommens elementares Quecksilber (HG(O)) mit der CAS-Nummer 7439-97-6.

[90] Vgl. Art. 1 des Minamata-Übereinkommens; siehe auch *Bundesministerium für Umwelt, Naturschutz, nukleare Sicherheit und Verbraucherschutz*, Die Minamata-Konvention.

[91] *Bundesministerium für Umwelt, Naturschutz, nukleare Sicherheit und Verbraucherschutz*, Die Minamata-Konvention.

[92] Bei sämtlichen in Anlage A genannten Produkten ist das Jahr 2020 als Ausstiegsdatum vorgesehen.

[93] Vgl. *Gabriel*, in: Johann/Sangi, LkSG, § 2 Rn. 122.

Risiken zu verfolgen. Von dem für die risikoträchtigen Produkte vorgesehenen Ausstiegsdatum können die Vertragsstaaten unter bestimmten Voraussetzungen[94] Ausnahmeregelungen registrieren lassen.

b) Verbot der Verwendung von Quecksilber und Quecksilberverbindungen bei Herstellungsprozessen

Bestimmungen zur Verwendung von Quecksilber bei Herstellungsprozessen enthält insbesondere Art. 5 des Minamata-Übereinkommens. Nach seinem Absatz 2 hat jede Vertragspartei durch Ergreifung geeigneter Maßnahmen dafür zu sorgen, dass die Verwendung von Quecksilber und Quecksilberverbindungen[95] bei den in Anlage B Teil I aufgeführten Herstellungsprozessen nach Erreichen des vorgesehenen Ausstiegsdatums unterbleibt. Als risikoträchtige Herstellungsprozesse werden die Chloralkali-Herstellung (Ausstiegsdatum: 2025) sowie die Acetaldehydherstellung, bei welcher Quecksilber- und Quecksilberverbindungen als Katalysator verwendet werden (Ausstiegsdatum: 2018), ausgewiesen. Von den Anlage B zu entnehmenden Ausstiegsdaten können Ausnahmen registriert werden.[96]

c) Umweltgerechte Behandlung von Quecksilberabfällen

Für die Behandlung von Abfällen wird überwiegend auf das Basler Übereinkommen verwiesen.[97] Art. 11 Abs. 3 des Minamata-Übereinkommens legt den Vertragsparteien das Ergreifen geeigneter Maßnahmen zur fachgerechten Entsorgung von Quecksilberabfällen[98] auf. Dabei werden bestimmte Richtlinien, die aufgrund des Basler Übereinkommens erarbeitet wurden, in Bezug genommen.[99] Konkret handelt es sich um die *Technical guidelines on the enviromentally sound management of wastes consisting of, containing or contaminated with mercury or mercury compounds*[100], welche detaillierte Vorgaben, etwa zur Abfalltrennung und

---

[94] Zu den Voraussetzungen siehe Art. 6 des Minamata-Übereinkommens.

[95] Quecksilberverbindungen sind Stoffe, die aus Quecksilberatomen und einem oder mehreren anderen Atomen anderer chemischer Elemente bestehen und die sich nur durch chemische Reaktionen in verschiedene Bestandteile trennen lassen, vgl. Art. 2 lit. e des Minamata-Übereinkommens.

[96] Die Registrierung erfolgt auch hier nach Maßgabe des Art. 6 des Minamata-Übereinkommens.

[97] Vgl. Art. 11 Abs. 1 des Minamata-Übereinkommens.

[98] Quecksilberabfälle sind Stoffe oder Gegenstände, die in einer Menge oberhalb bestimmter Schwellenwerte aus Quecksilber oder Quecksilberverbindungen bestehen, Quecksilber oder Quecksilberverbindungen enthalten oder mit Quecksilber oder Quecksilberverbindungen verunreinigt sind, vgl. Art. 11 Abs. 2 des Minamata-Übereinkommens.

[99] Vgl. Art. 11 Abs. 3 lit. a des Minamata-Übereinkommens.

[100] Abrufbar unter: http://www.basel.int/Implementation/TechnicalMatters/DevelopmentofTechnicalGuidelines/TechnicalGuidelines/tabid/8025/Default.aspx (Stand: 08. 07. 2022), zuletzt abgerufen am 30. 07. 2024.

Abfallsammlung[101], zur Lagerung von Quecksilberabfällen[102] oder zur Vermeidung von Schadstoffemissionen[103] enthalten. Die Wiederverwertung oder Rückgewinnung von Quecksilber darf nur für eine nach dem Minamata-Übereinkommen zulässige Verwendung oder zur fachgerechten Entsorgung erfolgen.[104] Der Export von Quecksilberabfällen wird ebenfalls nur zum Zwecke der umweltgerechten Entsorgung gestattet.[105]

Sowohl das Verbot der Herstellung von mit Quecksilber versetzten Produkten (Artikel 4 Absatz 1) als auch das Verbot der Verwendung von Quecksilber und Quecksilberverbindungen bei Herstellungsprozessen (Artikel 5 Absatz 2) sowie das Verbot der Behandlung von Quecksilberabfällen (Artikel 11 Absatz 3) werden über § 2 Abs. 3 Nr. 1–3 LkSG in das LkSG integriert.

2. Das Stockholmer Übereinkommen über persistente organische Schadstoffe (PoP-Übereinkommen[106])

Das Stockholmer Übereinkommen[107] ist ein völkerrechtlicher Vertrag aus dem Jahre 2001, welcher das Ziel verfolgt, die menschliche Gesundheit und die Umwelt vor persistenten organischen Schadstoffen[108] zu schützen.[109]

Dazu enthält er insbesondere Verbote bzw. Beschränkungen für die Herstellung und Verwendung sowie die Ein- und Ausfuhr bestimmter – in den Anlagen A und

---

[101] Technical guidelines on the enviromentally sound management of wastes consisting of, containing or contaminated with mercury or mercury compounds, S. 40 ff., wobei sich die Seitenzahlen auf die englische Sprachfassung des Dokuments beziehen.

[102] Technical guidelines on the enviromentally sound management of wastes consisting of, containing or contaminated with mercury or mercury compounds, S. 47 ff.

[103] Technical guidelines on the enviromentally sound management of wastes consisting of, containing or contaminated with mercury or mercury compounds, S. 62 ff.

[104] Vgl. Art. 11 Abs. 3 lit. b des Minamata-Übereinkommens.

[105] Vgl. Art. 11 Abs. 3 lit. c des Minamata-Übereinkommens.

[106] Teilweise wird das Übereinkommen auch als PoP-Konvention bezeichnet, vgl. *Bundesamt für Umwelt* (Schweiz), Stockholmer Übereinkommen über persistente organische Schadstoffe (PoP-Konvention), abrufbar unter: https://www.bafu.admin.ch/bafu/de/home/themen/chemikalien/fachinformationen/internationales–chemikalien/stockholmer-pop-uebereinkommen-ueber-persistente-organische-scha.html, zuletzt abgerufen am 30.07.2024.

[107] Stockholmer Übereinkommen vom 23. Mai 2001 über persistente organische Schadstoffe, BGBl. 2002 II S. 803 (POP-Übereinkommen), zuletzt geändert durch den Beschluss vom 6. Mai 2005, BGBl. 2009 II S. 1060.

[108] Persistente organische Schadstoffe (Persistent Organic Pollutants) sind chemische Substanzen, die in der Umwelt verbleiben, da sie schwer abbaubar sind und sich vor allem über Nahrungsketten, insbesondere im Fettgewebe anreichern und dadurch schädlich für die menschliche Gesundheit und Umwelt sein können (etwa bestimmte Pflanzenschutzmittel, Industriechemikalien sowie gewisse Nebenprodukte aus Produktions- und Verbrennungsprozessen), vgl. *Ruttloff/Schulga*, in: Wagner/Ruttloff/Wagner, LkSG, § 2 Rn. 272.

[109] Vgl. Art. 1 des Stockholmer Übereinkommens.

B[110] – aufgelisteter Chemikalien.[111] Zu den verbotenen Substanzen, deren Katalog im Laufe der Jahre erweitert wurde, zählen beispielsweise Aldrin, Chlordan, Dieldrin, Mirex oder auch Hexachlorbenzol. Für einige der aufgeführten Chemikalien sieht Anlage A Bereichsausnahmen vor, die eine Verwendung der Substanz bei bestimmten Prozessen – etwa landwirtschaftlichen Maßnahmen[112] – erlauben. Ferner sind Mengen einer Chemikalie, deren Einsatz für die Forschung im Labormaßstab oder als Referenzsubstanz vorgesehen ist, grundsätzlich nicht von den Verboten und Beschränkungen erfasst. Art. 5 des Stockholmer Übereinkommens statuiert Pflichten zur Verringerung der Freisetzung von unerwünschten Nebenprodukten, die unbeabsichtigt an anthropogenen Quellen (insbesondere bei Produktions- und Verbrennungsprozessen) gebildet und von diesen freigesetzt werden. Dazu werden die Vertragsstaaten vor allem zur Erstellung eines Aktionsplans und zu bestimmten Fördermaßnahmen angehalten.

Das PoP-Übereinkommen enthält weiterhin Bestimmungen zur Verringerung von Emissionen aus Lagerbeständen und Abfällen.[113] Nach diesen haben die Vertragsstaaten eine sichere, effiziente und umweltgerechte Behandlung von Lagerbeständen sicherzustellen[114] sowie geeignete Maßnahmen zu treffen, damit Abfälle so entsorgt werden, dass die darin enthaltenen persistenten organischen Schadstoffe zerstört oder unumkehrbar umgewandelt werden, sodass sie nicht mehr die Eigenschaften persistenter organischer Schadstoffe aufweisen. Alternativ darf auch auf andere umweltgerechte Entsorgungsmethoden zurückgegriffen werden[115].

Der Unionsgesetzgeber hat das PoP-Übereinkommen im Jahre 2019 per EU-Verordnung[116] ins europäische Recht übernommen. In das LkSG integriert werden über § 2 Abs. 3 Nr. 4–5 LkSG sowohl das Verbot der Herstellung und Verwendung von Chemikalien (Artikel 3 Absatz 1) als auch das Verbot der nicht umweltgerechten Handhabung, Sammlung, Lagerung und Entsorgung von Abfällen (Artikel 6 Absatz 1).

---

[110] Anlage A listet zu eliminierende Chemikalien auf, Anlage B listet Beschränkungen hinsichtlich der Produktion und Verwendung von DDT – Dichlorodiphenyltrichloroethan – (Insektizid mit der CAS-Nr.: 50-29-3) auf.

[111] Vgl. Art. 3 Abs. 1 und 2 des Stockholmer Übereinkommens.

[112] Bei landwirtschaftlichen Maßnahmen darf etwa Dieldrin verwendet werden, der Einsatz von Mirex bleibt jedenfalls als Termitenvernichtungsmittel erlaubt, vgl. Anlage A des Stockholmer Übereinkommens.

[113] Vgl. Art. 6 des Stockholmer Übereinkommens.

[114] Vgl. Art. 6 Abs. 1 lit. c des Stockholmer Übereinkommens.

[115] Vgl. Art. 6 Abs. 1 lit. d Ziff. ii) des Stockholmer Übereinkommens.

[116] Verordnung (EU) 2019/1021 des Europäischen Parlaments und des Rates vom 20. Juni 2019 über persistente organische Schadstoffe (ABl. EU L 169 vom 26.05.2019, S. 45).

3. Das Basler Übereinkommen über die Kontrolle der grenzüberschreitenden Verbringung gefährlicher Abfälle und ihrer Entsorgung

Das Basler Übereinkommen[117] ist ein völkerrechtlicher Vertrag aus dem Jahre 1989, welcher das Ziel verfolgt, Schädigungen der menschlichen Gesundheit und der Umwelt durch Abfälle zu vermeiden.[118] Zu diesem Zweck enthält es zahlreiche Vorgaben zur grenzüberschreitenden Verbringung von Abfällen, die durch Bestimmungen zur Reduktion der erzeugten Abfallmengen ergänzt werden. Zentraler Bestandteil des Übereinkommens sind eine Reihe „allgemeiner Verpflichtungen“[119].

a) Allgemeine Verpflichtungen der Vertragsstaaten

Diese verlangen von den Vertragsstaaten die Ausfuhr gefährlicher Abfälle oder sonstiger Abfälle in andere Vertragsstaaten zu unterbinden, wenn Letztere die Einfuhr derartiger Abfälle verboten[120] haben.[121] Wurde die Einfuhr nicht verboten, darf eine Ausfuhr nur zugelassen werden, soweit der andere Vertragsstaat in die Einfuhr schriftlich eingewilligt hat.[122] Zudem dürfen die Vertragsparteien des Übereinkommens weder die Ausfuhr von Abfällen in eine Nichtvertragspartei noch deren Einfuhr aus einer Nichtvertragspartei erlauben.[123] Sie müssen ferner verlangen, dass Abfälle, die ausgeführt werden, im Einfuhrstaat umweltgerecht behandelt werden.[124]

Verfügt der Ausfuhrstaat über die technische Fähigkeit und die notwendigen Anlagen, die Mittel oder die geeigneten Deponien, um die fraglichen Abfälle umweltgerecht und wirksam zu entsorgen, darf die grenzüberschreitende Verbringung zugelassen werden, wenn die fraglichen Abfälle als Rohstoff für Verwertungs- und Aufbereitungsindustrien im Einfuhrstaat benötigt werden oder die betreffende grenzüberschreitende Verbringung mit anderen von den Vertragsparteien zu beschließenden Kriterien, die nicht gegen die Ziele des Übereinkommens verstoßen, übereinstimmt.[125]

---

[117] Basler Übereinkommen über die Kontrolle der grenzüberschreitenden Verbringung gefährlicher Abfälle und ihrer Entsorgung vom 22. März 1989, BGBl. 1994 II S. 2703 (Basler Übereinkommen).

[118] Vgl. Präambel des Basler Übereinkommens.

[119] So ausdrücklich Art. 4 des Basler Übereinkommens.

[120] Die Vertragspartei muss das Verbot allerdings dem Sekretariat des Basler Übereinkommens mitteilen, damit die anderen Vertragsparteien in Kenntnis gesetzt werden, vgl. Art. 4 Abs. 1 lit. b in Verbindung mit Art. 13 Abs. 2 des Überreinkommens.

[121] Vgl. Art. 4 Abs. 1 lit. b des Basler Übereinkommens.

[122] Vgl. Art. 4 Abs. 1 lit. c des Basler Übereinkommens.

[123] Vgl. Art. 4 Abs. 5 des Basler Übereinkommens.

[124] Vgl. Art. 4 Abs. 8 des Basler Übereinkommens.

[125] Vgl. Art. 4 Abs. 9 des Basler Übereinkommens.

b) Gefährliche und sonstige Abfälle

Abfälle im Sinne des Basler Übereinkommens sind Stoffe oder Gegenstände, die entsorgt werden, zur Entsorgung bestimmt sind oder aufgrund der innerstaatlichen Rechtsvorschriften entsorgt werden müssen.[126] Dabei wird zwischen gefährlichen Abfällen und sonstigen Abfällen unterschieden, wobei die zuvor genannten Bestimmungen sich allesamt sowohl auf gefährliche als auch auf sonstige Abfälle beziehen. Relevant wird die Unterscheidung etwa in Art. 4a des Übereinkommens. Dieser lässt die sonstigen Abfälle außer Acht und statuiert ein Verbot der Ausfuhr gefährlicher Abfälle aus den in einer Anlage VII aufgeführten Staaten in einen Staat, der nicht in der Anlage aufgeführt ist. Hierdurch wird insbesondere verhindert, dass OECD-Mitgliedstaaten gefährlichen Abfall in einen Nichtmitgliedstaat exportieren.

Gefährliche Abfälle sind Abfälle, die Gegenstand grenzüberschreitender Verbringung sind und in Anlage I des Übereinkommens genannt[127] oder von dem Einfuhrstaat als gefährlich eingestuft werden.[128] Darunter fallen etwa klinischer Abfall, der bei der ärztlichen Versorgung in Krankenhäusern, medizinischen Zentren und Kliniken anfällt, Abfälle aus der Herstellung und Zubereitung pharmazeutischer Erzeugnisse, Altmedikamente sowie Abfälle von Arznei- und Heilmitteln.[129]

Sonstige Abfälle sind solche, die Gegenstand grenzüberschreitender Verbringung sind und Anlage II des Übereinkommens entnommen werden können.[130] Um die Einstufung als „gefährlicher Abfall“ zu erleichtern, wurden zwei weitere Anlagen – die Anlagen VIII und IX – in das Abkommen eingefügt, welche einige Abfälle ausdrücklich als gefährlich oder nicht gefährlich klassifizieren.

c) Koordination grenzüberschreitender Abfallverbringung

Ein weiteres zentrales Element des Basler Übereinkommens ist die Bestimmung bzw. Einrichtung einer für die Durchführung des Übereinkommens zuständigen Behörde und einer Anlaufstelle.[131]

Die zuständige Behörde hat in erster Linie die Aufgabe, jede vorgesehene grenzüberschreitende Verbringung gefährlicher Abfälle oder anderer Abfälle den von der Verbringung betroffenen (Einfuhr-)Staaten schriftlich mitzuteilen. Alter-

---

[126] Vgl. Art. 2 Nr. 1 des Basler Übereinkommens.

[127] Eine Rückausnahme gilt allerdings, wenn die Abfälle keine der in Anlage III genannten Eigenschaften – etwa explosiv, giftig, entzündbar, infektiös – besitzen, vgl. Art 1 Abs. 1 lit. a des Basler Übereinkommens.

[128] Vgl. Art. 1 Abs. 1 des Basler Übereinkommens.

[129] Vgl. Anlage I des Basler Übereinkommens.

[130] Vgl. Art. 1 Abs. 2 des Basler Übereinkommens.

[131] Vgl. Art. 5 des Basler Übereinkommens.

nativ kann sie auch vom Erzeuger oder Exporteur verlangen, dies zu tun.[132] Die schriftliche Mitteilung muss dabei eine Vielzahl von Angaben – etwa eine Begründung für die Ausfuhr der Abfälle, den Abfallexporteur, den Abfallerzeuger und den Entstehungsort des Abfalls[133] – enthalten. Geht eine schriftliche Mitteilung beim Einfuhrstaat ein, kann dieser reagieren und seine Zustimmung zu der grenzüberschreitenden Verbringung erklären, weitere Informationen verlangen oder die Zustimmung verweigern.[134] Die einzurichtende Anlaufstelle ist primär für die Entgegennahme und Mitteilung von Informationen in Bezug auf Unfälle bei der Abfallverbringung sowie für den Informationsaustausch zur Durchführung einer Konferenz der Vertragsstaaten verantwortlich.[135]

Das Basler Übereinkommen wurde durch die EU-Verordnung (EG) Nr. 1013/2006[136] und ihre nachfolgenden Änderungen in das europäische Recht implementiert. In das LkSG werden über § 2 Abs. 3 Nr. 6–8 LkSG sowohl die Einfuhrverbote als auch die Ausfuhrverbote für gefährliche und sonstige Abfälle integriert.

B. Überblick über das Lieferkettensorgfaltspflichtengesetz

Die zuvor dargestellten Übereinkommen bilden die völkerrechtliche Grundlage des deutschen LkSG. Dieses verpflichtet bestimmte Unternehmen zur Einhaltung menschenrechtlicher Sorgfaltspflichten in der gesamten Lieferkette und greift damit den Ansatz der UN-Leitprinzipien für Wirtschaft und Menschenrechte sowie der OECD-Leitsätze für multinationale Unternehmen auf.[137] Der Inhalt des Gesetzes wird im Folgenden dargestellt.

I. Anwendungsbereich

1. Persönlicher und geografischer Anwendungsbereich

Die Vorschriften des LkSG gelten nach § 1 Abs. 1 Satz 1 LkSG rechtsformunabhängig[138] für inländische Unternehmen.[139] Der Unternehmensbegriff ist dabei

---

[132] Vgl. Art. 6 des Basler Übereinkommens.

[133] Vgl. Anlage V A des Basler Überreinkommens.

[134] Vgl. Art. 6 Abs. 2 des Basler Übereinkommens.

[135] Vgl. Art. 2 Nr. 7 des Basler Übereinkommens.

[136] Verordnung (EG) 1013/2006 des Europäischen Parlaments und des Rates vom 14. Juni 2006 über die Verbringung von Abfällen (ABl. EU L 190 vom 12.07.2006, S. 1).

[137] Vgl. BT-Drucks. 19/28649, S. 34 f.

[138] Da sich der Anwendungsbereich nicht nur auf Kaufleute erstreckt, werden auch gemeinnützige oder non-profit-Organisationen (etwa Verbände und Kirchen) vom LkSG erfasst,

rechtsträgerbezogen und nicht rechtsträgerübergreifend zu verstehen[140] und setzt nach überzeugender Auffassung[141] eine wirtschaftliche Betätigung am Markt voraus[142]. Ein Inlandsbezug liegt vor, wenn die Unternehmen ihre Hauptverwaltung, ihre Hauptniederlassung, den Verwaltungssitz oder den satzungsmäßigen Sitz[143] in der Bundesrepublik Deutschland haben.[144] Die Begriffe „Hauptverwaltung"[145], „Hauptniederlassung"[146] und „Verwaltungssitz"[147] stammen aus dem Unionsrecht. Ihre Definitionen sind harmonisiert und können daher bei der Begriffsauslegung herangezogen werden.[148] Zusammengefasst fallen diejenigen Unternehmen unter den Anwendungsbereich des LkSG, die ihre „Schaltzentrale"[149], in welcher rele-

---

soweit sie am Markt unternehmerisch tätig sind, vgl. *Spindler*, ZHR 186 (2022), 67, 73; *Nietsch/Wiedmann*, NJW 2022, 1, 5.

[139] Zur Anwendbarkeit des LkSG auf Betreiber von Online-Marktplätzen siehe *Meyer*, ZVertriebsR 2023, 350, 351.

[140] Vgl. dazu näher *Walden*, in: Depping/Walden, LkSG, § 1 Rn. 18.

[141] Der Unternehmensbegriff des LkSG ist mangels Legaldefinition und gesetzgeberischer Klarstellung umstritten, vgl. dazu ausführlich *Widdrat/Harnischmacher*, CRZ 2023, 37 ff.

[142] *Widdrat/Harnischmacher*, CRZ 2023, 37, 41; *Walden*, in: Depping/Walden, LkSG, § 1 Rn. 25 ff.; *Johann/Wildfeuer*, in: Johann/Sangi, LkSG, § 1 Rn. 6 f.; *Langenhagen*, in: Fleischer/Mankowski, LkSG, § 1 Rn. 36 ff., 47; *Schmelzeisen*, in: Gehling/Ott, LkSG, § 1 Rn. 7; *Spindler*, ZHR 188 (2022), 67, 73.

[143] Als satzungsmäßiger Sitz kann der Ort im Inland begriffen werden, den die Satzung bzw. der Gesellschaftsvertrag festlegt, vgl. *Walden*, in: Depping/Walden, LkSG, § 1 Rn. 49; *Falder/Frank-Fahle/Poleacov*, Lieferkettensorgfaltspflichtengesetz, S. 8; der satzungsmäßige Sitz muss dem Verwaltungssitz nicht entsprechen, vgl. *Würz/Birker*, Lieferkettensorgfaltspflichtengesetz, S. 104.

[144] Vgl. § 1 Abs. 1 S. 1 Nr. 1 LkSG.

[145] Als Hauptverwaltung ist der Ort anzusehen, an dem die Willensbildung und – für Dritte objektiv erkennbar – die eigentliche unternehmerische Leitung der Gesellschaft erfolgt, also regelmäßig der Sitz der Gesellschaftsorgane, bei einer im Konzern eingebundenen Gesellschaft jedoch nicht der Sitz der Konzernleitung, sondern der Gesellschaftsorgane des abhängigen Unternehmens, welches das Niederlassungsrecht in Anspruch nehmen will, vgl. *Walden*, in: Depping/Walden, LkSG, § 1 Rn. 47; *Falder/Frank-Fahle/Poleacov*, Lieferkettensorgfaltspflichtengesetz, S. 7; *Johann/Wildfeuer*, in: Johann/Sangi, LkSG, § 1 Rn. 10.

[146] Unter Hauptniederlassung ist der Ort zu verstehen, an welchem der tatsächliche Geschäftsschwerpunkt und aus betriebswirtschaftlicher Sicht der Betriebsmittelpunkt zu sehen ist (im Falle einer Fabrik wäre dies in der Regel die zentrale Produktionsstätte), vgl. *Falder/Frank-Fahle/Poleacov*, Lieferkettensorgfaltspflichtengesetz, S. 7; *Walden*, in: Depping/Walden, LkSG, § 1 Rn. 48; *Johann/Wildfeuer*, in: Johann/Sangi, LkSG, § 1 Rn. 11.

[147] Der Verwaltungssitz ist der Ort, von dem aus ständig und tatsächlich die Geschäfte der Gesellschaft geführt werden, d. h. der Tätigkeitsort der Geschäftsführung und der dazu berufenen Vertretungsorgane, an welchem diese grundlegenden Entscheidungen der Geschäftsführung effektiv umsetzen, vgl. *Walden*, in: Depping/Walden, LkSG, § 1 Rn. 47; *Falder/Frank-Fahle/Poleacov*, Lieferkettensorgfaltspflichtengesetz, S. 7; *Johann/Wildfeuer*, in: Johann/Sangi, LkSG, § 1 Rn. 10.

[148] *Falder/Frank-Fahle/Poleacov*, Lieferkettensorgfaltspflichtengesetz, S. 7; *Walden*, in: Depping/Walden, LkSG, § 1 Rn. 44 ff.; *Johann/Wildfeuer*, in: Johann/Sangi, LkSG, § 1 Rn. 9.

[149] Zit.: *Falder/Frank-Fahle/Poleacov*, Lieferkettensorgfaltspflichtengesetz, S. 8.

vante Fragen des Risikomanagements getroffen werden, in der Bundesrepublik Deutschland haben.[150] Nicht erforderlich ist die Gründung des Unternehmens nach deutschem Recht.[151] Ein Inlandsbezug kann auch dadurch hergestellt werden, dass die betreffenden Unternehmen eine Zweigniederlassung – § 13d HGB – in Deutschland aufweisen.[152]

Um in den Anwendungsbereich des Gesetzes zu gelangen, setzt § 1 LkSG weiterhin voraus, dass das zu beobachtende Unternehmen in der Regel mindestens 3.000 Arbeitnehmer[153] im Inland beschäftigt.[154] Seit dem 01.01.2024 wurde dieser Schwellenwert auf 1.000 Arbeitnehmer reduziert.[155] Die Formulierung „in der Regel" bedeutet, dass die für das Unternehmen prägende Arbeitnehmerzahl maßgeblich ist.[156] Vorübergehende Schwankungen im Personalbestand – etwa aufgrund einer veränderten Auftragslage – haben daher keinen Einfluss darauf, ob ein Unternehmen dem Anwendungsbereich unterfällt.[157] Der Referenzzeitraum ist vom Einzelfall abhängig, soll sich nach der Gesetzesbegründung aber am Geschäftsjahr orientieren.[158] Bei der Berechnung sind grundsätzlich[159] auch ins Ausland entsandte Arbeitnehmer (§ 1 Abs. 1 Satz 1 Nr. 2 LkSG) sowie Leiharbeitnehmer[160] (§ 1 Abs. 2 LkSG) zu berücksichtigen, sofern Letztere mehr als sechs Monate eingesetzt werden. Bei verbundenen Unternehmen[161] sind sämtliche konzernangehörigen Gesellschaften zu berücksichtigen.[162] Dadurch wird gewährleistet, dass eine Mutter-

---

[150] Vgl. BT-Drucks. 19/28649, S. 33.

[151] Vgl. BT-Drucks. 19/28649, S. 33; *Würz/Birker*, Lieferkettensorgfaltspflichtengesetz, S. 104; *Falder/Frank-Fahle/Poleacov*, Lieferkettensorgfaltspflichtengesetz, S. 8.

[152] Vgl. § 1 Abs. 1 S. 2 Nr. 1 LkSG.

[153] Zum Arbeitnehmerbegriff des LkSG, vgl. *Johann/Wildfeuer*, in: Johann/Sangi, LkSG, § 1 Rn. 25 ff.; *Widdrat/Harnischmacher*, CRZ 2023, 37, 41 f.

[154] Dies folgt grundsätzlich aus § 1 Abs. 1 S. 1 Nr. 2 LkSG, für Unternehmen mit einer Zweigniederlassung in Deutschland aus § 1 Abs. 1 S. 2 Nr. 2 LkSG.

[155] Vgl. § 1 Abs. 1 S. 3 LkSG.

[156] BT-Drucks. 19/28649, S. 33; *Frank/Edel/Heine/Heine*, BB 2021, 2165.

[157] BT-Drucks. 19/28649, S. 33.

[158] BT-Drucks. 19/28649, S. 33; einen Zeitraum von zwei Jahren befürworten *Frank/Edel/Heine/Heine*, BB 2021, 2165.

[159] Bei ausländischen Unternehmen mit einer Zweigniederlassung im Sinne des § 13d HGB sind ins Ausland entsandte Arbeitnehmer nicht zu berücksichtigen, vgl. dazu *Frank/Edel/Heine/Heine*, BB 2021, 2165.

[160] Leiharbeitnehmer bleiben auch während der Zeit ihrer Arbeitsleistung bei einem Entleiher Angehörige des entsendenden Betriebs des Verleihers, vgl. § 14 Abs. 1 AÜG.

[161] Verbundene Unternehmen sind nach § 15 AktG rechtlich selbstständige Unternehmen, die im Verhältnis zueinander in Mehrheitsbesitz stehende Unternehmen und mit Mehrheit beteiligte Unternehmen (§ 16 AktG), abhängige und herrschende Unternehmen (§ 17 AktG), Konzernunternehmen (§ 18 AktG), wechselseitig beteiligte Unternehmen (§ 19 AktG) oder Vertragsteile eines Unternehmensvertrags (§§ 291, 292 AktG) sind.

[162] Vgl. § 1 Abs. 3 LkSG.

gesellschaft unter das LkSG fällt, unabhängig davon, ob die Arbeitnehmer bei der Muttergesellschaft oder bei den Tochtergesellschaften beschäftigt sind.[163]

Der Geltungsbereich des Gesetzes umfasst neben dem bereits dargestellten Inlandsbezug alle Schritte im In- und Ausland, die zur Herstellung der Produkte und zur Erbringung der Dienstleistungen erforderlich sind.[164] Die im LkSG statuierten Sorgfaltspflichten erstrecken sich über die deutschen Grenzen und den eigenen Geschäftsbereich des Unternehmens hinweg auf unmittelbare und mittelbare Zulieferer.[165] Der eigene Geschäftsbereich erfasst jede Tätigkeit zur Herstellung und Verwertung von Produkten und zur Erbringung von Dienstleistungen, unabhängig davon, ob sie an einem Standort im In- oder Ausland vorgenommen wird.[166]

2. Erstreckung des Anwendungsbereiches auf Tochterunternehmen

Tochtergesellschaften können unter bestimmten Voraussetzungen dem eigenen Geschäftsbereich der Muttergesellschaft zugeordnet werden. In verbundenen Unternehmen zählt zum eigenen Geschäftsbereich der Obergesellschaft eine konzernangehörige Gesellschaft, wenn die Obergesellschaft auf die konzernangehörige Gesellschaft einen bestimmenden Einfluss ausübt.[167] Ein bestimmender Einfluss bemisst sich nach einer Gesamtschau aller Umstände.[168] Maßgebliche Faktoren können eine hohe Mehrheitsbeteiligung an der Tochtergesellschaft, das Bestehen eines konzernweiten Compliance-Systems, die Übernahme von Verantwortung für die Steuerung von Kernprozessen im Tochterunternehmen, personelle Überschneidungen in der Führungsebene, ein starker Einfluss auf das Lieferkettenmanagement der Tochtergesellschaft, die Einflussnahme über die Gesellschafterversammlung oder die Tatsache, dass der Geschäftsbereich beider Gesellschaften sich (etwa aufgrund gleicher Produkte oder gleicher Dienstleistungen) entspricht, sein.[169] Wird auf eine Tochtergesellschaft ein bestimmender Einfluss ausgeübt, unterfällt sie dem eigenen Geschäftsbereich des zu beobachtenden Unternehmens unabhängig davon, ob sie sich im Inland oder im Ausland befindet, da § 2 Abs. 6 Satz 3 LkSG seinem Wortlaut nach keine Differenzierung nach Standorten vornimmt.[170] Eine Tochter-

---

[163] *Bürger/Müller/Walden*, in: Depping/Walden, LkSG, § 1 Rn. 83; *Falder/Frank-Fahle/Poleacov*, Lieferkettensorgfaltspflichtengesetz, S. 9.

[164] Vgl. § 2 Abs. 5 S. 2 LkSG.

[165] *Falder/Frank-Fahle/Poleacov*, Lieferkettensorgfaltspflichtengesetz, S. 10.

[166] Vgl. § 2 Abs. 6 S. 2 LkSG.

[167] Vgl. § 2 Abs. 6 S. 3 LkSG.

[168] *Falder/Frank-Fahle/Poleacov*, Lieferkettensorgfaltspflichtengesetz, S. 11.

[169] Vgl. die Aufzählung in BT-Drucks. 19/30505, S. 38.

[170] *Walden*, in: Depping/Walden, LkSG, § 1 Rn. 110; *Falder/Frank-Fahle/Poleacov*, Lieferkettensorgfaltspflichtengesetz, S. 12.

gesellschaft, auf welche kein bestimmender Einfluss ausgeübt wird, kann nur als Zulieferer in die Sorgfaltspflichten der Muttergesellschaft einbezogen werden.[171]

II. Geschützte Rechtsgüter

Das LkSG dient primär der „Verbesserung der internationalen Menschenrechtslage."[172] Es versucht, Verstöße in bestimmten Bereichen zu vermeiden und so eine Vielzahl unterschiedlicher Rechtsgüter zu schützen.[173] Die geschützten Rechtsposition werden in § 2 Abs. 1 LkSG näher erläutert und ergeben sich aus den in der Anlage zum LkSG (Nr. 1 – 11) aufgelisteten Übereinkommen zum Schutz der Menschenrechte. Bei den Übereinkommen handelt es sich um völkerrechtliche Verträge, die von der Bundesrepublik Deutschland ratifiziert wurden. Einen zentralen Bestandteil des Katalogs bilden die Kernübereinkommen der Internationalen Arbeitsorganisation (ILO-Kernarbeitsnormen). Daneben enthält er sowohl den ICCPR als auch den ICESCR, das Minamata-Übereinkommen, das POP-Übereinkommen sowie das Basler Übereinkommen. Die Auflistung orientiert sich an den UN-Leitprinzipien für Wirtschaft und Menschenrechte und den OECD-Leitsätzen für multinationale Unternehmen sowie der EU-Taxonomie-Verordnung[174].[175]

Aus den geschützten Rechtsgütern leitet das LkSG ausdrücklich normierte Verhaltensgebote ab, bei deren Auslegung gegebenenfalls das zu Grunde liegende Übereinkommen heranzuziehen ist.[176] So listet § 2 Abs. 3 Nr. 1 LkSG etwa das „das Verbot der Herstellung von mit Quecksilber versetzten Produkten gemäß Artikel 4 Absatz 1 und Anlage A Teil I des Übereinkommens von Minamata" auf, dessen Inhalt nur mithilfe des zitierten völkerrechtlichen Vertrages ermittelt werden kann.[177] Andere Verbote können auch ohne Heranziehung des zugrunde liegenden Übereinkommens angewendet werden, etwa weil der Inhalt der völkerrechtlichen Regelung im Normtext des LkSG abgebildet wird.[178] So entsprechen die Verbote in § 2 Abs. 2 Nr. 2 lit. a, b, und c dem Wortlaut des Art. 3 lit. a, b und c des ILO-Übereinkommens Nr. 182. Um Sorgfaltspflichten effektiv an ungewünschte Gefahrenquellen koppeln zu können, unterscheidet das LkSG zwischen menschenrechtlichen und umweltbezogenen Risiken.[179]

---

[171] *Falder/Frank-Fahle/Poleacov*, Lieferkettensorgfaltspflichtengesetz, S. 14.

[172] Zit.: BT-Drucks. 19/28649, S. 2; so auch *Grunewald*, NZG 2023, 2238, 2240.

[173] Ähnlich *Falder/Frank-Fahle/Poleacov*, Lieferkettensorgfaltspflichtengesetz, S. 19.

[174] Vgl. zur Taxonomie-VO etwa *Hirschmann*, ESG 2023, 42 ff.

[175] *Spindler*, ZHR 186 (2022), 67, 77; siehe auch BT-Drucks. 19/28649, S. 34 f.

[176] *Ruttloff/Schulga*, in: Wagner/Ruttloff/Wagner, LkSG, § 2 Rn. 93 ff.

[177] *Ruttloff/Schulga*, in: Wagner/Ruttloff/Wagner, LkSG, § 2 Rn. 97.

[178] Vgl. *Ruttloff/Schulga*, in: Wagner/Ruttloff/Wagner, LkSG, § 2 Rn. 97.

[179] Vgl. § 2 Abs. 2, 3 LkSG.

1. Menschenrechtliches Risiko

Das menschenrechtliche Risiko wird definiert als ein Zustand, bei dem aufgrund tatsächlicher Umstände mit hinreichender Wahrscheinlichkeit ein Verstoß gegen eines der aufgeführten Verbote droht.[180] Die anschließende Auflistung erfasst im Wesentlichen die Verbote der Kinderarbeit, der Sklaverei, der Zwangsarbeit und der Diskriminierung. Darüber hinaus sollen ungenügende Sicherheitsstandards am Arbeitsplatz verhindert und angemessene (Mindest-)Lohnzahlungen[181] gewährleistet werden.[182] Zur Auslegung der Vorgaben betreffend die Arbeitssicherheit wird eine Orientierung an den ILO-Übereinkommen Nr. 155 und Nr. 187 vorgeschlagen.[183]

§ 2 Abs. 2 Nr. 12 LkSG normiert einen Auffangtatbestand, indem er ein von den aufgezählten Verboten nicht erfasstes offensichtlich rechtswidriges Handeln verbietet und als menschenrechtliches Risiko klassifiziert, sofern das Verhalten unmittelbar geeignet ist, in besonders schwerwiegender Weise eine geschützte Rechtsposition zu beeinträchtigen. Damit enthält die Vorschrift eine Vielzahl hochgradig unbestimmter Rechtsbegriffe, welche der Auslegung bedürfen. Die Gesetzesbegründung fordert, dass das verbotene Verhalten geeignet sein muss, die geschützten Rechtspositionen „ebenso wie die ausdrücklich genannten Verbote“[184] zu verletzen. Richtigerweise kann daher solches Verhalten unter den Auffangtatbestand gefasst werden, welches qualitativ den aufgelisteten Menschenrechtsverletzungen entspricht.[185] Denkbar wären etwa Beeinträchtigungen des Rechts auf medizinische Versorgung[186] oder des Rechts auf Privatsphäre[187].[188]

2. Umweltbezogenes Risiko

Ein umweltbezogenes Risiko ist ein Zustand, bei dem auf Grund tatsächlicher Umstände mit hinreichender Wahrscheinlichkeit ein Verstoß gegen eines der aufgeführten Verbote droht.[189] Im Gegensatz zu dem umfangreichen Menschenrechtskatalog erfasst der Begriff des umweltbezogenen Risikos nur eine kurze Auflistung von Umweltabkommen. In Bezug genommen werden das Minamata-Übereinkom-

---

[180] Vgl. § 2 Abs. 2 LkSG.

[181] Existiert nach dem anzuwendenden Recht ein Mindestlohn, gilt dieser; anderenfalls richtet sich der angemessene Lohn nach den lokalen Lebenserhaltungskosten, vgl. *Schönfelder*, in: Grabosch, LkSG, § 4 Rn. 39.

[182] Vgl. auch *Falder/Frank-Fahle/Poleacov*, Lieferkettensorgfaltspflichtengesetz, S. 19.

[183] BT-Drucks. 19/28649, S. 36.

[184] Zit.: BT-Drucks. 19/28649, S. 39.

[185] So *Falder/Frank-Fahle/Poleacov*, Lieferkettensorgfaltspflichtengesetz, S. 33 f.

[186] Vgl. Art. 12.2 d ICESCR.

[187] Vgl. Art. 17 ICCPR.

[188] *Schönfelder*, in: Grabosch, LkSG, § 4 Rn. 54 f.

[189] Vgl. § 2 Abs. 3 LkSG.

men über Quecksilber, das Stockholmer Übereinkommen über persistente organische Schadstoffe sowie das Basler Übereinkommen über die Kontrolle der grenzüberschreitenden Verbringung gefährlicher Abfälle und ihrer Entsorgung.

Das LkSG übersetzt diese Übereinkommen insbesondere in Verbote bei der Herstellung und Verwendung von Quecksilber und anderen Chemikalien sowie in Verbote bei der Ein- und Ausfuhr von Abfällen.[190] Zur inhaltlichen Bestimmung der Verbotstatbestände muss stets das jeweilige umweltrechtliche Übereinkommen herangezogen werden, da der Wortlaut der Verbotstatbestände sich ansonsten als nicht subsumtionsfähig erweist.[191] Die maßgeblichen Bestimmungen sind bereits in Kap. 2 A. III. dargestellt worden.

3. Fehlende Implementierung klimabezogener Sorgfaltspflichten

Der Klimaschutz als solcher wurde nicht explizit in den Schutzbereich des LkSG aufgenommen. Begrifflich könnten hohe Treibhausgasemissionen aber als „schädliche Luftverunreinigungen“ im Sinne des § 2 Abs. 2 Nr. 9 LkSG bewertet werden.[192] Das Bundesrecht verwendet den Begriff der Luftverunreinigung auch in anderen Gesetzen. So taucht er etwa in der Überschrift des § 325 StGB auf und wird vor allem in § 3 Abs. 4 BImSchG legaldefiniert. Luftverunreinigungen sind danach Veränderungen der natürlichen Zusammensetzung der Luft, insbesondere durch Rauch, Ruß, Staub, Gase, Aerosole, Dämpfe oder Geruchsstoffe. Da die Aufzählung nicht abschließend erfolgt, werden auch Keime, Bazillen, Pollen sowie Treibhausgase unter den Tatbestand gefasst.[193] In der Literatur wird vorgeschlagen, den Begriff aus dem BImSchG ins LkSG zu transferieren.[194] Treibhausgasemissionen wären dann grundsätzlich vom LkSG erfasst.

Der Wortlaut des § 2 Abs. 2 Nr. 9 LkSG verlangt allerdings nicht nur das Vorliegen einer (schädlichen) Luftverunreinigung, sondern zusätzlich, dass einer der im Gesetz aufgezählten Erfolge – bspw. eine Beeinträchtigung der natürlichen Grundlagen zum Erhalt von Nahrung oder die Zerstörung von Sanitäranlagen – eintritt.[195] Begreift man die genannten Beeinträchtigungen als klimarelevante Schäden, könnte man dem Verbotstatbestand wohl einen – wie auch immer gearteten – mittelbaren Klimaschutzeffekt zusprechen.[196] Fällt nämlich eine bestimmte Tätigkeit, durch die zur Klimaerwärmung beitragende Luftschadstoffe ausgestoßen werden, in den Schutzbereich des § 2 Abs. 2 Nr. 9 LkSG und reduziert ein Unter-

[190] Vgl. dazu *Falder/Frank-Fahle/Poleacov*, Lieferkettensorgfaltspflichtengesetz, S. 35 ff.

[191] Vgl. die Auflistung und die Bezugnahmen in § 2 Abs. 3 LkSG.

[192] So wohl auch im Ergebnis *Gailhofer/Verheyen*, ZUR 2021, 402, 404; *Wehrmann*, in: Depping/Walden, LkSG, § 2 Rn. 352.

[193] *Jarass*, in: Jarass, BImSchG, 15. Auflage 2024, § 3 Rn. 5.

[194] *Holbach*, Das Recht auf Wasser im LkSG, 2023, S. 83.

[195] *Wehrmann*, in: Depping/Walden, LkSG, § 2 Rn. 348.

[196] Vgl. *Gailhofer/Verheyen*, ZUR 2021, 402, 404.

nehmen diese, um seinen Sorgfaltspflichten nachzukommen, lässt sich ein positiver Effekt für das Klima jedenfalls nicht von der Hand weisen.[197]

Allgemeine klimabezogene Sorgfaltspflichten zur generellen Reduktion von Treibhausgasemissionen lassen sich aus dem Verbotstatbestand allerdings nicht ableiten:[198] Zunächst macht schon die systematische Stellung des § 2 Abs. 2 Nr. 9 LkSG (verordnet unter „menschenrechtliche Risiken") deutlich, dass die Vorschrift keinen allgemeinen Umwelt- und Klimaschutz gewähren möchte, sondern ausschließlich dem Schutz der im Einzelfall bedrohten Menschenrechte dient.[199] Dieses Ergebnis wird durch die fehlende Einbeziehung des Pariser Klimaabkommens oder sonstiger klimabezogener Regelwerke in das LkSG bestätigt. Der Gesetzgeber hätte die Einführung klimabezogener Sorgfaltspflichten – wollte er derartige Pflichten statuieren – wohl mehr hervorgehoben und deutlicher betont.[200] Ein Hinweis auf den Klimaschutz findet sich aber weder im LkSG selbst noch in der Gesetzesbegründung. Letztere stellt nur klar, dass durch den Verbotstatbestand vor allem das Leben (Art. 6 Abs. 1 ICCPR) und die Gesundheit (Art. 11 Abs. 1 Satz 1 ICESCR) geschützt sowie die Gewährleistung ausreichender Nahrung, Wasser- und Sanitärversorgung (Art. 12 ICESCR) sichergestellt werden soll.[201] Klimabezogene Sorgfaltspflichten sind dem LkSG nach alledem nicht zu entnehmen.

III. Glieder der Lieferkette

Die Verantwortlichkeit der Unternehmen nach dem LkSG bezieht sich auf die gesamte Lieferkette. Dabei geht das Gesetz von einem weiten Begriffsverständnis aus und erstreckt sie auf sämtliche Schritte im In- und Ausland, die zur Herstellung der Produkte und zur Erbringung der Dienstleistungen erforderlich sind.[202]

Die Lieferkette beginnt bei der Gewinnung der Rohstoffe und endet mit der Lieferung an den Endkunden.[203] Erfasst wird das Handeln eines Unternehmens im

---

[197] Vgl. *Wehrmann*, in: Depping/Walden, LkSG, § 2 Rn. 352.

[198] *Weigel*, in: Ghassemi-Tabar, LkSG, § 2 Rn. 58; *Charnitzky/Weigel*, RiW 2022, 12, 18; *Altenschmidt/Helling*, LkSG, § 2 Rn. 48 f. möchten eine aus dem LkSG resultierende Klimaverantwortlichkeit allein daran scheitern lassen, dass die in § 2 Abs. 2 Nr. 9 LkSG genannten menschenrechtsverletzenden Erfolge niemals kausal auf bestimmte (schädliche) Treibhausgasemissionen zurückgeführt werden könnten.

[199] *Kolb*, in: Fleischer/Mankowski, LkSG, § 2 Rn. 110, 115 zieht diesen Schluss nur in Bezug auf einen allgemeinen Umweltschutz und sieht Treibhausgasemissionen vom Tatbestand des § 2 Abs. 2 Nr. 9 LkSG grundsätzlich als erfasst an; die Entstehung von Sorgfaltspflichten solle allerdings daran scheitern, dass die Unternehmen keinen kausalen Beitrag zum anthropogenen Klimawandel leisten und das TEHG als spezielleres Gesetz vorgehe.

[200] *Schönfelder*, in: Grabosch, LkSG, § 4 Rn. 43; *Seibt/Vesper-Gräske*, CB 2021, 357, 358.

[201] Vgl. BT-Drucks. 19/28649, S. 38.

[202] Vgl. § 2 Abs. 5 S. 2 LkSG.

[203] Vgl. § 2 Abs. 5 S. 2 LkSG.

eigenen Geschäftsbereich, das Handeln eines unmittelbaren Zulieferers und das Handeln eines mittelbaren Zulieferers.[204] Der eigene Geschäftsbereich wurde bereits vorgestellt und kann sich auch auf Tochterunternehmen erstrecken, sofern die Muttergesellschaft auf das Tochterunternehmen einen bestimmenden Einfluss ausübt (vgl. Kap. 2 B. I. 2.).

Unmittelbare Zulieferer sind Vertragspartner über die Lieferung von Waren oder die Erbringung von Dienstleistungen, deren Zulieferungen für die Herstellung des Produktes des Unternehmens oder zur Erbringung und Inanspruchnahme der betreffenden Dienstleistung notwendig sind.[205] Mittelbarer Zulieferer ist jedes Unternehmen, das kein unmittelbarer Zulieferer ist und dessen Zulieferungen für die Herstellung des Produktes des Unternehmens oder zur Erbringung und Inanspruchnahme der betreffenden Dienstleistung notwendig sind.[206] Mit anderen Worten: Besteht mit einem Unternehmen in der Lieferkette ein direktes Vertragsverhältnis, handelt es sich um einen unmittelbaren Zulieferer. Besteht mit einem Unternehmen in der Lieferkette kein unmittelbares Vertragsverhältnis, handelt es sich um einen mittelbaren Zulieferer.[207] Der Gesetzgeber möchte dabei sämtliche „Verästelungen“[208] der Lieferkette den Sorgfaltspflichten des LkSG unterwerfen. So seien der Transport oder die Zwischenlagerung von Waren ebenso erfasst, wie die Wiederverwertung oder Entsorgung bei darauf spezialisierten Unternehmen.[209]

Dem LkSG nicht eindeutig zu entnehmen und dementsprechend in der Literatur umstritten[210] ist die Antwort auf die Frage, ob die Lieferkette der adressierten Unternehmen auf den aus ihrer Sicht vorgelagerten Bereich („upstream“) beschränkt ist oder auch den nachgelagerten Bereich („downstream“) erfasst. Nach der Gesetzesbegründung soll die Lieferkette zur Herstellung eines Sachgutes „typischerweise die Phase der Beschaffung (d. h. die Gewinnung und Lieferung von Rohstoffen für die Herstellung von Produkten), der Produktion (die Verarbeitung der Rohstoffe zu den Fertigprodukten) und des Vertriebs (Aktivitäten, die dafür sorgen, dass das Produkt seinen endgültigen Bestimmungsort erreicht, zum Beispiel mit Hilfe von Distributoren, Lagern, physischen Geschäften oder Online-Plattformen)“[211] beinhalten. Vertriebsaktivitäten sind nach dem gesetzgeberischen Willen also vom LkSG erfasst, was eine entsprechende Stütze im Wortlaut des § 2 Abs. 5 Satz 2 LkSG findet, der die Lieferkette ausdrücklich erst mit der „Lieferung an den Endkunden“ enden lassen möchte.

---

[204] Vgl. § 2 Abs. 5 LkSG.

[205] Vgl. § 2 Abs. 7 LkSG.

[206] Vgl. § 2 Abs. 8 LkSG.

[207] Vgl. *Falder/Frank-Fahle/Poleacov*, Lieferkettensorgfaltspflichtengesetz, S. 44.

[208] Zit.: *Falder/Frank-Fahle/Poleacov*, Lieferkettensorgfaltspflichtengesetz, S. 41.

[209] Vgl. BT-Drucks. 19/28649, S. 40.

[210] Zum Meinungsstand, vgl. *Gehne/Gabriel*, in: Johann/Sangi, LkSG, § 2 Rn. 156 ff.

[211] Zit.: BT-Drucks. 19/28649, S. 40.

Hieraus kann geschlussfolgert werden, dass Erwerbs- und Veräußerungsvorgänge als solche nicht mehr vom Lieferkettenbegriff erfasst werden, wohl aber Aktivitäten zum Zwecke des Vertriebs.[212] Die Lieferung an den Endkunden beendet somit die Lieferkette, sodass ein Handeln des Endkunden selbst nicht mehr Bestandteil der Lieferkette des zu beobachtenden Unternehmens ist.[213] Dieses Ergebnis legt auch der vom Gesetzgeber gewählte Begriff der „Lieferkette“ nahe, welcher gerade deshalb für ein eher enges Begriffsverständnis spricht, weil die OECD-Leitsätze für multinationale Unternehmen und die UN-Leitprinzipien für Wirtschaft und Menschenrechte den Begriff „Geschäftsbeziehungen“ nutzen, welcher die gesamte Wertschöpfungskette erfasst.[214] Da das LkSG die UN-Leitprinzipien für Wirtschaft und Menschenrechte umsetzen soll[215] und der Gesetzgeber dessen Terminologie somit vor Augen hatte, liegt es nahe, dass er sich gerade bewusst für den engeren Begriff der „Lieferkette“ und nicht den weiteren Begriff der „Geschäftsbeziehungen“ oder der „Wertschöpfungskette“ entschieden hat.[216] Der dem zu beobachtenden Unternehmen nachgelagerte Bereich der Lieferkette („downstream“) wird mithin nicht von den Pflichten des LkSG erfasst.

IV. Sorgfaltspflichten

Das „Herzstück“[217] des LkSG bilden die von den betroffenen Unternehmen zu beachtenden Sorgfaltspflichten, die sich an den UN-Leitprinzipien für Wirtschaft und Menschenrechte orientieren[218].

Ihr Ausgangspunkt findet sich in § 3 Abs. 1 LkSG, wonach Unternehmen dazu verpflichtet sind, in ihren Lieferketten die in dem Gesetz festgelegten menschenrechtlichen und umweltbezogenen Sorgfaltspflichten in angemessener Weise zu beachten. Damit wird das Ziel verfolgt, menschenrechtsbezogenen oder umweltbezogenen Risiken vorzubeugen, sie zu minimieren oder die Verletzung menschenrechtsbezogener oder umweltbezogener Pflichten zu beenden.[219] Sämtliche zu beachtenden Sorgfaltspflichten sind im Pflichtenkatalog des § 3 Abs. 1 Satz 2 LkSG aufgeführt.[220] Sie müssen nicht einmalig erfüllt werden, sondern sind per-

[212] *Walden*, in: Depping/Walden, LkSG, § 2 Rn. 502 ff.

[213] *Bettermann/Hoes*, BKR 2022, 23, 26; *Walden*, in: Depping/Walden, LkSG, § 2 Rn. 502 ff.; *Schall*, NZG 2022, 787, 789 f.

[214] Vgl. Kap. 2 Fn. 52.

[215] Vgl. BT-Drucks. 19/28649, S. 1.

[216] Ähnlich *Walden*, in: Depping/Walden, LkSG, § 2 Rn. 517.

[217] Zit.: *Falder/Frank-Fahle/Poleacov*, Lieferkettensorgfaltspflichtengesetz, S. 48.

[218] BT-Drucks. 19/28649, S. 41.

[219] Vgl. § 3 Abs. 1 S. 1 LkSG.

[220] Vgl. *Wagner/Ruttloff*, NJW 2021, 2145, 2147.

manent in die Unternehmensstruktur zu implementieren.[221] Dabei ist die Erreichung eines Erfolges im Sinne einer „menschenrechtsverletzungsfreien Lieferkette" nicht zwingend zu erreichen, vielmehr begründen die §§ 3 ff. LkSG bloße Bemühenspflichten.[222] Zu ihrer Erfüllung genügt der Nachweis, dass diejenigen Sorgfaltspflichten umgesetzt wurden, welche im jeweiligen Kontext machbar und angemessen[223] waren (sogenannter Angemessenheitsvorbehalt[224]).[225]

Die Angemessenheit definiert sich über die Einflussmöglichkeiten des zu beobachtenden Unternehmens, seinen Verursachungsbeitrag, die Wahrscheinlichkeit eines Schadenseintritts und die zu erwartende Schadenshöhe.[226] Je größer die Einflussmöglichkeiten und der Verursachungsbeitrag des Pflichtigen sind und je wahrscheinlicher der Eintritt eines schweren Schadens zu erwarten ist, desto mehr Maßnahmen können einem Unternehmen zugemutet werden.[227] Allgemein gilt der Grundsatz, dass die Bemühungen eines Unternehmens umso größer sein müssen, je näher es sich an der Quelle des Risikos befindet.[228]

Missachtet ein Unternehmen etwa Arbeitsschutzstandards am eigenen Standort, ist sein Verursachungsbeitrag als sehr hoch einzustufen, da das Menschenrechtsrisiko selbst geschaffen wurde.[229] Auch seine Einflussmöglichkeiten sind weitreichend. Schließlich hat es das Unternehmen selbst in der Hand, das Menschenrechtsrisiko durch die Implementierung angemessener Arbeitsschutzstandards zu beseitigen. Anders zu beurteilen ist der Fall, in dem mehrere Unternehmen Abfälle nicht fachgerecht entsorgen und dadurch einen Fluss verschmutzen, wodurch die Trinkwasserversorgung der Anwohnenden gefährdet wird.[230] Hier sind sowohl der Verursachungsbeitrag des einzelnen Unternehmens als auch seine Einflussmöglichkeiten geringer, da erst das Zusammenwirken der Beteiligten die Intensität des Menschenrechtsrisikos ausmacht. Noch weiter von der Risikoquelle entfernt ist ein Unternehmen, welches die Produktanforderungen gegenüber seinem Zulieferer in letzter Minute ändert, ohne die Lieferzeiten oder den Einkaufspreis anzupassen, und

---

[221] BT-Drucks. 19/28649, S. 41.

[222] BT-Drucks. 19/28649, S. 41; kritisch zum Begriff der „Bemühenspflichten": *Sharei*, NJW 2023, 3462 ff.

[223] Vgl. § 3 Abs. 1 LkSG: Die Sorgfaltspflichten sind „in angemessener Weise zu beachten".

[224] Vgl. statt vieler *Leyens*, in: Hopt, Handelsgesetzbuch, 44. Auflage 2025, § 3 LkSG Rn. 2; eingehend zum Angemessenheitsvorbehalt und den Einzelkriterien siehe *Mader*, in: Gehling/Ott, LkSG, § 3 Rn. 33 ff.; ferner *Fleischer*, CCZ 2022, 205, 211 ff.

[225] BT-Drucks. 19/28649, S. 41.

[226] Vgl. § 3 Abs. 2 LkSG.

[227] BT-Drucks. 19/28649, S. 42.

[228] *Falder/Frank-Fahle/Poleacov*, Lieferkettensorgfaltspflichtengesetz, S. 49.

[229] Vgl. das Beispiel bei *Würz/Birker*, Lieferkettensorgfaltspflichtengesetz, S. 132.

[230] Vgl. das Beispiel bei *Würz/Birker*, Lieferkettensorgfaltspflichtengesetz, S. 132.

der Zulieferer in der Folge gegen ILO-Kernarbeitsnormen verstößt, um den geänderten Anforderungen gerecht zu werden.[231]

Verallgemeinernd kann jedenfalls festgehalten werden, dass die Einflussmöglichkeiten bei einem unmittelbaren Zulieferer größer als bei einem mittelbaren Zulieferer sind, da dem Auftraggeber alle Möglichkeiten des Vertragsrechts offenstehen.[232]

1. Risikomanagement

Das LkSG verpflichtet Unternehmen dazu, ein angemessenes und wirksames Risikomanagement einzurichten, um die Einhaltung der Sorgfaltspflichten zu gewährleisten.[233] Dieses Risikomanagementsystem ist in allen maßgeblichen Geschäftsabläufen zu verankern und dient dem Ziel, menschenrechtliche Risiken und Rechtsgutsverletzungen entlang der Lieferketten zu erkennen, zu verhindern, zu beenden oder zu minimieren, falls eine Beendigung nicht möglich oder mit einem unverhältnismäßigen Aufwand verbunden sein sollte.[234] Maßgebliche Geschäftsabläufe sind solche internen Vorgänge, die (theoretisch) zu einer Risikominimierung beitragen können.[235]

Die Unternehmen müssen allerdings nur diejenigen menschenrechtlichen und umweltbezogenen Risiken adressieren, die sie auch verursacht haben.[236] Verursachen bedeutet nach der Gesetzesbegründung, dass „das Unternehmen das Risiko unmittelbar alleine hervorgerufen oder durch seine Handlung zu der Entstehung oder Verstärkung des Risikos (kausal) beigetragen hat“[237].

a) Benennung eines Menschenrechtsbeauftragten

Im Rahmen des Risikomanagements haben Unternehmen dafür zu sorgen, dass festgelegt ist, wer innerhalb des Unternehmens dafür zuständig ist, das Risikomanagement zu überwachen.[238] Als „Regelbeispiel“[239] schlägt das Gesetz hierfür die Benennung eines Menschenrechtsbeauftragten vor. Da die Rolle des Menschenrechtsbeauftragten im LkSG und damit einhergehende zivilrechtliche Haftungsfra-

[231] Vgl. das Beispiel bei *Würz/Birker*, Lieferkettensorgfaltspflichtengesetz, S. 132.

[232] *Falder/Frank-Fahle/Poleacov*, Lieferkettensorgfaltspflichtengesetz, S. 51.

[233] Vgl. § 4 Abs. 1 S. 1 LkSG.

[234] BT-Drucks. 19/28649, S. 43.

[235] *Falder/Frank-Fahle/Poleacov*, Lieferkettensorgfaltspflichtengesetz, S. 54.

[236] Vgl. § 4 Abs. 2 LkSG; siehe auch BT-Drucks. 19/28649, S. 43.

[237] Zit.: BT-Drucks. 19/28649, S. 43.

[238] Vgl. § 4 Abs. 3 S. 1 LkSG.

[239] Zit.: *Würz/Birker*, Lieferkettensorgfaltspflichtengesetz, S. 136.

gen einer näheren Untersuchung bedürfen, wird im Rahmen dieses Überblicks lediglich auf die Ausführungen in Kap. 4 B. verwiesen.

b) Aufgaben der Geschäftsleitung

Für die Einrichtung des Risikomanagements und die Erfüllung der Sorgfaltspflichten des LkSG im Allgemeinen ist in erster Linie die Geschäftsleitung verantwortlich. Da die Legalitätspflicht (§ 93 Abs. 1 Satz 1 AktG) auch die öffentlich-rechtlichen Pflichten nach dem LkSG umfasst (vgl. Kap. 4 A. II. 1.), hat grundsätzlich[240] der Vorstand für deren Einhaltung zu sorgen.[241] Dies beinhaltet nicht nur die Implementierung geeigneter Risikomanagementsysteme, sondern auch deren laufende Kontrolle und Optimierung.[242] Nach § 4 Abs. 3 Satz 2 LkSG hat sich die Geschäftsleitung daher regelmäßig, also mindestens einmal jährlich, über die Arbeit der für die Überwachung des Risikomanagements zuständigen Person oder Personen zu informieren. Auch bei bestimmten Anlässen, etwa der Einführung neuer Geschäftsbereiche oder Produkte, geht der Gesetzgeber von einer Pflicht zur Informationsbeschaffung aus.[243]

Ausdrücklich normiert ist ferner die Zuständigkeit der Unternehmensleitung für die Abgabe einer Grundsatzerklärung über die Menschenrechtsstrategie.[244] Dadurch soll gewährleistet werden, dass sich diese eindeutig zur Menschenrechtsstrategie bekennt und das Engagement des Unternehmens zur Achtung der Menschenrechte und der Umwelt hinreichend zum Ausdruck gebracht wird.[245]

2. Risikoanalyse

Ein Bestandteil des Risikomanagements ist die Risikoanalyse. Nach § 5 Abs. 1 Satz 1 LkSG hat das Unternehmen eine angemessene Risikoanalyse durchzuführen, um die menschenrechtlichen und umweltbezogenen Risiken im eigenen Geschäftsbereich[246] sowie bei seinen unmittelbaren Zulieferern zu ermitteln. Die ermittelten Risiken sind angemessen zu gewichten und zu priorisieren.[247] Dies er-

---

[240] Zur Möglichkeit der Delegation und der Legalitätskontrollpflicht, vgl. Kap. 4 A. II. 1. c).

[241] Vgl. *Spindler*, ZHR 186 (2022), 67, 106; *Ruttloff/Kappler*, in: Wagner/Ruttloff/Wagner, LkSG, § 4 Rn. 618.

[242] *Falder/Frank-Fahle/Poleacov*, Lieferkettensorgfaltspflichtengesetz, S. 55.

[243] Vgl. BT-Drucks. 19/28649, S. 43.

[244] Vgl. § 6 Abs. 2 S. 2 LkSG.

[245] Vgl. BT-Drucks. 19/28649, S. 46.

[246] Zur Risikoanalyse im eigenen Geschäftsbereich im Hinblick auf arbeitsrechtliche Risiken, vgl. *Zeh/Weitzel*, NZA 2023, 1553 ff.

[247] Vgl. § 5 Abs. 2 S. 1 LkSG.

möglicht es zu erkennen, welche Präventions- und Abhilfemaßnahmen ergriffen werden sollten.[248]

Hinsichtlich des Ablaufes der Risikoanalyse teilen die Gesetzesmaterialien klare Vorstellungen des Gesetzgebers mit. Es wird gefordert, dass sich die Unternehmen im ersten Schritt einen Überblick über die eigenen Beschaffungsprozesse sowie Struktur und Beteiligte beim unmittelbaren Zulieferer verschaffen. Ferner müssten die Personengruppen identifiziert werden, welche von der Tätigkeit des Unternehmens betroffen sein könnten. Vorgeschlagen wird in diesem Zusammenhang ein sogenanntes „Risikomapping" nach Geschäftsfeldern, Standorten, Produkten oder Herkunftsfeldern. Dabei seien auch besonders vulnerable Personengruppen und politische Rahmenbedingungen zu berücksichtigen.[249] In einem zweiten Schritt habe das Unternehmen die Risiken zu bewerten und zu priorisieren[250]. So könne es entscheiden, welche Risiken zuerst zu adressieren sind, sollte es nicht möglich sein, sämtliche Gefahrenquellen gleichzeitig anzugehen.[251] Benötigt ein Unternehmen für die Ergreifung von Maßnahmen weitere Informationen, könne es sich diese durch eine vertiefte Risikoprüfung verschaffen.[252] Die Art der Informationsbeschaffung stehe im Ermessen des Pflichtigen. Beispielhaft nennt die Gesetzesbegründung eine Inspektion vor Ort sowie Gespräche mit Arbeitnehmern oder Gewerkschaften.[253]

Im Beispielsfall dürfte es der A-AG möglich sein, bereits aufgrund der Medienberichte über Z auf menschenrechtliche Risiken aufmerksam zu werden, die dann in weiteren Schritten näher zu untersuchen sind (etwa durch die Befragung der bei Z angestellten Arbeitnehmer). Unabhängig von den Berichten in den Medien ermöglicht aber schon die Durchführung eines Risikomappings, die Textilindustrie in der Türkei als menschenrechtliche Risikobranche zu identifizieren.[254] In diesem Zusammenhang könnte die A-AG auch auf Statistiken zu spezifischen Menschenrechtsverletzungen zurückgreifen. So sind etwa die Kinderarbeitsquoten in Risikostaaten auf der Internetseite der UNICEF abrufbar, welche für die Türkei eine Quote von 3,8 % ausweist. Die zehn Länder, in denen prozentual am meisten Kinderarbeit verrichtet wird, lassen sich der nachstehenden Grafik entnehmen:

---

[248] Vgl. BT-Drucks. 19/28649, S. 44.

[249] Vgl. BT-Drucks. 19/28649, S. 44.

[250] Maßgebliche Kriterien für die Priorisierung sind nach § 5 Abs. 2 S. 2 LkSG die in § 3 Abs. 2 LkSG genannten Kriterien, also bspw. die Einflussmöglichkeit, die ein Unternehmen auf die Minderung des Risikos hat oder die Schwere und Wahrscheinlichkeit einer Verletzung, vgl. BT-Drucks. 19/28649, S. 45.

[251] Vgl. BT-Drucks. 19/28649, S. 45.

[252] Vgl. BT-Drucks. 19/28649, S. 45.

[253] Vgl. BT-Drucks. 19/28649, S. 45.

[254] Vgl. zum Risikocheck in Bezug auf die Türkei Kap. 3 B. II. 3. c) aa).

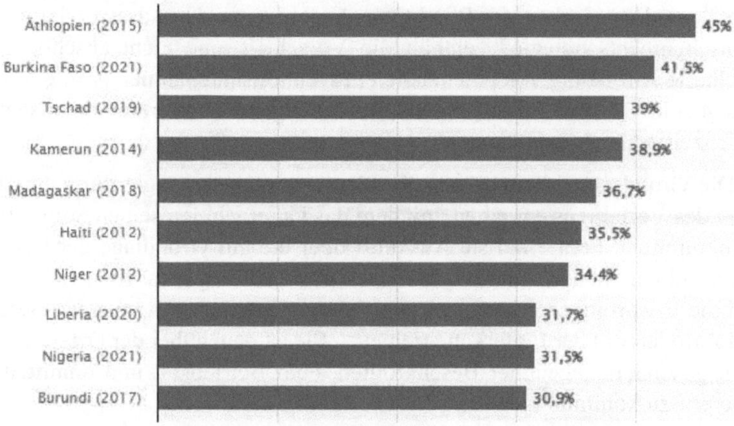

Abbildung 1: Prozentsatz der Kinder (im Alter von 5–17 Jahren), die Kinderarbeit verrichten[255]

Die Risikoanalyse ist jährlich und anlassbezogen durchzuführen, wenn das Unternehmen mit einer wesentlich veränderten oder wesentlich erweiterten Risikolage in der Lieferkette rechnen muss. Eine veränderte Risikolage ist etwa bei der Einführung neuer Produkte oder der Erschließung eines neuen Geschäftsfeldes anzunehmen.[256] Die Pflicht zur anlassbezogenen Überprüfung entfällt, wenn zwar eine Änderung vorliegt, diese jedoch nicht als wesentlich einzustufen ist und eine veränderte oder erweiterte Risikolage in der Lieferkette nicht zu erwarten ist.[257] Es ist sicherzustellen, dass die Ergebnisse der Risikoanalyse intern an die maßgeblichen Entscheidungsträger – etwa den Vorstand – kommuniziert werden.[258]

3. Präventionsmaßnahmen

Stellt ein Unternehmen im Rahmen der Risikoanalyse ein Risiko fest, hat es unverzüglich angemessene Präventionsmaßnahmen zu ergreifen.[259] Diese müssen sowohl im eigenen Geschäftsbereich[260] als auch gegenüber unmittelbaren Zuliefe-

---

[255] *UNICEF*, Data Warehouse, abrufbar unter: https://data.unicef.org/resources/data_explorer/unicef_f/?ag=UNICEF&df=GLOBAL_DATAFLOW&ver=1.0&dq=.PT_CHLD_5-17_LBR_ECON+PT_CHLD_5-17_LBR_ECON-HC..&startPeriod=2016&endPeriod=2020, zuletzt abgerufen am 30.07.2024 (zitiert nach Statista: https://de.statista.com/statistik/daten/studie/1189516/umfrage/ausmass-der-kinderarbeit-in-verschiedenen-laendern-der-welt/, zuletzt abgerufen 30.07.2024).

[256] Vgl. § 5 Abs. 4 S. 1 LkSG.

[257] BT-Drucks. 19/28649, S. 45.

[258] Vgl. § 5 Abs. 3 LkSG.

[259] Vgl. § 6 Abs. 1 LkSG.

[260] Vgl. § 6 Abs. 1 und 3 LkSG.

rern[261] erfolgen. Neben der Pflicht zur Abgabe einer Grundsatzerklärung über die Menschenrechtsstrategie[262] enthält die Vorschrift eine nicht abschließende, beispielhafte Auflistung von potenziellen Präventionsmaßnahmen (vgl. § 6 Abs. 3 und Abs. 4 LkSG), welche angesichts des zwingenden Wortlauts („insbesondere") gleichzeitig als „Mindestkanon"[263] zu verstehen ist.[264]

Die Grundsatzerklärung über die Menschenrechtsstrategie muss eine Beschreibung des Verfahrens enthalten, mit dem das Unternehmen seinen Sorgfaltspflichten nachkommt.[265] Ferner hat sie Auskunft über die auf Grundlage der Risikoanalyse festgestellten menschenrechtlichen und umweltbezogenen Risiken zu erteilen[266] und die Erwartungen darzulegen, welche das Unternehmen an seine Beschäftigten und Zulieferer in der Lieferkette richtet[267]. Sie ist gegenüber der Öffentlichkeit, aber auch gesondert gegenüber Beschäftigten, dem Betriebsrat und unmittelbaren Zulieferern zu kommunizieren.[268]

Die zu ergreifenden Präventionsmaßnahmen im eigenen Geschäftsbereich regelt § 6 Abs. 3 LkSG, welcher eine Umsetzung der in der Grundsatzerklärung dargelegten Menschenrechtsstrategie in den relevanten Geschäftsabläufen verlangt. Zu diesem Zwecke sind geeignete Beschaffungsstrategien und Einkaufspraktiken, durch die festgestellte Risiken verhindert oder minimiert werden, zu entwickeln und in die Unternehmensstruktur zu implementieren.[269] Auch die Durchführung von Schulungen in den relevanten Geschäftsbereichen sowie das Ergreifen risikobasierter Kontrollmaßnahmen, mit denen die Einhaltung der in der Grundsatzerklärung enthaltenen Menschenrechtsstrategie im eigenen Geschäftsbereich überprüft wird, gehört zum Pflichtenkanon des § 6 Abs. 3 LkSG.

§ 6 Abs. 4 LkSG regelt Präventionsmaßnahmen, die in Bezug auf (unmittelbare) Zulieferer ergriffen werden müssen, mit denen eine Vertragsbeziehung bereits besteht oder sich anbahnt.[270] Bereits bei der Auswahl eines potenziellen Vertragspartners müssen die menschenrechtsbezogenen Erwartungen des Unternehmens berücksichtigt werden.[271] Auf Zertifizierungen (etwa SMETA [SEDEX], SA8000,

[261] Vgl. § 6 Abs. 4 LkSG.

[262] Vgl. § 6 Abs. 2 S. 1 LkSG.

[263] Zit.: *Falder/Frank-Fahle/Poleacov*, Lieferkettensorgfaltspflichtengesetz, S. 69.

[264] *Falder/Frank-Fahle/Poleacov*, Lieferkettensorgfaltspflichtengesetz, S. 63 f., 69.

[265] Vgl. § 6 Abs. 2 S. 3 Nr. 1 LkSG.

[266] Vgl. § 6 Abs. 2 S. 3 Nr. 2 LkSG.

[267] Vgl. § 6 Abs. 2 S. 3 Nr. 3 LkSG.

[268] BT-Drucks. 19/28649, S. 46.

[269] Nach der Vorstellung des Gesetzgebers könne dies über die Integration interner und externer Verhaltensvorschriften erfolgen, in denen etwa Vorgaben zur Lieferantenauswahl gemacht oder Mindeststandards für Angestellte festgelegt werden, vgl. BT-Drucks. 19/28649, S. 46.

[270] BT-Drucks. 19/28649, S. 47.

[271] Vgl. § 6 Abs. 4 Nr. 1 LkSG.

BSCI oder branchenspezifische Siegel) kann sich ein Unternehmen wohl jedenfalls nicht vollumfänglich verlassen, da sie aufgrund ihres variierenden Aussagegehalts häufig nur einen Anhaltspunkt für ein risikofreies Verhalten bilden.[272] In diesem Zusammenhang kann das pflichtige Unternehmen auch auf Softwarelösungen und sonstige Technologien (etwa die Blockchain-Technologie) zurückgreifen oder künstliche Intelligenz einsetzen.[273]

Neben der Lieferantenauswahl wird das Einholen einer vertraglichen Zusicherung des Zulieferers, dass dieser die von der Geschäftsleitung geäußerten menschenrechtsbezogenen und umweltbezogenen Erwartungen einhält und entlang der Lieferkette angemessen adressiert, verlangt.[274] Die Einhaltung der Erwartungen entlang der Lieferkette kann durch sogenannte „Weitergabeklauseln" gewährleistet werden.[275] Weitergabeklauseln verpflichten den Vertragspartner, den Lieferantenkodex des Unternehmens auch gegenüber seinen eigenen Vertragspartnern durch kontraktliche Regelungen durchzusetzen.[276] Darüber hinaus kann vereinbart werden, dass der Zulieferer bestimmte Produkte nur von ausgewählten Lieferanten beziehen darf oder nachzuweisen hat, dass bestimmte Produkte aus zertifizierten Regionen oder Rohstoffe aus zertifizierten Schmelzen stammen.[277] Zur Durchsetzung der vertraglichen Zusicherungen müssen Schulungen und Weiterbildungen durchgeführt werden.[278] Ferner sind mit dem Zulieferer Kontrollmechanismen zu vereinbaren, um die Einhaltung der Menschenrechtsstrategie überprüfen zu können.[279] Denkbar sind etwa vertragliche Auskunfts- und Einsichtsrechte,[280] die Überprüfung durch eigene Kontrollen vor Ort, die Überprüfung durch beauftragte Dritte oder die Inanspruchnahme anerkannter Zertifizierungs- und Audit-Systeme.[281]

Im Beispielsfall dürften genau diese Maßnahmen von der A-AG in Bezug auf Z durchzuführen sein. Eine von der A-AG sorgfältig durchgeführte Risikoanalyse wird nicht nur ein sehr hohes menschenrechtliches Risiko für die Arbeitnehmer des Z ergeben haben, sondern

---

[272] *Falder/Frank-Fahle/Poleacov*, Lieferkettensorgfaltspflichtengesetz, S. 74; *Ott*, in: Gehling/Ott, LkSG, § 6 Rn. 154 vertritt die Auffassung, dass anerkannte Zertifizierungen „regelmäßig ausreichen", um die Sorgfaltspflichten des LkSG zu erfüllen.

[273] *Ott*, in: Gehling/Ott, LkSG, § 6 Rn. 155.

[274] Vgl. § 6 Abs. 4 Nr. 2 LkSG; ein möglicher Inhalt entsprechender Klauseln im Liefervertrag wurde bereits in der Einleitung beispielhaft dargestellt, zur Wirksamkeit in Allgemeinen Geschäftsbedingungen siehe *Grunewald*, ZIP 2023, 2238 ff.

[275] BT-Drucks. 19/28649, S. 48.

[276] *Falder/Frank-Fahle/Poleacov*, Lieferkettensorgfaltspflichtengesetz, S. 75; zu sogenannten „Nominated Sub-Contractor-Klauseln" siehe *Frank-Fahle*, ZfBR 2023, 6 ff.

[277] *Falder/Frank-Fahle/Poleacov*, Lieferkettensorgfaltspflichtengesetz, S. 75.

[278] Vgl. § 6 Abs. 4 Nr. 3 LkSG.

[279] Vgl. § 6 Abs. 4 Nr. 4 LkSG.

[280] *Falder/Frank-Fahle/Poleacov*, Lieferkettensorgfaltspflichtengesetz, S. 76.

[281] BT-Drucks. 19/28649, S. 48; *Falder/Frank-Fahle/Poleacov*, Lieferkettensorgfaltspflichtengesetz, S. 76.

bereits gewichtige Verstöße gegen Menschenrechte aufdecken, weshalb sowohl Präventions- als auch Abhilfemaßnahmen (dazu sogleich) durchgeführt werden müssen. Als Präventionsmaßnahmen könnte die A-AG etwa eine Zusicherung von Z verlangen, seinen Arbeitnehmern zukünftig den in der Türkei geltenden Mindestlohn zu bezahlen, sexuelle Übergriffe zu unterbinden und die Beschäftigung von Kindern zu unterlassen. Die Einhaltung dieser Zusicherung müsste dann mittels vertraglicher Informations- und Kontrollrechte sichergestellt werden, welche der A-AG bspw. erlauben Kontrollen vor Ort durchzuführen oder durch Dritte durchführen zu lassen.

4. Abhilfemaßnahmen

Stellt ein Unternehmen fest, dass die Verletzung einer menschenrechtsbezogenen oder einer umweltbezogenen Pflicht in seinem eigenen Geschäftsbereich oder bei einem unmittelbaren Zulieferer bereits eingetreten ist oder unmittelbar bevorsteht, hat es unverzüglich angemessene Abhilfemaßnahmen zu ergreifen, um diese Verletzung zu verhindern, zu beenden oder das Ausmaß der Verletzung zu minimieren.[282]

Da die Maßnahmen, welche von einem Unternehmen zur Risikoabstellung erwartet werden können, insbesondere von der Höhe des Verursachungsbeitrages abhängen, verlangt § 7 Abs. 1 Satz 3 LkSG, dass eine Abhilfemaßnahme im eigenen Geschäftsbereich zu einer Beendigung der festgestellten Verletzung führen muss.[283] Das LkSG statuiert an dieser Stelle also ausnahmsweise keine bloße Bemühenspflicht, sondern eine Erfolgspflicht.[284] Im eigenen Geschäftsbereich im Ausland und bei konzernangehörigen Unternehmen, auf welche das zu beobachtende Unternehmen einen beherrschenden Einfluss ausübt, muss die Abhilfemaßnahme „in der Regel" zu einer Beendigung der Verletzung führen.[285] In Einzelfällen ist also möglich, dass von der Erfolgspflicht abgewichen wird und auch im eigenen Geschäftsbereich nur ein Bemühen geschuldet wird.[286]

Liegt die festgestellte Verletzung in der Sphäre eines unmittelbaren Zulieferers, muss das Unternehmen unverzüglich ein Konzept zur Beendigung und falls dies nicht möglich ist, zur Minimierung der Verletzung erstellen und umsetzen.[287] Hierfür stellt das Gesetz verschiedene Maßnahmen vor, welche in Betracht zu ziehen sind.[288] Das zu erstellende Konzept muss einen konkreten Zeitplan enthalten[289]

---

[282] Vgl. § 7 Abs. 1 S. 1 LkSG.

[283] Vgl. BT-Drucks. 19/28649, S. 48.

[284] *Spindler*, ZHR 186 (2022), 67, 85; *Geier/Meringdal/Stille*, ESG-Compliance, § 8 Rn. 43.

[285] Vgl. § 7 Abs. 1 S. 4 LkSG.

[286] *Falder/Frank-Fahle/Poleacov*, Lieferkettensorgfaltspflichtengesetz, S. 78.

[287] Vgl. § 7 Abs. 2 S. 1 LkSG.

[288] Mögliche Abhilfemaßnahmen sind etwa die gemeinsame Erarbeitung und Umsetzung eines Plans zur Beendigung oder Minimierung der Verletzung mit dem Unternehmen, durch

und sollte sich nach Auffassung des Gesetzgebers auch mit der Frage auseinandersetzen, wann eine Geschäftsbeziehung abgebrochen werden soll.[290] Der vollständige Abbruch der Geschäftsbeziehung ist allerdings nur bei besonders schwerwiegenden Verletzungen geboten und auch nur dann, wenn die im Abhilfekonzept vorgesehenen Maßnahmen keine Wirkung zeigen und mildere Mittel nicht in Betracht kommen.[291]

Im Beispielsfall liegen aufgrund der Kinderarbeit und der sexuellen Übergriffe auf Beschäftigte sehr schwerwiegende Menschenrechtsverstöße vor, weshalb ein Abbruch der Geschäftsbeziehung grundsätzlich möglich sein dürfte. Zunächst hat die A-AG aber ein Konzept zur Beendigung der Beeinträchtigungen zu entwerfen und ggf. mit Z abzustimmen. Dieses dürfte angesichts der Schwere der Verstöße eine zeitnahe und weitreichende Verbesserung der Arbeitsbedingungen bei Z enthalten müssen. Eine sofortige Verbesserung wird schon dadurch bewirkt werden können, dass der auf Z ausgeübte Preisdruck revidiert wird und die infolgedessen eingetretenen Verschlechterungen der Arbeitsbedingungen (höhere Arbeitszeiten, geringerer Lohn, mehr Kinderarbeit) rückgängig gemacht werden. Die Abhängigkeit des Z von der A-AG dürfte dieser ferner ermöglichen, eine weitergehende Verbesserung der Arbeitsbedingungen durchzusetzen, etwa indem die Geschäftsbeziehung kurzzeitig ausgesetzt oder mit einem Abbruch der Vertragsbeziehungen gedroht wird. Als mildere Alternative könnte Z auch mittels Beratung unterstützt werden, bspw. auf welche Weise die durch den Wegfall der Kinderarbeit entstehenden Arbeitnehmereinbußen (ohne gleichzeitige Begehung von Menschenrechtsverletzungen) kompensiert werden können.

5. Beschwerdeverfahren (Hinweisgebersystem)

Ein zentrales Element des Gesetzes stellt das in den §§ 8, 9 LkSG vorgeschriebene Beschwerdeverfahren dar, welches sämtliche dem LkSG unterfallenden Unternehmen einzurichten haben.[292] Das Beschwerdeverfahren hat Personen zu ermöglichen, auf menschenrechtliche und umweltbezogene Risiken sowie auf Verletzungen menschenrechtsbezogener oder umweltbezogener Pflichten hinzuweisen, die durch das wirtschaftliche Handeln eines Unternehmens im eigenen Geschäftsbereich oder durch das wirtschaftliche Handeln eines unmittelbaren[293] oder mittelbaren[294] Zulieferers entstanden sind.

Anstelle der Einrichtung eines eigenen unternehmensinternen Beschwerdeverfahrens ist auch die Beteiligung an einem externen Beschwerdeverfahren (etwa

das die Verletzung verursacht wird, oder das temporäre Aussetzen der Geschäftsbeziehung, vgl. § 7 Abs. 2 Satz 3 LkSG.

[289] Vgl. § 7 Abs. 1 S. 2 LkSG.

[290] Vgl. BT-Drucks. 19/28649, S. 48.

[291] Vgl. § 7 Abs. 3 LkSG.

[292] Weiterführend *Gläßer/Schmitz*, NJW 2023, 1465 ff.

[293] Vgl. § 8 Abs. 1 S. 2 LkSG.

[294] Vgl. § 9 Abs. 1 LkSG.

eines Branchenverbandes) erlaubt.[295] Hinweisgeber kann dabei nach dem Gesetzeswortlaut jede „Person" sein. Eine Unternehmenszugehörigkeit ist also ebenso wenig erforderlich wie die persönliche Betroffenheit.[296] Die konkrete Ausgestaltung des Beschwerdeverfahrens überlässt das Gesetz überwiegend den Pflichtigen selbst. Die §§ 8, 9 LkSG statuieren allerdings gewisse Mindestanforderungen.

Nach § 8 Abs. 2 LkSG muss das Unternehmen in Textform eine Verfahrensordnung für das Beschwerdeverfahren festlegen, welche öffentlich zugänglich ist. Diese sollte nach der Gesetzesbegründung mögliche Verfahrensarten, Verfahrensstufen und einen zeitlichen Rahmen für die jeweiligen Verfahrensstufen festlegen.[297] Die mit der Durchführung des Verfahrens betrauten Personen müssen Gewähr für unparteiisches Handeln bieten, unabhängig und nicht weisungsgebunden sein. Ferner sind sie zur Verschwiegenheit verpflichtet.[298]

§ 8 Abs. 4 LkSG schreibt vor, dass das Beschwerdeverfahren möglichst transparent einzurichten ist. Das Unternehmen hat in geeigneter Weise klare und verständliche Informationen zur Erreichbarkeit und Zuständigkeit und zur Durchführung des Beschwerdeverfahrens öffentlich zugänglich machen.[299]

Ferner muss das Beschwerdeverfahren für alle potenziell Beteiligten erreichbar sein, die Vertraulichkeit der Identität wahren und wirksamen Schutz vor Benachteiligung oder Bestrafung aufgrund einer Beschwerde gewährleisten.[300] Zu diesem Zwecke empfiehlt die Gesetzesbegründung, die Zielgruppen des Beschwerdeverfahrens an der Verfahrenskonstruktion zu beteiligen und den Nutzern regelmäßig offenzulegen, wie mit ihren Informationen verfahren wird. Ein unkomplizierter Zugang zum Beschwerdeverfahren könne über barrierefreie Beschwerdeformulare, eine barrierefreie Website oder E-Mailadressen für Beschwerden ermöglicht werden.[301]

6. Mittelbare Zulieferer

Auch in Bezug auf mittelbare Zulieferer werden den Unternehmen Sorgfaltspflichten auferlegt. Namentlich müssen sie ihr Risikomanagement derart ausgestalten, dass bei Vorliegen von substantiierter Kenntnis unverzüglich eine Risikoanalyse durchgeführt wird sowie Präventions- und Abhilfemaßnahmen ergriffen

---

[295] Vgl. § 8 Abs. 1 S. 6 LkSG; siehe auch BT-Drucks. 19/28649, S. 49.

[296] *Falder/Frank-Fahle/Poleacov*, Lieferkettensorgfaltspflichtengesetz, S. 87; *Spindler*, ZHR 186 (2022), 67, 87.

[297] BT-Drucks. 19/28649, S. 49.

[298] Vgl. § 8 Abs. 3 LkSG.

[299] Vgl. § 8 Abs. 4 S. 1 LkSG.

[300] Vgl. § 8 Abs. 4 S. 2 LkSG.

[301] BT-Drucks. 19/28649, S. 50.

werden.[302] Substantiierte Kenntnis liegt vor, „wenn dem Unternehmen tatsächliche Anhaltspunkte vorliegen, die eine menschenrechtliche oder umweltbezogene Verletzung bei einem mittelbaren Zulieferer möglich erscheinen lassen."[303] Tatsächliche Anhaltspunkte können sich etwa aus Berichten über eine schlechte Menschenrechtslage in der Produktionsregion, der Zugehörigkeit eines mittelbaren Zulieferers zu einer Branche mit besonderen menschenrechtlichen oder umweltbezogenen Risiken oder aus vergangenen Vorfällen beim mittelbaren Zulieferer ergeben.[304] Zu den möglichen Präventionsmaßnahmen zählen bspw. die Durchführung von Kontrollmaßnahmen, die Unterstützung bei der Vorbeugung und Vermeidung eines Risikos oder die Umsetzung von branchenspezifischen oder branchenübergreifenden Initiativen.[305] Dem pflichtigen Unternehmen wird hinsichtlich der Auswahl der zu ergreifenden Mittel ein Ermessensspielraum eingeräumt. Die Gesetzesbegründung regt jedoch an, sich an den Präventionsmaßnahmen des § 6 LkSG zu orientieren.[306]

In der Praxis könnte also derart vorgegangen werden, dass zunächst Kontakt mit dem mittelbaren Zulieferer aufgenommen und die Erwartungshaltung des Unternehmens gegenüber diesem – ggf. auch unter Bezugnahme auf einen Lieferantenkodex des pflichtigen Unternehmens – deutlich gemacht wird. Wurde der mittelbare Zulieferer durch eine Weitergabeklausel zur Einhaltung des Lieferantenkodex verpflichtet, ist es im Falle entsprechender vertraglicher Regelungen ferner möglich, bei diesem Kontrollmaßnahmen durchzuführen.[307] Können Verletzungen nicht gemindert oder beendet werden, ist die Erstellung eines Konzepts vorstellbar, welches auf die Minimierung und die Vermeidung der betreffenden Verletzungen gerichtet ist.[308]

7. Dokumentations- und Berichtspflichten

Das LkSG wird in erster Linie über das Ordnungswidrigkeitenrecht durchgesetzt (dazu sogleich). Die Kontrolle durch das Bundesamt für Wirtschaft und Ausfuhrkontrolle (BAFA) als zuständige Behörde erfolgt dabei nach dem Leitbild des Gesetzes im Wesentlichen mittels einer Prüfung des jährlich vorzulegenden Unternehmensberichts über die Erfüllung der Sorgfaltspflichten.[309] Dies hat zur Folge, dass die in § 10 Abs. 2 LkSG normierte Berichtspflicht entscheidend zur öffentlich-

---

[302] Vgl. § 9 Abs. 2, 3 LkSG.

[303] Zit.: BT-Drucks. 19/28649, S. 50.

[304] BT-Drucks. 19/28649, S. 50.

[305] Vgl. § 9 Abs. 3 Nr. 2 LkSG.

[306] Vgl. BT-Drucks. 19/28649, S. 51.

[307] BT-Drucks. 19/28649, S. 51.

[308] BT-Drucks. 19/28649, S. 51.

[309] Vgl. § 13 LkSG; siehe auch *Falder/Frank-Fahle/Poleacov*, Lieferkettensorgfaltspflichtengesetz, S. 101.

rechtlichen Durchsetzung der gesetzlichen Vorgaben beiträgt und damit einen zentralen Bestandteil des Gesetzes darstellt.[310] Eine daneben bestehende (interne) Dokumentationspflicht (§ 10 Abs. 1 LkSG) soll den betroffenen Unternehmen erleichtern, die Erfüllung ihrer Sorgfaltspflichten nachzuweisen.[311]

Gemäß § 10 Abs. 1 Satz 1 LkSG haben Unternehmen die nach dem LkSG zu erfüllenden Sorgfaltspflichten unternehmensintern fortlaufend zu dokumentieren. Auf diese Weise wird neben der bereits angedeuteten Beweissicherung auch eine Informationsgrundlage zur Selbstkontrolle für das Unternehmen geschaffen, die unabdingbar für das Funktionieren eines jeden Compliance-Managementsystems ist.[312] In der Literatur wird dabei empfohlen, über den Gesetzeswortlaut hinaus nicht nur sklavisch die Erfüllung der Sorgfaltspflichten niederzuschreiben, sondern auch die Erörterung vorgelagerter Fragen (etwa, ob das Unternehmen in den Anwendungsbereich des LkSG fällt) zu dokumentieren.[313] Die Dokumentation muss mindestens sieben Jahre lang aufbewahrt werden.[314] Da sie der Öffentlichkeit nicht zugänglich ist, können in ihr Informationen enthalten sein, welche Geschäfts- und Betriebsgeheimnisse berühren.[315]

Gemäß § 10 Abs. 2 LkSG haben Unternehmen einen Bericht über die Erfüllung der Sorgfaltspflichten zu erstellen.[316] Der Bericht ist jährlich anzufertigen und muss sich auf das vergangene Geschäftsjahr beziehen.[317] Er ist spätestens vier Monate nach dem Schluss des Geschäftsjahrs für mindestens 7 Jahre im Internet öffentlich zugänglich zu machen.[318] Die Berichtspflicht dient der Transparenz und bildet die Grundlage für die behördliche Kontrolle.[319] Letztere wird dadurch gewährleistet, dass der Bericht auch bei der zuständigen Behörde über einen von dieser bereitgestellten Zugang in deutscher Sprache und elektronisch einzureichen ist[320], was spätestens vier Monate nach dem Schluss des Geschäftsjahrs zu erfolgen hat, auf das er sich bezieht[321].

Die inhaltlichen Mindestanforderungen an den Bericht regelt § 10 Abs. 2 Satz 2 LkSG. Danach muss der Bericht jedenfalls darüber Auskunft geben, was das Unternehmen zur Erfüllung seiner Sorgfaltspflichten unternommen hat, wie das Un-

---

[310] Vgl. *Falder/Frank-Fahle/Poleacov*, Lieferkettensorgfaltspflichtengesetz, S. 101.

[311] BT-Drucks. 19/28649, S. 51.

[312] *Schenk*, in: Depping/Walden, LkSG, § 10 Rn. 21.

[313] *Schenk*, in: Depping/Walden, LkSG, § 10 Rn. 22.

[314] Vgl. § 10 Abs. 1 Satz 2 LkSG.

[315] BT-Drucks. 19/28649, S. 51.

[316] Zum Verhältnis des § 10 Abs. 2 LkSG zu der Nachhaltigkeitsberichterstattung nach der CSR-Richtlinie und der CSRD siehe *Wüstemann*, BB 2023, 363 ff.

[317] Vgl. § 10 Abs. 2 Satz 1 LkSG.

[318] Vgl. § 10 Abs. 2 Satz 1 LkSG.

[319] BT-Drucks. 19/28649, S. 52.

[320] Vgl. § 12 Abs. 1 LkSG.

[321] Vgl. § 12 Abs. 2 LkSG.

ternehmen die Auswirkungen und die Wirksamkeit der Maßnahmen bewertet und welche Schlussfolgerungen es aus der Bewertung für zukünftige Maßnahmen zieht. Eine weitere Konkretisierung der Berichtspflicht enthält die Gesetzesbegründung. Sämtliche Schritte der Risikoanalyse seien darzulegen. Ferner müsse deutlich gemacht werden, welche Risiken ermittelt wurden, welche Präventions- und Abhilfemaßnahmen im eigenen Geschäftsbereich sowie bei mittelbaren und unmittelbaren Zulieferern ergriffen wurden und wieso das Unternehmen sich gerade für diese Maßnahmen entschieden habe.[322]

Bei der Erstellung des Berichts ist der Wahrung von Betriebs- und Geschäftsgeheimnissen gebührend Rechnung zu tragen,[323] weshalb insoweit eine Interessenabwägung zu erfolgen hat.[324] Wurde kein menschenrechtliches oder umweltbezogenes Risiko festgestellt, hat das Unternehmen dies plausibel darzulegen.[325] Die Erfüllung der Pflichten nach dem LkSG ist in einem eigenständigen Bericht zu dokumentieren.[326] Dieser ist unabhängig von den §§ 289b ff. HGB zu erstellen, kann jedoch in die CSR-Berichte integriert werden.[327]

V. Public Enforcement

Das LkSG enthält weder zivilrechtliche Haftungsnormen noch Straftatbestände. Stattdessen wird auf das Verwaltungsrecht und das Recht der Ordnungswidrigkeiten zurückgegriffen.[328] So können behördliche Maßnahmen zur Verhinderung und Beseitigung von Verstößen gegen die Sorgfaltspflichten angeordnet werden. Ferner wird der zuständigen Behörde unter gewissen Voraussetzungen die Möglichkeit eröffnet, Bußgelder zu verhängen und Unternehmen von der Vergabe öffentlicher Aufträge auszuschließen.

Zuständig für die Kontrolle und Durchsetzung der Pflichten nach dem LkSG ist das BAFA.[329] Dieses hat zum einen zu prüfen, ob die Unternehmen einen Bericht im Sinne des § 10 Abs. 2 LkSG eingereicht haben und inwieweit dieser den gesetzlichen Anforderungen genügt.[330] Im Falle eines fehlerhaften Berichts kann von den Unternehmen dann innerhalb einer angemessenen Frist Nachbesserung verlangt werden.[331]

---

[322] BT-Drucks. 19/28649, S. 52.

[323] Vgl. § 10 Abs. 4 LkSG.

[324] *Spindler*, ZHR 186 (2022), 67, 91.

[325] Vgl. § 10 Abs. 3 LkSG.

[326] BT-Drucks. 19/28649, S. 52.

[327] *Spindler*, ZHR 186 (2022), 67, 90 f.

[328] *Falder/Frank-Fahle/Poleacov*, Lieferkettensorgfaltspflichtengesetz, S. 117 f.

[329] Vgl. § 19 Abs. 1 S. 1 LkSG.

[330] Vgl. § 13 Abs. 1 LkSG.

[331] Vgl. § 13 Abs. 2 LkSG.

Zum anderen wird das BAFA von Amts wegen nach pflichtgemäßem Ermessen tätig, um die Einhaltung der Sorgfaltspflichten zu kontrollieren sowie Pflichtverstöße festzustellen, zu beseitigen und zu verhindern.[332] Wird im Einzelfall ein behördliches Tätigwerden beantragt, besteht sogar eine Pflicht zum Handeln, wenn der Antragsteller geltend macht, infolge der Nichterfüllung von Sorgfaltspflichten in einer geschützten Rechtsposition verletzt zu sein.[333] Dasselbe gilt für den Fall, in dem eine Rechtsverletzung des Antragstellers unmittelbar bevorsteht.[334]

Zur substantiierten Geltendmachung ist nicht erforderlich, dass die Sorgfaltspflichtverletzung anhand unternehmensinterner Vorgänge und Informationen dargelegt wird, auf welche der Antragsteller keinen Zugriff hat. Vielmehr genügt es, wenn nicht ausgeschlossen werden kann, dass der Antragsteller als Beschäftigter des pflichtigen Unternehmens oder dessen unmittelbaren oder mittelbaren Zulieferers in seinen Rechten verletzt wurde.[335]

Eine Auswahl möglicher behördlicher Maßnahmen stellt § 15 Satz 2 LkSG bereit, welcher insbesondere das Laden von Personen, die Verpflichtung zur Vorlage eines Planes zur Behebung der Missstände sowie konkrete Handlungsanweisungen vorschlägt. Um ihre Aufgaben effektiv wahrnehmen zu können, darf die zuständige Behörde Betriebsgrundstücke, Geschäftsräume und Wirtschaftsgebäude der Unternehmen während der üblichen Geschäfts- oder Betriebszeiten betreten sowie geschäftliche Unterlagen und Aufzeichnungen einsehen und prüfen.[336] Verlangt sie die Erteilung von Auskünften oder die Herausgabe von Unterlagen, ist das adressierte Unternehmen verpflichtet dem nachzukommen.[337] Auf diese Weise kann sich die Behörde insbesondere Zugang zu Informationen darüber verschaffen, ob das betreffende Unternehmen in den Anwendungsbereich des LkSG fällt und ob es die ihm obliegenden Sorgfaltspflichten erfüllt.[338]

§ 20 LkSG sieht vor, dass das BAFA zur Unterstützung der pflichtigen Unternehmen Informationen, Handreichungen und Hilfestellungen zur Verfügung stellt. Die in diesem Zusammenhang bislang veröffentlichten Handreichungen sind auf der Internetseite des BAFA abrufbar.[339] Es handelt sich dabei zwar um keine rechtlich verbindlichen Handlungsanweisungen. Gleichwohl dürfte ihnen ein Vertrauensschutz dahingehend einzuräumen sein, dass ein Handeln im Einklang mit den Handreichungen grundsätzlich[340] nicht als Verletzung von Sorgfaltspflichten

---

[332] Vgl. § 14 Abs. 1 Nr. 1 LkSG.

[333] Vgl. § 14 Abs. 1 Nr. 2a LkSG.

[334] Vgl. § 14 Abs. 1 Nr. 2b LkSG.

[335] BT-Drucks. 19/28649, S. 54.

[336] Vgl. § 16 LkSG.

[337] Vgl. § 17 Abs. 1 Satz 1 LkSG.

[338] Vgl. § 17 Abs. 2 LkSG.

[339] Siehe *BAFA*, Lieferketten, abrufbar unter: https://www.bafa.de/DE/Lieferketten/Ueberblick/ueberblick_node.html#doc1469782bodyText3, zuletzt abgerufen am 30.07.2024.

[340] Zu den Ausnahmen siehe Kap. 4 A. VI.

bewertet werden darf (Verbot des *venire contra factum proprium*).[341] Ergänzend zu den Handreichungen wurden von dem Bundesministerium für Wirtschaft und Klimaschutz (BMWK), dem Bundesministerium für Arbeit und Soziales (BMAS) und dem BAFA häufig gestellte Fragen beantwortet und in Gestalt eines FAQ-Katalogs zur Verfügung gestellt.[342] Auf der Internetseite des BAFA sind ferner zahlreiche Informationen rund um das LkSG abrufbar (etwa Faktenpapiere oder Unterstützungsangebote zur Umsetzung).[343]

Verstöße gegen die in § 24 LkSG[344] genannten Sorgfaltspflichten können als Ordnungswidrigkeiten verfolgt und mit Bußgeldern geahndet werden. Die maximale Bußgeldhöhe hängt davon ab, gegen welche gesetzliche Pflicht verstoßen wurde.[345] Bei natürlichen Personen liegt die Obergrenze für Bußgelder bei 800.000 Euro.[346] Gegenüber juristischen Personen können Bußgelder bis zu 8 Mio. Euro verhängt werden, da 24 Abs. 2 Satz 2 LkSG auf § 30 Abs. 2 Satz 3 OWiG verweist.[347] Beträgt der durchschnittliche Jahresumsatz eines Unternehmens mehr als 400 Mio. Euro, können bestimmte Verstöße sogar mit Geldbußen in Höhe von bis zu 2 % des durchschnittlichen Jahresumsatzes geahndet werden.[348] Der durchschnittliche Jahresumsatz ist anhand des weltweiten Umsatzes aller verbundenen Unternehmen zu berechnen, wenn diese als wirtschaftliche Einheit operieren.[349] Wurde ein Pflichtverstoß rechtskräftig festgestellt, kann das betreffende Unternehmen unter bestimmten Voraussetzungen[350] von der Vergabe öffentlicher Aufträge ausgeschlossen werden, wobei insbesondere eine Mindestbußgeldhöhe erreicht worden sein muss.[351]

---

[341] Vgl. *Johann*, in: Johann/Sangi, LkSG, § 20 Rn. 1.

[342] Die gemeinsamen FAQ von BMWK, BMAS und BAFA sind abrufbar unter: https://www.bafa.de/DE/Lieferketten/FAQ/haeufig_gestellte_fragen_node.html, zuletzt abgerufen am 30.07.2024.

[343] Siehe dazu etwa *BAFA*, Lieferketten, abrufbar unter: https://www.bafa.de/DE/Lieferketten/Ueberblick/ueberblick_node.html#doc1469782bodyText3, zuletzt abgerufen am 30.07.2024.

[344] In der Literatur wird die Verfassungsmäßigkeit der Vorschrift im Hinblick auf den Bestimmtheitsgrundsatz (Art. 103 Abs. 2 GG) in Zweifel gezogen, vgl. *Kamann/Irmscher*, NZWiSt 2021, 249, 253 f.; *DAV*, NZG 2021, 546 ff.; *Jungkind/Raspé/Terbrack*, DK 2021, 445, 447; *Lutz-Bachmann/Vorbeck/Wengenroth*, BB 2021, 906, 912; *Thalhammer*, DÖV 2021, 825, 832; *Wagner/Ruttloff*, NJW 2021, 2145, 2147; *Zimmermann/Weiss*, AVR 2021, 424, 440 ff.

[345] Vgl. § 24 Abs. 2 LkSG.

[346] Vgl. § 24 Abs. 2 Satz 1 Nr. 1 LkSG.

[347] *Sagan/Schmidt*, NZA-RR 2022, 281, 283.

[348] Vgl. § 24 Abs. 3 Satz 1 LkSG.

[349] Vgl. § 24 Abs. 3 Satz 2 LkSG.

[350] Vgl. dazu *Falder/Frank-Fahle/Poleacov*, Lieferkettensorgfaltspflichtengesetz, S. 134.

[351] Vgl. § 22 LkSG; siehe auch *Schröder*, CB 2023, 15.

3. Kapitel

Zivilrechtliche Haftung inländischer Unternehmen *de lege lata*

Nachdem der wesentliche Inhalt des LkSG dargestellt wurde, ist nun zu klären, auf welche Weise dessen Sorgfaltspflichten auf zivilrechtliche Vorschriften ausstrahlen. Neben öffentlich-rechtlichen Sanktionen und Durchsetzungsmechanismen nach dem LkSG kommt schließlich auch eine zivilrechtliche Verantwortlichkeit inländischer Unternehmen (bzw. des jeweiligen Rechtsträgers[1]) für transnationale Menschenrechtsverletzungen und Umweltschädigungen in Betracht. Dabei sind sowohl vertragliche Ansprüche der (End-)Abnehmer (Verbraucher und Unternehmer) des zu beobachtenden Unternehmens als auch deliktische Ansprüche der im Ausland geschädigten Arbeitnehmer denkbar. Ferner stellt sich die Frage nach der zivilrechtlichen Verantwortlichkeit von Unternehmen für Klimaschäden, die auf den anthropogenen Klimawandel zurückzuführen sind. Das LkSG gewährleistet zwar *de lege lata* keinen Klimaschutz (vgl. Kap. 2 B. II. 3.). *De lege ferenda* ist die Implementierung von Klimaschutzverpflichtungen in den Sorgfaltspflichtenkatalog aber zum Zwecke der Umsetzung der EU-Lieferkettenrichtlinie zu erwarten (vgl. Kap. 6 A. IV.), weshalb in Kapitel 5 ein entsprechender Gesetzesvorschlag unterbreitet wird, für dessen Formulierung sich eine genauere Untersuchung der zivilrechtlichen Klimahaftung als unerlässlich erweisen wird. Mögliche vertragliche und deliktische Ansprüche gegen inländische Unternehmen werden im Folgenden im Hinblick auf potenzielle Wechselwirkungen mit dem LkSG näher untersucht.

A. Vertragliche Haftung für Menschen- und Umweltrechtsverletzungen in der Lieferkette

Vertragliche Ansprüche gegen inländische Unternehmen sind vor dem Hintergrund transnationaler Menschen- und Umweltrechtsverletzungen in verschiedenen Konstellationen denkbar. So könnten etwa Täuschungen über die Einhaltungsabsicht von CSR-Vereinbarungen und unrichtige öffentliche Angaben zu Nachhal-

---

[1] Da Unternehmen lediglich eine Rechts- und Organisationsgesamtheit darstellen, können Ansprüche nur gegen den jeweiligen Rechtsträger geltend gemacht werden. Aus Gründen der besseren Lesbarkeit wird der Begriff „Unternehmen" gleichwohl weiterhin verwendet. Gemeint ist dann stets die dahinterstehende natürliche oder juristische Person.

tigkeitsaspekten zum Vorliegen eines Anfechtungsgrundes nach § 123 Abs. 1 BGB oder Schadensersatzansprüchen des Vertragspartners gemäß den §§ 280 Abs. 1, 241 Abs. 2, 311 Abs. 3 BGB (*culpa in contrahendo*) führen. Verstöße gegen CSR-Vereinbarungen könnten eine Schadensersatzpflicht nach den Vorschriften des allgemeinen Schuldrechts (insb. § 280 Abs. 1 BGB) oder Gewährleistungsansprüche (insb. nach den §§ 434 ff. BGB) auslösen. Asmussen hat diese Fragen im Rahmen seiner Dissertationsschrift jüngst umfassend untersucht.[2] Gleichwohl besteht weiterer Forschungsbedarf. Es ist nämlich unklar, welchen Einfluss die Vorschriften des LkSG auf vertragliche Ansprüche gegen inländische Unternehmen haben. Die hiesige Arbeit knüpft daher an die Untersuchungen von Asmussen an und widmet sich allein dieser Frage. Konkret ist eine Ausstrahlungswirkung auf das Privatrecht unter verschiedenen Gesichtspunkten denkbar:

Betrachtet man den Sorgfaltspflichtenkatalog des LkSG, fallen zunächst die Vorgaben aus § 6 Abs. 4 Nr. 2 und 4 LkSG ins Auge. Diese verpflichten Unternehmen dazu, eine Zusicherung ihrer Zulieferer dahingehend einzuholen, dass diese die von der Geschäftsleitung geäußerten menschenrechtsbezogenen und umweltbezogenen Erwartungen einhalten. Ferner müssen vertragliche Kontrollmechanismen mit Zulieferern vereinbart werden. Die zur Einhaltung dieser Sorgfaltspflichten zu formulierenden Vertragsbedingungen werfen die Frage der Wirksamkeit solcher Regelungen vor dem Hintergrund einer AGB-Inhaltskontrolle auf. Daneben verlangt das LkSG das Leisten einer Nachhaltigkeitsberichterstattung (§ 10 Abs. 2 LkSG) sowie die Abgabe einer Grundsatzerklärung über die Menschenrechtsstrategie (§ 6 Abs. 2 Satz 1 LkSG). Die mit der Erfüllung dieser Sorgfaltspflichten verbundenen Äußerungen könnten in Verträge mit Abnehmern (Verbraucher und Unternehmer) einbezogen werden und Beschaffenheitsvereinbarungen (§ 434 Abs. 2 BGB) begründen. Ferner wäre es denkbar, dass sie die objektiven Anforderungen an eine Kaufsache (§ 434 Abs. 3 BGB) prägen. Schlussendlich ist auch zu klären, ob im Ausland geschädigten Arbeitnehmern infolge von Selbstverpflichtungen (auf Basis des § 6 Abs. 2 Satz 1 LkSG) oder vertraglichen Vereinbarungen Ansprüche aus Verträgen (mit Schutzwirkung) zugunsten Dritter zustehen können.

I. Umfassender Haftungsausschluss durch § 3 Abs. 3 Satz 1 LkSG?

Bevor auf die Einzelheiten der vertraglichen Haftung eingegangen werden kann, stellt sich allerdings die Frage, ob eine solche nicht von vorneherein gemäß § 3 Abs. 3 Satz 1 LkSG ausgeschlossen ist. Nach dessen Satz 1 begründet eine Verletzung der Pflichten aus dem LkSG keine zivilrechtliche Haftung. Eine unabhängig vom LkSG begründete Haftung bleibt jedoch gemäß Satz 2 unberührt. Die Reichweite dieser erst in der Beschlussempfehlung eingefügten Haftungsbegrenzung ist

---

[2] Vgl. *Asmussen*, Haftung für CSR, 2020, S. 145 ff.

in der Literatur höchst umstritten.[3] Primär geht es um die Frage, was unter einer „unabhängig von diesem Gesetz begründeten Haftung“ zu verstehen ist.

Die Klarstellung schließt zunächst unstreitig die Möglichkeit aus, Vorschriften des LkSG als Schutzgesetze im Sinne des § 823 Abs. 2 BGB heranzuziehen und so eine deliktische Haftung der Unternehmen zu begründen.[4] Der Gesetzgeber weist hierauf explizit hin.[5] Nach den Gesetzesmaterialien sollen die Pflichten des LkSG nämlich allein über das Verwaltungsverfahren und mit Mitteln des Ordnungswidrigkeitenrechts durchgesetzt werden können.[6] Obwohl die Reichweite des Haftungsausschlusses aufgrund der Erwähnung des § 823 Abs. 2 BGB in der Gesetzesbegründung ganz überwiegend im Zusammenhang mit einer deliktischen Haftung nach § 823 Abs. 1 BGB diskutiert wird[7], könnten möglicherweise auch vertragliche Ansprüche unter den Tatbestand fallen. Eine vertiefte Auseinandersetzung mit dieser Frage findet in der Literatur nicht statt.[8]

Der Wortlaut der Vorschrift spricht allgemein von der „zivilrechtlichen Haftung“ und sieht eine Beschränkung auf deliktische Ansprüche nicht vor.[9] Diese weite Formulierung legt einen das gesamte Zivilrecht umfassenden Haftungsausschluss nahe. Ein solches Verständnis deckt sich auch mit den Ausführungen des Gesetzgebers. Die durch das LkSG geschaffenen Sorgfaltspflichten sollen nach der Ge-

---

[3] Siehe nur zu der Frage, ob vertragliche Ansprüche vom Tatbestand erfasst werden: *Leyens*, in: Hopt, Handelsgesetzbuch, 44. Auflage 2025, § 3 LkSG Rn. 12; *Sangi*, in: Johann/Sangi, LkSG, § 3 Rn. 34; *Fleischer*, in: Fleischer/Manowski, LkSG, § 3 Rn. 62; *Spindler*, ZHR 186 (2022), 67, 103; *Rühl/Knauer*, JZ 2022, 105, 108; *Leuering*, NZG 2021, 753; zu der Frage, ob Regressansprüche im Innenverhältnis ausgeschlossen werden: *Gehling/Ott/Lüneborg*, CCZ 2021, 230, 239; *Fleischer*, DB 2022, 920, 927; *Strohn*, ZHR 185 (2021), 629, 630; *Leuering/Rubner*, NJW-Spezial 2021, 399, 400; *Leuering*, NZG 2021, 753, 754; *Edel/Frank/Heine/Heine*, BB 2021, 2890, 2892.

[4] *Spindler*, ZHR 186 (2022), 67, 94; *Fleischer*, DB 2022, 920, 921; *Rühl/Knauer*, JZ 2022, 105, 108; *Wagner/Ruttloff*, NJW 2021, 2145, 2150; *Ehmann*, ZVertriebsR 2021, 205, 206; *Ehmann/Berg*, GWR 2021, 287, 291; *Schmidt-Räntsch*, ZUR 2021, 387, 393 f.; *Wagner*, in: FS Singer, 2021, S. 693, 707; BT-Drucks. 19/30505, S. 39.

[5] Vgl. BT-Drucks. 19/30505, S. 39.

[6] Vgl. BT-Drucks. 19/30505, S. 39.

[7] Vgl. etwa *Schneider*, ZIP 2022, 407, 412 ff.; *Späth/Werner*, CCZ 2021, 241, 250 f.; *Fleischer*, in: Fleischer/Mankowski, LkSG, § 3 Rn. 64 ff.; *Voland/Lohn*, in: Ghassemi-Tabar, LkSG, § 3 Rn. 151 ff.; *Steinbrück*, in: Gehling/Ott, LkSG, Anh. § 11 Rn. 11; *Kramme/Ponholzer*, in: Berg/Kramme, LkSG, § 3 Rn. 36 ff.; *Tschäpe/Trefzger*, ZfBR 2023, 423, 429 ff.; *Hübner/Lieberknecht*, NJW 2024, 1841, 1845.

[8] Gegen einen Haftungsausschluss wohl: *Leyens*, in: Hopt, Handelsgesetzbuch, 44. Auflage 2025, § 3 LkSG Rn. 12; *Sangi*, in: Johann/Sangi, LkSG, § 3 Rn. 34; *Fleischer*, in: Fleischer/Manowski, LkSG, § 3 Rn. 62; *Bachmann/Brunk*, in: Kaltenborn/Krajewski/Rühl/Saage-Maaß, LkSG, § 3 Rn. 130; für einen Haftungsausschluss: *Spindler*, ZHR 186 (2022), 67, 103 vor allem in Bezug auf die Abgabe der Grundsatzerklärung nach § 6 Abs. 2 LkSG; *Rühl/Knauer*, JZ 2022, 105, 108 betonen, dass „jedwede zivilrechtliche Haftung“ ausgeschlossen werden solle; so wohl auch *Leuering*, NZG 2021, 753, 754.

[9] *Leuering*, NZG 2021, 753, 754: Die Vorschrift „spricht ganz allgemein von der zivilrechtlichen Haftung“.

setzesbegründung nämlich wie bereits angesprochen „im Verwaltungsverfahren und mit Mitteln des Ordnungswidrigkeitsrechts durchgesetzt und sanktioniert werden", was „insbesondere" (also nicht abschließend) im Hinblick auf § 823 Abs. 2 BGB klarzustellen sei.[10] Der Gesetzgeber hatte bei Schaffung des § 3 Abs. 3 Satz 1 LkSG also jedenfalls die Intention, jenseits des § 823 Abs. 2 BGB weitere zivilrechtliche Ansprüche auszuschließen. Führt man sich ergänzend vor Augen, dass der Regierungsentwurf mit dem Ziel beschlossen wurde, Unternehmen keinen zusätzlichen zivilrechtlichen Haftungsrisiken auszusetzen[11], überzeugt eine Ausdehnung des Haftungsausschlusses auf die vertragliche Haftung auch vor dem Hintergrund der Entstehungsgeschichte des LkSG. Der Haftungsausschluss des § 3 Abs. 3 Satz 1 LkSG schließt damit grundsätzlich auch vertragliche (Gewährleistungs-) Ansprüche aus, die von der Verletzung einer Sorgfaltspflicht abhängen.[12]

Im Ergebnis muss die Anwendung des § 3 Abs. 3 Satz 1 LkSG im Rahmen der Unternehmenshaftung (zum Binnenregress siehe Kap. 4 A. I.) daher stets an der mit der Vorschrift intendierten Haftungsneutralität des LkSG gemessen werden.[13] Nur wenn der in Rede stehende Anspruch auch dann bestünde, wenn man die Vorschriften des LkSG hinwegdenken würde, findet § 3 Abs. 3 Satz 1 LkSG keine Anwendung. Allein dann ist die Haftung nämlich „unabhängig" vom LkSG begründet.[14]

Im Folgenden ist daher zunächst zu untersuchen, inwieweit das LkSG vertragliche Ansprüche gegen inländische Unternehmen im Falle transnationaler Menschenrechtsverletzungen beeinflusst. Anschließend kann analysiert werden, ob die in Rede stehenden Ansprüche ohne die Vorschriften des LkSG nicht bestehen würden und daher nach den soeben erarbeiteten Maßstäben durch § 3 Abs. 3 Satz 1 LkSG ausgeschlossen werden.

---

[10] Vgl. BT-Drucks. 19/30505, S. 39.

[11] Vgl. BT-Drucks. 19/30505, S. 39.

[12] So wohl auch *Rühl/Knauer*, JZ 2022, 105, 108.

[13] *Bachmann/Brunk*, in: Kaltenborn/Krajewski/Rühl/Saage-Maaß, LkSG, § 3 Rn. 129: Das LkSG sei „haftungsneutral konzipiert"; siehe auch *Altenschmidt/Helling*, LkSG, § 3 Rn. 22: Die bisherige Rechtslage hinsichtlich einer zivilrechtlichen Haftung solle durch das LkSG nicht verändert werden.

[14] *Ziegler*, in: Depping/Walden, LkSG, § 3 Rn. 100: „Die Ausschussbegründung ist mithin wohl so zu verstehen, dass das LkSG keinerlei Einfluss auf die zivilrechtliche Haftung haben soll."

II. Einfluss des LkSG auf die vertragliche Haftung nach dem Sachmängelgewährleistungsrecht

Einfluss könnte das LkSG zunächst auf die Haftung nach dem kaufrechtlichen Sachmängelgewährleistungsrecht (§§ 434 ff. BGB)[15] nehmen.[16] Diese setzt einen Sachmangel voraus.[17] Eine Sache ist frei von Mängeln, wenn sie bei Gefahrenübergang den subjektiven Anforderungen, den objektiven Anforderungen und den Montaganforderungen entspricht.[18] Sowohl die subjektiven Anforderungen (vereinbarte Beschaffenheit) als auch die objektiven Anforderungen (übliche Beschaffenheit) knüpfen dabei an den Begriff der Beschaffenheit einer Kaufsache an.[19] Dessen Reichweite ist also zunächst zu klären.

1. Ausgangspunkt: Reichweite des kaufrechtlichen Beschaffenheitsbegriffes

Der Beschaffenheitsbegriff des Sachmängelgewährleistungsrechts ist umstritten. Unter der Beschaffenheit verstehen die Gesetzesmaterialien zu § 434 BGB (n. F.) in Anlehnung an die Rechtsprechung des V. und VIII. Zivilsenates des BGH zur alten Fassung der Vorschrift[20] „jegliche Merkmale einer Sache, die der Sache selbst anhaften oder sich aus ihrer Beziehung zur Umwelt ergeben"[21]. Unstreitig nicht erfasst sind daher jedenfalls rein unternehmensbezogene Faktoren, also solche, die sich auf das Verhalten des Unternehmens im Allgemeinen beziehen.[22] Eine nachhaltige Unternehmenspolitik oder der Ruf eines Unternehmens, Menschenrechte zu verletzen, weisen demnach keinen Bezug zur der konkreten Kaufsache auf und fallen bereits nicht unter den Beschaffenheitsbegriff.[23]

---

[15] Zu möglichen Ansprüchen auf Grundlage des UN-Kaufrechts siehe *S. Wagner*, in: Wagner/Ruttloff/Wagner, LkSG, § 12 Rn. 1775 ff.; da das CISG nach der ganz überwiegenden Vertragspraxis formularmäßig ausgeschlossen wird (*E. Wagner/S. Wagner/Holtz*, in: Wagner/Ruttloff/Wagner, LkSG, § 13 Rn. 2079) sollen derartige Ansprüche an dieser Stelle nicht weiter behandelt werden.

[16] Auf die meisten hier in Rede stehenden Vertragsverhältnisse werden aufgrund des Vorliegens eines Kauf- oder Werklieferungsvertrages die §§ 434 ff. BGB Anwendung finden (zutr. *S. Wagner*, in: Wagner/Ruttloff/Wagner, LkSG, § 12 Rn. 1760), weshalb sich die Untersuchung auf diese Vorschriften beschränken soll.

[17] Vgl. § 437 BGB.

[18] Vgl. § 434 Abs. 1 BGB.

[19] *S. Wagner*, in: Wagner/Ruttloff/Wagner, LkSG, § 12 Rn. 1761.

[20] Vgl. BGH, NJW 2021, 3397, 3399; BGH, NJW 2016, 2874, 2875.

[21] Zit.: BT-Drucks. 19/27424, S. 23.

[22] *Koch*, MDR 2022, 1, 5; *Asmussen*, Haftung für CSR, 2020, S. 157.

[23] *S. Wagner*, in: Wagner/Ruttloff/Wagner, LkSG, § 12 Rn. 1764; so auch *Grunewald*, NJW 2021, 1777, 1778 jedenfalls in Bezug auf den Ruf des Unternehmens.

Anders verhält es sich möglicherweise im Falle produktbezogener Faktoren, die – anknüpfend an die Ausführungen von Asmussen – in qualitätsbezogene und herstellungsbezogene Faktoren unterteilt werden können.[24] Qualitätsbezogene Faktoren umfassen die körperlichen Merkmale der Sache (bspw. die Einhaltung bestimmter Abgaswerte im Straßenbetrieb[25]), während die herstellungsprozessbezogenen Faktoren sich auf die Herstellungsweise des Gegenstandes beziehen (bspw. die Einhaltung von Sozial- und Umweltschutzstandards beim Produktionsvorgang[26]).

Teilweise wird vertreten, dass der Begriff des Sachmangels zwingend an die physischen Eigenschaften einer Kaufsache anknüpfen müsse,[27] was zur Folge hätte, dass jedenfalls herstellungsprozessbezogene Faktoren keinen Sachmangel begründen könnten (durch Kinderarbeit hergestellte Produkte wären dann bspw. mangelfrei). Es sei zu berücksichtigen, dass die Kaufsache ihre Funktion in der Regel genauso gut erfüllen könne und dürfe, wenn sie unter dem Einsatz von Zwangs- oder Kinderarbeit hergestellt wurde, wie in den Fällen, in denen ein solcher Einsatz nicht erfolgte. Ferner gebe es für den Käufer kein Verbot eine menschenrechtswidrig hergestellte Sache zu nutzen, sodass auch keine rechtliche Beeinträchtigung ihrer Funktion bejaht werden könne.[28]

Diese Argumente sind nicht von der Hand zu weisen. Gegen ein zu weites Begriffsverständnis des Sachmangelbegriffes streiten auch die gegenüben dem allgemeinen Schuldrecht (§ 195 BGB) relativ kurzen Verjährungsfristen (§ 438 BGB), welche die Rechtsdurchsetzung des Käufers erschweren.[29] Der Verkäufer wiederum könnte sich insbesondere deshalb, weil viele Gewährleistungsansprüche unabhängig von einem Verschulden eröffnet werden, völlig überraschend der Belastung mit der Rückabwicklung des Kaufvertrages ausgesetzt sehen.[30] Gerade in Fällen, in denen es um die (Rück-)Abwicklung von Großaufträgen geht, die für den einen Vertragspartner eine hohe wirtschaftliche Bedeutung haben, können sich Gewährleistungsansprüche existenzbedrohend auswirken. Gleichwohl sprechen die besseren Argumente für ein weites Begriffsverständnis: Eine Beschränkung des Beschaffenheitsbegriffes auf physische Eigenschaften ist nämlich weder dem Wortlaut noch der Systematik oder dem Zweck des § 434 BGB zu entnehmen.[31] Im Gegenteil

---

[24] Vgl. *Asmussen*, NJW 2017, 118, 119.

[25] *Asmussen*, NJW 2017, 118, 119.

[26] *Koch*, MDR 2022, 1, 5.

[27] So etwa *Beck*, NJW 2022, 3313, 3317; vgl. auch *Grigoleit/Herresthal*, JZ 2003, 118, 123; *Huber*, AcP 202 (2002), 180, 225; *Canaris*, in: Lorenz (Hrsg.), Karlsruher Forum 2002 (2002), S. 5, 61 ff.

[28] Vgl. *Beck*, NJW 2022, 3313, 3317.

[29] *Grunewald*, NJW 2021, 1777, 1778.

[30] *Grunewald*, NJW 2021, 1777, 1778.

[31] *Herrler*, DNotZ 2022, 491, 494 leitet ein weites Verständnis des Begriffes „Beschaffenheit“ auch aus der Abkehr von der Formulierung „Eigenschaften“ und ihrer Ersetzung

deutet die umfassende Aufzählung in § 434 Abs. 3 Satz 2 BGB darauf hin, dass jede denkbare Eigenschaft einer Beschaffenheitsvereinbarung zugänglich ist.[32] Die Warenkaufrichtlinie[33], deren Umsetzung § 434 BGB dient, verwendet den Begriff der Beschaffenheit nicht einmal, sondern spricht ganz allgemein von „features"[34] (Merkmalen). Auch eine derartige Begriffsauswahl des Unionsgesetzgebers legt nahe, dass Einschränkungen des gewährleistungsrechtlichen Anwendungsbereiches an dieser Stelle nicht vorgesehen sind.[35] Jedenfalls soll wohl keine pauschale Begrenzung auf nur diejenigen Merkmale erfolgen, die sich auf die Nutzungsmöglichkeit einer Kaufsache auswirken. Für dieses Verständnis des Sachmangelbegriffes spricht auch, dass die Anknüpfung an die physischen Merkmale einer Kaufsache zu erheblichen Abgrenzungsproblemen und damit zu Rechtsunsicherheit führen würde.[36] Die Differenzierung zwischen unternehmens- und produktbezogenen Faktoren ermöglicht hingegen eine weitgehend trennscharfe Abgrenzung von Faktoren, die unter den Beschaffenheitsbegriff des § 434 BGB subsumiert werden können und solchen, die bereits auf dieser Ebene ausscheiden. Schließlich würde ein zu enges Verständnis des Beschaffenheitsbegriffes auch zu einer teilweisen Zurückdrängung der Sachmängelhaftung zugunsten der Anwendung des allgemeinen Leistungsstörungsrechtes mit (leicht) abweichenden Rechtsfolgen führen, was zwar einerseits die oben genannten Probleme lösen würde, andererseits aber auch die Wirkweise der durch § 434 BGB umgesetzten Warenkaufrichtlinie kontaminieren könnte, indem bestimmte Fälle dem Sachmängelgewährleistungsrecht entzogen werden, die nach dem Willen des Unionsgesetzgebers von der Richtlinie erfasst werden sollen.[37] Führt man sich ergänzend vor Augen, dass die Zivilsenate des BGH in ihrer Rechtsprechung zu § 434 BGB a.F. den Beschaffenheitsbegriff unter anderem von Faktoren abhängig machten, die „nach der Verkehrsauffassung Einfluss auf die Wertschätzung der Sache haben"[38], lässt sich ein Anknüpfen an die physischen Eigenschaften einer Sache auch vor diesem Hintergrund nicht begründen. Schließlich hat es Einfluss auf die Wertschätzung eines T-Shirts, wenn dieses aus konventionell angebauter statt aus Bio-Baumwolle hergestellt wurde. Dasselbe gilt, wenn ein Unternehmen in seinem CSR-Bericht darauf hinweist, es werde nur

---

durch das Wort „Merkmale" ab (vgl. § 434 Abs. 1 Satz 2 BGB in der Fassung vor und nach dem 01.01.2022).

[32] *Saenger*, in: Schulze, Bürgerliches Gesetzbuch, 12. Auflage 2024, § 434 Rn. 13.

[33] Richtlinie (EU) 2019/771 des Europäischen Parlaments und des Rates vom 20. Mai 2019 über bestimmte vertragsrechtliche Aspekte des Warenkaufs, zur Änderung der Verordnung (EU) 2017/2394 und der Richtlinie 2009/22/EG sowie zur Aufhebung der Richtlinie 1999/44/EG, ABl. EU L 136 vom 22.05.2019, S. 28.

[34] Vgl. etwa Art. 6 lit. a der Warenkaufrichtlinie.

[35] In diese Richtung wohl auch BeckOK BGB/Faust, 72. Ed. 01.08.2024, BGB § 434 Rn. 15.

[36] *Asmussen*, NJW 2017, 118, 120.

[37] In diese Richtung *Deutschmann*, NJ 2022, 14, 17.

[38] Zit.: BGH, NJW 2021, 3397, 3399; BGH, NJW 2016, 2874.

Strom aus erneuerbaren Energien bei der Produktion verwendet.[39] Qualitätsbezogene und herstellungsbezogene Faktoren können mithin unter den Beschaffenheitsbegriff des § 434 BGB subsumiert werden.[40]

2. Beschaffenheitsvereinbarungen in Lieferverträgen (b2b)

Das Vorliegen eines Sachmangels kann dabei zunächst aus einer Beschaffenheitsvereinbarung folgen, wenn bestimmte (ethische oder nachhaltige) Produktstandards ausdrücklich oder konkludent vereinbart worden waren und gegen diese Standards – gegebenenfalls unter Verletzung von Menschen- oder Umweltrechten – verstoßen wurde.[41] Solche Vereinbarungen sind allerdings nur in Lieferverträgen zwischen Unternehmern zu erwarten, da das LkSG inländischen Unternehmen nicht die Pflicht auferlegt, Nachhaltigkeitsbelange gegenüber Verbrauchern durchzusetzen und solche Vereinbarungen praktisch auch nicht vorkommen.

a) … durch Verwendung von CSR-Klauseln

Beschaffenheitsvereinbarungen können auf unterschiedlichem Wege getroffen werden. Zunächst ist die Aufnahme einzelner CSR-Klauseln, in denen sich der Lieferant bspw. dazu verpflichtet, keine Personen unter 18 Jahren zu beschäftigen, in Lieferverträge denkbar.[42] Ein Verstoß gegen solche Klauseln führt jedenfalls zu einer Haftung des Zulieferers nach § 280 Abs. 1 BGB.[43] Hat die zu beobachtende vertragliche Regelung produktbezogene Faktoren zum Gegenstand hat, ist aber auch das Entstehen eines Sachmangels möglich.[44] Eine Klausel, die den Zulieferer pauschal und ohne Produktbezug dazu verpflichtet, keine Kinder zu beschäftigen, wird bei Verstößen zwar noch keinen Sachmangel begründen können, da nur unternehmensbezogene Faktoren betroffen sind. Ergibt sich aus der Vereinbarung hingegen (ausdrücklich oder konkludent), dass bei der Produktion bestimmter zu liefernder Waren keine Kinder beschäftigt worden sind, liegt ein hinreichender Produktbezug vor, sodass eine Beschaffenheitsvereinbarung („Bei Herstellung der Waren kam es nicht zu Kinderarbeit") bejaht werden kann, welche bei Zuwiderhandlungen einen Sachmangel begründet.[45]

---

[39] Vgl. die Beispiele bei *Croon-Gestefeld*, NJW 2022, 497, 500.

[40] *Asmussen*, NJW 2017, 118, 119 f.; Koch, MDR 2022, 1, 5; *Grunewald*, NJW 2021, 1777, 1778 f.; *S. Wagner*, in: Wagner/Ruttloff/Wagner, LkSG, § 12 Rn. 1763.

[41] *S. Wagner*, in: Wagner/Ruttloff/Wagner, LkSG, § 12 Rn. 1765.

[42] Vgl. die Beispielklausel bei *Grunewald*, ZIP 2023, 2238.

[43] *Grunewald*, ZIP 2023, 2238.

[44] *S. Wagner*, in: Wagner/Ruttloff/Wagner, LkSG, § 12 Rn. 1765.

[45] Vgl. auch *Grunewald*, NJW 2021, 1777, 1778 f.: Bei einem weiten Verständnis des Sachmangelbegriffes führe die wahrheitswidrige Angabe auf dem Etikett einer Jeans, diese sei ohne Kinderarbeit hergestellt worden, zur Fehlerhaftigkeit des Produkts.

Die Aufnahme einzelner CSR-Klauseln stellt in der Praxis allerdings nicht den Regelfall dar. Häufiger werden Vertragspartner zur Berücksichtigung von CSR-Belangen durch Einbeziehung nachhaltigkeitsbezogener Regelwerke[46] (CSR-Codes) in den Liefervertrag verpflichtet.

b) ... durch Verwendung von CSR-Codes

aa) Grundlagen

In der Praxis existieren unterschiedliche Arten von CSR-Codes. Allgemein lassen sie sich in Verhaltens- und Berichtskodizes unterteilen. Verhaltenskodizes enthalten entweder Zielbestimmungen oder auf bestimmte CSR-Themen gerichtete „Sollenssätze".[47] So fordert der *UN Global Compact* von seinen Mitgliedern die Beachtung von zehn Prinzipien bei der Unternehmensführung.[48] Diese verlangen etwa, dass Unternehmen für die Abschaffung von Kinderarbeit eintreten oder Initiativen ergreifen, um ein größeres Umweltbewusstsein zu fördern.[49] Berichtskodizes (bspw. der Deutsche Nachhaltigkeitskodex oder die G4-Leitlinien der *Global Reporting Initiative*) geben zwar ebenfalls stellenweise – etwa in ihrer Präambel – bestimmte Ziele oder Leitlinien vor.[50] Dabei erwarten sie von den teilnehmenden Unternehmen allerdings keine Befolgung dieser, sondern lediglich das Leisten einer Nachhaltigkeitsberichterstattung darüber, welche Ziele sich ein Unternehmen setzt, welche Maßnahmen zur Zielerreichung vorgesehen sind sowie die Offenlegung von deren Ergebnissen[51].[52]

Verhaltenskodizes können unterteilt werden in solche, die eher allgemeine Leitprinzipien vorgeben, wie etwa der *UN Global Compact*, und solche, die relativ

---

[46] Häufig handelt es sich dabei um Verhaltensrichtlinien für Zulieferer und Mitarbeiter, die auch als *code of conduct* bezeichnet werden, vgl. *Altenschmidt/Helling*, LkSG, § 6 Rn. 11, in: Wagner/Ruttloff/Wagner.

[47] *Asmussen*, Haftung für CSR, 2020, S. 10.

[48] Abrufbar unter: https://www.globalcompact.de/fileadmin/user_upload/Bilder/Mediathek_Main_Page/Publikationen_PDF_speicher/DIE-ZEHN-PRINZIPIEN-1.pdf, zuletzt abgerufen am 30.07.2024.

[49] Vgl. die Prinzipien Nr. 5 und 7.

[50] Vgl. *Rat für nachhaltige Entwicklung*, Der Deutsche Nachhaltigkeitskodex, S. 6, abrufbar unter: https://nachhaltigkeitsrat.de/wp-content/uploads/migration/documents/RNE_Der_Deutsche_Nachhaltigkeitskodex_DNK_texte_Nr_41_Januar_2012_02.pdf (Stand: 2012), zuletzt abgerufen am 30.07.2024.

[51] Vgl. etwa *Rat für nachhaltige Entwicklung*, Leitfaden zum Deutschen Nachhaltigkeitskodex, S. 84 ff. zur Berichterstattung über Arbeitnehmerbelange, abrufbar unter: https://www.nachhaltigkeitsrat.de/wp-content/uploads/2020/10/DNK_Leitfaden_2020.pdf (Stand: 01.07.2020), zuletzt abgerufen am 30.07.2024; die Standards der Global Reporting Initiative sind abrufbar unter: https://www.globalreporting.org/how-to-use-the-gri-standards/gri-standards-german-translations/?g=dd0c406d-0fc6-4042-9430-a81ab9548337, zuletzt abgerufen am 30.07.2024.

[52] *Asmussen*, Haftung für CSR, 2020, S. 11.

konkrete Handlungsvorgaben enthalten.[53] Während einige Kodizes an qualitätsbezogene Faktoren anknüpfen, beziehen sich andere wiederum auf herstellungsprozessbezogene Faktoren. Zudem enthalten viele CSR-Codes Versprechen, die überhaupt keine produktbezogenen Faktoren zum Gegenstand haben wie etwa die paritätische Besetzung von Leitungsgremien oder die Beachtung von Sozial- oder Umweltschutzstandards im Allgemeinen[54].[55]

Inhaltlich handelt es sich bei CSR-Codes meist um prozess- und keine erfolgsorientierten Versprechen.[56] So soll ein Unternehmen, welches sich auf den *UN Global Compact* verpflichtet, „für die Beseitigung aller Formen von Zwangsarbeit eintreten“[57]. Die *International Organization for Standardization* (ISO) verlangt: „Die grundlegenden Rechte (wie z. B. […] Abschaffung der Zwangs- und Kinderarbeit) der Internationalen Arbeitsorganisation (IAO) sollten von einer Organisation berücksichtigt werden.“[58] Die Teilnehmer des *amfori* BSCI-Verhaltenskodex „verpflichten sich, alle zumutbaren Anstrengungen zu unternehmen, um die im BSCI-Verhaltenskodex festgelegten Ziele zu erreichen“[59].

Ähnliche Äußerungen finden sich auch in den Verhaltenskodizes einzelner Unternehmen. So formuliert etwa das Einrichtungsunternehmen *IKEA*[60]:

> „IKEA does not accept child labour. We work together with our suppliers and partners to actively promote children's rights throughout our value chain“.

Eine Garantie auszusprechen, Produkte seien ohne Kinderarbeit produziert worden, traut sich – soweit ersichtlich – kein Unternehmen zu.[61] Denkbar ist auch, dass ein CSR-Code beschreibt, was ein Unternehmen von seinen Zulieferern verlangt. So heißt es im *code of conduct* des Discounter-Konzerns *Lidl* unter anderem:

> „Der Geschäftspartner setzt keine Kinderarbeit ein und beachtet Vorschriften zum Schutz Minderjähriger. Das Mindestbeschäftigungsalter darf nicht unter dem Alter liegen, mit dem die gesetzliche Schulpflicht endet. In keinem Fall dürfen Mitarbeiter jünger als

---

[53] *Asmussen*, Haftung für CSR, 2020, S. 11.

[54] Vgl. etwa die Audi-Verhaltensgrundsätze, S. 10 f., abrufbar unter: https://www.audi.com/content/dam/gbp2/downloads/Corporate-guidelines/Audi%20CoC%203.0_DE.pdf (Stand: 2024), zuletzt abgerufen am 30.07.2024.

[55] *Asmussen*, Haftung für CSR, 2020, S. 11 f.

[56] *Asmussen*, Haftung für CSR, 2020, S. 12.

[57] Prinzip Nr. 4 des UN Global Compact.

[58] Zit.: DIN ISO 26.000, S. 40 ff.

[59] Zit.: Amfori BSCI-Verhaltenskodex, S. 3, abrufbar unter: https://www.bsb-obp.de/amfori-2020-03-05-amfori-BSCI-Code-of-Conduct-DE.pdf (Stand: 2017), zuletzt abgerufen am 30.07.2024.

[60] Abrufbar unter: https://www.ikea.com/gb/en/files/pdf/b3/00/b300b3a9/ikea-way-on-preventing-child-labour-and-supporting-young-workers.pdf (Stand: 29.04.2016), zuletzt abgerufen am 30.07.2024.

[61] So auch *Asmussen*, Haftung für CSR, 2020, S. 12 f.

15 Jahre alt sein (bzw. 14 Jahre, wenn nationales Recht gemäß ILO Übereinkommen 138 dies zulässt). Nationale Regelungen sowie internationale Standards zum Schutz Minderjähriger sind einzuhalten."

Der Lieferantenkodex der *Bayer AG* enthält folgende Formulierung[62]:

„Die Lieferanten müssen in ihren Unternehmen die Menschenrechte achten und ihre Mitarbeiter fair und respektvoll behandeln".

Anschließend folgt eine genauere Bezeichnung des verlangten Verhaltens, wobei Kinderarbeit zu vermeiden, die Vereinigungsfreiheit zu achten sowie die gesetzlichen Vorschriften zu Arbeitszeiten und Löhnen einzuhalten seien.

bb) Praxisphänomen: Anpassung der CSR-Codes an das LkSG

Nach Inkrafttreten des LkSG haben viele Unternehmen ihre CSR-Codes speziell an die Vorgaben des Gesetzes angepasst. So heißt es nunmehr im Lieferantenkodex der *Rewe Group*[63]:

„Die Unternehmen der REWE Group erwarten, dass ihre Lieferanten nicht gegen die im Katalog unter Ziffer 3 und 4 dieses CoC[64] aufgeführten Schutzgüter[65] (im Folgenden: „menschenrechts- und umweltbezogene Schutzgüter") verstoßen. Der Lieferant verpflichtet sich, die menschenrechts- und umweltbezogenen Schutzgüter in seinem eigenen Geschäftsbereich zu wahren und die Anforderungen dieses CoC umzusetzen.

Der Lieferant verpflichtet sich ferner, die Grundsätze dieses CoC und die sich daraus ergebenden Verpflichtungen gegenüber seinen Zulieferern in angemessener Art und Weise zu kommunizieren, um Verstöße gegen menschenrechts- und umweltbezogene Schutzgüter in der weiteren Lieferkette zu verhindern."

Anschließend erfolgt eine detaillierte Aufschlüsselung der Verpflichtungen des Lieferanten, die sich offenkundig an den Sorgfaltspflichten des LkSG orientiert, die im LkSG enthaltenen Formulierungen teilweise wörtlich wiedergibt und auf bestimmte Vorschriften des LkSG Bezug nimmt.

So heißt es etwa unter Ziffer 2.3:

„Dem Lieferanten ist bekannt, dass die Unternehmen der REWE Group verpflichtet sind, eine Risikoanalyse gemäß § 5 LkSG durchzuführen. Der Lieferant hat auf Anforderung eines Unternehmens der REWE Group unverzüglich alle Auskünfte zu erteilen, die die

---

[62] Abrufbar unter: https://www.bayer.com/sites/default/files/Bayer_Supplier-code-of-conduct-DE.pdf (Stand: Januar 2019), zuletzt abgerufen am 30.07.2024.

[63] https://www.rewe-group.com/content/uploads/2023/01/rewe-group-supplier-code-of-conduct-gueltig-ab-2023.pdf?t=2023122201d (Stand: Dezember 2023), zuletzt abgerufen am 30.07.2024.

[64] Gemeint ist der *Code of Conduct* der *Rewe Group.*

[65] Die an anderer Stelle näher definierten Schutzgüter entsprechen ganz überwiegend den Schutzgütern des LkSG und sind angelehnt an die Legaldefinitionen in § 2 Abs. 2 und 3 LkSG.

REWE Group oder ein von ihr zu diesem Zweck beauftragter Dritter benötigt, um in Bezug auf den Lieferanten eine Risikoanalyse durchzuführen."

Unter Ziffer 2.4 heißt es dann:

„Sollte ein Unternehmen der REWE Group im Rahmen einer Risikoanalyse gemäß § 5 LkSG ein Risiko in Bezug auf die Geschäftstätigkeit des Lieferanten feststellen, so ist der Lieferant verpflichtet, in Bezug auf diejenigen menschenrechts- und/oder umweltbezogenen Schutzgüter, auf welche sich das Risiko bezieht, auf Aufforderung eines Unternehmens der REWE Group angemessene Präventionsmaßnahmen zu ergreifen […] Sollte der Lieferant selbst ein Risiko identifizieren, so hat er eigenständig und unaufgefordert angemessene Präventionsmaßnahmen zu ergreifen."

Anschließend erfolgt eine Aufzählung bestimmter durchzuführender Maßnahmen. Es wird ferner verlangt, dass die *Rewe Group* stets über ermittelte Risiken zu informieren und bei dem Ergreifen von Abhilfemaßnahmen zu unterstützen ist.

cc) Bedeutung von CSR-Codes vor dem Hintergrund des LkSG

Der Lieferantenkodex der *Rewe Group* veranschaulicht, welche Bedeutung CSR-Codes für die hier zu behandelnde Fragestellung haben. Nach dem LkSG verpflichtete Unternehmen sind nämlich in vielen Fällen darauf angewiesen, mit ihren Zulieferern zusammenzuarbeiten, um ihre eigenen gesetzlichen Sorgfaltspflichten zu erfüllen. Unterstützung benötigen sie dabei vor allem in Bezug auf die Risikoanalyse, Präventions- und Abhilfemaßnahmen sowie das Beschwerdeverfahren.[66] Nur so können sie an die zur Pflichterfüllung erforderlichen Informationen gelangen.

CSR-Codes sind vor dem Hintergrund des LkSG aber auch aus weiteren – bereits zu Beginn dieses Kapitels angedeuteten – Gründen von Bedeutung: Zum einen verlangt § 6 Abs. 2 Satz 1 LkSG die Abgabe einer Grundsatzerklärung über die Menschenrechtsstrategie des pflichtigen Unternehmens, also die Veröffentlichung einer CSR-Selbstverpflichtung,[67] welche haftungsrechtliche Konsequenzen mit sich bringen könnte. Zum anderen verpflichtet § 6 Abs. 4 Nr. 2 LkSG Unternehmen dazu, die von der Geschäftsleitung in der Grundsatzerklärung beschriebenen menschenrechts- und umweltbezogenen Erwartungen vertraglich gegenüber unmittelbaren Zulieferern und durch Weitergabeklauseln in der gesamten Lieferkette zu verankern.[68]

---

[66] Vgl. *BAFA*, Handreichung: Zusammenarbeit in der Lieferkette zwischen verpflichteten Unternehmen und ihren Zulieferern, S. 1, abrufbar unter: https://www.bafa.de/SharedDocs/Downloads/DE/Lieferketten/handreichung_zusammenarbeit_in_der_lieferkette.html?nn=1559328 (Stand: August 2023), zuletzt abgerufen am 30.07.2024.

[67] Vgl. dazu *Ott*, in: Gehling/Ott, LkSG, § 6 Rn. 13.

[68] Vgl. *Augenstein/Wohltmann*, in: Kaltenborn/Krajewski/Rühl/Saage-Maaß, LkSG, § 6 Rn. 64.

Da die nach dem LkSG durchzuführenden Präventionsmaßnahmen auf der Risikoanalyse aufbauen, könnten Unternehmen zur Erfüllung der Pflicht aus § 6 Abs. 4 Nr. 2 LkSG zwar prinzipiell mit jedem Zulieferer eine individuelle Vereinbarung treffen, welche speziell die für ihn und seine Lieferkette ermittelten Risiken adressiert und passgenaue Präventionsmaßnahmen im Hinblick auf Branche, Region und sonstige Umstände formuliert.[69] In der Praxis kommen solche Vereinbarungen allerdings – soweit ersichtlich – nur in Bezug auf Schlüssellieferanten und bei besonderer Risikolage eines Zulieferers vor.[70] Viele nach dem LkSG pflichtigen Unternehmen verfügen wohl über eine derart große Anzahl von Zulieferern, dass auf individuell angepasste Zuliefererverträge aus ökonomischen Gründen verzichtet wird. Stattdessen wird auf vorformulierte Vertragsbedingungen zurückgegriffen, welche den gesetzlichen Anforderungen an Allgemeine Geschäftsbedingungen (AGB) unterliegen.[71]

Die Umsetzung der Vorgaben des § 6 Abs. 4 Nr. 2 LkSG dürfte regelmäßig erfolgen, indem das Unternehmen ein vertragliches Regelwerk vorgibt, welches den Schutz der Menschenrechte und der Umwelt zum Gegenstand hat. Das Regelwerk enthält dann spezielle Vorgaben und wird durch Verpflichtungen ergänzt, die die Weitergabe der Vorgaben in der Lieferkette sowie Auditrechte[72] und sonstige Kooperationspflichten[73] regeln.[74] Inhaltlich werden die dabei verwendeten Vertragsbedingungen erwartungsgemäß den Verbotskatalog des § 2 Abs. 2 und 3 LkSG inkorporieren[75], da die Sorgfaltspflichten des LkSG eine Verringerung der dort aufgelisteten Risiken zum Gegenstand haben.[76] In der Praxis dürfte vor allem auf die bereits vor Inkrafttreten des LkSG etablierte Methode zurückgegriffen werden, einen Lieferantenkodex oder sonstigen CSR-Code zu veröffentlichen, auf den dann im Rahmen der AGB lediglich verwiesen wird.[77]

Das Verwenden solcher Verweise oder sonstiger CSR-Klauseln in Vertragsbedingungen wirft primär die Frage nach ihrer Wirksamkeit auf. Diese ist allerdings nur dann von Bedeutung, wenn die in Rede stehenden Klauseln auch in den zu

---

[69] *Depping*, in: Depping/Walden, LkSG, § 6 Rn. 64.

[70] So auch *Depping*, in: Depping/Walden, LkSG, § 6 Rn. 64.

[71] *Korch*, in: Fleischer/Mankowski, LkSG, § 6 Rn. 97; *Depping*, in: Depping/Walden, LkSG, § 6 Rn. 64.

[72] Vgl. etwa die Musterklausel bei *Ott*, in: Gehling/Ott, LkSG, § 6 Rn. 142.

[73] Vgl. etwa Verhaltenskodex für Lieferanten der Bayer AG (Version 6/ Dezember 2022), S. 12, abrufbar unter: https://www.bayer.com/de/einkauf/lieferanten-verhaltenskodex, zuletzt abgerufen am 30.07.2024.

[74] *Depping*, in: Depping/Walden, LkSG, § 6 Rn. 65.

[75] Der Lieferantenkodex der Bosch-Gruppe (Version 03/2022) verweist etwa auf die UN-Leitprinzipien für Wirtschaft und Menschenrechte und nimmt mehrere ILO-Kernübereinkommen in Bezug, abrufbar unter: https://www.bosch.com/de/unternehmen/supply-chain/informationen-fuer-geschaeftspartner/, zuletzt abgerufen am 30.07.2024.

[76] *Depping*, in: Depping/Walden, LkSG, § 6 Rn. 65.

[77] *Depping*, in: Depping/Walden, LkSG, § 6 Rn. 66.

beobachtenden Liefervertrag einbezogen wurden. Es ist folglich zunächst kurz darzustellen, auf welche Weise die Einbeziehung von CSR-Belangen in Lieferverträge möglich ist. Anschließend kann dann ausführlich untersucht werden, ob die formularmäßige Verpflichtung von Vertragspartnern zur Einhaltung bestimmter Menschenrechts- und Umweltstandards einer AGB-Inhaltskontrolle nach den §§ 305 ff. BGB standhält.

c) Einbeziehung von CSR-Codes und CSR-Klauseln in Lieferverträge

Die Art der Einbeziehung von CSR-Belangen steht den Parteien im Rahmen der Vertragsfreiheit frei. Ein CSR-Code kann etwa wortwörtlich in den Vertrag aufgenommen werden. Denkbar ist aber auch, lediglich Bezug auf seinen Inhalt zu nehmen.[78] Wurde die Geltung eines CSR-Codes (nach allgemeinen Regeln) vereinbart, ist dieser für den Vertragspartner bindend.[79] Nichts Abweichendes gilt für die Aufnahme von einzelnen CSR-Klauseln. Da die Absätze 2 und 3 des § 305 BGB im unternehmerischen Geschäftsverkehr keine Anwendung finden (§ 310 Abs. 1 Satz 1 BGB), gelten für die Einbeziehung von AGB in Lieferverträge (mit Ausnahme der Überraschungskontrolle nach § 305c Abs. 1 BGB) keine von der allgemeinen Rechtsgeschäftslehre abweichenden Besonderheiten.[80]

aa) Überraschungskontrolle (§ 305c Abs. 1 BGB)

AGB-spezifische Einbeziehungshindernisse könnten sich also nur aus § 305c BGB ergeben. Gemäß § 305c Abs. 1 BGB werden Bestimmungen in AGB, die nach den Umständen, insbesondere nach dem äußeren Erscheinungsbild des Vertrags, so ungewöhnlich sind, dass der Vertragspartner des Verwenders mit ihnen nicht zu rechnen braucht, nicht Vertragsbestandteil.

Diese Überraschungskontrolle erweist sich allerdings in den hier in Rede stehenden Fällen als keine echte Einbeziehungshürde: Klauseln, die einen Verhaltenskodex in Bezug nehmen, werden von Unternehmen nämlich seit vielen Jahren regelmäßig verwendet und sind daher bereits deshalb nicht (mehr) als ungewöhnlich (§ 305c BGB) zu bewerten, weshalb sie einer Einbeziehungskontrolle allein aus diesem Grund standhalten werden.[81] Darüber hinaus verlangt § 6 Abs. 4 Nr. 2 LkSG seit Inkrafttreten des LkSG die Verwendung von CSR-Klauseln gegenüber Zulieferern, weshalb sogar eine gesetzliche Verpflichtung zu ihrer Nutzung besteht. Klauselarten, die von Gesetzes wegen in einer Vielzahl von Fällen verwendet werden müssen, können denklogisch nicht mehr als ungewöhnlich betrachtet wer-

[78] *Asmussen*, Haftung für CSR, 2020, S. 147.

[79] *Asmussen*, Haftung für CSR, 2020, S. 149.

[80] *Wilhelm*, AcP 221 (2021), 657, 675.

[81] Vgl. *Gilch/Pelz*, CCZ 2008, 131, 132; *Passas/Holtz*, BB 2023, 387, 388.

den.[82] Eine überraschende Klausel (§ 307c Abs. 1 BGB) ist daher nur dann zu bejahen, wenn der Verwender den Zulieferer mit ungewöhnlichen, weit über den Inhalt des LkSG hinausgehenden Pflichten konfrontiert (siehe ergänzend die Ausführungen in Kap. 3 A. II. 2. zu sorgfaltspflichtenverschärfenden Klauseln).[83]

bb) Regelfall: Keine Einbeziehung von CSR-Selbstverpflichtungen in Lieferverträge

Problematischer gestaltet sich die Einbeziehung von CSR-Selbstverpflichtungen. Wie bereits dargestellt, nehmen viele Unternehmen CSR-Codes nämlich nicht nur in die Verträge mit ihren Zulieferern auf, sondern unterwerfen sich zur besseren Außendarstellung oder zur Erfüllung gesetzlicher Verpflichtungen auch selbst einem solchen Regelwerk.[84] Vor dem Hintergrund des LkSG sind CSR-Selbstverpflichtungen deshalb von gesteigerter Relevanz, weil jedes pflichtige Unternehmen, dass menschenrechtliche oder umweltbezogene Risiken feststellt, nach Maßgabe des § 6 Abs. 2 LkSG die bereits angesprochene Grundsatzerklärung über seine Menschenrechtsstrategie zu veröffentlichen hat.

Damit aus dieser eine Beschaffenheitsvereinbarung abgleitet werden kann, müsste sie in die Verträge mit Geschäftspartnern einbezogen worden sein, was – anknüpfend an die Untersuchungsergebnisse von Asmussen – regelmäßig nicht der Fall sein wird.[85] Die Veröffentlichung einer CSR-Selbstverpflichtung stellt nämlich kein rechtsgeschäftliches Angebot an einen unbestimmten Personenkreis dar, weil es insoweit bereits an dem erforderlichen Rechtsbindungswillen fehlt.[86] Ein Antrag im Sinne des § 145 BGB muss schließlich aus Sicht eines verständigen Erklärungsempfängers den Willen des Erklärenden erkennen lassen, mit der Erklärung eine rechtliche Bindung zu bewirken. Dem Antrag muss also ein „Geltungswille" entnommen werden können.[87] Ein solcher ist allein durch die Veröffentlichung eines CSR-Codes aber nicht erkennbar:

Zum einen dürfte bereits aus der Formulierung der meisten Selbstverpflichtungen keine Verpflichtung gegenüber einem konkreten Abnehmer herausgelesen werden können.[88] Zum anderen erscheint die rechtliche (Selbst-)Bindung aus wirt-

---

[82] Ähnlich *Welling/Brouwer*, in: Spießhofer/Späth, LkSG, § 6 Rn. 67 für die von der CSDDD vorgesehenen Mustervertragsklauseln.

[83] *Depping*, in: Depping/Walden, LkSG, § 6 Rn. 71; ähnlich auch *Passas/Holtz*, BB 2023, 387, 388.

[84] Vgl. etwa die Verhaltensgrundsätze des Volkswagenkonzerns (Stand: Januar 2024), abrufbar unter: https://www.volkswagen-karriere.de/de/volkswagen-als-arbeitgeber/verhaltens grundsaetze—compliance.html, zuletzt abgerufen am 30.07.2024.

[85] Für eine derartige Einbeziehung: *Beckers*, Enforcing Corporate Social Responsibility Codes, 2015, S. 80 allgemein zu CSR-Selbstverpflichtungen.

[86] Zutr. *Asmussen*, Haftung für CSR, 2020, S. 150 ff.

[87] *Busche*, in: Münchener Kommentar zum BGB, 9. Auflage 2021, § 145 BGB Rn. 7.

[88] *Asmussen*, Haftung für CSR, 2020, S. 149 f.

schaftlicher Perspektive vollkommen fernliegend. Legen nämlich bestimmte Kunden auf die Geltung des Codes wert, kann dessen Einbeziehung ausdrücklich erfolgen. Gegenüber anderen Kunden würde lediglich ein ausuferndes Haftungsrisiko entstehen, welches durch keinerlei wirtschaftliche Vorteile kompensiert wird.[89] Es kann daher regelmäßig nicht von einem entsprechenden Rechtsbindungswillen ausgegangen werden.[90] Speziell für die Grundsatzerklärung nach § 6 Abs. 2 Satz 1 LkSG kommt hinzu, dass diese von einem Unternehmen aufgrund der gesetzlichen Verpflichtung zur Veröffentlichung erkennbar nur deshalb abgegeben wird, weil es seine öffentlich-rechtlichen Pflichten erfüllen möchte.[91] Eine Konkretisierung von (privatrechtlichen) Zuliefererverträgen soll offenkundig nicht erfolgen.

Eine weitere Möglichkeit, die Selbstverpflichtung in Verträge einzubeziehen, wäre mittels Auslegung des Kaufvertrages über die §§ 133, 157 BGB.[92] Die auf den Vertragsabschluss gerichteten Willenserklärungen der Parteien könnten bei Veröffentlichung einer CSR-Selbstverpflichtung einer Vertragspartei dahingehend auszulegen sein, dass dessen Einhaltung in den vertraglichen Pflichtenkatalog mit aufgenommen werden soll. Unabhängig von der Frage, ob die Selbstverpflichtung überhaupt als relevantes Auslegungsmaterial herangezogen darf[93], begegnet ein solcher Ansatz jedenfalls durchgreifenden systematischen Bedenken. Die Selbstverpflichtung wird gegenüber der Öffentlichkeit abgegeben und ist damit dem Anwendungsbereich des § 434 Abs. 3 Satz 1 Nr. 2 lit. b BGB zuzuordnen. Würden öffentliche Äußerungen – wie eine CSR-Selbstverpflichtung – regelmäßig über die §§ 133, 157 BGB einbezogen, liefe die Regelung in § 434 Abs. 3 BGB weitgehend leer.[94] CSR-Selbstverpflichtungen können daher – ohne ausdrückliche oder konkludente Aufnahme in den Vertrag – keine Beschaffenheitsvereinbarung begründen.[95]

d) Wirksamkeit von CSR-Vereinbarungen im Lichte einer AGB-Inhaltskontrolle

Liegt nach alledem eine in den Liefervertrag einbezogene CSR-Vereinbarung vor, ist im nächsten Schritt danach zu fragen, ob die dabei verwendeten Vertrags-

---

[89] *Asmussen*, Haftung für CSR, 2020, S. 149 f.; ähnlich *Bomsdorf/Blatecki-Burgert*, ZRP 2020, 42, 44.

[90] So auch *Bomsdorf/Blatecki-Burgert*, ZRP 2020, 42, 44.

[91] Vgl. *S. Wagner*, in: Wagner/Ruttloff/Wagner, LkSG, § 12 Rn. 1791; die Grundsatzerklärung ist nach zutr. Auffassung sogar dann abzugeben, wenn im Rahmen der Risikoanalyse keine menschenrechtlichen oder umweltbezogenen Risiken festgestellt wurden, vgl. *Herrmann/Rünz*, DB 2021, 3078, 3082 f.

[92] Diese Frage aufwerfend *Asmussen*, Haftung für CSR, 2020, S. 150.

[93] Dazu ausführlich *Asmussen*, Haftung für CSR, 2020, S. 150 ff.

[94] In diese Richtung wohl auch *Asmussen*, Haftung für CSR, 2020, S. 152 f.

[95] So wohl auch *Schirmer*, Nachhaltiges Privatrecht, 2023, S. 308 (siehe dort auch Fn. 864).

klauseln einer AGB-Kontrolle standhalten. Da auch die Einbeziehung von CSR-Codes in der Regel über einzelne CSR-Einbeziehungsklauseln erfolgt, wird im Folgenden nur noch allgemein von CSR-Klauseln gesprochen und sprachlich nicht mehr zwischen CSR-Klauseln und CSR-Codes differenziert.

Die Frage, unter welchen Voraussetzungen CSR-Klauseln als wirksam angesehen werden können, wurde bereits lange vor Inkrafttreten des LkSG diskutiert.[96] Von Interesse für die hiesige Fragestellung sind allerdings allein solche Klauseln, welche Unternehmen verwenden, um den ihnen nach dem LkSG obliegenden Pflichten nachzukommen. Es sollen aus diesem Grund auch nur diese näher betrachtet werden. Trotz einer solchen Einschränkung des Untersuchungsgegenstandes ist es aufgrund der Vielzahl von Formulierungsmöglichkeiten weder praktikabel noch zielführend, alle denkbaren CSR-Klauseln, mithilfe derer die Vorgaben des LkSG umgesetzt werden könnten, erschöpfend darzustellen. Es wird daher anhand von Fallgruppen untersucht, welche Klauselarten insoweit denkbar sind und ob diese sich vor dem Hintergrund einer AGB-Inhaltskontrolle als problematisch erweisen. Da die §§ 308, 309 BGB bei Verträgen zwischen Unternehmern gemäß § 310 Abs. 1 Satz 1 BGB keine Anwendung finden, ist vor allem an eine Unwirksamkeit nach § 307 BGB zu denken.[97] § 307 Abs. 1 Satz 1 BGB erklärt Vertragsbedingungen für unwirksam, die den Vertragspartner unangemessen benachteiligen. § 307 Abs. 1 Satz 2 BGB statuiert das sogenannte Transparenzgebot[98] als Unterfall der unangemessenen Benachteiligung.

aa) Compliance-Klauseln

Vor dem Hintergrund des § 6 Abs. 4 Nr. 2 LkSG sind zunächst CSR-Klauseln zu untersuchen, die dem Vertragspartner die Einhaltung bestimmter Nachhaltigkeitsstandards auferlegen (Compliance-Klauseln[99]). Eine solche könnte etwa wie folgt lauten:

> „Der Lieferant verpflichtet sich, eine Risikoanalyse gemäß § 5 LkSG durchzuführen" (Beispielklausel 1).

---

[96] Vgl. *Gilch/Pelz*, CCZ 2008, 131 ff.; *Spießhofer/Graf von Westphalen*, BB 2015, 75, 78 ff.; *Schramm*, Privatrechtliche Wirkungen unternehmerischer Selbstverpflichtungen zur Einhaltung der Menschenrechte, 2020, S. 142 ff.; *Teicke/Rust*, CCZ 2018, 39, 42.

[97] Vgl. BeckOK BGB/*Becker*, 72. Ed. 01.05.2024, BGB § 310 Rn. 2 auch zu der Frage, inwieweit die §§ 308, 309 BGB bei Verträgen zwischen Unternehmern im Rahmen der Auslegung des § 307 BGB zu berücksichtigen sind.

[98] *Schulte-Nölke*, in: Schulze, Bürgerliches Gesetzbuch, 12. Auflage 2024, § 307 Rn. 22.

[99] Vgl. *Leyens*, in: Hopt, Handelsgesetzbuch, 44. Aufl. 2025, § 346 HGB Rn. 40; siehe auch *Korch*, in: Fleischer/Mankowski, LkSG, § 6 Rn. 97: „Die [zur Erfüllung der Pflicht aus § 6 Abs. 4 Nr. 2 LkSG verwendeten] CSR-Klauseln können dabei Anleihen an der bereits bekannten Compliance-Klausel nehmen".

Die Klausel verlangt von dem Vertragspartner, die Pflichten des LkSG (partiell) selbst einzuhalten und sich dem Sorgfaltspflichtenkatalog privatrechtlich zu unterwerfen. Denkbar wäre aber auch eine Formulierung, die hinter den Vorgaben des LkSG zurückbleibt:

> „Der Lieferant verpflichtet sich, eine angemessene Risikoanalyse nach den Absätzen 2 bis 4 des § 5 LkSG durchzuführen, um die menschenrechtlichen und umweltbezogenen Risiken im eigenen Geschäftsbereich zu ermitteln" (Beispielklausel 2).

Die Klausel weicht von den Vorgaben des LkSG ab, indem dessen Sorgfaltsmaßstab gesenkt wird. Während § 5 Abs. 1 LkSG eine Risikoanalyse nämlich auch in Bezug auf unmittelbare Zulieferer verlangt, sieht die hiesige Verpflichtung nur eine Analyse des eigenen Geschäftsbereiches vor. Spiegelbildlich zu Klauseln, die hinter den Vorgaben des LkSG zurückbleiben, sind Vertragsbedingungen denkbar, welche über die Vorgaben des LkSG hinausgehen. Eine solche Klausel könnte etwa wie folgt lauten:

> „Der Lieferant verpflichtet sich, eine angemessene Risikoanalyse nach den Absätzen 2 bis 4 des § 5 LkSG durchzuführen, um die menschenrechtlichen und umweltbezogenen Risiken im eigenen Geschäftsbereich und bei seinen unmittelbaren sowie mittelbaren Zulieferern zu ermitteln" (Beispielklausel 3).

Der Sorgfaltsmaßstab des LkSG wird in diesem Falle verschärft, da § 5 Abs. 1 LkSG eine Risikoanalyse nur in Bezug auf den eigenen Geschäftsbereich und unmittelbare Zulieferer verlangt. Die hiesige Verpflichtung sieht allerdings auch eine Analyse der mittelbaren Zulieferer vor. Schlussendlich sind Klauseln denkbar, die andere Vorgaben als das LkSG formulieren. Derartige Vertragsbedingungen können auf unterschiedlichste Weise ausgestaltet werden. Verwendet werden könnte etwa die folgende Formulierung:

> „Der Lieferant verpflichtet sich zur Einhaltung der UN-Leitprinzipien für Wirtschaft und Menschenrechte" (Beispielklausel 4).

Die Frage, welchen Anforderungen Klauseln, mithilfe derer Unternehmen ihren Pflichten nach dem LkSG nachkommen, unterliegen, ist in der Literatur bislang nicht ausführlich behandelt worden.[100] Den Prüfungsmaßstab für die AGB-Inhaltskontrolle gibt – wie bereits angesprochen – § 307 Abs. 1 BGB vor. Gemäß § 307 Abs. 1 Satz 1 BGB sind Bestimmungen in Allgemeinen Geschäftsbedingungen unwirksam, wenn sie den Vertragspartner des Verwenders entgegen den Geboten von Treu und Glauben unangemessen benachteiligen. Eine unangemessene Benachteiligung ist dabei gemäß § 307 Abs. 2 Nr. 1 BGB im Zweifel anzunehmen, „wenn eine Bestimmung mit wesentlichen Grundgedanken der gesetzlichen Regelung, von der abgewichen wird, nicht zu vereinbaren ist"[101]. Diese Zweifelsregel konkretisiert die in § 307 Abs. 1 Satz 1 BGB gestellte Anforderung der „unange-

---

[100] Siehe etwa *Korch*, in: Fleischer/Mankowski, LkSG, § 6 Rn. 101 ff.; *Grunewald*, ZIP 2023, 2238 ff.; *Graf von Westphalen*, ZIP 2023, 1279 ff.; *Wais*, JZ 2023, 429, 432.

[101] Vgl. § 307 Abs. 2 Nr. 1 BGB.

messenen Benachteiligung". Liegt sie vor, so ist in der Regel von einem zur Unwirksamkeit einer Klausel führenden Ungleichgewicht auszugehen.[102]

In Literatur[103] und Rechtsprechung[104] ist weitgehend anerkannt, dass auch öffentlich-rechtliche Vorschriften den Prüfungsmaßstab für eine unangemessene Benachteiligung bilden können. Die Vorschriften, von denen mittels CSR-Klauseln abgewichen werden könnte, sind im vorliegenden Fall die Sorgfaltspflichten des LkSG. Diese statuieren einen eigenständigen Sorgfaltspflichtenmaßstab, der von § 276 Abs. 2 BGB abweicht.[105] Die insoweit zu erfüllenden Bemühenspflichten listet § 3 LkSG auf, sodass eine Abweichung von dessen Vorgaben eine Unwirksamkeit gemäß § 307 Abs. 2 Nr. 1 BGB indizieren könnte.[106]

(1) Wirksamkeit sorgfaltspflichtenwiederholender Klauseln nach § 307 Abs. 3 BGB?

Denkbar wäre allerdings zunächst, dass eine vertragliche Vereinbarung, die allein den Sorgfaltspflichtenkatalog des LkSG rekapituliert und diesen in seiner Gesamtheit oder teilweise dem Zulieferer auferlegt (sorgfaltspflichtenwiederholende Klausel), mangels Abweichung von den gesetzlichen Vorgaben keinen Wirksamkeitsbedenken ausgesetzt ist.[107] Weicht eine Klausel nämlich überhaupt nicht von den gesetzlichen Regelungen ab, so ist sie gemäß § 307 Abs. 3 BGB stets als wirksam zu betrachten.

Offenkundig kann dies zunächst nur dann gelten, wenn auch der Lieferant vom Anwendungsbereich des LkSG erfasst wird, da entsprechende Pflichten ansonsten ja gerade nicht gesetzlich vorgesehen sind.[108] Selbst wenn der Zulieferer aber unter das LkSG fällt, ist § 307 Abs. 3 BGB nicht einschlägig.[109] Denn eine Vereinbarung, welche öffentlich – rechtliche Sorgfaltspflichten in das Privatrechtsverhältnis transportiert, weicht bereits deshalb vom Inhalt des LkSG ab, weil mit ihr im Falle eines Verstoßes vertragliche Sanktionen verbunden wären, welche das LkSG

---

[102] *Schulte-Nölke*, in: Schulze, Bürgerliches Gesetzbuch, 12. Auflage 2024, § 307 Rn. 17.

[103] Vgl. etwa *Wendland*, in: Staudinger, BGB (2022), § 307 Rn. 240; *Graf von Westphalen*, ZIP 2023, 1279, 1280; *Pfeiffer*, in: Wolf/Lindacher/Pfeiffer, AGB-Recht, 7. Aufl. 2020, § 307 Rn. 109.

[104] Vgl. etwa BGHZ 93, 358, 362 ff.; BGH, NJW 1997, 2752, 2753; BGH, ZIP 2023, 2255, 2256 ff.

[105] *Lorenz/Krülls*, CCZ 2023, 100; *Graf von Westphalen*, ZIP 2023, 1279, 1280; siehe auch *Fleischer*, in: Fleischer/Mankowski, LkSG, § 3 Rn. 25 ff.; *Walden*, in: Depping/Walden, LkSG, § 3 Rn. 6 ff.

[106] So *Graf von Westphalen*, ZIP 2023, 1279, 1283.

[107] So etwa *Bälz*, BB 2021, 648, 654.

[108] *Grunewald*, ZIP 2023, 2238, 2239.

[109] So im Ergebnis auch *Wais*, JZ 2023, 429, 434; a. A. *Bälz*, BB 2021, 648, 654 in Bezug auf das LkSG; *Teicke/Rust*, CCZ 2018, 39, 42 in Bezug auf die Konfliktmineralien-VO, die Verpflichtungen auf gesetzliche Vorschriften, die für beide Vertragspartner ohnehin gelten, allgemein als rein deklaratorische und daher unbedenkliche Klauseln bewerten.

überhaupt nicht kennt (Haftung gemäß § 280 Abs. 1 BGB oder Gewährleistungsansprüche).[110] Es muss folgerichtig stets anhand des § 307 Abs. 1, 2 BGB ermittelt werden, ob eine unangemessene Benachteiligung im Einzelfall zu bejahen ist. Eine solche dürfte bei der Verwendung sorgfaltspflichtenwiederholender Klauseln in der Regel abzulehnen sein, weil der Lieferant sich infolge der Klausel keinem erhöhten organisatorischen Aufwand ausgesetzt sieht, da er den Pflichtenkatalog des LkSG ohnehin erfüllen muss. Zudem hat der Verwender ein hohes Interesse an der Verwendung einer solchen Klausel, da er mit ihrer Hilfe sicherstellt, seinen Pflichten nach dem LkSG nachzukommen.[111] Die von der *Rewe Group* verwendete und eng am Wortlaut des § 6 Abs. 1 LkSG orientierte Formulierung, der Zulieferer habe „auf Aufforderung […] angemessene Präventionsmaßnahmen" durchzuführen, ist daher grundsätzlich wirksam. Auch die genannte Beispielklausel 1 begegnet vor dem Hintergrund des § 307 Abs. 1 Satz 1 BGB keinen Bedenken, soweit der Lieferant unter den Anwendungsbereich des LkSG fällt.

(2) Abweichen von wesentlichen Grundgedanken des LkSG (§ 307 Abs. 2 Nr. 1 BGB)

(a) Verschärfung der Vorgaben des LkSG

Enthält die zu beobachtende Vertragsbedingung strengere Verhaltensmaßstäbe als das LkSG (sorgfaltspflichtenverschärfende Klausel), wird von den Sorgfaltspflichten inhaltlich abgewichen. Zu untersuchen ist, ob dies eine Unwirksamkeit der CSR-Vereinbarung nach § 307 Abs. 2 Nr. 1 BGB indiziert.

Eine stets unzulässige Klausel dürfte zunächst diejenige sein, mithilfe derer ein Unternehmen seinem nicht unter das LkSG fallenden Vertragspartner auferlegt, sämtliche Pflichten des LkSG einzuhalten. In ihr kann unproblematisch eine erhebliche Abweichung von der gesetzgeberischen Grundentscheidung nur Unternehmen, die bestimmte Größenkriterien erfüllen, den Sorgfaltspflichten zu unterwerfen, erblickt werden.[112] Ebenso ist eine wesentliche Abweichung vom Leitbild des § 3 LkSG zu bejahen, wenn der Auftraggeber seinem Zulieferer – anstelle von Bemühenspflichten – Erfolgspflichten auferlegt (bspw. die tatsächliche Abstellung von Menschenrechtsverletzungen in der Lieferkette). Derartige Klauseln entfernen sich zu weit von der Grundkonzeption des LkSG und der gesetzgeberischen Entscheidung für Bemühenspflichten. Sie werden daher von § 307 Abs. 2 Nr. 1 BGB erfasst.[113] Jenseits derartig eindeutiger Fälle sind die Folgen einer Verschärfung der Sorgfaltspflichten durch vertragliche Vereinbarungen in AGB unklar.

---

[110] *Grunewald*, ZIP 2023, 2238, 2239; *S. Wagner*, in: Wagner/Ruttloff/Wagner, LkSG, § 14 Rn. 2156.

[111] *Grunewald*, ZIP 2023, 2238, 2240.

[112] *Depping*, in: Depping/Walden, LkSG, § 6 Rn. 77; *S. Wagner*, in: Wagner/Ruttloff/Wagner, LkSG, § 14 Rn. 2174; in diese Richtung auch *Ehmann/Berg*, GWR 2021, 287, 293; *Passas/Holtz*, BB 2023, 387, 389.

[113] *Graf von Westphalen*, ZIP 2023, 1279, 1281 ff.

In der Literatur wird vertreten, dass eine Vereinbarung, die über den im Gesetz niedergeschriebenen Mindeststandard hinausgeht, nicht als Abweichung vom LkSG zu bewerten sei, da dieses eben nur Mindeststandards enthält und über die gesetzgeberischen Vorgaben hinausreichende Compliance-Maßnahmen erste Recht keine Verstöße begründen könnten. Anderenfalls würde der Zweck des LkSG, die internationale Menschenrechtslage zu verbessern, ins Gegenteil verkehrt.[114]

Der Aussage, eine Übererfüllung des Sorgfaltspflichtenkataloges begründe keinen Verstoß gegen das LkSG, kann nichts entgegengehalten werden. Allerdings ist zu beachten, dass die Sorgfaltspflichten des LkSG allesamt dem Angemessenheitsvorbehalt (vgl. Kap. 2 B. IV.) sowie dem Wirksamkeitserfordernis des § 4 Abs. 2 LkSG unterliegen. Das Wirksamkeitserfordernis beschreibt die Zielrichtung des lieferkettenbezogenen Risikomanagements, an der alle Umsetzungsbemühungen der betroffenen Unternehmen zu messen sind.[115] Wirksam sind danach nur solche Maßnahmen, die es ermöglichen, menschenrechtliche und umweltbezogene Risiken zu erkennen sowie Verletzungen menschenrechtsbezogener oder umweltbezogener Pflichten zu verhindern, zu beenden oder jedenfalls ihr Ausmaß zu minimieren.[116] Das Zusammenspiel[117] von Angemessenheitsvorbehalt und Wirksamkeitserfordernis gewährleistet einerseits einen den Unternehmen grundsätzlich zustehenden weiten Ermessensspielraums bei der Umsetzung der gesetzlichen Pflichten[118], verlangt aber auch, dass Maßnahmen zur Erfüllung der Sorgfaltspflichten jedenfalls nicht gänzlich ungeeignet oder unzureichend sein dürfen, um den in Rede stehenden menschenrechtlichen und umweltbezogenen Risiken zu begegnen[119]. Genau dies wäre aber der Fall, wenn Vertragspartner des pflichtigen Unternehmens durch die Auferlegung von über den Pflichtenkatalog des LkSG hinausgehende Pflichten überfordert werden, da sie dann regelmäßig nicht im Stande sein dürften, den gewünschten Beitrag zur Verbesserung der Menschenrechtslage zu leisten. Zur Bewertung der Wirksamkeit einer Maßnahme müssen nach dem LkSG verpflichtete Unternehmen daher auch die Leistungsfähigkeit ihrer Zulieferer in den Blick nehmen. Maßnahmen eines nach dem LkSG verpflichteten Unternehmens, die einen Zulieferer in der Umsetzung überfordern, sind in aller Regel unwirksam und unangemessen.[120]

---

[114] *Grunewald*, ZIP 2023, 2238, 2240.

[115] *Balke*, in: Gehling/Ott, LkSG, § 4 Rn. 29.

[116] Vgl. § 4 Abs. 2 LkSG.

[117] *Walden*, in: Depping/Walden, LkSG, § 4 Rn. 72: „Die Wirksamkeit des Risikomanagements iSv § 4 Abs. 2 ist […] nicht absolut, sondern im Rahmen der Angemessenheit iSv § 3 Abs. 2 zu beurteilen".

[118] Vgl. BT-Drucks. 19/28649, S. 42; *Mader*, in: Gehling/Ott, LkSG, § 3 Rn. 37.

[119] Vgl. *Mader*, in: Gehling/Ott, LkSG, § 3 Rn. 37.

[120] Zutr. *BAFA*, Handreichung: Zusammenarbeit in der Lieferkette zwischen verpflichteten Unternehmen und ihren Zulieferern, S. 8.

Es bleibt also festzuhalten, dass bei der Frage der Angemessenheit von Compliance-Maßnahmen zur Erfüllung der Sorgfaltspflichten des LkSG auch dem auf „Nichtüberforderung" gerichteten Interesse von Zulieferern hinreichend Rechnung zu tragen ist.[121] Die Wahrung ihrer Interessen wird durch die in § 3 Abs. 2 LkSG genannten Angemessenheitskriterien zwar nicht explizit angeordnet[122], aus dem Umstand, dass die Leistungsfähigkeit der Zulieferer übersteigende Pflichten dem Menschenrechts- und Umweltschutz nicht (bzw. nur wenig) dienlich sind, erlangen diese aber zumindest mittelbaren Schutz. Mit anderen Worten: Das LkSG formuliert nicht nur Mindeststandards, sondern enthält über den Angemessenheitsvorbehalt und das Wirksamkeitserfordernis auch Belastungshöchstgrenzen für Zulieferer, die aufgrund des umfangreichen Pflichtenkanons regelmäßig sogar den Mindeststandards entsprechen dürften. Die Wahrung der Mindeststandards des LkSG ist daher gleichzeitig als gesetzgeberisches Leitbild zu interpretieren.[123]

Vor diesem Hintergrund ist eine Abweichung von den gesetzlichen Vorschriften im Sinne des § 307 Abs. 2 Nr. 1 BGB auch dann gegeben, wenn die gesetzlichen Mindeststandards verschärft werden. Der Vertragspartner wird in solchen Fällen dazu angehalten, mehr zu tun, als es nach den gesetzlichen Vorgaben erforderlich ist. Die vertragliche Vereinbarung weicht also zu seinem Nachteil von den öffentlich-rechtlichen Pflichten ab. Hat der Gesetzgeber bei Schaffung des LkSG aus Gründen der Verhältnismäßigkeit und zur Vermeidung einer Überlastung der nach dem LkSG originär pflichtigen Unternehmen von weitreichenderen Sorgfaltspflichten abgesehen[124], wäre es widersprüchlich, ihre Vereinbarung im Rahmen von Allgemeinen Geschäftsbedingungen als Nichtabweichung vom gesetzlichen Leitbild zu betrachten. Ein wesentlicher Grundgedanke jeglicher Sorgfaltspflichten ist also der, dass infolge des Wirksamkeitserfordernisses (§ 4 Abs. 2 LkSG) sowie der universellen Geltung des Angemessenheitsvorbehalts im Anwendungsbereich des LkSG[125] den Interessen sämtlicher Beteiligter (auch der Zulieferer) hinreichend

---

[121] Vgl. *BAFA*, Handreichung: Zusammenarbeit in der Lieferkette zwischen verpflichteten Unternehmen und ihren Zulieferern, S. 8.

[122] Der Kriterienkatalog des § 3 Abs. 2 LkSG nimmt die Interessen der Zulieferer grundsätzlich nicht in den Blick und darf zum Schutz der nach dem LkSG pflichtigen Unternehmen auch nicht um ungeschriebene Voraussetzungen erweitert werden, vgl. *Mader*, in: Gehling/Ott, LkSG, § 3 Rn. 54.

[123] A. A. *Grunewald*, ZIP 2023, 2238, 2240, welche die Übererfüllung der Pflichten aus § 3 Abs. 1 LkSG ebenfalls als vom Leitbild des LkSG erfasst ansieht.

[124] Vgl. etwa BT-Drucks. 19/30505, S. 21: „Der vorliegende Gesetzentwurf vermeidet zusätzliche Belastungen für kleine und mittlere Unternehmen und beschränkt sich auf Anforderungen an Großunternehmen, die praktikabel, verhältnismäßig und ohne übermäßigen bürokratischen Aufwand umzusetzen sind".

[125] Vgl. *Fleischer*, in: Fleischer/Mankowski, LkSG, § 3 Rn. 57: Der Angemessenheitsvorbehalt gelte als „normübergreifendes Prinzip der Angemessenheit" für alle Sorgfaltspflichten.

Rechnung zu tragen ist, soweit dies für einen effektiven Menschenrechtsschutz erforderlich ist.[126]

Vereinbarungen in AGB, durch welche der Verwender seinem Zulieferer Pflichten auferlegt, die über das zur Erfüllung der Sorgfaltspflichten des LkSG Erforderliche hinausgehen, sind daher grundsätzlich nach § 307 Abs. 1, 2 Nr. 1 BGB unwirksam.[127] Kann eine Abweichung im Sinne des § 307 Abs. 2 Nr. 1 BGB bejaht werden, spricht dies aber nur indiziell für eine unangemessene Benachteiligung. Die daraus resultierende widerlegliche Vermutung kann entfallen, wenn die Abweichung sachlich gerechtfertigt ist und der gesetzliche Schutzzweck auf andere Weise sichergestellt wird.[128] Einem Unternehmen, dem es im Einzelfall zumutbar ist, den Sorgfaltspflichtenkatalog des LkSG zu übertreffen, können mithin auch schärfere Pflichten auferlegt werden, als es das LkSG verlangt. Das dürfte jedenfalls dann der Fall sein, wenn der Lieferant den Pflichten ohne erheblichen Kostenaufwand nachkommen kann und der Unternehmer ein vernünftiges Interesse an der Regelung hat (etwa verbessertes Image aufgrund einer umfassenden Achtung der Menschenrechte in der Lieferkette).[129] Die Beispielklausel 3 ist nach alledem indiziell unwirksam, da sie von dem Leitbild des LkSG abweicht, indem sie schärfere Vorgaben formuliert. Ist es dem Zulieferer allerdings ohne großen Kostenaufwand möglich, die gegenüber dem LkSG erweiterte Risikoanalyse durchzuführen, kann die Vermutung des § 307 Abs. 2 Nr. 1 LkSG widerlegt werden.

(b) Abmilderung der Vorgaben des LkSG

Neben der Verschärfung der gesetzlichen Vorgaben ist es auch denkbar, dass Verwender von AGB dem Zulieferer Pflichten auferlegen, welche hinter denen des LkSG zurückbleiben. Einen solchen Fall simuliert die Beispielklausel 2. Eine weitere denkbare Konstellation beschreibt Grunewald: Wird im Liefervertrag etwa vereinbart, dass lediglich die Beschäftigung von Kindern unter 12 Jahren verboten ist, stellt dies eine (aus Sicht des Vertragspartners pflichtenmildernde) Abweichung von § 2 Abs. 2 Nr. 1 LkSG dar.[130] Von dem gesetzlichen Leitbild der Sorgfaltspflichten (Berücksichtigung der Interessen aller Beteiligten) wird dann zulasten der

[126] Vgl. auch *Korch*, in: Fleischer/Mankowski, LkSG, § 6 Rn. 108: Bei der Angemessenheitsbeurteilung nach dem LkSG sei „stets“ auch das Interesse des unmittelbaren Zulieferers daran, keine Einmischung dulden zu müssen, zu berücksichtigen.

[127] In diese Richtung wohl auch *BAFA*, Handreichung: Zusammenarbeit in der Lieferkette zwischen verpflichteten Unternehmen und ihren Zulieferern, S. 3: „Maßnahmen eines verpflichteten Unternehmens, die einen Zulieferer in der Umsetzung offenkundig überfordern, sind in aller Regel unwirksam und damit unangemessen“.

[128] *Grüneberg*, in: Grüneberg, BGB, 83. Aufl. 2024, § 307 Rn. 28.

[129] *Grunewald*, ZIP 2023, 2238, 2240 gelangt zu diesem Ergebnis im Rahmen der allgemeinen Regel des § 307 Abs. 1 BGB und nicht der Vermutung des § 307 Abs. 2 Nr. 1 BGB; die Argumentations- und Beweislast für eine unangemessene Benachteiligung trifft dann – anders als nach der hier vertretenen Auffassung – den Zulieferer, vgl. *Grüneberg*, in: Grüneberg, BGB, 83. Aufl. 2024, § 307 Rn. 28.

[130] Vgl. das Beispiel bei *Grunewald*, ZIP 2023, 2238, 2240.

betroffenen Kinder abgewichen. Nicht negativ betroffen sind durch die Abweichung allerdings die Interessen des Vertragspartners. Dieser hat allein ein Interesse an seiner „Nichtüberforderung“, welches nach der Konzeption des LkSG bei unter das Gesetz fallenden Unternehmen jedenfalls dann nicht beeinträchtigt wird, wenn keine weitreichenderen Pflichten als die des LkSG zu erfüllen sind.

Grunewald möchte eine Unwirksamkeit derartiger Vereinbarungen (im Folgenden: sorgfaltspflichtenreduzierende Klauseln) aufgrund der Abweichung grundsätzlich bejahen und die dadurch entstehende Vertragslücke im Wege der ergänzenden Vertragsauslegung schließen, was regelmäßig zu einer Verpflichtung des Vertragspartners, menschenrechtliche und umweltbezogene Sorgfaltspflichten in angemessener Weise zu beachten, führe. Die Verwendung nichtiger AGB sei dann im Rahmen des Mitverschuldens (§ 254 BGB) zu berücksichtigen.[131] Graf von Westphalen stellt hingegen auf die Rechtsfolge des § 306 Abs. 2 BGB ab. Die Vorschrift ordnet an, dass sich im Falle der Unwirksamkeit einer Klausel der Inhalt des Vertrages nach den gesetzlichen Vorschriften richtet. Dies führe zu einer Geltung des Sorgfaltsmaßstabes des § 3 LkSG, sodass dessen Pflichtenkatalog Anwendung finde.[132]

Beide Auffassungen begegnen aus Sicht des Verfassers Bedenken. Zwar ist zuzugeben, dass durch die Vereinbarung von Standards, die hinter denen des LkSG zurückbleiben, vom Inhalt der öffentlich-rechtlichen Sorgfaltspflichten des LkSG abgewichen und in der Folge eine Unwirksamkeit der Klausel nach § 307 Abs. 2 Nr. 1 BGB grundsätzlich indiziert wird. Dies würde allerdings zu einem paradoxen Ergebnis führen:

Das LkSG möchte einen Mindeststandard für den globalen Schutz der Menschenrechte statuieren.[133] Die zu beobachtende Klausel wäre nach § 307 Abs. 1, 2 Nr. 1 BGB grundsätzlich unwirksam, weil sie hinter den gesetzlichen Vorgaben zurückbleibt. Die Folge der Unwirksamkeit wäre allerdings, dass überhaupt keine Vereinbarung getroffen wurde und dadurch ein noch niedrigerer Menschenrechtsstandard gelten würde als vertraglich gewollt.[134] Der Vertragspartner wäre schließlich überhaupt nicht mehr zur Einhaltung irgendwelcher Menschenrechtsstandards verpflichtet. Zum Ersatzrecht ist gemäß § 306 Abs. 2 BGB nämlich das dispositive Recht berufen, das für den jeweiligen Vertragstypen gilt.[135] Die Achtung von CSR-Belangen in einer Weise, die dem Sorgfaltsmaßstab des LkSG entspricht, ist allerdings für keinen Vertragstypus gesetzlich vorgesehen.[136] Somit können die öffentlich-rechtlichen Vorschriften des LkSG nicht an die Stelle der unwirksamen Klausel

[131] *Grunewald*, ZIP 2023, 2238, 2240.

[132] *Graf von Westphalen*, ZIP 2023, 1279, 1283.

[133] *Pour Rafsendjani/Schäfer*, RFamU 2023, 299.

[134] Vgl. *Wais*, JZ 2023, 429, 434.

[135] BeckOK BGB/*H. Schmidt*, 72. Ed. 01.11.2024, BGB § 306 Rn. 21.

[136] Vgl. *Wais*, JZ 2023, 429, 434.

treten. Wäre die Klausel zum Schutz der Menschenrechte nun unwirksam, würde der mit dem LkSG verfolgte Zweck, die internationale Menschenrechtslage zu verbessern[137], weniger erreicht als bei Wirksamkeit der Klausel (dann wäre ja zumindest der ungenügende Standard gewährleistet).

Grunewald möchte dieses Problem durch die angesprochene ergänzende Vertragsauslegung lösen. Auch durch diese kann das Ziel, die internationale Menschenrechtslage zu verbessern, allerdings nicht „besser" erreicht werden. Der Vertragspartner würde erwartungsgemäß nämlich die ausdrücklich vereinbarten (unwirksamen) Verpflichtungen, welche hinter den Maßstäben des LkSG zurückbleiben, erfüllen. Der gelebte Menschenrechtsschutz bleibt also hinter den gesetzlichen (und den über die ergänzende Vertragsauslegung konstruierten) Vorgaben zurück. Mit anderen Worten: Das über die CSR-Klausel verpflichtete Unternehmen ist zwar formal an die menschenrechtlichen Anforderungen des LkSG gebunden, die praktische Ausführung bleibt aber dahinter zurück, weil der Zulieferer sich nur den unzureichenden vertraglichen Regelungen verpflichtet fühlt. Gleichzeitig müsste bei der Frage, ob ein Unternehmen seine Sorgfaltspflicht aus § 6 Abs. 4 Nr. 2 LkSG erfüllt, die durch die ergänzende Vertragsauslegung konstruierte Verpflichtung zu Grunde gelegt werden (sie entspricht schließlich der tatsächlichen Rechtslage), was regelmäßig dazu führen wird, dass ein Unternehmen seinen Sorgfaltspflichten eher nachkommt, als wenn die ausdrücklich vereinbarte Regelung gelten würde (diese bleibt schließlich hinter den Maßstäben des LkSG zurück und fördert die Verbesserung der internationalen Menschenrechtslage entsprechend weniger).

Es erscheint daher sachgerecht, die Indizwirkung des § 307 Abs. 2 Nr. 1 BGB im Falle von sorgfaltspflichtenreduzierenden Klauseln abzulehnen. Dogmatisch kann dies damit begründet werden, dass eine Widerlegung der Vermutung des § 307 Abs. 2 Nr. 1 BGB in diesen Fällen regelmäßig zu bejahen ist. Es sei noch einmal betont: Kann eine Abweichung im Sinne des § 307 Abs. 1 Nr. 1 BGB bejaht werden, spricht dies nur indiziell für eine unangemessene Benachteiligung. Die daraus resultierende widerlegliche Vermutung kann entfallen, wenn die Abweichung sachlich gerechtfertigt ist und der gesetzliche Schutzzweck auf andere Weise sichergestellt wird.[138]

Eine Förderung des gesetzlichen Schutzzweckes (Verbesserung der internationalen Menschenrechtslage) erfolgt bei der Verwendung von sorgfaltspflichtenreduzierenden Klauseln aus den soeben genannten Gründen gerade eher, wenn die Klausel als wirksam zu betrachten ist, als wenn sie einer AGB-Inhaltskontrolle nicht standhält. Ein Aussetzen der Indizwirkung des § 307 Abs. 2 Nr. 1 BGB führt dann zu dem sachgerechten Ergebnis, dass sorgfaltspflichtenreduzierende Klauseln verwendet werden können und zumindest einen gewissen Menschenrechtsstandard gewährleisten. Zudem ist auch nur ihr Inhalt bei der Frage, ob das originär pflichtige

---

[137] Vgl. BT-Drucks. 19/28649, S. 2.

[138] *Grüneberg*, in: Grüneberg, BGB, 83. Aufl. 2024, § 307 Rn. 28.

Unternehmen seinen ihm nach dem LkSG obliegenden Pflichten nachkommt, zu berücksichtigen. Es wird hingegen keine über den vertraglich explizit vereinbarten Maßstab hinausgehende Abrede fingiert, die dazu führen könnte, dass ein Unternehmen sorgfaltspflichtenkonform handelt, obwohl die verwendete Klausel den Anforderungen des LkSG eigentlich nicht genügt. Unternehmen hätten dann ein gesteigertes Interesse daran, sorgfaltspflichtenkonforme Klauseln zu formulieren.

Die vorstehenden Ausführungen können allerdings nur für AGB gelten, die gegenüber solchen Unternehmen verwendet werden, welche unter den Anwendungsbereich des LkSG fallen. Anderen Unternehmen dürfen nach den hiesigen Untersuchungsergebnissen schließlich keine schärferen Pflichten auferlegt werden, als sie nach dem LkSG treffen.[139] Das vom LkSG gezeichnete Leitbild verlangt eine Erfüllung des Sorgfaltspflichtenkataloges nur durch die unter § 1 LkSG fallenden Unternehmen. Umgekehrt bedeutet dies, dass es ebenfalls dem Leitbild entspricht, wenn die Verpflichtungen von die Größenkriterien nicht erfüllenden Unternehmen hinter denen des LkSG zurückbleiben. Sorgfaltspflichtenreduzierende Klauseln sind daher bereits deshalb nicht von § 307 Abs. 2 Nr. 1 BGB erfasst, weil sie diesem Muster entsprechen. Nur im Einzelfall können sie gemäß § 307 Abs. 1 Satz 1 BGB als unwirksam bewertet werden.

Beispielklausel 2 ist nach alledem grundsätzlich wirksam. Obwohl sie von dem Sorgfaltsmaßstab des LkSG abweicht, würde der Zweck des Gesetzes weniger gefördert, wenn die Klausel für unwirksam erklärt wird, als wenn sie einer Inhaltskontrolle standhält. Soweit der Zulieferer, gegenüber dem die Klausel verwendet wird, nicht unter das LkSG fällt, liegt keine Abweichung vom Sorgfaltsmaßstab des LkSG vor, da dieses vorsieht, dass Unternehmen, die nicht unter seinen Anwendungsbereich fallen, milderen (bzw. keinen) Sorgfaltspflichten unterliegen.

(c) Sorgfaltspflichtenferne Klauseln

Zuletzt stellt sich die Frage, wie mit Klauseln umzugehen ist, mithilfe derer ein Unternehmen zwar seine Pflichten aus dem LkSG erfüllen möchte, die dem Zulieferer auferlegten Pflichten aber inhaltlich anders ausgestaltet sind als die Vorgaben des LkSG (sorgfaltspflichtenferne Klauseln). Auf den ersten Blick erscheint eine Anwendung des § 307 Abs. 2 Nr. 1 BGB in derartigen Fällen nicht möglich, da kein Vergleichsmaßstab für die Feststellung einer inhaltlichen Abweichung von den Vorschriften des LkSG erkennbar ist. Es blieben dann grundsätzlich zwei Möglichkeiten übrig: Zunächst könnte § 307 Abs. 2 Nr. 1 BGB gänzlich außer Acht gelassen und die unangemessene Benachteiligung allein anhand des § 307 Abs. 1 Satz 1 BGB untersucht werden. Dies hätte den Nachteil, dass erhebliche Rechtsunsicherheiten bei der Verwendung solcher Klauseln entstehen würden. Eine andere Möglichkeit wäre, stets ein Zurückbleiben hinter den Vorgaben des LkSG zu bejahen, da der Zulieferer überhaupt nicht zur Einhaltung der Sorgfaltspflichten des LkSG verpflichtet wird. Dieser Ansatz erscheint bereits deshalb nicht sachgerecht,

---

[139] Vgl. Kap. 3 A. II. 2. d) aa) (1) (a).

weil auch nicht an den Sorgfaltspflichtenkatalog des LkSG angelehnte Klauseln umfassende Compliance-Maßnahmen vorsehen können, deren Wirkung für den internationalen Menschenrechtsschutz im Einzelfall sogar über den des LkSG hinausragt.

Überzeugender erscheint es daher, zunächst zu versuchen, einen Vergleichsmaßstab herzustellen, indem der Sorgfaltsmaßstab der zu beobachtenden Klauseln den Anforderungen der §§ 3 ff. LkSG gegenübergestellt und im Hinblick auf Gemeinsamkeiten und Unterschiede genauestens untersucht wird. Finden sich Gemeinsamkeiten, die anhand des Sorgfaltsmaßstabes des LkSG gemessen werden können, ist insoweit auf die zuvor erarbeiteten Grundsätze zu sorgfaltspflichtenverschärfenden und sorgfaltspflichtenreduzierenden Klauseln zurückzugreifen. Die Beispielklausel 4 verpflichtet den Zulieferer zur Einhaltung der UN-Leitprinzipien für Wirtschaft und Menschenrechte. Diese verlangen in Leitprinzip Nr. 18 Folgendes:

> „Um die menschenrechtlichen Risiken abzuschätzen, sollten Wirtschaftsunternehmen alle tatsächlichen oder potenziellen nachteiligen menschenrechtlichen Auswirkungen ermitteln und bewerten, an denen sie entweder durch ihre eigene Tätigkeit oder durch ihre Geschäftsbeziehungen beteiligt sind. Dieses Verfahren sollte: (a) sich auf internes und/oder unabhängiges externes Fachwissen auf dem Gebiet der Menschenrechte stützen; (b) sinnvolle Konsultationen mit potenziell betroffenen Gruppen und anderen in Betracht kommenden Stakeholdern umfassen, die der Größe des Wirtschaftsunternehmens und der Art und des Kontexts seiner Geschäftstätigkeit Rechnung tragen“.

Die Formulierung weist eine unverkennbare Nähe zu § 5 LkSG (Risikoanalyse) auf. Sowohl Leitprinzip Nr. 18 als auch § 5 LkSG verlangen primär die Ermittlung menschenrechtlicher Risiken im eigenen Geschäftsbereich und bei Zulieferern. Während der Kerngehalt der Vorgaben weitgehend identisch ist, sind allerdings auch teils erhebliche Abweichungen zu beobachten. So fordert § 5 Abs. 3 LkSG, dass die Entscheidungsergebnisse intern an die maßgeblichen Entscheidungsträger kommuniziert werden. § 5 Abs. 4 LkSG statuiert außerdem Vorgaben zur zeitlichen Durchführung der Risikoanalyse (jährlich und anlassbezogen). Die Sorgfaltspflicht aus § 5 LkSG ist also in diesen Punkten schärfer als die Formulierung in Leitprinzip Nr. 18. Andererseits erfasst die Risikoanalyse nach § 5 LkSG grundsätzlich nur den eigenen Geschäftsbereich und unmittelbare Zulieferer. Eine solche Einschränkung sieht Leitprinzip Nr. 18 nicht vor, weshalb auch Risiken bei mittelbaren Zulieferern analysiert werden müssen.[140] Es bleibt also festzuhalten: Die Beispielklausel 4 kann im Hinblick auf die Risikoermittlung mit dem Sorgfaltsmaßstab des LkSG verglichen werden. Dabei enthält sie sowohl Elemente sorgfaltspflichtenreduzierender Klauseln als auch sorgfaltspflichtenverschärfender Klauseln.

Vor dem Hintergrund der vorangegangenen Untersuchungen ist es nun auch möglich, die Wirksamkeit der Klausel im Lichte des § 307 Abs. 2 Nr. 1 BGB zu bewerten. Der Umstand, dass in der Formulierung Elemente sorgfaltspflichtenreduzierender Klauseln enthalten sind (keine Vorgaben zur zeitlichen Durchführung

---

[140] *Götz*, in: Fleischer/Mankowski, LkSG, § 5 Rn. 22; *Stemberg*, NZG 2022, 1093, 1094.

und Kommunikation), führt aus den bereits herausgearbeiteten Gründen nicht zur Unwirksamkeitsvermutung, da solche Klauseln grundsätzlich als wirksam betrachtet werden können. Das Hinzutreten schärferer Vorgaben, als sie das LkSG vorsieht (auch mittelbare Zulieferer werden erfasst), hat hingegen grundsätzlich eine Unwirksamkeit zur Folge. Da in der Klausel also auch Elemente sorgfaltspflichtenverschärfender Klauseln enthalten sind, greift § 307 Abs. 2 Nr. 1 BGB, weshalb sie indiziell als unwirksam zu betrachten ist. Nur wenn der Zulieferer seiner Pflicht ohne erheblichen Kostenaufwand nachkommen kann, ist eine Unwirksamkeit abzulehnen. Es handelt sich also bei genauerer Betrachtung nicht um eine sorgfaltspflichtenferne Klausel, sondern vielmehr um eine verkappte sorgfaltspflichtenverschärfende und sorgfaltspflichtenreduzierende Klausel.

Im Ergebnis bleibt daher festzuhalten: Formulieren Klauseln andere Vorgaben als das LkSG, muss versucht werden, einen Vergleichsmaßstab zu finden. Ist dies möglich, handelt es sich nicht um eine sorgfaltspflichtenferne Klausel, sondern um eine verkappte sorgfaltspflichtenverschärfende oder sorgfaltspflichtenreduzierende Klausel. Es kann dann nach den zuvor erarbeiteten Grundsätzen geprüft werden, ob die Klausel wirksam ist. Sorgfaltspflichtenverschärfende Klauseln sind demnach grundsätzlich unwirksam. Sorgfaltspflichtreduzierende Klauseln sind hingegen grundsätzlich wirksam. Sind Elemente beider Klauseltypen enthalten, ist die Klausel ebenfalls grundsätzlich unwirksam, da die Sorgfaltspflichtenverschärfung regelmäßig die Unwirksamkeitsvermutung auslöst. Kann ein Vergleichsmaßstab nicht hergestellt werden, ist die Wirksamkeit der Klausel unabhängig von § 307 Abs 2 Nr. 1 BGB nach den Maßstäben des § 307 Abs. 1 Satz 1 BGB zu untersuchen. Eine Klausel, bei der kein Vergleichsmaßstab gefunden werden kann, wäre etwa die Verpflichtung, die Auswirkungen der Unternehmenstätigkeit auf den Klimawandel zu ermitteln, da das LkSG entsprechende Vorgaben überhaupt nicht enthält.

(3) Transparenzgebot (§ 307 Abs. 1 Satz 2 BGB)

Gemäß § 307 Abs. 1 Satz 2 BGB kann sich eine unangemessene Benachteiligung auch daraus ergeben, dass die zu beobachtende Bestimmung nicht klar und verständlich ist. Im Zusammenhang mit CSR-Klauseln, die zur Erfüllung der Pflichten des LkSG verwendet werden, bedienen sich Verwender häufig einer Verweismethode, bei der auf bestimmte Vorschriften des LkSG oder andere Regelwerke Bezug genommen wird (so etwa der bereits vorgestellte Lieferantenkodex der *Rewe Group* und die Beispielklauseln). Diese Praxis begegnet vor dem Hintergrund des § 307 Abs. 1 Satz 2 BGB allerdings keinen Bedenken:

Pauschale Verweise auf Vorschriften des Gesetzes oder Klauselwerke werden nämlich nach allgemeiner Meinung grundsätzlich für wirksam gehalten.[141] Insbesondere bei der Verwendung von Gesetzesverweisen wäre es auch nicht einleuch-

[141] Vgl. BGH, ZIP 1995, 33, 35; BGHZ 111, 388, 390; *Wendland*, in: Staudinger, BGB (2022), § 307 Rn. 200; *Depping*, in: Depping/Walden, LkSG, § 6 Rn. 72.

tend, warum Bezugnahmen auf von jedermann zu beachtende Regeln im Privatrechtsverhältnis als intransparent zu klassifizieren sein sollten. Hinzu kommt, dass das Transparenzgebot gegenüber Unternehmern großzügiger zu handhaben ist, als gegenüber Verbrauchern, da diese geschäftsgewandter sind und erwartet werden kann, dass sie sich mit den Inhalten frei zugänglicher Gesetz ohnehin befassen.[142] Es ist daher zulässig, auf Sorgfaltspflichten des LkSG zu verweisen oder den Verbotskatalog des § 2 Abs. 2 und 3 LkSG im Rahmen von Vertragsbedingungen wörtlich wiederzugeben.[143]

Allein die Einbeziehung der Auffangklausel des § 2 Abs. 2 Nr. 12 LkSG erscheint unter Transparenzgesichtspunkten bedenklich, weil diese auf verschiedene Abkommen verweist und zahlreiche unbestimmte Rechtsbegriffe enthält (vgl. Kap. 2 B. II. 1.) Da der Gesetzgeber aber auch den Adressaten des LkSG eine gewisse Intransparenz zumutet, wäre es nicht gerechtfertigt, wenn bei der Verwendung durch das Unternehmen gegenüber einem gewerblichen Vertragspartner ein strengerer Maßstab angelegt und die Regelung als unklar oder unverständlich bewertet würde.[144] Verweise auf sämtliche in § 2 Abs. 2 und 3 LkSG aufgelisteten menschenrechtlichen und umweltbezogenen Verbote sind mithin zulässig. Zudem darf ein Rückgriff auf den Angemessenheitsvorbehalt des LkSG erfolgen, da auch in diesem Fall die dem LkSG ohnehin innewohnende Intransparenz in zulässiger Weise ins Privatrecht übertragen wird. Die genannten Compliance-Klauseln sind somit im Lichte des Transparenzgebotes unbedenklich.

bb) Weitergabeklauseln

Im Zusammenhang mit Compliance-Klauseln stellt sich auch die Frage der Wirksamkeit sogenannter Weitergabeklauseln[145]. In § 6 Abs. 4 Nr. 2 LkSG heißt es nämlich wörtlich:

> „Das Unternehmen muss angemessene Präventionsmaßnahmen gegenüber einem unmittelbaren Zulieferer verankern, insbesondere: 1. […], 2. die vertragliche Zusicherung eines unmittelbaren Zulieferers, dass dieser die von der Geschäftsleitung des Unternehmens verlangten menschenrechtsbezogenen und umweltbezogenen Erwartungen einhält *und entlang der Lieferkette angemessen adressiert*“ (Hervorhebung nicht im Original).

Die Vorschrift verlangt nicht nur, dass Unternehmen ihren Zulieferern die Einhaltung bestimmter Menschenrechts- und Umweltstandards auferlegen, sondern auch die Weiterreichung dieser Vorgaben in der gesamten Lieferkette.[146] Eine hierfür verwendete Klausel könnte etwa wie folgt lauten:

---

[142] *Depping*, in: Depping/Walden, LkSG, § 6 Rn. 72.

[143] *Passas/Holtz*, BB 2023, 387, 388 f.

[144] *Depping*, in: Depping/Walden, LkSG, § 6 Rn. 72; *Passas/Holtz*, BB 2023, 387, 389.

[145] Diese Bezeichnung wählend etwa BT-Drucks. 19/28649, S. 48.

[146] BT-Drucks. 19/28649, S. 48.

„Der Lieferant verpflichtet sich, den ihm vom Kunden übermittelten code of conduct und die darin geregelten spezifischen Vorgaben zu beachten. Er wird darüber hinaus zumutbare und erforderliche Anstrengungen unternehmen, um die Einhaltung der ihn nach diesem Kodex treffenden Verpflichtungen durch seine Zulieferer sicherzustellen“[147] (Weitergabeklausel 1).

Denkbar wäre auch folgende Formulierung:

„Der Lieferant verpflichtet sich, die Anforderungen des § 3 LkSG einzuhalten und die Einhaltung dieser Pflicht durch seine Zulieferer sicherzustellen“(Weitergabeklausel 2).

Für die Wirksamkeit derartiger Klauseln gilt zunächst festzuhalten, dass AGB, ohne die eine Erfüllung der Pflichten aus § 6 Abs. 4 Nr. 2 LkSG nicht möglich ist, stets zulässig sein müssen. Denn wenn der Gesetzgeber die vertragliche Vereinbarung und Weitergabe von Verpflichtungen zur Einhaltung eines Verhaltenskodex verlangt, können die dazu erforderlichen Klauseln nicht im Rahmen von § 307 Abs. 1 BGB für unzulässig erklärt werden.[148]

Damit herrscht allerdings noch keine Klarheit. Einige Autoren schließen nämlich aus dem Umstand, dass § 6 Abs. 4 Nr. 2 LkSG keine Begrenzung der an den unmittelbaren Zulieferer überwälzten Pflichten ausdrückt, auf eine beinahe uneingeschränkte Zulässigkeit von Weitergabeklauseln. Zur Erfüllung der Sorgfaltspflicht sei es möglich, sämtliche dem nach dem LkSG pflichtigen Unternehmen obliegenden Sorgfaltspflichten auf unmittelbare und mittelbare Zulieferer abzuwälzen.[149] Die Unternehmen hätten bei der Umsetzung ihrer Sorgfaltspflichten dann im Rahmen einer vorgeschalteten Verpflichtung dafür Sorge zu tragen, dass nur solche mittelbaren Zulieferer in der „Lieferkette“ ausgewählt und verpflichtet werden, die gewährleisten, dass sie den in Rede stehenden *code of conduct* erfüllen. Eine Einschränkung der Privatautonomie der Zulieferer sei im Lichte der vom LkSG geschützten Rechtsgüter hinzunehmen.[150]

Diese Auffassung verkennt jedoch, dass § 6 Abs. 4 Nr. 2 LkSG die Unternehmen überhaupt nicht dazu verpflichtet, sämtliche Sorgfaltspflichten in der gesamten Lieferkette weiterzureichen. Dem unmittelbaren Zulieferer auferlegt und in der Lieferkette weitergereicht werden müssen nach dem Wortlaut der Vorschrift nämlich nur die „Erwartungen“ des pflichtigen Unternehmens. Gemeint sind damit die Erwartungen, die in der Grundsatzerklärung nach Maßgabe des § 6 Abs. 2 Satz 3 Nr. 3 LkSG festgelegt wurden.[151] Ein nach dem LkSG pflichtiges Unternehmen muss und darf aber nicht von sämtlichen unmittelbaren und mittelbaren Zulieferern

---

[147] Die Formulierung ist angelehnt an das Beispiel bei *Ott*, in: Gehling/Ott, LkSG, § 6 Rn. 142.

[148] *Spindler*, ZHR 186 (2022), 67, 105 f.; *Korch*, in: Fleischer/Mankowski, LkSG, § 6 Rn. 106.

[149] *Graf von Westphalen*, ZIP 2023, 1279, 1287 f.; *Wilhelm*, AcP 221 (2021), 657, 687; *Korch*, in: Fleischer/Mankowski, LkSG, § 6 Rn. 111.

[150] *Graf von Westphalen*, ZIP 2023, 1279, 1288.

[151] *Ott*, in: Gehling/Ott, LkSG, § 6 Rn. 119.

erwarten, dass diese den Sorgfaltspflichtenkatalog des LkSG 1:1 umsetzen.[152] Die nach § 6 Abs. 4 Nr. 2 LkSG durchzusetzenden Vorgaben hängen also von der zuvor formulierten Erwartungshaltung des pflichtigen Unternehmens ab, die es in seiner Grundsatzerklärung beschrieben hat. Im Hinblick auf mittelbare Zulieferer folgt bereits aus der Formulierung „angemessen adressiert", dass die Sorgfaltspflichten des LkSG nicht originaltreu in der gesamten Lieferkette durchgesetzt werden müssen.[153] Erforderlich dürfte lediglich sein, dass die Risiken sowie die diesbezüglichen Erwartungen durch den unmittelbaren Zulieferer gegenüber dessen Vorlieferanten thematisiert werden und auf angemessene Maßnahmen zur Risikominimierung hingewirkt wird.[154]

Da also keine Pflicht des Unternehmens nach § 6 Abs. 4 Nr. 2 LkSG besteht, den Sorgfaltsmaßstab des LkSG in der gesamten Lieferkette zu implementieren, kann die Vorschrift auch keinen „Freifahrtschein" für die Verwendung entsprechender Klauseln in AGB ausstellen.[155] Stets zulässig kann daher nur der Klauselinhalt sein, der zur Erfüllung der Sorgfaltspflichten zwingend erforderlich ist.[156] Sämtliche darüber hinausragenden Pflichten sind nach allgemeinen Regeln auf eine unangemessene Benachteiligung des Vertragspartners hin zu untersuchen.[157] Im Hinblick auf Pflichten, die der unmittelbare Zulieferer an mittelbare Zulieferer weiterreichen muss und die dann von diesen zu erfüllen sind, erscheint Folgendes sachgerecht:

Der unmittelbare Zulieferer kann durch Weitergabeklauseln deshalb unangemessen benachteiligt werden, weil derartige Standards gegenüber seinem eigenen Vertragspartner im Rahmen der Vertragsverhandlungen überhaupt nicht durchsetzbar sein könnten.[158] Ferner könnte ihn die Klausel dazu verpflichten, selbst unwirksame AGB gegenüber seinem Zulieferer zu verwenden.[159] Diese Risiken gebieten es, Klauseln, die dem Vertragspartner auferlegen, bestimmte Menschenrechtsstandards weiterzureichen, als unwirksam zu betrachten. Anders ist dies nur bei solchen Vereinbarungen, die von dem Vertragspartner lediglich ein angemessenes Bemühen fordern, die in Rede stehenden Standards in der gesamten Liefer-

---

[152] Vgl. *Ott*, in: Gehling/Ott, LkSG, § 6 Rn. 39 ff., der dafür plädiert allgemeine Menschenrechtsstandards wie DIN ISO 26.000 oder die zehn Prinzipien des UN Global Compact als Erwartungsmaßstab zu formulieren.

[153] *Ott*, in: Gehling/Ott, LkSG, § 6 Rn. 122 f.

[154] *Ott*, in: Gehling/Ott, LkSG, § 6 Rn. 123.

[155] *Wais*, JZ 2023, 429, 435 spricht im Rahmen der Auseinandersetzung mit § 6 Abs. 4 Nr. 4 LkSG davon, dass die Vorschrift keinen „Persilschein" für die Verwendung unzulässiger AGB ausstelle.

[156] A. A. *Korch*, in: Fleischer/Mankowski, LkSG, § 6 Rn. 106 ff., der eine Klausel bereits dann als wirksam betrachtet, wenn diese der Umsetzung der Pflichten des LkSG dient und nicht „offensichtlich unverhältnismäßig" ist.

[157] So wohl auch *Wais*, JZ 2023, 429, 435.

[158] *Korch*, in: Fleischer/Mankowski, LkSG, § 6 Rn. 111.

[159] Teilweise wird sogar von einem unzulässigen Vertrag zulasten Dritter (des mittelbaren Zulieferers) ausgegangen, vgl. *Gilch/Pelz*, CCZ 2008, 131, 133.

kette durchzusetzen (*best efforts*-Klauseln).[160] Zulässig dürfte daher die von der *Rewe Group* verwendete Formulierung sein, der Zulieferer müsse den einbezogenen *code of conduct* gegenüber seinen Zulieferern „kommunizieren". Weitergabeklausel 1 ist ebenfalls wirksam, da Pflichten, deren Weiterreichung rechtlich nicht möglich oder unzumutbar ist, aus der Weitergabeverpflichtung ausgenommen werden. Geschuldet sind allein „zumutbare und erforderliche Anstrengungen". Weitergabeklausel 2 ist hingegen unwirksam, da der Lieferant die Einhaltung der menschenrechtlichen Erwartungen sicherstellen muss, auch wenn ihm dies im Verhältnis zu seinem Zulieferer nicht möglich ist. Den Interessen des Lieferanten wird mithin nicht hinreichend Rechnung getragen, was zu einer unangemessenen Benachteiligung führt.

cc) Auditklauseln

Ein Bestandteil der vom LkSG vorgeschriebenen Präventionsmaßnahmen ist gemäß § 6 Abs. 4 Nr. 4 LkSG „die Vereinbarung angemessener vertraglicher Kontrollmechanismen sowie deren risikobasierte Durchführung, um die Einhaltung der Menschenrechtsstrategie bei dem unmittelbaren Zulieferer zu überprüfen". Die Auswahl der Kontrollmechanismen steht den Unternehmen dabei mangels ausdrücklicher Einschränkungen weitgehend frei. Denkbar sind etwa eigene Kontrollen vor Ort oder die Inanspruchnahme von anerkannten Zertifikations- und Auditsystemen.[161] Die Kontrollen können mit vorheriger Ankündigung oder unangekündigt mit Überraschungseffekt erfolgen und eine umfassende oder nur eine stichprobenartige Prüfung zum Gegenstand haben.[162] Welche Rechte dem Kontrolleur im Einzelnen zustehen, hängt von der maßgeblichen Regelung im Liefervertrag ab. Um die Kontrolle sachgerecht durchführen zu können, bedarf es also entsprechender Vertragsbedingungen (sogenannte Auditklauseln[163]). Die Unternehmen der *Rewe Group* verlangen nach dem bereits vorgestellten Lieferantenkodex ganz allgemein, „dass der Lieferant sich einem anerkannten Zertifizierungs- oder Audit-System unterwirft, sofern hierdurch die Durchführung unabhängiger und angemessener Kontrollen gewährleistet ist".

Werden bestimmte Kontrollmechanismen vertraglich in AGB festgehalten, gilt zunächst das zu § 6 Abs. 4 Nr. 2 LkSG Gesagte. Jedenfalls diejenigen Klauseln, die zur Erfüllung der Sorgfaltspflicht zwingend notwendig sind, müssen als zulässig erachtet werden, da das Unternehmen seinen Sorgfaltspflichten ansonsten nicht

---

[160] So wohl auch *Gilch/Pelz*, CCZ 2008, 131, 133 f.; siehe auch *Wilhelm*, AcP 221 (2021), 657, 687, welcher derartige Klauseln im Anwendungsbereich des LkSG aber aufgrund der Verpflichtung in § 6 Abs. 4 Nr. 2 LkSG ohnehin für wirksam erachtet.

[161] *Depping*, in: Depping/Walden, LkSG, § 6 Rn. 88.

[162] Vgl. *von Falkenhausen*, Menschenrechtsschutz durch Deliktsrecht, 2020, S. 28.

[163] *Depping*, in: Depping/Walden, LkSG, § 6 Rn. 91.

nachkommen könnte.[164] Im Übrigen erweisen sich Auditklauseln als höchst problematisch. Das OLG Hamm urteilte bereits im Jahre 1968, dass ein Mietvertrag zwischen einem Einzelhändler (Mieter) und einem Großhändler (Vermieter), in dem sich der Vermieter durch die Vereinbarung einer Bezugsbindung und eines Rechts auf regelmäßige Büchereinsicht eine umfassende Geschäftsaufsicht über alle Geschäfte des Einzelhändlers sicherte, als sittenwidrig zu bewerten sei.[165] In der Literatur erfährt diese Entscheidung bis heute Zustimmung.[166] Wenn aber schon eine Individualvereinbarung, nach der ein Kaufmann jederzeit mit einer Überprüfung durch den Vertragspartner rechnen muss, gemäß § 138 BGB als sittenwidrig zu klassifizieren ist, gilt dies erst Recht für eine in AGB verwendete Auditklausel, die keine angemessene Begrenzung der Kontrolle vorsieht.[167] Als unwirksam wäre daher jedenfalls eine Klausel zu betrachten, die wie folgt formuliert ist:

> „Der Lieferant erklärt sich damit einverstanden, dass der Auftraggeber die Einhaltung dieses Kodex durch Maßnahmen überprüft, die er für sachdienlich hält. Hierzu gehören auch angemeldete und unangemeldete Inspektionen der Betriebsstätten des Lieferanten durch vom Auftraggeber beauftragte Personen“[168].

Die Klausel sieht vor, dass der Verwender den Vertragspartner nach Belieben und jederzeit überprüft, worin eine unangemessene Benachteiligung erblickt werden muss. Die von der *Rewe Group* genutzte Formulierung enthält hingegen Einschränkungen der Auditrechte. Zum einen muss es sich um ein „anerkanntes Auditsystem“ handeln, welches also etablierten und in der Praxis anerkannten Regeln folgt. Zum anderen verlangt die Formulierung die Unterwerfung unter „angemessene Kontrollen“. Möchte der Verwender also etwa verdachtsunabhängige, zeitlich eng getaktete Kontrollen durchführen, kann sich der Vertragspartner durch Berufen auf das Angemessenheitserfordernis dagegen verteidigen. Die Klausel trägt mithin sowohl dem Interesse des Verwenders seine Pflichten nach dem LkSG zu erfüllen als auch dem Interesse des Vertragspartners an der Achtung seiner Handlungs- und Dispositionsfreiheit Rechnung und ist daher als wirksam zu bewerten.[169] Es zeigt sich also auch hier, dass die in § 6 Abs. 2 Nr. 4 LkSG statuierte öffentlich-rechtliche Pflicht keineswegs zu einem „Freifahrtschein“[170] für die Verwendung nach allgemeinen Regeln unzulässiger AGB führt. Vielmehr erlaubt die Sorgfaltspflicht allein die grundsätzliche Nutzung einer solcher Klausel, da die öffentlich-rechtliche Ver-

---

[164] Vgl. *S. Wagner*, in: Wagner/Ruttloff/Wagner, LkSG, § 14 Rn. 2197; *Depping*, in: Depping/Walden, LkSG, § 6 Rn. 91.

[165] OLG Hamm, BB 1970, 374.

[166] Vgl. *Fischinger*, in: Staudinger, BGB (2021), § 138 Rn. 341; *Depping*, in: Depping/Walden, LkSG, § 6 Rn. 94.

[167] *Depping*, in: Depping/Walden, LkSG, § 6 Rn. 94.

[168] Vgl. die Musterklausel bei *Depping*, in: Depping/Walden, LkSG, § 6 Rn. 93.

[169] Vgl. OLG Hamm, BB 1970, 374.

[170] *Wais*, JZ 2023, 429, 435: § 6 Abs. 4 Nr. 4 LkSG stelle keinen „Persilschein“ aus.

pflichtung ein hohes Interesse an ihrer Verwendung nach sich zieht,[171] welches gleichwohl mit den Interessen des Lieferanten in Einklang zu bringen ist. Generell kann daher festgehalten werden, dass eine Auditklausel umso eher einer Prüfung anhand der §§ 305 ff. BGB standhält, je detaillierter sie abgefasst ist und je umfangreicher sie die Interessen des Vertragspartners durch Einschränkungen der Kontrollmöglichkeiten sichert.[172] Dabei ist insbesondere zu berücksichtigen, ob Geschäfts- und Betriebsgeheimnisse des Vertragspartners hinreichenden Schutz erfahren und die Befugnisse des Verwenders nicht in Konflikt mit datenschutzrechtlichen Bestimmungen treten.[173]

dd) Informationsklauseln

Neben den soeben behandelten Klauselarten, deren Verwendung vom LkSG ausdrücklich verlangt wird, können pflichtige Unternehmen zur Durchführung ihrer Risikoanalyse oder zur Erfüllung sonstiger Sorgfaltspflichten auf das Zurverfügungstellen bestimmter Informationen durch ihre Zulieferer angewiesen sein.[174] Den Informationszugriff sichern sie sich dabei unter anderem durch die Verwendung sogenannter Informationsklauseln[175]. Informationsklauseln sind solche Vertragsbedingungen, die eine regelmäßige Berichterstattung über bestimmte relevante Aspekte der Arbeitsbedingungen eines Zulieferers vorsehen[176] oder Auskunftsverlangen (etwa zur Durchführung der Risikoanalyse) ermöglichen[177]. Zur Veranschaulichung herangezogen werden soll auch an dieser Stelle der Lieferantenkodex der *Rewe Group*.

Dort heißt es unter Ziff. 2.1:

> „Der Lieferant ist – unbeschadet einer weitergehenden Mitteilungspflicht aus den nachfolgenden Ausführungen – verpflichtet, jeden Verstoß gegen die in diesem CoC aufgeführten menschenrechts- und umweltbezogenen Schutzgüter zu melden."

Ziff. 2.1 wird konkretisiert durch Ziff. 2.5, unter der sich folgende Formulierung findet:

> „Sollte bei dem Lieferanten ein menschenrechts- oder umweltbezogenes Schutzgut im Rahmen seiner Geschäftstätigkeit verletzt worden sein oder eine solche Verletzung unmittelbar bevorstehen, ist der Lieferant verpflichtet, diesen Umstand gemäß Ziffer 2.2 zu

---

[171] Vgl. auch *Depping*, in: Depping/Walden, LkSG, § 6 Rn. 91; *Seibt/Vesper-Gräske*, CB 2021, 357, 362.

[172] Ähnlich *Depping*, in: Depping/Walden, LkSG, § 6 Rn. 95.

[173] *S. Wagner*, in: Wagner/Ruttloff/Wagner, LkSG, § 14 Rn. 2196.

[174] Vgl. *S. Wagner*, in: Wagner/Ruttloff/Wagner, LkSG, § 14 Rn. 2201, 2205.

[175] Diese Bezeichnung wählt etwa *S. Wagner*, in: Wagner/Ruttloff/Wagner, LkSG, § 14 Rn. 2229; *Depping*, in: Depping/Walden, LkSG, § 6 Rn. 87 spricht von „Auskunftsklauseln".

[176] *Depping*, in: Depping/Walden, LkSG, § 6 Rn. 87.

[177] *Passas/Holtz*, BB 2023, 387, 389.

melden und unverzüglich angemessene Abhilfemaßnahmen zu ergreifen, um die Verletzung zu verhindern bzw. zu beenden oder das Ausmaß der Verletzung zu minimieren."

Unter Ziff. 2.2 heißt es außerdem:

„Die Unternehmen der REWE Group können von dem Lieferanten jederzeit verlangen, dass dieser sie im Hinblick auf die nachgeschaltete Lieferkette mit Informationen unterstützt (Supply Chain Mapping), um der REWE Group die Bestimmung der Risiken und/oder Umsetzung von Präventions- oder Abhilfemaßnahmen im Hinblick auf die menschenrechts- und umweltbezogenen Schutzgüter in der Lieferkette zu erleichtern."

Die ausgewählten Formulierungen aus dem Lieferantenkodex zeigen zunächst, dass grundsätzlich zwischen Informationsklauseln bezüglich menschenrechtlicher und umweltbezogener Risiken im Geschäftsbereich des Vertragspartners und solchen Informationsklauseln, die Risikoquellen bei mittelbaren Zulieferern adressieren, unterschieden werden kann.[178]

Um die Wirksamkeit derartiger Vertragsbestimmungen beurteilen zu können, sind – ähnlich wie bei den Auditklauseln – vor allem die mit ihnen einhergehenden Interessenkonflikte in den Blick zu nehmen. Da bei der Verwendung jeglicher AGB die Interessen des Vertragspartners hinreichend beachtet werden müssen,[179] dürfte einerseits klar sein, dass auch die Vereinbarung von Informationsklauseln gewissen Einschränkungen unterliegen muss und nicht uneingeschränkt gewährleistet werden kann. Andererseits gilt erneut, dass Klauseln, ohne deren Verwendung die Sorgfaltspflichten des LkSG nicht (effektiv) erfüllt werden können, aufgrund eines hohen Interesses des Verwenders an ihrer Nutzung grundsätzlich zulässig sein müssen.[180] Diese bereits mehrfach bemühte Argumentationslinie könnte sich im Rahmen der Wirksamkeitskontrolle von Informationsklauseln weiter fortsetzen, sollte der Rückgriff auf sie zur Erfüllung der Pflichten des LkSG unerlässlich sein. Im Folgenden ist daher unter dieser Prämisse herauszuarbeiten, in welchen Fällen § 307 BGB die Verwendung einer Informationsklausel verbietet oder den Verwender bei ihrer Formulierung inhaltlichen Einschränkungen unterwirft.

(1) Faktische Delegation der Risikoanalyse

Eine erste Einschränkung für die Formulierung von Informationsklauseln ergibt sich zunächst nicht unmittelbar aus einem im Einzelfall festzustellenden Interessenkonflikt zwischen den Interessen des Verwenders der in Rede stehenden AGB und seinem Vertragspartner, sondern erneut aus § 307 Abs. 2 Nr. 1 BGB. Die Verpflichtung der unter das LkSG fallenden Unternehmen zur Durchführung einer

---

[178] Vgl. *S. Wagner*, in: Wagner/Ruttloff/Wagner, LkSG, § 14 Rn. 2201 ff. und 2209 f.

[179] Vgl. *Grüneberg*, in: Grüneberg, BGB, 83. Aufl. 2024, § 307 Rn. 8; *Wilhelm*, AcP 221 (2021), 657, 679 in Bezug auf Compliance-Klauseln.

[180] So argumentierend, aber im Ergebnis zurückhaltender, *S. Wagner*, in: Wagner/Ruttloff/Wagner, LkSG, § 14 Rn. 2205: Eine Informationsklausel, die der Verwender benötigt, um seinen Sorgfaltspflichten nach dem LkSG nachzukommen „könnte wirksam sein".

Risikoanalyse (§ 5 LkSG) bringt nämlich die gesetzgeberische Grundentscheidung zum Ausdruck, dass die Vorgaben der Vorschrift grundsätzlich von den pflichtigen Unternehmen selbst (und nicht ihren Zulieferern) erfüllt werden müssen. Verlagert also der Verwender einer Informationsklausel die gesamte Risikoanalyse faktisch auf einen Zulieferer, wird von dieser gesetzgeberischen Grundentscheidung, zu weit abgewichen, sodass § 307 Abs. 2 Nr. 1 BGB eine Unwirksamkeit der Klausel indiziert.[181] Praktisch dürften derartige Fälle allerdings kaum vorkommen, da unter das LkSG fallende Unternehmen regelmäßig eine Vielzahl von (unmittelbaren) Zulieferern aufweisen werden und eine faktische Verlagerung der gesamten Risikoanalyse dann voraussetzen würde, dass der durch die Informationsklausel verpflichtete Zulieferer auch die Risikosphären der übrigen (unmittelbaren) Zulieferer des Verwenders aufgrund der Pflicht aus der Informationsklausel zu analysieren hat. Die Verwendung einer so weitreichenden Vertragsbedingung erscheint jedenfalls lebensfremd.

(2) Interessenkonflikte im Einzelfall

Bedeutsamer sind daher die Einschränkungen für Informationsklauseln, die sich nicht aus dem Leitbild des § 5 LkSG, sondern im Einzelfall aus den Interessen des Vertragspartners ergeben. Dieser kann etwa daran interessiert sein, Informationen über Betriebs- und Geschäftsgeheimnisse zurückzuhalten oder sonstige sensible Informationen (bspw. bestimmte personenbezogene Daten) dem Zugriff Dritter zu entziehen.[182] Ein Recht zur Auskunftsverweigerung, um geltende datenschutzrechtliche Anforderungen zu wahren oder Betriebsgeheimnisse zu schützen, muss daher stets in Informationsklauseln aufgenommen werden.[183] Anderenfalls wären derartige Vertragsbedingungen als unwirksam zu bewerten. Ferner muss dem Vertragspartner die begehrte Informationsbeschaffung zumutbar sein, wobei insbesondere der damit verbundene Aufwand sowie der Nutzen der in Rede stehenden Informationen für den Verwender der AGB zu berücksichtigen sind.[184] Gerade wenn Informationen verlangt werden, die einen Bezug zu den Geschäftsvorgängen eines mittelbaren Zulieferers aufweisen, dürfte die Beschaffung regelmäßig nicht möglich oder jedenfalls nicht zumutbar sein.[185]

Im Wirkungsbereich des LkSG können Informationsklauseln zudem noch unter einem gänzlich anderen Aspekt in die Interessen des Vertragspartners eingreifen.

---

181 *Passas/Holtz*, BB 2023, 387, 389 f.

182 Vgl. *Depping*, in: Depping/Walden, LkSG, § 6 Rn. 95, 99 im Hinblick auf Auditklauseln.

183 Vgl. *Depping*, in: Depping/Walden, LkSG, § 6 Rn. 99 im Hinblick auf Auditklauseln: „Eine pauschale Einschränkung der Klausel durch den Zusatz, dass geltende datenschutzrechtliche Anforderungen zu beachten sind, erscheint zur Rettung der Rechtswirksamkeit […] ausreichend".

184 *S. Wagner*, in: Wagner/Ruttloff/Wagner, LkSG, § 14 Rn. 2230.

185 *S. Wagner*, in: Wagner/Ruttloff/Wagner, LkSG, § 14 Rn. 2230.

Ein wesentlicher Unterschied der Informationsklauseln gegenüber Compliance-, Weitergabe- und Auditklauseln besteht nämlich darin, dass Vertragspartner durch sie dazu verpflichtet sein könnten, eigene Verstöße bzw. Verstöße ihrer Mitarbeiter gegen Pflichten aus dem Vertragsverhältnis mit dem Verwender der Informationsklausel offenzulegen, womit in der Folge regelmäßig eine zivilrechtliche Haftung einhergehen wird.[186] Die von Unternehmen zur Erfüllung ihrer Pflichten aus dem LkSG verwendeten Informationsklauseln verfolgen schließlich erwartungsgemäß den Zweck, dass der Verwender menschenrechtliche und umweltbezogene Risiken erkennt oder ihr Ausmaß (besser) begreift, indem der Vertragspartner von sich aus oder auf Verlangen des Verwenders bestimmte Informationen preisgeben muss. Gegenstand der Informationsklauseln im Anwendungsbereich des LkSG werden daher Informationen zu menschenrechtlichen und umweltbezogenen Risiken sein, die dem Geschäftsbereich des unmittelbaren (oder ggf. eines mittelbaren) Zulieferers zuzuordnen sind.[187] Die Übermittlung dieser Informationen erweist sich aus der Perspektive des Vertragspartners als höchst brisant, da der Verwender der AGB einen umfassenden Einblick in die menschenrechtliche und umweltbezogene Risikolage beim Zulieferer erlangt und in der Folge auch die Aktivitäten des Vertragspartners zum Schutz gefährdeter Rechtsgüter (weitgehend) überblicken kann. Die Vertragspartner des Verwenders einer Informationsklausel wären also im Falle ihrer Wirksamkeit aufgrund der in der Folge bestehenden vertraglichen Auskunftspflicht dazu gezwungen, „sich selbst ans Messer zu liefern"[188], sollten sie anderweitige Verpflichtungen aus dem Liefervertrag (insbesondere solche, die aus Compliance- oder Weitergabeklauseln resultieren) nicht ordnungsgemäß erfüllen. Nach dem LkSG pflichtige Unternehmen haben die Einhaltung ihrer menschenrechtlichen und umweltbezogenen Erwartungen schließlich gegenüber ihren unmittelbaren Zulieferern durch die Einholung von Zusicherungen durchzusetzen (vgl. § 6 Abs. 4 Nr. 2 LkSG), sodass (unmittelbare) Zulieferer neben den Auskunftspflichten aus Informationsklauseln regelmäßig weitere vertragliche Pflichten zur Verringerung menschenrechtlicher und umweltbezogener Risiken treffen werden. Verstöße gegen diese Vertragsbestimmungen, die jedenfalls einen Anspruch nach § 280 Abs. 1 BGB auslösen dürften[189], würden regelmäßig erst infolge der Offenlegungspflichten aus einer Informationsklausel ans Licht kommen.

Die Schaffung eines solchen Haftungsrisikos stellt einen erheblichen Eingriff in die Interessen des Vertragspartners dar, welcher die Unwirksamkeit von Informationsklauseln nach § 307 Abs. 1 Satz 1 BGB bei Bestehen des skizzierten Haftungsrisikos zumindest nahelegt. Für eine Unwirksamkeit spricht in diesen Fällen

---

[186] *S. Wagner*, in: Wagner/Ruttloff/Wagner, LkSG, § 14 Rn. 2201 ff.

[187] Vgl. *Depping*, in: Depping/Walden, LkSG, § 6 Rn. 87: Auskunftsklauseln enthalten die Pflicht zur regelmäßigen Berichterstattung über die Arbeitsbedingungen bei einem Zulieferer; siehe auch die bereits vorgestellten Ziffern 2.1, 2.2. sowie 2.5 im Lieferantenkodex der Rewe Group.

[188] Zit.: *S. Wagner*, in: Wagner/Ruttloff/Wagner, LkSG, § 14 Rn. 2204.

[189] Vgl. *Wilhelm*, AcP 221 (2021), 657, 689 f.

ferner, dass das LkSG eine Pflicht zur Verwendung von Informationsklauseln jedenfalls nicht ausdrücklich statuiert. Anders als für Weitergabeklauseln (§ 6 Abs. 4 Nr. 2 LkSG) und Auditklauseln (§ 6 Abs. 4 Nr. 4 LkSG) existiert nämlich keine entsprechende Anordnung im LkSG, sodass das Interesse an ihrer Verwendung zumindest geringer ist.[190] Gleichwohl könnten nach dem LkSG pflichtige Unternehmen ihre Risikoanalyse (§ 5 LkSG) wohl regelmäßig nicht effektiv durchführen, wenn ihnen die Vereinbarung von Informationspflichten gänzlich untersagt wird. Das wird umso deutlicher, sobald man sich vor Augen führt, dass die Erfüllung der meisten Sorgfaltspflichten notwendigerweise von einer sorgfältig durchgeführten Risikoanalyse abhängen dürfte.[191] Zwar existieren vielfältige Möglichkeiten, um Erkenntnisse über menschenrechtliche und umweltbezogene Risiken zu gewinnen.[192] Gleichwohl mag es Konstellationen gegeben, in denen ein Unternehmen auf die Auskünfte seiner unmittelbaren Zulieferer angewiesen ist. Der Spagat zwischen dem Interesse der LkSG-pflichtigen Unternehmen an der Verwendung einer Informationsklausel und dem Interesse ihrer Zulieferer an einer angemessenen Begrenzung der Haftungsrisiken gelingt dann wohl nur, wenn wechselseitige Kooperationspflichten vereinbart werden.[193] Die Haftungsrisiken, denen sich der Zulieferer im Falle der Offenlegung von Informationen ausgesetzt sähe, müssten angemessen reduziert werden. Ist nämlich in sämtlichen von der Informationsklausel erfassten Fällen gewährleistet, dass der Zulieferer durch die Preisgabe von Informationen seine Haftungsrisiken nicht (signifikant) erhöht, hat er kein gewichtiges Interesse mehr an der Zurückhaltung von Informationen über menschenrechtliche und umweltbezogene Risiken. Auf welche Art und Weise die Senkung der Haftungsrisiken erfolgt, steht dabei im Ermessen des Verwenders der AGB. Denkbar wäre etwa die Aufnahme bestimmter Vertragsbedingungen, welche festlegen, dass Verstöße gegen Compliance- und Weitergabeklauseln nicht unmittelbar sanktioniert werden dürfen, sondern bspw. nur dann, wenn der Zulieferer die Verstöße nicht mitteilt oder eine vom AGB-Verwender angebotene Zusammenarbeit verweigert.[194]

Fälle, in denen die Nutzung von Informationsklauseln vor dem Hintergrund der dargestellten Haftungsrisiken überhaupt keinen Bedenken ausgesetzt ist, dürften diejenigen Konstellationen darstellen, in denen Vertragspartner selbst den Sorg-

---

[190] Soweit Informationsklauseln zur Überprüfung der Einhaltung der Erwartungen an Zulieferer dienen, könnten sie unter Umständen aber als Kontrollmechanismus unter § 6 Abs. 4 Nr. 4 LkSG gefasst werden, vgl. *S. Wagner*, in: Wagner/Ruttloff/Wagner, LkSG, § 14 Rn. 2205.

[191] Vgl. BT-Drucks. 19/28649, S. 44.

[192] Vgl. nur den Überblick bei *Götz*, in: Fleischer/Mankowski, LkSG, § 5 Rn. 37 f.

[193] Kooperationspflichten finden sich wohl häufig in Compliance-Klauseln, vgl. nur *Ott*, in: Gehling/Ott, LkSG, § 6 Rn. 142.

[194] Die von *Ott*, in: Gehling/Ott, LkSG, § 6 Rn. 142 präsentierte Musterklausel sieht im Falle schwerwiegender Verstöße gegen den in Bezug genommenen Lieferantenkodex die Möglichkeit einer Kündigung vor, räumt dem Verwender aber gleichzeitig die Option ein, auf eine Kündigung zu verzichten und dem Lieferanten lediglich die Vorlage und Umsetzung eines Konzeptes zur Beendigung oder Minimierung der Verstöße aufzuerlegen.

faltspflichten des LkSG unterliegen. Diese Unternehmen müssen identifizierte Risiken nämlich nach § 10 Abs. 2 Satz 1 Nr. 1 LkSG ohnehin Preis geben und können sich folglich kaum auf ein haftungsrisikobedingtes Interesse am Zurückhalten der in Rede stehenden Informationen berufen.[195] Die Auskunftsrechte dürfen sich aber auch in diesen Konstellationen nur auf diejenigen Informationen beziehen, welche der Verwender für die Einhaltung der Sorgfaltspflichten des LkSG vernünftigerweise benötigt.[196]

(3) Zusammenfassung

Zusammenfassend kann nach alledem Folgendes festgehalten werden: Die Wirksamkeit von Informationsklauseln kann nur einzelfallbezogen bestimmt werden, da stets zu untersuchen ist, welches Interesse der Verwender an den von der Klausel erfassten Informationen hat. Relevant ist in diesem Zusammenhang, ob er die Informationen für die Durchführung einer Risikoanalyse oder zur sonstigen Erfüllung der Sorgfaltspflichten des LkSG tatsächlich benötigt und welche Möglichkeiten ihm zur Verfügung stehen, um anderweitig an die in Rede stehenden Informationen zu gelangen. Konnten die Interessen des Verwenders ermittelt werden, sind anschließend die Interessen des Vertragspartners in den Blick zu nehmen. Dieser dürfte in jedem Fall unangemessen benachteiligt werden, wenn ihm die Herausgabe von Betriebs- und Geschäftsgeheimnissen abverlangt wird oder er datenschutzrechtliche Bestimmungen zur Erfüllung der Informationspflicht verletzen müsste. Ferner können von einer Auskunftsklausel erfasste Informationen unter Umständen nicht oder nur mit großem Aufwand zu erlangen sein (etwa wenn es um solche Informationen geht, die Geschäftsvorgänge eines mittelbaren Zulieferers betreffen), was ebenfalls eine unangemessene Benachteiligung nach sich ziehen kann. Fällt der Vertragspartner unter das LkSG, können Informationen, die er ohnehin nach § 10 Abs. 2 LkSG zu veröffentlichen hat, stets herausverlangt werden. Soweit eine Informationsklausel den Vertragspartner allerdings dazu verpflichten würde, Informationen über Verstöße gegen andere vertragliche Pflichten preiszugeben, ist eine entsprechende Klausel nur wirksam, wenn der Vertragspartner nicht unmittelbar für die Vertragsverletzung haftet, sondern lediglich Kooperations- und Mitteilungspflichten zu erfüllen hat.

e) Rechtsfolgen von Verstößen gegen CSR-Vereinbarungen

Wurde eine wirksame CSR-Vereinbarung getroffen und verstößt der Vertragspartner gegen diese, stellt sich die Frage nach dem Inhalt seiner Haftung. Bemer-

[195] In diese Richtung wohl auch *S. Wagner*, in: Wagner/Ruttloff/Wagner, LkSG, § 14 Rn. 2205.

[196] *S. Wagner*, in: Wagner/Ruttloff/Wagner, LkSG, § 14 Rn. 2205; a. A. wohl *Korch*, in: Fleischer/Mankowski, LkSG, § 6 Rn. 107: „Eine unangemessene Benachteiligung liegt auch dann nicht vor, wenn die Maßnahmen [zur Erfüllung der Pflicht aus § 6 Abs. 4 LkSG] über das unbedingt erforderliche Maß hinausgehen".

kenswert ist, dass Verstöße gegen CSR-Klauseln in der Literatur überwiegend mit einer Haftung nach § 280 Abs. 1 BGB in Verbindung gebracht werden.[197] Das ist grundsätzlich auch nicht zu beanstanden: Wird ein Compliance-Verstoß entdeckt, kann dies den Verwender nämlich nach allgemeinen Regeln (§§ 280 ff. BGB) zur Geltendmachung von Schadensersatz berechtigen, soweit in dem Verstoß eine schuldhafte Vertragspflichtverletzung liegt und der Verwender einen ersatzfähigen Schaden (etwa einen Reputationsschaden, vgl. dazu Kap. 4 A. VII. 4.) nachweist. Teilweise wird von AGB-Verwendern auch auf die Verwendung von Vertragsstrafen (§ 339 BGB) oder Schadenspauschalisierungsklauseln zurückgegriffen, die dann ebenfalls den §§ 305 ff. BGB genügen müssen.[198] Zudem kommt die soeben angesprochene Möglichkeit in Betracht, dass Verstöße nicht unmittelbar sanktioniert werden, sondern zunächst nur Mitteilungspflichten und Kooperationspflichten bestehen.[199]

Geht man aber – wie hier vertreten – von einem weiten Verständnis des Sachmangelbegriffes aus, dürften CSR-Vereinbarungen häufig auch herstellungsprozessbezogene Faktoren zum Gegenstand haben, sodass sie als Beschaffenheitsvereinbarung verstanden werden können. Die Vereinbarung ist dann darauf gerichtet, dass die gelieferten Gegenstände unter Einhaltung der vereinbarten Standards hergestellt wurden.[200] Im Falle von Verstößen gelten folgerichtig das Sachmängelgewährleistungsrecht und die sich daraus ergebenden Rechtsfolgen (vgl. Kap. 3 A. II. 6.). Verpflichtet ein Zulieferer sich dazu, bei der Herstellung eines Produktes keine Kinder zu beschäftigen, liegt die Annahme einer Beschaffenheitsvereinbarung – wie bereits in Kap. 3 A. II. 2. a) ausgeführt – auf der Hand. Inhaltlich handelt es sich schließlich um nichts anderes als eine vertragliche Abrede mit dem folgenden Inhalt: „Bei der Herstellung dieses Produkts kam es nicht zu Kinderarbeit". Selbst im Falle von Weitergabeklauseln kann eine Beschaffenheitsvereinbarung aber bejaht werden, wenn die Klausel sich erkennbar auf ein bestimmtes zulieferndes Produkt bezieht. Die Beschaffenheitsvereinbarung lautet dann etwa sinngemäß: „Bei der Herstellung dieses Produkts bemühe ich mich darum, sämtliche Lieferanten zur Einhaltung bestimmter Menschenrechtsstandards zu verpflichten".[201] Allein im Falle von Auskunfts- und Auditklauseln dürfte ein hinreichender Produktbezug stets zu verneinen sein. Diese räumen dem Auftraggeber schließlich Rechte ein, die er nutzen kann oder nicht. Es geht nicht um Standards zum Schutz der Menschenrechte, die bei der Herstellung eines Produkts verletzt werden könn-

[197] Vgl. etwa *Grunewald*, ZIP 2023, 2238 zu CSR-Klauseln, die zur Erfüllung von Sorgfaltspflichten nach dem LkSG verwendet wurden; *Wilhelm*, AcP 221 (2021), 657, 689 f. allgemein zu Verletzungen von CSR-Verpflichtungen unabhängig vom LkSG.

[198] *Wilhelm*, AcP 221 (2021), 657, 689 f.

[199] Vgl. *Depping*, in: Depping/Walden, LkSG, § 7 Rn. 42 f.

[200] Vgl. *S. Wagner*, in: Wagner/Ruttloff/Wagner, LkSG, § 12 Rn. 1765.

[201] Vgl. *Schirmer*, Nachhaltiges Privatrecht, 2023, S. 306 ff., 336 f., der die „Lieferkettengovernance" im Allgemein (dazu gehören auch Vereinbarungen zur Weiterreichung von Menschenrechtsstandards) unter den Sachmangelbegriff fasst.

ten. Die Haftung bei Verstößen richtet sich damit allein nach § 280 Abs. 1 BGB oder vertraglichen Sonderregelungen.

3. Unübliche Beschaffenheit infolge von Sorgfaltspflichtverletzungen (b2b und b2c)

Soweit eine Beschaffenheitsvereinbarung nicht vorliegt, kann sich ein Sachmangel aber auch aus dem Fehlen der üblichen Beschaffenheit, die der Käufer erwarten darf, ergeben.[202] Als Käufer kann in diesem Zusammenhang sowohl ein Verbraucher als auch ein Unternehmer auftreten. Die übliche Beschaffenheit richtet sich nach der Verkehrsauffassung[203] und umfasst nicht nur Menge und Qualität, sondern auch sonstige Merkmale der Sache, wie etwa Haltbarkeit, Funktionalität, Kompatibilität und Sicherheit.[204] Abzustellen ist dabei auf einen Durchschnittskäufer.[205]

Im Hinblick auf Nachhaltigkeitsaspekte wird in der Literatur die Frage aufgeworfen, ob Verstöße gegen öffentlich-rechtliche Vorschriften zum Schutz der Umwelt und der Menschenrechte zu einer unüblichen Beschaffenheit der Kaufsache führen und damit einen Sachmangel begründen können.[206] Nach der Auffassung von Croon-Gestefeld sei eine unübliche Beschaffenheit etwa dann zu bejahen, wenn beim Anbau eines Gemüses verbotene Pestizide zum Einsatz kamen oder eine Kaufsache Mindestanforderungen bezüglich ihrer Energieeffizienz (nach der Ökodesign-Richtlinie[207]) nicht erfüllt.[208] Die genannten Fälle unterscheiden sich zwar von den hier in Rede stehenden Konstellationen dadurch, dass sowohl die Verwendung verbotener Pestizide als auch eine mangelhafte Energieeffizienz einen erkennbaren Bezug zur Funktionsfähigkeit und Nutzbarkeit der Kaufsache aufweisen. Geht man aber – wie hier vertreten – davon aus, dass ein solcher Bezug aufgrund des weiten Sachmangelbegriffes für das Entstehen eines Sachmangels nicht erforderlich ist, lässt sich die Auffassung von Croon-Gestefeld auf das LkSG übertragen:

Der Durchschnittskäufer eines Produkts darf nämlich berechtigterweise voraussetzen, dass dieses im Einklang mit den Vorschriften des LkSG hergestellt wurde. Sämtliche Unternehmen, die in den Anwendungsbereich des Gesetzes fallen, sind

---

202 Vgl. § 434 Abs. 3 Satz 1 Nr. 2 BGB.

203 BeckOK BGB/*Faust*, 72. Ed. 01.08.2024, BGB § 434 Rn. 84.

204 Vgl. § 434 Abs. 3 Satz 2 BGB.

205 *Weidenkaff*, in: Grüneberg, BGB, 83. Aufl. 2024, § 434 Rn. 27.

206 Vgl. *Croon-Gestefeld*, NJW 2022, 497, 499; *Leyens*, in: Hopt, Handelsgesetzbuch, 44. Auflage 2025, § 3 LkSG Rn. 12.

207 Richtlinie 2009/125/EG des Europäischen Parlaments und des Rates vom 21.10.2009 zur Schaffung eines Rahmens für die Festlegung von Anforderungen an die umweltgerechte Gestaltung energieverbrauchsrelevanter Produkte (ABl. EU L 285 vom 31.10.2009, S. 10).

208 *Croon-Gestefeld*, NJW 2022, 497, 499.

schließlich dazu verpflichtet, dessen Sorgfaltspflichtenkatalog einzuhalten, die Nichteinhaltung ist also unüblich. Auch die bislang erteilten Auskünfte des BAFA legen nahe, dass die Sorgfaltspflichten des LkSG ganz überwiegend erfüllt werden, weshalb eine von den gesetzlichen Vorgaben abweichende Unternehmenspraxis, die den Vergleichsmaßstab für die übliche Beschaffenheit ebenfalls prägen könnte[209], fernliegend erscheint. Laut Auskunft des BAFA lagen diesem nämlich bis zum 03.11.2023 insgesamt (bei schätzungsweise 600 pflichtigen Unternehmen[210]) nur 33 Beschwerden vor, von denen 20 nicht einmal einen Bezug zu einer durch das LkSG geschützten Rechtsposition oder einem in den Geltungsbereich des LkSG fallenden Unternehmen hatten.[211] Hieraus kann freilich nicht ohne Weiteres geschlussfolgert werden, dass Verstöße gegen das LkSG in maximal 13 Fällen vorliegen, da Verstöße auch unentdeckt geblieben sein können oder Rechtsunsicherheiten bei der Auslegung des LkSG zu einem Absehen von Beschwerden geführt haben. Gleichwohl spricht die geringe Anzahl an Beschwerden aus der Perspektive des Rechtsverkehrs zumindest indiziell für eine weitreichende Einhaltung des Sorgfaltspflichtenkataloges und eine damit einhergehende Verkehrspraxis. Ein Abweichen von dieser Praxis bei der Produktion oder Produktbeschaffung ist folglich unüblich. Da der Beschaffenheitsbegriff des § 434 BGB auch den Herstellungsprozess erfasst, sind Verstöße gegen das LkSG als unüblicher Herstellungsprozess zu bewerten und führen in der Folge zu einer unüblichen Beschaffenheit der hergestellten Waren.[212]

Wird also gegen eine nachhaltigkeitsbezogene Rechtsnorm aus dem LkSG verstoßen, weist die Kaufsache nicht mehr die übliche Beschaffenheit auf,[213] sofern sich der Verstoß auf produktbezogene Faktoren bezieht.[214] Stellt ein Unternehmen beispielsweise im Rahmen seiner Risikoanalyse (§ 5 LkSG) fest, dass bei unmittelbaren Zulieferern menschenrechtliche oder umweltbezogene Risiken vorliegen und ergreift es keine angemessenen Präventionsmaßnahmen (§ 6 LkSG), sind diejenigen Produkte, die mithilfe der von diesen Zulieferern erworbenen Güter pro-

---

[209] Vgl. *Matusche/Beckmann*, in: Staudinger, BGB (2023), § 434 Rn. 106, die als Vergleichsmaßstab für die übliche Beschaffenheit den Qualitätsstandard vergleichbarer Waren (auch von anderen Herstellern) anlegen möchten; so auch BGH, NJW 2016, 3015, 3019; BGH, NJW 2011, 2872 zu § 434 BGB a.F.

[210] Vgl. BT-Drucksache 19/30505, S. 31.

[211] Vgl. BZ, Ein Jahr Lieferkettengesetz – eine Bestandsaufnahme, abrufbar unter: https://www.msn.com/de-de/finanzen/top-stories/ein-jahr-lieferkettengesetz-eine-bestandsaufnahme/ar-AA1kQ5X4(Stand: 01.12.2023), zuletzt abgerufen am 30.07.2024.

[212] Vgl. *Schirmer*, Nachhaltiges Privatrecht, 2023, S. 308 ff., der die „Lieferkettengovernance" im Allgemeinen bei der Frage, ob eine Sache die übliche, zu erwartende Beschaffenheit aufweist, berücksichtigen möchte.

[213] *S. Wagner*, in: Wagner/Ruttloff/Wagner, LkSG, § 12 Rn. 1754: „Es ist […] denkbar, dass die Rechtsprechung unter Berufung auf das normative Leitbild des LkSG entsprechende Schutz- bzw. Rücksichtnahmepflichten iSd § 241 Abs. 2 BGB entwickelt".

[214] *Koch*, MDR 2022, 1, 5 f. möchte Verstöße gegen das LkSG pauschal zu einem Sachmangel führen lassen, da immer ein ausreichender Bezug zum Herstellungsprozess bestehe.

duziert wurden, mangelhaft. Produziert ein Unternehmen hingegen verschiedene Produkte und wird eine Sorgfaltspflicht nur in Bezug auf einen Zulieferer verletzt, dessen Güter nur für ein bestimmtes Produkt benötigt werden, so sind andere Produkte nicht mangelhaft, da hinsichtlich dieser keine Rechtsverstöße vorliegen. Ein produktbezogener Sorgfaltsverstoß infiziert also nicht alle Produkte eines Unternehmens.[215] Benennt ein Unternehmen keine Person zur Überwachung des Risikomanagements (§ 4 Abs. 3 LkSG), sind nur unternehmensbezogene Faktoren betroffen, welche bereits nicht unter den Beschaffenheitsbegriff fallen und schon deshalb kein Sachmangel vorliegen kann.

Um die Frage zu beantworten, welche Verstöße gegen öffentlich-rechtliche Vorschriften zum Schutz der Umwelt und der Menschenrechte aus sich heraus einen Sachmangel begründen, ist also stets zu untersuchen, ob dieser Verstoß den Herstellungsprozess oder die Qualität der zu beobachtenden Kaufsache betrifft und somit einen Produktbezug aufweist oder ob er sich nur auf das allgemeine Verhalten des Unternehmens bezieht oder auf ein Produkt, welches von dem Sorgfaltsverstoß in keiner Weise betroffen ist.[216]

Im Beispielsfall leiden die von der A-AG verkauften T-Shirts, welche von Z geliefert wurden, an einem Sachmangel, da diese nicht im Einklang mit nationalen Vorschriften beschafft worden sind und der Rechtsverstoß somit produktbezogene Faktoren (Herstellungsprozess) zum Gegenstand hat. Es fehlt ihnen damit an der üblichen Beschaffenheit. Andere von der A-AG vertriebene Produkte sind hingegen mangelfrei, da deren Herstellung und Beschaffung in keinem Zusammenhang mit einem Verstoß gegen die Vorschriften des LkSG steht.

4. Nachhaltigkeitsberichterstattung als „öffentliche Äußerung"

Neben der allgemeinen Verkehrserwartung können auch nachhaltigkeitsbezogene Äußerungen eine berechtigte Erwartungshaltung schaffen, die Auswirkungen auf die übliche Beschaffenheit der Kaufsache hat.[217] Sofern der Verkäufer oder ein anderes Glied der Vertragskette (insbesondere der Hersteller[218]) öffentliche Äußerungen tätigt, die eine bestimmte „ethische oder nachhaltige Qualität" des Produkts zum Ausdruck bringen, kann die Kaufsache bei Fehlen der Qualitätskriterien den objektiven Anforderungen nicht mehr genügen. Schließlich darf der Käufer bei

---

[215] Im Falle einer allgemeinen (die konkrete Kaufsache nicht tangierenden) Missachtung von Menschenrechts- und Umweltstandards sind schließlich nur unternehmensbezogene Faktoren betroffen, vgl. *S. Wagner*, in: Wagner/Ruttloff/Wagner, LkSG, § 12 Rn. 1764.

[216] *Croon-Gestefeld*, NJW 2022, 497, 499 fordert eine enge Verbindung der Nachhaltigkeitsaspekte mit dem Herstellungsprozess der Kaufsache und möchte einen Sachmangel dann bejahen, wenn „die Mangelhaftigkeit einer Kaufsache unmittelbar auf einem Verstoß gegen eine umweltschützende Vorschrift beruht"; Gemüse sei etwa dann mangelhaft, wenn bei der Anpflanzung verbotene Pestizide zum Einsatz gekommen sind.

[217] Vgl. § 434 Abs. 3 Satz 1 Nr. 2 lit. b BGB.

[218] BeckOK BGB/*Faust*, 72. Ed. 01.08.2024, BGB § 434 Rn. 108.

derartigen Äußerungen – etwa Werbeaussagen, CSR-Selbstverpflichtungen oder Angaben auf Produktverpackungen – berechtigterweise erwarten, dass diese der Wahrheit entsprechen.[219] Ist dies nicht der Fall und wurde auch nichts Abweichendes vereinbart, liegt regelmäßig ein Sachmangel vor.[220]

In diesem Zusammenhang besonders relevant und umstritten ist die Frage, ob auch verpflichtende CSR-Berichte öffentliche Äußerungen im Sinne des § 434 Abs. 3 Satz 1 Nr. 2 lit. b BGB darstellen können.[221] Die Frage geht weit über den Wirkungsbereich des LkSG hinaus, da nicht nur in § 10 Abs. 2 LkSG Berichtspflichten statuiert werden, sondern auch auf europäischer und internationaler Ebene nachhaltigkeitsbezogene Offenlegungspflichten eine immer größere Rolle spielen.[222] Die meisten internationalen Vorschriften gelten zwar nicht in der Bundesrepublik Deutschland, im Inland anwendbar sind aber viele unionsrechtliche Vorgaben und deren nationale Umsetzungsakte. Auf EU-Ebene sind in diesem Zusammenhang neben branchenspezifischen Rechtsakten (etwa Konfliktmineralien-VO[223] oder EU-Verordnung gegen Entwaldung[224]) vor allem die Taxonomie-VO[225] und die neue CSRD zu nennen, welche eine erhebliche Erweiterung der Berichtspflichten in Bezug auf Nachhaltigkeitsaspekte vorsieht und den Anwendungsbereich der Nachhaltigkeitsberichterstattung gegenüber der bislang geltenden CSR-Richtlinie um ein Vielfaches vergrößert.[226] Für die hier zu behandelnde Fragestel-

---

[219] *S. Wagner*, in: Wagner/Ruttloff/Wagner, LkSG, § 12 Rn. 1766; *Asmussen*, Haftung für CSR, 2020, S. 159 möchte auch produktbezogene Bemühenszusagen in CSR-Selbstverpflichtungen aus dem Beschaffenheitsbegriff ausklammern, sodass nur erfolgsorientierte CSR-Codes als öffentliche Äußerung zur Beschaffenheit der Kaufsache bewertet werden könnten.

[220] Wahrheitswidrige Äußerungen zu unternehmensbezogenen Faktoren können von vorneherein nicht zum Fehlen der üblichen Beschaffenheit führen, da solche Faktoren – wie bereits dargestellt – schon nicht vom Beschaffenheitsbegriff erfasst sind, vgl. *Asmussen*, Haftung für CSR, 2020, S. 157 ff.

[221] Dafür etwa: *Croon-Gestefeld*, NJW 2022, 497, 500; *Görgen*, Unternehmerische Haftung in transnationalen Menschenrechtsfällen, 2019, S. 438; *Schröter*, in: FS Hopt, 2020, S. 1155, 1165; *Renner*, ZEuP 2022, 782, 805; möglicherweise auch BeckOGK/*Kleindiek*, Stand: 01.11.2023, HGB § 289b Rn. 149; dagegen: *Koch*, MDR 2022, 1, 6: „Im Falle eines CSR-Berichts ist nicht der Käufer Adressat, sondern vielmehr der Kapitalmarkt, so dass ein Sachmangel nicht über § 434 Abs. 1 Satz 3 a.F. BGB/§ 434 Abs. 3 Satz 1 Nr. 2 lit. b n.F. BGB begründet werden kann"; ebenso argumentierend *Grunewald*, NJW 2021, 1777, 1780; ablehnend auch *Friebel*, Corporate Social Responsibility, 2021, S. 169 ff.; *Mock*, ZIP 2017, 1195, 1203; *Roth-Mingram*, NZG 2015, 1341, 1345; *Seibt*, DB 2016, 2707, 2715 zum Entwurf des CSR-Richtlinie-Umsetzungsgesetzes.

[222] Vgl. die Auflistung der Rechtsakte bei *Kolter*, Nachhaltigkeit durch Transparenz, 2023, S. 11.

[223] Vgl. die Berichtspflicht in Art. 7 Abs. 3 Konfliktmineralien-VO.

[224] Vgl. die Berichtspflicht in Art. 12 Abs. 3 EU-Verordnung gegen Entwaldung.

[225] Vgl. zur Taxonomie-VO und den darin platzierten Offenlegungspflichten *Baumüller/Haring/Merl*, IRZ 2022, 77 ff.

[226] Vgl. *Baumüller*, PiR 2022, 300 ff.; siehe auch *Nietsch*, ZIP 2022, 449, 451 ff. noch zum CSRD-Vorschlag der Kommission; zum Zusammenspiel mit anderen Berichtspflichten auf

lung sind zwar nur die Berichtspflichten des LkSG relevant. Gleichwohl dürften die Untersuchungsergebnisse weitgehend auf sonstige im Inland geltenden Offenlegungspflichten übertragen werden können.

Angesichts der immens gestiegenen Bedeutung der Nachhaltigkeitsberichterstattung und der Fülle an Offenlegungspflichten ist nun am Beispiel des § 10 Abs. 2 LkSG zu untersuchen, welche rechtliche Tragweite der Nachhaltigkeitsberichterstattung vor dem Hintergrund der §§ 434 ff. BGB zukommt. Würde die Veröffentlichung des Berichts nämlich eine öffentliche Äußerung im Sinne des § 434 Abs. 3 Satz 1 Nr. 2 lit. b BGB darstellen, könnten Unternehmen sich bei nur einer falschen Angabe sehr schnell einer unüberschaubaren Anzahl von Gewährleistungsansprüchen ausgesetzt sehen.

a) Ausschluss unternehmensbezogener Berichterstattung

Zunächst ist aber festzuhalten, dass viele der Angaben, die nach § 10 Abs. 2 LkSG veröffentlicht werden müssen, bereits deshalb im Falle ihrer Unrichtigkeit keinen Sachmangel begründen, weil sie nicht unter den Beschaffenheitsbegriff subsumiert werden können. So haben Unternehmen bspw. die für die Überwachung des Risikomanagements zuständige Personen anzugeben und zu bestätigen, dass sie einen Berichtsprozess etabliert haben, mithilfe dessen die Geschäftsleitung regelmäßig über dessen Arbeit informiert wird.[227] Gibt ein Unternehmen im Rahmen der Berichterstattung nun wahrheitswidrig an, eine Person benannt zu haben, sind allein unternehmensbezogene Faktoren betroffen, die keinen konkreten Bezug zum an die Endabnehmer verkauften Produkt aufweisen. Die Beschaffenheit der verkauften Ware wird nicht unüblich, weil falsche Angaben über die Leitungsstruktur des Unternehmens gemacht werden.[228] Anders verhält es sich im Falle von Angaben, die einen konkreten Bezug zum verkauften Produkt aufweisen. So haben Unternehmen im Rahmen der Berichtspflicht auch auf Basis des § 6 LkSG eingeleitete Präventionsmaßnahmen zu beschreiben.[229] Wird wahrheitswidrig behauptet, dass bei der Herstellung eines Produkts bestimmte Maßnahmen zur Vermeidung von Menschenrechtsverletzungen ergriffen wurden, sind herstellungsprozessbezogene Faktoren betroffen, die einen hinreichenden Bezug zur Kaufsache – nämlich dessen Produktion – aufweisen. Die Beschaffenheit entspräche nicht dem, was der Käufer aufgrund der Angaben im Nachhaltigkeitsbericht erwarten kann, sodass regelmäßig ein Sachmangel vorläge.

EU-Ebene (insbesondere Offenlegungs-VO und Taxonomie-VO) siehe *Tüshaus*, Nachhaltigkeitsberichterstattung – Eine Bestandsaufnahme, S. 7 ff.

[227] Vgl. *BAFA*, Fragenkatalog zum Bericht nach § 10 Abs. 2 LkSG, S. 2 und 4, abrufbar unter: https://www.bafa.de/DE/Lieferketten/Berichtspflicht/berichtspflicht_node.html, zuletzt abgerufen am 30. 07. 2024.

[228] Vgl. *Asmussen*, Haftung für CSR, 2020, S. 157 f.

[229] Vgl. *BAFA*, Fragenkatalog zum Bericht nach § 10 Abs. 2 LkSG, S. 7 f.

b) (Kein) Ausschluss prozessorientierter Versprechen

Daran anknüpfend stellt sich die Frage, ob (in die Zukunft gerichtete) prozessorientierte Versprechen (Bemühenszusagen) in der Nachhaltigkeitsberichtsberichterstattung aus denselben Gründen nicht zum Vorliegen eines Sachmangels führen können, wie Angaben zu unternehmensbezogenen Faktoren. Diese von Asmussen vorgetragene Auffassung stützt sich darauf, dass das Sachmängelgewährleistungsrecht als „streng erfolgsbezogen" bewertet werden müsse. Zwar seien verpflichtende Bemühenszusagen im allgemeinen Vertragsrecht (§ 311 Abs. 1 BGB) ebenso anzuerkennen wie im vorvertraglichen Täuschungsverbot (§ 123 Abs. 1 BGB). Im Kaufrecht folge aus der Pflicht nach § 433 Abs. 1 BGB, Eigentum zu verschaffen, welches den Anforderungen der §§ 434, 435 BGB genügt, hingegen ein Erfordernis der Erfolgsbezogenheit. Bemühenszusagen seien grundsätzlich Leistungsversprechen, die typologisch dem Dienstvertragsrecht zugeordnet werden müssten und die Beschaffenheit der Kaufsache in keiner Weise beeinflussen könnten, sodass eben keine Aussage darüber getroffen werde, ob tatsächlich Nachhaltigkeitsbelange in der Lieferkette beeinträchtigt wurden.[230]

Die Frage ist für die hiesige Untersuchung von besonderer Bedeutung, da die Pflichten des LkSG ganz überwiegend als Bemühenspflichten ausgestaltet sind.[231] Es kommt bei ihrer Erfüllung gerade nicht darauf an, ob Menschenrechtsverletzungen tatsächlich verhindert wurden. Maßgeblich ist allein, ob die pflichtigen Unternehmen dem Sorgfaltspflichtenkatalog entsprechende Maßnahmen umgesetzt haben.[232] Hierauf bezieht sich auch die nach § 10 Abs. 2 LkSG durchzuführende Nachhaltigkeitsberichterstattung, im Rahmen derer über die Einhaltung der Sorgfaltspflichten zu berichten ist. Die Berichterstattung muss sich aber nicht zwingend auf die Erfüllung der Sorgfaltspflichten in der Vergangenheit beziehen, vielmehr kann sie auch künftige Maßnahmen zum Gegenstand haben. So sieht etwa die vom BAFA zur Verfügung gestellte Berichtsmaske vor, dass Zeitplan und Konzept für Abhilfemaßnahmen dargestellt werden sollen, die aufgrund noch nicht behobener Verletzungen bei Zulieferern geplant sind.[233]

Im Ergebnis greifen die von Asmussen vorgetragenen Einwände gegen das Bestehen kaufrechtlicher Gewährleistungsansprüche im Falle von Verstößen gegen prozessorientierte Versprechen allerdings nicht durch:[234] Das in Kap. 3 A. II. 1. hergeleitete weite Verständnis des Beschaffenheitsbegriffes des § 434 BGB führt dazu, dass herstellungsprozessbezogene Faktoren von diesem erfasst werden kön-

---

[230] Vgl. *Asmussen*, Haftung für CSR, 2020, S. 159.

[231] Vgl. BT-Drucks. 19/28649, S. 41; siehe aber die Ausnahme in § 7 Abs. 1 Satz 3 LkSG, vgl. dazu Kap. 2 B. IV. 4.

[232] BT-Drucks. 19/28649, S. 41.

[233] Vgl. *BAFA*, Fragenkatalog zum Bericht nach § 10 Abs. 2 LkSG, S. 11.

[234] Kritisch zu dem von Asmussen gewählten Ansatz auch *Schirmer*, Nachhaltiges Privatrecht, 2023, S. 320 f.

nen. Erkennt man ein solches Begriffsverständnis an, stellt die Behauptung, bei der Produktion bestimmte Bemühenspflichten des LkSG zu erfüllen, eine Angabe über die Beschaffenheit der hergestellten Kaufgegenstände dar, infolge derer der Rechtsverkehr beim Erwerb der Gegenstände erwarten darf, dass die beschriebenen Verfahrenspflichten erfüllt werden. Erklärt ein Unternehmen etwa, dass es bei der Produktion sämtlicher Waren in Zukunft bestimmte Präventionsmaßnahmen ergreifen wird, gibt es gerade keine Erklärung mit dem Inhalt „Bei der Herstellung unserer Waren wird es nicht zu Menschenrechtsverletzungen kommen“ ab. Vielmehr ist die Aussage so zu verstehen, dass erklärt wird: „Bei der Herstellung unserer Waren werden wir menschenrechtliche Risiken durch Ergreifen der dargelegten Präventionsmaßnahmen senken“. Eben diese erfolgsbezogene Erwartung (der Erfolg ist das Durchführen der Maßnahmen im angekündigten Sinne) wird aber enttäuscht, wenn das Unternehmen tatsächlich keine derartigen Maßnahmen ergreift. Die Ausgestaltung der Sorgfaltspflichten des LkSG als Bemühenspflichten führt daher nicht dazu, dass unerfüllte Versprechen in der Nachhaltigkeitsberichterstattung per se keinen Sachmangel begründen können. Gewährleistungsansprüche kommen nur dann nicht mehr in Betracht, wenn das zu beobachtende prozessorientierte Versprechen allein unternehmensbezogene Faktoren zum Gegenstand hat. Erklärt ein Unternehmen etwa, sämtliche eingegangenen Beschwerden im Rahmen des nach § 8 LkSG eingerichteten Beschwerdeverfahrens zu prüfen und unterlässt es dies in der Folge, wird wohl kein hinreichender Bezug zu den vertriebenen Produkten hergestellt werden können, sodass Gewährleistungsansprüche bereits mangels unüblicher Beschaffenheit scheitern. Prozessorientierte Versprechen können vor dem Hintergrund des Beschaffenheitsbegriffes also immer dann zu einem Sachmangel führen, wenn das Versprechen produktbezogene Faktoren zum Gegenstand hat, unter welche auch eben auch der Herstellungsprozess fällt.[235]

c) Anforderungen an die öffentliche Äußerung

Das wäre aber freilich nur dann der Fall, wenn Angaben im Rahmen der Nachhaltigkeitsberichterstattung oder die zu beobachtenden Bemühenszusagen überhaupt als „öffentliche Äußerungen“ im Sinne des § 434 Abs. 3 Satz 1 Nr. 2 lit. b BGB bewertet werden können. Dabei ist zunächst zu beachten, dass sich der Verkäufer nach allgemeiner Meinung für die öffentliche Äußerung jedes beliebigen Mediums bedienen kann. Die Äußerung muss ferner öffentlich erfolgen, sich also an unbestimmt viele und nicht individuell ausgewählte Personen richten und sich auf eine bestimmte Eigenschaft der Sache beziehen. Reißerische Anpreisungen allgemeiner Art ohne Bezugnahme auf nachprüfbare Aussagen über die Beschaffenheit der Sache reichen nicht aus.[236] Die Angaben in Nachhaltigkeitsberichten nach § 10 Abs. 2 LkSG dürften diesen Anforderungen regelmäßig genügen, da sie

---

[235] Ähnlich *Schirmer*, Nachhaltiges Privatrecht, 2023, S. 320 f.

[236] Vgl. statt aller BeckOK BGB/*Faust*, 72. Ed. 01.08.2024, BGB § 434 Rn. 112 ff.

jedermann frei zugänglich gemacht werden müssen und erwartungsgemäß keine reißerischen Anpreisungen enthalten werden.

Fraglich ist allerdings, ob der Käufer Teil der Öffentlichkeit sein muss, an den sich die Äußerung gerichtet hat (bspw. Teilnehmer der betreffenden Veranstaltung oder Adressat einer Werbung).[237] Einige Autoren möchten eine derartige Einschränkung aus dem Schutzzweck des § 434 Abs. 3 BGB ableiten. Die Norm ziele darauf ab, den Käufer in seinen berechtigten Erwartungen in Bezug auf die Beschaffenheit der Kaufsache zu schützen. Aussagen, die sich offenkundig nicht an ihn richten, von denen er also mehr oder weniger zufällig erfährt, seien daher aus dem Anwendungsbereich der Vorschrift herauszunehmen.[238]

Eine solche teleologische Reduktion[239] begegnet allerdings Bedenken, da auch derjenige Käufer, der zufälligerweise von den Äußerungen erfahren hat, berechtigte Erwartungen in deren Richtigkeit haben kann.[240] Selbst ein Käufer, gegenüber dem die Äußerung nicht gezielt abgegeben wurde, ist schutzwürdig.[241] Es wird daher auch vertreten, die Anwendbarkeit des § 434 Abs. 3 Satz 1 Nr. 2 lit. b BGB nicht vom Adressatenkreis der öffentlichen Äußerung abhängig zu machen.[242] Erachtet man den Schutzzweck des § 434 Abs. 3 Satz 1 Nr. 2 lit. b BGB als maßgeblich, überzeugt diese Auffassung aus den zuvor genannten Gründen eher. Die Frage ist aber für die Nachhaltigkeitsberichterstattung nach § 10 Abs. 2 LkSG ohne Bedeutung, wenn die in Rede stehenden CSR-Berichte sich ohnehin an die allgemeine Öffentlichkeit richten, da dann jeder denkbare Käufer Adressat der Berichterstattung wäre.

d) Adressatenkreis der Berichterstattung nach § 10 Abs. 2 LkSG

In der Literatur wird die Auffassung vertreten, dass sämtliche Pflichtangaben in Nachhaltigkeits-, CSR- oder anderen öffentlichen Berichten von Unternehmen sich an einen unbestimmten Kreis an Empfängern richten und daher eine öffentliche Äußerung (gemäß § 434 Abs. 1 Satz 3 BGB a. F.) darstellen.[243] Unabhängig davon, ob diese Aussage für jede nachhaltigkeitsbezogene Berichtspflicht im Einzelfall

---

[237] Dagegen: BeckOK BGB/*Faust*, 72. Ed. 01.08.2024, BGB § 434 Rn. 114.

[238] *Grunewald*, NJW 2021, 1777, 1779; zust. *Weitnauer*, GWR 2023, 239, 242.

[239] Der Gesetzestext sieht eine derartige Einschränkung nicht vor, weshalb der Wortlaut der Vorschrift verengt werden müsste, vgl. *Möllers*, Methodenlehre, 3. Aufl. 2020, S. 235 ff. zu den Voraussetzungen der teleologischen Reduktion.

[240] In eine ähnliche Richtung wird auch im Rahmen des § 15 Abs. 1 HGB argumentiert, wenn eine Tatsache, deren Veränderung ins Handelsregister einzutragen war, fehlt, vgl. *Merkt*, in: Hopt, Handelsgesetzbuch, 44. Auflage 2025, § 15 HGB Rn. 11.

[241] Vgl. *Schirmer*, Nachhaltiges Privatrecht, 2023, S. 315.

[242] So *Schirmer*, Nachhaltiges Privatrecht, 2023, S. 315; im Ergebnis auch BeckOK BGB/*Faust*, 72. Ed. 01.08.2024, BGB § 434 Rn. 114.

[243] *Görgen*, Unternehmerische Haftung in transnationalen Menschenrechtsfällen, 2019, S. 433.

zutrifft, erweist sie sich jedenfalls im Hinblick auf die Berichtspflichten des § 10 Abs. 2 LkSG als überzeugend:

Bereits der Wortlaut der Vorschrift („auf der Internetseite kostenfrei öffentlich zugänglich zu machen“) legt nahe, dass auch die allgemeine Öffentlichkeit Adressat der Berichterstattung sein soll.[244] Hieran könnte man zwar zweifeln, wenn man den Berichtspflichten in erster Linie den Zweck zuspricht, eine effektive behördliche Kontrolle zu ermöglichen.[245] Selbst wenn ein solcher übergeordneter Zweck zu bejahen wäre, würde dies jedenfalls nicht ausschließen, dass zusätzlich auch die allgemeine Öffentlichkeit unterrichtet werden soll.[246] Dass nicht allein Behörden Adressat der Berichterstattung sein sollen, zeigt auch die Gesetzesbegründung, welche klarstellt, dass „Dritte und die Behörde“ in der Lage sein müssen, den Nachhaltigkeitsbericht nachzuvollziehen.[247] Mit dem Begriff des „Dritten“ kann in diesem Zusammenhang durchaus die allgemeine Öffentlichkeit gemeint sein, da der Gesetzgeber wohl vor allem deutlich machen wollte, dass eben nicht nur die Kontrollbehörde Adressat der Nachhaltigkeitsberichterstattung ist, sondern auch sonstige Personen.

Somit können die gemäß § 10 Abs. 2 LkSG offenzulegenden Informationen also grundsätzlich als öffentliche Äußerung eingeordnet werden, da sie sich an die allgemeine Öffentlichkeit richten. Zwar wird vertreten, dass § 10 Abs. 2 LKSG vom Schutzbereich des § 434 Abs. 3 Satz 1 Nr. 2 lit. b BGB deshalb nicht erfasst sei, weil das Unternehmen zur Berichterstattung gesetzlich verpflichtet ist und gerade kein Käuferverhalten beeinflussen will.[248] Diese Auffassung überzeugt allerdings nicht: Denn im Falle gesetzlicher Verpflichtungen wird der Adressatenkreis der Berichterstattung gerade durch den Gesetzgeber festgelegt und nicht – wie im Falle von Werbeäußerungen – durch das Unternehmen selbst. Unwahre Angaben in der Berichterstattung nach dem LkSG enttäuschen berechtigte Erwartungen des Käufers eines Produkts in ähnlicher Weise wie unwahre Angaben in freiwilligen Äußerungen und können daher zum Vorliegen eines Sachmangels nach § 434 Abs. 3 Nr. 2 lit. b BGB führen.[249] Das wird umso deutlicher, wenn man sich vor Augen

---

[244] So *S. Wagner*, in: Wagner/Ruttloff/Wagner, LkSG, § 12 Rn. 1767, der aber im Ergebnis anhand der konkreten Formulierung des LkSG-Berichts beurteilen möchte, ob unzutreffende Angaben einen Sachmangel begründen.

[245] Die hohe Bedeutung des Berichts nach § 10 Abs. 2 LkSG für die behördliche Kontrolle wird sowohl in der Gesetzesbegründung als auch in der Literatur betont, vgl. nur BT-Drucks. 19/28649, S. 52; *E. Wagner/S. Wagner*, in: Wagner/Ruttloff/Wagner, LkSG, § 4 Rn. 717.

[246] So auch *Wüstemann*, BB 2023, 363, 364: Erster Adressat sei das *BAFA*, weiterer Adressat sei die allgemeine Öffentlichkeit.

[247] Vgl. BT-Drucks. 19/28649, S. 52.

[248] *Koch*, MDR 2022, 1, 6; *Pour Rafsendjani/Purucker*, in: Schall/Theusinger/Pour Rafsendjani, LkSG, § 3 Rn. 92.

[249] Vgl. *Schirmer*, Nachhaltiges Privatrecht, 2023, S. 315 (allgemein zu öffentlichen Äußerungen): „Entscheidend ist allein, […] dass die Äußerung die Erwartungen eines Durchschnittskäufers beeinflussen kann“.

führt, dass die Einhaltung der Pflichten des LkSG von vielen Autoren auch als wirtschaftliche Chance für die Unternehmen begriffen wird. So heißt es etwa im Online-Magazin *Sustainable Value* wörtlich:

> „Obwohl der initiale Aufwand für den Aufbau der erforderlichen Compliance- und Risikomanagementsysteme hoch erscheint, zahlen sich Umstrukturierungen in Vorbereitung auf das LkSG langfristig aus. Kunden und Partner werden zukünftig bevorzugt mit Unternehmen zusammenarbeiten, die sich ihrer Verantwortung bewusst sind und die soziale wie ökologische Missstände aus eigenem Antrieb heraus angehen. Das Gleiche gilt für hart umkämpfte Fachkräfte, die sich ihre Arbeitgeber ebenfalls immer stärker nach entsprechenden Kriterien aussuchen. Nicht zuletzt zahlen ökologisch und sozial nachhaltige Lieferketten langfristig auf die Resilienz ein, stärken die Zusammenarbeit mit bestehenden Lieferanten und fördern das Geschäft."[250]

Dem Auszug ist zunächst die Kernaussage zu entnehmen, dass nachhaltige Lieferketten die Wettbewerbsfähigkeit eines Unternehmens erhöhen, da viele Kunden, Arbeitnehmer und Vertragspartner dessen Bemühungen zur Verbesserung der Nachhaltigkeitsbelange in der Lieferkette honorieren würden. Die dargestellte Verflechtung von Compliance-Pflichten und Wettbewerbsfähigkeit verdeutlicht aber gleichzeitig auch die (gesellschaftliche) Erwartung an die Unternehmen, menschenrechtliche und umweltbezogene Risiken zu bekämpfen, wobei die Erfüllung dieser Erwartungen vor allem über die Erstellung pflichtgemäßer Nachhaltigkeitsberichte nachvollzogen werden kann. Die Interessenlagen bei der (freiwilligen) Schaltung von Werbung, die zweifellos unter § 434 Abs. 3 Satz 1 Nr. 2 lit. b BGB fällt[251], und der Erfüllung der Berichtspflichten des LkSG unterscheiden sich also weniger drastisch voneinander, als es auf den ersten Blick den Anschein haben mag. In beiden Fällen wird durch eine öffentliche Äußerung ein Vertrauen auf die Berücksichtigung von Nachhaltigkeitsbelangen erzeugt, von dem das Unternehmen wirtschaftlich profitieren kann.[252]

Es bleibt also festzuhalten: Auch unrichtige Äußerungen in gesetzlich angeordneten Nachhaltigkeitsberichten können zum Vorliegen eines Sachmangels führen, wenn sie sich auf produktbezogene Faktoren beziehen.[253] Eine Ausuferung der Haftung lässt sich mit Hilfe der Ausschlusstatbestände des § 434 Abs. 3 Satz 3 BGB vermeiden.[254] Die Soll-Beschaffenheit wird nämlich dann nicht von einer Äußerung geprägt, wenn der Verkäufer diese weder kannte noch kennen konnte, sie im Zeit-

---

[250] Zit.: *Hanauer/Herrmann/Kammerer*, Aus Pflichten werden Chancen, Mit nachhaltigen Lieferketten die Wettbewerbsfähigkeit erhöhen, abrufbar unter: https://www.deutscheranwaltspiegel.de/sustainablevalue/lieferkettensorgfaltspflichtengesetz/aus-pflichten-werden-chancen-29260/ (Stand: 12.09.2022), zuletzt abgerufen am 30.07.2024.

[251] Statt aller *Weidenkaff*, in: Grüneberg, BGB, 83. Aufl. 2024, § 434 Rn. 30.

[252] *Schirmer*, Nachhaltiges Privatrecht, 2023, S. 315: Immer mehr Endverbraucher zahlen für die Einhaltung von Arbeits- und Umweltstandards „bereitwillig einen Preisaufschlag".

[253] Vgl. *Schirmer*, Nachhaltiges Privatrecht, 2023, S. 312 ff., 336.

[254] BeckOK BGB/*Faust*, 72. Ed. 01.08.2024, BGB § 434 Rn. 114.

punkt des Vertragsschlusses in derselben oder in gleichwertiger Weise berichtigt war oder wenn die Äußerung die Kaufentscheidung nicht beeinflussen konnte.[255]

5. Die Grundsatzerklärung über die Menschenrechtsstrategie als öffentliche Äußerung (§ 6 Abs. 2 Satz 1 LkSG)

Nichts anderes kann nach den vorstehenden Ausführungen für die Abgabe der Grundsatzerklärung nach § 6 Abs. 2 Satz 1 LkSG gelten.[256] Diese weckt ebenfalls berechtigte Erwartungen des Rechtsverkehrs, sodass das darin versprochene Verhalten grundsätzlich als öffentliche Äußerung im Sinne des § 434 Abs. 3 Satz 1 Nr. 2 lit. b BGB bewertet werden könnte.[257] Zwar wird in der Literatur zu Recht angemerkt, dass es in der Praxis schwierig sein dürfte, der zu beobachtenden Grundsatzerklärung hinreichend bestimmte Selbstverpflichtungen zu entnehmen, da sie regelmäßig zu allgemein gehalten sein wird.[258] Das bedeutet allerdings nur, dass jede Grundsatzerklärung stets einzelfallbezogen auf hinreichend konkrete Selbstverpflichtungen überprüft werden muss.[259] Ein Beispiel für eine Erklärung, aus der sich (jedenfalls teilweise) eindeutige Verhaltensversprechen ergeben, stellt etwa die Grundsatzerklärung der *Rewe Group* dar. Dort heißt es wörtlich:

> „Alle unsere Geschäftspartner sind verpflichtet, Mindestanforderungen wie international und national geltende Gesetze sowie die Kernarbeitsnormen der Internationalen Arbeitsorganisation einzuhalten“[260].

Erwirbt ein Kunde nun Produkte von der *Rewe Group* und stellt sich anschließend heraus, dass der diese Produkte betreffende Liefervertrag Verpflichtungen zur Achtung der ILO-Kernarbeitsnormen überhaupt nicht enthält und solche Verpflichtungen auch nicht anderweitig in die Geschäftsbeziehung einbezogen wurden, weisen die betroffenen Waren Sachmängel auf. Die Einhaltung von Sozialstandards beim Produktionsvorgang stellt nämlich einen produktbezogenen Faktor dar.[261] Der propagierte Sozialstandard „Verpflichtung sämtlicher Geschäftspartner (also auch der Lieferanten des zu beobachtenden Produkts) zur Achtung der ILO-Kernar-

---

[255] Dazu weiterführend *Schirmer*, Nachhaltiges Privatrecht, S. 334 ff.; *Grunewald*, NJW 2021, 1771, 1780.

[256] Die Frage nach der Bewertung der Grundsatzerklärung als öffentliche Äußerung im Sinne des § 434 Abs. 3 Satz 1 Nr. 2 lit. b BGB wohl offen lassend *Koch*, MDR 2022, 1, 6.

[257] A. A. *Voland/Lohn*, in: Ghassemi-Tabar, LkSG, § 3 Rn. 192, die eine Anwendung des § 434 Abs. 3 Satz 1 Nr. 2 lit. b BGB mit dem Argument verneinen, dass sich die Grundsatzerklärung nicht an den Käufer richte.

[258] *Spindler*, ZHR 186 (2022), 67, 103.

[259] So wohl auch *Schirmer*, Nachhaltiges Privatrecht, 2023, S. 320 f. allgemein zu Nachhaltigkeitsberichten und Verhaltenskodizes.

[260] *Rewe Group*, Grundsatzerklärung Menschenrechte, abrufbar unter: https://www.rewe-group.com/de/presse-und-medien/publikationen/leitlinien/grundsatzerklaerung-menschenrechte/ (Stand: 01.01.2023), zuletzt abgerufen am 30.07.2024.

[261] Vgl. Kap. 3 A. II. 1.

beitsnormen" wurde aber nicht erfüllt. Die Kaufsache weist mithin nicht die auf Basis der Äußerungen zu erwartende Beschaffenheit auf und ist in der Folge als „unüblich" zu bewerten, was wiederum zum Vorliegen eines Sachmangels führt. Anders wäre es wohl, wenn das Unternehmen seinen Vertragspartner nur zur Einhaltung bestimmter ILO-Übereinkommen verpflichten würde. Es würde sich dann die Frage stellen, ob die Formulierung in der Selbstverpflichtung („der ILO-Kernarbeitsnormen") den Kreis der ILO-Übereinkommen und die darin niedergeschriebenen Rechte hinreichend konkretisiert. Mit anderen Worten: Es wäre zu klären, ob die in den Liefervertrag aufgenommenen Übereinkommen sämtliche „ILO-Kernarbeitsnormen" im Sinne der Grundsatzerklärung erfassen. Ist eine solche Auslegung nicht möglich, kann kein Verstoß gegen die Grundsatzerklärung festgestellt werden, sodass der Kunde, welcher Produkte von der *Rewe Group* erwirbt, sich nicht auf einen Verstoß gegen die Grundsatzerklärung und in der Folge auch nicht auf einen Sachmangel berufen kann.

6. Gewährleistungsansprüche im Falle eines Sachmangels

Liegt nach den vorstehenden Ausführungen ein Sachmangel vor, stehen dem Käufer nach allgemeinen Regeln die kaufrechtlichen Gewährleistungsrechte zur Verfügung. Zunächst sieht sich der Verkäufer also einem Anspruch auf Nacherfüllung ausgesetzt, die nach Wahl des Käufers als Nachbesserung oder Nachlieferung durchzuführen ist. Die Nachbesserung dürfte in den hier in Rede stehenden Fällen allerdings regelmäßig unmöglich sein (§ 275 Abs. 1 BGB), weil im Rahmen des Herstellungsprozesses eines Produkts aufgetretene Menschenrechts- und Umweltverletzungen nicht mehr rückgängig gemacht werden können.[262] Auch eine Nachlieferung wird in vielen Fällen mit einem unverhältnismäßigen Aufwand verbunden sein (§ 439 Abs. 4 Satz 1 BGB), sodass der Verkäufer die Nacherfüllung verweigern kann. Zur Durchführung der ordnungsgemäßen Nachlieferung dürfte der Verkäufer nämlich regelmäßig gezwungen sein, seinen gesamten Herstellungsprozess umzustellen, da nur so der Mangel der menschen- oder umweltrechtswidrigen Herstellung verhindert würde.[263] Macht der Verkäufer von diesem Recht Gebrauch, stehen dem Käufer die sonstigen Rechte nach § 437 BGB zu, also Rücktritt, Minderung und Schadensersatz. Sonstige Ansprüche aus vorvertraglicher Haftung (§§ 311 Abs. 2, 280 Abs. 1, 241 Abs. 2 BGB – *culpa in contrahendo*) werden durch das Sachmängelgewährleistungsrecht gesperrt.[264]

---

[262] *Grunewald*, NJW 2021, 1777, 1780; *S. Wagner*, in: Wagner/Ruttloff/Wagner, LkSG, § 12 Rn. 1771.

[263] *S. Wagner*, in: Wagner/Ruttloff/Wagner, LkSG, § 12 Rn. 1771.

[264] Vgl. BGHZ 180, 205 für einen grundsätzlichen Vorrang des Kaufrechts (Ausn.: Arglistige Täuschung); *Roth*, JZ 2006, 1026, 1027 ff. für einen generellen Vorrang des Kaufrechts.

III. Einfluss des LkSG auf die vertragliche Haftung nach den Grundsätzen des Vertrages (mit Schutzwirkung) zugunsten Dritter

1. Abgrenzung des Vertrages zugunsten Dritter (§ 328 BGB) vom Vertrag mit Schutzwirkung zugunsten Dritter

Gegenüber Dritten (insb. Arbeitnehmern eines Lieferanten) kommt eine vertragliche Haftung inländischer Unternehmen lediglich aufgrund eines echten Vertrages zugunsten Dritter (§ 328 BGB) oder nach den Grundsätzen des Vertrages mit Schutzwirkung zugunsten Dritter in Betracht, da zwischen dem Auftraggeber und den fremden Arbeitnehmern keine originäre vertragliche Bindung besteht.[265]

Liegt ein Vertrag zugunsten Dritter vor, erwirbt der Dritte einen eigenen Leistungsanspruch gegen den Schuldner.[266] Ob dies nach dem Willen der Vertragsparteien der Fall sein soll, ist durch Auslegung zu ermitteln.[267] Als echter Vertrag zugunsten Dritter wird nach der Rechtsprechung des VI. Zivilsenates des BGH bspw. der von der Krankenkasse abgeschlossene Krankenhausvertrag zugunsten des Patienten klassifiziert.[268] Die Einrichtung eines Kontos auf den Namen eines anderen lasse hingegen noch nicht ohne Weiteres den Schluss auf dessen eigene Forderungsberechtigung zu.[269] Liegt ein Vertrag mit Schutzwirkung zugunsten Dritter vor, erstrecken sich (nur) die Schutzpflichten aus § 241 Abs. 2 BGB auf den in den Schutzbereich des Vertrags einbezogenen Dritten, welcher gleichwohl einen eigenen vertraglichen Schadensersatzanspruch gegen den Schuldner aus den §§ 280 Abs. 1, 241 Abs. 2 BGB geltend machen kann.[270] Ein Vertrag mit Schutzwirkung zugunsten Dritter ist nach der Rechtsprechung bspw. der Beförderungsvertrag zwischen Polizei und Abschleppunternehmen, welcher Schutzwirkung für den Pkw-Halter entfaltet.[271] In den Schutzbereich eines Mietvertrages über Wohnraum werden regelmäßig die zur Hausgemeinschaft des Mieters gehörenden Familienangehörigen einbezogen.[272]

2. Rechtslage vor Inkrafttreten des LkSG

Bevor darauf eingegangen werden kann, ob das LkSG die Haftung nach den beiden Rechtsfiguren beeinflusst, ist zunächst zu untersuchen, ob sie überhaupt vor

---

[265] *S. Wagner*, in: Wagner/Ruttloff/Wagner, LkSG, § 12 Rn. 1782.

[266] *Stadler*, in: Jauernig, Bürgerliches Gesetzbuch, 19. Auflage 2023, § 328 BGB Rn. 15.

[267] *Fries*, in: Schulze, Bürgerliches Gesetzbuch, 12. Auflage 2024, § 328 Rn. 8.

[268] Vgl. BGH, NJW 1984, 1820, 1821 f.; BGH, NJW 1986, 1542, 1543 f.

[269] Vgl. BGH, NJW 1956, 1593, 1594.

[270] *Lorenz*, JuS 2021, 817, 820.

[271] Vgl. BGH, NJW 1978, 2502, 2503.

[272] Vgl. BGHZ 77, 116, 124.

Inkrafttreten des LkSG in der Lage waren, Ansprüche geschädigter Arbeitnehmer zu begründen. Anschließend kann dann geprüft werden, ob sich an dem Befund durch die nunmehr zu erfüllenden Sorgfaltspflichten etwas geändert hat.

a) (Keine) menschenrechtliche Schutzpflicht des Auftraggebers

Die Herleitung des Vertrags mit Schutzwirkung zugunsten Dritter ist im Einzelnen umstritten.[273] Über die Voraussetzungen[274] bestehen hingegen Einigkeit.[275]

Zunächst muss eine Leistungsnähe des Dritten gegeben sein. Diese ist dann anzunehmen, wenn der Dritte den Gefahren von Schutzpflichtverletzungen ähnlich intensiv ausgesetzt ist, wie der Gläubiger selbst, weil er mit der Leistung bestimmungsgemäß in Berührung kommt.[276] Damit diese Voraussetzung erfüllt sein kann, müssen im ersten Schritt überhaupt (menschenrechtliche) Schutzpflichten des Auftraggebers gegenüber dem Lieferanten vorliegen, in welche die Arbeitnehmer des Zulieferers einbezogen werden könnten. Denkbar wäre dies in Fällen, in denen im Liefervertrag ausdrücklich menschenrechtliche Schutzpflichten des Auftraggebers vereinbart werden. Die Arbeitnehmer des Zulieferers wären der Gefahr von Schutzpflichtverletzungen dann nämlich nicht nur ähnlich intensiv ausgeliefert, wie der Vertragspartner selbst. Im Falle einer Schutzpflichtverletzung wären es gerade sie, welche infolge der Verletzung direkt und unmittelbar Schäden erleiden würden.

Bei derartigen Vereinbarungen zwischen Auftraggeber und Zulieferer (Arbeitgeber) könnte der Auftraggeber aber regelmäßig schon nicht mehr als Leistungsempfänger angesehen werden. Stattdessen wäre die Vereinbarung wohl derart auszulegen,[277] dass Gläubiger der Schutzpflicht die Arbeitnehmer des Zulieferers sein sollen, sodass ein echter Vertrag zugunsten Dritter (§§ 328 ff. BGB) bejaht werden müsste, welcher den Arbeitnehmern eigene Ansprüche gewährt.[278] Da CSR-Selbstverpflichtungen aber regelmäßig nicht in Lieferverträge einbezogen werden[279], dürfte die Vereinbarung von Schutzpflichten des Auftraggebers in der Praxis so gut wie nicht vorkommen. Der Auftraggeber wird über die Einbeziehung eines

---

[273] Für eine Herleitung im Wege der ergänzenden Vertragsauslegung, vgl. BGH, NJW-RR 2017, 888, 889 Rn. 15; für eine Herleitung aus § 311 Abs. 3 S. 1 BGB vgl. *Becker*, in: NK-BGB, § 311 BGB Rn. 139 f.; für die Anerkennung durch Gewohnheitsrecht vgl. *Lorenz*, JuS 2021, 817, 818; für eine Herleitung aus § 328 BGB (analog) vgl. LG Halle/Saale, Urteil vom 12.11.2009 – 1 S 21/09.

[274] Zu den Voraussetzungen im Einzelnen vgl. *Lorenz*, JuS 2021, 817, 818 ff.; siehe auch BGH, NJW 2018, 1537 Rn. 18.

[275] *Lorenz*, JuS 2021, 817, 818.

[276] BGH, NJW-RR 2017, 888, 890 Rn. 17; *Lorenz*, JuS 2021, 817, 818.

[277] Bei den in Rede stehenden Leistungspflichten muss es sich nicht um Hauptpflichten des (Kauf-)Vertrages handeln, vgl. BGH, NJW 1975, 344, 344 f.

[278] *S. Wagner*, in: Wagner/Ruttloff/Wagner, LkSG, § 12 Rn. 1787.

[279] Vgl. Kap. 3 A. II. 2. c) bb).

CSR-Codes in den Liefervertrag regelmäßig nur dem Zulieferer die Einhaltung menschenrechtlicher Schutzpflichten[280] auferlegen, nicht aber sich selbst.[281]

b) Die KiK-Entscheidung des Landgerichts Dortmund

Richtigerweise ließ daher etwa das Landgericht Dortmund das Zustandekommen eines Vertrages mit Schutzwirkung zugunsten Dritter im Fall „KiK" an der Leistungsnähe scheitern.[282] In dem Fall wurde die Abnehmergesellschaft *KiK Textilien und Non-Food GmbH* auf Schadensersatz in Anspruch genommen, weil Arbeitnehmer eines pakistanischen Zulieferers bei einem Fabrikbrand zu Schaden gekommen waren. Das Landgericht führte aus, der von der Beklagten verwendete und in den Liefervertrag inkorporierte *code of conduct* richte sich ausschließlich an den Vertragspartner der Beklagten und hielte nur diesen zur Einhaltung bestimmter ethischer, sozialer und arbeitsrechtlicher Mindeststandards an. Dass den Mitarbeitern Ansprüche unmittelbar gegen die Beklagte erwachsen sollen, sei dem Vertragsdokument hingegen nicht zu entnehmen.[283]

c) Zwischenfazit

Als Zwischenfazit bleibt daher festzuhalten, dass eine Einbeziehung der Arbeitnehmer des Zulieferers in den Liefervertrag vor Inkrafttreten des LkSG zwar (theoretisch) denkbar war, in der Praxis jedoch (so gut wie) nie vorgekommen sein wird, da eine originäre menschenrechtsbezogene, vertragliche Schutzpflicht des Auftraggebers für fremde Arbeitnehmer nicht existiert[284] und vertragliche Selbstverpflichtungen der *chain leader* praxisfern erscheinen. Im Übrigen werden die Arbeitnehmer des Zulieferers in transnationalen Menschenrechtsfällen regelmäßig als nicht schutzbedürftig[285] anzusehen sein, da ihnen gegen den Zulieferer eigene (vertragliche) Schadensersatzansprüche nach dem jeweils anzuwendenden (aus-

---

[280] Vgl. statt vieler *Volkswagen Group*, Code of Conduct für Geschäftspartner, S. 23 ff., abrufbar unter: https://www.volkswagen-group.com/de/publikationen/weitere/code-of-conduct-fuer-geschaeftspartner-1885s (Stand: 01.01.2023), zuletzt abgerufen am 30.07.2024.

[281] Vgl. *Habersack/Ehrl*, AcP 219 (2019), 155, 193.

[282] Vgl. LG Dortmund, Urteil vom 10.01.2019 – 7 O 95/15.

[283] Vgl. LG Dortmund, Urteil vom 10.01.2019 – 7 O 95/15.

[284] Teilweise wird erwogen, die Einbeziehung arbeitsschutzbezogener Verhaltenskodizes als eigenen Vertrag zugunsten Dritter im Sinne des § 328 Abs. 1 BGB zu bewerten, vgl. dazu *Schneider*, NZG 2019, 1369, 1376; *Heinlein*, NZA 2018, 276, 279 f. Dem steht jedoch ebenfalls entgegen, dass Auftraggeber sich in ihren *codes of conduct* regelmäßig keine eigenen menschenrechtlichen Schutzpflichten auferlegen werden, sondern nur ihren Zulieferer zu deren Einhaltung verpflichten, zutr. *Thomale/Murko*, EuZA 2021, 40, 51.

[285] Um die gesetzlich nicht geregelte Rechtsfigur des Vertrages mit Schutzwirkung zugunsten Dritter nur auf die wirklich notwendigen Fälle zu beschränken, findet sie in den Fällen keine Anwendung, in denen dem Dritten eigene gleichwertige Ansprüche zustehen, vgl. *Lorenz*, JuS 2021, 817, 819.

ländischen Recht) zustehen dürften.[286] Eine Haftung des inländischen Unternehmens für im Ausland begangene Menschenrechtsverletzungen über die Grundsätze des Vertrages mit Schutzwirkung zugunsten Dritter oder auch aufgrund eines echten Vertrages zugunsten Dritter ist nach alledem nur theoretisch denkbar. Nur wenn ausnahmsweise Schutzpflichten hinsichtlich der Arbeitnehmer des ausländischen Unternehmens vertraglich vereinbart wurden, kann sich der (inländische) Auftraggeber über § 328 BGB (analog) Schadensersatzansprüchen ausgesetzt sehen. Im Falle eines Vertrages mit Schutzwirkung zugunsten Dritter sogar nur dann, wenn den betroffenen Arbeitnehmern bei Verletzung der Schutzpflichten keine eigenen vertraglichen Ansprüche gegen ihre Arbeitgeber zustehen.

3. Auswirkungen des LkSG

a) ... auf die Haftung der chain leader

Ob eine für die Entstehung eines Vertrages (mit Schutzwirkung) zugunsten Dritter ausreichende Vereinbarung getroffen wurde, ist Frage des Einzelfalles. Denkbar wäre vor dem Hintergrund des LkSG, dass § 6 Abs. 4 Nr. 2 LkSG nun entsprechende Abreden forciert. Dazu müsste die Vorschrift jedoch verlangen, dass inländische Unternehmen sich selbst zur Einhaltung bestimmter Menschenrechtsstandards verpflichten, was bereits nach dem Wortlaut eher abwegig erscheint. Nach diesem müssen Zusicherungen schließlich nur von Zulieferern eingeholt werden, eine Selbstverpflichtung wird hingegen nicht verlangt.[287] Das LkSG ist zudem konzeptionell darauf ausgelegt, dass Menschenrechtsverletzungen speziell bei Lieferanten bekämpft werden sollen.[288] Eine zivilrechtliche Kontrolle des inländischen Unternehmens durch die Zulieferer oder gar deren Arbeitnehmer ist hingegen nicht vorgesehen.[289] Nach § 6 Abs. 4 Nr. 2 LkSG zu verwendende Compliance-Klauseln werden somit keine Selbstverpflichtungen der inländischen Unternehmen fordern. Das LkSG nimmt also insoweit keinen Einfluss auf die vertragliche Haftung.

Denkbar wäre weiterhin, dass die im LkSG vorgesehene Pflicht zur Abgabe einer Grundsatzerklärung über die Menschenrechtsstrategie (§ 6 Abs. 2 Satz 1 LkSG) dazu führt, dass menschenrechtliche Schutzpflichten in Lieferverträge integriert werden. So könnte ein Unternehmen in der Grundsatzerklärung behaupten, die Arbeitnehmer sämtlicher Zulieferer durch bestimmte Präventionsmaßnahmen

---

[286] *Thomale/Hübner*, JZ 2017, 385, 390; *Schneider*, NZG 2019, 1369, 1375.

[287] *Voland/Lohn*, in: Ghassemi-Tabar, LkSG, § 3 Rn. 176: „Die Hauptleistungspflicht obliegt dem Zulieferer, der gegenüber dem Unternehmen, das die LkSG-Sorgfaltspflichten erfüllen muss, Schuldner ist".

[288] Siehe auch *Depping*, in: Depping/Walden, LkSG, § 9 Rn. 1 f. zu der rechtspolitischen Diskussion vor Erlass des LkSG, ob nur unmittelbare oder auch mittelbare Zulieferer von den Sorgfaltspflichten erfasst werden sollen.

[289] Vgl. *S. Wagner*, in: Wagner/Ruttloff/Wagner, LkSG, § 12 Rn. 1754, 1758.

zu schützen. Würde man diese Erklärung nun in das Vertragsverhältnis zwischen Auftraggeber und Zulieferer transportieren, könnte ihr unter Umständen eine Schutzpflicht des Auftraggebers auch zugunsten der Arbeitnehmer des Zulieferers entnommen werden. Nach den in diesem Kapitel bereits gewonnenen Erkenntnissen wird dies allerdings nicht der Fall sein: Es wurde bereits dargestellt, warum die Einbeziehung von CSR-Selbstverpflichtungen in b2b-Verträge regelmäßig nicht möglich ist, weshalb mangels vertraglicher Vereinbarung von Schutzpflichten erst recht keine Einbeziehung Dritter erfolgen kann. Darüber hinaus wäre eine über § 6 Abs. 2 Satz 1 LkSG konstruierte Haftung mit § 3 Abs. 3 Satz 1 LkSG nicht zu vereinbaren, da aus der Veröffentlichung einer Grundsatzerklärung über die Menschenrechtsstrategie resultierende Ansprüche dann allein auf den Sorgfaltspflichtenkatalog des LkSG zurückzuführen wären. Die Haftungsneutralität des LkSG würde also ausgehebelt.[290] § 6 Abs. 2 Satz 1 LkSG nimmt folglich auch keinen Einfluss auf die Frage, ob ein Vertrag (mit Schutzwirkung) zugunsten Dritten im Falle von Menschenrechtsverletzungen zu bejahen ist.[291]

Im Ergebnis kann mithin festgehalten werden, dass das LkSG die Haftung inländischer Auftraggeber nach den Grundsätzen des Vertrages (mit Schutzwirkung) zugunsten Dritter nicht berührt. *Chain leader* sahen sich vor Inkrafttreten des LkSG keinen derartigen Ansprüchen ausgesetzt. Die nun zu beachtenden Sorgfaltspflichten ändern hieran nichts.

b) ... auf die Haftung der Zulieferer

Es bleibt im Hinblick auf eine mögliche Haftung in Deutschland ansässiger Unternehmen also nur die Möglichkeit, dass ein unter das LkSG fallendes Unternehmen seinen inländischen Zulieferer zur Einhaltung von Compliance-Vorgaben verpflichtet.[292] Diese Konstellation erlangt erst durch das Inkrafttreten des LkSG praktische Bedeutung, da § 6 Abs. 4 Nr. 2 LkSG nun die Pflicht formuliert, vertragliche Zusicherungen von (unmittelbaren) Zulieferern einzuholen und diese bestimmten Compliance-Vorgaben zu unterwerfen.

In solchen Fällen wäre es prinzipiell möglich, den getroffenen CSR-Vereinbarungen Schutzpflichten (der Zulieferer zugunsten ihrer eigenen Arbeitnehmer) zu entnehmen.[293] In der Praxis dürfte dies allerdings nur sehr selten erwägenswert sein. Im Regelfall sind derartige CSR-Vereinbarungen nämlich nicht dazu bestimmt, den Angestellten des Zulieferers Ansprüche gegen ihren Arbeitgeber zu vermitteln.[294] Vielmehr dienen sie allein dazu, dem Zulieferer im zu beobachtenden Vertragsverhältnis Compliance-Pflichten aufzuerlegen, damit das inländische Unternehmen

---

[290] *Voland/Lohn*, in: Ghassemi-Tabar, LkSG, § 3 Rn. 176.

[291] So auch *Voland/Lohn*, in: Ghassemi-Tabar, LkSG, § 3 Rn. 176.

[292] Vgl. *Altenschmidt/Helling*, LkSG, § 3 Rn. 23.

[293] *Pour Rafsendjani/Purucker*, in: Schall/Theusinger/Pour Rafsendjani, LkSG, § 3 Rn. 86.

[294] *Pour Rafsendjani/Purucker*, in: Schall/Theusinger/Pour Rafsendjani, LkSG, § 3 Rn. 87.

seinen ihm nach dem LkSG obliegenden Sorgfaltspflichten nachkommt. Zur Veranschaulichung soll folgende (bereits bekannte) Beispielklausel dienen:

„Der Lieferant verpflichtet sich, eine Risikoanalyse gemäß § 5 LkSG durchzuführen".

Die Klausel enthält allein die allgemeine Verpflichtung des Zulieferers, eine Risikoanalyse durchzuführen. Schutzpflichten zugunsten der Arbeitnehmer des Lieferanten können ihr hingegen nicht entnommen werden, da sie allein Verfahrenspflichten formuliert. Anders wäre dies wohl bei der Verwendung folgender Formulierung:

„Der Lieferant hat zur Verhinderung von Arbeitsunfällen angemessene Arbeitsschutzmaßnahmen zu ergreifen".

Die Klausel verfolgt nun offenkundig das Ziel, die Gesundheit der Arbeitnehmer des Lieferanten zu schützen, da Arbeitsunfälle durch Sicherheitsmaßnahmen vermieden werden sollen. Sie könnte also derart ausgelegt werden, dass eine Einbeziehung der Arbeitnehmer des Zulieferers in den Liefervertrag erfolgt. Mangels ausdrücklicher Einbeziehung wäre es aber auch denkbar, ihr nur Pflichten im Verhältnis „Auftraggeber – Zulieferer" zu entnehmen.

Bei Klauseln, die zur Erfüllung der Pflichten des LkSG verwendet werden, bietet nun § 3 Abs. 3 LkSG eine Auslegungshilfe. Die Vorschrift gewährleistet – wie bereits dargestellt – die Haftungsneutralität des LkSG. Diese verbietet zwar (wie sich noch zeigen wird) nicht die Verwendung von Compliance-Klauseln zur Erfüllung des Sorgfaltspflichtenkataloges. Gleichwohl bringt sie den gesetzgeberischen Willen zum Ausdruck, dass die zivilrechtliche Haftung so wenig wie möglich durch das LkSG beeinflusst werden soll, was auch mittelbare Beeinflussungen durch die Formulierung von Vertragsklauseln einschließt.[295] Verfolgt eine CSR-Klausel nun also das alleinige Ziel, die Sorgfaltspflichten des LkSG umzusetzen, dürfen dessen Wertungen auch bei der Auslegung berücksichtigt werden. Ob eine Klausel allein der Umsetzung des LkSG dient, kann vor allem daran erkannt werden, dass sich aus dem Wortlaut entsprechende Zielbestimmungen ergeben. Die genannte Beispielklausel könnte daher modifiziert und wie folgt neu gefasst werden:

„Dem Lieferanten ist bekannt, dass der Auftraggeber verpflichtet ist, Präventionsmaßnahmen gegenüber seinen Zulieferern zu verankern (§ 6 Abs. 4 LkSG). Der Lieferant hat daher zur Verhinderung von Arbeitsunfällen angemessene Arbeitsschutzmaßnahmen zu ergreifen […]".

Der Wortlaut macht deutlich, dass es dem Auftraggeber allein darum geht, die Vorgaben des LkSG umzusetzen. Obwohl der Formulierung „zum Schutze seiner

[295] Vgl. Kap. 3 A. IV. 1., wo zwar klargestellt wird, dass mittelbar aus dem Sorgfaltspflichtenkatalog folgende Ansprüche von § 3 Abs. 3 LkSG nicht erfasst werden, dies verbietet aber nicht, den „Wunsch des LkSG nach Haftungsneutralität" bei der Auslegung von Vertragsbedingungen in Zweifelsfällen zu berücksichtigen.

Arbeitnehmer" prinzipiell ein Wille zur Einbeziehung der Angestellten in den Liefervertrag entnommen werden könnte, steht einem solchen Auslegungsergebnis die Zielbestimmung entgegen. Da die Klausel ihrem Wortlaut nach allein dazu dient, die Vorgaben des LkSG umzusetzen, ist der „Wunsch des Gesetzes nach Haftungsneutralität" bei der Auslegung zu berücksichtigen, was dazu führt, dass ein Erstrecken von Schutzpflichten auf Dritte abzulehnen ist.[296] Hierfür streitet auch die Konzeption des § 6 Abs. 4 Nr. 2 LkSG, welche Zusicherungen des Zulieferers gegenüber dem Auftraggeber verlangt, die Intention, Arbeitnehmer in den Liefervertrag zu integrieren, aber in keiner Weise zum Ausdruck bringt. Es bleibt damit festzuhalten, dass die Verwendung von Compliance-Klauseln zur Erfüllung der Pflichten des § 6 Abs. 4 Nr. 2 LkSG im Zweifel keine Schutzpflichten des Zulieferers zugunsten seiner Arbeitnehmer begründet.

Aus der Verletzung von Compliance-Vereinbarungen resultierenden Ansprüchen der Arbeitnehmer käme darüber hinaus ohnehin kaum eigenständige Bedeutung zu. Im Inland geschädigte Arbeitnehmer hätten schließlich nach § 280 Abs. 1 BGB unabhängig von der vertraglichen Ausgestaltung der Lieferverträge ihres Arbeitgebers eigene Ansprüche gegen diesen.[297] Es ist aufgrund des in Deutschland flächendeckend gewährleisteten Menschenrechtsschutzes praktisch schwer vorstellbar, dass eine aufgrund von § 6 Abs. 4 Nr. 2 LkSG getroffene CSR-Vereinbarung Schutzpflichten eines inländischen Zulieferers zugunsten seiner eigenen Arbeitnehmer statuiert, deren Verletzung nach allgemeinem (Arbeits-)Vertragsrecht keinen Anspruch gemäß § 280 Abs. 1 BGB auslösen würde. Verpflichtet sich der Zulieferer bspw. zur Einhaltung bestimmter Arbeitsschutzstandards, werden die Arbeitnehmer durch § 618 BGB geschützt. Erleiden sie also infolge unzureichender Sicherheitsvorkehrungen einen Schaden, stellt die Nichtvornahme der Maßnahmen eine Pflichtverletzung im Sinne des § 280 Abs. 1 BGB dar.[298] Darüber hinaus hätten die Arbeitnehmer sogar einen (Erfüllungs-)Anspruch auf Vornahme der gemäß § 618 Abs. 1 und 2 BGB zu treffenden Schutzvorkehrungen.[299] Wird ein Zulieferer mittels CSR-Vereinbarung zur Zahlung des gesetzlichen Mindestlohnes verpflichtet, stünde den bei diesem beschäftigten Arbeitnehmern – sollte man einen Vertrag (mit Schutzwirkung) zugunsten Dritter bejahen – ebenfalls kein Anspruch zu, den sie nicht ohnehin geltend machen könnten. Erhalten inländische Arbeitnehmer

---

[296] Da viele Unternehmen von ihren Zulieferern die Einhaltung bestimmter Verhaltensstandards nur deshalb verlangen, weil sie auf diese Weise die Vorgaben des LkSG umsetzen, will *S. Wagner*, in: Wagner/Ruttloff/Wagner, LkSG, § 12 Rn. 1791 diesen Umstand bei der Vertragsauslegung berücksichtigen und als Argument gegen einen „Rechtsbindungswillen zur Drittbegünstigung" anführen.

[297] Ein Rückgriff auf die Grundsätze des Vertrages mit Schutzwirkung zugunsten Dritter ist bereits aus diesem Grund nicht möglich, vgl. *Thomale/Hübner*, JZ 2017, 385, 390; *Schneider*, NZG 2019, 1369, 1375.

[298] *Henssler*, in: Münchener Kommentar zum BGB, 9. Auflage 2023, § 618 Rn. 100.

[299] *Henssler*, in: Münchener Kommentar zum BGB, 9. Auflage 2023, § 618 Rn. 90.

nämlich weniger als den gesetzlichen Mindestlohn, wäre der Arbeitgeber zu dessen Zahlung bereits gemäß § 1 Abs. 1 MiLoG verpflichtet.[300]

§ 6 Abs. 4 Nr. 2 LkSG erlangt also für die Haftung inländischer Zulieferer nach den Grundsätzen des Vertrages (mit Schutzwirkung) zugunsten Dritter jedenfalls keine nennenswerte eigenständige Bedeutung, da denkbare Schadensersatzansprüche auch über das allgemeine Schuldrecht konstruiert werden können.[301]

IV. Schlussfolgerungen für § 3 Abs. 3 LkSG

Nachdem herausgearbeitet wurde, welche vertraglichen Ansprüche durch das LkSG beeinflusst werden könnten, sind die Untersuchungsergebnisse nun auf den Haftungsausschluss nach § 3 Abs. 3 Satz 1 LkSG zu übertragen:

1. Ansprüche aus CSR-Vereinbarungen

Gewährleistungs- uns Schadensersatzansprüche, die aus der Verletzung einer menschenrechtsbezogenen Beschaffenheitsvereinbarung resultieren, würden bei Hinwegdenken der Sorgfaltspflichten des LkSG grundsätzlich fortbestehen, da es sich um privatrechtliche Abreden handelt, deren Existenz nicht von öffentlich-rechtlichen Pflichten abhängt. Um § 3 Abs. 3 Satz 1 LkSG dennoch auf vertragliche CSR-Verpflichtungen anzuwenden, müsste man die Formulierung „aus diesem Gesetz" als „aus diesem Gesetz resultierend" verstehen. Die hier untersuchten CSR-Vereinbarungen werden von Unternehmen schließlich verwendet, um ihren Pflichten nach den §§ 3 ff. LkSG (insbesondere § 6 Abs. 2 Nr. 2 und 4 LkSG) nachzukommen. Es könnte also argumentiert werden, dass AGB, die ein Unternehmen seinem Lieferanten nur zur Erfüllung der Sorgfaltspflichten des LkSG auferlegt, vom LkSG deshalb abhängig sind, weil eine entsprechende Vereinbarung ohne das Gesetz überhaupt nicht getroffen worden wäre.[302] Zudem werden viele Klauseln in AGB, die nach allgemeinen Regeln eine unangemessene Benachteiligung darstellen würden, erwartungsgemäß deshalb als wirksam erachtet werden können, weil das Unternehmen mit ihrer Verwendung seinen Sorgfaltspflichten nachkommt und daher ein hohes Interesse an der Einbeziehung vorweisen kann.[303] Eine aus solchen

---

[300] *Müller-Glöge*, in: Münchener Kommentar zum BGB, 9. Auflage 2023, § 1 MiLoG Rn. 15.

[301] Vgl. auch *S. Wagner*, in: Wagner/Ruttloff/Wagner, LkSG, § 12 Rn. 1781: Im Falle nicht ergriffener (aber gebotener) Arbeitsschutzmaßnahmen dürfte eine Pflichtverletzung nach Maßgabe der §§ 611, 280 ff. BGB „unproblematisch anzunehmen sein".

[302] Letzlich würden durch das LkSG dann wieder zusätzliche zivilrechtliche Haftungsrisiken geschaffen, deren Entstehung ausweislich der Gesetzesbegründung gerade nicht gewollt ist, vgl. BT-Drucks. 19/30505, S. 39.

[303] Vgl. *Grunewald*, ZIP 2023, 2238, 2240; siehe dazu auch Kap. 3 A. II. 2. d) bb).

Klauseln resultierende Haftung könnte dann als „abhängig“[304] vom LkSG bewertet werden, da ein Hinwegdenken der Vorschriften des LkSG zur Unwirksamkeit der zu beobachtenden Klausel führen würde und in der Folge auch keine Haftung wegen Vertragspflichtverletzungen mehr ausgelöst werden könnte.

Ein derartiges Ergebnis wäre allerdings nicht tragfähig: Denn wenn ein Unternehmen zur Verwendung bestimmter CSR-Klauseln nach öffentlich-rechtlichen Vorschriften (etwa § 6 Abs. 4 Nr. 2 LkSG) verpflichtet ist, kann die aus der Klauselverletzung resultierende zivilrechtliche Haftung nicht über § 3 Abs. 3 Satz 1 LkSG ausgeschlossen werden. Die Klausel wären ansonsten mangels vertraglicher Durchsetzungsmechanismen für den Vertragspartner quasi unverbindlich, was wiederum zur Folge hätte, dass die Sorgfaltspflicht des LkSG, welche die Verwendung der Klausel verlangt, ihre Funktion (Verbesserung der internationalen Menschenrechtslage[305]) nicht mehr ausreichend erfüllen oder sogar verlieren kann. Ein Großteil der Präventionsmaßnahmen, die das LkSG vorschreibt, wäre in der Folge wirkungslos. § 3 Abs. 3 Satz 1 LkSG muss daher so ausgelegt werden, dass Ansprüche, die aus CSR-Klauseln resultieren, welche nur zur Erfüllung der Pflichten des LkSG verwendet wurden und daher mittelbar aus dem Sorgfaltspflichtenkatalog folgen, von seinem Tatbestand nicht erfasst werden.[306]

2. Ansprüche infolge unüblicher Beschaffenheit der Kaufsache

Anders verhält es sich mit Ansprüchen, die auf der unüblichen Beschaffenheit einer Kaufsache basieren. Nach den hiesigen Untersuchungsergebnissen können Verstöße gegen die Sorgfaltspflichten des LkSG zu einer unüblichen Beschaffenheit der Kaufsache führen, wenn sie produktbezogene Faktoren zum Gegenstand haben. Daraus resultierende Gewährleistungsansprüche sind in der Folge unter den Ausschlusstatbestand des § 3 Abs. 3 Satz 1 LkSG zu fassen, da dieser auf zivilrechtliche Ansprüche aller Art Anwendung findet und sich nicht auf deliktische Ansprüche beschränkt (vgl. Kap. 3 A. I.).[307] In den Konstellationen, in denen eine vertragliche Haftung nach den §§ 434 ff. BGB bejaht werden kann, führt schließlich gerade die Verletzung der Sorgfaltspflichten (§§ 3 ff. LkSG) zu der unüblichen Beschaffenheit und begründet damit den zivilrechtlichen Anspruch. Eine unübliche Beschaffenheit, deren Vorliegen an die Verletzung öffentlich-rechtlicher Vorschriften gekoppelt ist, kann denklogisch nur auf diese Vorschriften zurückzuführen sein und ohne sie nicht existieren.

---

[304] *Fleischer*, in: Fleischer/Mankowski, LkSG, § 3 Rn. 64: § 3 Abs. 3 LkSG statuiere ein „dogmatisches Unabhängigkeitserfordernis“.

[305] Vgl. BT-Drucks. 19/28649, S. 2.

[306] Vgl. *Bachmann/Brunk*, in: Kaltenborn/Krajewski/Rühl/Saage-Maaß, LkSG, § 3 Rn. 128: § 3 Abs. 3 LkSG sperre nur solche Ansprüche, die „unmittelbar“ an eine Verletzung der Sorgfaltspflichten anknüpfen.

[307] Vgl. *Spindler*, ZHR 186 (2022), 67, 103; *Rühl/Knauer*, JZ 2022, 105, 108; *Leuering*, NZG 2021, 753, 754; *Fleischer*, in: Fleischer/Mankowski, LkSG, § 3 Rn. 61.

Auch § 3 Abs. 3 Satz 2 LkSG steht einem Haftungsausschluss im Falle derartiger Gewährleistungsansprüche nicht entgegen. Die Haftung wäre bei Verstößen gegen Sorgfaltspflichten und daraus resultierender unüblicher Beschaffenheit einer Kaufsache nämlich nicht „unabhängig" vom LkSG begründet, weil die unübliche Beschaffenheit eben durch die Verletzung von Pflichten, welche vor Inkrafttreten des LkSG noch nicht bestanden haben und erst durch dieses geschaffen werden, bedingt wird. Das LkSG würde sich im Falle der Zulassung solcher Ansprüche nicht haftungsneutral verhalten, weshalb § 3 Abs. 3 Satz 1 LkSG grundsätzlich Anwendung finden muss.[308]

Besonderheiten können sich allerdings bei der Verletzung von Berichtspflichten (§ 10 Abs. 2 LkSG) und der Veröffentlichung von Grundsatzerklärungen (§ 6 Abs. 2 Satz 1 LkSG) ergeben. Viele Unternehmen haben bereits vor Inkrafttreten des LkSG über Nachhaltigkeitsaspekte berichtet oder sind hierzu auf Basis anderer Vorschriften (etwa der §§ 289b ff. HGB) verpflichtet (gewesen).[309] Würden diese Unternehmen die in Rede stehenden Informationen, welche Gegenstand der unrichtigen Berichterstattung oder der Grundsatzerklärung sind, aber ohnehin Preis geben, wäre die Haftung nicht mehr auf eine Verletzung der Sorgfaltspflichten (die nur miterfüllt werden) zurückzuführen und daher auch „unabhängig" vom LkSG begründet, was zur Folge hätte, dass die Ansprüche gemäß § 3 Abs. 3 Satz 2 LkSG unberührt blieben. Die Haftungsneutralität des LkSG gebietet schließlich nicht nur den Verzicht auf eine zivilrechtliche Haftung bei der Verletzung von Sorgfaltspflichten, sondern auch die Aufrechterhaltung von Ansprüchen, die bereits vor Inkrafttreten des LkSG bestanden haben.[310] Im Rahmen der Nachhaltigkeitsberichterstattung nach § 10 Abs. 2 LkSG wird es also entscheidend darauf ankommen, ob die Offenlegung von Informationen, welche als öffentliche Äußerung zu bewerten ist und in der Folge zur unüblichen Beschaffenheit einer Kaufsache führt, tatsächlich allein zur Erfüllung der Berichtspflichten nach dem LkSG erfolgt ist. Gleiches gilt für die Äußerungen in der Grundsatzerklärung über die Menschenrechtsstrategie (§ 6 Abs. 2 Satz 1 LkSG). Es bleibt daher festzuhalten, dass die hier in Rede stehenden Gewährleistungsansprüche grundsätzlich vom Haftungsausschluss erfasst werden, Fehler in der öffentlichen Berichterstattung aber dennoch zu vertraglichen Ansprüchen führen können, wenn das zu beobachtende Unternehmen sich ohnehin (freiwillig oder nach anderen gesetzlichen Vorschriften) über die in Rede stehenden (produktbezogenen) Aspekte geäußert hätte.[311] In der Praxis mag dies im Einzelfall schwierig festzustellen sein. Soweit eine entsprechende Offenlegungs-

---

308 Vgl. *Bachmann/Brunk*, in: Kaltenborn/Krajewski/Rühl/Saage-Maaß, LkSG, § 3 Rn. 129; *Ziegler*, in: Depping/Walden, LkSG, § 3 Rn. 100.

309 Vgl. dazu *Heichl/Henselmann*, IRZ 2024, 75, 77 ff.

310 *Bachmann/Brunk*, in: Kaltenborn/Krajewski/Rühl/Saage-Maaß, LkSG, § 3 Rn. 129.

311 *Bachmann/Brunk*, in: Kaltenborn/Krajewski/Rühl/Saage-Maaß, LkSG, § 3 Rn. 129: Der Gesetzgeber wollte weder neue zivilrechtliche Haftungsrisiken schaffen noch bestehende Haftungstatbestände [hier: bereits bestehende Ansprüche aus Gewährleistungsrecht aufgrund von unzutreffenden, öffentlichen Äußerungen] einschränken.

pflicht aber nach anderen Vorschriften besteht oder über die in Rede stehenden Informationen bereits vor Inkrafttreten des LkSG berichtet wurde, kann wohl davon ausgegangen werden.

V. Zusammenfassung

Die vorstehenden Untersuchungen haben gezeigt, dass Endkunden und Abnehmern inländischer Unternehmen bei Menschenrechtsverletzungen und Umweltschädigungen in der Lieferkette vertragliche Ansprüche zustehen können. Diese werden teilweise durch das LkSG beeinflusst. Zunächst sind Unternehmen zur Erfüllung ihrer Pflichten nach dem LkSG dazu verpflichtet, bestimmte Klauseln in Lieferverträge aufzunehmen, mittels derer sie dem Zulieferer Compliance-Pflichten auferlegen oder sich selbst Informations- und Kontrollrechte einräumen. Die Wirksamkeit der dabei verwendeten Compliance-Klauseln hängt im Rahmen einer AGB-Kontrolle maßgeblich davon ab, ob die Sorgfaltspflichten des LkSG verschärft oder abgemildert werden. Bei Informations- und Auditklauseln resultiert aus der gesetzlichen Pflicht zu ihrer Verwendung ein hohes Interesse des Verwenders an ihrer Nutzung, was dazu führt, dass sie regelmäßig als wirksam betrachtet werden können. Verstöße gegen die Klauseln lösen Schadensersatzansprüche (§ 280 Abs. 1 BGB) oder Gewährleistungsrechte (§§ 434 ff. BGB) aus. Eine Verletzung der Sorgfaltspflichten des LkSG hat über § 434 Abs. 3 Satz 1 Nr. 2 BGB eine unübliche Beschaffenheit der Kaufsache zur Folge, wenn produktbezogene Faktoren betroffen sind. Unrichtige Angaben in der Nachhaltigkeitsberichterstattung nach § 10 Abs. 2 LkSG oder der Grundsatzerklärung über die Menschenrechtsstrategie (§ 6 Abs. 2 Satz 1 LkSG) können bei hinreichendem Produktbezug ebenfalls zum Vorliegen eines Sachmangels führen, soweit durch die Äußerung berechtigte Erwartungen des Käufers an die Herstellungsweise der Kaufsache geweckt und enttäuscht wurden. § 3 Abs. 3 Satz 1 LkSG schließt Ansprüche aus CSR-Vereinbarungen nicht aus, wohl aber solche Ansprüche, die durch Verstöße gegen das LkSG bedingt werden. Die Haftung nach den Grundsätzen des Vertrages (mit Schutzwirkung) zugunsten Dritter wird durch das LkSG nicht berührt.

B. Deliktische Haftung für Menschen- und Umweltrechtsverletzungen in der Lieferkette

Neben der vertraglichen Haftung für transnationale Menschen- und Umweltrechtsverletzungen wurde in der Literatur bereits vor Inkrafttreten des LkSG die Frage erörtert, ob und unter welchen Voraussetzungen eine deliktische Haftung inländischer Unternehmen möglich ist. Konkret geht es vor allem um Ansprüche aus den §§ 823, 826 und 831 Abs. 1 BGB sowie um Ansprüche aus dem UmwHG[312]. Vor dem Hintergrund des LkSG ist allerdings nur die deliktische Menschenrechtshaftung gemäß § 823 Abs. 1 BGB und ihr Verhältnis zu den Sorgfaltspflichten von Interesse. Die Sorgfaltspflichten des LkSG könnten nämlich deliktischen Verkehrspflichten entsprechen oder diese anderweitig beeinflussen. Denkbar wäre auch, dass § 3 Abs. 3 Satz 1 LkSG eine deliktische Menschenrechtshaftung von vorneherein ausschließt. Sonstige Anspruchsgrundlagen weisen keinen erkennbaren Bezug zum LkSG auf. Insbesondere sind die einzelnen Sorgfaltspflichten bereits aufgrund des Haftungsausschlusses in § 3 Abs. 3 Satz 1 LkSG nicht als Schutzgesetze zu bewerten. Im Folgenden soll daher nur der Tatbestand des § 823 Abs. 1 BGB näher untersucht werden.[313]

I. Korrelation zwischen „absoluten Rechten" und Menschenrechten

Damit ein Anspruch aus § 823 Abs. 1 BGB bei der Verletzung von Menschenrechten oder Umweltschädigungen bestehen kann, muss ein absolutes Recht im Sinne der Vorschrift beeinträchtigt werden.[314] § 823 Abs. 1 BGB schützt nach seinem Wortlaut das Leben, den Körper, die Gesundheit, die Freiheit, das Eigentum und „sonstige Rechte"[315]. Menschenrechte sind in diesem Katalog nicht explizit genannt. Zwischen ihnen und den von § 823 Abs. 1 BGB geschützten absoluten Rechten ist aber eine gewisse Kongruenz denkbar.[316] Über inhaltsgleiche absolute Rechte könnten sie dann faktisch im Deliktsrecht zu berücksichtigen sein.[317] Mögliche Schnittstellen zwischen Menschenrechten und absoluten Rechten sollen daher im Folgenden untersucht werden. Dabei beschränkt sich die hiesige Arbeit auf die in das LkSG integrierten Menschenrechte. Im Übrigen wird auf die umfangreichen Ausführungen von v. Falkenhausen verwiesen.[318]

---

[312] Neben dem UmwHG existieren weitere spezielle Umweltgefährdungshaftungstatbestände, vgl. die Auflistung von *Wagner*, in: Münchener Kommentar zum BGB, 9. Auflage 2024, § 823 BGB Rn. 1171 mit weiterführenden Literaturhinweisen; siehe auch *Däubler*, Haftung für gefährliche Technologien, 1988, S. 4 ff. zum Atomhaftungsrecht.

[313] Vgl. auch die Ausführungen zur Einschränkung des Untersuchungsgegenstandes in Kap. 1 C.

[314] *Wagner*, in: Münchener Kommentar zum BGB, 9. Auflage 2024, § 823 Rn. 213.

[315] Vgl. *Spickhoff*, in: Soergel, BGB, 13. Aufl. 2005, § 823 Rn. 29 ff.

[316] So *Habersack/Ehrl*, AcP 219 (2019), 155, 195.

[317] Ähnlich *Nordhues*, Die Haftung der Muttergesellschaft für Menschenrechtsverletzungen, 2019, S. 105.

[318] Vgl. *von Falkenhausen*, Menschenrechtsschutz durch Deliktsrecht, 2020, S. 247 ff.

1. Beeinträchtigungen der Gesundheit und des Lebens

In den medienwirksamen Menschenrechtsskandalen gab es häufig Tote oder Verletzte.[319] Zunächst ist also denkbar, dass infolge von Menschenrechtsverletzungen in den Schutzbereich des § 823 Abs. 1 BGB fallende Gesundheitsschädigungen bei den betroffenen Personen auftreten. Eine Gesundheitsverletzung ist nach der Rechtsprechung des VI. Zivilsenates des BGH „jedes Hervorrufen oder Steigern eines von den normalen körperlichen Funktionen nachteilig abweichenden Zustandes, wobei unerheblich ist, ob Schmerzzustände auftreten oder bereits eine tiefgreifende Veränderung aufgetreten ist."[320] Zweifellos können ungenügende Sicherheitsstandards und unsichere Arbeitsbedingungen (die über § 2 Abs. 2 Nr. 5 LkSG ein menschenrechtliches Risiko begründen) zu Personenschäden führen. Auch Umweltverschmutzungen (vgl. § 2 Abs. 2 Nr. 9 LkSG) sind dazu geeignet, die Gesundheit der einheimischen Bevölkerung zu schädigen und das körperliche Wohlbefinden der Betroffenen zu beeinträchtigen.[321] Werden etwa Arbeiter gesundheitsgefährdenden Stoffen ausgesetzt, sind verschiedene gesundheitliche Konsequenzen wie Krebserkrankungen oder Asbeststaublutungen denkbar.[322] Dem Automobilhersteller *BMW* wird beispielsweise von verschiedenen Nachrichtensendern vorgeworfen, dass einer seiner Zulieferer in einer Mine in Bou Azzer (Marokko) große Mengen giftigen Arsens in die Umwelt gelangen lasse und auf diese Weise die Gesundheit der örtlichen Minenarbeiter gefährde.[323] Bereits geringe Mengen dieses Schwermetalls sind in der Lage, chronische Entzündungen, Bluthochdruck, Nierenschäden, oxidativen Stress oder Störungen des Fettstoffwechsels hervorzurufen. Sie gelten außerdem als krebserregend.[324] Das Schweizer Unternehmen *Syngenta* stand lange in der Kritik, weil ein von ihm hergestelltes Pestizid

---

[319] So auch die Beobachtung von *von Falkenhausen*, Menschenrechtsschutz durch Deliktsrecht, 2020, S. 241 f.; siehe ferner die nachstehenden Beispiele aus der Praxis.

[320] Zit.: BGH, NJW 1991, 1948, 1984; siehe auch *Sprau*, in: Grüneberg, BGB, 83. Aufl. 2024, § 823 Rn. 4.

[321] *Nordhues*, Die Haftung der Muttergesellschaft für Menschenrechtsverletzungen, 2019, S. 106; *Görgen*, Unternehmerische Haftung in transnationalen Menschenrechtsfällen, 2019, S. 206; *von Falkenhausen*, Menschenrechtsschutz durch Deliktsrecht, 2020, S. 253.

[322] Vgl. *Görgen*, Unternehmerische Haftung in transnationalen Menschenrechtsfällen, 2019, S. 206.

[323] Vgl. Tagesschau, Vorwürfe gegen BMW-Zulieferer, Testfall für das deutsche Lieferkettengesetz, abrufbar unter: https://www.tagesschau.de/wirtschaft/unternehmen/bmw-zuliefe rer-kritik-reaktionen-100.html (Stand: 14.11.2023), zuletzt abgerufen am 30.07.2024; TAZ, Berichte über Umweltschäden, BMW wegen Zulieferer in Bedrängnis, abrufbar unter: https:// taz.de/Berichte-ueber-Umweltschaeden-in-Marokko/!5972376/, zuletzt abgerufen am 30.07. 2024.

[324] Vgl. *Verbraucherzentrale*, Schwer gefährlich: Giftige Schwermetalle, abrufbar unter: https://www.verbraucherzentrale.de/wissen/lebensmittel/nahrungsergaenzungsmittel/schwer-ge faehrlich-giftige-schwermetalle-13363 (Stand: 16.06.2023), zuletzt abgerufen am 30.07.2024.

beim Einsatz auf Baumwollfeldern in Zentralindien über 800 Bauern vergiftet haben soll.[325]

Die genannten Beispiele stellen nur einen kleinen Ausschnitt aus einer Vielzahl von ähnlich gelagerten Fällen dar, über die in den vergangenen Jahren in den Medien berichtet wurde. Unabhängig davon, ob die Vorwürfe im Einzelfall zutreffen, zeigen sie denkbare Konstellationen auf, in denen transnational agierende Unternehmen durch ihre Tätigkeit ausländische Arbeiter gefährden und an der Gesundheit schädigen können. Die Verletzung eines absoluten Rechts (Gesundheit) wäre dann ebenso zu bejahen, wie eine Beeinträchtigung des Menschenrechts auf sichere und gesunde Arbeitsbedingungen aus Art. 7 ICESCR.[326] Da die hiesige Untersuchung allerdings den Menschenrechtsbegriff des LkSG zugrunde legt, ist in diesem Zusammenhang zu beachten, dass der Schutzbereich des Art. 7 ICESCR über den des § 2 Abs. 2 Nr. 5 LkSG hinausgeht. Die völkerrechtliche Norm stellt nämlich nicht – wie die das LkSG – statisch auf das Arbeitsschutzrecht des Beschäftigungsortes ab, sondern erfasst ortsunabhängig alle Gesundheitsgefahren, bei denen ein verantwortungsvoll handelndes Unternehmen einschreiten würde.[327] Gelten im Land eines Zulieferers also allgemein sehr niedrige Arbeitsschutzstandards und treten aufgrund dessen (ohne Missachtung gesetzlicher Vorschriften) Schädigungen ein, liegt zwar eine Gesundheitsbeeinträchtigung vor, ein Menschenrechtsverstoß ist hingegen abzulehnen, soweit das zu beobachtende Verhalten nicht unter einen anderen Katalogtatbestand des § 2 Abs. 2 LkSG fällt (das Verbreiten giftiger Gase könnte möglicherweise unter § 2 Abs. 2 Nr. 9 LkSG subsumiert werden[328]).

In besonders schwerwiegenden Fällen können schlechte Arbeitsbedingungen und Umweltschädigungen sogar den Tod von Personen zur Folge haben, was mit einer Verletzung des Rechtsgutes Leben einhergeht.[329] So starben in der Fabrik eines Zulieferers der *KiK Textilien und Non-Food GmbH* im Jahre 2012 wohl mehr als 250 Menschen, weil das Gebäude erhebliche Brandschutzmängel aufwies.[330] Neben die Verletzung arbeitsschutzbezogener Menschenrechte tritt in derartigen

---

[325] Vgl. *SWI*, Vergiftungsgefahr in Indien durch Schweizer Pestizid, abrufbar unter: https://www.swissinfo.ch/ger/wirtschaft/syngenta_vergiftungsgefahr-in-indien-durch-schweizer-pestizid/44408414 (Stand: 18.09.2018), zuletzt abgerufen am 30.07.2024.

[326] Vgl. *von Falkenhausen*, Menschenrechtsschutz durch Deliktsrecht, 2020, S. 253 f.

[327] *Gehling/Fischer*, in: Gehling/Ott, LkSG, § 2 Rn. 67.

[328] Auch im Rahmen des § 2 Abs. 2 Nr. 9 LkSG dürfte es aber primär darauf ankommen, ob das zu beobachtende Verhalten mit dem jeweils geltenden nationalen Recht vereinbar ist, vgl. dazu *Gehling/Fischer*, in: Gehling/Ott, LkSG, § 2 Rn. 219 ff.

[329] *Görgen*, Unternehmerische Haftung in transnationalen Menschenrechtsfällen, 2019, S. 205; *Nordhues*, Die Haftung der Muttergesellschaft für Menschenrechtsverletzungen, 2019, S. 106; weiterführend zur Beeinträchtigung des Menschenrechtes auf Leben und dessen Verhältnis zu § 823 Abs. 1 BGB siehe *von Falkenhausen*, Menschenrechtsschutz durch Deliktsrecht, 2020, S. 246 ff.

[330] Vgl. NDR, Brandkatastrophe bei KiK-Zulieferer, abrufbar unter: https://www.ndr.de/fernsehen/sendungen/panorama_die_reporter/Brandkatastrophe-bei-KiK-Zulieferer,kik163.html (Stand: 18.09.2012), zuletzt abgerufen am 30.07.2024.

Fällen eine Beeinträchtigung des Menschenrechtes auf Leben (Art. 6 ICCPR), welches im LkSG grundsätzlich mittelbar über § 2 Abs. 2 Nr. 5 LkSG geschützt wird,[331] im Bedarfsfall aber auch unter den Auffangtatbestand des § 2 Abs. 2 Nr. 12 LkSG gefasst werden kann.[332]

In Lieferketten sind ferner Folter[333] (Art. 7 ICCPR) sowie sonstige erniedrigende oder grausame Behandlungen denkbar: So könnte etwa Gewalt durch Sicherheitskräfte oder paramilitärische Gruppen ausgeübt werden, was wohl vor allem im Minensektor regelmäßig vorkommen soll.[334] Der Gesetzgeber hat dieses Risiko erkannt und in § 2 Abs. 2 Nr. 11 LkSG ein entsprechendes menschenrechtliches Verbot formuliert. Dieses beschränkt sich zwar auf die genannten Konstellationen und gewährleistet damit keinen umfassenden Schutz vor Folter. Im Zusammenspiel mit dem Zwangs- und Pflichtarbeitsverbot (§ 2 Abs. 2 Nr. 3 LkSG) können aber die meisten Konstellationen, in denen Menschenrechtsverstöße in Form von erniedrigenden oder grausamen Behandlungen auftreten, vom Schutzbereich des LkSG erfasst werden[335], da gerade die Androhung (und das Vollstrecken) von Strafen (auch physischer Natur) das Vorliegen von Zwangsarbeit kennzeichnet[336]. Die aus der Folter resultierenden negativen Konsequenzen für den Körper dürften regelmäßig Gesundheitsverletzungen darstellen.[337] Das Recht der unerlaubten Handlung ist also auch unter diesem Aspekt für Menschenrechtsverstöße empfänglich.

Es bleibt damit festzuhalten, dass menschenrechtswidrige Arbeitsbedingungen und Umweltverschmutzungen der körperlichen und gesundheitlichen Integrität der betroffenen Personen erheblich schaden können und häufig Gesundheitsverletzungen nach sich ziehen.[338]

2. Beeinträchtigungen der Freiheit

Neben körperlichen Schäden kommt eine Beeinträchtigung des Menschenrechtes auf Freiheit (Art. 9 ICCPR) in Betracht, welches im LkSG vor allem in Gestalt

---

[331] *Kolb*, in: Fleischer/Mankowski, LkSG, § 2 Rn. 85.

[332] Vgl. *Gehling/Fischer*, in: Gehling/Ott, LkSG, § 2 Rn. 37.

[333] Folter kann definiert werden als die „Zufügung psychischen oder physischen Leidens zur Erreichung eines bestimmten Zwecks", vgl. *von Falkenhausen*, Menschenrechtsschutz durch Deliktsrecht, 2020, S. 255.

[334] *von Falkenhausen*, Menschenrechtsschutz durch Deliktsrecht, 2020, S. 255 f.

[335] Vgl. *Gehling/Fischer*, in: Gehling/Ott, LkSG, § 2 Rn. 38.

[336] So Art. 2 des ILO-Übereinkommens Nr. 29; ferner *Gehling/Fischer*, in: Gehling/Ott, LkSG, § 2 Rn. 128, 133.

[337] *von Falkenhausen*, Menschenrechtsschutz durch Deliktsrecht, 2020, S. 256.

[338] *Nordhues*, Die Haftung der Muttergesellschaft für Menschenrechtsverletzungen, 2019, S. 106.

des Verbotes der Beschäftigung von Personen in Zwangsarbeit[339] (vgl. § 2 Abs. 2 Nr. 3 LkSG) vorzufinden ist.[340] Die Freiheit im Sinne des § 823 Abs. 1 BGB ist verletzt, wenn die körperliche Bewegungsfreiheit gegen den Willen des Betroffenen nicht nur unerheblich beeinträchtigt wird.[341] Geschützt ist dabei jedenfalls die Möglichkeit, einen bestimmten Ort zu verlassen.[342] Unproblematisch ist eine Freiheitsverletzung daher in den Fällen zu bejahen, in denen Arbeiter daran gehindert werden, sich vom Betriebsgelände zu entfernen, dazu gezwungen werden, sich an bestimmten Orten aufzuhalten oder Arbeitgeber sie während der Arbeitszeit in der Fabrik einsperren.[343] Unbillige Ergebnisse können im Einzelfall dadurch korrigiert werden, dass die Freiheitsbeeinträchtigung gegen den Willen des Betroffenen erfolgen muss. Die Verletzung eines absoluten Rechtes ist folglich etwa dann zu verneinen, wenn Arbeiter die Ölplattform, auf der sie arbeiten, nicht jederzeit verlassen können. Es kommt dann für das Vorliegen einer Freiheitsverletzung entscheidend darauf an, ob sie gegen ihren Willen auf dieser festgehalten werden.[344]

Nordhues möchte auch das im Rahmen von Zwangsarbeit wohl sehr häufig auftretende[345] Abnehmen von Ausweispapieren unter den Begriff der Freiheitsverletzung fassen.[346] Durch das Wegnehmen der Ausweispapiere würden die betroffenen Arbeitnehmer daran gehindert, das Staatsgebiet zu verlassen, was für eine Rechtsgutsverletzung im Sinne des § 823 BGB genüge. Der deliktische Freiheitsbegriff sei weiter zu verstehen als der Freiheitsbegriff des Strafrechts. Das Strafrecht bezwecke schließlich keinen umfassenden Rechtsgüterschutz, sondern schütze aufgrund seines fragmentarischen Charakters nur die Grenzen dessen, was unabdingbar und absolut geschützt werden müsse. Der engere Schutzbereich des § 239 StGB gegenüber dem deliktischen Schutz des § 823 BGB werde bereits daran deutlich, dass § 239 StGB nur die vollständige Beraubung der Freiheit unter Strafe

---

[339] Indikatoren für die Beschäftigung in Zwangsarbeit sind nach der Gesetzesbegründung etwa das Einbehalten von Löhnen, das Einschränken der Bewegungsfreiheit eines Beschäftigten, das Einbehalten von Ausweisdokumenten, die Schaffung unzumutbarer Arbeit- und Lebensverhältnisse durch eine Arbeit unter gefährlichen Bedingungen oder in vom Arbeitgeber gestellten unzumutbaren Unterkünften, ein exzessives Maß an Überstunden sowie die Anwendung von Einschüchterungen und Drohungen, vgl. BT-Drucks. 19/28649, S. 36.

[340] Vgl. *Bürger/Müller*, in: Depping/Walden, LkSG, § 2 Rn. 303.

[341] *Sprau*, in: Grüneberg, BGB, 83. Aufl. 2024, § 823 Rn. 6.

[342] *Kern*, in: Jauernig, Bürgerliches Gesetzbuch, 19. Aufl. 2023, § 823 BGB Rn. 5.

[343] *Görgen*, Unternehmerische Haftung in transnationalen Menschenrechtsfällen, 2019, S. 206 f. m. w. N.

[344] *Gehling/Fischer*, in: Gehling/Ott, LkSG, § 2 Rn. 133.

[345] Vgl. *Heinrich Böll Stiftung Baden Württemberg*, Zwangsarbeit im 21. Jahrhundert, abrufbar unter: https://www.boell-bw.de/de/2022/12/05/zwangsarbeit-im-21-jahrhundert (Stand: 05. 12. 2022), zuletzt abgerufen am 30. 07. 2024.

[346] Vgl. *Nordhues*, Die Haftung der Muttergesellschaft für Menschenrechtsverletzungen, 2019, S. 106 ff.

stelle, während § 823 Abs. 1 BGB auch eine bloße Freiheitsbeeinträchtigung genügen ließe, um eine Schadensersatzpflicht auszulösen.[347]

Richtigerweise ist jedoch von einem engeren Verständnis des Freiheitsbegriffes auszugehen, wobei grundsätzlich auf den Freiheitsbegriff des § 239 Abs. 1 StGB zurückgegriffen werden kann.[348] Eine zu weite Interpretation des Schutzbereiches würde dazu führen, dass beinahe jede Beeinträchtigung der Willens- und Handlungsfreiheit unter den Schutz des § 823 Abs. 1 BGB gefasst werden könnte.[349] Dies liefe der Systematik des Deliktsrechts zuwider, welche eine umfassende Haftung für Vermögensschäden und die Beeinträchtigung von allgemeinen Persönlichkeitsinteressen gerade nicht vorsieht.[350] Zutreffend wird daher etwa eine bloße Zutrittsbeschränkung nicht als Rechtsgutsverletzung angesehen.[351] Werden einem Arbeiter die Ausweispapiere abgenommen, kann er unter Umständen das Staatsgebiet nicht mehr verlassen, innerhalb des Staatsgebietes ist es ihm aber weiterhin möglich, sich frei und ohne physische Barrieren fortzubewegen.[352] Beeinträchtigt ist also nur die von § 823 Abs. 1 BGB nicht erfasste „Hinbewegungsfreiheit", die deliktisch geschützte „Fortbewegungsfreiheit" bleibt hingegen unberührt.[353] Eine Verletzung des Rechtsgutes Freiheit ist daher in solchen Fällen abzulehnen.[354]

3. Beeinträchtigungen des Allgemeinen Persönlichkeitsrechts

In Betracht kommt in transnationalen Menschenrechtsfällen ferner eine Verletzung des Allgemeinen Persönlichkeitsrechts. Das Allgemeine Persönlichkeitsrecht ist als „sonstiges Recht" im Sinne des § 823 BGB anerkannt.[355] Es wird nach herrschender Meinung aus Art. 1 Abs. 1 GG in Verbindung mit Art. 2 Abs. 1 GG ab-

---

[347] *Nordhues*, Die Haftung der Muttergesellschaft für Menschenrechtsverletzungen, S. 2019, 106 ff.

[348] Vgl. *Spickhoff*, in: Soergel, BGB, 13. Aufl. 2005, § 823 BGB Rn. 53; *Wagner*, in: Münchener Kommentar zum BGB, 9. Aufl. 2024, § 823 BGB Rn. 279.

[349] *Wagner*, in: Münchener Kommentar zum BGB, 9. Aufl. 2024, § 823 BGB Rn. 278.

[350] *Wagner*, in: Münchener Kommentar zum BGB, 9. Aufl. 2024, § 823 BGB Rn. 278.

[351] *Spickhoff*, in: Soergel, BGB, 13. Aufl. 2005, § 823 BGB Rn. 53.

[352] Nach der Ansicht von *Lenz*, in: Dölling/Duttge/König/Rössner, Gesamtes Strafrecht, 5. Auflage 2022, § 239 StGB Rn. 6 können als Ort der Freiheitsberaubung – entgegen der hier vertretenen Auffassung – auch Staatsgebiete angesehen werden.

[353] *von Falkenhausen*, Menschenrechtsschutz durch Deliktsrecht, 2020, S. 261.

[354] *von Falkenhausen*, Menschenrechtsschutz durch Deliktsrecht, 2020, S. 261.

[355] Vgl. BGH, GRUR 1958, 408, 409; BGH, GRUR 1968, 552, 555; *Sprau*, in: Grüneberg, BGB, 83. Aufl. 2024, § 823 Rn. 84; *Wagner*, in: Münchener Kommentar zum BGB, 9. Aufl. 2024, § 823 BGB Rn. 465; *Mann*, in: Spindler/Schuster, Recht der elektronischen Medien, 4. Auflage 2019, § 823 Rn. 1; *Katzenmeier*, in: Dauner-Lieb/Langen, BGB Schuldrecht, 4. Auflage 2021, § 823 Rn. 77.

geleitet.[356] Dabei handelt es sich um ein sogenanntes Rahmenrecht. Während Beeinträchtigungen der ausdrücklich in § 823 Abs. 1 BGB genannten Rechtspositionen die Rechtswidrigkeit des Verhaltens indizieren, muss bei Rahmenrechten eine umfassende Interessenabwägung zwischen den Interessen des Rechtsträgers und den Interessen des Eingreifers vorgenommen werden.[357] Nach der Rechtsprechung des I. Senates des Bundesverfassungsgerichts schützt das allgemeine Persönlichkeitsrecht unter anderem „die engere persönliche Lebenssphäre und die Erhaltung ihrer Grundbedingungen […], die sich durch die traditionellen konkreten Freiheitsgarantien nicht abschließend erfassen lassen."[358]

Durch die Beschränkung auf „Grundbedingungen" der persönlichen Lebenssphäre wird deutlich, dass schlechte Arbeitsbedingungen im Allgemeinen nicht ausreichen, um eine Rechtsgutsverletzung zu bejahen. Richtigerweise wird daher angenommen, dass nur besonders schwerwiegende Verstöße gegen arbeitsrechtliche Mindeststandards[359] sowie Zwangsarbeit[360] und Sklaverei[361] (vgl. § 2 Abs. 2 Nr. 4 LkSG[362]) eine Verletzung des allgemeinen Persönlichkeitsrechts darstellen. In diesen Fällen wird sich über das Selbstbestimmungsrecht des Einzelnen hinweggesetzt, indem der Schädiger ihn zum Objekt fremden Willens macht und seine Persönlichkeit in menschenverachtender Weise auf den wirtschaftlichen Wert seiner Arbeitskraft reduziert.[363] Verstöße gegen Höchstarbeitszeiten, ein fehlender Urlaubsanspruch sowie das Nichtvorhandensein eines Kündigungs- oder Mutterschutzes vermögen hingegen noch keine Verletzung des allgemeinen Persönlichkeitsrechts zu begründen, soweit sie keine Diskriminierung aufgrund der in Art. 3 Abs. 3 GG genannten Merkmale darstellen[364] (vgl. § 2 Abs. 2 Nr. 7 LkSG) und auch nicht der Zwangsarbeit nahe kommen. Zu eng ist hingegen die Auffassung, nach welcher § 823 Abs. 1 BGB nicht das (in § 2 Abs. 2 Nr. 1 und 2 LkSG als menschenrechtliches Risiko deklarierte) Verbot der Kinderarbeit[365] erfasst.[366] Der Be-

---

[356] BGH, NJW 1954, 1404, 1405; *Di Fabio*, in: Dürig/Herzog/Scholz, Grundgesetz-Kommentar, 105. EL August 2024, Art. 2 GG Rn. 128; *Wilhelmi*, in: Erman, BGB, Kommentar, 17. Auflage 2023, § 823 Rn. 48.

[357] *Wagner*, in: Münchener Kommentar zum BGB, 9. Aufl. 2024, § 823 BGB Rn. 466; *Medicus/Lorenz*, SchuldR BT, 15. Aufl. 2010, Rn. 1306.

[358] Zit.: BVerfG, NJW 1980, 2070.

[359] Vgl. *Görgen*, Unternehmerische Haftung in transnationalen Menschenrechtsfällen, 2019, S. 208 f.

[360] Vgl. OVG Münster, NJW 1998, 2302, 2305; *Nordhues*, Die Haftung der Muttergesellschaft für Menschenrechtsverletzungen, 2019, S. 109.

[361] Vgl. *Nordhues*, Die Haftung der Muttergesellschaft für Menschenrechtsverletzungen, 2019, S. 109.

[362] Näher zum Begriff der Sklaverei siehe *Bürger/Müller*, in: Depping/Walden, LkSG, § 2 Rn. 308 ff.

[363] Vgl. KG, Beschluss vom 06.06.2000 – 9 W 2104/00, BeckRS 2000, 16040.

[364] Weiterführend zum Diskriminierungsverbot und seinem deliktischen Schutz siehe von Falkenhausen, Menschenrechtsschutz durch Deliktsrecht, 2020, S. 284 ff.

[365] Vgl. Art. 10 ICESCR sowie die ILO-Übereinkommen Nr. 138 und 182.

reich, in dem Kinder sich frei von öffentlicher Beobachtung entfalten dürfen, wird nach ganz herrschender Meinung noch umfassender als bei Erwachsenen vom allgemeinen Persönlichkeitsrecht geschützt.[367] Dieser Bereich erfasst auch die „kindgemäße Entwicklung und Entfaltung in der Öffentlichkeit“[368]. Ebenso wird der Jugendschutz durch das allgemeine Persönlichkeitsrecht gewährleistet.[369] Kinderarbeit stört die kindgerechte Entwicklung häufig erheblich und kann daher als derart schwerwiegender Eingriff in das Kindeswohl verstanden werden, dass mit ihr regelmäßig eine Verletzung des allgemeinen Persönlichkeitsrechts der betroffenen Personen einhergeht.[370]

4. Menschenrechte als „sonstiges Recht“?

Neben der einzelfallbezogenen Subsumtion der Menschenrechte unter den Rechtsgüterkatalog des § 823 Abs. 1 BGB wäre es denkbar, Menschenrechte in ihrer Gesamtheit als sonstiges Recht einzuordnen. Diese Möglichkeit wird in der Literatur zwar diskutiert, soweit ersichtlich aber nicht abschließend befürwortet.[371] Der Grund hierfür liegt auf der Hand:

Ein Definitionsmerkmal aller absoluten Rechte ist, dass jedermann dazu verpflichtet sein muss, die Rechtsposition des Inhabers zu respektieren und sie nicht zu verletzen.[372] Menschenrechte dienen zwar dem Schutz des Individuums, nehmen aber prinzipiell nur Staaten in die Pflicht, nicht jedoch (transnational agierende) Unternehmen.[373] Überdies entstünden erhebliche Schwierigkeiten festzulegen, welche der zahlreichen Menschenrechtskonventionen für die Begründung des subjektiven Rechts maßgeblich wäre.[374] Der Schutzbereich eines solchen Rechts wäre damit jedenfalls nicht hinreichend bestimmbar.[375]

---

366 So etwa *Görgen*, Unternehmerische Haftung in transnationalen Menschenrechtsfällen, 2019, S. 209.

367 Vgl. statt vieler *Jarass*, in: Jarass/Pieroth, GG-Kommentar, 18. Aufl. 2024, Art. 2 GG Rn. 54; BVerfG, NJW 2000, 1021, 1023; BGH, NJW 2005, 215, 217.

368 Zit.: BGH, NJW 2016, 789, 790.

369 Vgl. BVerfG, NJW 1991, 1471 ff.; BVerwG, NJW 1993, 1490 f.

370 Diese Möglichkeit andeutend *Habersack/Ehrl*, AcP 219 (2019), 155, 195 unter Verweis auf *Weller/Kaller/Schulz*, AcP 216 (2016), 387, 400; a. A. *Görgen*, Unternehmerische Haftung in transnationalen Menschenrechtsfällen, 2019, S. 209.

371 *Schall*, ZGR 2018, 479, 481 plädiert allerdings für eine vollständige Kongruenz zwischen Menschenrechten und absoluten Rechten; ebenso wohl *Weller/Thomale*, ZGR 2017, 509, 521: Menschenrechte würden „mittlerweile ganz selbstverständlich als sonstige Rechte [...] angesehen“.

372 *Wagner*, in: Münchener Kommentar zum BGB, 9. Aufl. 2024, § 823 BGB Rn. 347.

373 *von Falkenhausen*, Menschenrechtsschutz durch Deliktsrecht, S. 299; *Weller/Kaller/Schulz*, AcP 216 (2016), 387, 400.

374 *Weller/Kaller/Schulz*, AcP 216 (2016), 387, 400.

375 *Weller/Kaller/Schulz*, AcP 216 (2016), 387, 400.

Seit Inkrafttreten des LkSG könnte zwar prinzipiell argumentiert werden, dass zumindest die von § 2 Abs. 2 LkSG erfassten (Menschen-)Rechte nicht mehr allein von Staaten, sondern nunmehr auch von Unternehmen zu beachten sind. Das LkSG ist schließlich gerade darauf ausgerichtet, nichtstaatliche Akteure zur Einhaltung bestimmter Menschenrechte zu verpflichten. Ferner wäre es möglich, eine hinreichende Konkretisierung des Begriffes der Menschenrechte zu begründen, wenn – wie im Rahmen dieser Untersuchung – auf das Menschenrechtsverständnis des LkSG und dessen Risikokatalog zurückgegriffen wird. Dagegen ist allerdings einzuwenden, dass die Rechtsunsicherheit bei der Bestimmung des Menschenrechtsbegriffes gerade aus der Vielzahl von Menschenrechtskonventionen folgt und nicht aus der Unbestimmtheit eines einzelnen Menschenrechtskataloges.[376] Erkennt man nun den Risikokatalog des LkSG als weiteres mögliches Menschenrechtsverständnis an, wird das soeben skizzierte Problem eher verschärft als gelöst. Der Begriff der Menschenrechte wäre also noch schwerer zu bestimmen. Zudem genügt es für das Vorliegen eines absoluten Rechts nicht, dass nur ein bestimmter Personenkreis die in Rede stehende Rechtsposition zu achten hat.[377] Die Absolutheit der Rechtsposition folgt schließlich aus der Wirkung gegenüber jedermann. Anderenfalls handelt es sich nicht um ein absolutes, sondern vielmehr um ein relatives Recht.[378] Es überzeugt daher auch nach Inkrafttreten des LkSG nicht, „die Menschenrechte" in ihrer Gesamtheit als eigenes sonstiges Recht im Sinne des § 823 Abs. 1 BGB zu bewerten.

Unter den Begriff des sonstigen Rechts fällt zudem nicht das über § 2 Abs. 2 Nr. 8 ins LkSG integrierte (Menschen-)Recht auf einen angemessenen Lohn (Art. 7 ICESCR).[379] Dieses findet im Anwendungsbereich des § 823 Abs. 1 BGB deshalb keinen Niederschlag, weil die Befugnis zur Erzielung von Einkommen durch Verwertung der Arbeitskraft nach allgemeiner Meinung kein geschütztes absolutes Recht darstellt. Werden nämlich die bloßen Erwerbsaussichten enttäuscht, liegt ein reiner Vermögensschaden und keine Rechtsgutsverletzung vor.[380] Anders wäre dies aber ausnahmsweise dann zu beurteilen, wenn schlecht bezahlte Arbeitnehmer aufgrund des niedrigen Einkommens Folgeschäden erleiden, bspw. wenn sie sich nicht ausreichend mit Nahrungsmitteln versorgen können und infolgedessen pathologische Zustände auftreten. In derartigen Konstellationen wäre zumindest eine Verletzung des Rechtsgutes Gesundheit zu bejahen, sodass die Menschenrechtsverletzung in die Verletzung eines absoluten Rechts übersetzt werden kann.[381]

---

[376] Vgl. *Weller/Kaller/Schulz*, AcP 216 (2016), 387, 400.

[377] *Wagner*, in: Münchener Kommentar zum BGB, 9. Aufl. 2024, § 823 BGB Rn. 347.

[378] *Wagner*, in: Münchener Kommentar zum BGB, 9. Aufl. 2024, § 823 BGB Rn. 347.

[379] *Ziegler*, in: Depping/Walden, LkSG, § 3 Rn. 162.

[380] Vgl. statt aller *Wagner*, in: Münchener Kommentar zum BGB, 9. Aufl. 2024, § 823 BGB Rn. 404.

[381] Ähnlich *von Falkenhausen*, Menschenrechtsschutz durch Deliktsrecht, 2020, S. 253 zum Menschenrecht auf einen angemessenen Lebensstandard (Art. 25 Abs. 1 AEMR, Art. 11 ICESCR).

Nach alledem bleibt Folgendes zusammenfassend festzuhalten: Viele in das LkSG integrierte Menschenrechte werden im Falle ihrer Beeinträchtigung über den Katalog des § 823 Abs. 1 BGB geschützt. Ob die Beeinträchtigung eines Menschenrechtes auch mit der Verletzung eines deliktisch geschützten absoluten Rechts einhergeht, muss jedoch stets im Einzelfall untersucht werden. Menschenrechte lassen sich jedenfalls nicht pauschal als sonstiges Recht unter § 823 Abs. 1 BGB subsumieren.

Im Beispielsfall sind das Vorenthalten des Mindestlohns (vgl. § 2 Abs. 2 Nr. 8 LkSG) und die Verhinderung der Gewerkschaftsgründung (vgl. § 2 Abs. 2 Nr. 6 LkSG) wohl nicht deliktisch geschützt, da keine in § 823 Abs. 1 BGB enthaltenen Rechtsgüter betroffen sind[382]. Die sexuellen Übergriffe (vgl. § 2 Abs. 2 Nr. 4 LkSG) und die Kinderarbeit (vgl. § 2 Abs. 2 Nr. 1 und 2 LkSG) dürften aber das Persönlichkeitsrecht der Betroffenen verletzen[383]. Die schlechten Sicherheitsstandards und langen Arbeitszeiten (vgl. § 2 Abs. 2 Nr. 5 LkSG) haben ferner zu Gesundheitsschädigungen unter den Arbeitnehmern geführt und mithin absolute Rechte geschädigt.

5. Kein deliktischer Schutz von Umweltgütern

Die deliktische Haftung für Umweltschäden richtet sich vor allem nach den §§ 1 ff. UmweltHG.[384] Werden Umweltgüter beeinträchtigt, gewährleistet § 823 BGB allerdings Schutz, wenn diese mit einem absoluten Recht verbunden sind und mit der Umweltschädigung eine Verletzung des absoluten Rechts einhergeht.[385]

Die Umwelt als solche ist von § 823 Abs. 1 BGB hingegen nicht geschützt.[386] Zwar wird vertreten, bestimmte Umweltgüter – etwa „die saubere Luft" oder „das saubere Wasser" (im LkSG unter anderem geschützt durch § 2 Abs. 2 Nr. 9 LkSG) – als absolute Rechte anzuerkennen.[387] Erfasst werden von § 823 Abs. 1 BGB allerdings nur solche Rechte, die – vergleichbar mit den in Absatz 1 ausdrücklich genannten Persönlichkeitsgütern und dem Eigentum – durch Zuwei-

[382] Vgl. *von Falkenhausen*, Menschenrechtsschutz durch Deliktsrecht, 2020, S. 297 f.; *Ziegler*, in: Depping/Walden, LkSG, § 3 Rn. 162.

[383] Vgl. *von Falkenhausen*, Menschenrechtsschutz durch Deliktsrecht, 2020, S. 277, 294 ff.

[384] *Sprau*, in: Grüneberg, BGB, 83. Aufl. 2024, § 823 Rn. 22; auch das UmwHG schützt die Umwelt allerdings nicht als solche, sondern begründet nur eine Gefährdungshaftung für Individualschäden (Tötung, Körperverletzung, Gesundheitsschädigung, Sachbeschädigung) als Folge von Umwelteinwirkungen, die von bestimmten listenmäßig erfassten Anlagen ausgehen, weshalb reine ökologische Schäden, welche ausschließlich der Allgemeinheit entstehen, auch von diesem nicht erfasst werden, vgl. *Rehbinder*, in: Landmann/Rohmer, Umweltrecht, Werkstand: 105. EL September 2024, § 1 UmwHG Rn. 1.

[385] Vgl. *Sprau*, in: Grüneberg, BGB, 83. Aufl. 2024, § 823 Rn. 22; *Thöne*, ZUR 2022, 323.

[386] *Pöttker*, Klimahaftungsrecht, 2014, S. 65.

[387] So etwa *Köndgen*, UPR 1983, 345, 349 ff.

sungsgehalt und Ausschlussfunktion geprägt werden.[388] Gerade der Zuweisungsgehalt fehlt den genannten Umweltgütern aber.[389] Der Gesetzgeber hat im Deliktsrecht nämlich die Unterscheidung von Gütern, die im Gemeingebrauch stehen und solchen mit Zuweisungsgehalt, die nicht allen zur Verfügung stehen, sondern vielmehr einem bestimmten Inhaber zugewiesen sind, im Blick gehabt. Würden „die saubere Luft" oder „das saubere Wasser" als sonstige Rechte anerkannt, könnte der Anspruchsteller ein Gemeinschaftsgut geltend machen, sodass faktisch eine Popularklage eingeführt würde.[390]

Da Gemeinschaftsgüter keiner Person zugeordnet werden können und daher von § 823 Abs. 1 BGB nicht erfasst sind, stellen Umweltgüter keine absoluten Rechte im Sinne der Vorschrift dar.[391] Geht mit der Umweltbeeinträchtigung hingegen eine Menschenrechtsverletzung einher, dürfte regelmäßig ein absolutes Recht im Sinne des § 823 Abs. 1 BGB beeinträchtigt sein. Da das verletzte Rechtsgut dann allerdings das mit dem Menschenrecht deckungsgleiche absolute Recht ist und eben nicht die Umwelt, soll im Folgenden nur noch auf die (deliktische) Haftung für transnationale Menschenrechtsverletzungen eingegangen werden.

II. Menschenrechtsbezogene Verkehrspflichten inländischer Unternehmen

1. Grundlagen

a) Dogmatische Einordnung der Verkehrspflichten

Die von § 823 Abs. 1 BGB geschützten Rechtsgüter werden in der Regel nicht von den Unternehmen selbst verletzt, sondern durch ein Verhalten des Zulieferers oder eines Tochterunternehmens im Ausland.[392] Eine Zurechnung fremden Fehlverhaltens ist nach § 823 Abs. 1 BGB grundsätzlich nicht möglich. Der deliktische Vorwurf müsste also lauten, dass der Auftraggeber die Menschenrechtsverletzung durch den Zulieferer nicht unterbunden hat. Ein derartiges Unterlassen ist aber nur dann rechtswidrig, wenn eine Pflicht zum Handeln bestand.[393] In Betracht kommen

---

[388] Statt vieler *Staudinger*, in: Schulze, Bürgerliches Gesetzbuch, 12. Auflage 2024, § 823 BGB Rn. 28; *Hager*, in: Staudinger, BGB, Neubearbeitung 2017, § 823 Rn. A15; zur Zuordnungsfunktion siehe auch *Wagner*, in: Münchener Kommentar zum BGB, 9. Aufl. 2024, § 823 BGB Rn. 347 m. w. N.

[389] *Thöne*, ZUR 2022, 323, 324.

[390] Zutr. *Pöttker*, Klimahaftungsrecht, 2014, S. 66 f.; *Hübner*, Unternehmenshaftung für Menschenrechtsverletzungen, 2022, S. 221; siehe auch *Medicus*, JZ 1986, 778, 779: „Der Unterschied zu einer Popularklage wäre also nicht groß".

[391] *Pöttker*, Klimahaftungsrecht, 2014, S. 67.

[392] *Heinen*, in: Krajewski/Saage-Maaß, Durchsetzung menschenrechtlicher Sorgfaltspflichten, S. 97.

[393] *Fleischer/Korch*, ZIP 2019, 2181, 2188.

daher Verkehrspflichten, welche es dem Schuldner zur Pflicht machen, auf von einem Dritten ausgehende Gefahren und Verletzungen einzuwirken.[394] Deliktische Verkehrspflichten werden im Normtext des § 823 Abs. 1 BGB nicht abgebildet, sind jedoch durch richterliche Rechtsfortbildung entwickelt worden und mittlerweile gewohnheitsrechtlich anerkannt.[395] Sie stellen nichts anderes als deliktische Sorgfaltspflichten zum Schutz der Rechtsgüter des § 823 Abs. 1 BGB dar.[396]

Ihr Zweck besteht darin, Existenz und Umfang von Sorgfaltspflichten in denjenigen Fällen zu begründen, in welchen sich das Gebot der Beachtung der im Verkehr erforderlichen Sorgfalt nicht von selbst versteht, weil der Eintritt der Rechtsverletzung nicht der direkten Kontrolle des Handelnden unterliegt.[397] Ein Unterschied zwischen Fahrlässigkeit und Verkehrswidrigkeit besteht daher nicht. Vielmehr ist die Verkehrspflichtverletzung mit der Außerachtlassung der im Verkehr erforderlichen Sorgfalt im Sinne des § 276 Abs. 2 BGB gleichzusetzen.[398]

Verkehrspflichten wurden ursprünglich für Fälle entwickelt, in denen der Kläger bei der Benutzung öffentlicher Wege, Straßen und Plätze einen Schaden erlitten hatte, und daher zunächst als „Verkehrssicherungspflichten" bezeichnet.[399] Später wurde die Rücksichtnahmepflicht ausgedehnt auf Fallgestaltungen, in denen es nicht um Verletzungen im öffentlichen Verkehr, sondern um den Schutz vor sonstigen Gefahrenquellen ging, was zu der heute gängigen Bezeichnung als „Verkehrspflicht"[400] führte.[401]

---

[394] Vgl. *Habersack/Ehrl*, AcP 219 (2019), 155, 196.

[395] Vgl. *Brunk*, Menschenrechtscompliance, 2022, S. 372.

[396] Zutr. *Wagner*, in: Münchener Kommentar zum BGB, 9. Aufl. 2024, § 823 BGB Rn. 498; die dogmatische Einordnung der Verkehrspflichten ist in Literatur und Rechtsprechung umstritten, vgl. zum Meinungsstand *Wagner*, in: Münchener Kommentar zum BGB, 9. Aufl. 2024, § 823 BGB Rn. 495 ff.

[397] *Wagner*, in: Münchener Kommentar zum BGB, 9. Aufl. 2024, § 823 BGB Rn. 498.

[398] *Stathopoulos*, in: FS Larenz, 1983, S. 631, 633 f.; *Wagner*, in: Münchener Kommentar zum BGB, 9. Aufl. 2024, § 823 BGB Rn. 497; *Brüggemeier*, Prinzipien des Haftungsrechts, 1999, S. 75; *Wiethölter*, Der Rechtfertigungsgrund des verkehrsrichtigen Verhaltens, 1960, 52 f.

[399] Vgl. dazu *Wagner*, in: Münchener Kommentar zum BGB, 9. Aufl. 2024, § 823 BGB Rn. 482 m. w. N.

[400] Soweit ersichtlich, wurde der Begriff zuerst in einer Entscheidung des Reichsgerichts aus dem Jahre 1921 (RGZ 102, 372, 375) verwendet; kritisch gegenüber dieser Bezeichnung *v. Bar*, JuS 1988, 169, 170.

[401] Vgl. dazu *Wagner*, in: Münchener Kommentar zum BGB, 9. Aufl. 2024, § 823 BGB Rn. 482 m. w. N.

b) Sicherungspflichten und Fürsorgepflichten

Innerhalb der Verkehrspflichten kann zwischen Fürsorgepflichten und Sicherungspflichten unterschieden werden.[402] Sicherungspflichten sind deliktische Sorgfaltspflichten zur Kontrolle und Steuerung von Gefahren, die der eigenen Verantwortungssphäre entspringen.[403] Fürsorgepflichten sind hingegen „mitmenschliche Hilfspflichten im sozialen Nahbereich“[404] und entsprechen den in der Strafrechtslehre entwickelten Pflichten des Beschützergaranten[405].[406] Sie setzen grundsätzlich eine Garantenstellung voraus.[407] Fürsorgepflichten dienen mithin dem Schutz eines spezifischen Personenkreises vor unbestimmten Gefahrenlagen, während Sicherungspflichten dem Schutz eines unbestimmten Personenkreises vor spezifischen Gefahrenlagen dienen.[408]

c) Abgrenzung: Verkehrspflichten und Organisationspflichten

Verkehrspflichten sind von Organisationspflichten zu unterscheiden. Organisationspflichten knüpfen an bereits bestehende (primäre) Verkehrspflichten an, indem sie deren Einhaltung durch eine Pflicht zur angemessenen Organisation absichern.[409] Sie können daher als Folge einer Verkehrspflicht begriffen[410] und mit den aus einer Aufgabendelegation folgenden Gefahrenerhöhungen begründet werden[411]. Obliegen einem Unternehmen Verkehrspflichten, werden diese in der Regel an Organe und Repräsentanten sowie nachgeordnete Mitarbeiter delegiert, welche die Pflichten dann arbeitsteilig erfüllen. Durch Arbeitsteilung entstehen zwar grundsätzlich keine neuen Gefahrenquellen, es erhöhen sich aber bereits bestehende Risiken, denen mithilfe der Organisationspflichten Rechnung getragen wird.[412] Könnten Verkehrspflichten nämlich derart an Dritte delegiert werden, dass der Delegierende von jeglicher Verantwortung frei wird, bestünden für diesen kaum

[402] *Brunk*, Menschenrechtscompliance, 2022, S. 374.

[403] *Wagner*, in: Münchener Kommentar zum BGB, 9. Aufl. 2024, § 823 BGB Rn. 506.

[404] Zit.: *Wagner*, in: Münchener Kommentar zum BGB, 9. Aufl. 2024, § 823 BGB Rn. 515.

[405] Vgl. dazu *Haas*, in: Matt/Renzikowski, Strafgesetzbuch, 2. Auflage 2020, § 13 Rn. 88 ff.

[406] *Wagner*, in: Münchener Kommentar zum BGB, 9. Aufl. 2024, § 823 BGB Rn. 515.

[407] *Brunk*, Menschenrechtscompliance, 2022, S. 374.

[408] *Brunk*, Menschenrechtscompliance, 2022, S. 374.

[409] *Spindler*, Unternehmensorganisationspflichten, 2011, S. 763 f.; *Bunting*, ZIP 2012, 1542, 1547.

[410] *Spindler*, Unternehmensorganisationspflichten, 2011, S.764.

[411] *Habersack/Zickgraf*, ZHR 182 (2018), 252, 278.

[412] *Spindler*, Unternehmensorganisationspflichten, 2011, S. 781; *Brunk*, Menschenrechtscompliance, 2022, S. 381.

Anreize zur Schadensvermeidung.[413] Zudem führt Arbeitsteilung häufig dazu, dass die Pflichtigen weniger in der Lage sind, das Risikogeschehen zu überblicken, zu koordinieren und zu steuern.[414] Aus diesen Gründen verpflichten Organisationspflichten Unternehmen dazu, ihre innerbetrieblichen Abläufe derart zu organisieren, dass Schädigungen Dritter so weit wie möglich vermieden werden.[415]

Die Pflichten beinhalten die sorgfältige Auswahl, Instruktion und Überwachung der Mitarbeiter, erschöpfen sich aber nicht in diesen Maßnahmen.[416] Vielmehr führt die Organisationsgewalt über ein Unternehmen zu der umfassenden Pflicht, für eine Gefahrsicherung in der gesamten eigenen Rechtssphäre zu sorgen.[417]

d) Adressat der Verkehrspflichten

Die zu beachtenden Verkehrspflichten richten sich sowohl an natürliche als auch an juristische Personen.[418] Unternehmen als solche stellen keine Rechtssubjekte dar, sondern bilden eine Rechts- und Organisationsgesamtheit.[419] Adressat des § 823 Abs. 1 BGB kann daher nur der Unternehmensträger sein.[420] Aus Gründen der besseren Lesbarkeit wird im Rahmen dieser Arbeit ausschließlich der Begriff „Unternehmen" verwendet. Gemeint ist stets der jeweilige Rechtsträger.[421] Dieser ist als juristische Fiktion nicht selbst, sondern nur über seine Mitarbeiter und Organe handlungsfähig.[422] Erforderlich ist daher eine Zurechnung des pflichtwidrigen

---

413 *Spindler*, Unternehmensorganisationspflichten, 2011, S. 781; *Brunk*, Menschenrechtscompliance, 2022, S. 381.

414 *Spindler*, Unternehmensorganisationspflichten, 2011, S. 781; *Brunk*, Menschenrechtscompliance, 2022, S. 381.

415 *Wagner*, in: Münchener Kommentar zum BGB, 9. Aufl. 2024, § 823 BGB Rn. 108; *Habersack/Zickgraf*, ZHR 182 (2018), 252, 277.

416 *Wagner*, in: Münchener Kommentar zum BGB, 9. Aufl. 2024, § 823 BGB Rn. 108.

417 *Brunk*, Menschenrechtscompliance, 2022, S. 381; BGH, NJW-RR 1996, 867, 868 = VersR 1996, 469; *Wagner*, in: Münchener Kommentar zum BGB, 9. Aufl. 2024, § 823 BGB Rn. 108; *Habersack/Zickgraf*, ZHR 182 (2018), 252, 277.

418 *Brunk*, Menschenrechtscompliance, 2022, S. 377.

419 *Brunk*, Menschenrechtscompliance, 2022, S. 377.

420 *Holle*, Legalitätskontrolle im Kapitalgesellschafts- und Konzernrecht, 2014, S. 309, 313; RGZ 53, 276, 281 f.; BGHZ 11, 151, 155 f.; BGHZ 11, 175, 178 f.; BGHZ 17, 214, 220; OLG Karlsruhe, GmbHR 2013, 267; *v. Bar*, in: FS Kitagawa, 1992, S. 279, 285 f.; *Habetha*, Direktorenhaftung, 1995, S. 27; *Kleindiek*, Deliktshaftung, 1997, S. 191 ff., 202 f.; *Lutter*, ZHR 157 (1993) 464, 470 f.; *H.-J. Mertens/G. Mertens*, JZ 1990, 488, 489; *K. Schmidt*, in: Karlsruher Forum 1993, S. 4, 7 f.; a. A. *Larenz/Canaris*, SchuldR II/2, § 76 III 5d; *Schlechtriem*, in: FS Heiermann, 1995, S. 281, 289.

421 Siehe Kap. 3 Fn. 1.

422 *Brunk*, Menschenrechtscompliance, 2022, S. 377; *Holle*, Legalitätskontrolle im Kapitalgesellschafts- und Konzernrecht, 2014, S. 313.

Verhaltens.[423] Das Verschulden von Organen und Repräsentanten[424] (etwa Filialleiter[425]) kann dem Unternehmen über § 31 BGB analog zugerechnet werden.[426]

Verkehrspflichten können nicht umgangen werden, indem zu ihrer Erfüllung Mitarbeiter eingesetzt werden, deren Verschulden dem Unternehmen nicht zurechenbar ist. Die Organisation eines Unternehmens verlangt nämlich, dass besonders relevante Tätigkeitsbereiche – etwa die Erfüllung deliktischer Verhaltenspflichten – der Aufsicht des Vorstands oder eines anderen Repräsentanten unterliegen.[427] Werden diese Pflichten an einen nicht unter § 31 BGB analog fallenden Mitarbeiter delegiert, ist ein Organisationsmangel anzunehmen, welcher bereits aus sich heraus eine Verkehrspflichtverletzung begründet.[428]

Die Zuordnung der Verkehrspflichten zu einer natürlichen oder juristischen Person kann denklogisch auch nur dann erfolgen, wenn die betreffende Person in der Lage ist, die Gefahr zu beherrschen und zu steuern[429].[430] Es wäre schließlich sinnlos, demjenigen haftungsbewährte Sicherungspflichten aufzuerlegen, der nicht einmal die Möglichkeit hat, die Pflichten zu erfüllen. Dabei sind der wirtschaftliche Aufwand von Maßnahmen zur Gefahrvermeidung oder Gefahrreduzierung sowie die Selbstschutzmöglichkeiten des Opfers zu berücksichtigen.[431]

Die Zuordnung der Verkehrspflichten erfordert zudem eine normativ begründete Zuständigkeit für die konkrete Gefahrenquelle oder das zu schützende Rechtsgut.[432] Sicherungspflichten treffen grundsätzlich jede Person für ihre eigene Sphäre, namentlich für das eigene Verhalten und die eigenen Sachen.[433] Eine Fürsorgepflicht zum Schutz fremder Rechtsgüter vor Gefahren, die ihnen aus der Sphäre Dritter drohen, besteht in der Regel nicht. Eine solche würde sowohl die Autonomie des Bedrohten als auch die Autonomie des Helfers einschränken.[434]

---

[423] *Brunk*, Menschenrechtscompliance, 2022, S. 377.

[424] Vgl. zur Repräsentantenhaftung, *Leuschner*, in: Münchener Kommentar zum BGB, 9. Aufl. 2021, § 31 Rn. 14 f.

[425] *Leuschner*, in: Münchener Kommentar zum BGB, 9. Aufl. 2021, § 31 Rn. 14.

[426] *Welwert*, Menschenrechtsverantwortung deutscher Konzerne, 2023, S. 102; *Brunk*, Menschenrechtscompliance, 2022, S. 377.

[427] *Brunk*, Menschenrechtscompliance, 2022, S. 380.

[428] Vgl. dazu auch *Wagner*, in: Münchener Kommentar zum BGB, 9. Aufl. 2024, § 823 BGB Rn. 121; *Brunk*, Menschenrechtscompliance, 2022, S. 380; *Heinen*, in: Krajewski/Saage-Maaß, Durchsetzung menschenrechtlicher Sorgfaltspflichten, S. 99.

[429] Dazu näher Kap. 3 B. II. 3. c) cc).

[430] *Habersack/Zickgraf*, ZHR 182 (2018), 252, 272.

[431] *Heinen*, in: Krajewski/Saage-Maaß, Durchsetzung menschenrechtlicher Sorgfaltspflichten, S. 99; *Mertens*, VersR 1980, 397, 401.

[432] *Wagner*, in: Münchener Kommentar zum BGB, 9. Aufl. 2024, § 823 BGB Rn. 503.

[433] *Wagner*, in: Münchener Kommentar zum BGB, 9. Aufl. 2024, § 823 BGB Rn. 503.

[434] *Wagner*, in: Münchener Kommentar zum BGB, 9. Aufl. 2020, § 823 BGB Rn. 504.

2. Herleitung aus den Sorgfaltspflichten des LkSG

Bevor die Entstehung und der Inhalt von menschenrechtlichen Verkehrspflichten näher beleuchtet werden können, stellt sich die Frage, ob es möglich oder sogar geboten ist, die Sorgfaltspflichten des LkSG in deliktische Verkehrspflichten zu übersetzen und auf diese Weise eine Konvergenz zwischen der Menschenrechtshaftung nach § 823 Abs. 1 BGB und den Sorgfaltspflichten des LkSG zu erzeugen. Die Frage ist eng verbunden mit der Reichweite des Haftungsausschlusses aus § 3 Abs. 3 Satz 1 LkSG, welcher einem Gleichlauf von Deliktsrecht und LkSG von vorneherein entgegenstehen könnte.

a) Meinungsstand

Zum Teil wird davon ausgegangen, § 3 Abs. 3 Satz 1 LkSG sperre einen Anspruch aus § 823 Abs. 1 BGB, wenn Pflichten aus dem LkSG verletzt werden.[435] Der Wortlaut der Vorschrift schließe jedwede Haftung wegen einer Verletzung von Sorgfaltspflichten aus.[436] Dies stehe auch im Einklang mit dem Willen des Gesetzgebers, die zivilrechtliche Haftung durch das LkSG in keiner Weise beeinflussen zu wollen.[437] Schließlich solle § 3 Abs. 3 Satz 1 LkSG eine Haftung nach § 823 Abs. 2 BGB vollständig verhindern. Soweit die Sorgfaltspflichten aber als Grundlage für Verkehrspflichten verstanden würden, entspräche die Vorgehensweise bei der Rechtsanwendung des § 823 Abs. 1 BGB dem Vorgehen bei der Anwendung des § 823 Abs. 2 BGB.[438] Eine Verletzung der Sorgfaltspflichten würde mithin regelmäßig zu einer Haftung nach § 823 Abs. 1 BGB führen, genauso wie es auch bei einer Anwendung des § 823 Abs. 2 BGB der Fall wäre.[439] Mit anderen Worten: Eine Klassifizierung der Sorgfaltspflichten als Verkehrspflichten hätte einen Haftungsgleichlauf von § 823 Abs. 1 BGB und § 823 Abs. 2 BGB zur Folge. Dadurch verlöre § 3 Abs. 3 Satz 1 LkSG jede praktische Bedeutung, da die gesetzlich ausgeschlossene Anwendung des § 823 Abs. 2 BGB über eine Haftung wegen der Verletzung von Verkehrspflichten umgangen würde.[440]

Nach anderer Auffassung können die Sorgfaltspflichten des LkSG als Verkehrspflichten angesehen werden.[441] Das LkSG setze den Rahmen für die Organi-

---

[435] So etwa *Rühl/Knauer*, JZ 2022, 105, 108; *Schneider*, ZIP 2022, 407, 412 ff.; wohl auch *Späth/Werner*, CCZ 2021, 241, 250 f.

[436] *Rühl/Knauer*, JZ 2022, 105, 108; *Wagner*, in: FS Singer, 2021, S. 693, 707 ff.

[437] *Schneider*, ZIP 2022, 407, 413; *Späth/Werner*, CCZ 2021, 241, 250 f.

[438] *Schneider*, ZIP 2022, 407, 413.

[439] *Schneider*, ZIP 2022, 407, 413.

[440] Vgl. *Fleischer*, DB 2022, 920, 921.

[441] So etwa *Paefgen*, ZIP 2021, 2006, 2011; *Koch*, MDR 2022, 1, 3 f.; *Schmidt-Räntsch*, ZUR 2021, 387, 394; *Kieninger*, ZIP 2024, 1037, 1041 f.; wohl auch *Weller/Nasse*, in: FS Ebke, 2021, S. 1071, 1077 ff.; zu beachten ist allerdings, dass einige der Beiträge vor Einfü-

sationspflichten des § 823 Abs. 1 BGB.[442] Es bestimme die Anforderungen für die Organisation der Lieferkette und damit die im Verkehr zu beobachtende Sorgfalt im Sinne von § 276 Abs. 2 BGB. Die Norm regele zwar das Vertretenmüssen im Sinne von § 280 Abs. 1 Satz 2 BGB. Auf sie könne aber zur Ausfüllung des Begriffs der Fahrlässigkeit in § 823 Abs. 1 BGB zurückgegriffen werden, weil sich insoweit keine sachlichen Unterschiede ergeben würden.[443] Der öffentlich-rechtliche Charakter der Sorgfaltspflichten schließe eine privatrechtliche Verantwortlichkeit nicht aus.[444]

Eine vermittelnde Ansicht sieht in den Sorgfaltspflichten das Potential, entsprechende Verkehrspflichten zu entwickeln.[445] Die Rechtsprechung könne bei der Anwendung des § 823 Abs. 1 BGB auf die Sorgfaltspflichten des LkSG zurückgreifen und die Verkehrspflichten identisch ausgestalten. Dies stünde im Einklang mit § 3 Abs. 3 Satz 1 LkSG, da keine neue zivilrechtliche Haftung begründet wird. Stattdessen würden vom LkSG unabhängige Verkehrspflichten statuiert, welche in der Sache jedoch den Sorgfaltspflichten des LkSG entsprechen.[446] § 3 Abs. 3 Satz 1 LkSG könne bereits seinem Wortlaut nach nicht so interpretiert werden, dass er das „Einfrieren"[447] der geltenden Rechtslage gebiete und die Rechtsprechung zu den Verkehrspflichten daher nicht an die Vorgaben des LkSG inhaltlich angepasst werden darf. Hierfür spreche auch der dynamische Charakter des Deliktsrechts.[448]

b) Stellungnahme

Vorzugswürdig erscheint eine differenzierende Auffassung. Würden die Sorgfaltspflichten des LkSG in § 823 Abs. 1 BGB inkorporiert, würde (sofern die bislang bestehenden Verkehrspflichten nicht ohnehin mit dem Pflichtenkatalog des LkSG identisch sind) durch das LkSG eine neue zivilrechtliche Haftung begründet werden, was mit einem Verstoß gegen § 3 Abs. 3 Satz 1 LkSG einherginge.[449]

---

gung des § 3 Abs. 3 Satz 1 LkSG in den Referentenentwurf veröffentlicht wurden und daher nicht an die Vorschrift anknüpfen können.

[442] *Schmidt-Räntsch*, ZUR 2021, 387, 394.

[443] *Schmidt-Räntsch*, ZUR 2021, 387, 394.

[444] *Paefgen*, ZIP 2021, 2006, 2011.

[445] So etwa *Ehmann/Berg*, GWR 2021, 287, 291; *Ehmann*, ZVertriebsR 2021, 205, 206; *Fleischer*, DB 2022, 920, 921 f.

[446] *Ehmann/Berg*, GWR 2021, 287, 291.

[447] Zit.: *Fleischer*, DB 2022, 920, 922.

[448] *Fleischer*, DB 2022, 920, 922.

[449] Ähnlich *Spindler*, ZHR 186 (2022), 67, 100, welcher bei Übernahme der Sorgfaltspflichten ins Zivilrecht das vom Gesetzgeber nicht gewollte Entstehen „neuer Pflichten" befürchtet, da das LkSG insbesondere den im Gesellschaftsrecht üblicherweise geltenden Vertrauensgrundsatz durchbreche; a. A. *Kieninger*, ZIP 2024, 1037, 1041 f.: Da die Verkehrspflichten in § 823 Abs. 1 BGB anzusiedeln sind, sei eine Haftung auch bei Hineinlesen der Sorgfaltspflichten des LkSG in § 823 Abs. 1 BGB vom LkSG „formal unabhängig".

Zudem liefe der gesetzgeberisch intendierte Ausschluss des § 823 Abs. 2 BGB leer, da ein tatbestandlicher Gleichlauf von § 823 Abs. 1 BGB und § 823 Abs. 2 BGB entstehen würde.[450] Könnten die Pflichten des LkSG nämlich als Schutzgesetze eingestuft werden, würde ein Verstoß gegen eine Sorgfaltspflicht regelmäßig sowohl als Verkehrspflichtverletzung als auch als Schutzgesetzverletzung zu bewerten sein. Der Regierungsentwurf wurde aber gerade mit dem Ziel beschlossen, gegenüber der geltenden Rechtslage keine zusätzlichen zivilrechtlichen Haftungsrisiken für Unternehmen zu schaffen, wodurch insbesondere eine Haftung nach § 823 Abs. 2 BGB vermieden werden sollte.[451] Ließe man einen tatbestandlichen Gleichlauf zwischen § 823 Abs. 1 BGB und § 823 Abs. 2 BGB zu, verlöre § 3 Abs. 3 Satz 1 LkSG im Deliktsrecht vollständig an Bedeutung, da die gesetzlich ausgeschlossene Anwendung des § 823 Abs. 2 BGB über eine Haftung wegen der Verletzung von Verkehrspflichten umgangen würde.[452] Die Sorgfaltspflichten nach dem LkSG als Verkehrspflichten anzusehen, stellt daher nicht bloß eine „moderne Interpretation" des § 823 Abs. 1 BGB dar[453], sondern verstößt gegen § 3 Abs. 3 Satz 1 LkSG.

Diese Erwägungen dürfen allerdings nicht dazu führen, dass Verstöße gegen Sorgfaltspflichten niemals eine zivilrechtliche Haftung zu Folge haben können und nur über das öffentliche Recht sanktioniert werden dürfen. Eine solche Auslegung des § 3 Abs. 3 Satz 1 LkSG würde eine Fortentwicklung der Verkehrspflichten weitgehend blockieren und dem Zweck des LkSG zuwiderlaufen. Dieser besteht primär darin, die internationale Menschenrechtslage zu verbessern.[454] Würde die zivilrechtliche Haftung für Menschenrechtsverletzungen durch § 3 Abs. 3 LkSG vollständig „eingefroren"[455], stünde das LkSG einer Weiterentwicklung der deliktischen Verkehrspflichten entgegen. Es würde eine Verbesserung der Menschenrechtslage im Zivilrecht aktiv verhindern, was dem Zweck des Gesetzes widerspräche.

Richtigerweise sind die Verkehrspflichten nach § 823 Abs. 1 BGB daher vollkommen unabhängig vom LkSG zu bewerten.[456] Es darf nicht auf das LkSG zurückgegriffen werden, um neue Verkehrspflichten zu begründen. Einem „zufälligen" Gleichlauf von (öffentlich-rechtlichen) Sorgfaltspflichten und (zivilrechtlichen) Verkehrspflichten steht § 3 Abs. 3 Satz 1 LkSG aber nicht entgegen. Daher bleibt es Rechtsprechung und Literatur unbenommen, menschenrechtliche Verkehrspflichten weiterzuentwickeln. Die Entwicklung muss dabei unabhängig vom

---

[450] *Schneider*, ZIP 2022, 407, 413.

[451] Vgl. BT-Drucks. 19/30505, S. 39.

[452] Vgl. *Fleischer*, DB 2022, 920, 921.

[453] In diese Richtung *Weller/Nasse*, in: FS Ebke, 2021, S. 1071, 1079 f.

[454] BT-Drucks. 19/28649, S. 23.

[455] Davor warnend: *Fleischer*, DB 2022, 920, 922; siehe auch *Wagner*, in: FS Singer, 2021, S. 693, 708.

[456] Ähnlich wohl *Sangi*, in: Johann/Sangi, LkSG, § 3 Rn. 34.

LkSG erfolgen, darf allerdings inhaltlich mit dessen Vorgaben identisch sein.[457] Nicht zulässig ist es dagegen, den Unternehmen im Rahmen der Verkehrspflichten die Einrichtung bestimmter lieferkettensorgfaltspflichtengesetzähnlicher Organisationsstrukturen vorzuschreiben unter Verweis darauf, dass sie dazu nach dem LkSG ohnehin verpflichtet seien und daher bereits über entsprechende Strukturen verfügten. Dann würde sich das LkSG nämlich wieder in einer Weise auf die zivilrechtliche Haftung auswirken, welche durch § 3 Abs. 3 Satz 1 LkSG vermieden werden soll. Keine Auswirkungen hat § 3 Abs. 3 Satz 1 LkSG folglich auch auf bereits vor Inkrafttreten des LkSG entwickelte Verkehrspflichten. Soweit die im LkSG enthaltenen Sorgfaltspflichten nämlich inhaltlich den nach § 823 Abs. 1 BGB bereits bestehenden Verkehrspflichten entsprechen, werden diese Pflichten nicht erst durch das LkSG statuiert, sondern lediglich im LkSG niedergeschrieben und nunmehr (auch) an öffentlich-rechtliche Sanktionen geknüpft.[458] Vor Inkrafttreten des LkSG bestehende Verkehrspflichten wurden denklogisch unabhängig vom LkSG begründet.

Für die nachstehenden Untersuchungen ergibt sich also aus § 3 Abs. 3 Satz 1 LkSG, dass die Sorgfaltspflichten des LkSG nicht zur Begründung deliktischer Verkehrspflichten herangezogen werden dürfen. Einem Rückgriff auf die allgemeine Verkehrspflichtendogmatik steht § 3 Abs. 3 Satz 1 LkSG hingegen nicht entgegen. Insbesondere sind Verkehrspflichten, die bereits vor Inkrafttreten des LkSG aus § 823 Abs. 1 BGB hergeleitet werden konnten, von dem Haftungsausschluss ausgenommen. Im Folgenden wird daher geprüft, ob sich menschenrechtliche Verkehrspflichten losgelöst vom LkSG begründen lassen.

3. Herleitung aus der allgemeinen Verkehrspflichtendogmatik

a) Ausgangspunkt: Normative Zurechnungskriterien

Verkehrspflichten werden nach herrschender Meinung[459], mithilfe normativer Zurechnungskriterien hergeleitet, die wohl erstmals durch von Bar[460] im Jahre 1980 systematisiert wurden.[461] Nach ständiger Rechtsprechung des VI. Zivilsenates des BGH ist derjenige, „der eine Gefahrenlage – gleich welcher Art – schafft, grundsätzlich verpflichtet, die notwendigen und zumutbaren Vorkehrungen zu treffen, um eine Schädigung anderer möglichst zu verhindern. Die rechtlich gebotene Verkehrssicherung umfasst diejenigen Maßnahmen, die ein umsichtiger und verstän-

---

[457] So wohl auch *Schall/Merkel*, in: Schall/Theusinger/Pour Rafsendjani, LkSG, Anh. § 3 Rn. 78.

[458] Ähnlich *Jungkind/Raspé/Terbrack*, DK 2021, 445, 451.

[459] Vgl. statt vieler *Habersack/Zickgraf*, ZHR (2018), 252, 268 ff.; BeckOGK/*Voigt*, Stand: 01.11.2024, BGB § 823 Rn. 405; BeckOGK/*Spindler*, Stand: 01.12.2023, BGB § 823 Rn. 405; *Hübner*, Unternehmenshaftung für Menschenrechtsverletzungen, 2022, S. 231 ff.

[460] Vgl. *v. Bar*, Verkehrspflichten, 1980, S. 112 ff.

[461] So auch *Welwert*, Menschenrechtsverantwortung deutscher Konzerne, 2023, S. 94.

diger, in vernünftigen Grenzen vorsichtiger Mensch für notwendig und ausreichend hält, um andere vor Schäden zu bewahren.“[462]

Die von den erkennenden Richtern gewählte Formulierung macht deutlich, dass der Senat bei der Begründung von Verkehrspflichten primär auf die Schaffung und Unterhaltung einer Gefahrenquelle abstellt.[463] Auf derartige Kriterien wird richtigerweise auch in der Literatur zurückgegriffen. Denn von dem, der ein Risiko schafft, kann am ehesten eine effektive Gefahrenabwehr erwartet werden.[464] Zudem erscheint es unter Wertungsgesichtspunkten sinnvoll, dem Verursacher einer Gefahrenquelle die Verantwortung für die entstandenen Risiken aufzubürden.[465] Zur Begründung von Verkehrspflichten können aber auch weitere Abwägungskriterien herangezogen werden:

Zunächst ist es denkbar, auf die Gefahrbeherrschung abzustellen. Wenn eine Person eine Gefahrenquelle beherrscht, ist sie zur Ergreifung angemessener Gefahrvermeidungsmaßnahmen verpflichtet (Prinzip der Gefahrbeherrschung).[466] Denn demjenigen, welcher die Gefahr kontrolliert, erscheint es zumutbar, auch die Pflicht zur Gefahrvermeidung aufzuerlegen.[467]

Zur Begründung von Verkehrspflichten kann weiterhin darauf abgestellt werden, ob der Verpflichtete ein besonderes Vertrauen auf das Nichtvorliegen von Gefahren hervorgerufen und dadurch Schutzmaßnahmen des Rechtsverkehrs vermindert hat (Vertrauensprinzip).[468] Dies folgt daraus, dass mit dem Erzeugen von Vertrauen auch das Schadenspotential von Risiken ansteigt, da der Rechtsverkehr sich keiner Gefahr mehr bewusst ist.[469]

Zuletzt hat eine Person, die aus einer bestimmten Sachlage oder einem Verhalten Vorteile zieht, auch die daraus entstehenden Gefahren zu steuern (Interessenprinzip).[470] Diesem Prinzip liegt die rechtsökonomische Wertung zugrunde, dass die Vor- und Nachteile eines Handelns nicht auseinanderfallen dürfen.[471] Würden einen Begünstigten die mit einer Gefahrenquelle verbundenen Nachteile nicht treffen, ist

---

[462] Zit.: BGH, NJW 2013, 48; BGH, NJW 2006, 610, 611; BGH, NJW 2007, 1683, 1684.

[463] So auch *Brunk*, Menschenrechtscompliance, 2022, S. 433.

[464] *Habersack/Zickgraf*, ZHR 182 (2018), 252, 269.

[465] Ähnlich *Habersack/Zickgraf*, ZHR 182 (2018), 252, 269.

[466] BGH, NJW 1953, 1297; *Habersack/Zickgraf*, ZHR 182 (2018), 252, 269; *v. Bar*, Verkehrspflichten, 1980. S. 122 f. (handelt es sich um eine Personengefahr, besteht eine Verkehrspflicht in Bezug auf die Steuerung des Verhaltens dieser Person, soweit diese dazu verpflichtet ist, den Anordnungen des Pflichtigen Folge zu leisten).

[467] *Habersack/Zickgraf*, ZHR 182 (2018), 252, 269.

[468] *v. Bar*, Verkehrspflichten, 1980, S. 117 ff.; *Habersack/Zickgraf*, ZHR 182 (2018), 252, 269; BGH, NJW 1981, 1603, 1604.

[469] *Habersack/Zickgraf*, ZHR 182 (2018), 252, 269.

[470] *v. Bar*, Verkehrspflichten, 1980, S. 125 ff.; *v. Bar*, JuS 1988, 169, 171; *Habersack/Zickgraf*, ZHR 182 (2018), 252, 270 f.

[471] *Habersack/Zickgraf*, ZHR 182 (2018), 252, 271.

von ihm ein unsorgfältiges Verhalten und damit verbunden eine Vergrößerung des Gefahrenpotenzials zu erwarten.[472]

Die genannten Kriterien sind zur Begründung einer Verkehrspflicht unter der Leitmaxime, dass den Interessen Betroffener an der Wahrung ihrer Handlungsfreiheit und dem Schutzbedürfnis für die Rechtsgüter Dritter hinreichend Rechnung zu tragen ist, abzuwägen, um so eine rechtssichere Bestimmung der Risikosphären zu gewährleisten.[473]

b) Meinungsstand

aa) Herrschende Meinung: Grundsätzlich keine deliktische Haftung nach § 823 Abs. 1 BGB

In der Literatur ist seit langem umstritten, inwieweit Unternehmen zur Verhinderung von Menschenrechtsverletzungen durch Dritte verpflichtet sind und dafür deliktisch mittels Verkehrspflichten zur Verantwortung gezogen werden können. In den diskutierten Fällen wird in erster Linie zwischen solchen Menschenrechtsverletzungen, die durch Zulieferer verursacht wurden, und solchen Menschenrechtsverletzungen, die durch Tochterunternehmen verursacht wurden, differenziert.

Die herrschende Meinung lehnt eine Haftung des Auftraggebers für Zulieferunternehmen grundsätzlich ab.[474] Das deutsche Haftungsrecht kenne keine Sorgfaltspflichten in Bezug auf das Verhalten selbstständiger Dritter.[475] Verkehrssicherungspflichtig seien in erster Linie die Zulieferer selbst.[476] Bereits die §§ 831, 832 BGB brächten zum Ausdruck, dass sich deliktisch relevante Sorgfaltsanforderungen grundsätzlich auf die eigene Sphäre beschränken würden und die Annahme einer Sorgfaltspflicht in Bezug auf die Sphäre Dritter sowohl dem Vertrauensgrundsatz als auch dem Rechtsträgerprinzip zuwiderliefe.[477]

Eine Delegation von Sorgfaltspflichten, infolge derer dem Auftraggeber Überwachungspflichten auferlegt werden, sei zwar möglich, der Zulieferer betreibe jedoch seine eigenen Produktionsstätten. Der Beitrag des Auftraggebers bestünde lediglich in der Inanspruchnahme von Leistungen des Zulieferers, worin keine De-

---

[472] *Habersack/Zickgraf*, ZHR 182 (2018), 252, 271.

[473] *Hübner*, Unternehmenshaftung für Menschenrechtsverletzungen, 2022, S. 230 f.

[474] *Habersack/Ehrl*, AcP 219 (2019), 155, 196 ff.; *Wagner*, RabelsZ 80 (2016), 717, 773 ff., 779; *Weller/Kaller/Schulz*, AcP 217 (2017), 387, 403; *Fleischer*, DB 2022, 920, 925; *Heinen*, Deliktische Sorgfaltspflichten, 2022, S. 168 ff.; *Welwert*, Menschenrechtsverantwortung deutscher Konzerne, 2023, S. 133 ff., 348 allerdings mit Schwerpunkt auf Konzernkonstellationen.

[475] *Wagner*, RabelsZ 80 (2016), 717, 773; *Habersack/Ehrl*, AcP 219 (2019), 155, 197.

[476] *Weller/Kaller/Schulz*, AcP 217 (2017), 387, 401 f.; *Habersack/Ehrl*, AcP 219 (2019), 155, 200.

[477] *Habersack/Ehrl*, AcP 219 (2019), 155, 197.

legation erblickt werden könne.[478] Auch ein gefährliches Verhaltens des Auftraggebers, welches eine Sorgfaltspflicht nach sich zieht, sei abzulehnen. Der Abschluss des Zulieferervertrages habe keine Verschiebung der Verantwortlichkeit zur Folge, da die Gefahrenquelle im Schwerpunkt weiterhin vom Zulieferer geschaffen und kontrolliert würde.[479] Die Beauftragung eines Dritten stelle generell kein gefährliches Tun dar, nicht einmal dann, wenn dem Lieferanten enge Lieferfristen gesetzt oder Preisdruck ausgeübt wird.[480] Insbesondere die Tatsache, dass der Auftraggeber aus der Beauftragung einen wirtschaftlichen Nutzen zieht, könne dabei nicht zur Haftungsbegründung herangezogen werden, da die damit einhergehende uferlose Verantwortlichkeit faktisch zu einer Haftung „jeder für jeden"[481] führen würde.[482]

In Konzernkonstellationen wird vor allem das Trennungs- bzw. Rechtsträgerprinzip angeführt, um eine deliktische Haftung der Muttergesellschaft abzulehnen.[483] Während dieses teilweise als unüberwindbare Hürde für eine deliktische Haftung betrachtet wird[484], halten andere Autoren eine Durchbrechung jedenfalls für nicht ausgeschlossen[485]. Eine Haftung der Muttergesellschaft solle zudem am Vertrauensgrundsatz scheitern.[486]

bb) Deliktische Haftung nach § 823 Abs. 1 BGB in Ausnahmefällen

Viele Autoren, die eine Menschenrechtshaftung grundsätzlich ablehnen, räumen gleichzeitig ein, dass eine deliktische Verantwortlichkeit zumindest in atypischen Konstellationen denkbar sei.[487]

Ein solcher Ausnahmefall liege etwa vor, wenn der Auftraggeber in relevanter Weise zur Gefahrerhöhung beigetragen (etwa durch die Lieferung gefährlicher Produkte)[488] oder wenn er durch Einmischung in den Zuliefererbetrieb tatsächlich

---

[478] *Habersack/Ehrl*, AcP 219 (2019), 155, 200 f.

[479] *Habersack/Ehrl*, AcP 219 (2019), 155, 200.

[480] *Fleischer*, DB 2022, 920, 925.

[481] Zit.: *Fleischer*, DB 2022, 920, 925.

[482] *Fleischer*, DB 2022, 920, 925.

[483] Vgl. *Spindler*, in: Münchener Kommentar zum Aktiengesetz, 6. Auflage 2023, § 93 Rn. 404; *Fleischer*, DB 2849, 2856; *Wagner*, RabelsZ 80 (2016), 717, 757 ff.

[484] So etwa *Spindler*, in: Münchener Kommentar zum Aktiengesetz, 6. Auflage 2023, § 93 Rn. 404.

[485] *Wagner*, RabelsZ 80 (2016), 717, 761 ff.; *Fleischer*, DB 2849, 2856.

[486] *Steinbrück*, in: Gehling/Ott, LkSG, Anh. § 11 Rn. 664 f.

[487] So etwa *Nordhues*, Die Haftung der Muttergesellschaft für Menschenrechtsverletzungen, 2019, S. 122 ff.; *Wagner*, RabelsZ 80 (2016), 717, 773 ff., 779; *Fleischer*, DB 2022, 920, 925; *Welwert*, Menschenrechtsverantwortung deutscher Konzerne, 2023, S. 133 ff., 348; *Heinen*, Deliktische Sorgfaltspflichten, 2022, S. 168 ff.

[488] *Heinen*, in: Krajewski/Saage-Maaß, Die Durchsetzung menschenrechtlicher Sorgfaltspflichten von Unternehmen, 2018, S. 87, 104; siehe auch *Wagner*, RabelsZ 80 (2016), 717, 779.

Verantwortung für einen bestimmten Risikobereich übernommen hat.[489] Ferner könne eine Haftung bejaht werden, wenn der Auftraggeber früher selbst für eine Gefahrenquelle verantwortlich war und die ihn treffenden Sorgfaltspflichten sorgfaltswidrig auf ein anderes (selbstständiges) Unternehmen delegiert hat (etwa die grenzüberschreitende Entsorgung giftiger Abfälle).[490] Auch im Falle einer in besonderem Maße asymmetrischen Machtstruktur in der Lieferkette könne dem Auftraggeber die Verantwortlichkeit für die Arbeitnehmer des Zulieferers zugewiesen werden.[491] Übt der Auftraggeber hochgefährliche Tätigkeiten aus, die selbst bei Einhaltung der gebotenen Sorgfalt risikoträchtig bleiben und besonderer Schutzvorkehrungen bedürfen, wird eine Haftung ebenfalls für möglich gehalten.[492] Eine Verkehrspflicht könne zudem in den Fällen bejaht werden, in denen der Auftraggeber den Zulieferer engmaschig kontrolliert und wie eine eigene Betriebseinheit führt oder einen erheblichen Einfluss auf das Tagesgeschäft nimmt.[493] Es wird ferner die Frage aufgeworfen, ob den Auftraggeber eine deliktische Verantwortlichkeit trifft, wenn er von mangelhaften Arbeitsschutzstandards oder drohenden Menschenrechtsverletzungen Kenntnis erlangt.[494]

Weller/Nasse vertreten die Auffassung, dass auch eine sogenannte „Menschenrechtsarbitrage" zum Entstehen einer Verkehrspflicht führt. Eine solche liege vor, wenn Unternehmen unter Umgehung der kollisionsrechtlichen Ausnahmetatbestände (Art. 6 EGBGB und Art. 26 Rom-II-VO) ihre Produktion ins Ausland verlagern, um von defizitären Regelungen bezüglich des Arbeits-, Gesundheits- und Brandschutzes wirtschaftlich zu profitieren. Das daraus resultierende Missverhältnis zwischen dem mangelhaften Rechtsschutz im Ausland und der fehlenden kollisionsrechtlichen Korrekturmöglichkeit könne eine neue Gefahrenquelle schaffen.[495] Schließlich wird auch angenommen, aus der Veröffentlichung einer CSR-Selbstverpflichtung folge eine Fürsorgepflicht des Kundgebers, sofern die darin enthaltenen Versprechen hinreichend bestimmt sind und eine Verantwortungsübernahme erkennbar ist.[496]

---

[489] *Heinen*, in: Krajewski/Saage-Maaß, Die Durchsetzung menschenrechtlicher Sorgfaltspflichten von Unternehmen, 2018, S. 87, 104 ff.

[490] *Wagner*, RabelsZ 80 (2016), 717, 777; *Heinen*, in: Krajewski/Saage-Maaß, Die Durchsetzung menschenrechtlicher Sorgfaltspflichten von Unternehmen, 2018, S. 87, 119; *Habersack/Ehrl*, AcP 219 (2019), 155, 199 f.

[491] *Heinen*, in: Krajewski/Saage-Maaß, Die Durchsetzung menschenrechtlicher Sorgfaltspflichten von Unternehmen, 2018, S. 87, 113, 119 ff.

[492] *Fleischer*, DB 2022, 920, 925.

[493] *Fleischer*, DB 2022, 920, 925.

[494] Vgl. *Habersack/Ehrl*, AcP 219 (2019), 155, 202 f.; *Brunk*, Menschenrechtscompliance, 2022, S. 426; *Welwert*, Menschenrechtsverantwortung deutscher Konzerne, 2023, S. 175 ff.; siehe auch *Fleischer/Korch*, ZIP 2021, 709, 716 m. w. N.

[495] Vgl. *Weller/Nasse*, ZGR 2020, Sonderheft (22), 107, 127 ff.

[496] *Heinen*, Deliktische Sorgfaltspflichten, 2022, S. 194 ff.

In Konzernkonstellationen wird weitgehend ähnlich argumentiert. Eine deliktische Verantwortlichkeit könne durch eine intensive Ausübung von Leitungsmacht gegenüber der Tochtergesellschaft[497], eine tatsächliche Steuerung der Gefahrenquelle (bspw. An-sich-Ziehen der Gefahrenabwehr)[498], eine konkrete Verantwortungsübernahme[499] oder die Delegation von Verkehrssicherungspflichten entstehen[500].

Die Frage, ob und unter welchen Voraussetzungen inländische Unternehmen eine Verkehrspflicht in Bezug auf transnationale Menschenrechte trifft, soll im Folgenden anhand der in der Literatur diskutierten Ausnahmefallgruppen näher untersucht werden. Zunächst ist allerdings zu prüfen, ob die Argumentation, eine rechtsträgerübergreifende Verkehrspflicht verletze den Vertrauensgrundsatz und das Rechtsträgerprinzip, eine deliktische Haftung von vorneherein ausschließt.

c) Untersuchung der in der Literatur entwickelten Ausnahmefallgruppen

aa) Eingeschränkte Geltung des Vertrauensgrundsatzes in menschenrechtlichen Risikogebieten

Im Rahmen des § 823 Abs. 1 BGB gilt der deliktische Vertrauensgrundsatz.[501] Der (Sicherungs-)Pflichtige darf danach in der Regel darauf vertrauen, dass andere sich im Rahmen ihrer Pflichtenkreise ordnungsgemäß verhalten.[502] Im Straßenverkehrsrecht wird dies so formuliert, dass jedermann darauf vertrauen darf, dass sich auch alle anderen Verkehrsteilnehmer an die Regeln halten.[503] Bereits anhand dieser Formulierung wird aber deutlich, dass der Vertrauensgrundsatz keinesfalls unbegrenzt gelten darf und somit entgegen anderslautender Auffassungen in der Literatur[504] keine unüberwindbare Hürde für eine deliktische Haftung in transnationalen Menschenrechtsfällen darstellt. Er kann nämlich nur so weit reichen, wie ein Ver-

---

[497] *Nordhues*, Die Haftung der Muttergesellschaft für Menschenrechtsverletzungen, 2019, S. 133; *König*, AcP 217 (2017), 611, 671.

[498] *Habersack/Zickgraf*, ZHR 182 (2018), 252, 288 ff.

[499] *Güngör*, Sorgfaltspflichten für Unternehmen in transnationalen Menschenrechtsfällen, 2016, S. 265; *Holle*, Legalitätskontrolle im Kapitalgesellschafts- und Konzernrecht, 2014, S. 339.

[500] *Nordhues*, Die Haftung der Muttergesellschaft für Menschenrechtsverletzungen, 2019, S. 132; *König*, AcP 217 (2017), 611, 671 f.; *Holle*, Legalitätskontrolle im Kapitalgesellschafts- und Konzernrecht, 2014, S. 335 ff.

[501] BeckOGK/*Voigt*, Stand: 01.11.2024, BGB § 823 Rn. 424; BeckOGK/*Spindler*, Stand: 01.07.2022, BGB § 823 Rn. 412.

[502] BeckOGK/*Voigt*, Stand: 01.11.2024, BGB § 823 Rn. 424; BeckOGK/*Spindler*, Stand: 01.07.2022, BGB § 823 Rn. 412.

[503] Vgl. BGH, NJW 1954, 1493 f.; *Schmidt*, in: Geigel, Haftpflichtprozess, 28. Aufl. 2020, Kapitel 1 Rn. 80; zust. *Wagner*, ZIP 2021, 1095, 1096.

[504] So etwa *Spindler*, in: Münchener Kommentar zum Aktiengesetz, 6. Auflage 2023, § 93 Rn. 404.

trauensvorschuss und das Vertrauen auf ein ordnungsgemäßes Handeln angemessen erscheinen. Besteht etwa ein konkreter Anlass, an der sorgfältigen Pflichterfüllung durch Dritte zu zweifeln, kann sich der Pflichtige denklogisch nicht mehr auf den Vertrauensgrundsatz berufen.[505] Gerade in transnationalen Menschenrechtsfällen dürfte dies häufig der Fall sein. Jedenfalls bei Importen aus menschenrechtlichen Risikogebieten muss der Auftraggeber von vorneherein damit rechnen, dass am Produktionsstandort niedrigere Sicherheitsbestimmungen gelten und für Geschädigte die Prozessführung sowie die Urteilsvollstreckung erschwert sind.[506] Die Risikogebiete können dabei ohne Weiteres mithilfe bestimmter Internetdienste ermittelt werden[507] und sind teilweise ohnehin aktuellen Berichten aus Tageszeitungen oder Rundfunk zu entnehmen.

So ergab etwa der vom Verfasser am 20.09.2023 bei MVO Nederland[508] durchgeführte Risikocheck im Hinblick auf in der Türkei hergestellte Textilien, dass sich vor allem Flüchtlingsfamilien einem hohen Risiko von Zwangsarbeit und Kinderarbeit ausgesetzt sehen und es häufig zu Arbeitsunfällen aufgrund von niedrigen Arbeitssicherheitsstandards komme. Die A-AG kann sich im Beispielsfall daher bereits deshalb nicht auf den Vertrauensgrundsatz berufen. Hinzu kommen die Medienberichte, aufgrund derer ohnehin Anhaltspunkte für Menschenrechtsverstöße bei Z vorliegen.

Der Auftraggeber eines ausländischen Zulieferers kann sich bei Importen aus dem Ausland also nicht blind darauf verlassen, dass der Zulieferer Menschenrechte angemessen beachtet. Der Vertrauensgrundsatz steht einer menschenrechtlichen Verkehrspflicht somit nicht von vorneherein entgegen, sondern nur dann, wenn eine sorgfältig durchgeführte Risikoermittlung darauf schließen lässt, dass am Produktionsstandort keine menschenrechtlichen Risiken bestehen.[509]

---

[505] BeckOGK/*Voigt*, Stand: 01.11.2024, BGB § 823 Rn. 424; BeckOGK/*Spindler*, Stand: 01.07.2022, BGB § 823 Rn. 412.

[506] Vgl. BeckOGK/*Voigt*, Stand: 01.11.2024, BGB § 823 Rn. 721; BeckOGK/*Spindler*, Stand: 01.07.2022, BGB § 823 Rn. 704 in Bezug auf Prüfpflichten des Importeurs bei Importen aus dem europäischen Ausland, anders aber *Spindler*, in: Münchener Kommentar zum Aktiengesetz, 6. Auflage 2023, § 93 Rn. 404 im Hinblick auf eine deliktische Menschenrechtshaftung.

[507] Vgl. etwa *Agentur für Wirtschaft und Entwicklung*, CSR-Risiko-Check, abrufbar unter: https://wirtschaft-entwicklung.de/wirtschaft-menschenrechte/csr-risiko-check#csr-step-2, zuletzt abgerufen am 30.07.2024.

[508] Durchführbar unter: https://www.mvorisicochecker.nl/de/csr-risiko-check, zuletzt abgerufen am 30.07.2024.

[509] A.A. etwa *Spindler*, ZHR 186 (2022), 67, 100; *Spindler*, in: Münchener Kommentar zum Aktiengesetz, 6. Auflage 2023, § 93 Rn. 404; *Steinbrück*, in: Gehling/Ott, LkSG, Anh. § 11 Rn. 664 f.

bb) Das Rechtsträgerprinzip: Eine bloße Scheinbarriere für die deliktische Menschenrechtshaftung

Neben dem Vertrauensgrundsatz gilt im Deliktsrecht allgemein, dass Sorgfaltspflichten zur Kontrolle und Steuerung von Gefahren auf die eigene Organisations- und Verantwortungssphäre beschränkt sind.[510] Rechtssubjekte sind daher grundsätzlich nur für ihr eigenes Verhalten und ihre eigenen Gegenstände verantwortlich, nicht jedoch für das Verhalten und die Gegenstände anderer.[511]

Im Gesellschaftsrecht findet dieser Grundsatz seine Bestätigung im Trennungsprinzip. Dieses besagt, dass eine juristische Person oder Personengesellschaft als von den Gesellschaftern getrenntes Zurechnungssubjekt für Rechte und Pflichten anzusehen ist, welches stets nur durch die eigenen Organe handeln kann und dementsprechend auch nur für die eigenen Schulden aufzukommen hat.[512] Das Trennungsprinzip weist eine enge Verknüpfung mit der gesetzgeberischen Grundentscheidung für die juristische Person überhaupt auf und ist notwendige Voraussetzung der für Kapitalgesellschaften charakteristischen Haftungsbeschränkung.[513] Bei Konzernen führen das Trennungsprinzip und bei Körperschaften die Haftungsbeschränkung zum Rechtsträgerprinzip. Nach dem Rechtsträgerprinzip findet eine Zusammenrechnung des Verhaltens mehrerer selbständiger Rechtsträger nicht statt, was sowohl für das Verhältnis zwischen der Gesellschaft und ihren Gesellschaftern als auch speziell bei der Verflechtung mehrerer Gesellschaften in einem Konzern gilt.[514]

In transnationalen Menschenrechtsfällen gebietet das Rechtsträgerprinzip allerdings nicht zwingend, dass rechtsträgerübergreifende Verkehrspflichten gänzlich ausgeschlossen werden.[515] Verkehrspflichten können nämlich trotz Anbindung an einen fremden Rechtsträger dem Organisations- und Verantwortungsbereich des zu beobachtenden Unternehmens zuzuordnen sein.[516] Dies ist insbesondere dann der Fall, wenn die Schädigung dem inländischen Unternehmen aus normativen Gründen zurechenbar ist (dazu sogleich). Schafft oder verstärkt der zu beobachtende

---

[510] *Wagner*, in: Münchener Kommentar zum BGB, 9. Aufl. 2024, § 823 BGB Rn. 506; *Wagner*, ZIP 2021, 1095, 1096; *Wagner*, RabelsZ 80 (2016), 717, 758.

[511] *Wagner*, RabelsZ 80 (2016), 717, 758; *Welwert*, Menschenrechtsverantwortung deutscher Konzerne, 2023, S. 112.

[512] *Wagner*, RabelsZ 80 (2016), 717, 759; *Wiedemann*, Gesellschaftsrecht, Bd. I (1980) § 4 II 3 b, S. 214; *Windbichler*, Gesellschaftsrecht (2013), § 3 IV, S. 39; speziell zum Konzern siehe auch BGH, Urteil vom 02.12.2014 – VI ZR 501/13, BeckRS 2014, 23725 Rn. 16; OLG Frankfurt am Main, Beschluss vom 21.04.2010–2 Ws 147/08, NJW 2011, 691, 694; *Emmerich*, in: Emmerich/Habersack, Aktien- und GmbH-Konzernrecht, 10. Aufl. 2022, § 302 Rn. 6.

[513] *Wagner*, RabelsZ 80 (2016), 717, 759.

[514] *Wagner*, RabelsZ 80 (2016), 717, 759.

[515] *Wagner*, RabelsZ 80 (2016), 717, 766.

[516] Vgl. *Welwert*, Menschenrechtsverantwortung deutscher Konzerne, 2023, S. 116 f.; in diese Richtung wohl auch *Wagner*, RabelsZ 80 (2016), 717, 767.

Rechtsträger etwa eine Gefahrenlage bei einem Dritten, ist nicht ersichtlich, wieso eine Verantwortlichkeit des Verursachers dieser Gefahr (unabhängig von der Verantwortlichkeit des Dritten) von vorneherein ausgeschlossen sein soll.[517] Das Rechtsträgerprinzip steht einer Verkehrspflicht also dann nicht entgegen, wenn ein hinreichender Bezug zur Verantwortungs- und Organisationssphäre des jeweiligen Unternehmens hergestellt werden kann. Wann dies der Fall ist, wird im Folgenden[518] näher erläutert. Liegen nämlich nach der allgemeinen Verkehrspflichtendogmatik die Voraussetzungen für eine normative Zuständigkeit vor und resultiert daraus eine Verkehrspflicht, kann stets auch die erforderliche Nähe zum Einflussbereich des zu beobachtenden Unternehmens bejaht werden.[519]

Es bleibt damit festzuhalten, dass weder der Vertrauensgrundsatz noch das Rechtsträgerprinzip einer deliktischen Menschenrechtshaftung von vorneherein entgegenstehen. Im nächsten Schritt können also die in der Literatur diskutierten Fallgruppen, in denen eine deliktische Menschenrechtshaftung bejaht wird, näher betrachtet werden.

cc) Möglichkeit der Gefahrbeherrschung als notwendige Voraussetzung

Für sämtliche Menschenrechtsfälle ist aber zunächst zu beachten, dass nur derjenige, dem es möglich ist eine Gefahr zu beherrschen, Adressat von Verkehrspflichten sein kann[520].[521] Somit scheidet eine Haftung für Menschenrechtsverletzungen zwingend aus, wenn ein Unternehmen tatsächlich überhaupt nicht in der Lage ist, Einfluss auf die Umstände, welche die Menschenrechtsverletzungen begründen, zu nehmen.[522] Die im Folgenden diskutierten Fallgruppen müssen folglich allesamt diese Bedingung erfüllen. Konkret kommt es dabei auf eine „faktische Verhinderungsmacht" an, deren Vorliegen voraussetzt, dass die in Rede stehenden Gefahren von dem zu betrachtenden Unternehmen durch Ergreifen tatsächlich und rechtlich möglicher Schritte eliminiert oder gesenkt werden können.[523] Wann diese Voraussetzungen erfüllt sind, ist Frage des Einzelfalles (mögliche Konstellationen werden im weiteren Verlauf der Untersuchung aufgezeigt).

In Bezug auf Zulieferer ist eine Verhinderungsmacht etwa in denjenigen Konstellationen zu bejahen, in denen eine wirtschaftliche Abhängigkeit des Zulieferers von dem zu beobachtenden Unternehmen besteht. Verfügt der Zulieferer nämlich

---

[517] Vgl. *Welwert*, Menschenrechtsverantwortung deutscher Konzerne, 2023, S. 117.

[518] Vgl. Kap. 3 B. II. 3. c) dd).

[519] In diese Richtung wohl auch *Welwert*, Menschenrechtsverantwortung deutscher Konzerne, 2023, S. 116 f.

[520] Vgl. Kap. 3 B. II. 1. d).

[521] *von Falkenhausen*, Menschenrechtsschutz durch Deliktsrecht, 2020, S. 99 ff.; *Bomsdorf/Blatecki-Burgert*, ZRP 2020, 42, 44.

[522] *von Falkenhausen*, Menschenrechtsschutz durch Deliktsrecht, 2020, S. 99 f.

[523] *von Falkenhausen*, Menschenrechtsschutz durch Deliktsrecht, 2020, S. 100.

nur über eine geringe Leistungsfähigkeit und Spezialisierung, kann es schnell zu einer erheblich stärkeren Verhandlungsposition des Auftraggebers kommen.[524] Die mangelnde Spezialisierung und Leistungsfähigkeit des Zulieferunternehmens sowie die Größe, internationale Handlungsfähigkeit und die Rolle des Auftraggebers bei der Festlegung von Standards hinsichtlich Produktion und Qualität begründen dann häufig stark „asymmetrische Machstrukturen“[525] in der Lieferkette und eine Abhängigkeit des Auftragnehmers.[526] Dies ermöglicht es dem Auftraggeber, auf die menschenrechtliche Situation am Produktionsort Einfluss zu nehmen.

Im Beispielsfall ist Z von der A-AG wirtschaftlich abhängig, weshalb diese in der Lage sein dürfte, auf das Verhalten des Z Einfluss zu nehmen und dieses zu einem gewissen Grad zu steuern (bspw. durch die Formulierung von Vertragsbedingungen unter gleichzeitiger Androhung einer Aussetzung der Vertragsbeziehungen). Soweit eine solche Steuerung möglich ist, kann die A-AG die Gefahrenquelle beherrschen.

Im Unterordnungskonzern kann die Weisungsbefugnis der Muttergesellschaft dazu führen, dass diese in der Lage ist, die bei der Tochtergesellschaft angesiedelte Gefahrenquelle faktisch zu beherrschen.[527] So wird durch einen Beherrschungsvertrag (§ 291 Abs. 1 AktG) die „Leitung“ der Untergesellschaft einem anderen (herrschenden) Unternehmen unterstellt. Die Folge ist die Unterordnung der abhängigen Gesellschaft unter das herrschende Unternehmen, die vor allem in dem Weisungsrecht des Letzteren (§ 308 Abs. 1 AktG) zum Ausdruck kommt.[528] Mit „Leitung“ der Gesellschaft ist die Leitungsbefugnis des § 76 Abs. 1 AktG gemeint. Die abhängige Aktiengesellschaft ist mithin hinsichtlich der Leitungsfunktion des Vorstandes einem anderen Unternehmen bzw. dessen Weisungsrecht unterstellt.[529] Im faktischen Konzern besteht zwar kein gesetzliches Weisungsrecht, die Obergesellschaft hat jedoch auf Grund des – regelmäßig auf einer Mehrheitsbeteiligung beruhenden – Abhängigkeitsverhältnisses die Möglichkeit, die Geschäftspolitik der abhängigen Gesellschaft zu bestimmen.[530]

---

[524] *Heinen*, in: Krajewski/Saage-Maaß, Durchsetzung menschenrechtlicher Sorgfaltspflichten, S. 91 f.

[525] Zit.: *Heinen*, in: Krajewski/Saage-Maaß, Durchsetzung menschenrechtlicher Sorgfaltspflichten, S. 123.

[526] *Heinen*, in: Krajewski/Saage-Maaß, Durchsetzung menschenrechtlicher Sorgfaltspflichten, S. 92; *Gereffi/Humphrey/Sturgeon*, Review Int. Political Economy 12 (2005), 78, 86 ff.

[527] *Welwert*, Menschenrechtsverantwortung deutscher Konzerne, 2023, S. 142.

[528] *Emmerich*, in: Emmerich/Habersack, Aktien- und GmbH-Konzernrecht, 10. Auflage 2022, § 291 Rn. 11.

[529] *Emmerich*, in: Emmerich/Habersack, Aktien- und GmbH-Konzernrecht, 10. Auflage 2022, § 291 Rn. 12.

[530] Vgl. dazu *Welwert*, Menschenrechtsverantwortung deutscher Konzerne, 2023, S. 105 f. m. w. N.

dd) Normative Zuständigkeit

Soweit die Möglichkeit der Gefahrbeherrschung bejaht werden kann, muss das zu betrachtende Unternehmen im zweiten Schritt eine normative Zuständigkeit für die Gefahrenquelle oder die bedrohten Rechtsgüter treffen. Es ist erforderlich, dass es die Gefahrenquelle selbst geschaffen oder verstärkt hat oder sie aus anderen Gründen dem Verantwortungsbereich des Unternehmens zuzuordnen ist.[531] Eine Verantwortlichkeit für eine Gefahrenquelle besteht, wenn das Unternehmen diesbezüglich Sicherungspflichten treffen. Eine Verantwortlichkeit für Personen, welche durch eine Gefahrenquelle bedroht sind, besteht, wenn das Unternehmen eine Fürsorgepflicht für die Personen trifft.[532]

(1) Sicherungspflichten

(a) Pflichtenbegründende Gefahrerhöhung

Sicherungspflichten können zunächst aus einer Gefahrenlage folgen, welche das Unternehmen geschaffen oder verstärkt hat.[533] Zu nennen sind das Zurverfügungstellen gefährlicher Produktionsmittel oder eine unzureichende Sicherheitseinweisung bei der Auslieferung gefährlicher Geräte.[534] Überlässt etwa ein Unternehmen einen rechtsgutsgefährdenden Gegenstand zur weiteren Verarbeitung einer ausländischen Gesellschaft, die in Bezug auf die Verarbeitung dieses Gegenstandes nicht als „Fachunternehmen" zu betrachten ist und nicht die Ressourcen für einen sicheren Umgang bei der Verarbeitung aufbringen kann, schafft es eine Gefahr für die mit der Verarbeitung konkret betrauten Arbeitnehmer und Dritten.[535] In derartigen Konstellationen ist der Auftraggeber unmittelbarer Verursacher der Gefahrenquelle, sodass ihm in zumutbarem Rahmen Pflichten zur Verhinderung einer Schädigung auferlegt werden können.[536] Zudem beherrscht er die Gefahr dadurch, dass er die Übermittlung der gefahrenträchtigen Aktivitäten in Gang setzt und beenden kann.[537]

---

[531] Vgl. *Heinen*, in: Krajewski/Saage-Maaß, Durchsetzung menschenrechtlicher Sorgfaltspflichten, S. 104; BeckOK BGB/*Förster*, 72. Ed. 01.11.2024, BGB § 823 Rn. 297.

[532] Vgl. Kap. 3 B. II. 1. b).

[533] Vgl. *Welwert*, Menschenrechtsverantwortung deutscher Konzerne, 2023, S. 172 f.; *Heinen*, in: Krajewski/Saage-Maaß, Durchsetzung menschenrechtlicher Sorgfaltspflichten, S. 103 f.; BeckOK BGB/*Förster*, 72. Ed. 01.11.2024, BGB § 823 Rn. 297; in diese Richtung auch *Fleischer/Korch*, ZIP 2019, 2181, 2189.

[534] *Heinen*, in: Krajewski/Saage-Maaß, Durchsetzung menschenrechtlicher Sorgfaltspflichten, S. 100, 104; *Glinski*, Die rechtliche Bedeutung der privaten Regulierung globaler Produktionsstandards, 2011, S. 334, 348; vgl. auch OLG Düsseldorf, VersR 1989, 1158.

[535] Vgl. das Beispiel bei *Welwert*, Menschenrechtsverantwortung deutscher Konzerne, 2023, S. 172.

[536] *Heinen*, in: Krajewski/Saage-Maaß, Durchsetzung menschenrechtlicher Sorgfaltspflichten, S. 104.

[537] *Welwert*, Menschenrechtsverantwortung deutscher Konzerne, 2023, S. 172.

Besonders umstritten ist, ob auch das Setzen enger Lieferfristen oder Preisdruck als pflichtenbegründende Gefahrerhöhungen bewertet werden können. Zunächst ist festzuhalten, dass derartige Verhaltensweisen grundsätzlich als übliches Verhalten im Rechtsverkehr einzustufen sind. Es wird daher vertreten, dass sie generell ungeeignet seien, um Verkehrspflichten zu begründen.[538] Nach anderer Auffassung vermag nur eine beträchtliche Gefahrerhöhung, welche über das Potenzial verfügt, die Arbeitsbedingungen tatsächlich zu verschlechtern, Sicherungspflichten zu erschaffen.[539]

Der letztgenannten Auffassung ist zu folgen. Grundsätzlich kann zwar jedes gefahrerhöhende Verhalten Sicherungspflichten begründen, da Risiken geschaffen werden, welche vorher überhaupt nicht oder nur in einer geringeren Intensität bestanden haben und es infolgedessen zumutbar erscheint, dem Verursacher auch die Verantwortung für eben jene Risiken aufzubürden. Das gilt allerdings nicht in Bezug auf unerhebliche Gefahrerhöhungen, deren Auswirkungspotenzial so gering ist, dass eine Pflicht des Verursachers zur Auseinandersetzung mit den Risiken vollkommen unangemessen erscheint.[540] In diesem Falle würde durch die Bejahung einer Verkehrspflicht in unverhältnismäßiger Weise in die Interessen des Gefahrerhöhers bzw. Gefahrverursachers eingegriffen. Einerseits sind nämlich die Auswirkungen der Unternehmenstätigkeit auf die Menschenrechtslage im Falle unerheblicher Gefahrerhöhungen gar nicht oder nur wenig spürbar.[541] Bei der Ausübung von Preisdruck und dem Setzen enger Lieferfristen kommt hinzu, dass derartiges Verhalten eine übliche geschäftliche Handlung darstellt und auch deshalb höhere Anforderungen an die zu überschreitende Gefahrenschwelle gestellt werden müssen.[542] Andererseits sähen sich inländische Unternehmen bei der Anerkennung von aus geringfügigen Gefahrerhöhungen resultierenden Verkehrspflichten einem außer Verhältnis zum individuellen Risikobeitrag stehenden Bürokratieaufwand ausgesetzt.[543]

Für die Beantwortung der Frage, ob Preisdruck oder enge Lieferfristen als hinreichende Gefahrerhöhung angesehen werden können, kommt es also stets darauf

---

[538] Vgl. *Fleischer*, DB 2022, 920, 925.

[539] Vgl. *Heinen*, in: Krajewski/Saage-Maaß, Durchsetzung menschenrechtlicher Sorgfaltspflichten, S. 107.

[540] Vgl. *von Falkenhausen*, Menschenrechtsschutz durch Deliktsrecht, 2020, S. 99.

[541] Vgl. *von Falkenhausen*, Menschenrechtsschutz durch Deliktsrecht, 2020, S. 99: „Relevant ist die Schwere der geschaffenen Gefahr, die sich danach beurteilt, welche Rechte oder Rechtsgüter von ihr bedroht werden. Ebenso wichtig ist das Ausmaß der Gefahr, wie viele Opfer und Rechtsgüter also von ihr bedroht werden, und die Wahrscheinlichkeit des Schadenseintritts".

[542] Ähnlich *Heinen*, in: Krajewski/Saage-Maaß, Durchsetzung menschenrechtlicher Sorgfaltspflichten, S. 107.

[543] So wird bspw. der Nutzen der Nachhaltigkeitsberichterstattung vor dem Hintergrund hoher bürokratischer Belastungen hinterfragt, vgl. *Tüshaus*, Nachhaltigkeitsbericherstattung – Eine Bestandsaufnahme, S. 17.

an, welches Risikopotenzial die zu betrachtende Verhaltensweise im Einzelfall birgt. Nur in Ausnahmefällen wird sich aufgrund eines besonders hohen Gefahrenpotenzials tatsächlich eine konkrete Verkehrspflicht aus ihr ableiten lassen.[544] Regelmäßig dürfte nämlich nur ein hohes (neu geschaffenes) Gefahrenpotenzial spürbaren Einfluss auf die zu beobachtende Menschenrechtslage im Ausland haben.

Im Beispielsfall ist dem von der A-AG ausgeübten Preisdruck ein sehr hohes Risikopotenzial zuzusprechen. Die Senkung der Löhne und Sicherheitsstandards sowie die Ausweitung der Kinderarbeit waren aufgrund der wirtschaftlichen Abhängigkeit des Z von der A-AG erwartbar. Das Risiko war dem Preisdruck also aufgrund des Vorliegens asymmetrischer Machstrukturen immanent, weshalb eine normative Zuständigkeit der A-AG begründet werden kann und diese in der Folge Sicherungspflichten treffen.[545] Die Sicherungspflicht erstreckt sich allerdings nur auf die durch das Verhalten der A-AG erhöhten Risiken, also die dadurch erzeugten Verschlechterungen. Für die bereits vorher bestehenden Menschenrechtsverstöße lässt sich auf diesem Wege keine normative Zuständigkeit begründen.

(b) Pflichtenbegründende Gefahrbeherrschung

Die bloße Möglichkeit eine Gefahrenquelle zu beherrschen ist für das Entstehen einer Verkehrspflicht zwar notwendig[546], allerdings nicht ausreichend[547]. Noch einmal: Würde bereits die Möglichkeit der Gefahrbeherrschung aus sich heraus eine normative Zuständigkeit begründen, wären Unternehmen infolgedessen dazu verpflichtet, von dieser Möglichkeit Gebrauch zu machen und die Herrschaft über die Gefahrenquelle an sich zu reißen.[548] Anderenfalls könnte ihnen der Vorwurf gemacht werden, trotz Steuerungsmöglichkeit keine Sicherung der Gefahrenquelle vorgenommen und infolgedessen eine Verkehrspflicht verletzt zu haben.

Wird die Gefahrenquelle hingegen tatsächlich beherrscht, kann daraus im Einzelfall eine normative Zuständigkeit hergeleitet werden.[549] Wer eine Gefahr kontrolliert, hat nämlich als Überwachergarant dafür zu sorgen, dass andere Personen keine Schäden erleiden.[550] Beispielhaft zu nennen sind etwa die Fälle, in denen ein Auftraggeber seinen Zulieferer infolge eines Abhängigkeitsverhältnisses oder aufgrund entsprechender Vertragsgestaltungen „engmaschig kontrolliert und faktisch wie eine unselbstständige Betriebsabteilung führt“[551]. Aus der (engmaschigen)

---

[544] Vgl. *Heinen*, in: Krajewski/Saage-Maaß, Durchsetzung menschenrechtlicher Sorgfaltspflichten, S. 107.

[545] Vgl. *Welwert*, Menschenrechtsverantwortung deutscher Konzerne, 2023, S. 155.

[546] *von Falkenhausen*, Menschenrechtsschutz durch Deliktsrecht, 2020, S. 99 ff.

[547] *Koch*, WM 2009, 1013, 1019; *Spindler*, Unternehmensorganisationspflichten, 2011, S. 950; *Brunk*, Menschenrechtscompliance, 2022, S. 417; *von Falkenhausen*, Menschenrechtsschutz durch Deliktsrecht, 2020, S. 99 ff.

[548] Ähnlich *Koch*, WM 2009, 1013, 1019.

[549] *Fleischer/Korch*, ZIP 2019, 2181, 2189; *Fleischer*, DB 2022, 920, 925.

[550] *Fleischer/Korch*, ZIP 2019, 2181, 2189.

[551] Zit.: *Fleischer/Korch*, ZIP 2019, 2181, 2189.

Kontrolle über die Betriebsabteilung folgt bei normativer Betrachtung gleichzeitig auch die Verantwortung für die Gefahrenquelle, sodass den Auftraggeber eine Sicherungspflicht trifft.[552] In Konzernkonstellationen ist danach zu fragen, ob der Muttergesellschaft eine (Mit-)Verantwortung für die gefahrträchtige Tätigkeit zukommt, die später zu einer Rechtsgutsverletzung des Geschädigten führt.[553] Das dürfte etwa dann der Fall sein, wenn die Konzernmutter ihre Leitungsmacht so intensiv ausübt, dass sie bei wertender Betrachtung die schadensverursachende Tätigkeit der Tochtergesellschaft mitbestimmt (etwa wenn der Konzern wie ein Einheitsunternehmen geführt wird und Konzerngesellschaften praktisch als unselbstständige Betriebsabteilungen[554] operieren).[555]

Die Anforderungen, welche im Einzelfall an den Grad der Gefahrbeherrschung gestellt werden müssen, sind allerdings hoch, da die Gefahrsicherung grundsätzlich dem Verantwortungsbereich der originären Verursacherin der Gefahr, also der Zulieferergesellschaft beziehungsweise der Tochtergesellschaft, zuzuordnen ist. Aufgrund ihrer rechtlichen Eigenständigkeit befindet sich diese als eigene Organisationseinheit zwischen der Gefahrenquelle und der Muttergesellschaft beziehungsweise dem Auftraggeber.[556] Erst infolge einer intensiven Kontrolle und Steuerung in dem risikoträchtigen Geschäftsbereich kann ihr Verhalten ausnahmsweise der Muttergesellschaft oder dem Auftraggeber zugeordnet werden.[557] Die bloße Ausübung von Weisungsbefugnissen genügt daher grundsätzlich nicht, um eine Sicherungspflicht kraft Gefahrbeherrschung zu bejahen.[558] Vielmehr müssen die zuvor beschriebenen Anforderungen an die Intensität der Steuerung erfüllt werden.

Im Beispielsfall kann eine faktische Steuerung des Z durch die A-AG nicht bejaht werden. Es sind keine Anhaltspunkte für eine engmaschige Kontrolle ersichtlich. Die A-AG ist zwar in der Lage, die Menschenrechtssituation bei Z zu beeinflussen. Diese Möglichkeit der Gefahrsteuerung ist allerdings nur eine notwendige Voraussetzung für die Begründung einer Sicherungspflicht, vermag sie aber nicht selbst zu erschaffen, soweit von der Steuerungsmöglichkeit kein Gebrauch gemacht wird. Die A-AG trifft also keine Sicherungspflicht in Bezug auf die Arbeitsbedingungen, welche nicht auf den Preisdruck zurückzuführen sind (regelmäßige sexuelle Übergriffe, Verhinderung der Gründung von Gewerkschaften, Niedriglohn vor Senkung infolge des Preisdrucks).

---

[552] Ähnlich *Fleischer/Korch*, ZIP 2019, 2181, 2189.

[553] *König*, AcP 217 (2017), 611, 686, 671.

[554] Eine unselbstständige Betriebsabteilung liegt in diesem Zusammenhang dann vor, wenn die Inlandsgesellschaft die Geschäftsführung der Auslandsgesellschaft einheitlich übernimmt, vgl. *Welwert*, Menschenrechtsverantwortung deutscher Konzerne, S. 156.

[555] *König*, AcP 217 (2017), 611, 686, 671; *Welwert*, Menschenrechtsverantwortung deutscher Konzerne, 2023, S. 167.

[556] *Brunk*, Menschenrechtscompliance, 2022, S. 417 f.

[557] *König*, AcP 217 (2017), 611, 686, 671.

[558] So auch *Brunk*, Menschenrechtscompliance, 2022, S. 417 f.; a. A. *Fleischer/Korch*, ZIP 2019, 2181, 2189; *Welwert*, Menschenrechtsverantwortung deutscher Konzerne, 2023, S. 149 ff.

(c) Pflichtenbegründende Delegation von Verkehrspflichten

Die heutige Wirtschaft ist durch Arbeitsteilung geprägt, weshalb es für viele Unternehmen nicht nur ineffizient, sondern sogar unmöglich ist, alle Sicherungsmaßnahmen selbst zu ergreifen.[559] Häufig wird eine angemessene Gefahrvermeidung erst durch die Einschaltung eines Spezialisten erreicht.[560] Aus diesem Grund ist es anerkannt, dass Verkehrspflichten auf (selbstständige) Dritte übertragen werden können.[561] Dies gilt zwar sowohl für Sicherungspflichten als auch für Fürsorgepflichten. Originäre Fürsorgepflichten der Unternehmen für fremde Arbeitnehmer bestehen allerdings grundsätzlich nicht,[562] weshalb an dieser Stelle nur die Übertragung von Sicherungspflichten von Interesse ist.

Diese setzt eine Vereinbarung zwischen dem Delegierenden und dem Delegationsempfänger voraus, aus der deutlich wird, welche Pflichten der Delegationsempfänger übernimmt.[563] Ein wirksamer Vertrag oder auch eine nach öffentlichem Recht gegebenenfalls erforderliche Anzeige ist nicht notwendig.[564] In Folge der Delegation wird der Übernehmende sicherungspflichtig.[565] Die Pflichten des Übertragenden gehen allerdings nicht vollständig über. Ein „Rest“[566] der Verkehrspflicht verbleibt in Gestalt von Auswahl- und Überwachungspflichten beim Delegierenden.[567] Dies kann damit begründet werden, dass der Delegierende durch das Abgeben der Verkehrspflichten zu einer Gefahrerhöhung beiträgt. Mit der Delegation von Verkehrspflichten geht regelmäßig eine Vergrößerung des Wirkbereiches eines Unternehmens einher, was dazu führt, dass mehr Personen tätig werden, mehr Personen Fehler begehen können und mehr Personen geschädigt werden können.[568] Zudem birgt die Delegation von Verkehrspflichten das Risiko, dass die Beteiligten weniger in der Lage sind, das Gesamtgeschehen zu überblicken, zu koordinieren und zu steuern.[569]

Der Delegierende hat den Delegationsempfänger in Bezug auf dessen Sorgfalt und Sachkunde gewissenhaft auszuwählen und die Erfüllung der Sicherungs-

---

[559] *Habersack/Zickgraf*, ZHR 182 (2018), 252, 273.

[560] Vgl. BGH, NJW 1982, 2187, 2187 f.; BGH, NJW 2006, 3628, 3629; BGH, NJW-RR 1989, 394, 395; *Habersack/Zickgraf*, ZHR 182 (2018), 252, 273.

[561] *Schaub*, in: Prütting/Wegen/Weinreich, 19. Aufl. 2024, § 823 BGB Rn. 126; *Habersack/Zickgraf*, ZHR 182 (2018), 252, 273.

[562] Vgl. *S. Wagner*, in: Wagner/Ruttloff/Wagner, LkSG, § 12 Rn. 1781 ff.

[563] *Schaub*, in: Prütting/Wegen/Weinreich, 19. Aufl. 2024, § 823 BGB Rn. 126.

[564] *Schaub*, in: Prütting/Wegen/Weinreich, 19. Aufl. 2024, § 823 BGB Rn. 126.

[565] *Schaub*, in: Prütting/Wegen/Weinreich, 19. Aufl. 2024, § 823 BGB Rn. 127.

[566] Zit.: *Schaub*, in: Prütting/Wegen/Weinreich, 19. Aufl. 2024, § 823 BGB Rn. 127.

[567] *Schaub*, in: Prütting/Wegen/Weinreich, 19. Aufl. 2024, § 823 BGB Rn. 127; *Bunting*, ZIP 2012, 1542, 1547.

[568] *Bunting*, ZIP 2012, 1542, 1547 f.

[569] Vgl. *Spindler*, Unternehmensorganisationspflichten, 2011, S. 781; *Brunk*, Menschenrechtscompliance, 2022, S. 381.

pflichten zu überwachen.[570] Solange keine Anhaltspunkte für eine mangelhafte Pflichterfüllung des Delegationsempfängers vorliegen, darf der Delegierende allerdings auf eine sorgfältige Ausführung der übertragenen Pflichten vertrauen.[571] Eine weitergehende Überwachung ist geboten, wenn Sicherungspflichten aus einer besonders gefährlichen Gefahrenquelle delegiert werden.[572]

Als Beispiel für eine Risikoerhöhung kraft Delegation kann der Fall genannt werden, in dem ein Unternehmen einen Dritten damit beauftragt, hochgiftige Abfälle zu beseitigen.[573] Das abfallproduzierende Unternehmen gibt die seinem Verantwortungsbereich obliegende Entsorgung aus der Hand und verstärkt dadurch die von den Giftstoffen ohnehin ausgehenden Gefahren, indem zusätzlich zu den Mitarbeitern des Unternehmens auch die Mitarbeiter des Dritten in den Entsorgungsvorgang involviert werden. Dieser Gefahrintensivierung wird dann (rechtlich) Rechnung getragen, indem den Dritten eine Verkehrspflicht kraft Gefahrenübernahme trifft und der Delegierende diesen bei der Erfüllung der Pflicht ordnungsgemäß zu überwachen hat. Menschenrechtliche Bedeutung erlangt ein solcher Fall vor allem dann, wenn eine unsachgemäße Abfallentsorgung zu Gesundheitsschädigungen der einheimischen Bevölkerung oder lokaler Arbeiter führt.

(d) Auslagerung der gesamten Gefahrenquelle

Neben der Delegation von Verkehrspflichten auf einen selbstständigen Dritten, kommt auch die Auslagerung der gesamten Gefahrenquelle (etwa Verpachtung gefährlicher Produktionsstätten) in Betracht. In diesen Fällen fehlt es dem Delegierenden regelmäßig an Überwachungsmöglichkeiten, da sich die Gefahrenquelle nun vollständig im Herrschaftsbereich des Dritten befindet.[574] Ihn treffen daher (nur noch) eingeschränkte Überwachungspflichten, welche jedoch durch erhöhte Anforderungen an die Auswahl des Auslagerungsempfängers kompensiert werden.[575]

Anders zu beurteilen ist möglicherweise der Fall, in dem ein Unternehmen selbst niemals Kontakt mit der betreffenden Gefahrenquelle hatte, sondern lediglich einen Dritten mit der Durchführung einer gefährlichen Tätigkeit beauftragt hat.[576] Denkbar wäre etwa die Produktion von Gütern, die Erschließung von Rohstoffvorkom-

---

[570] *Schaub*, in: Prütting/Wegen/Weinreich, 19. Aufl. 2024, § 823 BGB Rn. 127; *Spindler*, Unternehmensorganisationspflichten, 2011, S. 698.

[571] *Schaub*, in: Prütting/Wegen/Weinreich, 19. Aufl. 2024, § 823 BGB Rn. 127.

[572] *Schaub*, in: Prütting/Wegen/Weinreich, 19. Aufl. 2021, § 823 BGB Rn. 127; *Brunk*, Menschenrechtscompliance, 2022, S. 413.

[573] Vgl. *Brunk*, Menschenrechtscompliance, 2022, S. 413.

[574] *Brunk*, Menschenrechtscompliance, 2022, S. 413.

[575] *Brunk*, Menschenrechtscompliance, 2022, S. 413.

[576] *Habersack/Ehrl*, AcP 219 (2019), 155, 200: „Im Falle von Menschenrechtsverletzungen durch ausländische Zulieferer delegiert der inländische Importeur indes nicht ihm obliegende Verkehrssicherungspflichten“.

men oder die Erschließung von Baugrund durch einen Zulieferer.[577] Dieselbe Frage stellt sich, wenn ein Tochterunternehmen gegründet wird, um erstmals eine gefährliche Tätigkeit aufzunehmen oder mit der Durchführung einer solchen Tätigkeit beauftragt wird.[578]

Gegen die Annahme einer Verkehrspflicht spricht in diesen Fällen, dass es sich um keine „echte Delegation" handelt, bei welcher die Pflichtenübertragung als gefahrerhöhendes Verhalten bewertet werden kann. Ein Pflichtenrest in Form von Überwachungs- und Auswahlpflichten kann nicht beim Auftraggeber oder der Muttergesellschaft verbleiben, da niemals Sicherungspflichten bestanden haben.[579] Richtigerweise ist eine Verkehrspflicht in diesen Fällen daher grundsätzlich zu verneinen. Die Risiken, welche durch eine „klassische Delegation" und ein arbeitsteiliges Vorgehen entstehen und für eine pflichtenbegründende Gefahrerhöhung verantwortlich sind, können in solchen Fällen nicht angenommen werden. Die Auslagerung einer gefahrgeneigten Tätigkeit als solche begründet daher keine Sicherungspflichten. Dennoch kann in derartigen Fällen gegebenenfalls mittels anderer Zurechnungskriterien eine Verkehrspflicht bejaht werden. Die Begründung erfolgt dabei auf ähnliche Weise wie in Kap. 3 B. II. 3. c) dd) (1) (b) dargestellt.

So möchte Brunk richtigerweise darauf abstellen, inwieweit die Muttergesellschaft beziehungsweise der Auftraggeber die gefahrgeneigte Tätigkeit beherrscht.[580] Ergänzend kann zur Begründung der Sicherungspflicht auch auf das Kriterium der Gefahrerhöhung zurückgegriffen werden, sofern eine solche im Einzelfall zu bejahen ist. Zwar wird vertreten, dass das Vertrauensprinzip einer pflichtenbegründenden Gefahrerhöhung bei üblichem Verhalten im Rechtsverkehr – etwa der Beauftragung des Zulieferers bzw. Tochterunternehmens – grundsätzlich entgegensteht.[581] Das kann aber jedenfalls dann nicht mehr gelten, wenn das zu beobachtende Unternehmen die Gefahrenquelle selbst in den Händen hält und deshalb über Risiken umfassend informiert ist. Die Steuerung der Gefahrenquelle führt in diesen Fällen dazu, dass sich die Tochtergesellschaft oder der Zulieferer nicht mehr darauf verlassen können, dass ein Dritter die ihm obliegenden Pflichten ordnungsgemäß erfüllt. Eine Beherrschungsmöglichkeit der Gefahrenquelle als notwendige Voraussetzung einer Verkehrspflicht kann in diesen Fällen ebenso bejaht werden, wie die Gefahrerhöhung und die Gefahrbeherrschung als normative Zurechnungskriterien. Die Kumulation der Zurechnungskriterien bringt im Rahmen der zur Begründung einer Verkehrspflicht vorzunehmenden Interessenabwägung jedenfalls indiziell zum Ausdruck, dass die Gefahrenquelle eher der Risikosphäre des Auftraggebers bzw. der Muttergesellschaft zuzuordnen ist und ermöglicht es so, an die

---

[577] Vgl. *Brunk*, Menschenrechtscompliance, 2022, S. 414.

[578] Vgl. *Brunk*, Menschenrechtscompliance, 2022, S. 414.

[579] Vgl. *Spindler*, Unternehmensorganisationspflichten, 2011, S. 948.

[580] Vgl. *Brunk*, Menschenrechtscompliance, 2022, S. 418 f.

[581] So etwa *Fleischer*, DB 2022, 920, 925.

einzelnen Kriterien grundsätzlich niedrigere Anforderungen zu stellen, als wenn nur eines von ihnen erfüllt wäre.[582]

Zu einem überzeugenden Ergebnis gelangt daher Koch, welcher Verkehrspflichten in den Fällen für möglich hält, in denen eine Obergesellschaft von ihrer Leitungsmacht derart umfassend Gebrauch macht, dass sie bei tatsächlicher Betrachtung als Verursacher der Gefahrenquelle anzusehen ist und die Gefahrenquelle – etwa durch die intensive Ausübung von Weisungsbefugnissen[583] – beherrscht.[584] Da die Obergesellschaft durch die Steuerung der Untergesellschaft faktisch selbst gehandelt hat und daher als Urheber des Risikos anzusehen ist, treffen sie auch die mit der Schaffung einer Gefahrenquelle verbundenen Sicherungspflichten.[585]

Dieses Ergebnis kann auf Zuliefererkonstellationen übertragen werden. Beauftragt ein Unternehmen einen Dritten mit der Aufnahme einer (vorher nicht ausgeübten) gefährlichen Tätigkeiten und ist es aufgrund asymmetrischer Machtstrukturen in der Lieferkette in der Lage, das Verhalten des Dritten faktisch zu steuern, so treffen den Auftraggeber auch in dieser Konstellation Sicherungspflichten, soweit er von der Möglichkeit der Gefahrsteuerung Gebrauch macht.[586] Auch hier führt jedenfalls die Kumulation von Gefahrbeherrschung (Steuerung des Zulieferers) und Gefahrerhöhung (Schaffung eines Risikos durch Beauftragung) zum Entstehen einer Verkehrspflicht.

Als normativer Zurechnungsgrund kann zusätzlich das Interesse am Betreiben der Gefahrenquelle herangezogen werden. Hierauf stellt richtigerweise Bunting ab. Als Beispiel führt er ein Chemieunternehmen an, welches die Herstellung von Industriegasen von einer weisungsabhängigen Untergesellschaft durchführen lässt und auch den Nutzen aus der übertragenen Tätigkeit zieht. Da die Untergesellschaft sich in ihrer Rolle nicht mehr von einer bloßen Betriebsabteilung der Obergesellschaft unterscheide, erscheine es sachgerecht, die entstehenden Verkehrspflichten an die Obergesellschaft zu adressieren.[587]

Diese Ausführungen überzeugen. Im Beherrschungsverhältnis stehen die abhängigen Unternehmen nämlich faktisch im Dienst des herrschenden Unternehmens.[588] Da das herrschende Unternehmen die Aktivitäten der abhängigen Unter-

---

582 Vgl. auch *Habersack/Zickgraf*, ZHR 182 (2018), 252, 273 ff., welche in Delegationskonstellationen zur Begründung einer Verkehrspflicht das Gefahrerhöhungsprinzip, das Gefahrbeherrschungsprinzip und das Vertrauensprinzip verknüpfen.

583 Wie bereits dargestellt wurde, ist die Ausübung von Weisungsbefugnissen für sich genommen nicht ausreichend, um eine Sicherungspflicht zu begründen. Hier kommt jedoch hinzu, dass die Obergesellschaft durch die Steuerung der Untergesellschaft faktisch als (mittelbarer) Verursacher der Gefahr anzusehen ist.

584 Vgl. *Koch*, WM 2009, 1013, 1019.

585 In diese Richtung *Bunting*, ZIP 2012, 1542, 1548.

586 Ähnlich *Beckers*, ZfPW 2021, 220, 243.

587 Vgl. *Bunting*, ZIP 2012, 1542, 1548.

588 *Oehler*, ZIP 1990, 1445, 1451.

nehmen kontrolliert und sie „für sich arbeiten lässt“[589], kann ihm auch die Pflicht zur Schadensabwendung auferlegt werden.[590] Dem herrschenden Unternehmen kommen nicht nur die Vorteile aus der Aktivität zugute, bei normativer Betrachtung sind ihm auch die Handlungen der abhängigen Unternehmen zuzurechnen. Denn wer die Vorteile einer bestimmten Verhaltensweise genießt, muss (dem Rechtsgedanken des § 278 BGB folgend) auch die damit verbundenen Nachteile in Kauf nehmen.[591]

Es bleibt damit festzuhalten, dass eine Auslagerung der gesamten Gefahrenquelle im soeben beschriebenen Sinne zwar nicht zu einer delegationstypischen Gefahrerhöhung führt.[592] Verkehrspflichten im Einzelfall aber gleichwohl durch den Rückgriff auf verschiedene Zurechnungskriterien (wirtschaftliches Interesse, Gefahrerhöhung, Gefahrbeherrschung) begründet werden können.[593]

(e) Übernahme von Sicherungspflichten durch Einmischung

Während die Delegation von Verkehrspflichten dazu führt, dass Sicherungspflichten abgegeben werden und nur noch ein Pflichtenrest beim Delegierenden verbleibt, führt die Übernahme von Verkehrspflichten spiegelbildlich dazu, dass der Übernehmende an die Stelle eines verkehrspflichtigen Dritten tritt und selbst sicherungspflichtig wird.[594] Denn wer dem Pflichtenträger vermittelt, diesem obliegende Verkehrspflichten zu erfüllen, wird selbst sicherungspflichtig. Er trägt dazu bei, dass sich der originär Pflichtige dazu veranlasst sehen darf, von eigenen Schutzmaßnahmen Abstand zu nehmen, wodurch das deliktische Schutzniveau vermindert wird.[595] Verkehrspflichten können auch nur teilweise übernommen werden, indem dem Übernehmer ein eingeschränkter Aufgabenbereich zugewiesen wird. In diesen Fällen beschränkt sich die übernommene Verpflichtung auf den zugewiesenen Bereich, soweit der nicht übertragene Teil tatsächlich vom originär Verpflichteten wahrgenommen wird.[596] Der Grund für eine Übernahme von Verkehrspflichten kann sein, dass der originär Pflichtige die Gefahrvermeidung nicht bewältigen kann oder diese für ihn mit einem hohen wirtschaftlichen Aufwand

---

[589] Zit.: *Oehler*, ZIP 1990, 1445, 1451.

[590] *Oehler*, ZIP 1990, 1445, 1451.

[591] Vgl. *Grundmann*, in: Münchener Kommentar zum BGB, 9. Aufl. 2022, § 278 BGB Rn. 3.

[592] Vgl. *Spindler*, Unternehmensorganisationspflichten, 2011, S. 948.

[593] Vgl. *Habersack/Zickgraf*, ZHR 182 (2018), 252, 273 ff.

[594] Vgl. *Brunk*, Menschenrechtscompliance, 2022, S. 421.

[595] *Holle*, Legalitätskontrolle im Kapitalgesellschafts- und Konzernrecht, 2014, S. 339; *Wagner*, in: Münchener Kommentar zum BGB, 9. Aufl. 2024, § 823 BGB Rn. 580; *von Falkenhausen*, Menschenrechtsschutz durch Deliktsrecht, 2020, S. 101.

[596] *Wagner*, in: Münchener Kommentar zum BGB, 9. Aufl. 2024, § 823 BGB Rn. 580.

verbunden ist.[597] Der Übernehmende erhält als Gegenleistung eine Vergütung oder ihm werden andere ökonomische Vorteile gewährt.[598]

Für eine Aufgabenübernahme müssen gewisse Voraussetzungen vorliegen. Sie muss zunächst klar und eindeutig vereinbart werden, auf das Vorliegen eines wirksamen Übernahmevertrags kommt es hingegen nicht an.[599] Nach der Rechtsprechung des VI. Zivilsenates des BGH ist für das Entstehen einer deliktischen Einstandspflicht entscheidend, „dass der in die Verkehrssicherungspflicht Eintretende faktisch die Verkehrssicherung für den Gefahrenbereich übernimmt und im Hinblick hierauf Schutzvorkehrungen durch den primär Verkehrssicherungspflichtigen unterbleiben, weil sich dieser auf das Tätigwerden des Beauftragten verlässt."[600] Eine einverständliche Aufgabenübernahme kann sich dabei auch aus einer bestimmten industriellen Praxis ergeben.[601]

In Menschenrechtsfällen mischen sich Muttergesellschaften oder Auftraggeber regelmäßig in die Produktion der Tochtergesellschaften und Zulieferer ein und nehmen derart Einfluss auf die Produktionsbedingungen, dass ein Vertrauen auf die Übernahme bestimmter Aufgabenbereiche geweckt wird. Soweit eine Verkehrspflicht in diesen Fällen nicht bereits kraft Gefahrbeherrschung besteht, kann sie durch die Einmischung übernommen werden.[602] Übernimmt etwa eine Obergesellschaft die Aufsicht über das Personal ihrer Tochtergesellschaft, hat sie für dessen sorgfältige Auswahl und Überwachung zu sorgen, da die Tochtergesellschaft berechtigterweise davon ausgehen darf, dass die Aufsicht von nun an durch die Obergesellschaft wahrgenommen wird.[603] Bescheinigt der Auftraggeber seinem Zulieferbetrieb einen hinreichenden Feuer- und Gebäudeschutz, kann sich das Zulieferunternehmen grundsätzlich darauf verlassen, dass seine Fabrik sicher ist, sodass die Verkehrspflichten vom originär Verpflichteten (Zulieferer) auf den Übernehmer (Auftraggeber) übergehen.[604]

Der Unterschied dieser Fälle zur Verkehrspflichtbegründung kraft Gefahrbeherrschung verschwimmt. Nach den zuvor genannten Anforderungen, die der VI. Zivilsenat des BGH an eine wirksame Aufgabenübernahme stellt, ist schließlich eine faktische Übernahme der Verkehrssicherung erforderlich, die zugegebenermaßen nur schwerlich von der Gefahrbeherrschung abgegrenzt werden kann. Die

[597] *Brunk*, Menschenrechtscompliance, 2022, S. 420.

[598] *Brunk*, Menschenrechtscompliance, 2022, S. 420.

[599] BGH, NJW 2008, 1440, 1441; siehe auch *Wagner*, in: Münchener Kommentar zum BGB, 9. Aufl. 2024, § 823 BGB Rn. 578; BGH, NJW-RR 1989, 394, 395; *Christensen*, Verkehrspflichten in arbeitsteiligen Prozessen, 1995, S. 90 ff.

[600] Zit.: BGH, NJW 2008, 1440, 1441.

[601] *Wagner*, in: Münchener Kommentar zum BGB, 9. Aufl. 2024, § 823 BGB Rn. 578.

[602] *Welwert*, Menschenrechtsverantwortung deutscher Konzerne, 2023, S. 149 ff.

[603] Vgl. das Beispiel bei *Holle*, Legalitätskontrolle im Kapitalgesellschafts- und Konzernrecht, 2014, S. 339; siehe auch *Brunk*, Menschenrechtscompliance, 2022, S. 422.

[604] Vgl. das Beispiel bei *Brunk*, Menschenrechtscompliance, 2022, S. 422.

hier genannten Fälle der Einmischung zeichnen sich aber gerade dadurch aus, dass ein besonderer Fokus auf dem erweckten Vertrauen in die Gefahrsteuerung liegt, welches die Obergesellschaft oder der Auftraggeber durch ihre Einmischung erzeugen. Die Verkehrspflicht entsteht also vor allem durch das Zusammenspiel zweier normativer Zurechnungskriterien (Gefahrbeherrschung und Vertrauensprinzip). Aufgrund des Hinzutretens eines weiteren Zurechnungskriteriums neben die Gefahrbeherrschung können an diese in der Folge indiziell niedrigere Anforderungen gestellt werden als in Kap. 3 B. II. 3. c) dd) (1) (b) verlangt. In den dort diskutierten Fällen geht es schließlich darum, eine Verkehrspflicht aus nur einem Zurechnungskriterium abzuleiten, was regelmäßig dazu führt, dass an dieses hohe Anforderungen gestellt werden müssen.

Die Übernahme von Verkehrspflichten bringt allerdings nicht die vollständige Entlastung des originär Verpflichteten mit sich.[605] Bei diesem verbleibt weiterhin eine (Rest-)Verpflichtung zur sorgfältigen Auswahl und Überwachung des Übernehmers.[606] Die Intensität der Restverpflichtung ist abhängig von dem Gewicht des Schadensrisikos. Die Pflichten sind also umso intensiver, je höher die Wahrscheinlichkeit eines Schadenseintritts und je höher der zu erwartende Schaden.[607]

(2) Fürsorgepflicht infolge der Veröffentlichung einer CSR-Selbstverpflichtung?

Nachdem untersucht wurden, in welchen Fällen ein inländisches Unternehmen menschenrechtsbezogene Sicherungspflichten treffen, ist weiterhin danach zu fragen, ob auch das Entstehen von menschenrechtlichen Fürsorgepflichten denkbar ist. Diese setzen eine Garantenstellung voraus, welche insbesondere durch Rechtsgeschäft begründet werden kann, sofern das Rechtsgeschäft die eine Partei zur Fürsorge für die Rechtsgüter des Vertragspartners verpflichtet.[608] So ist ein Krankenhaus nach der Aufnahme von Patienten nicht nur zur medizinischen Versorgung verpflichtet, sondern hat darüber hinaus Vorkehrungen zu treffen, um die Patienten vor Schädigungen – etwa durch Besucher – zu bewahren.[609] Auch den Arbeitgeber trifft eine Fürsorgepflicht für seine Arbeitnehmer.[610] Er hat nach der Rechtsprechung des V. Senates des BAG bei allen Maßnahmen auf das Wohl und die berechtigten Interessen seiner Arbeitnehmer zu achten und durch das Ergreifen ge-

[605] Vgl. BGH, NZV 2014, 167 Rn. 16; BGH, NJW 1987, 2671, 2673.

[606] Vgl. BGH, NJW 1976, 46, 47; RGZ 113, 293, 296 f.; *Wagner*, in: Münchener Kommentar zum BGB, 9. Aufl. 2024, § 823 BGB Rn. 582.

[607] *Wagner*, in: Münchener Kommentar zum BGB, 9. Aufl. 2024, § 823 BGB Rn. 582; vgl. auch RGZ 128, 149, 158 f.

[608] *Wagner*, in: Münchener Kommentar zum BGB, 9. Aufl. 2024, § 823 BGB Rn. 516.

[609] Vgl. BGH, NJW 1976, 1145; ebenso *Wagner*, in: Münchener Kommentar zum BGB, 9. Aufl. 2024, § 823 BGB Rn. 516.

[610] So ausdrücklich noch BAG, Urteil vom 07. 05. 1980 – 4 AZR 214/78; siehe auch BAG, NZA 2010, 337, 338, wo der erkennende Senat die Fürsorgepflicht nur noch als „Pflicht zur Interessenwahrung" bezeichnet.

eigneter Schutzmaßnahmen die Entstehung von Schäden zu verhindern.[611] Diese Pflicht zur Ergreifung von Schutzmaßnahmen folgt bereits aus der § 241 Abs. 2 BGB zu entnehmenden Rücksichtnahmepflicht, wird teilweise aber auch durch arbeitsrechtliche Spezialvorschriften konkretisiert.[612]

Begeht ein Unternehmen also Menschenrechtsverletzungen gegenüber seinen eigenen Arbeitnehmern durch Unterlassen von Schutzmaßnahmen, kann dies zu einer Haftung nach § 280 Abs. 1 BGB führen.[613] In transnationalen Menschenrechtsfällen werden die Menschenrechtsverletzungen allerdings nicht durch den Auftraggeber oder die Muttergesellschaft begangen, sondern durch den Zulieferer bzw. durch ein Tochterunternehmen.[614] Im Kern geht es also um die Problematik, ob und unter welchen Voraussetzungen eine Fürsorgepflicht des Auftraggebers oder der Muttergesellschaft für fremde Arbeitnehmer entstehen kann.[615] Fürsorgepflichten können – ebenso wie Sicherungspflichten – übernommen werden. Demnach wird derjenige, der das deliktische Schutzniveau dadurch abzusenken droht, dass er eine objektiv berechtige Erwartung des originär Pflichtigen in sein Tätigkeitwerden begründet und dieser sich deshalb dazu veranlasst sehen darf, von eigenen Sicherungsmaßnahmen Abstand zu nehmen, selbst handlungspflichtig.[616] Er übernimmt die Fürsorgepflicht des ursprünglichen Pflichtenträgers.

Vor dem Hintergrund der hier zu behandelnden Thematik stellt sich primär die Frage, ob CSR-Selbstverpflichtungen des Auftraggebers zu einer Übernahme von Fürsorgepflichten des Zulieferers führen können. Diese Problematik wurde in der Literatur bislang vor allem im Hinblick auf freiwillige Selbstverpflichtungen diskutiert.[617] Durch Inkrafttreten des LkSG gewinnt sie nun weiter an Bedeutung, da die nach § 6 Abs. 2 Satz 1 LkSG abzugebende Grundsatzerklärung über die Menschenrechtsstrategie Bestandteil des Sorgfaltspflichtenkataloges des LkSG ist und daher (jedenfalls bei Diagnose eines menschenrechtlichen Risikos[618]) stets abgegeben werden muss.

---

[611] Vgl. BAG, Urteil vom 09. 02. 1977 – 5 AZR 2/76.

[612] *Preis*, in: Erfurter Kommentar zum Arbeitsrecht, 25. Aufl. 2025, § 611a BGB Rn. 708.

[613] *Preis*, in: Erfurter Kommentar zum Arbeitsrecht, 25. Aufl. 2025, § 611a BGB Rn. 710.

[614] *Brunk*, Menschenrechtscompliance, 2022, S. 423.

[615] Eine Fürsorgepflicht des Auftraggebers generell ablehnend *Wagner*, RabelsZ 80 (2016), 717, 776 f.

[616] *Holle*, Legalitätskontrolle im Kapitalgesellschafts- und Konzernrecht, 2014, S. 339.

[617] *von Falkenhausen*, Menschenrechtsschutz durch Deliktsrecht, 2020, S. 210 ff.; *Thomale/Hübner*, JZ 2017, 385, 394; *Welwert*, Menschenrechtsverantwortung deutscher Konzerne, 2023, S. 195 ff.; *Brunk*, Menschenrechtscompliance, 2022, S. 423 f.; speziell zu CSR-Erklärungen der Muttergesellschaft *Nordhues*, Die Haftung der Muttergesellschaft für Menschenrechtsverletzungen, 2019, S. 134 ff.; *Schall*, ZGR 2018, 479, 508; *Fleischer/Korch*, DB 2019, 1944, 1951.

[618] Die Grundsatzerklärung ist nach zutr. (aber umstrittener) Auffassung auch dann abzugeben, wenn im Rahmen der Risikoanalyse keine menschenrechtlichen oder umweltbezogenen Risiken festgestellt wurden, vgl. *Herrmann/Rünz*, DB 2021, 3078, 3082 f.

(a) Meinungsstand

Thomale/Hübner vertreten die Auffassung, dass Selbstverpflichtungen „analog §§ 834, 838 BGB [eine] verkehrspflichtprägende Wirkung" zukomme, da die öffentliche Angabe, bestimmte Schutzstandards auch im Ausland aufrechterhalten zu wollen, eine qualifizierte Verkehrserwartung begründe, an welcher sich das betreffende Unternehmen festhalten lassen müsse.[619]

Welwert möchte wahrheitswidrige Verlautbarungen eines Unternehmens dann zu einer Verkehrspflicht führen lassen, wenn durch die Verlautbarung die Gefahr von Rechtsverletzungen erhöht wird. Der inländische Unternehmensträger erwecke etwa durch die öffentliche Bekanntgabe von Präventionsmaßnahmen ein Vertrauen des Rechtsverkehrs, insbesondere der ausländischen Gesellschaften und deren Arbeitnehmern, auf den Schutz vor Rechtsgutsgefährdungen innerhalb der ausländischen Betriebe. Zudem werde bei der Nichtvornahme von Kontrollmaßnahmen trotz deren Verlautbarung die Gefahr von Menschenrechtsverletzungen aufrechterhalten und intensiviert.[620]

von Falkenhausen lehnt die Entstehung von Verkehrspflichten infolge der Abgabe einer CSR-Selbstverpflichtung ab. Zwar könne aus einem Kodex, der auch die Wahrung von (wenigstens bestimmten) Menschenrechten entlang der Lieferkette umfasst, ein Vertrauen potenzieller Betroffener dahingehend resultieren, das Unternehmen werde sich auch im konkreten Einzelfall um die Beseitigung menschenrechtlicher Gefahren kümmern. Allerdings sei eine solche CSR-Selbstverpflichtung rechtlich nicht verpflichtend. Legt das Unternehmen die entsprechenden Verpflichtungen nämlich noch nicht einmal vertraglich auf seinen Zulieferer des ersten Levels um, fehle eindeutig die Bereitschaft, entlang der Lieferkette persönlich die Implementierung der entsprechenden Standards zu überwachen. Dem CSR-Kodex wohne dann lediglich ein moralischer Anspruch für die eigene Tätigkeit inne, der Abnehmer mache aber keine Versprechungen gegenüber den Betroffenen, bei jedem Betrieb die darin verankerten Standards selbst umzusetzen und die Betroffenen vor Rechtsgutsverletzungen zu bewahren. Auch beim Zulieferer selbst könne kein berechtigtes Vertrauen entstehen. Definiert ein Unternehmen nämlich eine Selbstverpflichtung, bringt sie aber in keiner Weise in seine Lieferkette ein, könne kaum davon ausgegangen werden, dass Unternehmen wolle vor entsprechenden Gefahren in der Lieferkette selbst schützen. Vielmehr würde die operative Implementierung der notwendigen Sorgfaltsmaßnahmen regelmäßig sogar explizit den Zulieferern überlassen.[621]

---

[619] Vgl. *Thomale/Hübner*, JZ 2017, 385, 394.

[620] Vgl. *Welwert*, Menschenrechtsverantwortung deutscher Konzerne, 2023, S. 197.

[621] Vgl. *von Falkenhausen*, Menschenrechtsschutz durch Deliktsrecht, 2020, S. 210 f.

(b) Stellungnahme

Der von Welwert vertretenen Auffassung ist jedenfalls in rechtlicher Hinsicht zuzustimmen. Wie vorgetragen, läge eine Übernahme von Fürsorgepflichten dann vor, wenn das zu beobachtende Unternehmen dem originären Pflichtenträger durch die öffentlichen Angaben vermitteln würde, ihm obliegende Verkehrspflichten zu erfüllen, weshalb dieser in der Folge von eigenen Schutzmaßnahmen Abstand nimmt. Die daraus resultierende Gefahrerhöhung könnte dann die für das Entstehen einer Verkehrspflicht erforderliche normative Zuständigkeit für die Gefahrenquelle begründen. Betrachtet man allerdings die bislang von Unternehmen veröffentlichten Grundsatzerklärungen im Sinne des § 6 Abs. 2 Satz 1 LkSG, wird deutlich, dass es praktisch so gut wie nie möglich sein wird, den Verlautbarungen den für das Entstehen einer Verkehrspflicht notwendigen Erklärungsinhalt zu entnehmen. So heißt es etwa in der von dem Energieversorger *RWE* abgegebenen Grundsatzerklärung über die Menschenrechtsstrategie:[622]

> „Wir legen besonderen Wert auf Menschenrechte und gute Arbeitsbedingungen, sowohl in unserer Organisation als auch bei unseren Lieferanten und Geschäftspartnern. Wir fördern ein Arbeitsumfeld, in dem jeder von uns Höchstleistungen erbringen, innovativ sein und sich weiterentwickeln kann. Wir ermutigen unsere Mitarbeitende, ihr Potenzial voll auszuschöpfen, indem wir ihnen umfangreiche Entwicklungsmöglichkeiten bieten und eine Feedback-Kultur im gesamten Unternehmen fördern".

Dieser weitgehend abstrakten Formulierung lässt sich nicht entnehmen, dass in der Lieferkette bestimmte menschenrechtliche Schutzvorkehrungen getroffen wurden. Erst recht können aus ihr keine konkreten Maßnahmen herausgelesen werden, die von *RWE* in Bezug auf bestimmte gefährdete Arbeiter ergriffen worden sind und auf deren Schutzwirkung ausländische Arbeiter oder ein Lieferant berechtigterweise vertrauen dürften. Etwas konkreter sind die Ausführungen in der Grundsatzerklärung von *RWE* zum Verbot der Kinderarbeit. Diese lauten wie folgt:

> „Wir lehnen jede Form von Kinderarbeit, wie sie in den einschlägigen ILO-Übereinkommen definiert ist, strikt ab und setzen uns für ihre effektive Abschaffung ein. Alle Praktiken der Arbeitgeber müssen mindestens den ILO-Übereinkommen entsprechen. Kinder dürfen nicht in ihrer Entwicklung gehemmt werden. Ihre Würde muss geachtet werden und ihre Sicherheit und Gesundheit darf nicht beeinträchtigt, sondern muss durch geeignete Maßnahmen geschützt werden".

Die Formulierung erinnert an die bereits vorgestellte Formulierung in der Grundsatzerklärung der *Rewe Group* („Alle unsere Geschäftspartner sind verpflichtet, Mindestanforderungen wie international und national geltende Gesetze sowie die Kernarbeitsnormen der Internationalen Arbeitsorganisation einzuhal-

---

[622] Abrufbar unter: https://www.rwe.com/verantwortung-und-nachhaltigkeit/soziales-und-gesellschaft/menschenrechtliche-sorgfaltspflicht/grundsatzerklaerung-ueber-rwes-menschenrechtsstrategie/ (Version 01. 12. 2022), zuletzt abgerufen am 30. 07. 2024.

ten"[623]). Es wurde zwar in Kap. 3 A. II. 5. gezeigt, dass das Herauslesen bestimmter Verhaltensweisen aus dieser möglich ist. So könnte ihr etwa die Aussage entnommen werden, dass jeder Zulieferer zur Einhaltung der ILO-Kernarbeitsnormen verpflichtet wird. Allerdings ist es nicht möglich, aus der bloßen Erklärung über die Verpflichtung eines Zulieferers Rückschlüsse auf die tatsächliche menschenrechtliche Risikolage vor Ort und die dort herrschende Sicherheitslage zu ziehen. Erst recht können ihr keine konkreten Handlungen der *Rewe Group* zum Schutz lokaler Arbeitnehmer entnommen werden.

Dieses Beispiel veranschaulicht das zentrale Problem, dem die deliktische Menschenrechtshaftung an dieser Stelle begegnet. Denn im Rahmen des Sachmängelgewährleistungsrechtes konnte eine öffentliche Äußerung im Sinne des § 434 Abs. 3 Satz 1 Nr. 2 lit. b BGB (Bspw.: „Alle Zulieferer – also auch der Hersteller der zu beobachtenden Kaufsache – wurden zur Einhaltung der ILO-Kernarbeitsnormen verpflichtet") sich aufgrund des weiten Beschaffenheitsbegriffes auch auf herstellungsprozessbezogene Faktoren beziehen. Im Rahmen der deliktischen Haftung kommt es zur Übernahme von Fürsorgepflichten nun allerdings darauf an, dass ein inländisches Unternehmen suggeriert, in Bezug auf bestimmte Arbeitnehmer Schutzvorkehrungen ergriffen zu haben. CSR-Ankündigungen sind aber inhaltlich selten konkret genug, um aus ihnen bestimmte Maßnahmen in Bezug auf einzelne Zulieferer herauszulesen, auf deren Vornahme und Schutzwirkung Dritte berechtigterweise vertrauen dürfen.[624] Nur wenn in der Grundsatzerklärung ausnahmsweise konkrete Ausführungen zu vom inländischen Unternehmen vorgenommenen Sicherheitsvorkehrungen geäußert werden, die nach der Formulierung der Erklärung (auch) im Hinblick auf den in Rede stehenden Zulieferer getroffen wurden, kann daraus prinzipiell eine Fürsorgepflicht resultieren. Gibt ein Unternehmen etwa an, in der Mine eines bestimmten Zulieferers seien Giftstoffe gefunden worden, die es nun beseitigt habe, folgt aus dieser Äußerung gegebenenfalls ein berechtigtes Vertrauen der örtlichen Arbeitnehmer oder des Zulieferers, dass die schädlichen Substanzen entfernt wurden.

Selbst in derartigen Fällen wird eine Verkehrspflicht allerdings dann nicht entstehen können, wenn die zu beobachtende Selbstverpflichtung eine Grundsatzerklärung zur Erfüllung der Sorgfaltspflichten des LkSG darstellt: Die Annahme einer menschenrechtlichen Fürsorgepflicht würde nämlich die Haftungsneutralität des LkSG erheblich kontaminieren und damit gegen § 3 Abs. 3 Satz 1 LkSG verstoßen. Jedenfalls bei Feststellung eines menschenrechtlichen Risikos ist eine Grundsatzerklärung schließlich verpflichtend abzugeben.[625] Würde die Abgabe aber zur Übernahme von Fürsorgepflichten führen, sähe sich das pflichtige Unternehmen

[623] *Rewe Group*, Grundsatzerklärung Menschenrechte, abrufbar unter: https://www.rewe-group.com/de/presse-und-medien/publikationen/leitlinien/grundsatzerklaerung-menschenrechte/ (Stand: 01.01.2023), zuletzt abgerufen am 30.07.2024.

[624] *Brunk*, Menschenrechtscompliance, 2022, S. 423 f.

[625] Vgl. § 6 Abs. 2 Satz 1 LkSG.

infolge der Sorgfaltspflichtenerfüllung einer deliktischen Haftung ausgesetzt, was durch den Haftungsausschluss gerade verhindert werden soll.[626] Die Grundsatzerklärung über die Menschenrechtsstrategie (§ 6 Abs. 2 Satz 1 LkSG) kann mithin keine deliktische Verkehrspflicht nach sich ziehen.[627] Lediglich im Falle freiwilliger CSR-Selbstverpflichtungen ist dies unter den herausgearbeiteten strengen Voraussetzungen möglich.

(3) Herleitung einer Verkehrspflicht aus globalen Erwartungshaltungen?

Teilweise wird vertreten, dass Verkehrspflichten aus einer Erwartungshaltung des Rechtsverkehrs an eine menschenrechtskonforme Konzern- und Lieferkettenorganisation hergeleitet werden könnten. Eine menschenrechtliche Sorgfaltspflicht ergebe sich nach der Auffassung von Weller/Thomale daraus, dass eine Zusammenschau von Selbstverpflichtungen der Unternehmen, Gesetzen, Gesetzesinitiativen und *soft law* eine entsprechende Verkehrserwartung begründen würde.[628] Dies folge etwa aus Selbstverpflichtungen der Unternehmen zu menschenrechtskonformen Herstellungsprozessen (*codes of conduct*, Werbeaussagen), internationalen Initiativen zur Stärkung der Menschenrechte, der CSR-Richtlinie und der Siemens/Neubürger-Entscheidung des Landgerichts München I zur konzerndimensionalen Complianceverantwortung des Vorstands.[629]

Payandeh sieht eine globale Erwartungshaltung dahingehend, dass transnationale Unternehmen eine Verantwortung für Menschenrechtsverletzungen ihrer Geschäftspartner zu tragen hätten, was in eine deliktische Verkehrspflicht übersetzt werden könne.[630] Die zahlreichen Selbstverpflichtungen der Unternehmen trügen zusätzlich dazu bei, eine solche Verkehrserwartung zu prägen.[631] Allerdings beschränke sich diese Erwartung auf Organisations- und Kontrollpflichten im Hinblick auf typische, vorhersehbare Gefahren.[632]

Saage-Maaß/Leifker möchten jedenfalls bei der Auslegung deliktischer Sorgfaltspflichten auf die UN-Leitprinzipien für Wirtschaft und Menschenrechte zurückgreifen, da diese einstimmig übernommen wurden und daher den Konsens der internationalen Staatengemeinschaft abbilden würden.[633]

Diese Auffassungen begegnen Bedenken. Selbst wenn eine entsprechende globale Erwartungshaltung entstanden sein sollte, führt diese jedenfalls nicht zum

---

[626] Vgl. *Voland/Lohn*, in: Ghassemi-Tabar, LkSG, § 3 Rn. 175.

[627] So auch *Voland/Lohn*, in: Ghassemi-Tabar, LkSG, § 3 Rn. 175 in Bezug auf die vertragsähnliche Haftung.

[628] Vgl. *Weller/Thomale*, ZGR 2017, 509, 521 f.

[629] Vgl. *Weller/Thomale*, ZGR 2017, 509, 521 f.

[630] *Payandeh*, in: FS K. Schmidt, 2019, Bd. II, S. 131, 142.

[631] *Payandeh*, in: FS K. Schmidt, 2019, Bd. II, S. 131, 142.

[632] *Payandeh*, in: FS K. Schmidt, 2019, Bd. II, S. 131, 144.

[633] Vgl. *Saage-Maaß/Leifker*, BB 2015, 2499, 2503 f.

Entstehen von gleichgelagerten Verkehrspflichten. Es wurde bereits herausgearbeitet, dass eine Verkehrspflicht ausschließlich mithilfe der in Kap. 3 B. II. 3. a) dargestellten Dogmatik hergeleitet werden kann. Zu ihrer Begründung bedarf es also eines normativen Zurechnungskriteriums.[634] Eine gesellschaftspolitische Erwartungshaltung stellt aber kein tragfähiges Zurechnungskriterium dar, aus welchem sich eine Verkehrspflicht herleiten lässt. Nur weil eine Personenmehrheit erwartet, dass Unternehmen Verantwortung übernehmen, trifft sie – abseits gesetzlicher Vorgaben – keine derartige Pflicht, da die deliktische Menschenrechtshaftung ansonsten zu einer reinen Billigkeitshaftung verkümmern würde, welche mit dem Gewaltenteilungsgrundsatz nur schwer in Einklang zu bringen wäre.[635] Das schließt natürlich nicht aus, dass der anzuwendende Sorgfaltsmaßstab im Einzelfall dem der UN-Leitprinzipien oder anderer menschenrechtlicher Standards entspricht, weshalb sich in der Praxis wohl durchaus an solchen Regelwerken orientiert werden kann.[636]

(4) Kenntnis von Menschenrechtsverletzungen als pflichtenbegründendes Element?

Aus denselben Gründen, aus denen eine globale Verkehrserwartung keine Verkehrspflicht erschaffen kann, vermag – entgegen anders lautender Auffassungen in der Literatur[637] – auch die bloße Kenntnis von Menschenrechtsverletzungen beim Zulieferer oder der Tochtergesellschaft für sich genommen keine Verkehrspflichten zu begründen. Die Kenntnis als solche stellt kein normatives Zurechnungskriterium dar, da ansonsten jedes inländische Unternehmen für jegliche Missstände weltweit haften würde, von denen es irgendwie erfährt und die es potenziell beheben könnte (etwa durch Spenden).[638] Eine solche Verkehrspflicht in Gestalt einer „allgemeinen Pflicht zur Hilfeleistung" ist daher abzulehnen.[639] Das bloße Wissen über menschenrechtsverletzende Arbeitsbedingungen führt auch nicht zu einer Gefahrerhöhung:[640]

Weiß der Vorstand einer Aktiengesellschaft bspw. von niedrigen Sicherheitsstandards bei einem Unternehmen im Ausland, mit dem keinerlei Geschäftsbezie-

---

[634] Vgl. *Steinbrück*, in: Gehling/Ott, LkSG, Anh. § 11 Rn. 67.

[635] Vgl. zur Billigkeitshaftung und den mit einer solchen einhergehenden Bedenken Kap. 5 A. I. 2.

[636] *Payandeh*, in: FS K. Schmidt, 2019, Bd. II, S. 131, 144: Die UN-Leitprinzipien für Wirtschaft und Menschenrechte stellen dem Grunde nach „plausible Mindestanforderungen" dar.

[637] Vgl. etwa *Habersack/Ehrl*, AcP 219 (2019), 155, 201 f.; *Welwert*, Menschenrechtsverantwortung deutscher Konzerne, 2023, S. 177 f.

[638] So im Ergebnis auch *Steinbrück*, in: Gehling/Ott, LkSG, Anh. § 11 Rn. 67.

[639] Vgl. nur das Beispiel bei *von Falkenhausen*, Menschenrechtsschutz durch Deliktsrecht, 2020, S. 99: „Es wäre etwa derjenige, der im Zaun des Nachbarn ein Loch sieht und um dessen bissigen Hund weiß, zum Flicken des Loches verpflichtet, so er denn über das entsprechende Material verfügt und müsste ansonsten für die zerrissene Hose des nächsten Passanten haften".

[640] A. A. *Welwert*, Menschenrechtsverantwortung deutscher Konzerne, 2023, S. 177 f.

hungen bestehen, trifft die Gesellschaft auch dann keine Verkehrspflicht, wenn sie dem ausländischen Arbeitgeber finanzielle Mittel zur Verfügung stellen könnte und dieser infolgedessen die Arbeitssicherheit angemessen erhöhen würde. Eine solche Verkehrspflicht würde zwar nicht an der Möglichkeit der Gefahrbeherrschung scheitern, es liegt aber überhaupt kein normatives Zurechnungskriterium vor, mit dem sich eine Verkehrspflicht begründen ließe. Das Wissen über die niedrigen Sicherheitsstandards wirkt sich in keiner Weise auf die tatsächlichen Sicherheitsvorkehrungen vor Ort aus (diese bleiben gleich niedrig, ob das inländische Unternehmen hiervon nun Kenntnis hat oder nicht).[641] Anders wäre dies möglicherweise, wenn Vertragsbeziehungen mit dem ausländischen Unternehmen eingegangen werden und infolge erheblichen Preisdrucks die Sicherheitsvorkehrungen am Arbeitsplatz gesenkt werden. Die Gefahrerhöhung folgt dann aber nicht aus dem Wissen um die Menschenrechtsverletzungen, sondern aus der Ausübung des Preisdruckes als gefahrenerhöhendes Verhalten.

Das bedeutet allerdings nicht, dass die Kenntnis von Menschenrechtsverletzungen im Rahmen deliktischer Verkehrspflichten überhaupt keine Rolle spielt. Sie ist nämlich nach hier vertretener Auffassung bei der Ermittlung des Inhaltes von Verkehrspflichten zu berücksichtigen (dazu sogleich).

4. Inhalt und Umfang menschenrechtsbezogener Verkehrspflichten

Besteht eine Verkehrspflicht, ist das pflichtige Unternehmen zur Abwendung von Schäden für Dritte im Rahmen des Notwendigen und Zumutbaren verpflichtet.[642] Ergriffen werden müssen nach der Rechtsprechung des VI. Zivilsenates des BGH diejenigen Maßnahmen, die „die ein verständiger, umsichtiger, vorsichtiger und gewissenhafter Angehöriger der betroffenen Verkehrskreise für ausreichend halten darf“[643]. Dabei ist auch zu beachten, welche rechtlichen und tatsächlichen Handlungsmöglichkeiten dem Sicherungspflichtigen in der konkreten Situation *ex ante* zur Verfügung standen.[644]

Beginnend mit der sorgfältigen Auswahl seiner Vertragspartner kann ein Unternehmen etwa gewisse Vertragsgestaltungen verhandeln, welche das Zulieferunternehmen zur Einhaltung von Mindeststandards und deren Überwachung in der nachgelagerten Wertschöpfungskette verpflichten.[645] Um die zur Gefahrsteuerung notwendige Kenntnis zu erlangen, könnte dem Zulieferer auch auferlegt werden,

[641] Eine ähnliche Argumentationslinie ist auch den Ausführungen von *von Falkenhausen*, Menschenrechtsschutz durch Deliktsrecht, 2020, S. 99 zu entnehmen.

[642] *S. Wagner*, in: Wagner/Ruttloff/Wagner, LkSG, § 12 Rn. 1893.

[643] Zit.: BGH, NJW 2021, 1090, 1091.

[644] *S. Wagner*, in: Wagner/Ruttloff/Wagner, LkSG, § 12 Rn. 1850.

[645] *Heinen*, in: Krajewski/Saage-Maaß, Durchsetzung menschenrechtlicher Sorgfaltspflichten, S. 101.

Audits und Besuchen von Vertretern des Auftraggebers zuzustimmen.[646] Dabei muss natürlich beachtet werden, dass entsprechende Klauseln einer AGB-Kontrolle standhalten.[647] Supply Chain Management-Tools ermöglichen eine detaillierte Nachverfolgung der Lieferkette, was angesichts dessen auch in Bezug auf komplexe Netzwerke zumutbar erscheint.[648] Denkbare Maßnahmen zur Gefahrsteuerung sind ferner in der technischen Unterstützung bei der Einhaltung von Gesundheits- und Sicherheitsstandards sowie in der Bereitstellung von Beschwerdemechanismen zu sehen.[649]

Was für Maßnahmen konkret erforderlich sind, hängt stets von dem zu beobachtenden Sachverhalt ab, da aufgrund der einzelfallbezogenen Herleitung mittels normativer Zurechnungskriterien keine allgemeingültige Verkehrspflicht skizziert werden kann. Regelwerke wie die UN-Leitprinzipen für Wirtschaft und Menschenrechte sind daher allenfalls als Orientierungshilfe für mögliche Pflichteninhalte heranzuziehen und können insoweit als „Steinbruch" dienen.[650] In jedem Fall ist wohl – ähnlich wie bei der Produzentenhaftung – zunächst durch Schaffung einer hinreichenden Informationsgrundlage zu ermitteln, ob Verkehrspflichten bestehen.[651] Das Unternehmen muss also durch eine geeignete Organisation sicherstellen, dass es von bislang unbekannt gebliebenen Gefahren erfährt.[652] Im Übrigen ist es einem Pflichtigen nur möglich denjenigen Risiken entgegenzutreten, von denen er Kenntnis erlangt hat. Der VI. Zivilsenat des BGH lehnte daher im „Honda-Fall" die Pflicht einer inländischen Vertriebsgesellschaft von Motorrädern ab, bei Inverkehrbringen der Fahrzeuge vor dem Anbringen von Lenkerverkleidungen zu warnen. Da solche Verkleidungen zu diesem Zeitpunkt noch nicht auf dem Markt verfügbar waren, seien Sicherheitsrisiken nicht bekannt gewesen.[653] Soweit also keine Kenntnis von menschenrechtlichen Risiken vorliegt, kann der deliktische Vorwurf nur lauten, dass keine (hinreichenden) Gefahrerforschungsmaßnahmen vorgenommen wurden. Die Gefahrermittlung gehört daher stets zum Pflichtenkanon der

---

[646] *Heinen*, in: Krajewski/Saage-Maaß, Durchsetzung menschenrechtlicher Sorgfaltspflichten, S. 101.

[647] Vgl. dazu *Spießhofer/Westphalen*, BB 2015, 75 ff.

[648] *Heinen*, in: Krajewski/Saage-Maaß, Durchsetzung menschenrechtlicher Sorgfaltspflichten, S. 101.

[649] *Heinen*, in: Krajewski/Saage-Maaß, Durchsetzung menschenrechtlicher Sorgfaltspflichten, S. 101.

[650] In diese Richtung auch *Saage-Maaß/Leifker*, BB 2015, 2499, 2503 f.

[651] Vgl. *Staudinger*, in: Schulze, Bürgerliches Gesetzbuch, 12. Auflage 2024, § 823 BGB Rn. 176 zur Produktbeobachtungspflicht.

[652] Vgl. *Staudinger*, in: Schulze, Bürgerliches Gesetzbuch, 12. Auflage 2024, § 823 BGB Rn. 176.

[653] Vgl. BGH, NJW 1987, 1009, 1010.

Verkehrspflichten und begründet im Falle ihrer Verletzung aus sich heraus eine Pflichtverletzung.[654]

Werden Verkehrspflichten erkannt, ist es zwar nicht möglich, allgemeingültige Verkehrspflichten zu skizzieren. Im Hinblick auf die diskutierten Fallgruppen kann grundsätzlich aber Folgendes festgehalten werden: Soweit die normative Zuständigkeit aus der Gefahrerhöhung folgt, genügt es in der Regel, wenn der Gefahrenbeitrag beseitigt wird.[655] Kann eine Verkehrspflicht etwa infolge einer unzureichenden Sicherheitseinweisung bei der Überlassung gefährlicher Geräte bejaht werden, wird diese regelmäßig erfüllt, wenn eine hinreichende Sicherheitseinweisung erfolgt. Rührt sie aus der (faktischen) Steuerung des Tochterunternehmens oder des Zulieferers durch die umfassende Wahrnehmung von Weisungsbefugnissen her, sind die Weisungen derart anzupassen, dass Schäden vermieden werden, indem die Risikoquelle eliminiert oder (falls dies unzumutbar wäre) minimiert wird.[656] Im Falle der Übernahme einer Verkehrspflicht ist grundsätzlich der übernommene Inhalt Gegenstand der Verpflichtung.[657] Rührt die Verkehrspflicht aus der Veröffentlichung einer (freiwilligen) CSR-Selbstverpflichtung her, in welcher das Ergreifen bestimmter Schutzmaßnahmen behauptet wird, würde auch die Klarstellung genügen, dass keine eigenen Schutzmaßnahmen getroffen werden, da Dritte dann nicht mehr auf die Vornahme vertrauen dürfen. Der Abbruch der Vertragsbeziehungen mit einem Zulieferer dürfte in der Regel nicht zumutbar sein.[658] Falls doch, ist genau zu untersuchen, ob das menschenrechtliche Risiko, dass diagnostiziert wurde, auf diese Weise überhaupt gesenkt bzw. ausgelöscht würde. Bliebe es von dem Abbruch der Geschäftsbeziehung unberührt, kann ein solcher nicht im Rahmen der Erfüllung der Verkehrspflicht verlangt werden.[659]

Im Beispielsfall trifft die A-AG eine Verkehrspflicht, da sie durch die Ausübung von Preisdruck auf Z unter Androhung des Abbruchs der Vertragsbeziehungen die menschenrechtlichen Risiken bei diesem verstärkt hat. Eben diese Gefahrerhöhung und ihre Folgen müssen nun von der A-AG genau ermittelt und anschließend rückgängig gemacht werden. Dies kann bspw. erfolgen, indem sie ihre Drohungen zurücknimmt, mit Z wieder die ursprünglichen Preise vereinbart und ihren Einfluss auf Z dazu nutzt, mindestens die vor der Ausübung des Preisdrucks bestehenden Arbeitsbedingungen wieder herzustellen. Da sie keine allgemeine Verkehrspflicht in Bezug auf die ohnehin niedrigen Arbeitsstandards bei Z trifft, muss sie insoweit auch keine Vorkehrungen treffen.

---

[654] Vgl. *Staudinger*, in: Schulze, Bürgerliches Gesetzbuch, 12. Auflage 2024, § 823 BGB Rn. 176 f. zur Produktbeobachtungspflicht.

[655] *S. Wagner*, in: Wagner/Ruttloff/Wagner, LkSG, § 12 Rn. 1893.

[656] Vgl. *S. Wagner*, in: Wagner/Ruttloff/Wagner, LkSG, § 12 Rn. 1850.

[657] Vgl. *Schaub*, in: Prütting/Wegen/Weinreich, 19. Aufl. 2024, § 823 BGB Rn. 127.

[658] Das LkSG regelt diese Möglichkeit in seinem § 7 Abs. 3 und sieht den Abbruch der Geschäftsbeziehung ebenfalls als absolute Ausnahme vor.

[659] Vgl. *S. Wagner*, in: Wagner/Ruttloff/Wagner, LkSG, § 12 Rn. 1894.

5. Schlussfolgerungen für § 3 Abs. 3 LkSG

Nachdem herausgearbeitet wurde, unter welchen Voraussetzungen deliktische Verkehrspflichten zum Schutz der Menschenrechte bestehen, kann das Verhältnis von Sorgfalts- und Verkehrspflichten vor dem Hintergrund des § 3 Abs. 3 Satz 1 LkSG abschließend bewertet werden. Nach den vorstehenden Untersuchungen unterscheiden sich die Sorgfaltspflichten aus dem LkSG von menschenrechtsbezogenen Verkehrspflichten, da sie teilweise über die Anforderungen hinausgehen, welche Unternehmen zur Vermeidung einer deliktischen Haftung nach § 823 Abs. 1 BGB erfüllen müssen[660]:

Die Sorgfaltspflichten des LkSG gelten unabhängig davon, ob ein Unternehmen selbst eine Gefahrenquelle geschaffen, beherrscht oder Sicherungs- und Fürsorgepflichten übernommen hat. Entscheidend ist allein das Vorliegen einer Lieferkette, das Setzen eines Verursachungsbeitrags[661] sowie die eigene Einflussmöglichkeit auf die Menschenrechtsverletzungen.[662] § 823 Abs. 1 BGB setzt für das Entstehen von Verkehrspflichten hingegen ein normatives Zurechnungskriterium voraus, an welches höhere Anforderungen gestellt werden als an den nach dem LkSG erforderlichen Verursachungsbeitrag. Nach hier vertretener Auffassung vermögen nur erhebliche Gefahrerhöhungen, welche über das Potenzial verfügen, die Menschenrechtslage tatsächlich zu verschlechtern, Sicherungspflichten zu erschaffen. Ein Sorgfaltspflichten nach dem LkSG auslösender Verursachungsbeitrag liegt bereits vor, wenn bestehende menschenrechtliche Risiken durch das zu beobachtende Unternehmen verstärkt werden, sodass auch geringe Verursachungsbeiträge pflichtenbegründend wirken können.[663] So würde etwa das Setzen enger Lieferfristen durch den Auftraggeber im Rahmen der Verkehrspflichten nur dann als pflichtenbegründende Gefahrerhöhung zu bewerten sein, wenn dies zu einer beträchtlichen Risikosteigerung führt, welche über das Potenzial verfügt, die Arbeitsbedingungen im Betrieb des Zulieferers tatsächlich zu verschlechtern.[664] Nach dem LkSG stellt das Setzen enger Lieferfristen bereits einen pflichtenauslösenden Verursachungsbeitrag dar, wenn dadurch ein bereits bestehendes menschenrechtliches Risiko auch nur in geringem Maße erhöht wird.

Darüber hinaus erlegt das LkSG den betroffenen Unternehmen auch in Bezug auf mittelbare Zulieferer Sorgfaltspflichten auf. Im Rahmen der Verkehrspflichten kann es den Unternehmen hingegen nicht zugemutet werden, als Aufseher für die gesamte Lieferkette zu fungieren und Gefahrprävention an allen Gliedern der

---

660 Ähnlich *Spindler*, ZHR 186 (2022), 67, 100.

661 Vgl. § 4 Abs. 2 LkSG.

662 *Spindler*, ZHR 186 (2022), 67, 100.

663 Vgl. BT-Drucks. 19/28649, S. 43.

664 Vgl. Kap. 3 B. II. 3. c) dd) (1) (a).

Wertschöpfungskette zu betreiben. Verkehrspflichten in Bezug auf mittelbare Zulieferer sind daher grundsätzlich ausgeschlossen.[665]

Zudem ist zu beachten, dass der sehr detailliert vorgeschriebene Pflichtenkanon des LkSG stets erfüllt werden muss, während im Rahmen der deliktischen Verkehrspflicht – abgesehen von einer hinreichenden Gefahrerforschung – keine universellen (Compliance-)Vorgaben existieren, die unabhängig vom Einzelfall ergriffen werden müssen.[666] So wird etwa die generelle Einrichtung eines Beschwerdeverfahrens vom Umfang der Verkehrspflichten nicht gedeckt, das LkSG setzt eine solche Einrichtung aber uneingeschränkt voraus.[667] Auch die Benennung eines Menschenrechtsbeauftragten ist im Rahmen des Deliktsrechts nicht zwingend vorzunehmen, vom LkSG wird eine derartige Zuständigkeit hingegen pauschal verlangt.[668] Kommt ein Unternehmen also ohne eine derartige Zuständigkeit aus, verstößt es nicht gegen menschenrechtliche Verkehrspflichten, wohl aber gegen den Pflichtenkanon des LkSG.

Schlussendlich entspricht auch der Rechtsgüterschutz des § 823 Abs. 1 BGB nicht dem des LkSG, weshalb die Sorgfaltspflichten (§§ 3 ff. LkSG) Eingriffe in bestimmte Rechtspositionen vermeiden möchten, welche überhaupt nicht von deliktischen Verkehrspflichten erfasst werden können. Zwar sind viele international anerkannte Menschenrechte, die sich im LkSG wiederfinden, durch § 823 Abs. 1 BGB geschützt (etwa das Verbot der Missachtung von Pflichten des Arbeitsschutzes, vgl. § 2 Abs. 2 Nr. 5 LkSG). Es sind jedoch auch zahlreiche Abweichungen zu beobachten. So werden etwa weder die Koalitionsfreiheit (§ 2 Abs. 2 Nr. 6 LkSG) noch das Recht auf einen angemessenen Lohn (§ 2 Abs. 2 Nr. 8 LkSG) von § 823 Abs. 1 BGB erfasst.[669]

Die Unterschiede zwischen Sorgfalts- und Verkehrspflichten haben zur Folge, dass der Sorgfaltspflichtenkatalog des LkSG nicht in § 823 Abs. 1 BGB hineingelesen werden darf. Ansonsten würde die Verletzung der Sorgfaltspflichten eine zivilrechtliche Haftung begründen, was § 3 Abs. 3 Satz 1 LkSG explizit verbietet.[670] Unproblematisch im Lichte des Haftungsausschlusses ist, dass im Einzelfall Überschneidungen zwischen den Sorgfaltspflichten und den Verkehrspflichten auftreten können. Sollte die nach § 5 LkSG durchzuführende Risikoanalyse etwa inhaltlich

---

665 So wohl auch *Payandeh*, in: FS K. Schmidt, 2019, Bd. II, S. 131, 144, der die Verkehrspflichten auf „Tochtergesellschaften und Geschäftspartner" beschränkt; stellt man mit *Saage-Maaß/Leifker*, BB 2015, 2499, 2503 f. bei der Auslegung von Verkehrspflichten auf die UN-Leitprinzipien für Wirtschaft und Menschenrechte ab, erstrecken sich die Verkehrspflichten sogar auf mittelbare Zulieferer, da die Leitprinzipen die gesamte Wertschöpfungskette erfassen (vgl. Fußnote 112).

666 Vgl. § 3 Abs. 1 LkSG sowie Kap. 3 B. II. 4.

667 Vgl. *Altenschmidt/Helling*, LkSG, § 8 Rn. 1.

668 Vgl. § 4 Abs. 3 Satz 1 LkSG.

669 Vgl. *Ziegler*, in: Depping/Walden, LkSG, § 3 Rn. 162; siehe ferner Kap. 3 B. I. 4.

670 So im Ergebnis auch *Altenschmidt/Helling*, LkSG, § 3 Rn. 28; *Pour Rafsendjani/Purucker*, in: Schall/Theusinger/Pour Rafsendjani, LkSG, § 3 Rn. 104 ff.

den Gefahrerforschungsmaßnahmen entsprechen, die ein Unternehmen zur Erfüllung seiner menschenrechtsbezogenen Verkehrspflicht durchzuführen hat, greift der Haftungsausschluss des § 3 Abs. 3 Satz 1 LkSG nicht, da die deliktische Verpflichtung in keinerlei Zusammenhang mit dem LkSG steht und auch bei Hinwegdenken der §§ 3 ff. LkSG erfüllt werden müsste.[671] Anders wäre es wohl zu beurteilen, wenn einem Unternehmen der Vorwurf gemacht wird, es hätte auf Basis der durch die Risikoanalyse nach dem LkSG gewonnen Erkenntnisse weitere Gefahrerforschungsmaßnahmen zur Erfüllung seiner deliktischen Verkehrspflicht ergreifen müssen. Dann würde die Haftungsneutralität des LkSG schließlich wieder ausgehebelt. Praktisch ist ein solcher Fall aber nicht denkbar, da die nach dem LkSG durchzuführende Risikoanalyse in den hier in Rede stehenden Fällen faktisch den Gefahrerforschungsmaßnahmen entsprechen wird, die im Rahmen der menschenrechtsbezogenen Verkehrspflicht verlangt werden. Es werden also auf unterschiedlichem Wege identische beziehungsweise ähnliche Pflichten begründet. Da die Gefahrerforschungspflicht aus der allgemeinen Verkehrspflichtendogmatik folgt, ist ein solcher „zufälliger" Gleichlauf mit § 5 LkSG vor dem Hintergrund des § 3 Abs. 3 Satz 1 LkSG unbedenklich.[672]

III. Zusammenfassung

Die vorstehenden Untersuchungen haben gezeigt, dass ausländischen Arbeitnehmern im Falle transnationaler Menschenrechtsverletzungen deliktische Ansprüche gemäß § 823 Abs. 1 BGB gegen inländische Unternehmen zustehen können. Viele der in der Literatur gegen eine solche Haftung vorgebrachten Bedenken greifen nicht durch. So findet der Vertrauensgrundsatz in menschenrechtlichen Risikogebieten keine Anwendung. Auch das Rechtsträgerprinzip steht einer deliktischen Menschenrechtshaftung nicht von vorneherein entgegen. Zwar verbietet § 3 Abs. 3 Satz 1 LkSG eine Übersetzung der Sorgfaltspflichten des LkSG in Verkehrspflichten. Mittels der allgemeinen Verkehrspflichtendogmatik lassen sich jedoch in Ausnahmefällen menschenrechtsbezogene Verhaltenspflichten begründen. Diese können prinzipiell in den folgenden Konstellationen bejaht werden:

- Schaffung oder erhebliche Erhöhung eines menschenrechtlichen Risikos bei einem Zulieferer oder Tochterunternehmen
- Tatsächliche Beherrschung einer die Menschenrechte Dritter bedrohenden Gefahrenquelle
- Delegation originärer menschenrechtsbezogener Verkehrspflichten

[671] Vgl. *Fleischer*, in: Fleischer/Mankowski, LkSG, § 3 Rn. 66: Zur Haftungsbegründung bedarf es aufgrund des § 3 Abs. 3 LkSG „eigenständiger, genuin deliktsrechtlicher Begründungsmuster".

[672] So wohl auch *Ehmann/Berg*, GWR 2021, 287, 291: Gerichte dürfen Verkehrssicherungspflichten entwickeln, die denen des LkSG ähneln oder entsprechen.

- Auslagerung einer die Menschenrechte Dritter bedrohenden Gefahrenquelle
- Übernahme von Sicherungspflichten durch Einmischung
- Übernahme einer Fürsorgepflicht durch Veröffentlichung einer CSR-Selbstverpflichtung (wird die Selbstverpflichtung allerdings zu Erfüllung der Pflicht aus § 6 Abs. 2 Satz 1 LkSG abgegeben, steht § 3 Abs. 3 Satz 1 LkSG einer deliktischen Haftung von vorneherein entgegen).

Aus einer globalen Verkehrserwartung oder der bloßen Kenntnis von Menschenrechtsverletzungen lässt sich eine Verkehrspflicht nicht herleiten, da derartige Erwägungen im Widerspruch zur allgemein anerkannten Verkehrspflichtendogmatik stehen. Ließe man die Kenntnis von menschenrechtswidrigen Umständen für die Entstehung einer Verkehrspflicht genügen, würde dies zudem zu einer uferlosen Hilfeleistungspflicht führen. Der Inhalt der ermittelten Verkehrspflichten ist stets einzelfallbezogen zu bestimmten, verlangt jedoch immer eine hinreichende Gefahrermittlung.

C. Deliktische Klimahaftung

Ebenfalls dem Deliktsrecht zuzuordnen ist die zunehmend diskutierte Frage nach dem Bestehen und der Reichweite einer klimabezogenen Verkehrspflicht, mithilfe derer prophylaktische Maßnahmen großer Treibhausgasemittenten zur Bekämpfung des anthropogenen Klimawandels forciert werden könnten. Zwar sieht das LkSG klimabezogene Sorgfaltspflichten, welche Einfluss auf die zivilrechtliche Haftung nehmen könnten, *de lege lata* nicht vor. Gleichwohl ist die privatrechtliche Klimahaftung im Lichte des LkSG von Interesse, da die CSDDD eine Verpflichtung der EU-Mitgliedstaaten dahingehend beinhaltet, inländischen Unternehmen Klimaschutzmaßnahmen aufzuerlegen[673], weshalb bereits die EU-Gesetzgebung den nationalen Gesetzgeber zu entsprechenden Gesetzesänderungen veranlassen dürfte. Vor dem Hintergrund, dass die Umsetzung der Lieferkettenrichtlinie voraussichtlich durch eine Anpassung des LkSG erfolgen wird[674], ist die Implementierung einer klimabezogenen Sorgfaltspflicht in dessen Pflichtenkatalog zu erwarten.

Zivilrechtliche Klimahaftungsansprüche fallen nach den in Kapitel 2 gewonnen Erkenntnissen von vorneherein nicht unter den Haftungsausschluss des § 3 Abs. 3 Satz 1 LkSG. Da das LkSG keine klimabezogenen Sorgfaltspflichten kennt, kann insoweit auch keine „Verletzung der Pflicht aus diesem Gesetz“ vorliegen.

Unter welchen Voraussetzungen Klimahaftungsansprüche gegen Unternehmen bestehen, soll im Folgenden näher betrachtet werden. Zu diesem Zwecke werden

---

[673] Vgl. Art. 22 CSDDD.

[674] Vgl. BT-Drucks. 19/28649, S. 2: „Das Sorgfaltspflichtengesetz soll an eine künftige europäische Regelung angepasst werden“.

zunächst die für die rechtliche Prüfung erforderlichen naturwissenschaftlichen Erkenntnisse über den Klimawandel kurz zusammengefasst. Anschließend geht die Arbeit auf das Pariser Klimaabkommen ein. Zuletzt erfolgt eine ausführliche Auseinandersetzung mit möglichen Ansprüchen gegen Unternehmen zur Verhinderung oder Beseitigung von Klimaschäden.

I. Grundlagen

1. Überblick über naturwissenschaftliche Erkenntnisse des Weltklimarates

Nach den Forschungsergebnissen des Weltklimarates (IPCC) stellt der Klimawandel einen hochkomplexen chemisch-physikalischen Prozess dar. Er ist sowohl auf menschliches Verhalten als auch auf natürliche Vorgänge und Prozesse zurückzuführen. Seit Beginn der vorindustriellen Zeit (nach 1750) haben anthropogene Treibhausgasemissionen zu erheblichen Anstiegen der Konzentration von Kohlendioxid, Methan und Lachgas in der Atmosphäre der Erde geführt. Ab dem 20. Jahrhundert vorgenommene Messungen zeigen dabei einen stetigen Anstieg der globalen Temperaturen, wobei die Erhöhung der durchschnittlichen Erdoberflächentemperatur zwischen 1951 und 2010 mit hoher Wahrscheinlichkeit zu mehr als der Hälfte auf den Anstieg der Treibhausgasemissionen und sonstige anthropogene Faktoren zurückzuführen ist. Die von Kraftwerken und ähnlichen Vorrichtungen emittierten Treibhausgasmoleküle entweichen in die Atmosphäre und vermischen sich dort. Ein Teil von ihnen verbleibt für einen erheblichen Zeitraum in der Atmosphäre, der Rest wird der Atmosphäre entzogen und in Pflanzen, Böden oder dem Meer (Kohlenstoffsenken) gespeichert, was unter anderem zu einer Versauerung der Ozeane führt. Die in der Erdatmosphäre verbleibenden Treibhausgase verdichten sich derart, dass die globale Wärmeabstrahlung verringert wird, was einen Temperaturanstieg auf der Erde zur Folge hat.[675] Der Temperaturanstieg führt wiederum zu extremeren Wetterereignissen, häufigeren Dürren und Hitzewellen sowie dem Schmelzen von Gletschern und einer allgemeinen Reduktion sämtlicher kryosphärischer Elemente.[676]

Auch die NASA konnte seit dem Jahre 1951 einen Anstieg der globalen Land- und Wasseroberflächentemperatur messen, welcher sich der nachstehenden Grafik entnehmen lässt:

[675] Vgl. *IPCC*, Climate Change 2014, Synthesis Report, S. 4 f., 40 ff.

[676] Vgl. *IPCC*, Climate Change 2023, Synthesis Report, S. 12 ff.

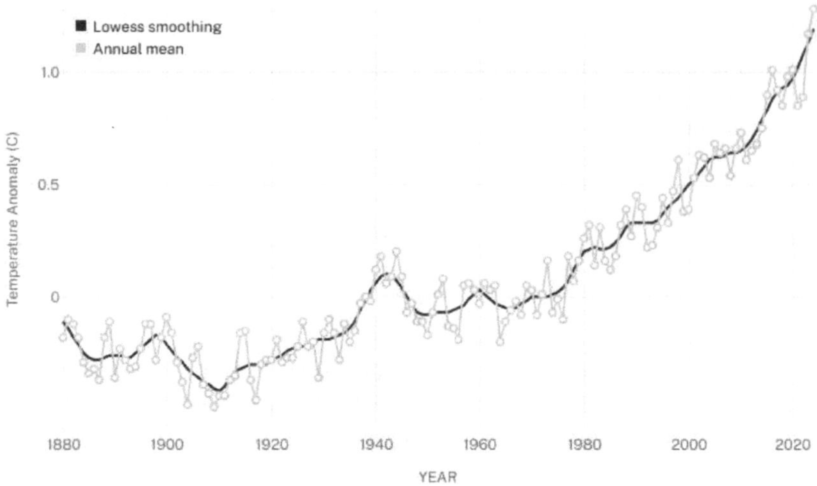

Abbildung 2: Abweichung der globalen Land- und Wasseroberflächentemperatur vom Durchschnittswert der Jahre 1951–1980[677]

2. Das Pariser Klimaabkommen

Um auf den anthropogenen Klimawandel zurückzuführende Bedrohungen für die Menschheit zu bekämpfen, haben 195 Vertragsstaaten anlässlich der Klimarahmenkonvention der Vereinten Nationen im Jahre 2015 einen völkerrechtlichen Vertrag – das sogenannte Pariser Klimaabkommen[678] – geschlossen.[679] Dieser verfolgt primär das Ziel, den Anstieg der durchschnittlichen Erdtemperatur deutlich unter 2 °C gegenüber dem vorindustriellen Niveau[680] zu halten und den globalen Temperaturanstieg möglichst auf 1,5 °C zu begrenzen.[681] Auf welche Weise diese Ziele (noch) erreicht werden können, beschreibt der Weltklimarat durch die regelmäßige Veröffentlichung von CO_2-Restbudgets. Anfang des Jahres 2022 errechnete er etwa das verbleibende globale Emissionsbudget um das Ziel, die Erwärmung

[677] Die Grafik sowie die Messdaten der NASA sind abrufbar unter: https://climate.nasa.gov/vital-signs/global-temperature/, zuletzt abgerufen am 30. 07. 2024.

[678] Übereinkommen von Paris, BGBl. 2016 II S. 1082.

[679] Zu den völkerrechtlichen Entwicklungen zum Klimaschutz vor Verabschiedung des Pariser Klimaabkommens, vgl. *Bischof*, Das Pariser Klimaschutzabkommen, 2022, S. 34 ff.; zum Vorgänger des Pariser Klimaabkommens, dem Kyoto-Protokoll, siehe *Landeszentrale für politische Bildung Baden-Württemberg*, Kyoto-Protokoll, abrufbar unter: https://www.lpb-bw.de/kyoto-protokoll#c69183, zuletzt abgerufen am 30. 07. 2024.

[680] Als „vorindustrielle Zeit" gelten die Jahre 1850–1900, vgl. *IPCC*, FAQ zur globalen Erderwärmung, S. 8, abrufbar unter: https://www.ipcc.ch/site/assets/uploads/2020/07/SR1.5-FAQs_de_barrierefrei.pdf (Stand 2018), zuletzt abgerufen am 30. 07. 2024.

[681] Vgl. Art. 2 Abs. 1 lit. a) des Pariser Klimaabkommens.

wahrscheinlich auf 2 °C zu begrenzen, auf rund 1.150 Gigatonnen.[682] Die Begrenzung des Temperaturanstiegs auf 1,5 °C erfordere eine maximal zulässige atmosphärische Treibhausgaskonzentration, welche – bei einer Wahrscheinlichkeit von 50 % – mit der Einhaltung eines CO_2-Restbudgets von 500 Gigatonnen erreicht werden könne.[683] Neben der Erreichung der Klimaziele soll durch das Pariser Klimaabkommen die globale Anpassung an die Auswirkungen des Klimawandels verbessert werden.[684] Ferner bezwecken die Vertragsparteien, die zur Erreichung der Klimaziele notwendigen Senkungen von Treibhausgasemissionen mit einer hinreichenden Nahrungsmittelerzeugung in Einklang zu bringen[685] und Finanzströme im Sinne einer emissionsarmen Entwicklung zu lenken.[686] Umzusetzen haben die Vertragsparteien die Vorgaben mittels festgelegter Beiträge.[687]

Die Erreichung des 1,5 Grad-Ziels wird dabei durch eine möglichst schnelle Erreichung des „Scheitelpunkts" der weltweiten Treibhausgasemissionen angestrebt, wobei den Entwicklungsländern mehr Zeit eingeräumt werden soll.[688] Anschließend sollen die Treibhausgasemissionen drastisch reduziert werden, um in der zweiten Hälfte dieses Jahrhunderts eine Balance zwischen Treibhausgasemissionen und deren Abbau durch Kohlenstoffsenken zu erreichen,[689] was „faktisch eine Aufforderung zur Dekarbonisierung darstellt"[690]. Bei der Reduzierung von Treibhausgasemissionen und der Anpassung an den Klimawandel haben die Industriestaaten die Entwicklungsländer finanziell zu unterstützen.[691]

a) Nationally Determined Contributions

Konkrete Emissionsreduktionsverpflichtungen enthält das Klimaabkommen nicht. Diese sind vielmehr von den Staaten selbst festzulegen, weshalb es sich nur um „in einen verbindlichen Rahmen eingebettete Zielfestlegungen"[692] handelt. Jede Vertragspartei hat aufeinanderfolgende national festgelegte Beiträge, die sie zu erreichen beabsichtigt – sogenannte *Nationally Determined Contributions*[693] –, zu erarbeiten, zu übermitteln und beizubehalten.[694] In der Folge sind dann innerstaat-

---

[682] Vgl. *IPCC*, SR – 1.5 °C, 2018, Kapitel 2, S. 108, Tabelle 2.2.
[683] Vgl. *IPCC*, AR6 – Mitigation, 2022, S. 6, SPM, B.1.3.
[684] Vgl. Art. 2 Abs. 1 lit. b des Pariser Klimaabkommens.
[685] Vgl. Art. 2 Abs. 1 lit. b des Pariser Klimaabkommens.
[686] Vgl. Art. 2 Abs. 1 lit. c des Pariser Klimaabkommens.
[687] Vgl. Art. 3 des Pariser Klimaabkommens.
[688] Vgl. Art. 4 Abs. 1 des Pariser Klimaabkommens.
[689] Vgl. Art. 4 Abs. 1 des Pariser Klimaabkommens.
[690] Zit.: *Böhringer*, ZaöRV 2016, 753, 760.
[691] Vgl. Art. 9 des Pariser Klimaabkommens.
[692] Zit.: *Böhringer*, ZaöRV 2016, 753, 761.
[693] *Böhringer*, ZaöRV 2016, 753, 762.
[694] Vgl. Art. 4 Abs. 2 des Pariser Klimaabkommens.

liche Maßnahmen zu ergreifen, deren Effektivität stets zu steigern ist (Nichtrückschrittsklausel[695]) und die in größtmöglicher Weise unter Berücksichtigung nationaler Gegebenheiten zur Erreichung der gesetzten Ziele beitragen.[696] Während Industriestaaten auferlegt wird, konkrete Emissionsziele zu formulieren, wird von Entwicklungsländern nur eine Verstärkung ihrer Bemühungen zur Emissionsreduzierung verlangt.[697]

Die festgelegten Beiträge sind alle fünf Jahre unter Berücksichtigung der Entscheidungen der Vertragsstaatenkonferenz des Pariser Klimaübereinkommens zu übermitteln,[698] wobei das Formulieren höherer Ambitionen zulässig ist[699]. Sämtliche eingereichten *Nationally Determined Contributions* müssen in einem vom Sekretariat des Pariser Abkommens geführten öffentlichen Register erfasst werden.[700] Die von den Staaten übermittelten Informationen enthalten etwa Angaben zu Planungsprozessen und Zeiträumen für die Umsetzung der vorgesehenen nationalen Maßnahmen sowie methodische Ansätze zur geplanten Treibhausgasreduzierung. Ferner ist die Festlegung der *Nationally Determined Contributions* zu begründen.[701] Art. 5 Abs. 1 des Pariser Klimaabkommens verlangt zudem, dass die Vertragsstaaten Maßnahmen zur Verbesserung von Kohlenstoffsenken und Treibhausgasspeichern ergreifen sollen, was insbesondere auch den besonderen Schutz von Wäldern beinhaltet[702].

b) Zusammenarbeit der Vertragsstaaten

Das Klimaabkommen sieht die Möglichkeit vor, dass Vertragsstaaten, die im Rahmen einer Organisation der regionalen Wirtschaftsintegration handeln, Klimaschutzmaßnahmen gemeinsam durchführen können. Der Inhalt der Vereinbarung zur gemeinsamen Durchführung ist dann ebenfalls an die zuständige Stelle zu

---

[695] *Franzius*, ZUR 2017, 515, 518.

[696] Vgl. Art. 4 Abs. 3 und 4 des Pariser Klimaabkommens.

[697] Vgl. Art. 4 Abs. 4 des Pariser Klimaabkommens.

[698] Vgl. Art. 4 Abs. 9 des Pariser Klimaabkommens.

[699] Vgl. Art. 4 Abs. 11 des Pariser Klimaabkommens.

[700] Vgl. Art. 4 Abs. 12 des Pariser Klimaabkommens.

[701] Vgl. Decision 1/CP.21, Adoption of the Paris Agreement (Anm. 3), Rn. 27: „The Conference of the Parties, […] agrees that the information to be provided by Parties communicating their nationally determined contributions, in order to facilitate clarity, transparency and understanding, may include, as appropriate, inter alia, quantifiable information on the reference point (including, as appropriate, a base year), time frames and/or periods for implementation, scope and coverage, planning processes, assumptions and methodological approaches including those for estimating and accounting for anthropogenic greenhouse gas emissions and, as appropriate, removals, and how the Party considers that its nationally determined contribution is fair and ambitious, in the light of its national circumstances, and how it contributes towards achieving the objective of the Convention as set out in its Article 2“.

[702] Vgl. Art. 5 Abs. 2 des Pariser Klimaabkommens.

übermitteln.[703] So erklärte etwa die Europäische Union, dass sie und ihre Mitgliedstaaten ihre Treibhausgasemissionen bis 2030 um mindestens 40 % gegenüber 1990 senken möchten.[704]

aa) Direkte zwischenstaatliche Kooperation

Die Erfüllung der national festgelegten Beiträge kann auch im Wege der freiwilligen Kooperation der Vertragsstaaten auf der Grundlage von Anpassungs- und Klimaschutzmaßnahmen verwirklicht werden.[705] In diesem Zusammenhang erlaubt das Pariser Klimaabekommen die Nutzung sogenannter *Internationally Transferred Mitigation Outcomes* (ITMOs),[706] also die Übertragung von ausländischen Emissionsverminderungen.[707] Es schafft somit zunächst einmal keinen derartigen Markt oder einen internationalen Kohlenstoffpreis, sondern versetzt die Vertragsstaaten in die Lage, einen solchen Markt zu errichten. Damit könnten die Vertragsstaaten etwa auf freiwilliger Basis und selbstautorisiert erzielte Emissionsreduktionen als neue handelbare „carbon assets" auf andere Vertragsstaaten übertragen und so auf bilateraler oder regionaler Ebene ein Emissionshandelssystem erschaffen bzw. bestehende Emissionshandelssysteme miteinander verknüpfen.[708]

Auf der Klimakonferenz in Glasgow im Jahre 2021 wurde sich zur Umsetzung dieser Möglichkeit auf ein Regelwerk verständigt, welches als Voraussetzung für den Emissionshandel ein transparentes Verfahren und eine korrekte Buchhaltung der Minderungsleistung vorsieht. Das Regelwerk schließt zudem aus, dass Emissionsreduktionen mehrmals gezählt werden (beispielsweise sowohl in der Klimabilanz des Landes, in dem die Klimaschutzmaßnahme stattfindet, als auch in dem Land, in das die Minderungsleistungen transferiert werden).[709]

---

[703] Vgl. Art. 4 Abs. 16 bis 18 des Pariser Klimaabkommens.

[704] Vgl. Submission by Latvia and the European Commission on Behalf of the European Union and Its Member States vom 06.03.2015, abrufbar unter: https://www4.unfccc.int/sites/submissions/INDC/Published%20Documents/Latvia/1/LV-03-06-EU%20INDC.pdf, zuletzt abgerufen am 30.07.2024.

[705] Vgl. Art. 6 Abs. 1 des Pariser Klimaabkommens.

[706] Vgl. Art. 6 Abs. 2 und 3 des Pariser Klimaabkommens.

[707] *Bundesamt für Umwelt (Schweiz)*, CO_2-Kompensation, Kompensationsprojekte im Ausland, abrufbar unter: https://www.bafu.admin.ch/bafu/de/home/themen/klima/fachinformationen/verminderungsmassnahmen/kompensation/ausland.html (Stand: 11.01.2023), zuletzt abgerufen am 30.07.2024.

[708] *Böhringer*, ZaöRV 2016, 753, 769 f.

[709] *Bundesamt für Umwelt (Schweiz)*, CO_2-Kompensation, Kompensationsprojekte im Ausland, abrufbar unter: https://www.bafu.admin.ch/bafu/de/home/themen/klima/fachinformationen/verminderungsmassnahmen/kompensation/ausland.html (Stand: 11.01.2023), zuletzt abgerufen am 30.07.2024.

bb) Nachhaltigkeitsmechanismus

Im Pariser Klimaabkommen vorgesehen ist ferner ein „Mechanismus zur Minderung der Emissionen von Treibhausgasen und zur Unterstützung der nachhaltigen Entwicklung“, welcher ebenfalls zur Disposition der Vertragsstaaten steht, und der Weisungsbefugnis und Leitung der Vertragsstaatenkonferenz des Pariser Klimaübereinkommens unterworfen werden soll.[710] Für die Beaufsichtigung ist von der Vertragsstaatenkonferenz ein eigenständiges Gremium zu schaffen. Der Mechanismus soll darauf gerichtet sein, die Minderung der Emissionen von Treibhausgasen zu fördern und gleichzeitig die nachhaltige Entwicklung zu unterstützen. Er soll auch die Beteiligung öffentlicher und privater Rechtsträger an der Treibhausgasreduzierung durch bestimmte Anreize steigern und erleichtern sowie zur Absenkung des Emissionsniveaus bei einer anderen Vertragspartei beitragen, die dann Nutzen aus den Minderungstätigkeiten zieht, sodass die zu beobachtenden Emissionsreduktionen auch von einer anderen Vertragspartei zur Erfüllung ihres national festgelegten Beitrags verwendet werden können. Mit anderen Worten: Den Vertragsparteien wird erlaubt, einen Teil ihrer Klimaziele durch die Realisierung von Klimaschutzprojekten in anderen Ländern zu erreichen, wobei die durch das Projekt bewirkten CO_2-Einsparungen auf die Klimaziele des Geberlandes angerechnet werden (das Nehmerland profitiert von Finanzmitteln und der erhaltenen Technologie).[711]

Auch für diesen Mechanismus wurde sich auf der Klimakonferenz in Glasgow im Jahre 2021 auf ein Regelwerk verständigt. Das Regelwerk ermöglicht – wie bei den zuvor dargestellten zwischenstaatlichen Kooperationen – Minderungsleistungen von dem Land, in dem sie realisiert wurden, in ein anderes Land zu transferieren und gegen das dortige Klimaschutzziel anzurechnen.[712] Im Gegensatz zu der direkten zwischenstaatlichen Kooperation, für die lediglich gemeinsame Leitlinien gelten, wird der eingeführte Mechanismus durch ein von der Vertragsstaatenkonferenz beauftragtes Gremium beaufsichtigt, das sogenannte *Supervisory Body*.[713] Nach dem neuen Mechanismus müssen die in Rede stehenden Aktivitäten bspw. zunächst vom Gastgeberland genehmigt werden, bevor sie nach erfolgreicher Validierung durch eine unabhängige Prüforganisationen beim *Supervisory Body* registriert werden können. Die Nutzung des Mechanismus soll zudem in der globalen

---

[710] Vgl. Art. 6 Abs. 4 Satz 1 des Pariser Klimaabkommens.

[711] Vgl. *Deutsche Industrie- und Handelskammer*, COP26: Umsetzungsregeln für Pariser Abkommen beschlossen, abrufbar unter: https://www.dihk.de/de/themen-und-positionen/wirtschaftspolitik/umwelt/green-deal/cop26-umsetzungsregeln-fuer-pariser-abkommen-beschlossen-62096, zuletzt abgerufen am 30. 07. 2024.

[712] *Bundesministerium für Wirtschaft und Klimaschutz*, Carbon Mechanismus, Internationale Kooperation unter Artikel 6, abrufbar unter: https://www.carbon-mechanisms.de/grundlagen/das-uebereinkommen-von-paris-und-dessen-artikel-6, zuletzt abgerufen am 30. 07. 2024.

[713] *Bundesministerium für Wirtschaft und Klimaschutz*, Carbon Mechanismus, Internationale Kooperation unter Artikel 6.

Bilanz zu einer absoluten Senkung der Treibhausgasemissionen führen.[714] Es wurde daher festgelegt, dass 2 % der Emissionsminderungsgutschriften bei einer Transaktion gelöscht werden, um auf diese Weise eine Gesamtminderung der globalen Treibhausgasemissionen zu gewährleisten.[715]

c) Nicht marktbasierte Ansätze und Folgen des Klimawandels

Art. 6 Abs. 8 des Pariser Klimaabkommens nimmt schließlich „nicht marktbasierte Ansätze" in Bezug, die zu einer Steigerung der Kosteneffizienz von Klimaschutzmaßnahmen beitragen sollen. Bei diesen handelt es sich um Klimaschutzmaßnahmen, die unabhängig von der Schaffung übertragbarer oder handelbarer Einheiten operieren und beispielsweise wirtschaftliche und steuerliche Instrumente, wie etwa Energie- und Kohlenstoffabgaben sowie Maßnahmen im Bereich der Forschung und Entwicklung einschließen.[716]

Daneben befasst sich das Abkommen mit Maßnahmen zur Anpassung an den Klimawandel, bei denen es darum geht, die negativen Folgen des Klimawandels zu minimieren und Klimafolgeschäden entgegenzutreten (bspw. durch Gemeinschaftskonzepte für die Katastrophenverhütung, Frühwarnsysteme und Notfallsysteme).[717] In diesem Zusammenhang haben die Vertragsparteien Anpassungspläne und andere geeignete Maßnahmen zu entwickeln und zu fördern, welche insbesondere auch die Interessen besonders gefährdeter Menschen und ökologische Belange berücksichtigen.[718]

Ferner wird der „Internationale Mechanismus von Warschau für Verluste und Schäden"[719] in das Abkommen inkorporiert, wobei dessen Umsetzung unter Leitung und Weisung der Vertragsparteienkonferenz erfolgt.[720] Zu den Themenfeldern, in

---

[714] *Bundesministerium für Wirtschaft und Klimaschutz*, Carbon Mechanismus, Internationale Kooperation unter Artikel 6.

[715] *Bundesministerium für Wirtschaft und Klimaschutz*, Carbon Mechanismus, Internationale Kooperation unter Artikel 6.

[716] *Böhringer*, ZaöRV 2016, 753, 774.

[717] Vgl. Art. 7 des Pariser Klimaabkommens; siehe ferner *Böhringer*, ZaöRV 2016, 753, 774 f.

[718] Vgl. Art. 7 Abs. 9 des Pariser Klimaabkommens.

[719] Vgl. dazu *United Nations*, Climate Change, Warsaw International Mechanism for Loss and Damage associated with Climate Change Impacts (WIM), abrufbar unter: https://unfccc.int/topics/adaptation-and-resilience/workstreams/loss-and-damage/warsaw-international-mechanism#__Enhancing-action-and-support-including-finance-technology-and-capacity-building-to-address-loss-and-damage-associated-with-the-adverse-effects-of-climate-change-to-enable-countries-to-undertake-actions-pursuant-to-3-CP18-para-6-including-by, zuletzt abgerufen am 30.07.2024; siehe auch *Deutsche Gesellschaft für internationale Zusammenarbeit*, Internationaler Warschau-Mechanismus für Verluste und Schäden durch den Klimawandel, abrufbar unter: https://www.giz.de/de/downloads/giz2021_de_wim-internationaler-warschau-mechanismus.pdf (Stand: Oktober 2021), zuletzt abgerufen am 30.07.2024.

[720] Vgl. Art. 8 Abs. 2 des Pariser Klimaabkommens.

denen die Vertragsstaaten hierbei zusammenarbeiten, Maßnahmen ergreifen und Verständnis schaffen sollen, gehören etwa Frühwarnsysteme, Notfallschutzsysteme, umfassende Risikobewertungs- und Managementsysteme, Risikoabsicherungen sowie die Widerstandsfähigkeit lokaler Bevölkerungen, der Lebensgrundlagen und der Ökosysteme.[721]

d) Transparenzrahmen

Schließlich gibt das Pariser Klimaabkommen einen Transparenzrahmen vor, nach welchem alle Vertragsstaaten ihre Treibhausgasemissionen zu erfassen und die Daten zu veröffentlichen haben.[722] Die zur Verfügung zu stellenden Informationen müssen etwa einen nationalen Bericht mit einem Verzeichnis der anthropogenen Emissionen von Treibhausgasen enthalten sowie die erforderlichen Informationen zur Verfolgung der Fortschritte bei der Umsetzung und dem Erreichen ihres national festgelegten Beitrags.[723] Industrieländer unterliegen dabei weiterreichenden Transparenzvorgaben.

Um die im Jahre 2015 formulierten Ziele des Pariser Klimaabkommens einzuhalten, dessen Fortschritt zu prüfen und vor allem das Übereinkommen umsetzen zu können, wurde auf der Klimakonferenz in Katowice im Jahre 2018 ein Regelbuch verabschiedet, welches verbindliche Vorgaben zum Inhalt der nationalen Klimaschutzbeiträge, zur Transparenz bezüglich des Umfangs und der Methoden zur Berichterstattung über Treibhausgasemissionen und Klimaschutzmaßnahmen sowie zur Überprüfung der Fortschritte beim Erreichen der Finanzierungsziele formuliert.[724] Eine Fortentwicklung des Regelbuches fand auf der Klimakonferenz in Glasgow im Jahre 2021 statt.[725]

II. Der Fall *Lliuya* gegen *RWE*

Die Reaktionen in der Gesellschaft auf den Klimawandel und seine Folgen fallen unterschiedlich aus. Da als Treiber des Klimawandels aufgrund besonders hoher

[721] Vgl. Art. 8 Abs. 3 und 4 des Pariser Klimaabkommens; weiterführend *Böhringer*, ZaöRV 2016, 753, 776 f.

[722] Vgl. Art. 13 des Pariser Klimaabkommens.

[723] Vgl. Art. 13 Abs. 7 des Pariser Klimaabkommens.

[724] *Umweltbundesamt*, Übereinkommen von Paris, abrufbar unter: https://www.umweltbundesamt.de/themen/klima-energie/internationale-eu-klimapolitik/uebereinkommen-von-paris#ziele-des-ubereinkommens-von-paris-uvp (Stand: 28.09.2021), zuletzt abgerufen am 30.07.2024.

[725] Vgl. dazu *Deutsche Industrie- und Handelskammer*, COP26: Umsetzungsregeln für Pariser Abkommen beschlossen, abrufbar unter: https://www.dihk.de/de/themen-und-positionen/wirtschaftspolitik/umwelt/green-deal/cop26-umsetzungsregeln-fuer-pariser-abkommen-beschlossen-62096, zuletzt abgerufen am 30.07.2024.

CO_2-Emissionen vor allem der Energiesektor sowie die Automobilindustrie gelten,[726] wird zunehmend versucht, die dort wirtschaftenden Unternehmen gesellschaftspolitisch aber auch auf dem Rechtsweg zur Verantwortung zu ziehen. Seitdem die Rechtbank Den Haag in der Rechtssache *Milieudefensie et al./Royal Dutch Shell* den Ölkonzern *Shell* dazu verurteilt hatte, seine Treibhausgasemissionen bis zum Jahre 2030 um 45 % im Vergleich zum Jahre 2019 zu verringern (vgl. Kap. 5 B. II. 3.),[727] beschäftigt die Haftung für Klimaschäden immer häufiger auch die deutschen Gerichte.[728] Auf Beklagtenseite ist dabei nicht nur der Staat vorzufinden,[729] sondern auch große Privatunternehmen aus der Automobilindustrie[730] oder der Energieversorgungsbranche[731]. Die Klagen richten sich dabei zum einen gegen (bevorstehende) Beeinträchtigungen, die auf vergangene Treibhausgasemissionen zurückzuführen sein sollen (rückwärtsgewandte Klimahaftungsklagen), zum anderen gegen Beeinträchtigungen, die aufgrund bevorstehender Emissionen befürchtet werden (vorwärtsgewandte Klimahaftungsklagen).[732]

Als exemplarisch und im besonderen Fokus der medialen Aufmerksamkeit stehend[733] kann wohl der Fall *Lliuya gegen RWE* bezeichnet werden: Der Kläger, ein peruanischer Kleinbauer, ist (Mit-)Eigentümer eines nahe der peruanischen Stadt Huaraz gelegenen Grundstücks. Er trägt vor, das Wasservolumen der oberhalb der Stadt gelegenen Gletscherlagune sei infolge einer durch den anthropogenen Klimawandel beschleunigten Gletscherschmelze stark angestiegen. Mögliche Gletscherabbrüche könnten Flutwellen auslösen, welche auch das Grundstück des Klägers bedrohen würden. Der Beklagte, ein deutscher Energieversorger (*RWE*), habe durch CO_2-Emissionen von Kraftwerken zu 0,47 % zu diesem Zustand der Lagune beigetragen (da dieser Prozentsatz seinem Anteil an weltweiten Treibhaus-

---

[726] Nach den Untersuchungen des Weltklimarates trugen CO_2-Emissionen aus der Verbrennung fossiler Brennstoffe und aus industriellen Prozessen zwischen 1970 und 2010 zu etwa 78 % zum Gesamtanstieg der Treibhausgasemissionen bei, vgl. *IPCC*, Climate Change 2014, Synthesis Report, S. 46.

[727] Vgl. Rechtbank Den Haag, EWerK 2021, 163; siehe auch *Ekardt*, KlimR 2022, 15 ff.

[728] Für einen internationalen Rechtsvergleich der Klimaklagen in den USA, Kanada, Australien, dem Vereinigten Königreich, Frankreich und Italien siehe *Weller/Tran*, ZEuP 2021, 573 ff.

[729] Vgl. etwa VG Berlin, NVwZ 2020, 1289: Klimaklage gegen die Bundesregierung auf Erreichung des Klimaschutzziels 2020.

[730] Vgl. etwa LG Stuttgart, NVwZ 2022, 1663; LG Braunschweig, Urteil vom 14.02.2023 – 6 O 3931/21; LG München I, Urteil vom 07.02.2023 – 3 O 12581/21.

[731] Vgl. etwa LG Essen, NVwZ 2017, 734.

[732] *Schirmer*, NJW 2023, 113.

[733] Vgl. statt vieler FAZ, Warum ein peruanischer Kleinbauer RWE verklagt, abrufbar unter: https://www.faz.net/aktuell/wirtschaft/klima-nachhaltigkeit/rwe-wird-von-kleinbauer-aus-peru-auf-schadensersatz-verklagt-17609050.html (Stand: 02.11.2021), zuletzt abgerufen am 30.07.2024; die nachstehende Sachverhaltsdarstellung ist angelehnt an *Frank*, ZUR 2019, 518, 519.

gasemissionen entspreche) und müsse sich entsprechend dieses Beitrages an den Kosten notwendiger Schutzmaßnahmen beteiligen.

Das Landgericht Essen wies die Klage in erster Instanz ab.[734] Das OLG Hamm bejahte in der Berufung die Schlüssigkeit der Klage und ordnete eine Beweiserhebung mittels Sachverständigengutachten zu der Frage an, ob davon ausgegangen werden kann, dass die Situation an der Gletscherlagune mit hinreichender Wahrscheinlichkeit in absehbarer Zeit zu einem Schaden an dem Grundstück des Klägers führen wird. Anschließend soll Beweis erhoben werden über die Mitursächlichkeit der CO_2-Emissionen von *RWE*-Kraftwerken für den Anstieg des Wasservolumens der Lagune.[735]

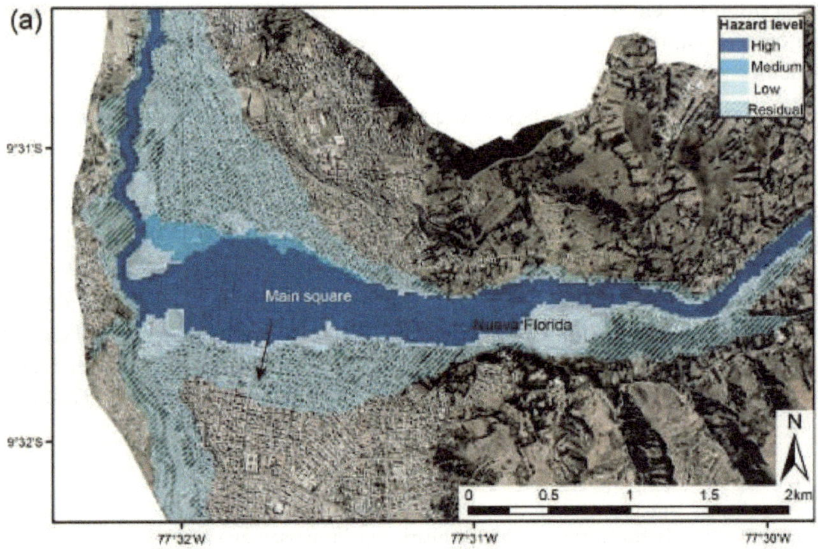

Abbildung 3: Flutkarte Huaraz[736] (das Grundstück des Klägers befindet sich wohl im westlichen Teil des Bezirks Nueva Florida[737])

---

[734] Vgl. LG Essen, NVwZ 2017, 734, 735.

[735] OLG Hamm, Beschluss vom 23.8.2018 – I-5 U 15/17, zur teilweisen Änderung des Beweisbeschlusses vom 30.11.2017. Eine umfassende Zusammenstellung der Gerichtsdokumente zum Fall Huaraz findet sich bei https://www.germanwatch.org/de/14198, zuletzt abgerufen am 30.07.2024.

[736] *Huggel/Carey/Emmer/Frey/Walker-Crawford/Wallimann-Helmer*, Nat. Hazards Earth Syst. Sci. 2020, 2175, 2182.

[737] Vgl. *Schirmer*, Nachhaltiges Privatrecht, 2023, S. 142 f.

III. Störerhaftung nach § 1004 BGB

Wie bereits der Sachverhalt des Falles vermuten lässt, stehen im Zentrum der Klimahaftung vor allem Abwehransprüche aus § 1004 BGB. Die Vorschrift gewährt sowohl einen Beseitigungs- als auch einen Unterlassungsanspruch. Da schwerwiegende Folgen des Klimawandels vor allem in der Zukunft zu erwarten sind, kommt dem Unterlassungsanspruch besondere Bedeutung zu, da er – im Gegensatz zu § 823 Abs. 1 BGB[738] – gerade noch keine bereits eingetretene Rechtsgutsverletzung verlangt.[739] Im Folgenden soll daher untersucht werden, ob bzw. unter welchen Voraussetzungen Privatpersonen Ansprüche aus § 1004 BGB gegen Treibhausgasemittenten aufgrund von (drohenden) klimawandelbedingten Beeinträchtigungen zustehen. Zu diesem Zweck soll in einem ersten Schritt geklärt werden, welche klägerischen Begehren vor dem Hintergrund der Klimahaftung mit der Anspruchsgrundlage des § 1004 BGB überhaupt verfolgt werden können. Neben dem Unterlassungsanspruch wird dabei auch auf den Beseitigungsanspruch eingegangen, da dessen Bedeutung im Klimahaftungsrecht steigen dürfte, je weiter die Auswirkungen des Klimawandels voranschreiten.

Der Beseitigungsanspruch (§ 1004 Abs. 1 Satz 1 BGB) zielt auf die Beseitigung einer bestehenden Beeinträchtigung für die Zukunft ab, gewährt aber keinen Ersatz des Schadens, den die beeinträchtigende Einwirkung herbeigeführt hat. Er verlangt eine bereits eingetretene, gegenwärtig noch fortbestehende Beeinträchtigung.[740]

Der Unterlassungsanspruch (§ 1004 Abs. 1 Satz 2 BGB) setzt künftige Beeinträchtigungen voraus, deren Verhinderung begehrt wird. Zu seiner Geltendmachung müssen weitere Beeinträchtigungen drohen, es muss also die auf Tatsachen gestützte objektiv vorliegende ernstzunehmende Gefahr alsbaldiger weiterer nicht zu duldender Störungen bestehen (Wiederholungsgefahr).[741] Frühere Beeinträchtigungen begründen dabei eine tatsächliche Vermutung im Sinne eines Anscheinsbeweises.[742] Ausreichend ist allerdings schon die Gefahr einer ersten Störung (Erstbegehungsgefahr) bei ernsthafter und konkreter Besorgnis der Beeinträchtigung (vorbeugender Unterlassungsanspruch).[743]

Die Ansprüche aus § 1004 BGB werden ergänzt durch die Vorschriften zur Geschäftsführung ohne Auftrag (§§ 677 ff. BGB) und das Bereicherungsrecht

---

[738] Vgl. *Wagner*, in: Münchener Kommentar zum BGB, 9. Auflage 2024, § 823 BGB Rn. 65.

[739] Vgl. *Berger*, in: Jauernig, Bürgerliches Gesetzbuch, 19. Auflage 2023, § 1004 BGB Rn. 10.

[740] *Berger*, in: Jauernig, Bürgerliches Gesetzbuch, 19. Auflage 2023, § 1004 BGB Rn. 6 f.

[741] *Berger*, in: Jauernig, Bürgerliches Gesetzbuch, 19. Auflage 2023, § 1004 BGB Rn. 10 f.

[742] BGH, NJW 2003, 3702; BGH, NJW 2004, 1036; *Berger*, in: Jauernig, Bürgerliches Gesetzbuch, 19. Auflage 2023, § 1004 BGB Rn. 10 f.

[743] BGH, NJW-RR 2015, 1039; *Berger*, in: Jauernig, Bürgerliches Gesetzbuch, 19. Auflage 2023, § 1004 BGB Rn. 10 f.

(§§ 812 ff. BGB). Nach der Rechtsprechung kann nämlich der Eigentümer, der eine Beeinträchtigung selbst beseitigt hat, von dem nach § 1004 Abs. 1 Satz 1 BGB an sich hierzu verpflichteten Störer gemäß den §§ 677, 683 Satz 1, 670 BGB Ersatz der zur Störungsbeseitigung erforderlichen Aufwendungen verlangen, da er ein (objektiv fremdes) Geschäft des Störers besorgt hat. Liegen die Voraussetzungen für den Aufwendungsersatz aus dem Recht über die Geschäftsführung ohne Auftrag nicht vor, ergibt sich dieser Anspruch aus § 812 Abs. 1 Satz 1 Alt. 2 BGB (in Verbindung mit § 818 Abs. 2 BGB), weil der Störer unter Ersparung eigener Aufwendungen von seiner Beseitigungspflicht frei geworden und infolgedessen ungerechtfertigt bereichert ist.[744]

Die Anspruchsgrundlagen des § 1004 BGB können also – soweit die Voraussetzungen vorliegen – vor dem Hintergrund des Klimawandels auf verschiedene Weisen fruchtbar gemacht werden. Zunächst kommt in Betracht, über § 1004 Abs. 1 Satz 2 BGB von den Emittenten zu verlangen, künftige Emissionen zu unterlassen[745] bzw. auf zum Klimawandel beitragendes Verhalten zu verzichten (etwa Unterlassung des Inverkehrbringens von Pkw mit Verbrennungsmotoren)[746]. Weiterhin könnte über § 1004 Abs. 1 Satz 1 BGB verlangt werden, bereits eingetretene klimawandelbedingte Beeinträchtigungen zu beseitigen (etwa Schäden an Gebäuden zu reparieren, die durch Überschwemmungen entstanden sind). Zudem könnten über die §§ 677 ff. BGB oder die §§ 812 ff. BGB die Kosten für selbst durchgeführte Vorsorgemaßnahmen gegen Klimaereignisse erstattet verlangt werden (etwa für Sicherungsmaßnahmen, die aufgrund einer Gletscherschmelze notwendig werden)[747].

1. Beeinträchtigung eines absoluten Rechts

Erste Voraussetzung des § 1004 Abs. 1 BGB ist die (bevorstehende) Beeinträchtigung eines absoluten Rechts. Die Vorschrift bezieht sich ihrem Wortlaut nach zwar nur auf das Eigentum. Sie schützt aber nach ganz herrschender Meinung in entsprechender Anwendung darüber hinaus alle absoluten Rechte im Sinne des § 823 Abs. 1 BGB.[748] Reine ökologische Schäden werden hingegen – wie auch von § 823 Abs. 1 BGB – nicht erfasst. Die Beeinträchtigung von Umweltgütern kann mithin nur dann geltend gemacht werden, wenn diese an die Einwirkung auf ein

---

[744] BGH, NJW 2005, 1366, 1367; LG Essen, NVwZ 2017, 734, 735 f.; siehe auch BGH, NJW 1987, 187; kritisch *Schwab*, in: Münchener Kommentar zum BGB, 9. Aufl. 2024, § 812 BGB Rn. 385 ff.

[745] Vgl. LG Braunschweig, Urteil vom 14.02.2023 – 6 O 3931/21.

[746] Vgl. LG München I, Urteil vom 07.02.2023 – 3 O 12581/21.

[747] Vgl. LG Essen, NVwZ 2017, 734, 735 f.

[748] BGH, NJW 2015, 2023, 2025; *Volkmann*, in: Spindler/Schuster, Recht der elektronischen Medien, 4. Auflage 2019, § 1004 BGB Rn. 2; *Herrler*, in: Grüneberg, BGB, 83. Aufl. 2024, § 1004 Rn. 4; *Berger*, in: Jauernig, Bürgerliches Gesetzbuch, 19. Auflage 2023, § 1004 BGB Rn. 2.

absolutes Recht gekoppelt ist.[749] Als Beeinträchtigung gilt dabei jeder dem Inhalt des Rechts widersprechende, nach Dauer und Intensität nicht ganz unerhebliche Eingriff in die Herrschaftsmacht des Inhabers.[750]

a) (Keine) konkrete Besorgnis der Beeinträchtigung bei vorwärtsgewandten Klimaklagen

Im Rahmen rückwärtsgewandter Klimaklagen lässt sich die (bevorstehende) Beeinträchtigung eines absoluten Rechts wohl relativ unproblematisch bejahen. Diese knüpfen schließlich an die bisherigen bzw. unmittelbar bevorstehenden und sich bereits konkret abzeichnenden Auswirkungen des Klimawandels aufgrund vergangener Emissionen an.[751] So wird etwa im *RWE*-Fall die Gefahr einer Gletscherschmelze geltend gemacht, welche das Eigentum des Klägers bedroht.[752]

Problematischer ist die (drohende) Beeinträchtigung im Falle vorwärtsgewandter Klimaklagen. Wie bereits festgestellt, stellen Umweltgüter nämlich für sich genommen keine absoluten Rechte im Sinne der §§ 823 Abs. 1, 1004 Abs. 1 BGB dar. Es bedarf also der Beeinträchtigung eines in § 823 Abs. 1 BGB aufgelisteten Rechtsgutes. Die Auswirkungen zukünftiger Emissionen und die genaue Entwicklung des Klimawandels sowie seine rechtsgüterbeeinträchtigenden Folgen lassen sich aber im Hinblick auf einzelne Rechtspositionen wohl (noch) nicht hinreichend genau prognostizieren. Es kann also bspw. keine bevorstehende konkrete Eigentumsbeeinträchtigung geltend gemacht werden.[753] Die Klage der *Deutschen Umwelthilfe* gegen *Mercedes Benz* stützte sich daher vor allem auf eine bevorstehende Beeinträchtigung des allgemeinen Persönlichkeitsrechts (Art. 1 Abs. 1 GG in Verbindung mit Art. 2 Abs. 1 GG), da – so die Kläger – zumindest zukünftige Freiheitsbeeinträchtigungen sicher prognostiziert werden könnten.[754] Einen dogmatisch anderen Weg wählt die vom *Greenpeace e. V.* unterstützte Klimaklage gegen die *Volkswagen AG*, welche versuchte, ein „neues" absolutes Recht zu begründen (dazu sogleich). Die hinter beiden Klagen stehenden Erwägungen sind aber identisch:

Damit die Lebensgrundlage der Menschheit erhalten bleibt, muss die Erderwärmung begrenzt werden, was durch eine Reduzierung der CO_2-Emissionen zu erfolgen hat. Der Weltklimarat weist daher globale Restbudgets aus, die eingehalten werden müssen, um die Erderwärmung mit einer gewissen Wahrscheinlichkeit auf

---

[749] *Thöne*, ZUR 2022, 323.

[750] *Herrler*, in: Grüneberg, BGB, 83. Aufl. 2024, § 1004 Rn. 6.

[751] Vgl. *Kieninger*, ZHR 187 (2023), 348, 361 f.

[752] Vgl. LG Essen, NVwZ 2017, 734, 735.

[753] *Schirmer*, NJW 2023, 113, 114 f.: „Im VW-Fall sind Gesundheit und Eigentum des Klägers nicht akut bedroht, sondern erst in einer über 1,5 Grad Celsius erwärmten Welt, die noch Jahrzehnte entfernt ist".

[754] Vgl. LG Stuttgart, NVwZ 2022, 1663.

1,5 Grad Celsius gegenüber dem vorindustriellen Zeitalter zu begrenzen.[755] An diese Einschätzungen des Weltklimarates anknüpfend hat das Bundesverfassungsgericht in seinem (Klima-)Beschluss vom 24.03.2021 klargestellt, dass Art. 20a GG auch eine Minderung der Treibhausgaslasten gebiete und drastische, sämtliche Lebensbereiche einschließende (Grundrechts-)Einschränkungen erforderlich werden könnten, wenn in naher Zukunft zu großzügig CO_2-Emissionen zugelassen werden, da so notwendige Minderungslasten auf Kosten künftiger Freiheit verschoben würden.[756]

Aus diesen Erwägungen leiten die Kläger im *Mercedes-Benz*-Fall eine (bevorstehende) Beeinträchtigung des allgemeinen Persönlichkeitsrechts ab. Die Notwendigkeit zum Eingreifen radikaler Klimaschutzmaßnahmen habe nämlich erhebliche Auswirkungen auf die Formung und Entfaltung der Persönlichkeit des Einzelnen. Wenn das CO_2-Budget leichtfertig aufgezehrt werde, werde es beispielsweise keine einfachen und für alle sozialen Schichten zugänglichen Reisen mehr geben, die zur Bildung und Charakterformung beitragen.[757]

Unabhängig von der Frage, ob das allgemeine Persönlichkeitsrecht bei Eröffnung des Schutzbereiches tatsächlich verletzt wäre, lässt sich jedenfalls eine hinreichend konkrete Besorgnis der Beeinträchtigung mit dieser Argumentation nicht begründen. Zwar genügt es nach der Rechtsprechung des V. Zivilsenates des BGH, wenn sich eine „ermöglichende konkrete Gefahrenquelle gebildet hat, aufgrund derer ein Einschreiten geboten ist“[758]. Man könnte also argumentieren, die Gefahrenquelle „Ausstoß von Treibhausgasemissionen“ sei bereits konkret vorhanden, auch wenn sie sich möglicherweise erst in Jahrzenten in Gestalt von Rechtsgutsbeeinträchtigungen realisiert.[759] Diese von Schirmer vorgetragene Auffassung überzeugt allerdings nicht. Selbst wenn nämlich mit hinreichender Wahrscheinlichkeit prognostiziert werden kann, dass bestimmte Rechtsgutbeeinträchtigungen bei unzureichender Eindämmung des Klimawandels mit hoher Sicherheit zu erwarten sind, dürfen die Unsicherheiten, die allein aus dem Umstand herrühren, dass die zu erwartenden Beeinträchtigungen erst in Jahren oder Jahrzehnten eintreten, nicht unberücksichtigt bleiben. Allein aufgrund technischer Fortschritte (bspw. beim „Geo-Engineering“)[760] oder anderer nicht absehbarer Entwicklungen (bspw.

---

[755] Vgl. *IPCC*, Climate Change, Synthesis Report 2023, S. 19, abrufbar unter: https://www.ipcc.ch/report/ar6/syr/downloads/report/IPCC_AR6_SYR_SPM.pdf, zuletzt abgerufen am 30.07.2024.

[756] Vgl. BVerfG, NJW 2021, 1723, 1728.

[757] Vgl. LG Stuttgart, NVwZ 2022, 1663.

[758] Vgl. BGH, NJW 2009, 3787.

[759] So *Schirmer*, NJW 2023, 113, 114 f.: „Es sind die heute greifbar zu befürchtenden Verletzungshandlungen, die übermorgen Klimagefahren heraufbeschwören“.

[760] So wird an naturwissenschaftlichen Methoden und Techniken geforscht, um das Klimasystem gezielt zu manipulieren und so die Folgen des Klimawandels abzumildern (sogenanntes „Geo-Engineering“ bzw. „Klimaengineering“, bspw. durch CO_2-Entnahme aus der Atmosphäre, die Installation von Gegenständen im Weltall oder eine spezielle Düngung der

Weltkrieg) ist es gut möglich, dass die prognostizierte Kausalkette gänzlich anders verläuft. Es würde das durch das Abstellen auf die Gefahrenquelle ohnehin schon ausgereizte Konkretheitserfordernis für bevorstehende Beeinträchtigungen überdehnen, wenn Jahrzehnte zuvor vorhergesagte Rechtsgutsverletzungen über den quasinegatorischen Unterlassungsanspruch geltend gemacht werden könnten.[761] Vor zukünftigen Treibhausgasemissionen und ihren (möglichen) Folgen bietet der bislang anerkannte Rechtsgüterkatalog des § 823 Abs. 1 BGB mithin keinen Schutz. Etwas anderes würde nur dann gelten, wenn ein bereits auf die Zukunft gerichtetes sonstiges Recht im Sinne des § 823 Abs. 1 BGB existiert, welches bereits jetzt konkret gefährdet ist.

b) (Kein) absolutes Recht auf Erhalt treibhausgasbezogener Freiheitsausübung

In einem Verfahren vor dem Landgericht Braunschweig, in dem die Kläger von der *Volkswagen AG* die Unterlassung des Inverkehrbringens von Pkw mit Verbrennungsmotor verlangten, beriefen sie sich daher auf eine als „Recht auf Erhalt treibhausgasbezogener Freiheitsausübung“[762] deklarierte Rechtsposition. Diese stelle ein vom Bundesverfassungsgericht anerkanntes sonstiges (Rahmen-)Recht im Sinne des § 823 Abs. 1 BGB dar und bündele (ähnlich wie das Recht am eingerichteten und ausgeübten Gewerbebetrieb) verschiedene individuelle Rechte. Da es schwerfalle, bereits jetzt die aufgrund des immer knapper werdenden CO_2-Budgets bevorstehenden Freiheitseinschränkungen in ihrer konkreten Gestalt zu benennen, bedürfe es eines Schutzrechtes zur Verhinderung dieser freiheitsgefährdenden Entwicklung.[763] Ausgangspunkt der Herleitung dieses Rechts bilden nach dem klägerischen Vortrag erneut die Untersuchungen des Weltklimarates: Das verknappende CO_2-Budget definiere sowohl die Summe der absoluten Rechte als auch der Freiheitsrechte. Eine Überbenutzung des CO_2-Budgets durch Einzelne ginge auf Kosten der Freiheitsentfaltung anderer, da deren künftiger Freiheitsgebrauch aufgrund des dann fast aufgebrauchten CO_2-Budgets und der damit notwendig wer-

Ozeane), vgl. dazu *Deutsches Klima Konsortium*, Könnte Geo-Engineering dem Klimawandel entgegenwirken, und welche Nebeneffekte könnten auftreten?, abrufbar unter: https://www.deutsches-klima-konsortium.de/de/klimafaq-7-3.html, zuletzt abgerufen am 30.07.2024; *Umweltbundesamt*, Geo-Engineering, wirksamer Klimaschutz oder Größenwahn, abrufbar unter: https://www.umweltbundesamt.de/sites/default/files/medien/publikation/long/4125.pdf (Stand: April 2011), zuletzt abgerufen am 30.07.2024; siehe auch *Wieding/Stubenrauch/Ekardt*, Sustainability 2020, 8858 m.w.N.

[761] Als entscheidende Kriterien für die Abwägung, ob eine Erstbegehungsgefahr zu bejahen ist, werden sowohl der Grad der Wahrscheinlichkeit, mit der die befürchtete Störung eintreten wird, als auch die zeitliche Nähe der befürchteten Störung angesehen (je höher die Wahrscheinlichkeit ist, dass die befürchtete Störung sich auch tatsächlich realisiert, desto geringer seien die Anforderungen an die zeitliche Nähe), vgl. BeckOGK/*Spohnheimer*, Stand: 01.02.2025, BGB § 1004 Rn. 271.

[762] Vgl. Klageschrift vom 08.11.2021, S. 69, abrufbar unter: https://www.greenpeace.de/publikationen/vw_klage_final_small_0.pdf, zuletzt abgerufen am 30.07.2024.

[763] Vgl. Klageschrift vom 08.11.2021, S. 69 ff.

denden drastischen, staatlichen Maßnahmen eingeschränkt würde.[764] Mit anderen Worten: Umso mehr Private das verbleibende CO_2-Budget ausreizen, umso mehr Freiheitseinschränkungen werden in Zukunft von Seiten des Staates ausgehen (müssen). Aufgrund dieser Wechselwirkungen, bei denen das Verhalten einzelner Privatpersonen die künftige Freiheit der anderen tangiere, stelle die Nutzung des CO_2-Budgets auch eine zwischen Privatpersonen geltende Rechtsposition dar.

Mittels dieser Erwägungen lässt sich allerdings kein absolutes Recht begründen. In der Konsequenz bedeutet die klägerische Argumentation nämlich, dass Privatpersonen andere Privatpersonen vor (zukünftigen) staatlichen Eingriffen und Freiheitseinschränkungen schützen sollen, in dem sie ihr eigenes Verhalten anpassen. Die grundlegende Erhaltung von Freiheitsrechten ist aber originäre und nicht (an Private) delegierbare Aufgabe des Staates, der über Art. 20a GG für entsprechende Maßnahmen zu sorgen hat.[765] Unternehmen tragen nicht die Verantwortung dafür, staatliche Eingriffe zu verhindern. Zwar kann Grundrechten, die grundsätzlich im Verhältnis „Staat-Bürger“ Wirkung entfalten, eine mittelbare Drittwirkung dahingehend zukommen, dass sie auch auf das Verhältnis zwischen Privaten ausstrahlen.[766] Weder Grundrechte noch absolute Rechte gewähren aber Schutzpflichten der Privatpersonen untereinander, die auf die Abwehr (zukünftiger) staatlicher Einschränkungen gerichtet sind.[767] Bereits systematisch verlangt die Trennung von öffentlichem Recht und Privatrecht, dass der Schutz des Einzelnen vor dem Staat selbst über das öffentliche Recht verwirklicht wird. Dieses enthält entsprechende Rechtsschutzmöglichkeiten über das Verwaltungsrecht, die Grundrechte und auch das Staatshaftungsrecht.[768]

Darüber hinaus fehlt einem Recht auf Erhalt treibhausgasbezogener Freiheitsausübung der für das Vorliegen eines absoluten Rechts erforderliche Zuweisungsgehalt[769].[770] Der Erhalt kollektiver Freiheiten weist gerade keinen individuellen Charakter auf, sondern liegt im Gesamtinteresse der Allgemeinheit. Die Differenzierung zwischen Gütern im Allgemeingebrauch (keine absoluten Rechte) und solchen mit Zuweisungsgehalt führt also auch hier dazu, dass eine vermeintliche

---

[764] Vgl. Klageschrift vom 08.11.2021, S. 69 ff.

[765] Zur staatlichen Verpflichtung Klimaschutzmaßnahmen zu ergreifen vgl. *Calliess*, in: Dürig/Herzog/Scholz, GG-Kommentar, Werkstand: 105. EL August 2024, Art. 20a GG Rn. 49 ff.

[766] Vgl. BVerfGE 7, 198, 205; BeckOK GG/*Ogorek*, 59. Ed. 15.06.2024, GG Art. 10 Rn. 78.

[767] Vielmehr begründet umweltschädigendes Verhalten Privater staatliche Schutzpflichten, vgl. *Calliess*, ZUR 2021, 323, 325.

[768] Zutreffend weisen *Haller/Risse*, NJW 2021, 3500, 3502 darauf hin, dass nach Art. 19 Abs. 4 GG Rechtsschutz gegen das staatliche Unterlassen bestehen muss, wenn der Staat durch unzureichende Klimaschutzmaßnahmen Grundrechte von Bürgern verletzen würde.

[769] Vgl. *Staudinger*, in: Schulze, Bürgerliches Gesetzbuch, 12. Auflage 2024, § 823 BGB Rn. 28.

[770] Ähnlich wohl auch LG Detmold, Urteil vom 24.02.2023 – 01 O 199/21.

Rechtsposition nicht unter den Katalog des § 823 Abs. 1 BGB bzw. § 1004 Abs. 1 BGB fallen kann. Ein absolutes Recht auf Erhalt treibhausgasbezogener Freiheitsausübung, welches seine Daseinsberechtigung aus unzureichenden gesetzgeberischen Maßnahmen zur Eindämmung des Klimawandels zieht und den Klimaschutz daher auf Private abwälzt, ist abzulehnen.[771]

Es bleibt also festzuhalten, dass die (drohende) Beeinträchtigung eines absoluten Rechts derzeit nur im Falle rückwärtsgewandter Klimaklagen mit Erfolg geltend gemacht werden kann. Vorwärtsgewandten Klimaklagen fehlt es bereits an der konkreten Besorgnis einer Rechtsbeeinträchtigung in der Zukunft.[772]

2. Klimabezogene Verkehrspflichten inländischer Treibhausgasemittenten

Der Anspruch aus § 1004 BGB richtet sich gegen die vom Gesetz als „Störer" bezeichnete Person, wobei in Literatur und Rechtsprechung zwischen sogenannten Zustands- und Verhaltensstörern differenziert wird.

a) Zustandsstörer

Zustandsstörer ist der Eigentümer, Besitzer oder Verfügungsbefugte einer Sache, von der eine Beeinträchtigung ausgeht, wenn er die Gefahrenquelle beherrscht und die Störung ihm zurechenbar ist, sie also wenigstens mittelbar auf seinen Willen zurückzuführen ist.[773] Die Betreiber von Kraftwerken dürften vor dem Hintergrund möglicher Klimaschäden nicht als Zustandsstörer angesehen werden können, da sie zwar Eigentümer der von ihnen betriebenen Anlagen sind, die (bevorstehende) Beeinträchtigung jedoch regelmäßig nicht von diesen ausgeht (die Treibhausgasemissionen selbst bedrohen das Grundstück nicht), sondern von einem See, Gletscher oder Ähnlichem, über welche der Betreiber eben keine Sachherrschaft ausüben kann.[774] In Betracht kommt also nur eine Verantwortlichkeit als Handlungsstörer.

---

771 *Haller/Risse*, NJW 2021, 3500, 3502: „Es ist rechtskonstruktiv nicht vorstellbar, dass private Beklagte als Lückenbüßer für staatlich unterlassenen Klimaschutz fungieren".

772 Etwas zurückhaltender *Kieninger*, ZHR 187 (2023), 348, 361 f.: Unmittelbarkeit der Bedrohung bestimmter Rechtsgüter sei „eine Tatsachenfrage".

773 *Herrler*, in: Grüneberg, BGB, 83. Aufl. 2024, § 1004 Rn. 19; BGH, NJW-RR 2021, 671.

774 Vgl. *Frank*, NVwZ 2017, 664, 665.

b) (Mittelbarer) Handlungsstörer

Handlungsstörer ist, wer die zu beobachtende Beeinträchtigung durch seine Handlung oder pflichtwidrige Unterlassung adäquat verursacht hat.[775] Beeinträchtigungen infolge des anthropogenen Klimawandels bilden dabei keine unmittelbare Folge des Handelns eines Treibhausgasemittenten ab. Stattdessen wird die negative Folge mittelbar durch Naturkräfte bzw. ein konkretes auf den Klimawandel zurückzuführendes Ereignis verursacht. Der Emittent kommt also lediglich als mittelbarer Störer in Betracht.[776]

aa) Kausale Bestimmung

(1) Äquivalente Kausalität

Die für die Störerhaftung notwendige adäquate Verursachung verlangt zunächst, dass das Handeln des Störers kausal für die Beeinträchtigung gewesen ist. Nach der Äquivalenzformel (*conditio sine qua non*) ist eine Handlung kausal, wenn sie nicht hinweggedacht werden kann, ohne dass die konkrete Rechtsgutbeeinträchtigung entfiele.[777] Dabei ist es unerheblich, wenn eine Ursache die Beeinträchtigung für sich genommen nicht herbeiführen konnte, es also des Hinzutretens weiterer Ursachen bedurfte.[778] Ferner wird nicht nach wichtigen oder weniger wichtigen Ursachen differenziert. Vielmehr genügt eine Mitursächlichkeit, die nicht erfordert, dass ein Ereignis eine „richtunggebende Veränderung“[779] bewirkt haben muss.[780]

Tritt eine Beeinträchtigung infolge des anthropogenen Klimawandels ein, ist eine komplexe Kausalkette nachzuweisen. Die Emissionen des Anspruchsgegners müssen mitursächlich für den Klimawandel gewesen sein, der Klimawandel muss zu einem Wetter- bzw. Naturereignis geführt haben, dieses Ereignis wiederum muss die Beeinträchtigung zur Folge haben.[781] Hierbei können sich gleich mehrere Probleme ergeben. Zum einen dürfte es regelmäßig schwer zu ermitteln sein, ob ein bestimmtes Naturereignis ohne den Klimawandel überhaupt nicht oder nur abgeschwächt aufgetreten wäre. Zudem beruht die konkrete Beeinträchtigung nicht auf den Emissionen eines Einzelnen, sondern ist auf das Zusammenwirken einer unüberschaubaren Anzahl an Emittenten zurückzuführen, deren einzelne Beiträge wohl vollkommen folgenlos bleiben würden. Erst ihr Zusammenwirken über einen

---

[775] *Herrler*, in: Grüneberg, BGB, 83. Aufl. 2024, § 1004 Rn. 16; BGH, NJW 2007, 432.

[776] Vgl. *Wenzel*, NJW 2005, 241; *Weller/Tran*, ZEuP 2021, 573, 599.

[777] BGH, NJW 1951, 711; vgl. auch *Traeger*, Der Kausalbegriff im Zivilrecht und Strafrecht, 1904, S. 18.

[778] Vgl. *Oetker*, in: Münchener Kommentar zum BGB, 9. Aufl. 2022, § 249 BGB Rn. 135.

[779] Zit.: BGH, NJW-RR 2005, 897, 898.

[780] Vgl. *Oetker*, in: Münchener Kommentar zum BGB, 9. Aufl. 2022, § 249 BGB Rn. 135; BGH, NJW-RR 2005, 897, 898.

[781] Vgl. *Thöne*, ZUR 2022, 323, 325.

langen Zeitraum führt zum Klimawandel und dessen Folgen, die dann erst individuelle Interessen beeinträchtigen.[782]

Die äquivalente Kausalität wurde daher vom Landgericht Essen im Fall *Lliuya* gegen *RWE* mit dem Argument verneint, dass die Beeinträchtigung bei Hinwegdenken der durch RWE verursachten Treibhausgasemissionen nicht entfiele. Selbst die Emissionen der Beklagten als großer Treibhausgasemittent seien angesichts der Millionen und Milliarden von sonstigen Emittenten weltweit nicht derart bedeutend, als dass der anthropogene Klimawandel und damit die vermeintliche Flutgefahr des Gletschersees bei Wegdenken der einzelnen Emissionen nicht existieren würden.[783]

(a) Kumulative Kausalität

Dem ist nicht zuzustimmen. Die (äquivalente) Kausalität entfällt nämlich nicht, wenn das Verhalten mehrerer nur gemeinsam zu einer Beeinträchtigung führt. Zwar entfiele die Beeinträchtigung bei Hinwegdenken der zu beobachtenden Emissionen.[784] Die *conditio sine qua non* ist aber derart zu verstehen (bzw. zu erweitern), dass von verschiedenen Beiträgen, die nur im Zusammenwirken Beeinträchtigungen herbeiführen können, sämtliche Beiträge als äquivalent kausal zu bewerten sind. Das muss auch dann gelten, wenn nicht sämtliche Verhaltensweisen für den Eintritt der Beeinträchtigung erforderlich sind.[785] Anderenfalls könnte in diesen Fällen überhaupt kein Beitrag als kausal qualifiziert werden, was Schädiger unangemessen entlasten würde.[786]

Zur Verdeutlichung soll folgendes Beispiel dienen: Leiten mehrere Unternehmen Giftstoffe in einen Badesee und erleiden Personen infolge der Kontamination Gesundheitsschäden, wäre es höchst unbillig, eine Ersatzpflicht gegenüber allen Schädigern zu verneinen, wenn jede Entsorgung für sich genommen nicht in der Lage gewesen wäre, den Schaden herbeizuführen, die Giftstoffe der Hälfte der

---

[782] Vgl. *Thöne*, ZUR 2022, 323, 325.

[783] Vgl. LG Essen, NVwZ 2017, 734, 736; eine wechselseitige Zurechnung der Emissionsbeiträge nach § 830 Abs. 1 Satz 1 BGB scheidet mangels willentlichem Zusammenwirken der Emittenten aus, vgl. *Thöne*, ZUR 2022, 323, 325; für eine Zurechnung nach § 830 Abs. 1 Satz 2 BGB müsste der Beitrag des einzelnen Beteiligten für sich alleine genommen jedenfalls geeignet sein, den gesamten Schaden herbeizuführen, was bei Klimaschäden gerade nicht der Fall sein wird, vgl. *Ipsen/Waßmuth/Plappert*, ZIP 2021, 1843, 1845 f.

[784] *Zeidler*, Klimahaftungsklagen, 2022, S. 127 f.

[785] Ebenfalls für eine derartige Erweiterung der Äquivalenzformel: *Thöne*, ZUR 2022, 323, 326, der ein Zusammenfallen von kumulativer und konkurrierender Kausalität bejaht.

[786] Vgl. BeckOGK/*Brand*, Stand: 01.03.2022, BGB § 249 Rn. 232 zum ähnlichen Phänomen der konkurrierenden Kausalität; dieselbe Argumentation kann auch der Anwendung des (erst im Rahmen der Rechtswidrigkeit relevant werdenden) § 906 Abs. 1 BGB entgegengehalten werden, der als tatbestandlich erfüllt angesehen werden könnte, da die Treibhausgasemissionen eines einzelnen Emittenten nur zu unwesentlichen bzw. überhaupt keinen klimawandelbedingten Beeinträchtigungen führen können (vgl. BeckOK BGB/*Fritzsche*, 72. Ed. 01.11.2024, BGB § 906 Rn. 105), die Emissionen aller Emittenten müssen also auch bei der Prüfung des § 906 Abs. 1 BGB als Einheit betrachtet werden.

Unternehmen zur Schadensverursachung hingegen ausreichend gewesen sind.[787] Auf einer ähnlichen Wertungsgrundlage basieren Klimaschäden, die durch Verursachungsbeiträge von Unternehmen zum Klimawandel hervorgerufen werden. Auch hier genügen die Emissionen eines Emittenten nicht, um das klimawandelbedingte Ereignis herbeizuführen. Ohne die Emissionen des Einzelnen würde das Klimaereignis aber gleichwohl eintreten, da das kumulative Verhalten der übrigen Emittenten für die Verursachung ausreichend ist.

Es bleibt damit festzuhalten, dass Klimahaftungsansprüche nicht pauschal an der fehlenden Eignung von Emissionen eines einzelnen Emittenten zur Herbeiführung von Klimaschäden scheitern.[788] Dies ändert natürlich nichts daran, dass stets ein Beitrag des Anspruchsgegners zum Klimawandel im Prozess dargelegt und im Bestreitensfall bewiesen werden muss. Im *RWE*-Fall trägt der Kläger vor, der konkrete Verursachungsbeitrag der Beklagten sei anhand von wissenschaftlichen Modellen errechenbar und messbar.[789] Ob ein solcher Nachweis gelingt, ist keine materiell-rechtliche, sondern eine rein prozessuale bzw. naturwissenschaftliche Frage.

(b) Zuordnung von Summationsschäden im Lichte des Waldschadensurteils

Das Landgericht Essen lehnte aber nicht nur einen kausalen Beitrag des Energieversorgers *RWE* zu den Folgen des anthropogenen Klimawandels allgemein ab. Es führte darüber hinaus aus, dass sich einzelne Naturereignisse ohnehin nicht auf bestimmte Emissionen zurückführen ließen und dem einzelnen Emittenten daher haftungsrechtlich überhaupt nicht zugeordnet werden könnten. Eine lineare Verursachungskette von einer bestimmten Emissionsquelle zu einem bestimmten Schaden sei nicht mehr auszumachen, wenn zahllose Groß- und Kleinemittenten Treibhausgase freisetzen, die ununterscheidbar miteinander vermischt werden, sich gegenseitig verändern und letztlich über einen hochkomplexen Naturprozess eine Klimaänderung hervorrufen (Summationsschaden).[790]

In der Literatur wird eine ähnliche Argumentation vor allem unter Berufung auf das sogenannte Waldschadensurteil des III. Zivilsenates des BGH[791] verwendet, um Klimahaftungsansprüche auf Ebene der Kausalität zu verneinen.[792] Im Waldschadensurteil ging es um ein weitläufig auftretendes Waldsterben, das auf Luftverunreinigungen durch Schwefeldioxyd und Stickoxyde, verursacht durch Emissionen

---

[787] Ein ähnliches Beispiel verwendet *Eisele*, in: Schönke/Schröder, Strafgesetzbuch, 30. Auflage 2019, Vorbem. § 13 StGB Rn. 83.

[788] So auch *Kieninger*, ZHR 187 (2023), 348, 363 ff.

[789] Vgl. LG Essen, NVwZ 2017, 734, 735.

[790] Vgl. LG Essen, NVwZ 2017, 734, 736 unter Verweis auf den „Waldschadensfall" des BGH (BGH, NJW 1988, 478).

[791] BGH, NJW 1988, 478.

[792] So etwa *Zeidler*, Klimahaftungsklagen, 2022, S. 131; *Wagner/Artz*, in: Climate Change Litigation, S. 415.

aus industriellen und gewerblichen Anlagen, Feuerungsanlagen sowie dem Transportwesen, zurückzuführen war. Der III. Zivilsenat des BGH verneinte hier die Kausalität zwischen den Emissionen einzelner Verursacher und den eingetretenen Waldschäden mit der Argumentation, dass an der Entstehung der Luftschadstoffe eine Vielzahl von Groß- und Kleinemittenten (z.B. Kraftwerke, Industrieanlagen, Heizungsanlagen, Kraftfahrzeuge) mitgewirkt habe, deren Emissionsbeiträge sich ununterscheidbar vermischt hätten, so dass es praktisch unmöglich sei, den bei dem einzelnen Waldbesitzer eingetretenen Schaden einem oder mehreren Emittenten zuzurechnen.[793]

Dem ist jedoch entgegenzuhalten, dass sämtliche CO_2-Emissionen, die zur Verdichtung der in der Atmosphäre angesammelten Treibhausgase und der globalen Erwärmung beitragen, sich im Falle von klimawandelbedingten Beeinträchtigungen in die schadensverursachende Kausalkette einreihen. Jeder Emittent, der eine Teilursache für den anthropogenen Klimawandel und seine Folgen setzt, tut dies auch (gemeinsam mit anderen Emittenten) für das jeweils zu beobachtende klimawandelbedingte Naturereignis.[794] Hierin liegt auch der zentrale Unterschied zum Waldschadensfall, da bei diesem der Verursacherkreis nicht hinreichend ermittelt werden konnte und somit bei jedem Emittenten fraglich war, ob er überhaupt einen irgendwie gearteten Beitrag zum Waldsterben geleistet hatte.[795] Bei Klimaschäden tritt diese Unsicherheit naturgemäß nicht auf, da prinzipiell[796] alle Emittenten für klimawandelbedingte Schäden mitverantwortlich sind. Es ist für Klimahaftungsansprüche somit nicht erforderlich, die in Rede stehende Beeinträchtigung konkret auf die Emissionen eines Einzelnen zurückzuführen. Stattdessen genügt es nach der Äquivalenzformel, wenn ein irgendwie gearteter Beitrag zum Klimawandel vorliegt und infolge des Klimawandels ein Naturereignis zu einer Beeinträchtigung führt.[797]

(2) Einschränkungen durch die Adäquanzformel

Die Äquivalenzformel bedarf jedoch normativer Einschränkung, da die Kausalkette ansonsten grenzenlose Ausmaße annehmen könnte.[798] Daher sollen durch die sogenannte Adäquanztheorie gänzlich unwahrscheinliche Schadensfolgen ausgeschlossen werden.[799] Die Rechtsprechung beschreibt das Erfordernis der adäquaten Kausalität dahingehend, dass „ein adäquater Zusammenhang vorliege, wenn eine

---

[793] Vgl. BGH, NJW 1988, 478, 479 f.

[794] Ähnlich *Frank*, NVwZ 2017, 664, 667; *Thöne*, ZUR 2022, 323, 326.

[795] *Frank*, NJOZ 2010, 2296, 2298.

[796] Zu dem Problem, dass sich nicht alle CO_2-Emissionen zwingend in der Atmosphäre ansammeln, siehe Kap. 3 C. III. 2. b) bb) (4).

[797] *Thöne*, ZUR 2022, 323, 326; anders: *Chatzinerantzis/Appel*, NJW 2019, 881, 882, die eine eindeutige Kausalkette zwischen Emission und Naturereignis verlangen; ebenso *Zeidler*, Klimahaftungsklagen, 2022, S. 129: Die gesamte Verlaufskette müsse nachweisbar sein.

[798] *Thöne*, ZUR 2022, 323, 325.

[799] BeckOK BGB/*Flume*, 72. Ed. 01.05.2024, BGB § 249 Rn. 284.

Tatsache im Allgemeinen und nicht nur unter besonders eigenartigen, ganz unwahrscheinlichen und nach dem regelmäßigen Verlauf der Dinge außer Betracht zu lassenden Umständen zur Herbeiführung eines Erfolgs geeignet war"[800].

In der Literatur wird die adäquate Kausalität in Klimahaftungsfällen mit dem Argument verneint, dass auch die Emissionen eines Großemittenten unter keinen Umständen in der Lage wären, eine Temperaturerhöhung (in nur geringem Umfang) zu bewirken. Es müsse also eine Wesentlichkeitsschwelle überschritten werden, anderenfalls seien die Treibhausgasemissionen zur Herbeiführung der Beeinträchtigung jedenfalls im Lichte der Adäquanz gänzlich ungeeignet.[801]

Diese Argumentation überzeugt allerdings nicht, wenn man – wie nach hier vertretener Auffassung – die kumulative Kausalität als haftungsbegründend anerkennt und anschließend sogar die *conditio sine qua non* aus Billigkeitsgründen erweitert. Die Anerkennung der kumulativen Kausalität bringt nämlich gerade zum Ausdruck, dass eben auch einzelne schadensungeeignete Beiträge als kausales Verhalten für eine Beeinträchtigung bewertet werden können. Diese Wertung würde unterlaufen, wenn der überwiegende Anteil der damit erfassten Fälle direkt auf Ebene der Adäquanz wieder aussortiert wird. Es überzeugt daher, über die Adäquanztheorie – jedenfalls in den Fällen der kumulativen Kausalität – nur solche Kausalverläufe auszuklammern, die unwahrscheinlich sind, wobei nicht auf die Eignung der Beiträge zur Herbeiführung der Beeinträchtigung abgestellt werden kann.[802] Bei der Klassifizierung eines Kausalverlaufes als vollkommen unwahrscheinlich ist vielmehr in den Fällen kumulativer Kausalität danach zu fragen, ob die zusammenwirkenden Verhaltensweisen typischerweise die zu beobachtende Beeinträchtigung gemeinsam (und eben nicht für sich genommen) herbeiführen können.

Für die hier in Rede stehenden Konstellationen bedeutet dies, dass die Treibhausgasemissionen der Emittenten in der Regel auch adäquat kausal für klimawandelbedingte Beeinträchtigungen und Schäden sein dürften. Es ist nämlich nicht außerhalb aller Lebenswahrscheinlichkeit, dass das Zusammenwirken sämtlicher am Klimawandel Beteiligter Emittenten zu Naturereignissen – wie etwa einer Gletscherschmelze – führt.[803] Nicht erfasst sind hingegen Beeinträchtigungen, die zwar auf den Klimawandel zurückzuführen sind, aber vollkommen untypische und nicht erwartbare Folgen der Erderwärmung darstellen. Die Adäquanztheorie verlangt daher jedenfalls für klimawandelbedingte Beeinträchtigungen nicht das Überschreiten einer irgendwie gearteten Erheblichkeitsschwelle.[804]

---

[800] Zit.: BGHZ 3, 261, 267 unter Verweis auf RGZ 133, 126, 127; BGH, NJW 2005, 1420, 1421; BGH, NJW 2002, 2232, 2233.

[801] *Chatzinerantzis/Appel*, NJW 2019, 881, 882 f.

[802] Ähnlich argumentiert auch *Schirmer*, JZ 2021, 1099, 1103 f., der allerdings auf die Höhe der Relation zu den Emissionsbeiträgen anderer Emittenten abstellen möchte.

[803] Vgl. *Kieninger*, ZHR 187 (2023), 348, 372 ff.

[804] A. A. *Chatzinerantzis/Appel*, NJW 2019, 881, 882 f.

(3) Einschränkungen durch die Lehre vom Schutzzweck der Norm

Eine weitere Einschränkung erfährt die *conditio sine qua non* über die Lehre vom Schutzzweck der Norm. Die geltend gemachte Beeinträchtigung ist danach nur insoweit zu ersetzen, als es sich um Nachteile handelt, gegen welche die haftungsbegründende Norm Schutz gewähren soll.[805] Die Norm muss also den Schutz des Rechtsguts gerade gegen die vorliegende Beeinträchtigungsart bezwecken. Daran fehlt es in der Regel, wenn sich eine Gefahr realisiert hat, die dem allgemeinen Lebensrisiko und damit dem Risikobereich des Anspruchstellers zuzurechnen ist. Der Anspruchsgegner kann in der Folge nicht mehr für solche Beeinträchtigungen oder Schäden haftbar gemacht werden, die der Betroffene in seinem Leben auch sonst üblicherweise zu erwarten hat.[806]

In der Literatur wird die Klimahaftung an dieser Stelle mit dem Argument verneint, dass der Klimawandel ein globales Phänomen darstelle, welches die gesamte Weltbevölkerung betrifft, und seine Folgen daher Bestandteil des allgemeinen Lebensrisikos seien.[807] Diese Argumentation überzeugt zwar im Ansatz. Über den Schutzzweck der Norm können konsequenterweise aber solche Folgen des Klimawandels nicht ausgeschlossen werden, die sich gerade nicht mehr als Ausfluss des allgemeinen Lebensrisikos „Klimawandel und seine Folgen“ darstellen. In seiner Rechtsprechung zu sogenannten Schockschäden verlangt der VI. Zivilsenat des BGH für die Haftung des Schädigers gegenüber einer Person, die nicht selbst unmittelbar Verletzter, sondern lediglich Miterlebender eines Unfalls gewesen ist, dass diesem entstandene Gesundheitsbeschädigungen über dasjenige hinausgehen, was Nahestehende als mittelbar Betroffene in derartigen Fällen erfahrungsgemäß an Belastungen erfahren. Der Schock muss ferner im Hinblick auf seinen Anlass verständlich und nachvollziehbar sein. Schließlich ist auch erforderlich, dass der Betroffene zum Verunglückten in einer besonderen individuellen Beziehung (naher Angehöriger) gestanden hat.[808] Der Grund für diese strengen Voraussetzungen ist der, dass es grundsätzlich zum allgemeinen Lebensrisiko gehört, Unfälle mitzuerleben.[809] Anders ist es aber dann, wenn die zuvor genannten Voraussetzungen vorliegen. In derartigen Fällen verwirklicht sich nämlich nicht mehr nur das allgemeine Lebensrisiko, da eine besonders erhebliche und unübliche persönliche Betroffenheit hinzutritt.

Auf dieser Wertungsgrundlage kann die Abgrenzung auch im Falle klimawandelbedingter Beeinträchtigungen erfolgen. Folgen des Klimawandels, die nicht je-

---

[805] *Katzenmeier*, in: Dauner-Lieb/Langen, BGB Schuldrecht, 4. Auflage 2021, § 823 BGB Rn. 166.

[806] BGH, NJW 2014, 2190, 2191.

[807] *Keller/Kapoor*, BB 2019, 706, 709; *Chatzinerantzis/Appel*, NJW 2019, 881, 884 f.

[808] Vgl. BGH, NJW 2019, 2387; siehe auch *Jahnke/Burmann*, in: Burmann/Heß/Hühnermann/Jahnke, Straßenverkehrsrecht, 27. Auflage 2022, Vorbem. § 249 BGB Rn. 125 ff.

[809] *Jahnke*, in: Burmann/Heß/Hühnermann/Jahnke, Straßenverkehrsrecht, 27. Auflage 2022, § 253 BGB Rn. 69.

dermann (gleich) treffen, sondern eine gegenüber der Allgemeinheit wesentlich intensivere persönliche Belastung zur Folge haben, dürften daher nicht mehr dem allgemeinen Lebensrisiko zugeordnet werden können und sind nicht über die Lehre vom Schutzzweck der Norm auszusortieren.[810] Eine hinreichende und schwerwiegende persönliche Betroffenheit ist etwa – wie im *RWE*-Fall – zu bejahen, wenn das eigene Grundstück aufgrund seiner spezifischen Lage infolge eines klimawandelbedingten Ereignisses in ganz besonderem Maße bedroht wird.

Über die Lehre vom Schutzzweck der Norm können mithin allgemeine Folgen des Klimawandels aus der Haftung ausgeklammert werden (etwa Gesundheitsschäden, die infolge allgemeiner Dürre üblich sind), nicht aber solche Folgen, die nur einzelne Personen aufgrund individueller Umstände belasten und zudem eine besonders hohe Intensität aufweisen.[811]

bb) Wertende Zurechnung

Kann nach alledem die für eine Störerhaftung erforderliche Kausalität bejaht werden, bedeutet dies noch nicht, dass auch die Voraussetzungen für einen Klimahaftungsanspruch vorliegen. Im Falle der mittelbaren Störerhaftung ist die kausale Bestimmung nämlich allein nicht ausreichend. Da der Störer die Beeinträchtigung nicht unmittelbar verursacht hat, bedarf es vielmehr weiterer Zurechnungskriterien.[812] Anerkannt sind in Rechtsprechung und Literatur etwa die Veranlassung, die Vorteilsziehung, die Gefahrbeherrschung oder auch eine (nicht) ordnungsgemäße Bewirtschaftung.[813] Die Zurechnung wird dabei vor allem an die Verletzung einer Sicherungspflicht geknüpft.[814] Auch wenn der V. Zivilsenat des BGH diese Sicherungspflicht ausdrücklich von der Verkehrspflicht im Rahmen des § 823 Abs. 1 BGB abgrenzt,[815] sind die Zurechnungskriterien und die dahinter stehenden Erwägungen weitgehend identisch und vor allem auf § 1004 BGB übertragbar.[816] Zudem wird die Verletzung einer Verkehrspflicht überwiegend als hinreichende, aber nicht

---

[810] Noch weiter gehen (in einem anderen Zusammenhang) *Bönte*, HRRS 2021, 164, 166; und *Homann*, JA 2023, 649, 650, welche (unabhängig von einer besonderen persönlichen Betroffenheit) „den Klimawandel" bzw. die globale Erderwärmung nicht als allgemeines Lebensrisiko begreifen und in der Folge eine Notstandslage (§ 34 StGB) für jedermann bejahen möchten, welche unter Umständen Straftaten rechtfertigen könne.

[811] Vgl. auch VG Berlin, BeckRS 2019, 35475 Rn. 68 zur Klagebefugnis im verwaltungsgerichtlichen Verfahren: „Allein der Umstand, dass eine sehr große Zahl von Personen von den Auswirkungen des Klimawandels betroffen ist, schließt eine individuelle Betroffenheit nicht von vorneherein aus".

[812] *Wenzel*, NJW 2005, 241.

[813] Vgl. BGH, NJW 2020, 607, 608; BGH, NJW 2018, 1542; *Herrler*, in: Grüneberg, BGB, 83. Aufl. 2024, § 1004 Rn. 18.

[814] BGH, NJW 2020, 607; BGH, NJW 2000, 2901, 2902; *Thöne*, ZUR 2022, 323, 332.

[815] Vgl. BGH, NJW 2020, 607; BGH, NJW 2018, 1542, 1543.

[816] *Thöne*, ZUR 2022, 323, 332.

notwendige Bedingung für die Zurechnung im Rahmen der Störerhaftung angesehen.[817] Da es vor diesem Hintergrund im Rahmen der deliktischen Klimahaftung bei der Begründung einer Sicherungspflicht faktisch darum geht, mittels der allgemeinen Verkehrspflichtendogmatik Verhaltenspflichten herzuleiten, verwendet diese Arbeit im Folgenden den Begriff der „klimabezogenen Verkehrspflicht". Besteht eine solche und wird sie verletzt, ist eine Zurechnung von Klimaschäden möglich. Die bei der Untersuchung des § 823 Abs. 1 BGB gewonnen Erkenntnisse können also auch für die hier zu behandelnde Fragestellung fruchtbar gemacht werden. Es soll daher anhand der in Kap. 3 B. II. 3. a) dargestellten Abwägungskriterien untersucht werden, ob § 1004 Abs. 1 BGB klimabezogene Verkehrspflichten kennt.

(1) Großemittenten als Träger von Verkehrspflichten

Zunächst kann festgehalten werden, dass sämtliche Treibhausgasemittenten durch ihre Emissionen (gemeinsam mit vielen anderen Emittenten) eine Gefahrenquelle geschaffen haben, da sie auf diese Weise einen Beitrag zum anthropogenen Klimawandel leisten, der eine globale Erderwärmung und das steigende Risiko von Naturkatastrophen zur Folge hat.[818] Ein Verursachungsbeitrag zu Klimaschäden ist damit grundsätzlich für jeden Treibhausgasemittenten zu bejahen. Dieser ist allerdings – verglichen mit dem globalen Ausstoß von Treibhausgasen – stets als verhältnismäßig gering zu bewerten (selbst *RWE* als Größtemittent wird nur für 0,47 % der globalen Treibhausgasemissionen verantwortlich gemacht) und trägt daher auch nur in geringem Maße zur Gefahrerhöhung bei. Ebenso niedrig ist die Beherrschbarkeit der vom Klimawandel ausgehenden Risiken.[819] Solange sämtliche öffentlich-rechtlichen Vorschriften eingehalten wurden, kann ferner von einer ordnungsgemäßen Bewirtschaftung ausgegangen werden.[820]

Auch wenn diese Aspekte gegen eine Zurechnung klimawandelbedingter Beeinträchtigungen sprechen, dürfte eine Verkehrspflicht für Großemittenten[821] gleichwohl bestehen. Maßgebliche Zurechnungskriterien sind nämlich auch die

---

[817] *Armbrüster*, NJW 2003, 3087, 3088 f.; *Herrler*, in: Grüneberg, BGB, 83. Aufl. 2024, § 1004 Rn. 18.

[818] *Schirmer*, KlimaRZ 2023, 129, 130: Durch das Verfeuern fossiler Brennstoffe werden „quasi abfallartige gefährliche Treibhausgasemissionen" freigesetzt.

[819] *Chatzinerantzis/Appel*, NJW 2019, 881, 884: „Weder der Klimawandel noch die Entwicklung der Temperaturen oder einzelne Wetter- und Klimaphänomene (wie das Abschmelzen der Pole und Gletscher, lange Trockenzeiten, extreme Stürme etc.) können durch einzelne Anlagenbetreiber beherrscht und abgewendet werden".

[820] Siehe aber *Thöne*, ZUR 2022, 323, 332: Die Einhaltung der TEHG-Vorgaben wirke nicht haftungsausschließend, da der Individualschutz im Einzelfall mehr verlangen kann.

[821] Da für die Zurechnung eine Vielzahl von Faktoren maßgeblich ist, können keine konkreten Emissionswerte formuliert werden, ab deren Erreichen ein Unternehmen als Großemittent zu bewerten ist, RWE dürfte mit einem Ausstoß von 117 Mio. Tonnen CO_2-Äquivalente (2018) jedenfalls darunter fallen, vgl. die Daten für RWE aus dem Jahre 2018 auf https://climateaccountability.org/carbon-majors-dataset-2020/, zuletzt abgerufen am 30.07.2024.

Schutzbedürftigkeit der bedrohten Rechtsgüter sowie die Vorteilsziehung.[822] Der Klimawandel bedroht eine unüberschaubare Anzahl unterschiedlichster (teilweise hochwertiger) Rechtsgüter, die auf verschiedene Art und Weise von den Folgen der globalen Erderwärmung und sonstigen Konsequenzen des Klimawandels bedroht sind. Zutreffend führt Schirmer in diesem Zusammenhang aus: „Von Meeresspiegelanstieg oder Gletscherschmelze betroffene Klimaopfer wie *Lliuya* sind nicht nur in den hochwertigsten Rechtsgütern überhaupt berührt – Leben, Gesundheit, Eigentum –, sondern jenen Rechtsgütern droht auch umfassende Auslöschung.“[823] Es gilt wie im Rahmen des § 823 Abs. 1 BGB: Je höher der zu erwartende Schaden, desto weitreichendere Sicherungsmaßnahmen können dem Verursacher auferlegt werden.[824]

Neben den drohenden Rechtsbeeinträchtigungen ziehen die Großemittenten in der Regel einen erheblichen wirtschaftlichen Gewinn aus der treibhausgasfreisetzenden Tätigkeit. Dieser wirkt haftungsschärfend,[825] was auf eine bereits im Rahmen der Verkehrspflichten besprochene grundlegende Wertung zurückzuführen ist: Würden einen Begünstigten nämlich die mit einer Gefahrenquelle verbundenen Nachteile nicht treffen, ist von ihm ein unsorgfältiges Verhalten und damit verbunden eine Vergrößerung des Gefahrenpotenzials zu erwarten.[826] Weniger abstrakt: Kann ein Unternehmen für seine Treibhausgasemissionen haftbar gemacht werden, ist zu erwarten, dass es dem Risiko entsprechende Maßnahmen trifft, um die Emissionen zu begrenzen.

(2) Inhalt der Verkehrspflichten

Die Großemittenten von Treibhausgasen trifft somit eine Verkehrspflicht dahingehend, alle zumutbaren Maßnahmen zur Verhinderung ihrer CO_2-Emissionen zu ergreifen,[827] wobei sich die Pflicht sowohl auf direkte Emissionen (*Scope 1*) – etwa aus Produktionsprozessen – als auch auf indirekte Emissionen (*Scope 2 und 3*) – etwa solche, die dem Energiebezug des Unternehmens zurechenbar sind oder aus der Nutzung der produzierten Produkte durch den Endkunden resultieren – bezieht[828]. Tun sie dies nicht, können ihnen klimawandelbedingte Beeinträchtigungen zugerechnet werden.

---

[822] *Thöne*, ZUR 2022, 323, 331.

[823] Zit.: *Schirmer*, Nachhaltiges Privatrecht, 2023, S. 217.

[824] Vgl. BGH, NJW 2013, 48, 49; *Thöne*, ZUR 2022, 323, 331.

[825] Zutr. *Thöne*, ZUR 2022, 323, 331.

[826] Vgl. *Habersack/Zickgraf*, ZHR 182 (2018), 252, 271.

[827] Insoweit zurückhaltend *Thöne*, ZUR 2022, 323, 331 f., der ebenfalls einen kurzzeitigen Verzicht auf jedweden CO_2-Ausstoß erwägt; *Hager*, NJW 1986, 1961, 1966: Vergleichbar der Produktbeobachtungspflicht treffe den Emittenten eine „Emissionsbeobachtungspflicht“; *Schirmer*, Nachhaltiges Privatrecht, 2023, S. 260: Großemittenten hätten vor den Klimagefahren ihrer eigenen Produktion warnen müssen.

[828] Vgl. zur Unterteilung der Emissionen in direkte und indirekte Emissionen *Schmidt-Ahrendts/Schneider*, NJW 2022, 3475, 3479; siehe zur Differenzierung nach Scopes auch

Scope-1-Emissionen: Direkte Emissionen

Kategorie 1: Verbrennungsemissionen in stationären Anlagen (z.B. Heizung, BHKW)
Kategorie 2: Verbrennungsemissionen in mobilen Anlagen (z.B. Fuhrpark)
Kategorie 3: THG-Emissionen aus chemischen Prozessen
Kategorie 4: Flüchtige Emissionen von Treibhausgasen (z.B. Leckagen von Kühlmitteln)

Scope-2-Emissionen: Indirekte Emissionen aus dem Bezug von leitungsgebundener Energie

Kategorie 1: Elektrizität
Kategorie 2: Dampf
Kategorie 3: Nah- und Fernwärme
Kategorie 4: Kühlung

Scope-3-Emissionen: Sonstige indirekte Emissionen aus Prozessen, die direk oder indirekt durch das Unternehmen verursacht werden. Diese sind weiter in 15 Kategorien untergliedert:

Kategorie 1: Eingekaufte Güter und Dienstleistungen
Kategorie 2: Kapitalgüter
Kategorie 3: Brennstoff- und energiebezogene Emissionen
Kategorie 4: Transport und Verteilung (vorgelagert)
Kategorie 5: Abfall (am Standort)
Kategorie 6: Geschäftsreisen
Kategorie 7: Pendeln der Mitarbeitenden
Kategorie 8: Angemietete oder geleaste Sachanlagen
Kategorie 9: Transport und Verteilung (nachgelagert)
Kategorie 10: Verarbeitung der verkauften Güter
Kategorie 11: Nutzung der verkauften Güter
Kategorie 12: Umgang mit verkauften Gütern an deren Lebenszyklusende
Kategorie 13: Vermietete oder verleaste Sachanlagen
Kategorie 14: Franchise
Kategorie 15: Investitionen

Abbildung 4: Differenzierung von Emissionsquellen nach *Scopes* (Geltungsbereichen)[829]

Zumutbar sind selbstverständlich nur diejenigen Maßnahmen, bei denen der Emittent erkennen konnte, dass sie ergriffen werden müssen. Es ist also eine zeitliche Begrenzung der Klimahaftung auf den Zeitraum vorzunehmen, in dem überhaupt ausreichend Kenntnis von den Folgen des Klimawandels bestand. In der Literatur wird mit überzeugender Argumentation vorgeschlagen, die 1980er Jahre als

GHG Protocol, Corporate Value Chain (Scope 3) Accounting and Reporting Standard, S. 5 ff., abrufbar unter: https://ghgprotocol.org/sites/default/files/standards/Corporate-Value-Chain-Accounting-Reporing-Standard_041613_2.pdf, zuletzt abgerufen am 30. 07. 2024; ESRS E1 – AR. 48; *Lopatta/Sopp*, in: Freiberg/Lanfermann, ESRS-Kommentar, § 6 Rn. 68.

[829] *UN Global Compact*, Einführung Klimamanagement, S. 29 f., S. 4 ff.

maßgeblichen Zeitpunkt anzusehen, da spätestens in diesem Jahrzehnt hinreichend viele Publikationen zu dem Thema vorlagen[830] und auch der Weltklimarat gegründet[831] wurde.[832]

Neben der zeitlichen Begrenzung ist ferner zu berücksichtigen, dass Großemittenten häufig einen zentralen Beitrag zum Gemeinwohl leisten, indem sie die Bevölkerung bspw. mit Energie versorgen. Die Funktionsfähigkeit der Wirtschaft wird also in gewisser Weise erst durch ihre Tätigkeit möglich gemacht.[833] Eine Reduktion der Emissionen kann daher jedenfalls nur in dem Maße verlangt werden, dass die Daseinsvorsorge weiterhin hinreichend gesichert ist.[834] Anderenfalls würde unerträgliche gesamtgesellschaftliche Schäden eintreten, die Verkehrspflicht, würde dem Verkehr also schaden.[835] Dies führt dazu, dass Unternehmen, deren Kerntätigkeit der Daseinsvorsorge zuzuordnen ist, praktisch von einer Klimahaftung befreit sind. Denn es wird in einem Zivilprozess kaum nachzuweisen sein, welche in der Vergangenheit ausgestoßenen Emissionen für die Sicherung der Daseinsvorsorge notwendig waren und welche darüber hinausgegangen sind. Große Energieversorger wie *RWE* können somit wohl nur theoretisch nach § 1004 Abs. 1 BGB haften. Sie werden sich nämlich stets auf das Interesse der Bevölkerung, zur Erhaltung eines gesamtgesellschaftlichen Lebensstandards mit Energie versorgt zu werden, berufen können und damit die Emissionen ausstoßen dürfen, die zur Energieversorgung notwendig sind. Das Leisten von Daseinsvorsorge führt mithin dazu, dass Unternehmen für damit notwendigerweise einhergehende Emissionen nicht haftbar gemacht werden können.[836]

Im Lichte des Art. 12 GG kann die Sicherung der Daseinsvorsorge aber auch nicht die zulässige Höchstgrenze für Emissionen abbilden. Das erlaubte Verhalten des Emittenten würde ansonsten auf eine (zwar wirtschaftliche, aber) quasi-gemeinnützige Tätigkeit reduziert. Es stellt sich also die Frage, welche Maßnahmen zur Emissionsreduktion abseits der soeben aufgezeichneten Grenzen zumutbar sind bzw. waren.

---

[830] Zur Entwicklung der Diskussion um einen menschengemachten Klimawandel vgl. *Pöttker*, Klimahaftungsrecht, 2014, S. 131 f.

[831] *IPCC*, About the IPCC, abrufbar unter: https://www.ipcc.ch/about/, zuletzt abgerufen am 30.07.2024.

[832] *Thöne*, ZUR 2022, 323, 331; für ein Abstellen auf die 1960er Jahre siehe *Schirmer*, JZ 2021, 1099, 1104.

[833] *Chatzinerantzis/Appel*, NJW 2019, 881, 885.

[834] Eine solche Einschränkung erwägend *Thöne*, ZUR 2022, 323, 332.

[835] Vgl. nur BVerfG, NJW 1984, 1872, 1873: „Die Energieversorgung […] ist eine Leistung, deren der Bürger zur Sicherung einer menschenwürdigen Existenz unumgänglich bedarf".

[836] Weitgehender wohl *Wagner/Arntz*, in: Kahl/Weller, Climate Change Litigation, 2021, S. 418, welche die Nutzung fossiler Brennstoffe für die Energieversorgung pauschal als sozialadäquate Tätigkeit bezeichnen und sie daher generell einer Haftung entziehen möchten.

In Anlehnung an die Umwelt- und Produzentenhaftung[837] bietet es sich an, Großemittenten zunächst die Pflicht aufzuerlegen, Ausschau nach Schadensrisiken ihrer Tätigkeit zu halten. Bereits Ende des 20. Jahrhunderts hätte – angestoßen durch die vorhandenen Publikationen zum Klimawandel – selbst aktiv Gefahrerforschung betrieben werden müssen (etwa durch die Einrichtung von Klimaforschungsabteilungen). Im Rahmen dessen hätte bspw. an der Fortentwicklung erneuerbarer Energien geforscht werden können, die dann – unter Zurückfahrung der Verstromung fossiler Brennstoffe – nach angemessener Karenzzeit in die Unternehmensproduktion nach und nach hätten implementiert werden müssen.[838] Mit der steigenden Bedeutung des Klimawandels für Forschung und Politik dürften sich die Anforderungen weiter verschärft haben. Großemittenten ist aufgrund ihres Beitrages zu den weltweiten CO_2-Emissionen und den dadurch erzielten immensen wirtschaftlichen Gewinnen zumutbar, sich in besonderem Maße an der Forschung zur Abschwächung der Folgen des Klimawandels zu beteiligen.[839]

Da das Überschreiten der für den Inhalt einer Verkehrspflicht maßgeblichen Zumutbarkeitsschwelle von verschiedenen Faktoren – etwa der Größe des Unternehmens, den Emissionsmengen, dem wirtschaftlichen Gewinn und der wirtschaftlichen Leistungsfähigkeit – abhängig ist, lässt sich in Bezug auf die Emissionsreduktion keine allgemeingültige Verkehrspflicht skizzieren. Grundsätzlich dürften aber folgende Maßnahmen – soweit möglich – durchzuführen sein:

Das übergeordnete Ziel sollte stets sein, Treibhausgasemissionen auf ein zumutbares Minimum zu reduzieren und die Unternehmensstrategie so schnell wie möglich in Einklang mit den Zielen des Pariser Klimaabkommens zu bringen.[840] Dazu muss zunächst der eigene CO_2-Fußabdruck ermittelt werden,[841] wobei Standards wie das *Greenhouse-Gas-Protocol* (Treibhausgasprotokoll) zur Bilanzierung von Treibhausgasemissionen herangezogen werden können. Anschließend ist zu prüfen, in welchen Bereichen der Unternehmenstätigkeit eine Reduktion der Emissionen möglich ist. Angesichts der erheblich gesunkenen Kosten der erneuerbaren Energien dürfte es mittlerweile etwa zumutbar sein, auf den Ausbau fossiler Produktionsmethoden zu verzichten.[842] Zu einem verringerten CO_2-Verbrauch können aber auch andere Maßnahmen – etwa Bahn- und Nahverkehrstickets für Mitarbeiter oder der Verzicht auf überflüssigen E-Mailverkehr – beitragen. Weiterhin ist es denkbar, andere CO_2-Emittenten in der Wertschöpfungskette (einschließlich Endkunden) bei der Reduzierung ihrer Treibhausgasemissionen zu un-

---

[837] Vgl. dazu *Staudinger*, in: Schulze, Bürgerliches Gesetzbuch, 12. Auflage 2024, § 823 BGB Rn. 157 ff.; *Jäschke/Seidel*, in: Pardey/Balke/Link, Schadenrecht, Produkt- und Produzentenhaftung, Rn. 15.

[838] Zutr. *Schirmer*, KlimaRZ 2023, 129, 131.

[839] Ähnlich *Schirmer*, KlimaRZ 2023, 129, 132.

[840] Ähnlich *Verheyen/Franke*, ZUR 2021, 624, 631; *Schirmer*, KlimaRZ 2023, 129, 133.

[841] Vgl. *Gailhofer/Verheyen*, ZUR 2021, 402, 405.

[842] Zutr. *Schirmer*, KlimaRZ 2023, 129, 132 f.

terstützen. Das kann bspw. durch die Überlassung klimafreundlicher Produkte und Arbeitsmittel erfolgen, aber auch über Unterstützung bei der Finanzierung nachhaltiger Produktionsmethoden (bspw. dem Bau einer Solarenergieanlage). Zudem kann die Speicherung von CO_2 außerhalb der Atmosphäre gefördert werden, indem die Regeneration von Ökosystemen unterstützt wird (diese dienen schließlich als CO_2-Speicher) oder Technologien zur künstlichen CO_2-Speicherung verbessert und eingesetzt werden.[843]

(3) Verbraucher und Kleinemittenten als Nichtstörer

Verbrauchern und Kleinemittenten ist es im Rahmen einer deliktischen Verkehrspflicht hingegen nicht zumutbar, überhaupt Gefahrerforschungsmaßnahmen durchzuführen oder sonstige Maßnahmen zur Reduzierung von Treibhausgasemissionen zu treffen. Sie erzielen aus ihrem Emissionsbeitrag in der Regel keinen (signifikanten) wirtschaftlichen Nutzen und leisten zudem einen erheblich geringeren Beitrag zum Klimawandel als Großemittenten. Da sie also keine Pflicht zur Gefahrenerforschung und Gefahrenabwehr trifft, können sie diese auch nicht verletzen, sodass eine die Störereigenschaft begründende Zurechnung ihres Emissionsbeitrages zum Klimawandel und seinen Folgen nicht möglich ist. Sie sind damit keine (Klima-)Störer im Sinne des § 1004 BGB.[844]

(4) Zwischenergebnis

Als Zwischenergebnis bleibt nach alledem festzuhalten, dass Großemittenten von Treibhausgasen durchaus als (Handlungs-)Störer im Sinne des § 1004 Abs. 1 BGB bewertet werden können. Erforderlich hierzu ist zunächst, dass eine Beeinträchtigung eines absoluten Rechts infolge des anthropogenen Klimawandels eintritt oder einzutreten droht und der Emittent durch sein Verhalten einen Beitrag zum Klimawandel und seinen Folgen geleistet hat. Der Nachweis, dass ein konkretes Naturereignis auf exakt die zu beobachtenden Treibhausgasemissionen zurückzuführen ist, wird im Rahmen der Äquivalenzformel hingegen nicht verlangt. Naturgemäß kann die Feststellung eines Beitrages zum Klimawandel erhebliche prozessuale Schwierigkeiten bereiten. Vor dem Hintergrund, dass nicht alle Treibhausgasemissionen in die Atmosphäre gelangen oder dort langfristig verbleiben, ist es schließlich denkbar, dass gerade die Emissionen des in Anspruch genommenen

---

[843] Die vorgeschlagene Vorgehensweise zur Reduzierung der Treibhausgasemissionen ist angelehnt an die Inhalte des von der ESSEC Business School angebotenen Lehrganges „companies and climate change", abrufbar unter: https://www.coursera.org/learn/companies-and-climate-change, zuletzt abgerufen am 30. 07. 2024.

[844] *Thöne*, ZUR 2022, 323, 327 möchte die (Minimal-)Beiträge von Kleinstemittenten über eine teleologische Reduktion der §§ 421 ff. BGB aus der Haftung ausklammern und die Emittenten dann nur noch in Höhe ihres Verursachungsbeitrages haften lassen; *Chatzinerantzis/Appel*, NJW 2019, 881, 882 f. lehnen mit dem Argument, dass der Beitrag des einzelnen Emittenten zum Klimawandel minimal ist und für sich genommen keine klimawandelbedingten Beeinträchtigungen auslösen kann, bereits die adäquate Kausalität ab.

Emittenten überhaupt keine Klimafolgen auslösen konnten.[845] Es dürfte ferner schwer festzustellen sein, ob ein Naturereignis nicht auch ohne einen menschlichen Beitrag zum Klimawandel stattgefunden hätte oder möglicherweise in geringerer Intensität erfolgt wäre. Diese Fragen sind prozessualer Natur, es gilt also der Maßstab des § 286 ZPO.[846] Danach ist eine Behauptung bewiesen, wenn das Gericht von ihrer Wahrheit überzeugt ist, ohne dabei unerfüllbare Anforderungen zu stellen.[847] Ausreichend ist ein für das praktische Leben brauchbarer Grad von Gewissheit, der Zweifeln schweigen gebietet, ohne sie völlig auszuschließen.[848] Gemessen an diesen Maßstäben wird in der Literatur – auch angesichts steter Fortschritte in der Klimaforschung[849] – durchaus für möglich gehalten, dass entsprechende Nachweise gelingen und der Anteil einzelner Emittenten an einem klimawandelbedingten Ereignis mit hinreichender Sicherheit nachgewiesen werden kann.[850]

Neben der Feststellung der Kausalität ist eine wertende Zurechnung der Beeinträchtigung vorzunehmen. Die Großemittenten von Treibhausgasen schaffen gemeinschaftlich eine Gefahrenquelle, aus welcher sie im Rahmen ihrer Unternehmenstätigkeit erhebliche wirtschaftliche Vorteile ziehen, weshalb sie angesichts der Vielzahl betroffener Rechtsgüter eine Verkehrspflicht dahingehend trifft, in zumutbarem Rahmen an der Klimaforschung mitzuwirken und ihre CO_2-Emissionen zur Erreichung der Pariser Klimaziele auf ein zumutbares Minimum zu reduzieren.

3. Auswirkungen öffentlich-rechtlicher Genehmigungen

Der Anspruch aus § 1004 Abs. 1 BGB ist ausgeschlossen, wenn der Eigentümer zur Duldung der Beeinträchtigung verpflichtet ist (§ 1004 Abs. 2 BGB). Dies ist der Fall, wenn der Störer zu ihr berechtigt ist, woraus teilweise geschlussfolgert wird, dass die Rechtswidrigkeit der Beeinträchtigung eine Anspruchsvoraussetzung darstellt.[851]

Eine Duldungspflicht kann sich in erster Linie aus dem Gesetz ergeben oder auf einem Rechtsgeschäft beruhen.[852] So statuiert bspw. § 906 Abs. 2 BGB im Nachbarrecht eine (gesetzliche) Duldungspflicht für ortsübliche oder unerhebliche Emissionen. Rechtsgeschäftlich begründete dingliche Rechte (etwa Dienstbarkei-

[845] Zu diesem Problem siehe auch *Thöne*, ZUR 2022, 323, 327 f.

[846] *Thöne*, ZUR 2022, 323, 327.

[847] BGH, WM 1998, 2969, 2971; *Reichold*, in: Thomas/Putzo, ZPO, 37. Aufl. 2016, § 286 ZPO Rn. 2; *Seiler*, in: Thomas/Putzo, ZPO, 43. Aufl. 2022, § 286 ZPO Rn. 2.

[848] BGH, NJW 1993, 935, 973; *Reichold*, in: Thomas/Putzo, ZPO, 37. Aufl. 2016, § 286 ZPO Rn. 2; *Seiler*, in: Thomas/Putzo, ZPO, 43. Aufl. 2022, § 286 ZPO Rn. 2.

[849] Siehe etwa *Stuart-Smith et al.*, Nature Geoscience 14 (2021), S. 85 ff.

[850] Vgl. *Schirmer*, KlimaRZ 2023, 129, 130.

[851] Vgl. BGH, NJW 1987, 2225, 2226 f.

[852] Vgl. *Raff*, in: Münchener Kommentar zum BGB, 9. Auflage 2023, § 1004 BGB Rn. 199 ff.

ten) können ebenfalls Duldungspflichten erzeugen.[853] Im Rahmen von Klimaklagen steht aber eine andere Thematik im Vordergrund.

Großemittenten von Treibhausgasen sehen sich nämlich einer Vielzahl öffentlich-rechtlicher Pflichten und Vorgaben (Genehmigungen, Sicherheitsvorgaben, Emissionshandelssysteme)[854] ausgesetzt, welche die Zulässigkeit von Emissionen betreffen.[855] Befolgen sie diese, wird vertreten, dass ein pflichtwidriges Verhalten bereits deshalb ausscheide. Wirksame Genehmigungen (vor allem nach § 4 TEHG) seien in der Lage, die Emissionen zu legalisieren. Diese würden nach § 906 Abs. 1 Satz 2 und 3 BGB rechtmäßig, sodass der Vorwurf pflichtwidrigen Verhaltens ausscheide.[856] Bei Anlagen, welche dem Treibhausgas-Emissionshandelsgesetz (TEHG) unterfallen, dürfen zur Erfüllung der Pflicht zur effizienten Verwendung von Energie gemäß § 5 Abs. 2 Satz 2 BImSchG nämlich keine Anforderungen gestellt werden, welche über diejenigen Pflichten hinausgehen, die das Treibhausgas-Emissionshandelsgesetz begründet. Aus dieser Vorschrift folge, dass die Pflichtwidrigkeit von Treibhausgasemissionen sich allein nach den Vorgaben des TEHG richte. Werden diese eingehalten, sei eine Rechtswidrigkeit der Beeinträchtigung von vorneherein abzulehnen.[857]

Diese Auffassung missachtet allerdings die Trennung zwischen dem öffentlichen Recht und dem Zivilrecht. Öffentlich-rechtliche Vorgaben sind im privaten Haftungsrecht nicht verbindlich. Regelt der Gesetzgeber eine Sachfrage aus Gründen der Gefahrenabwehr oder vergleichbaren Erwägungen oder erteilt eine Behörde eine Genehmigung, betrifft dies grundsätzlich nicht die Rechtsbeziehungen unter Privaten.[858] Dies zeigt bereits ein Umkehrschluss aus den §§ 14 Satz 1 BImSchG, 16 Abs. 2 WHG, die (nur) beim Vorliegen bestimmter Genehmigungen oder Bewilligungen privatrechtliche Ansprüche ausdrücklich ausschließen.[859] Es fehlt also „die entscheidende Begründungsbrücke, warum Treibhausgasemissionen auf privatrechtlicher Mikroebene genauso zu bewerten sind wie auf öffentlich-rechtlicher Makroebene“[860]. § 906 Abs. 1 Satz 2 und 3 BGB transportieren zwar einen entsprechenden Rechtsgedanken. Auch diese Vorschriften stellt allerdings ausdrücklich klar, dass eine unwesentliche Beeinträchtigung nur „in der Regel“ vorliegt, wenn festgesetzte Grenz- oder Richtwerte nicht überschritten werden. Richtiger-

---

[853] Vgl. *Raff*, in: Münchener Kommentar zum BGB, 9. Auflage 2023, § 1004 BGB Rn. 206.

[854] Insbesondere §§ 4, 5 BImSchG sowie §§ 4 ff. TEHG.

[855] *Schirmer*, Nachhaltiges Privatrecht, 2023, S. 209.

[856] *Wagner*, Klimahaftung vor Gericht: Eine Fallstudie, 2020, S. 63, 74 ff.

[857] *Wagner*, Klimahaftung vor Gericht: Eine Fallstudie, 2020, S. 73; im Ergebnis ebenso *Chatzinerantzis/Appel*, NJW 2019, 881, 885, welche in den öffentlich-rechtlichen Vorgaben energiepolitische Grundentscheidungen sehen, die auch im Zivilrecht zu berücksichtigen seien.

[858] *Schirmer*, Nachhaltiges Privatrecht, 2023, S. 212 f.

[859] *Thöne*, ZUR 2022, 323, 329.

[860] Zit.: *Schirmer*, Nachhaltiges Privatrecht, 2023, S. 213.

weise kommt der Einhaltung öffentlich-rechtlicher Vorgaben daher nur eine Indizwirkung für pflichtkonformes Verhalten zu.[861] Diese hilft aber in den hier zu untersuchenden Fällen nicht weiter, da das TEHG dem Ausstoß von Treibhausgasen zwar in gewisser Weise Grenzen setzt[862], diese aber umgangen werden können, indem Emissionszertifikate gekauft werden, sodass der zulässige Emissionsausstoß in erster Linie durch die finanziellen Mittel des Emittenten beschränkt wird. Es gibt hingegen keine allgemeingültige Emissionsobergrenze, deren Einhaltung als Indiz für pflichtgemäßes Verhalten gewertet werden könnte.[863] Dasselbe gilt für die von beklagten Automobilherstellern häufig angeführten europäischen Normen, wie etwa die Typengenehmigungs-VO oder die Flottengrenz-VO, welche ebenfalls keine Vorgaben für die Begrenzung der Gesamttreibhausgasemissionen eines Konzerns vorsehen.[864]

4. Keine Duldungspflicht durch Leisten von Daseinsvorsorge

Eine Duldungspflicht besteht auch nicht deshalb, weil Großemittenten von Treibhausgasen einen wesentlichen Beitrag zur öffentlichen Daseinsvorsorge leisten, indem sie etwa die Allgemeinheit mit Energie versorgen.[865] Auch wenn die funktionierende Energieversorgung eine entscheidende Voraussetzung für die Funktionsfähigkeit der gesamten Wirtschaft darstellt, gebietet dies nicht, den Emittenten zu erlauben, ohne Rücksicht auf drohende Beeinträchtigungen Dritter unbegrenzte Mengen an Treibhausgasen auszustoßen, wenn daraus Schäden resultieren können. Wie bereits dargestellt, ist der Beitrag der Energieversorger zum gesellschaftlichen Zusammenleben im Rahmen der Verkehrspflichten zu berücksichtigen und führt dazu, dass die Emissionen jedenfalls nicht unter den für die Daseinsvorsorge notwendigen Betrag reduziert werden müssen. Die Rechtswidrigkeit von erheblich darüber hinaus gehenden Emissionen wird allerdings nicht ausgeschlossen. Das Leisten von Daseinsvorsorge führt also nicht dazu, dass indivi-

---

[861] *Schirmer*, Nachhaltiges Privatrecht, 2023, S. 212 f.

[862] Das TEHG soll die Belastung des Allgemeingutes „Atmosphäre" durch die Emission von Treibhausgasen kostenpflichtig machen. Zu diesem Zwecke etabliert es einen Berechtigungshandel mit absoluter Mengenbeschränkung (cap and trade-System), bei dem ein Emissionsziel festgesetzt und eine entsprechende Anzahl an Emissionsberechtigungen herausgegeben wird. Die unter den Anwendungsbereich fallenden Emittenten müssen eine den Emissionen ihrer Anlage entsprechende Menge an Emissionsberechtigungen an die zuständige Behörde abgeben (§ 7 TEHG). Sie können also entweder durch eigene Leistung ihre Treibhausgasemissionen senken oder durch den Zukauf von Zertifikaten die benötigte Menge an Berechtigungen erhalten, vgl. *Weinreich*, in: Landmann/Rohmer, Umweltrecht, Werkstand: 105. EL September 2024, Vorbem. TEHG Rn. 7.

[863] *Thöne*, ZUR 2022, 323, 329 f.; *Pöttker*, Klimahaftungsrecht, 2014, S. 125: Die TEHG-Vorschriften betreffen nicht den zivilrechtlichen Sorgfaltsmaßstab.

[864] *Schmidt-Ahrendts/Schneider*, NJW 2022, 3475, 3480.

[865] So aber *Wagner*, Klimahaftung vor Gericht: Eine Fallstudie, 2020, S. 60 ff.; *Chatzinerantzis/Appel*, NJW 2019, 881, 885.

duelle Interessen durch die Tätigkeit nicht in haftungsrechtlich relevanter Weise betroffen sein können.[866]

5. Rechtsfolge: Wiederbenutzbarkeitstheorie oder *actus contrarius*?[867]

Besteht nach alledem ein Anspruch, stellt sich die Frage nach dessen Umfang. Der Beseitigungsanspruch ist primär auf die Beseitigung der Beeinträchtigung und ihrer Ursachen gerichtet, nicht aber auf die Beseitigung der Folgen der Beeinträchtigung.[868] Die Einzelheiten dieser Abgrenzung sind höchst umstritten.[869] Veranschaulicht wird das Problem häufig an der Frage, ob derjenige, der eine Fensterscheibe mit einem Stein einwirft, nur zur Beseitigung des Steins verpflichtet ist oder auch zur Reparatur der zerstörten Fensterscheibe.[870] Um eine Entwertung des Anspruches aus § 1004 Abs. 1 BGB zu verhindern, genügt es nicht, wenn der Schuldner nur dazu verpflichtet ist, die Störungsquelle zu beseitigen, vielmehr muss der Beseitigungsanspruch daneben die Wiederherstellung des ursprünglichen Zustandes zum Inhalt haben.[871] Das infolge einer klimawandelbedingten Überschwemmung zerstörte Gebäude des Gläubigers ist also wiederherzustellen.[872] Der Beseitigungsanspruch ist mithin immer dann einschlägig, wenn bereits klimawandelbedingte Schäden entstanden sind.

Droht eine Beeinträchtigung, findet der Unterlassungsanspruch Anwendung. Dieser beschränkt sich dabei allerdings nicht auf ein bloßes „Nichtstun". Lässt sich die drohende Beeinträchtigung nämlich nur durch aktives Eingreifen verhindern, schuldet der zur Unterlassung Verpflichtete eben jenes Tätigwerden.[873] Bejaht man also im Fall *Lliuya* gegen *RWE* einen Unterlassungsanspruch aus § 1004 Abs. 1 Satz 2 BGB, umfasst dieser auch das Ergreifen von Schutzmaßnahmen zur Sicherung des Grundstücks vor den Auswirkungen der Gletscherschmelze. Dieses Ergebnis kann aber nicht uneingeschränkt so stehen bleiben:

---

[866] In diese Richtung auch *Schirmer*, Nachhaltiges Privatrecht, 2023, S. 215.

[867] Vgl. zu den Begrifflichkeiten *Raff*, in: Münchener Kommentar zum BGB, 9. Aufl. 2023, § 1004 Rn. 228 ff.

[868] *Schmidt-Räntsch/Keukenschrijver*, in: Ring/Grziwotz/Schmidt-Räntsch, NK-BGB, Band 3: Sachenrecht, 5. Auflage 2022, § 1004 BGB Rn. 100.

[869] Zum Meinungsstand, vgl. *Wellenhofer*, Sachenrecht, 39. Aufl. 2024, S. 411 ff.

[870] Vgl. *Neuner*, JuS 2005, 385, 387; *Schmidt-Räntsch/Keukenschrijver*, in: Ring/Grziwotz/Schmidt-Räntsch, NK-BGB, Band 3: Sachenrecht, 5. Auflage 2022, § 1004 BGB Rn. 100.

[871] Vgl. BGH, NJW 1986, 2640, 2641; BGH, NJW 1997, 2234, 2235; *Wenzel*, NJW 2005, 241, 243.

[872] Vgl. BGH, WM 1985, 1041 zur Ersatzfähigkeit von Überschwemmungsschäden infolge eines Wasserrohrbruchs auf einem benachbarten Grundstück; siehe auch BGHZ 49, 340, 346.

[873] *Schmidt-Räntsch/Keukenschrijver*, in: Ring/Grziwotz/Schmidt-Räntsch, NK-BGB, Band 3: Sachenrecht, 5. Auflage 2022, § 1004 BGB Rn. 115; BGH, NJW 2004, 1035.

Für klimawandelbedingte (drohende) Beeinträchtigungen sind nämlich – wie bereits dargelegt – eine Vielzahl von Emittenten (mit-)verantwortlich. Der Anspruch aus § 1004 BGB richtet sich aber grundsätzlich gegen jeden Großemittenten, der durch seine Emissionen zum Klimawandel beigetragen hat.[874] Es wurde zwar bereits herausgearbeitet, dass es nur Großemittenten aufgrund ihres Beitrages zu den weltweiten CO_2-Emissionen und den dadurch erzielten immensen wirtschaftlichen Gewinnen zumutbar ist, klimawandelbezogene Sicherungsmaßnahmen zu treffen, weshalb nur sie als Störer in Betracht kommen. Da aber auch die freigesetzten Emissionen dieser Großemittenten für sich genommen nur einen verschwindend geringen Beitrag zum Klimawandel leisten, wäre es unbillig, sie über ihren Emissionsbeitrag hinausgehend einer vollständigen Haftung für sämtliche klimawandelbedingten Beeinträchtigungen zu unterwerfen. Erfordert eine bevorstehende Gletscherschmelze Sicherungsmaßnahmen, für welche Geldzahlungen in Höhe von 10.000 Euro aufzuwenden sind, würde es Treu und Glauben widersprechen, wenn der Störer (nach den §§ 677 ff. BGB in Verbindung mit § 1004 Abs. 1 BGB) 100 % dieses vom Gläubiger aufgewendeten Betrages erstatten müsste, seine Beteiligung an den für den Klimawandel (mit-)verantwortlichen Emissionen aber nur – wie im *RWE*-Fall vorgetragen – bei 0,47 % liegt. Die Beteiligung des Störers an Sicherungs- und Reparaturmaßnahmen darf daher nur in Höhe des Anteils an den globalen Treibhausgasemissionen erfolgen.[875] Der Anspruch ist zu diesem Zwecke über § 242 BGB entsprechend zu kürzen.[876]

Dieses Ergebnis erscheint auch zur Bekämpfung des Klimawandels sachgerecht, da ansonsten Emittenten, die in der Vergangenheit eine Verkehrspflicht verletzt haben, für die Zukunft keinen Anreiz mehr hätten, den ihnen obliegenden Verkehrspflichten nachzukommen. Würde *RWE* die Verletzung von Verkehrspflichten um die Jahrtausendwende vorgeworfen, hätte das Unternehmen heute kein (haftungsrechtliches) Interesse mehr daran, überhaupt noch für Gefahrenerforschungs- und Gefahrenabwehrmaßnahmen zu sorgen. Es würde ja bereits aufgrund des vergangenen Verhaltens als Störer für künftige Klimaschäden haften.[877] Die Begrenzung der Haftung auf den Anteil an den weltweiten Treibhausgasemissionen, die unter Verletzung einer Sicherungspflicht ausgestoßen wurden, weckt also jedenfalls

---

[874] Vgl. *Herrler*, in: Grüneberg, BGB, 83. Aufl. 2024, § 1004 Rn. 26; *Raff*, in: Münchener Kommentar zum BGB, 9. Auflage 2023, § 1004 BGB Rn. 176.

[875] *Thöne*, ZUR 2022, 323, 327 möchte dieses Ergebnis über eine teleologische Reduktion der §§ 421 ff. BGB erreichen; auch im RWE-Fall wurden die Kosten für die Sicherungsmaßnahmen nur dem Emissionsbeitrag von RWE entsprechend geltend gemacht, vgl. LG Essen, NVwZ 2017, 734, 735.

[876] Vgl. BGH, NJW 1990, 117, 120: „Vielmehr hat sich die Abwehr der Beeinträchtigung nach Treu und Glauben (§ 242 BGB) im Rahmen dessen zu halten, was zur Beseitigung der Beeinträchtigung notwendig und für den Schuldner zumutbar ist".

[877] Die Haftungsansprüche wären selbstverständlich nur durchsetzbar, soweit noch keine Verjährung eingetreten ist, vgl. dazu umfassend *Schröpfer*, KlimR 2023, 294 ff.

das Interesse der Emittenten, zukünftige Emissionen möglichst gering zu halten, da so die Haftungsbeteiligungsquote verringert werden kann.

6. (Keine) globalen Haftungshöchstgrenzen *de lege lata* (§ 15 UmwHG analog)

Auch wenn Klimahaftungsansprüche aus § 1004 Abs. 1 BGB nach alledem hohe tatbestandliche Hürden nehmen müssen, besteht aufgrund der globalen Bedeutung des Klimawandels gleichwohl ein nicht absehbares Haftungsrisiko, da beinahe die gesamte Weltbevölkerung als potentieller Kläger betrachtet werden kann. Es stellt sich also die Frage, ob absolute Haftungshöchstgrenzen zu beachten sind, wie sie vor allem das UmwHG kennt. Nach § 15 UmwHG haftet der nach dem Gesetz Ersatzpflichtige für Tötungen sowie Körper- und Gesundheitsverletzungen insgesamt nur bis zu einem Höchstbetrag von 85 Millionen Euro und für Sachbeschädigungen ebenfalls insgesamt nur bis zu einem Höchstbetrag von 85 Millionen Euro, soweit die Schäden aus einer einheitlichen Umwelteinwirkung entstanden sind. Die Norm könnte auf Klimahaftungsansprüche möglichweise analog anzuwenden sein:

a) Analogievoraussetzungen

Die Bildung einer Analogie stellt einen Fall der richterlichen Rechtsfortbildung dar. Eine solche ist zulässig, soweit das Gesetz lückenhaft ist, wobei der Ausdruck „lückenhaft" auf eine Unvollständigkeit hinweist, weshalb eine Gesetzeslücke nur dann vorliegen kann, wenn für einen bestimmten Bereich eine einigermaßen vollständige Regelung angestrebt wurde.[878] Wurde eine vollständige Regelung angestrebt und enthält das Gesetz gleichwohl keine Antwort auf eine Frage, die nach der zugrundeliegenden Regelungsabsicht einer Regelung bedarf, kann und muss der Richter diese Lücke schließen.[879] Ob eine solche Lücke vorliegt, ist vom Standpunkt des Gesetzes, der ihm zugrunde liegenden Regelungsabsicht, der mit ihr verfolgten Zwecke sowie des gesetzgeberischen „Plans" zu beurteilen. Der gesetzgeberische Plan ist im Wege der historischen und teleologischen Auslegung zu bestimmen.[880] Hat sich der Gesetzgeber also bewusst gegen eine bestimmte Regelung entschieden, kann keine (planwidrige) Regelungslücke vorliegen.[881] Um eine Regelungslücke festzustellen, ist aber nicht nur auf die Absichten und bewusst getroffenen Entscheidungen des Gesetzgebers zurückzugreifen, sondern auch auf objektive Rechtsszwecke und allgemeine Prinzipien, zu denen vor allem der Grundsatz der Gleichbehandlung des Gleichartigen gehört. Regelt also ein Gesetz einen Sachverhalt, enthält es aber keine Regeln für den im Sinne der getroffenen Wertung

---

[878] *Larenz/Canaris*, Methodenlehre der Rechtswissenschaft, 3. Aufl. 1995, S. 191 f.

[879] *Larenz/Canaris*, Methodenlehre der Rechtswissenschaft, 3. Aufl. 1995, S. 193.

[880] *Larenz/Canaris*, Methodenlehre der Rechtswissenschaft, 3. Aufl. 1995, S. 194.

[881] *Larenz/Canaris*, Methodenlehre der Rechtswissenschaft, 3. Aufl. 1995, S. 194.

gleichliegenden Fall, ist das Fehlen der Regelung grundsätzlich als Gesetzeslücke zu bewerten.[882]

Liegt eine Gesetzeslücke vor und hat der Richter diese zu füllen, geschieht dies häufig im Wege der Analogie. Eine Analogie kann als „die Übertragung der für einen Tatbestand (A) oder für mehrere, untereinander ähnliche Tatbestände im Gesetz gegebenen Regel auf einen vom Gesetz nicht geregelten, ihm ähnlichen Tatbestand (B)“[883] beschrieben werden. Die Übertragung rechtfertigt sich damit, dass infolge ihrer Ähnlichkeit in den für die gesetzliche Bewertung entscheidenden Kriterien beide zu beobachtenden Tatbestände gleich zu bewerten sind (vergleichbare Interessenlage). „Ähnlich“ bedeutet, dass die Sachverhalte sowohl Übereinstimmungen (in den für die rechtliche Bewertung maßgeblichen Umständen) als auch Unterschiede aufweisen.[884] Die für die rechtliche Bewertung maßgeblichen Umstände sind wiederum nach dem Zweck und den Grundgedanken der gesetzlichen Regelung zu bestimmen.[885]

b) Fehlende Regelungslücke und divergierende Interessenlagen

Möchte man also § 15 UmwHG auf den Klimahaftungsanspruch aus § 1004 Abs. 1 BGB analog anzuwenden, bedarf es zunächst einer Regelungslücke. Eine solche könnte bereits deshalb zweifelhaft sein, weil der historische Gesetzgeber des BGB im Rahmen des § 1004 BGB[886] ausdrücklich einräumte, nicht in der Lage zu sein, sämtliche denkbaren rechtsbeeinträchtigenden Handlungen, die er mit der Vorschrift erfassten wollte, aufzuzählen.[887] Man könnte also argumentieren, der Gesetzgeber habe eine nicht eingrenzbare Anzahl von potenziellen Schädigungshandlungen (auch Ausstoß von Treibhausgasemissionen) für möglich gehalten und sich in Kenntnis dessen bewusst gegen eine Haftungshöchstgrenze entschieden. Dafür spricht auch die in den Gesetzesmaterialien geäußerte Erwartungshaltung, dass insbesondere von Anlagen unter den Tatbestand des § 1004 BGB fallende grenzüberschreitende Emissionsgefahren ausgehen können.[888] In den hier in Rede stehenden Fällen geht es schließlich vor allem um Treibhausgasemissionen von Kraftwerken oder sonstigen Industrieanlagen.

---

[882] *Larenz/Canaris*, Methodenlehre der Rechtswissenschaft, 3. Aufl. 1995, S. 195.

[883] Zit.: *Larenz/Canaris*, Methodenlehre der Rechtswissenschaft, 3. Aufl. 1995, S. 202.

[884] *Larenz/Canaris*, Methodenlehre der Rechtswissenschaft, 3. Aufl. 1995, S. 202.

[885] *Larenz/Canaris*, Methodenlehre der Rechtswissenschaft, 3. Aufl. 1995, S. 202.

[886] Die Vorschrift war bereits in der ursprünglichen Fassung des BGB, die am 01. 01. 1900 in Kraft getreten ist, enthalten, vgl. Reichsgesetzblatt vom 18. August 1896 (RGBl. S. 195).

[887] Vgl. *Mugdan*, Die gesammelten Materialien zum Bürgerlichen Gesetzbuch für das Deutsche Reich, Band III, Sachenrecht, S. 237, abrufbar unter: https://collections.thulb.uni-jena.de/servlets/MCRFileNodeServlet/HisBest_derivate_00010710/Band%203.pdf (Stand: 1899), zuletzt abgerufen am 30. 07. 2024.

[888] Vgl. *Mugdan*, Die gesammelten Materialien zum Bürgerlichen Gesetzbuch für das Deutsche Reich, Band III, Sachenrecht, S. 237.

Eine solche Argumentation überzeugt aber bereits dann nicht mehr, wenn man sich vergegenwärtigt, dass die fortzubildende Vorschrift nicht § 1004 Abs. 1 BGB selbst ist, sondern vielmehr § 15 UmwHG, da dieser die in Rede stehende (und potenziell anzuwendende) Wertung transportiert. Die hier zu beantwortende Frage lautet also nicht: Ist § 1004 Abs. 1 BGB im Wege der Analogie[889] dahingehend fortzubilden, dass Haftungshöchstgrenzen gelten? Sie lautet vielmehr: Ist § 15 UmwHG auf Klimahaftungsansprüche haftungsbegrenzend (analog) anzuwenden?

In den Gesetzesmaterialien zum UmwHG heißt es, die bisher vorhandenen gesetzlichen Regelungen über den Schadensausgleich seien für den Schutz der Umwelt und der Geschädigten nicht ausreichend, weshalb mit dem UmwHG „der Umweltschutz und die Rechtsstellung der Geschädigten nachhaltig verbessert und die bestehenden Regelungslücken geschlossen werden“[890] sollen. Diese Formulierung legt zunächst einen gesetzgeberischen Anspruch nahe, eine umfassende Regelung für die Beeinträchtigung von Rechtsgütern bei Umweltschäden treffen zu wollen. Es ließe sich argumentieren, der Gesetzgeber habe übersehen, dass Haftungsansprüche aus der Schädigung von Umweltgütern, die zu der Beeinträchtigung von Individualrechtsgütern führen, auch über § 1004 Abs. 1 BGB geltend gemacht werden können. Die Ansprüche nach den allgemeinen Haftungsvorschriften würden dann aber die Wertungen des UmwHG (insbesondere die Haftungshöchstgrenzen) unterlaufen, was vom Gesetzgeber nicht gewollt sein kann, weshalb eine (planwidrige) Regelungslücke vorliege. Auch könnte eine vergleichbare Interessenlage mit der Argumentation bejaht werden, dass bei den Fällen der Klimahaftung nach § 1004 BGB – ähnlich wie es der Tatbestand des § 1 UmwHG verlangt, auf den ja die Haftungshöchstgrenze gesetzessystematisch anzuwenden ist – eine Rechtsgutsbeeinträchtigung infolge einer von dem Betrieb einer Anlage ausgehenden Umwelteinwirkung eintritt. In beiden Fällen werden Umwelteinwirkung und Rechtsgutsbeeinträchtigung zur Begründung der Haftungsnorm verknüpft. Darüber hinaus spricht für die Analogie, dass die Klimahaftung nach § 1004 Abs. 1 BGB (aufgrund der globalen Reichweite und der damit einhergehenden unbegrenzten Anzahl potenzieller Kläger) ein noch uferloseres Haftungsrisiko auslöst als die Haftung nach § 1 UmwHG, sodass eine absolute Höchstgrenze für Ansprüche aufgrund von Treibhausgasemissionen erst recht erforderlich ist.

Auch wenn gute Gründe für eine Analogie sprechen, ist eine solche gleichwohl abzulehnen. Schaut man sich nämlich genauer an, was die Interessenlagen des § 1004 BGB im Klimahaftungsrecht und des § 1 UmwHG unterscheidet und zieht man ergänzend die systematische Einbettung der Vorschriften hinzu, wird deutlich, dass diese eben doch nicht „vergleichbar“ sind:

---

[889] Es kann dahinstehen, ob das Hineinlesen einer Haftungsgrenze in § 1004 Abs. 1 BGB eine Erweiterung des Wortlauts im Sinne einer Analogie (Ergänzung des Wortlauts um eine entsprechende Höchstgrenze) oder eine Verengung (Rechtsfolge wird beschränkt) und somit eine teleologische Reduktion darstellen würde, vgl. zur teleologischen Reduktion *Möllers*, Methodenlehre, 3. Aufl. 2020, S. 235 ff.

[890] Zit.: BT-Drucks. 11/7104, S. 1.

§ 18 UmwHG stellt klar, dass eine Haftung aufgrund anderer Vorschriften (also nicht solcher des UmwHG) vom UmwHG unberührt bleibt. Nach der Gesetzesbegründung sollen auf diese Weise neben der Gefährdungshaftung des UmwHG auch Ansprüche bestehen bleiben, die vom UmwHG nicht erfasst sind und über dessen Haftungsreichweite hinausgehen können. Beispielhaft genannt werden dann Schmerzensgeldansprüche.[891] Der Gesetzgeber hat also offenbar gesehen, dass die allgemeinen Vorschriften (etwa § 1004 Abs. 1 BGB) weiterreichende Haftungsfolgen haben können als die Vorschriften des UmwHG und wollte diese explizit aufrechterhalten. Die fehlende Haftungshöchstgrenze bei § 1004 Abs. 1 BGB dürfte bereits deshalb keine (planwidrige) Regelungslücke darstellen. Die fehlende Vergleichbarkeit der Interessenlagen wird umso deutlicher, wenn man sich vor Augen führt, dass das UmwHG einen Fall der Gefährdungshaftung darstellt. In der Gesetzesbegründung zu § 15 UmwHG heißt es:

> „Andere Gefährdungshaftungsvorschriften sehen zwar zusätzliche Haftungshöchstgrenzen vor. Angesichts der äußerst unterschiedlichen Risiken der von der Umwelthaftung erfaßten einzelnen Anlagentypen und der Vielgestaltigkeit denkbarer Schadensfälle ist eine sinnvolle Festlegung von einzelfallbezogenen Haftungshöchstgrenzen für Sachschäden sowie von globalen Haftungshöchstgrenzen praktisch nicht möglich."[892]

Der Gesetzgeber führt weiter aus, die Haftungshöchstgrenze werde in Übereinstimmung mit anderen Vorschriften – etwa §§12 Abs. 1 Nr. 1 StVG, 9 HaftPflG (ebenfalls Vorschriften, die an eine Gefährdungshaftung anknüpfen) – festgesetzt.[893] Es kam dem Gesetzgeber also erkennbar darauf an, die Haftungshöchstgrenze deshalb ins Gesetz aufzunehmen, weil sie sich in die allgemeine Systematik der Gefährdungshaftung einfügt. § 1004 Abs. 1 BGB stellt aber keinen Fall der Gefährdungshaftung dar und bedarf daher – anknüpfend an diese gesetzgeberische Wertung – keiner entsprechenden Haftungsbeschränkung.

Die Voraussetzungen für eine Analogie liegen mithin nicht vor. § 15 UmwHG kann nicht im Rahmen des § 1004 Abs. 1 BGB angewandt werden.

IV. Erforderlichkeit globaler Haftungshöchstgrenzen *de lege ferenda*

Dieses Ergebnis bedarf allerdings einer (gesetzgeberischen) Korrektur. Zwar scheitert die analoge Anwendung des § 15 UmwHG auf die Klimahaftung nach § 1004 Abs. 1 BGB sowohl an der (planwidrigen) Regelungslücke als auch an der vergleichbaren Interessenlage. Gleichwohl besteht das praktische Bedürfnis danach, eine globale Haftungshöchstgrenze für Emissionsbeiträge zum Klimawandel fest-

---

[891] BT-Drucks. 11/7104, S. 21.

[892] Zit.: BT-Drucks. 11/7104, S. 21.

[893] BT-Drucks. 11/7104, S. 21.

zulegen oder Haftungsrisiken anderweitig zu reduzieren, da Unternehmen sich – je weiter sich die Folgen des Klimawandels manifestieren – den Ansprüchen von Millionen von potenziellen Klägern ausgesetzt sehen könnten. Es wird daher in Kap. 5 B. III. vorgeschlagen, die deliktische Klimahaftung und die öffentlich-rechtliche Klimaverantwortlichkeit zu harmonisieren. Alternativ wäre es denkbar, folgenden Absatz 3 in § 1004 BGB aufzunehmen:

> „Der Störer haftet für bereits eingetretene oder bevorstehende Beeinträchtigungen aufgrund seines Beitrages zum anthropogenen Klimawandel gegenüber sämtlichen Gläubigern nur bis zum Umfang von insgesamt 200 Millionen Euro. Ist die Haftung nicht auf die Zahlung von Geld gerichtet, ist der Wert des Anspruches zu schätzen."

Die Haftungshöchstgrenze von 200 Millionen Euro orientiert sich an den Grenzwerten des § 15 UmwHG (insgesamt 170 Millionen Euro). Im Rahmen des § 15 UmwHG werden Umwelteinwirkungen, die erst allmählich die Schadensschwelle überschreiten, als einheitliche Umwelteinwirkung behandelt.[894] Dieser Rechtsgedanke wird übernommen, da der anthropogene Klimawandel ebenfalls durch den kontinuierlichen CO_2-Ausstoß der Emittenten vorangetrieben wird und die klimawandelbedingten Schäden gerade die Folge sämtlicher bislang erfolgten CO_2-Emissionen darstellen. § 1004 Abs. 3 BGB führt also zu einem zeitlich unlimitierten Haftungsausschluss nach Erreichen der festgelegten Haftungshöchstgrenzen.

Darüber hinaus ist es denkbar, dass sich die über § 1004 Abs. 1 Satz 1 BGB (in Verbindung mit den §§ 677 ff. BGB oder den §§ 812 ff. BGB) konstruierten Ansprüche nicht nur auf die Zahlung von Geldbeträgen (etwa Kosten für Sicherungsmaßnahmen bei drohender Gletscherschmelze) richten, sondern auch auf die Vornahme entsprechender Sicherungsmaßnahmen (die Beseitigung der Störung ist schließlich die unmittelbare Rechtsfolge des Beseitigungsanspruches aus § 1004 Abs. 1 Satz 1 BGB). Aus diesem Grund enthält Satz 2 eine Anordnung, dass der Wert des Anspruches in diesen Fällen zu schätzen ist.

Da die Klimahaftung gemäß § 1004 Abs. 1 BGB nach hier vertretener Auffassung faktisch die Verletzung einer Verkehrspflicht verlangt, kommt es (dazu sogleich) zu einem weitgehenden Haftungsgleichlauf von § 1004 Abs. 1 BGB und § 823 Abs. 1 BGB. In § 823 BGB müsste daher ebenfalls ein Verweis auf die Haftungsbegrenzung aufgenommen werden. Dieser könnte auch in einem neuen Absatz 3 erfolgen und wie folgt lauten:

> „§ 1004 Abs. 3 BGB gilt entsprechend."

---

[894] *Rehbinder*, in: Landmann/Rohmer, Umweltrecht, Werkstand: 105. EL September 2024, § 15 UmwHG Rn. 4.

V. Ausstoß von Treibhausgasen als unerlaubte Handlung (§ 823 Abs. 1 BGB)

Neben dem Anspruch aus § 1004 Abs. 1 BGB kommt eine deliktische Haftung gemäß § 823 Abs. 1 BGB in Betracht. Dieser verlangt zunächst eine Rechtsgutsverletzung. Da § 1004 Abs. 1 BGB in entsprechender Anwendung vor Beeinträchtigungen aller in § 823 Abs. 1 BGB genannten absoluten Rechte schützt, weisen die beiden Anspruchsgrundlagen insoweit keine Unterschiede auf. Bedeutende tatbestandliche Abweichungen können sich aber daraus ergeben, dass eine Rechtsgutsverletzung für die deliktische Haftung nach § 823 Abs. 1 BGB tatsächlich festgestellt worden sein muss.[895] Da sich die zu erwartenden Folgen des Klimawandels (ganz überwiegend) noch nicht in Rechtsgutsbeeinträchtigungen manifestiert haben, dürfte der Haftungstatbestand des § 823 Abs. 1 BGB regelmäßig bereits an dieser Voraussetzung scheitern. Praktisch erheblich höhere Bedeutung kommt daher dem vorbeugenden Unterlassungsanspruch aus § 1004 Abs. 1 Satz 2 BGB zu, welcher – wie bereits dargestellt – eine drohende Beeinträchtigung genügen lässt.[896]

Die übrigen tatbestandlichen Voraussetzungen des § 823 Abs. 1 BGB entsprechen im Rahmen der Klimahaftung inhaltlich weitgehend denen des § 1004 Abs. 1 BGB: Die von § 823 Abs. 1 BGB geforderte Verletzungshandlung muss kausal für die Rechtsgutsverletzung gewesen sein, was dieselben Kausalitätsprobleme aufwirft, die bereits im Rahmen des § 1004 Abs. 1 BGB erörtert wurden.[897] Da der Emittent die Rechtsgutsverletzung nur mittelbar durch Einflussnahme auf den Klimawandel, der dann wiederum die schädigenden Naturereignisse beeinflusst, herbeigeführt hat, muss die individuelle Einstandspflicht an die Verletzung einer Verkehrspflicht gekoppelt werden.[898] Nach hier vertretener Auffassung besteht im Rahmen der Klimahaftung ein Gleichlauf zwischen den Zurechnungskriterien zur Begründung der Störereigenschaft und den Voraussetzungen einer (deliktischen) Verkehrspflicht,[899] weshalb § 823 Abs. 1 BGB und § 1004 Abs. 1 BGB an dieser Stelle jedenfalls keine inhaltlichen Unterschiede aufweisen und auf die Ausführungen zu § 1004 Abs. 1 BGB verwiesen werden kann. Im Rahmen des § 823 Abs. 1 BGB indiziert die Tatbestandsmäßigkeit die Rechtswidrigkeit,[900] welche – aus denselben Gründen, die im Rahmen des § 1004 Abs. 1 BGB genannt wurden – nicht entfällt, wenn öffentlich-rechtliche Vorgaben

---

[895] *Wagner*, in: Münchener Kommentar zum BGB, 9. Auflage 2024, § 823 BGB Rn. 65.

[896] *Thöne*, ZUR 2022, 323, 324.

[897] Vgl. Kap. 3 C. III. 2. b) aa).

[898] *Thöne*, ZUR 2022, 323, 330 f.

[899] Siehe auch *Wagner*, in: Münchener Kommentar zum BGB, 9. Auflage 2024, § 823 BGB Rn. 15: „Immerhin entsprechen die bei § 1004 anerkannten Zurechnungskategorien der Zustandshaftung und der Verhaltenshaftung den für die Begründung deliktischer Sorgfaltspflichten maßgebenden Kriterien der Beherrschung einer gegenständlichen Gefahrenquelle und der Verantwortlichkeit für eigenes gefährliches Verhalten".

[900] *Kern*, in: Jauernig, Bürgerliches Gesetzbuch, 19. Auflage 2023, § 823 Rn. 48.

(insbesondere des TEHG) eingehalten werden.[901] § 823 Abs. 1 BGB verlangt zwar im Gegensatz zu § 1004 Abs. 1 BGB ein Verschulden des Anspruchsgegners.[902] Setzt man aber mit Wagner die Verkehrspflichtverletzung mit der Außerachtlassung der im Verkehr erforderlichen Sorgfalt im Sinne des § 276 Abs. 2 BGB gleich,[903] so bestehen auch insoweit keine tatbestandlichen Unterschiede zu § 1004 Abs. 1 BGB mehr.

Im Ergebnis lässt sich also ein weitgehender Gleichlauf zwischen § 823 Abs. 1 BGB und § 1004 Abs. 1 BGB im Klimahaftungsrecht beobachten, wobei der quasinegatorische Unterlassungsanspruch aus § 1004 Abs. 1 Satz 2 BGB aufgrund der Möglichkeit des vorbeugenden Rechtsgutsschutzes einen erheblichen praktischen Vorteil gegenüber § 823 Abs. 1 BGB aufweist.[904]

VI. Zusammenfassung

Die vorstehenden Untersuchungen haben gezeigt, dass das Bestehen von Klimahaftungsansprüchen (aus §§ 1004 Abs. 1 BGB, 823 Abs. 1 BGB) nur in Ausnahmefällen denkbar ist. Erfolg haben können grundsätzlich nur rückwärtsgewandte Klimahaftungsklagen, die sich gegen einen Großemittenten richten, dessen streitgegenständliche Emissionen nicht der Daseinsvorsorge dienen. Für die Darlegung und den Beweis des Anspruches aus § 1004 Abs. 1 BGB müssen stets komplexe Kausalitätsnachweise erbracht werden, wobei auf Ebene der adäquaten Kausalität klimawandeluntypische Schäden aussortiert werden. Der Schutzzweck der Norm gebietet es zudem, nur solche klimawandelbedingten Schäden als ersatzfähig anzuerkennen, die sich nicht als Ausfluss des allgemeinen Lebensrisikos darstellen und den Geschädigten mit außergewöhnlicher Härte treffen. Selbst wenn der Kausalitätsnachweis nach alledem gelingt, ist weiterhin erforderlich, dass das beklagte Unternehmen keine hinreichenden Maßnahmen zum Klimaschutz ergriffen und damit eine klimabezogene Verkehrspflicht verletzt hat. Bei Bestehen eines Anspruches haftet es ferner nur anteilig und nur für die unter Verletzung der im Einzelfall bestehenden Sicherungspflicht ausgestoßenen Emissionen. Die Einhaltung öffentlich-rechtlicher Vorschriften schließt eine zivilrechtliche Haftung allerdings nicht aus. Das UmwHG kennt *de lege lata* Haftungshöchstgrenzen (§ 15 UmwHG), derer *de lege ferenda* auch die delikti-

---

[901] Vgl. Kap. 3 C. III. 3.

[902] *Schmidt-Räntsch/Keukenschrijver*, in: Ring/Grziwotz/Schmidt-Räntsch, NK-BGB, Band 3: Sachenrecht, 5. Auflage 2022, § 1004 BGB Rn. 13.

[903] Vgl. *Wagner*, in: Münchener Kommentar zum BGB, 9. Auflage 2024, § 823 BGB Rn. 497.

[904] In der Literatur zur deliktischen Klimahaftung werden die §§ 823 Abs. 1, 1004 Abs. 1 BGB daher häufig auch nicht separat behandelt, vielmehr erfolgt die Untersuchung der Klimahaftungsansprüche anhand von Problemkreisen (Rechtsgutsverletzung, Kausalität etc.), welche zu großen Teilen beide Vorschriften betreffen, vgl. etwa *Thöne*, ZUR 2022, 323 ff.; *Kieninger*, ZHR 187 (2023), 348, 361 ff.

sche Klimahaftung bedarf, soweit das Risiko der zivilrechtlichen Inanspruchnahme nicht anderweitig begrenzt wird.

4. Kapitel

Regressansprüche inländischer Unternehmen *de lege lata*

Nachdem die zivilrechtliche Haftung inländischer Unternehmen in Kapitel 3 untersucht wurde, widmen sich die nachstehenden Ausführungen der Frage, ob Verstöße gegen das LkSG auch zu einer Innenhaftung der für die Erfüllung der Sorgfaltspflichten verantwortlichen Personen führen können. Verletzt ein Unternehmen seine aus dem LkSG resultierenden (öffentlich-rechtlichen) Pflichten, dürfen schließlich in den von § 24 LkSG genannten Fällen Bußgelder verhängt werden. Zudem ist ein Ausschluss von der Vergabe öffentlicher Aufträge denkbar (§ 22 LkSG).[1] Im Folgenden soll untersucht werden, inwieweit und unter welchen Voraussetzungen die den Unternehmen in diesen Fällen erwachsenden Nachteile auf den Vorstand oder einen nach dem LkSG zu benennenden Menschenrechtsbeauftragten abgewälzt werden können.

A. Binnenhaftung des Vorstandes bei Verstößen gegen das LkSG

Die Innenhaftung des Vorstandes der Aktiengesellschaft ist primär im AktG geregelt. Während § 93 Abs. 1 AktG die Pflichten der Vorstandsmitglieder umschreibt, findet sich der eigentliche Haftungstatbestand für die Innenhaftung in § 93 Abs. 2 AktG.[2] Die Norm ist eine eigenständige Anspruchsgrundlage und führt nicht erst über § 823 Abs. 2 BGB zu Regressansprüchen der Aktiengesellschaft.[3] Gemäß § 93 Abs. 2 Satz 1 AktG haften Vorstandsmitglieder, die ihre Organpflichten verletzen, für den daraus entstehenden Schaden als Gesamtschuldner.

Umstritten ist, ob neben der Haftung aus § 93 Abs. 2 Satz 1 AktG auch eine vertragliche Haftung der Vorstandsmitglieder aus § 280 Abs. 1 BGB in Verbindung mit dem Anstellungsvertrag angenommen werden kann. Teilweise wird vertreten, § 93 Abs. 2 Satz 1 AktG stelle eine speziellere Regelung für die Pflichtverletzung aus dem Organverhältnis dar, sodass der Anspruch aus § 280 Abs. 1 BGB verdrängt

---

[1] Vgl. Kap. 2 B. V.

[2] *Dauner-Lieb*, in: Henssler/Strohn, Gesellschaftsrecht, 6. Aufl. 2024, § 93 AktG Rn. 2.

[3] *Koch*, 18. Aufl. 2024, AktG § 93 Rn. 71.

werde.[4] Eine andere Auffassung hält eine Anspruchskonkurrenz zwischen § 93 Abs. 2 Satz 1 AktG und § 280 Abs. 1 BGB für möglich, möchte aber die vertragliche Haftung durch § 93 Abs. 2 Satz 1 AktG präzisieren.[5] Praktisch hat dieser Meinungsstreit keine Bedeutung, da nach beiden Auffassungen die Voraussetzungen des § 93 Abs. 2 Satz 1 AktG maßgeblich sind.[6] Diese Arbeit beschränkt sich daher auf den Anspruch aus § 93 Abs. 2 Satz 1 AktG.

I. (Kein) Haftungsausschluss gemäß § 3 Abs. 3 Satz 1 LkSG

Für Regressansprüche aufgrund von nach dem LkSG verhängten Bußgeldern stellt sich – ähnlich wie im Rahmen des § 823 Abs. 1 BGB – die Frage, ob diese Ansprüche von vorneherein durch § 3 Abs. 3 Satz 1 LkSG ausgeschlossen werden.[7] Die Vorschrift legt – wie bereits dargestellt – fest, dass die Verletzung der Pflichten aus dem LkSG keine zivilrechtliche Haftung begründet, eine unabhängig vom LkSG begründete zivilrechtliche Haftung jedoch unberührt bleibt.

Teilweise wird vertreten, § 3 Abs. 3 Satz 1 LkSG verhindere nicht, dass die Verletzung von Organisationspflichten zu einer Binnenhaftung der Organmitglieder führt.[8] Die Binnenhaftung nach § 93 Abs. 2 Satz 1 AktG habe bereits vor Inkrafttreten des LkSG existiert und stelle daher keine durch das LkSG begründete Haftung dar.[9] Zudem ließen sich weder der Gesetzessystematik noch den Gesetzesmaterialien Anhaltspunkte dafür entnehmen, dass der bereichsspezifische Haftungsausschluss des LkSG auf die Organhaftung durchschlagen soll.[10] Andere sehen in § 3 Abs. 3 LkSG auch einen Ausschluss von Regressansprüchen des Unternehmens, da die Vorschrift sich nicht auf zivilrechtliche Ansprüche des Unternehmens beschränke, sondern allgemein die Haftung ausschließe.[11]

Für die letztgenannte Auffassung spricht in der Tat der weitgefasste Wortlaut des Haftungsausschlusstatbestandes. Die Innenhaftung des Vorstands wäre im Falle der

---

[4] So *Grigoleit/Tomasic*, in: Grigoleit, Aktiengesetz, 2. Aufl. 2020, § 93 AktG Rn. 85; BGH, ZIP 1989, 1390, 1392 zur GmbH; *Baums*, Der Geschäftsleitervertrag, 1987, S. 212.

[5] So *Spindler*, in: Münchener Kommentar zum Aktiengesetz, 6. Aufl. 2023, § 93 AktG Rn. 11.

[6] *Nordhues*, Die Haftung der Muttergesellschaft für Menschenrechtsverletzungen, 2019, S. 175; *Hopt/Roth*, in: GK-AktG, 5. Aufl. 2015, § 93 AktG Rn. 46; zust. *Koch*, 18. Aufl. 2024, AktG § 93 Rn. 71.

[7] Vgl. dazu auch *Koch*, 17. Aufl. 2023, AktG § 76 Rn. 35o.

[8] *Gehling/Ott/Lüneborg*, CCZ 2021, 230, 239; *Fleischer*, DB 2022, 920, 927; wohl auch *Strohn*, ZHR 185 (2021), 629, 630.

[9] *Fleischer*, DB 2022, 920, 927; in diese Richtung wohl auch *Spindler*, ZHR 186 (2022), 67, 106.

[10] *Fleischer*, DB 2022, 920, 927.

[11] *Leuering/Rubner*, NJW-Spezial 2021, 399, 400; *Leuering*, NZG 2021, 753, 754; *Edel/Frank/Heine/Heine*, BB 2021, 2890, 2892.

Verhängung von Bußgeldern kausal auf die Verletzung der Sorgfaltspflichten des LkSG zurückzuführen. Sie würde auch nicht unabhängig vom LkSG begründet werden, da der Regressanspruch ja gerade von der Verhängung eines Bußgeldes nach den neu geschaffenen Vorschriften des LkSG abhängig ist.[12] Einem solchen Ergebnis steht jedoch zunächst entgegen, dass eine vollständige Haftungsfreistellung des Vorstands im Innenverhältnis dem Zweck und der effektiven Durchsetzung der Sorgfaltspflichten erheblich entgegenstehen würde. Da das Unternehmen nicht selbst handeln kann und somit die Geschäftsleitung für die Implementierung der Sorgfaltspflichten verantwortlich ist, kann die gewünschte Verhaltenssteuerung vor allem auch über Haftungsrisiken des Vorstands verwirklicht werden.[13] Der Zweck des LkSG, die internationale Menschenrechtslage zu verbessern,[14] wird also vor dem Hintergrund der Geschäftsleiterhaftung umso mehr gefördert, je restriktiver der Haftungsausschluss interpretiert wird. Zudem enthalten die Vorschriften des LkSG auch keine Hinweise darauf, dass innergesellschaftliche Haftungsfragen nach allgemeinen gesellschaftsrechtlichen Vorschriften durch das LkSG in irgendeiner Weise beeinflusst werden sollen.[15] Insbesondere sind keine Gründe ersichtlich, gerade im Falle des LkSG eine mildere Innenhaftung anzuwenden. Der Haftungsausschluss darf im Rahmen des Binnenregresses auch deshalb restriktiver ausgelegt werden als im Rahmen der Unternehmenshaftung, weil er ausweislich der Gesetzesmaterialien speziell für die Haftung gegenüber Dritten konzipiert wurde.[16] Vor dem Hintergrund, dass bei Schaffung der Vorschrift betont wurde, den Unternehmen (und nicht den Geschäftsleitern) keine zusätzlichen Haftungsrisiken auferlegen zu wollen,[17] erscheint dies sogar geboten.[18]

§ 3 Abs. 3 Satz 1 LkSG erstreckt sich damit nicht auf den Anspruch auf § 93 Abs. 2 Satz 1 AktG. Der aktienrechtliche Bußgeldregress ist auch bei der Verhängung von Bußgeldern nach dem LkSG möglich.[19]

---

[12] Anders wohl *Steinbrück*, in: Gehling/Ott, LkSG, Anh. § 11 Rn. 80.

[13] Vgl. *Fleischer*, DB 2014, 345, 348; *Koch*, AG 2012, 429, 434; *Fleischer*, BB 2008, 1070, 1073.

[14] Vgl. BT-Drucks. 19/28649, S. 23.

[15] Vgl. *Fleischer*, DB 2022, 920, 927.

[16] Vgl. BT-Drucks. 19/30505, S. 39.

[17] Vgl. BT-Drucks. 19/30505, S. 39.

[18] In diese Richtung auch *Geh*, Die Vorstandsbinnenhaftung unter dem LkSG, 2024, S. 29 f.

[19] *Gehling/Ott/Lüneborg*, CCZ 2021, 230, 239 (siehe dort auch Fn. 48).

II. Pflicht zur Verhinderung von Menschenrechtsverletzungen und Umweltschäden

Die Innenhaftung gilt nach dem Wortlaut des § 93 Abs. 2 Satz 1 AktG für Pflichtverletzungen. Die maßgeblichen Pflichten sind dabei teilweise in einzelnen Vorschriften konkretisiert, wie etwa die Pflicht zur Leitung der Gesellschaft (§ 76 Abs. 1 AktG). Im Übrigen folgen sie aus § 93 Abs. 1 Satz 1 AktG, welcher allgemein vorschreibt, dass bei der Geschäftsführung die Sorgfalt eines ordentlichen und gewissenhaften Geschäftsleiters anzuwenden ist.[20] Der Vorschrift kommt dabei eine Doppelfunktion zu, da sie sowohl den Verschuldensmaßstab umschreibt als auch objektive Verhaltenspflichten beinhaltet.[21] Um einen Regressanspruch der Gesellschaft gegen den Vorstand bejahen zu können, muss also eine Pflicht der Geschäftsleitung zur Verhinderung von transnationalen Menschenrechtsverletzungen und Umweltschädigungen bestehen.

1. Gesetzliche Compliance-Pflicht

Eine solche könnte aus der Compliance-Verantwortung des Vorstands folgen. In der Literatur ist das Vorhandensein einer allgemeinen Compliance-Pflicht des Vorstands, also der Pflicht rechtswidriges Verhalten innerhalb des Unternehmens zu unterbinden[22], mittlerweile anerkannt[23] und wurde auch von der Rechtsprechung bestätigt[24]. Umstritten ist jedoch die Herleitung.

a) Herleitung

Einige Autoren wollen § 91 Abs. 2 AktG zur Herleitung heranziehen[25], andere versuchen mittels einer Gesamtschau von Einzelvorschriften eine allgemeine Compliance-Pflicht zu begründen[26]. Beide Ansätze vermögen nicht zu überzeugen:

---

[20] *Spindler*, in: Münchener Kommentar zum Aktiengesetz, 6. Aufl. 2023, § 93 AktG Rn. 21.

[21] *Koch*, 18. Aufl. 2024, AktG § 93 Rn. 7; *Dauner-Lieb*, in: Henssler/Strohn, Gesellschaftsrecht, 6. Aufl. 2024, § 93 AktG Rn. 6.

[22] Vgl. Ziffer 4.1.3 DCGK.

[23] *Dreher*, in: FS Hüffer, 2010, S. 161, 168 ff.; *Schneider*, ZIP 2003, 645, 648 ff.; *Koch*, 18. Aufl. 2024, AktG § 76 Rn. 19; *Nordhues*, Die Haftung der Muttergesellschaft für Menschenrechtsverletzungen, 2019, S. 185 f.

[24] Vgl. dazu LG München I, NZG 2014, 345, 346.

[25] Vgl. etwa *Dreher*, in: FS Hüffer, 2010, S. 161, 168 ff.; *Berg*, AG 2007, 271, 274 ff.; *Schwintowski*, NZG 2005, 200, 201 f.; *Schwintowski/Klaue*, WuW 2005, 370, 377.

[26] Vgl. etwa *Schneider*, ZIP 2003, 645, 649, der insbesondere § 130 OWiG und eine Reihe von Spezialnormen (§§ 52a Abs. 2 BImSchG a. F., 53 KrW-/AbfG a. F., § 33 WpHG a. F.) zur Begründung anführt; wohl auch *Moosmayer*, in: Moosmayer, Compliance, 4. Auflage 2021, Rechtsgrundlagen der Compliance und Haftungsrisiken Rn. 11, der insbesondere die §§ 30, 130 und 9 OWiG bemüht.

Nach § 91 Abs. 2 AktG hat der Vorstand geeignete Maßnahmen zu treffen, insbesondere ein Überwachungssystem einzurichten, damit den Fortbestand der Gesellschaft gefährdende Entwicklungen früh erkannt werden. Bereits ihrem Wortlaut nach statuiert die Vorschrift die Pflicht zur Einrichtung eines Risikofrüherkennungssystems allein in Bezug auf „bestandsgefährdende Risiken" und ist daher zur Begründung einer allgemeinen Compliance-Verantwortung ungeeignet.[27] Systematisch macht auch der durch das Gesetz zur Stärkung der Finanzmarktintegrität (FISG)[28] neu eingeführte § 91 Abs. 3 AktG deutlich, dass § 91 AktG keine allgemeingültige Regelung zur Compliance-Verantwortung treffen möchte, weil zur Einrichtung eines Kontroll- und Risikomanagementsystems explizit nur die Vorstände börsennotierter Aktiengesellschaften verpflichtet werden.[29]

Eine Gesamtschau einzelner Sonderregeln läuft Gefahr, für Sonderbereiche formulierte Vorgaben übereilt auf übrige Gesellschaften zu übertragen. Sondervorschriften – etwa § 52b BImschG, § 58 Abs. 2 KrWG oder § 80 WpHG[30] – sind vom Gesetzgeber schließlich bewusst auf spezielle Bereiche beschränkt und nicht ins allgemeine Aktienrecht übernommen worden.[31]

Überzeugend erscheint daher die Compliance-Pflicht aus der Leitungssorgfalt des Vorstandes (§§ 76 Abs. 1, 93 Abs. 1 Satz 1 AktG) herauszulesen.[32] Während § 76 Abs. 1 AktG den Vorstand allgemein dazu verpflichtet, unter eigener Verantwortung die Gesellschaft zu leiten, konkretisiert die in § 93 AktG normierte Sorgfaltspflicht diese Leitungsaufgabe dahingehend, dass jedes Vorstandsmitglied „die Sorgfalt eines ordentlichen und gewissenhaften Geschäftsleiters anzuwenden" hat. Aus dieser Konkretisierung und dem Zusammenspiel der Vorschriften können Einzelpflichten hergeleitet werden, welche gemeinsam die Begründung einer (allgemeinen) Compliance-Pflicht ermöglichen.[33] Zu nennen sind dabei insbesondere die Legalitätspflicht und die Schadensabwendungspflicht.[34]

---

[27] *Nordhues*, Die Haftung der Muttergesellschaft für Menschenrechtsverletzungen, 2019, S. 184; *Koch*, 18. Aufl. 2024, AktG § 76 Rn. 21; BeckOGK/*Fleischer*, Stand: 01.10.2024, AktG § 91 Rn. 65.

[28] BGBl. 2021 I S. 1534.

[29] *Koch*, 18. Aufl. 2024, AktG § 76 Rn. 21.

[30] *Schneider*, ZIP 2003, 645, 649 stellt noch auf die §§ 52a Abs. 2 BImSchG a.F., 53 KrW-/AbfG a.F., § 33 WpHG a.F. ab, welche mehrfach geändert wurden und sich nun in leicht abgeänderter Form in §§ 52b BImschG, 58 Abs. 2 KrWG und § 80 WpHG wiederfinden.

[31] *Koch*, 18. Aufl. 2024, AktG § 76 Rn. 21; BeckOGK/*Fleischer*, Stand: 01.10.2024, AktG § 91 Rn. 65.

[32] So etwa *Nordhues*, Die Haftung der Muttergesellschaft für Menschenrechtsverletzungen, 2019, S. 185; BeckOGK/*Fleischer*, Stand: 01.10.2024, AktG § 91 Rn. 65; *Koch*, 18. Aufl. 2024, AktG § 76 Rn. 21.

[33] *Nordhues*, Die Haftung der Muttergesellschaft für Menschenrechtsverletzungen, 2019, S. 185 f.

[34] *Nordhues*, Die Haftung der Muttergesellschaft für Menschenrechtsverletzungen, 2019, S. 186.

b) Legalitätspflicht

aa) Dogmatische Einordnung

Die Legalitätspflicht stellt einen Unterfall der allgemeinen Sorgfaltspflicht des § 93 Abs. 1 Satz 1 AktG dar. Sie basiert auf der Annahme, dass es zu den Anforderungen eines ordentlichen und gewissenhaften Geschäftsleiters gehört selbst rechtmäßig zu handeln und für rechtmäßiges Verhalten der Gesellschaft zu sorgen.[35] Da eine juristische Person nicht selbst handeln kann, muss sie nach außen bestehende Pflichten ihren Angestellten und Organvertretern überantworten, wodurch die externe Rechtsbindung der Gesellschaft ins Innenverhältnis zwischen Vorstand und Gesellschaft transportiert wird.[36] Der Vorstand hat in der Folge eine Wahrung der Rechtsbindung im Außenverhältnis sicherzustellen, da vor allem er über die dazu notwendige Leitungsmacht verfügt.[37] Er hat bei der Leitung der Gesellschaft in der Folge sämtliche ihn als Organ oder Organmitglied sowie die Gesellschaft betreffenden Rechtsvorschriften in ihrer gesamten Breite zu beachten und einzuhalten.[38] Dabei wird in der Literatur häufig zwischen einer internen und einer externen Legalitätspflicht differenziert.[39] Die interne Legalitätspflicht betrifft die Pflicht der Vorstandsmitglieder, die im Verhältnis zur Gesellschaft bestehenden Pflichten aus dem Aktiengesetz, der Satzung und der Geschäftsordnung einzuhalten.[40] Die externe Legalitätspflicht verlangt hingegen, dass die Vorstandsmitglieder auch diejenigen Pflichten einhalten, welche die Gesellschaft im Außenverhältnis treffen.[41]

---

[35] Vgl. *Thole*, ZHR 173 (2009), 504, 509.

[36] *Thole*, ZHR 173 (2009), 504, 509.

[37] *Thole*, ZHR 173 (2009), 504, 509 f.; *Habersack*, in: FS Uwe H. Schneider, 2011, S. 429, 432.

[38] *Weber*, in: Hölters/Weber, Aktiengesetz, 4. Auflage 2022, § 76 AktG Rn. 25; *Spindler*, in: Münchener Kommentar zum Aktiengesetz, 6. Aufl. 2023, § 93 AktG Rn. 89 f.; *Zimmermann*, WM 2008, 433, 435; *Fleischer*, ZIP 2005, 141, 142; *Ihrig*, WM 2004, 2098, 2103; *Dreher*, in: FS Konzen, 2006, S. 85, 92.

[39] So etwa *Fleischer*, ZIP 2005, 141, 142 ff.; BeckOGK/*Fleischer*, Stand: 01.10.2024, AktG § 93 Rn. 19 ff.; *Harzenetter*, Innenhaftung, 2008, S. 53 ff.; *Lang*, Corporate Compliance – Verantwortung, Implementierungspflichten und Umsetzung in der unverbundenen Aktiengesellschaft und im Konzern, 2013, S. 96 ff.; *Merkt*, in: FS Hommelhoff, 2012, S. 711, 713; *Bicker*, AG 2014, 8; *Spindler*, in: Münchener Kommentar zum Aktiengesetz, 6. Aufl. 2023, § 93 AktG Rn. 89 f.; kritisch *Harnos*, Geschäftsleiterhaftung, 2013, S. 78; *Hellwig/Behme*, in: FS Hommelhoff, 2012, S. 343, 346; *Holle*, Legalitätskontrolle im Kapitalgesellschafts- und Konzernrecht, 2014, S. 44 f.

[40] *Bicker*, AG 2014, 8.

[41] *Spindler*, in: Münchener Kommentar zum Aktiengesetz, 6. Aufl. 2023, § 93 AktG Rn. 90; *Bicker*, AG 2014, 8.

bb) Einhaltung der Sorgfaltspflichten des LkSG als Aufgabe des Vorstands

Die Legalitätspflicht erstreckt sich jedenfalls auf sämtliche Gesetze (einschließlich öffentlich-rechtliche bzw. gemeinwohlschützende Vorschriften).[42] Von ihr erfasst wird daher auch die Einhaltung der Vorgaben des LkSG.[43] Adressat der Verpflichtungen ist somit grundsätzlich der Vorstand als Gesamtorgan,[44] was eine horizontale Delegation an einzelne Vorstandsmitglieder nicht ausschließt.[45] So wird es für möglich gehalten, etwa einen sogenannten *Human Rights Compliance Officer* oder einen *Chief Sustainability Officer* auf Geschäftsführungsebene zu ernennen, der speziell für die Einhaltung der Sorgfaltspflichten zuständig ist.[46] Über eine solche Ressortverteilung[47] kann die gewünschte Risikoverteilung unter den Vorstandsmitgliedern erreicht werden. Eine Ressortverteilung kann über die Geschäftsordnung des Vorstands erfolgen und beschränkt die Haftung einzelner Vorstandsmitglieder.[48] Solange eine Ressortverteilung nicht erfolgt ist, haften die Vorstandsmitglieder weiterhin persönlich und unbeschränkt.[49] Die (horizontale) Delegation führt dazu, dass nur noch der Adressat der Delegation für die Einhaltung der Sorgfaltspflichten haftet. Ein Rest an Kontroll- und Überwachungspflichten verbleibt aber nach wie vor bei der gesamten Geschäftsleitung. Diese können sich zu einer Interventionspflicht verdichten, wenn Anhaltspunkte für eine nicht ordnungsgemäße Aufgabenerfüllung vorliegen (bspw. Pflichtverstöße in der Vergangenheit oder eine allgemein bekannte Nachlässigkeit).[50]

---

[42] *Walden*, NZG 2020, 50, 54; *Thole*, ZHR 173 (2009), 504, 512; *Paefgen*, AG 2014, 554, 558 f.

[43] So *Fleischer*, DB 2022, 920, 927; *Walden*, in: Depping/Walden, LkSG, § 4 LkSG Rn. 42; *Spindler*, ZHR 186 (2022), 67, 106; *E. Wagner/S. Wagner*, in: Wagner/Ruttloff/Wagner, LkSG, § 4 Rn. 618; *Kramer/Schunder*, BB 2024, 74, 79; *Geh*, Die Vorstandsbinnenhaftung unter dem LkSG, 2024, S. 65 im Hinblick auf das LkSG; *Walden*, NZG 2020, 50, 54 im Hinblick auf die Konfliktmineralien-VO; *Fabritius/Korkmaz*, ESGZ 2023, 31, 34 allgemein für „verrechtlichte ESG-Standards und Klimaschutz- sowie Umweltvorgaben".

[44] Vgl. *Walden*, in: Depping/Walden, LkSG, § 4 LkSG Rn. 42; *Spindler*, ZHR 186 (2022), 67, 106; *E. Wagner/S. Wagner*, in: Wagner/Ruttloff/Wagner, LkSG, § 4 Rn. 618.

[45] So in Bezug auf das LkSG *Walden*, in: Depping/Walden, LkSG, § 4 LkSG Rn. 43.

[46] So in Bezug auf das LkSG *Walden*, in: Depping/Walden, LkSG, § 4 LkSG Rn. 43; *Harings/Jürgens/Thalhammer*, CB 2022, 93, 95.

[47] Zu den Anforderungen vgl. BGH, NZG 2019, 225.

[48] *Grabosch*, in: Grabosch, LkSG, § 5 Rn. 42.

[49] *Grabosch*, in: Grabosch, LkSG, § 5 Rn. 42.

[50] *Hoffmann-Becking*, NZG 2021, 93 f.; *Harings/Jürgens/Thalhammer*, CB 2022, 93, 96.

c) Legalitätskontrollpflicht

aa) Dogmatische Einordnung

Von der Legalitätspflicht abzugrenzen ist die sogenannte Legalitätskontrollpflicht[51]. Dem Vorstand wird auferlegt, auch auf unteren Ebenen im Unternehmen der Missachtung gesetzlicher Vorschriften entgegenzuwirken.[52] Dazu hat er im Rahmen des Erforderlichen und Zumutbaren Maßnahmen zu ergreifen, welche im gesamten Unternehmen Rechtsverletzungen vorbeugen.[53] Begründet werden kann diese Pflicht mit einer „Verlängerung der Legalitätspflicht, die sich auf den Grundgedanken der Delegation zurückführen lässt"[54]. Lässt der Geschäftsleiter nämlich ihm obliegende Aufgaben durch Unternehmensangehörige erledigen, führt dies nicht zu einer Befreiung der Pflichtbindung des Delegierenden, sondern dazu, dass sich die originären Pflichten in eine Pflicht zur sorgfältigen Auswahl, Einweisung und Überwachung umwandeln.[55] Die Legalitätskontrollpflicht erwächst somit aus der Legalitätspflicht.[56]

Dabei ist zu beachten, dass eine Delegation bei Leitungsentscheidungen grundsätzlich nicht möglich ist.[57] Der Leitungsbereich umfasst die Kernfunktionen der Unternehmensplanung, -koordination und des -controllings sowie die Besetzung von Führungsstellen und die Vornahme von Geschäften mit außergewöhnlichem Charakter oder besonders hohem Risiko.[58] Diese sogenannte „Unveräußerlichkeit der Leitungsmacht" wird allerdings in der Literatur zunehmend aufgeweicht und auf den Kernbereich der Leitung beschränkt, im Übrigen solle der Maßstab des § 93 Abs. 1 AktG heranzuziehen sein.[59]

---

[51] Teilweise wird der Begriff der Legalitätspflicht auch weit verstanden und als Oberbegriff für die Verpflichtung der Geschäftsleiter, selbst rechtmäßig zu handeln (Legalitätspflicht) sowie für die Pflicht zur Legalitätskontrolle verwendet, vgl. dazu *Verse*, ZHR 175 (2011), 401, 403 m.w.N.

[52] *Koch*, 18. Aufl. 2024, AktG § 93 Rn. 17; siehe auch LG München I, NZG 2014, 345, 346 – *Siemens/Neubürger*, welches jedoch nicht zwischen Legalitätspflicht und Legalitätskontrollpflicht differenziert.

[53] *Koch*, 18. Aufl. 2024, AktG § 93 Rn. 17; *Holle*, Legalitätskontrolle im Kapitalgesellschafts- und Konzernrecht, 2014, S. 61; *Verse*, ZHR 175 (2011), 401, 406 f.; *Bachmann*, in: Gesellschaftsrechtliche Vereinigung (Hrsg.) Gesellschaftsrecht in der Diskussion 2007, S. 65, 78 f.; *Bürkle*, BB 2005, 565, 569.

[54] Zit.: *Verse*, ZHR 175 (2011), 401, 404.

[55] *Verse*, ZHR 175 (2011), 401, 404; *Koch*, 18. Aufl. 2024, AktG § 93 Rn. 76; *Walden*, in: Depping/Walden, LkSG, § 4 LkSG Rn. 44.

[56] *Verse*, ZHR 175 (2011), 401, 404.

[57] *Falkenhausen*, ZIP 2015, 956, 959; *Spindler*, in: Münchener Kommentar zum Aktiengesetz, 6. Aufl. 2023, § 76 AktG Rn. 20.

[58] *Spindler*, in: Münchener Kommentar zum Aktiengesetz, 6. Aufl. 2023, § 76 AktG Rn. 20; *Henze*, BB 2001, 53, 57; *Dreher*, in: FS Hopt, 2010, S. 517, 523 f.; *Semler*, Leitung und Überwachung, 1996, Rn. 16 ff.

[59] Vgl. dazu *Koch*, 18. Aufl. 2024, AktG § 76 Rn. 126 m.w.N.

bb) Delegation der Sorgfaltspflichten des LkSG

Im Falle gesetzlich determinierter Sorgfaltspflichten, wie denen des LkSG, stellt sich also die Frage, inwieweit diese an nachgeordnete Mitarbeiter delegiert werden können, da ihre Erfüllung grundsätzlich Gegenstand der Legalitätspflicht ist und dementsprechend durch den Vorstand zu erfolgen hat. Nicht möglich wäre eine Delegation, wenn bei diesen Aufgaben der Kernbereich der Leitung betroffen ist.

Die nach dem LkSG zu erfüllenden Sorgfaltspflichten sind in § 3 Abs. 1 LkSG aufgelistet, wobei das Gesetz an einigen Stellen explizit festlegt, dass bestimmte Sorgfaltspflichten von der Unternehmensleitung selbst zu erfüllen sind. So verlangt § 4 Abs. 3 Satz 2 LkSG, dass sich „die Geschäftsleitung" über bestimmte Sachverhalte informiert. § 6 Abs. 2 Satz 2 LkSG fordert die Abgabe der Grundsatzerklärung durch die „Unternehmensleitung".[60] Im Anwendungsbereich dieser Vorschriften ist eine Delegation bereits nach dem Gesetzeswortlaut ausgeschlossen, da die Handlungspflichten eindeutig den Vorstand adressieren.[61]

Die genannten Vorschriften weisen aber nicht nur einige Aufgaben explizit dem Vorstand zu, sondern bringen ferner zum Ausdruck, dass der Gesetzgeber immer dann, wenn er eine Aufgabe allein der Geschäftsleitung zuweisen wollte, entsprechende Formulierungen in den Gesetzeswortlaut aufgenommen hat. In den nicht genannten Fällen ist eine Delegation also zulässig. Hätte der Gesetzgeber etwa die Einrichtung des Risikomanagements ausschließlich der Geschäftsleitung zuweisen wollen, hätte er als Pflichtenadressat in § 4 LkSG eben diese und nicht allgemein „das Unternehmen" benannt.[62] Dass die Sorgfaltspflichten des LkSG grundsätzlich delegiert werden können und nicht dem Kern der Leitungsverantwortung zuzuordnen sind, legt bereits die Formulierung in § 4 Abs. 1 Satz 1 LkSG nahe, nach welcher „ein Risikomanagement zur Einhaltung der Sorgfaltspflichten einzurichten ist". Der Verweis auf den gesamten Sorgfaltspflichtenkatalog zeigt, dass es dem Gesetzgeber gerade (unter Einbeziehung nachgeordneter Mitarbeiter) auf die Schaffung einer Infrastruktur in den Unternehmen ankommt, welche sämtliche Compliance-Anforderungen des LkSG erfasst. Einige der in Bezug genommenen Sorgfaltspflichten implizieren dabei eine Aufgabendelegation. Nach § 5 Abs. 3 LkSG muss das Unternehmen etwa „dafür Sorge tragen, dass die Ergebnisse der Risikoanalyse intern an die maßgeblichen Entscheidungsträger, etwa an den Vorstand oder an die Einkaufsabteilung, kommuniziert werden". Maßgeblicher Entscheidungsträger bei der Erfüllung der Sorgfaltspflichten kann also auch die Einkaufsabteilung sein.[63] Eine Mitteilung an den Vorstand wäre zudem wenig sinnvoll,

---

[60] *Geh*, Die Vorstandsbinnenhaftung unter dem LkSG, 2024, S. 31 bezeichnet diese Pflichten als „konkrete Vorstandspflichten im Bereich des LkSG" in Abgrenzung zum „allgemeinen Verhaltensstandard" (§ 76 Abs. 1 AktG).

[61] Vgl. *Depping/Walden*, in: Depping/Walden, LkSG, § 6 Rn. 20.

[62] *Walden*, in: Depping/Walden, LkSG, § 4 Rn. 45.

[63] *Balke*, in: Gehling/Ott, LkSG, § 5 Rn. 58.

wenn dieser die Risikoanalyse sowieso eigenständig durchführen und koordinieren müsste. Das LkSG geht mithin davon aus, dass eine Delegation durch die Geschäftsleitung ohnehin zu erwarten ist. Schlussendlich folgt die Zulässigkeit der Sorgfaltspflichtendelegation auch denklogisch aus dem Umstand, dass der Vorstand eines großen Unternehmens praktisch überhaupt nicht in der Lage sein dürfte, sämtlichen Sorgfaltspflichten selbst nachzukommen, diese aber alle unter dem Angemessenheitsvorbehalt des § 3 Abs. 1 LkSG stehen, was bei einem Delegationsverbot konzeptionelle Widersprüche aufwerfen würde.

Somit bleibt festzuhalten, dass sämtliche Sorgfaltspflichten, die das LkSG nicht ausdrücklich der Geschäftsleitung zuweist, delegiert werden können.[64] Der Gesetzgeber hat insoweit ausdrücklich festgelegt, welche Pflichten dem Kernbereich der Leitung zuzuordnen sind. Im Falle der Delegation setzt sich die originäre Pflicht des Vorstandes – wie bereits ausgeführt – in Gestalt einer Überwachungspflicht fort.

cc) Die Rolle des Menschenrechtsbeauftragten bei der Delegation

Von dieser abzugrenzen ist die Pflicht aus § 4 Abs. 3 Satz 1 LkSG. Nach der Vorschrift ist eine zur Überwachung des Risikomanagements zuständige Person – etwa ein Menschenrechtsbeauftragter – zu benennen. Hierbei handelt es sich um eine gesonderte eigenständige Sorgfaltspflicht, was bereits dadurch angedeutet wird, dass ihre Verletzung nach § 24 Abs. 1 Nr. 1 LkSG eine Ordnungswidrigkeit darstellt.[65] Beauftragt der Vorstand also nachgeordnete Mitarbeiter des Unternehmens mit der Implementierung, Anpassung und Durchführung des Risikomanagements, hat er zum einen deren Arbeit infolge der Delegation zu überwachen. Daneben muss aber nach § 4 Abs. 3 Satz 1 LkSG ohnehin (und unabhängig von der Delegation) eine Person benannt werden, die für die Überwachung des Risikomanagements zuständig ist.[66] Der Wortlaut („das Unternehmen hat dafür zu sorgen") bringt zum Ausdruck, dass auch die Benennung der Überwachungsperson nicht zwingend durch die Geschäftsleitung zu erfolgen hat.[67] Delegiert sie diese Pflicht, hat sie die Person(en) zu überwachen, die den Menschenrechtsbeauftragten auswählen und benennen. Die Aufgabe kann mithin auch an Führungspersonal unterhalb der Geschäftsleitungsebene übertragen werden.[68] § 4 Abs. 3 Satz 2 LkSG ver-

---

[64] So wohl auch *Walden*, in: Depping/Walden, LkSG, § 4 Rn. 45; a. A. *Grabosch*, in: Grabosch, LkSG, § 5 Rn. 14, der die Einrichtung des Risikomanagements nach § 4 LkSG als nicht delegierbare Leitungsaufgabe klassifiziert; ebenso *Fleischer/Götz*, in: Fleischer/Mankowski, LkSG, § 4 Rn. 7.

[65] Zum Verhältnis zwischen Einrichtung und Überwachung des Risikomanagements siehe auch *Walden*, in: Depping/Walden, LkSG, § 4 Rn. 96 ff.

[66] So im Ergebnis auch *Walden*, in: Depping/Walden, LkSG, § 4 Rn. 47.

[67] *Walden*, in: Depping/Walden, LkSG, § 4 Rn. 95.

[68] *Harings/Jürgens/Thalhammer*, CB 2022, 93, 95; *Walden*, in: Depping/Walden, LkSG, § 4 Rn. 95.

langt allerdings, dass sich die Geschäftsleitung (mindestens) jährlich über die Arbeit der zuständigen Person (also des Menschenrechtsbeauftragten) informiert. Diese Pflicht muss angesichts des Wortlauts („die Geschäftsleitung“) stets durch den Vorstand selbst erfüllt werden.[69]

2. (Keine) Konzerndimensionale Legalitätsdurchsetzungspflicht

Speziell für Konzernkonstellationen wird in der Literatur die Frage diskutiert, ob die Compliance-Pflicht des Vorstands einer Muttergesellschaft sich auch auf Tochtergesellschaften erstreckt.[70] In der Folge hätte bspw. die Geschäftsleitung einer inländischen Muttergesellschaft dafür zu sorgen, dass die ausländische Tochtergesellschaft ihrerseits keine gesetzlich geschützten Menschenrechte verletzt oder rechtswidrige Umweltschädigungen begeht bzw. allgemein die Vorschriften des LkSG einhält.[71]

Zunächst ist festzuhalten, dass auch im Unternehmensverbund die angehörigen Gesellschaften rechtlich selbstständige Einheiten bilden und den Vorstand der Muttergesellschaft daher vor allem die Pflicht trifft, innerhalb der eigenen Gesellschaft für die Beachtung sämtlicher Rechtsvorschriften zu sorgen.[72] Eine Erweiterung der Legalitätspflicht könnte aber aus der Konzernierung selbst folgen und die Leitungssorgfalt auf Tochtergesellschaften erstrecken. In diesem Zusammenhang spielt nun eine Rolle, aus welchen gesetzlichen Vorschriften die allgemeine Compliance-Pflicht herzuleiten ist. Die richtigerweise heranzuziehenden §§ 76 Abs. 1, 93 Abs. 1 Satz 1 AktG gebieten es, dass der Vorstand bei der Leitung der Gesellschaft die Sorgfalt eines ordentlichen Kaufmannes anzuwenden hat. Die in § 76 Abs. 1 AktG enthaltene Formulierung „die Gesellschaft“ legt nahe, dass sich die Leitungsverantwortung grundsätzlich auf diejenige Gesellschaft bezieht, für welche der Vorstand bestellt wurde.[73] Eine solche Leitungsverantwortung verlangt jedoch eine umfassende Förderung des Gesellschaftszwecks unter Nutzung aller der Geschäftsleitung zur Verfügung stehenden Mittel.[74] Zu diesen Mitteln zählen auch die

[69] *Walden*, in: Depping/Walden, LkSG, § 4 Rn. 125.

[70] Dafür etwa: *Fleischer*, CCZ 2008, 1, 5; *U. H. Schneider/S. H. Schneider*, ZIP 2007, 2061, 2064 f.; *Reichert*, in: FS Hoffmann-Becking, 2013, S. 943, 945; *Reichert/Ott*, ZIP 2009, 2173; *Weitnauer*, GWR 2023, 239, 243; dagegen etwa: *Schockenhoff*, ZHR 180 (2016), 197, 201 f.; *Bunting*, ZIP 2012, 1542, 1543 f.; *Habersack*, in: FS Möschel, 2011, S. 1175, 1181 ff.; *Verse*, ZHR 175 (2011), 401, 411 ff.; *Koch*, WM 2009, 1013, 101 f.

[71] Vgl. *Nordhues*, Die Haftung der Muttergesellschaft für Menschenrechtsverletzungen, 2019, S. 194.

[72] *Verse*, ZHR 175 (2011), 401, 411 f.; *Nordhues*, Die Haftung der Muttergesellschaft für Menschenrechtsverletzungen, 2019, S. 196.

[73] *Nordhues*, Die Haftung der Muttergesellschaft für Menschenrechtsverletzungen, 2019, S. 197.

[74] *Nordhues*, Die Haftung der Muttergesellschaft für Menschenrechtsverletzungen, 2019, S. 197.

Anteile an der Tochtergesellschaft, weshalb vertreten wird, dass das hinsichtlich der Tochtergesellschaften bestehende Leitungspotenzial der Muttergesellschaft durch Leitung des gesamten Konzerns ausgeschöpft werden müsse, woraus eine konzernweite Leitungsverantwortung resultiere.[75]

Diese Auffassung berücksichtigt jedoch nicht hinreichend den dem Vorstand bei der Leitungspflicht zustehenden breiten Ermessensspielraum, welcher zur Wahrung des Unternehmensinteresses zwar eine ordnungsgemäße Beteiligungsverwaltung (insb. Abwehr eigener Ersatzpflichten oder Imageschäden)[76] verlangt, darüber hinausgehend aber nicht die Wahrung transnationaler Menschenrechte fordert, soweit das Unternehmensinteresse eine solche nicht gebietet.[77] Die Argumentation mit, derer aus § 93 Abs. 1 Satz 1 AktG die Legalitätspflicht hergeleitet wurde, greift in Bezug auf die Tochtergesellschaft nicht. Ausgangspunkt der Herleitung war nämlich, dass eine juristische Person nicht selbst handeln kann und deshalb zur Erfüllung ihrer rechtlichen Pflichten ihrer Organe bedarf. Die Tochtergesellschaft hat aber eigene Organvertreter, die für sie handeln können, weshalb eine konzernweite Legalitätsdurchsetzungspflicht vor diesem Hintergrund nicht notwendig ist.

Es bleibt damit festzuhalten, dass gemäß den §§ 76 Abs. 1, 93 Abs. 1 Satz 1 AktG eine Einflussnahme auf die Tochtergesellschaft im Rahmen der Leitungsmöglichkeiten in dem Umfang vorzunehmen ist, in dem es das Interesse der Muttergesellschaft erfordert. In der Regel dürfte dabei die Sicherung einer dauerhaften Rentabilität im Vordergrund stehen,[78] weshalb bereits aus Reputationsgründen auf eine Einhaltung der Vorschriften des LkSG durch die Tochtergesellschaft hinzuwirken ist. Es handelt sich hierbei allerdings nicht um einen Ausfluss der Legalitätspflicht, sondern um eine Ausprägung der Schadensabwendungspflicht (dazu sogleich).[79]

Hiervon zu unterscheiden ist der Fall, in dem nach § 2 Abs. 6 Satz 3 LkSG eine Tochtergesellschaft zum eigenen Geschäftsbereich des Unternehmens gezählt wird und sich die Sorgfaltspflichten des LkSG in der Folge auch auf diese erstrecken (vgl. Kap. 2 B. I. 2.). In dieser Konstellation wird die Wahrung von Menschenrechten durch das Tochterunternehmen bereits von der Legalitätspflicht des Vor-

[75] *Hommelhoff*, Die Konzernleitungspflicht, 1982, S. 43 ff., 76 ff., 104 ff., 417 f.; *Jungkurth*, Konzernleitung bei der GmbH: Die Pflichten des Geschäftsführers, 2000, S. 51; *Timm*, AG 1980, 172, 180; *Kropff*, ZGR 1984, 112, 116; *Lutter*, in: FS Westermann, 1974, S. 347, 357.

[76] *Koch*, 18. Aufl. 2024, AktG § 76 Rn. 51; allgemein zur Verwaltung des Beteiligungsvermögens vgl. *Koch*, 18. Aufl. 2024, AktG § 76 Rn. 132.

[77] *Koch*, 18. Aufl. 2024, AktG § 93 Rn. 18.

[78] *Nordhues*, Die Haftung der Muttergesellschaft für Menschenrechtsverletzungen, 2019, S. 199, welche dieses Ergebnis allerdings richtigerweise aus einer konzernweiten Schadensabwendungspflicht herleitet und eine konzerndimensionale (externe) Legalitätspflicht vollständig ablehnt.

[79] Zutr. *Schockenhoff/Roßkopf/Arnold*, AG 2021, 66, 71 ff.; *Nordhues*, Die Haftung der Muttergesellschaft für Menschenrechtsverletzungen, 2019, S. 199.

stands der Muttergesellschaft erfasst, da die rechtsträgerübergreifende Reduktion und Prävention von menschenrechtlichen und umweltbezogenen Risiken dann vom LkSG ausdrücklich angeordnet wird.[80] Es geht in derartigen Fällen nicht um das Bestehen einer konzerndimensionalen Legalitätsdurchsetzungspflicht, da die Sorgfaltspflichten des LkSG originär die Muttergesellschaft treffen.[81]

3. Schadensabwendungspflicht

a) Grundlagen

Neben der Legalitätspflicht kann eine allgemeine Schadensabwendungspflicht aus § 93 Abs. 1 Satz 1 AktG in Verbindung mit § 76 Abs. 1 AktG abgeleitet werden. Sie stellt eine eigenständige Pflicht des Vorstandes neben der Legalitätspflicht dar.[82] Systematisch zeigt ihre Existenz bereits das Vorhandensein einer Schadensersatzpflicht in § 93 Abs. 2 AktG bei Pflichtverletzungen des Vorstands.[83] Diese ist auf den Ausgleich von Vermögensschäden der Gesellschaft gerichtet und bringt zum Ausdruck, dass der Vorstand zu deren Zufügung nicht berechtigt ist.[84] Da er die Gesellschaft gewissenhaft zu leiten hat, darf er solche auch nicht durch äußere Umstände zulassen.[85] Für das Bestehen einer allgemeinen Schadensabwendungspflicht spricht ferner, dass der Vorstand fremde Vermögenswerte verwaltet und somit eine treuhänderähnliche Stellung einnimmt, die über § 266 StGB strafbewehrt ist[86] und ihn dazu verpflichtet, seine Leitungsmacht zur Schadensverhütung einzusetzen.[87] Der Vorstand wird also dazu verpflichtet, die Gesellschaft vor sämtlichen Schäden zu bewahren, gleichgültig aus wessen Sphäre diese herrühren.[88]

---

80 Vgl. *Koch*, 18. Aufl. 2024, AktG § 93 Rn. 18.

81 A. A. wohl *Gehling*, CCZ 2023, 211, 213, der eine gesetzlich angeordnete konzernweite Legalitätspflicht annimmt.

82 Vgl. *Geiser*, Leitungspflichten des Vorstandes in der AG, 2010, S. 54; *Grundmeier*, Rechtspflicht zur Compliance im Konzern, 2011, S. 29; *Nordhues*, Die Haftung der Muttergesellschaft für Menschenrechtsverletzungen, 2019, S. 193; *Kutschelis*, Korruptionsprävention und Geschäftsleiterpflichten im nationalen und internationalen Unternehmensverbund, 2014, S. 236 f.; *Schmidt*, Compliance in Kapitalgesellschaften, 2010, S. 81; *Bunting*, ZIP 2012, 1542, 1544; *U. H. Schneider/S. H. Schneider*, ZIP 2007, 2061, 2062.

83 *Kutschelis*, Korruptionsprävention und Geschäftsleiterpflichten im nationalen und internationalen Unternehmensverbund, 2014, S. 235.

84 *Kutschelis*, Korruptionsprävention und Geschäftsleiterpflichten im nationalen und internationalen Unternehmensverbund, 2014, S. 235.

85 Ähnlich *Kutschelis*, Korruptionsprävention und Geschäftsleiterpflichten im nationalen und internationalen Unternehmensverbund, 2014, S. 235.

86 Vgl. dazu *Loeck*, Strafbarkeit des Vorstands der Aktiengesellschaft wegen Untreue, 2006, S. 11 ff.; *Nattkemper*, Die Untreuestrafbarkeit des Vorstands einer Aktiengesellschaft, 2013, S. 22 ff.

87 *Kutschelis*, Korruptionsprävention und Geschäftsleiterpflichten im nationalen und internationalen Unternehmensverbund, 2014, S. 236.

Dabei gibt es Überschneidungen mit der Legalitätspflicht, wenn der Gesellschaft Schäden aufgrund von Gesetzesübertretungen drohen. Im Gegensatz zur Legalitätspflicht verlangt die Schadensabwendungspflicht aber keine Gesetzestreue, soweit durch Rechtsverstöße wirtschaftliche Vorteile für die Gesellschaft zu erwarten sind, welche die mit dem Rechtsbruch einhergehenden Risiken übersteigen. Es geht schließlich allein um die Pflicht zur Schadensabwendung.[89]

b) Pflicht zum Reputationsmanagement

Eigenständige Bedeutung erlangt sie vor allem dann, wenn die Ersatzfähigkeit von Reputationsschäden[90] begehrt wird. Gerade bei Verstößen gegen *soft-law* oder ethische Standards können derartige Einbußen entstehen.[91] Sie sind aber auch im Falle der Verletzung von öffentlich-rechtlichen Sorgfaltspflichten (§§ 3 ff. LkSG) denkbar. So haben bspw. mehrere Hilfsorganisationen den Supermarktketten *Rewe* und *Edeka* Verstöße gegen das LkSG vorgeworfen und entsprechende Beschwerden beim BAFA eingereicht.[92] Über diese wurde umfangreich in den Medien – unter anderem auf der Internetseite der *Tagesschau* – berichtet.[93] Allein die öffentliche Aufmerksamkeit solcher Verfahren dürfte stellenweise das Konsumverhalten der Kunden beeinflussen, sodass den Unternehmen entsprechende Einbußen entstehen könnten. Spiegelbildlich verringert ein an ethischen Maßstäben angelehntes und gesetzlichen Vorschriften entsprechendes Handeln die Wahrscheinlichkeit von Unternehmensskandalen und steigert die soziale Akzeptanz des Unternehmens.[94]

Den Vorstand trifft daher eine Pflicht, dem Unternehmen drohende Reputationsschäden zu verhindern (etwa durch geeignete Maßnahmen zur Vorbeugung von Menschenrechtsverletzungen, die Einhaltung unverbindlicher ethischer Standards oder die Erfüllung von gesetzlich determinierten Pflichten),[95] was nach den vorstehenden Ausführungen auch beinhaltet, die Sorgfaltspflichten des LkSG einzuhalten und ggf. von Einflussmöglichkeiten auf Tochtergesellschaften Gebrauch zu

---

[88] *Nordhues*, Die Haftung der Muttergesellschaft für Menschenrechtsverletzungen, 2019, S. 194.

[89] *Nordhues*, Die Haftung der Muttergesellschaft für Menschenrechtsverletzungen, 2019, S. 194.

[90] Vgl. Kap. 4 A. VII. 4.

[91] *Brunk*, Menschenrechtscompliance, 2022, S. 53.

[92] Vgl. *Oxfam*, Billige Bananen beruhen auf Ausbeutung, abrufbar unter: https://www.oxfam.de/ueber-uns/aktuelles/bananen-ausbeutung-beschwerde-edeka-rewe-lieferkettengesetz, zuletzt abgerufen am 30.07.2024.

[93] Vgl. Tagesschau, Missachten Edeka und Rewe das Lieferkettengesetz?, abrufbar unter: https://www.tagesschau.de/wirtschaft/unternehmen/oxfam-beschwerde-edeka-rewe-100.html (Stand: 03.11.2023), zuletzt abgerufen am 30.07.2024.

[94] Vgl. *Brunk*, Menschenrechtscompliance, 2022, S. 52 f.

[95] *Nordhues*, Die Haftung der Muttergesellschaft für Menschenrechtsverletzungen, 2019, S. 194 f.

machen. Dabei ist zu beachten zu beachten, dass sich das erforderliche Reputationsmanagement in Bezug auf Menschenrechts- und Umweltbelange mittlerweile weitgehend in der Einhaltung gesetzlicher Vorschriften erschöpfen dürfte. Infolge der zunehmenden Regulierung der Lieferketten durch den nationalen Gesetzgeber und die Europäische Union ist aus Sicht des Verfassers nämlich ein weitgehender Gleichlauf zwischen der gesellschaftlichen Erwartungshaltung und den rechtlichen Pflichten der Unternehmen in Bezug auf das Lieferkettenmanagement entstanden. Gesellschaftspolitische Erwartungen werden nämlich immer häufiger in Gesetzesform gegossen, sodass die Einhaltung der gesetzlichen Vorschriften mit einem sachgemäßen Reputationsmanagement wohl weitgehend gleichgesetzt werden kann.[96] Die Einhaltung der Pflichten des LkSG und anderer öffentlich-rechtlicher Vorschriften mit lieferkettenregulierendem Charakter ist damit nicht nur notwendiger Bestandteil eines menschenrechtsbezogenen Reputationsmanagements, sondern kann weitgehend auch als ausreichend für die Vermeidung von Imageschäden bewertet werden.[97]

III. Anwendbarkeit der Business Judgment Rule (§ 93 Abs. 1 Satz 2 AktG) bei der Umsetzung des LkSG?

Die bisherigen Untersuchungen in diesem Kapitel haben gezeigt, dass der Vorstand grundsätzlich für die Einhaltung der Vorgaben des LkSG zu sorgen hat. Verletzt ein Unternehmen nach Auffassung des BAFA gleichwohl die ihm obliegenden Sorgfaltspflichten und verhängt die Behörde in der Folge ein Bußgeld, könnten sich die für die Umsetzung des LkSG verantwortlichen Vorstandsmitglieder im Verhältnis zur Gesellschaft möglicherweise auf § 93 Abs. 1 Satz 2 AktG berufen. Nach der Vorschrift liegt eine Pflichtverletzung nicht vor, wenn ein Vorstandsmitglied bei einer unternehmerischen Entscheidung vernünftigerweise annehmen durfte, auf der Grundlage angemessener Information zum Wohle der Gesellschaft zu handeln. Die Norm bringt den gesetzgeberischen Willen zum Ausdruck, dass Organmitglieder für Fehler im Rahmen des unternehmerischen Entscheidungsspielraums nicht haften sollen (sog. „Business Judgment Rule“[98]).[99] Sie

---

[96] Vgl. auch *Weller/Thomale*, ZGR 2017, 509, 521 f., die eine globale Verkehrserwartung unter anderem aus nationalen und unionalen Gesetzgebungsakten ableiten möchten, im Rahmen derer sie auch den NAP der Bundesregierung nennen, welcher zum Erlass des LkSG führte.

[97] Der Gesetzgeber des LkSG betonte, dass durch dieses den „legitimen Interessen der Unternehmen an Rechtssicherheit“ Rechnung getragen werden sollte und ein „klarer Rahmen“ zur Erfüllung menschenrechtlicher Sorgfaltspflichten geschaffen würde, vgl. BT-Drucks. 19/28649, S. 2 (weiterreichende Pflichten im Rahmen des menschenrechtsbezogenen Reputationsmanagements würden diese Vorzüge kontaminieren).

[98] So ausdrücklich BT-Drucks. 15/5092, S. 10, 11; *Dauner-Lieb*, in: FS Röhricht, 2005, S. 83, 92; *Bachmann*, WM 2015, 105; *Spindler*, in: Münchener Kommentar zum Aktiengesetz, 6. Aufl. 2023, § 93 AktG Rn. 43; *Cahn*, in: FS Stilz, 2014, S. 99; *Nauheim/Goette*, DStR

geht nach dem Vorbild der ARAG/Garmenbeck-Entscheidung des II. Zivilsenates des BGH[100] von einer Differenzierung zwischen fehlgeschlagenen unternehmerischen Entscheidungen und der Verletzung sonstiger Pflichten (Treuepflichten; Informationspflichten; sonstige allgemeine Gesetzes- und Satzungsverstöße) aus.[101] Die Leitungsaufgabe des Vorstandes im Rahmen derer er unternehmerische Aufgaben und Ziele wahrnimmt, schließt notwendigerweise einen Spielraum für das eigene unternehmerische Ermessen ein.[102] Dazu gehört neben dem bewussten Eingehen geschäftlicher Risiken auch die Gefahr von Fehlbeurteilungen und Fehleinschätzungen, der jeder (verantwortungsbewusst handelnde) Unternehmensleiter ausgesetzt ist.[103] Unternehmerische Entscheidungen sind nämlich häufig Entscheidungen unter Unsicherheit, denen überwiegend prognostische Elemente zugrunde liegen und die daher nicht der nachträglich eingreifenden gerichtlichen Kontrolle unterworfen werden sollten.[104]

Unter gewissen Umständen muss es dem Vorstand also möglich sein, risikobehaftete Geschäfte vorzunehmen, ohne dabei pflichtwidrig zu handeln.[105] Ließe man dies nicht zu, würde eine dem Unternehmenserfolg abträgliche „risikoaverse Haltung"[106] gefördert. Durch § 93 Abs. 1 Satz 2 AktG soll somit die Risikobereitschaft des Vorstandes gestärkt werden.[107] Zudem wird dem Umstand Rechnung getragen, dass Vorstandsmitglieder sich regelmäßig komplexen Entscheidungssituationen ausgesetzt sehen, welche von dem (nicht unternehmerisch tätigen) Richter rückblickend kaum rekonstruiert werden können.[108]

Für das Eingreifen der Business Judgment Rule nennt die Gesetzesbegründung folgende Voraussetzungen: Es muss eine unternehmerische Entscheidung vorlie-

---

2013, 2520; *Löbbe/Fischbach*, AG 2014, 717; *Winnen*, Die Innenhaftung des Vorstandes nach dem UMAG, 2009, S. 88.

[99] Vgl. BT-Drucks. 15/5092, S. 11.

[100] BGHZ 135, 244, 253 = NJW 1997, 1926.

[101] Vgl. BT-Drucks. 15/5092, S. 11.

[102] BGHZ 135, 244, 253 – ARAG/*Garmenbeck*; *Semler*, in: FS Ulmer, 2003, S. 627 f.

[103] BGHZ 135, 244, 253 – ARAG/*Garmenbeck*.

[104] *Spindler*, in: Münchener Kommentar zum Aktiengesetz, 6. Aufl. 2023, § 93 AktG Rn. 43; siehe auch *Ott/Klein*, AG 2017, 209 ff. mit Nachweisen der verhaltenspsychologischen Literatur; ferner *Fleischer*, in: FS Immenga, 2004, S. 575, 579 f.; *Grunewald/Hennrichs*, in: FS Maier-Reimer, 2010, S. 147, 148; *Kindler*, in: FS Goette, 2011, S. 231, 232.

[105] *Spindler*, in: Münchener Kommentar zum Aktiengesetz, 6. Aufl. 2023, § 93 AktG Rn. 43.

[106] Zit.: *Spindler*, in: Münchener Kommentar zum Aktiengesetz, 6. Aufl. 2023, § 93 AktG Rn. 43.

[107] Vgl. *Koch*, in: FS Grunewald, 2021, S. 547, 554 unter Verweis auf die amtliche Begründung zu § 84 AktG von 1937; Abdruck bei *Klausing*, Amtliche Begründung zum AktG 1937, S. 17.

[108] Vgl. *Koch*, in: FS Grunewald, 2021, S. 547, 554; siehe dazu auch *Fleischer*, in: FS Wiedemann, 2002, S. 827, 832; *Fleischer*, in: FS Immenga, 2004, S. 575, 579 f.

gen, das Vorstandsmitglied muss gutgläubig und ohne Sonderinteresse oder sachfremde Einflüsse handeln. Ferner hat das Handeln zum Wohle der Gesellschaft und auf Grundlage angemessener Informationen zu erfolgen.[109]

1. Unternehmerische Entscheidungen

Zunächst bedarf es also einer unternehmerischen Entscheidung. Der Begriff „Entscheidung" kann dabei als die Wahl einer Handlung aus mindestens zwei Handlungsalternativen begriffen werden.[110] Dabei ist erforderlich, dass es sich entweder um eine bewusste Handlung oder ein bewusstes Unterlassen[111] handelt.[112] Liegt eine solche Entscheidung vor, muss diese einen unternehmerischen Charakter aufweisen, was typischerweise dann der Fall ist, wenn die Entscheidung zukunftsbezogen ist und infolgedessen durch Prognosen und nicht justiziable Entscheidungen geprägt wird.[113] Unternehmerische Entscheidungen zeichnen sich grundsätzlich dadurch aus, dass sie unter Unsicherheiten getroffen werden[114] und mit gewissen Risiken behaftet sind[115]. Als unternehmerische Entscheidungen wurden von der Rechtsprechung etwa Investitionsmaßnahmen[116], M&A-Transaktionen[117], Standorterweiterungen[118], die Verhandlung von Vertragsinhalten[119], Kreditvergaben[120] und Vergütungsentscheidungen[121] anerkannt. Ebenso wird die Ausübung bilanzieller Wahlrechte als unternehmerische Entscheidung bewertet.[122]

Gesetzliche Pflichten fallen hingegen nicht unter den „sicheren Hafen"[123] der Business Judgment Rule. Werden sie verletzt, liegt keine unternehmerische Ent-

---

[109] Vgl. BT-Drucks. 15/5092, S. 11.

[110] *Ott*, ZGR 2017, 149, 151; *Schneider*, DB 2005, 707, 709.

[111] Ein bewusstes Unterlassen liegt etwa vor, wenn der Geschäftsleiter die Wahrnehmung einer Geschäftschance als zu riskant bewertet, vgl. *Spindler*, in: Münchener Kommentar zum Aktiengesetz, 6. Aufl. 2023, § 93 AktG Rn. 50.

[112] *Spindler*, in: Münchener Kommentar zum Aktiengesetz, 6. Aufl. 2023, § 93 AktG Rn. 51.

[113] BT-Drucks. 15/5092, S. 11.

[114] *Koch*, 18. Aufl. 2024, AktG § 93 Rn. 39.

[115] *Spindler*, in: Münchener Kommentar zum Aktiengesetz, 6. Aufl. 2023, § 93 AktG Rn. 48; *Semler*, in: FS Ulmer, 2003, S. 627, 627 f.; *Hommelhoff*, Die Konzernleitungspflicht, 1982, S. 171.

[116] BGH, NJW 2008, 1583.

[117] OLG Frankfurt, NZG 2011, 62.

[118] BGH, NZG 2011, 549.

[119] OLG Stuttgart, AG 2011, 49.

[120] OLG Hamm, WM 2012, 2200.

[121] OLG Oldenburg, NZG 2007, 434.

[122] Vgl. dazu ausführlich *Müller*, in: liber amicorum Happ, 2006, S. 172, 192 ff.; *Bachmann*, WM 2015, 105, 108 f.

[123] Zit.: BT-Drucks. 15/5092, S. 11.

scheidung vor, da den Vorstandsmitgliedern insoweit kein Handlungsspielraum eingeräumt wird.[124] Zwingende gesetzliche Vorgaben müssen schließlich eingehalten werden. Auch nützliche Gesetzesverletzungen, durch welche das Unternehmen einen Vorteil erlangt, fallen mangels Handlungsspielraum aus dem Anwendungsbereich des § 93 Abs. 1 Satz 2 AktG heraus.[125] Die Legalitätspflicht wird durch die Business Judgment Rule mithin nicht aufgeweicht. Dieser „Grundsatz von dem absoluten Vorrang gesetzeskonformen Verhaltens“ wird teilweise aus § 396 Abs. 1 AktG[126], dem Rechtsgedanken des § 130 Abs. 1 Satz 1 OWiG[127] sowie der Rechtsprechung des II. Strafsenates des BGH[128] zu „schwarzen Kassen“ abgeleitet.[129] Jedenfalls ist anerkannt, dass rechtlich gebundene Entscheidungen nicht von § 93 Abs. 1 Satz 2 AktG erfasst sind.[130] Gebunden ist eine Entscheidung, wenn das Gesetz, der Anstellungsvertrag, die Satzung oder Gesellschaftsbeschlüsse zwingende Vorgaben enthalten.[131]

2. Pflichtaufgaben mit Entscheidungsspielraum

a) Grundlagen

Das Vorliegen einer unternehmerischen Entscheidung und damit die Anwendbarkeit der Business Judgment Rule ist bei der Erfüllung der Pflichten des LkSG problematisch. Die darin statuierten Verhaltensvorgaben stellen zwar rechtlich verbindliche Pflichten dar, bei ihrer Umsetzung besteht jedoch ein weiter Ermes-

---

[124] *Dauner-Lieb*, in: Henssler/Strohn, Gesellschaftsrecht, 6. Aufl. 2024, § 93 AktG Rn. 21; *Spindler*, in: Münchener Kommentar zum Aktiengesetz, 6. Aufl. 2023, § 93 AktG Rn. 52; *Breitenfeld*, Die organschaftliche Binnenhaftung der Vorstandsmitglieder, 2016, S. 114.

[125] *Winnen*, Die Innenhaftung des Vorstandes nach dem UMAG, 2009, S. 162 f.; *Dauner-Lieb*, in: Henssler/Strohn, Gesellschaftsrecht, 6. Aufl. 2024, § 93 AktG Rn. 20.

[126] Nach der Vorschrift kann eine Aktiengesellschaft oder eine Kommanditgesellschaf auf Aktien auf Antrag der obersten Landesbehörde durch Urteil aufgelöst werden, wenn die zu beobachtende Gesellschaft durch gesetzeswidriges Verhalten ihrer Verwaltungsträger das Gemeinwohl gefährden und der Aufsichtsrat und die Hauptversammlung nicht für eine Abberufung der Verwaltungsträger sorgen.

[127] Der Vorschrift lasse sich der Rechtsgedanke entnehmen, dass positive Effekte des Rechtsbruches keine Berücksichtigung finden dürfen, *Reichert*, in: FS Hommelhoff, 2012, S. 907, 914.

[128] BGH, NJW 2009, 89, 91: Nach dieser Entscheidung liegt eine strafbare Untreue auch vor, wenn „schwarze Kassen“ mit dem Zweck angelegt wurden, das Geld zugunsten des Unternehmens einzusetzen.

[129] So ausdrücklich *Reichert*, in: FS Hommelhoff, 2012, S. 907, 914.

[130] *Spindler*, in: Münchener Kommentar zum Aktiengesetz, 6. Aufl. 2023, § 93 AktG Rn. 52; *Dauner-Lieb*, in: Henssler/Strohn, Gesellschaftsrecht, 6. Aufl. 2024, § 93 AktG Rn. 21; *Ott*, ZGR 2017, 149, 157; BT-Drucks. 15/5092, S. 11.

[131] *Jena*, Die Business Judgment Rule im Prozess, 2020, S. 145.

sensspielraum.[132] Es stellt sich mithin die Frage, ob auch diese Konstellationen von der Business Judgment Rule erfasst werden.

Auch wenn derartige Vorschriften, die in der Literatur teilweise als „Pflichtaufgaben mit Entscheidungsspielraum"[133] bezeichnet werden, dem Gesellschaftsrecht nicht neu sind, rückt die Diskussion um ihre Behandlung durch das Inkrafttreten des LkSG wieder ins Licht. Es soll daher zunächst untersucht werden, ob eine derartige eigenständige Vorschriftengattung neben den von der Business Judgment Rule erfassten unternehmerischen Entscheidungen existiert. Ist dies der Fall, muss im nächsten Schritt geklärt werden, wie solche Vorschriften zu behandeln sind und welche Bedeutung ihre Anerkennung für den Pflichtenkatalog des LkSG hat.

aa) Existenzberechtigung

Ausgangspunkt dieser Überlegungen ist – wie bereits angedeutet – Folgendes: Zahlreiche Vorschriften inner- und außerhalb des Gesellschaftsrechts beinhalten zwar grundsätzlich verbindliche Verhaltensvorgaben, sind allerdings flexibel gestaltet, indem sie den Rechtsunterworfenen Beurteilungsspielräume auf Tatbestands- oder Rechtsfolgenseite einräumen.[134] Vorgegeben wird also nur ein verbindlicher Rahmen. Bei der konkreten Ausgestaltung der Pflicht sind die Normadressaten hingegen weitgehend frei.[135] Die herrschende Meinung[136] befürwortet im Falle gesetzlicher Bindungen, in denen dem Rechtsunterworfenen zugleich ein Handlungsspielraum eingeräumt wird, die Anwendung der Business Judgment Rule. Zwar bestehe hinsichtlich des „ob" der Durchführung einer Maß-

---

[132] Vgl. *Geh*, Vorstandsbinnenhaftung unter dem LkSG, 2024, S. 92.

[133] So etwa *Koch*, in: FS Grunewald, 2021, S. 547 ff.; *Winnen*, Die Innenhaftung des Vorstandes nach dem UMAG, 2009, S. 179 ff.: „Pflichtaufgaben mit Gestaltungsspielraum".

[134] *Breitenfeld*, Die organschaftliche Binnenhaftung der Vorstandsmitglieder, 2016, S. 113 ff.; *Koch*, in: FS Grunewald, 2021, S. 547, 551 f.

[135] *Holle*, AG 2011, 778, 779.

[136] Vgl. *Bachmann*, in: Gesellschaftsrechtliche Vereinigung (Hrsg.), Gesellschaftsrecht in der Diskussion 2007, 2008, S. 65, 85 f.; *Hauschka*, GmbHR 2007, 11, 13; *Khanian*, KSzW 2010, 127, 129; *Kort*, in: FS Hopt, 2010, S. 983, 990 f.; *Schmidt*, Compliance in Kapitalgesellschaften, 2010, S. 94 f.; *Schneider*, Möglichkeiten und Grenzen der Umsetzung der gesellschaftsrechtlichen und bankenaufsichtsrechtlichen Anforderungen an Risikomanagement auf Gruppenebene, 2009, S. 29 ff.; *Schnieders*, Haftungsfreiräume für unternehmerische Entscheidungen in Deutschland und Italien, 2009, S. 302 ff.; *Sieg/Zeidler*, in: Hauschka, Corporate Compliance, 2. Aufl. 2010, § 3 Rn. 23; *Spindler*, in: FS Hüffer, 2010, S. 985, 993 f.; *Winnen*, Die Innenhaftung des Vorstandes nach dem UMAG, 2009, S. 179 ff.; *Mertens/Cahn*, in: KölnKomm, AktG, 3. Aufl. 2010, § 93 AktG Rn. 19 wollen die Business Judgment Rule hinsichtlich der prognostischen und zukunftsbezogenen Elemente anwenden; *Spindler*, in: Münchener Kommentar zum Aktiengesetz, 6. Aufl. 2023, § 93 AktG Rn. 52: Eine Entscheidung über die Art und Weise der Ausführung gesetzlicher Pflichten kann eine unternehmerische Entscheidung darstellen, wenn sie vom Gesetz nicht vorgegeben ist.

nahme kein Beurteilungsspielraum, wohl aber hinsichtlich des „wie“. Dies genüge, um § 93 Abs. 1 Satz 2 AktG jedenfalls insoweit anzuwenden.[137]

Nach überzeugender Auffassung[138] sind Pflichtaufgaben mit Entscheidungsspielraum allerdings von unternehmerischen Entscheidungen im Sinne des § 93 Abs. 1 Satz 2 AktG abzugrenzen. Sieht man den Zweck der Business Judgment Rule nämlich unter anderem darin, eine risikoaverse Haltung der Vorstandsmitglieder, welche durch Haftungsrisiken hervorgerufen wird, zu vermeiden, indem die gerichtliche Kontrolle der getroffenen Maßnahme(n) eingeschränkt wird,[139] so kommt der Frage, in welchem Umfang Entscheidungen kontrolliert werden können, die teilweise auf verbindlichen Vorgaben beruhen, teilweise aber auch auf eine freie Ermessensbetätigung zurückzuführen sind, neben § 93 Abs. 1 Satz 2 AktG eigenständige Bedeutung zu. Bei allgemeinen Geschäftsführungsmaßnahmen entscheidet der Vorstand nach freiem Belieben zur Förderung des Gesellschaftswohls.[140] In seinem Ermessen steht dabei sowohl „ob“ eine Maßnahme ergriffen werden soll als auch „wie“ diese durchgeführt wird.[141] Es handelt sich mithin um Maßnahmen, „die man machen, aber auch lassen kann“[142]. Bei Pflichtaufgaben mit Ermessensspielraum hingegen ist die Durchführung einer Maßnahme vorgeschrieben. Es droht gerade nicht die Gefahr, dass die unternehmerische Tätigkeit des Vorstands gehemmt wird, da das Tätigwerden nicht im Belieben des Vorstands steht. Die Pflichtaufgaben müssen ohnehin bewältigt werden.[143] Eine vorzunehmende Handlung kann daher bereits deshalb nicht mehr als „unternehmerische Entscheidung“ bezeichnet werden, wenn allein das „Ob“ der Durchführung nicht im Ermessen des Vorstands steht. Die Business Judgment Rule kann daher schon dem Wortlaut des § 93 Abs. 1 Satz 2 AktG nach keine Anwendung finden.[144]

Bei Pflichtaufgaben, bei denen im Rahmen des Beurteilungsspielraums (auch) die Interessen Außenstehender berücksichtigt werden müssen, spricht zudem der

---

[137] Vgl. *Winnen*, Die Innenhaftung des Vorstandes nach dem UMAG, 2009, S. 179 f.; *Schneider*, Möglichkeiten und Grenzen der Umsetzung der gesellschaftsrechtlichen und bankenaufsichtsrechtlichen Anforderungen an Risikomanagement auf Gruppenebene, 2009, S. 29 ff.; *Bachmann*, in: Gesellschaftsrechtliche Vereinigung (Hrsg.), Gesellschaftsrecht in der Diskussion 2007, 2008, S. 65, 85 f. hält eine Anwendbarkeit der Business Judgment Rule wohl auch hinsichtlich des „ob“ im Einzelfall für möglich.

[138] So etwa *Koch*, in: FS Grunewald, 2021, S. 547 ff.

[139] Vgl. *Spindler*, in: Münchener Kommentar zum Aktiengesetz, 6. Aufl. 2023, § 93 AktG Rn. 43; *Holle*, AG 2011, 778, 779 spricht davon, dass die die unternehmerische Tätigkeit des Vorstands „gelähmt“ werden könnte.

[140] *Holle*, AG 2011, 778, 779.

[141] *Holle*, AG 2011, 778, 782.

[142] Zit.: *Lutter*, DZWIR 2011, 265, 267.

[143] *Holle*, AG 2011, 778, 779.

[144] *Holle*, AG 2011, 778, 780 lehnt die Anwendung der Business Judgment Rule im Ergebnis ebenfalls ab, hält den Wortlaut des § 93 Abs. 1 Satz 2 AktG allerdings aufgrund des unbestimmten Rechtsbegriffes der „unternehmerischen Entscheidung“ für nicht ergiebig.

Zweck des § 93 Abs. 1 Satz 2 AktG gegen seine Anwendung. Die Business Judgment Rule gilt nämlich nach überzeugender herrschender Meinung[145] im Außenverhältnis der Gesellschaft nicht. Dies ist darauf zurückzuführen, dass sie den Vorstand im Interesse der Aktionäre zu einer unternehmerisch angebrachten Risikobereitschaft ermuntern soll und damit allein das Innenverhältnis im Blick hat.[146] Ist im zu beobachtenden Fall also nicht ausschließlich das Innenverhältnis betroffen, kann auf die Business Judgment Rule ihrer Schutzrichtung nach nicht zurückgegriffen werden.[147] Pflichtaufgaben, bei denen im Rahmen des Beurteilungsspielraums die Interessen Außenstehender berücksichtigt werden müssen, können damit auch aus diesem Grund nicht unter § 93 Abs. 1 Satz 2 AktG fallen.[148] Die Business Judgment Rule kann somit nur Fälle erfassen, in denen eine Entscheidung zu treffen ist, welche durch das Gesetz nicht zwingend vorgeschrieben wird, und der Vorstand keine anderen schutzwürdigen Belange als das Unternehmensinteresse einbeziehen muss.[149]

Unbestimmte Rechtsbegriffe schließen das Vorliegen konkreter gesetzlicher Vorgaben hingegen nicht aus und haben keinen Entscheidungsspielraum des Normadressaten zur Folge. Sie können zwar Rechtsunsicherheit erzeugen, obliegen aber gleichwohl der vollen richterlichen Kontrolle.[150] Es gehört schließlich zur Kernaufgabe der Gerichte, unbestimmte Rechtsbegriffe mit Inhalt zu füllen.[151]

Zur Einordnung ist somit Folgendes festzuhalten: Pflichtaufgaben mit Entscheidungsspielraum sind Vorschriften, welche dem Normadressaten die Erfüllung bestimmter Verhaltensvorgaben vorschreiben. Sie unterscheiden sich von sonstigen Pflichtaufgaben dadurch, dass ihnen ein Entscheidungsspielraum zu entnehmen ist. Aufgrund des Entscheidungsspielraums ist eine Abgrenzung zur unternehmerischen Entscheidung im Sinne des § 93 Abs. 1 Satz 2 AktG notwendig. Im ersten Schritt ist also stets zu klären, ob die zu beobachtende Vorschrift dem Normadressaten bei der Entscheidungsfindung überhaupt einen Beurteilungs- oder Ermessensspielraum einräumt. Liegt ein solcher Spielraum vor, muss im nächsten Schritt geklärt werden, ob es sich um eine unternehmerische Entscheidung im Sinne des § 93 Abs. 1 Satz 2 AktG handelt oder eine Pflichtaufgabe mit Entscheidungsspielraum bejaht werden kann.[152]

---

[145] *Mertens/Cahn*, in: KölnKomm, AktG, 3. Aufl. 2010, § 93 Rn. 16; *Kebekus/Zänker*, in: FS Maier-Reimer, 2010, S. 319, 322; *Holle*, AG 2011, 778, 784 f.; *Jungmann*, in: FS K. Schmidt, 2009, S. 831, 837 f.; *Jungmann*, NZI 2009, 80, 81.

[146] *Koch*, in: FS Grunewald, 2021, S. 547, 556 f.

[147] *Koch*, in: FS Grunewald, 2021, S. 547, 556 f.

[148] *Koch*, in: FS Grunewald, 2021, S. 547, 556 f.

[149] *Koch*, in: FS Grunewald, 2021, S. 547, 568.

[150] *Koch*, in: FS Grunewald, 2021, S. 547, 551.

[151] BVerfGE 84, 34, 49 f.

[152] So auch *Koch*, in: FS Grunewald, 2021, S. 547 ff., insb. 565.

bb) Vorliegen eines Beurteilungsspielraums

Ob ein Beurteilungs- oder Ermessensspielraum vorliegt, kann auf unterschiedliche Weise festgesellt werden. Zunächst können sich derartige Hinweise aus den Gesetzesmaterialien ergeben.[153] Im Rahmen einiger Vorschriften stellt der Gesetzgeber ausdrücklich klar, dass die Regelung der Unternehmensleitung einen Ermessensspielraum einräumen soll. So führt der Gesetzgeber etwa zu § 162 AktG (Vergütungsbericht) aus, dass Absatz 1 Satz 2 Nummer 2 der Vorschrift die vergleichende Angabe der Vergütung der Mitglieder der Unternehmensleitung zu derjenigen der Arbeitnehmer regele, wobei der Gesellschaft im Sinne einer unbürokratischen Umsetzung ein „weiter Ermessensspielraum" zukomme.[154]

Daneben kann auch der Wortlaut der zu beobachtenden Vorschrift auf einen Ermessens- oder Beurteilungsspielrum hindeuten. „Darf" oder „kann" der Vorstand eine Maßnahme treffen, spricht dies für die Eröffnung eines Handlungsspielraums.[155] „Soll" er eine Maßnahme treffen, ist deren Vornahme der Regelfall, in atypischen Situationen darf hingegen auf eine im Einzelfall besser geeignete Handlungsalternative zurückgegriffen werden.[156]

Schwierig ist die Beurteilung von unbestimmten Rechtsbegriffen, welche vom Gesetzgeber nur partiell ausgefüllt wurden, sodass sich Grenzen aus einschränkenden Formulierungen oder der Normstruktur als solcher ergeben. Der Gesetzgeber kann unbestimmte Rechtsbegriffe nämlich gerade zu dem Zweck einsetzen, dem Rechtsunterworfenen einen Handlungsspielraum einzuräumen.[157] Trägt eine Vorschrift dem Vorstand etwa auf Maßnahmen zu treffen, die „angemessen" oder „geeignet" sind, müssen diese Vorgaben beachtet werden. Es genügt nicht, wenn sich die Geschäftsleiter allein am Wohle der Gesellschaft orientieren, vielmehr sind auch die sonstigen Vorgaben der zu betrachtenden Ermächtigungsgrundlage einzuhalten und ggf. die Belange Außenstehender zu berücksichtigen.[158]

Veranschaulicht werden kann dies anhand einer an den Aufsichtsrat gerichteten Vorschrift: Nach § 87 Abs. 1 AktG hat dieser bei der Festsetzung der Gesamtbezüge des einzelnen Vorstandsmitglieds dafür zu sorgen, dass die Bezüge in einem angemessenen Verhältnis zu den Aufgaben und Leistungen des Vorstandsmitglieds sowie zur Lage der Gesellschaft stehen und die übliche Vergütung nicht ohne be-

---

[153] *Koch*, in: FS Grunewald, 2021, S. 547, 562 f.

[154] Vgl. BT-Drucks. 19/9739, S. 112.

[155] *Koch*, in: FS Grunewald, 2021, S. 547, 563.

[156] *Harnos*, Gerichtliche Kontrolldichte, 2021, S. 355: Die Spielräume sind enger, weil die Normadressaten für den Regelfall vorprogrammiert sind. In atypischen Ausnahmesituationen dürfen sie aber von der Standardvariante abweichen und eine passendere Handlungsalternative wählen.

[157] *Koch*, in: FS Grunewald, 2021, S. 547, 552.

[158] *Harnos*, Gerichtliche Kontrolldichte, 2021, S. 355; siehe auch *Eisele*, Sicherer Hafen?, S. 348, 352.

sondere Gründe übersteigen. Der Aufsichtsrat hat also die Aufgabe, die „Angemessenheit“ der Bezüge unter Beachtung der gesetzlichen Einschränkungen zu bestimmen. Dabei wird es in den Anwendungsfällen der Vorschrift kaum einen bestimmten Betrag geben, der als einzig und allein angemessen erscheint. Vielmehr kann der Aufsichtsrat innerhalb vorgezeichneter Grenzen eine der ihm zu Verfügung stehenden Gestaltungsmöglichkeiten auswählen.[159] Der Gesetzgeber hat den Handlungsspielraum bewusst eingegrenzt, indem er selbst Kriterien für eine angemessene Vergütung festgelegt hat.[160] Der Aufsichtsrat ist rechtlich an diese Grenzen gebunden, weshalb das Befolgen der Vorgaben keine unternehmerische Entscheidung darstellen kann.[161] Die Einhaltung dieser vom Gesetzgeber verbindlich vorgegebenen Grenzen muss also auch inhaltlich zu kontrollieren sein.[162]

Als weiteres Beispiel soll § 91 Abs. 2 AktG angeführt werden: Nach dieser Vorschrift hat der Vorstand geeignete Maßnahmen zu treffen, insbesondere ein Überwachungssystem einzurichten, damit den Fortbestand der Gesellschaft gefährdende Entwicklungen früh erkannt werden. Sieht man – der herrschenden Meinung[163] folgend – in dieser Regelung die Verpflichtung, ein Überwachungssystem einzurichten, so führt dies dazu, dass den Vorstand zwar die Pflicht zur Einrichtung eines solchen trifft, ihm bei der konkreten Ausgestaltung jedoch Ermessen eingeräumt wird.[164] Er ist nicht dazu verpflichtet, ein starren Regeln folgendes System einzurichten. Vielmehr kann er unter Abwägung möglicher Risikofaktoren die Ausgestaltung an die konkrete Marktsituation anpassen.[165] Eingeschränkt wird der Ermessensspielraum aber dadurch, dass das Überwachungssystem zur Risikofrüherkennung „geeignet“ sein muss. Dies ist dann der Fall, wenn nach der Erfahrung erwartet werden darf, dass der Vorstand erforderliche Informationen rechtzeitig erhält.[166] Sowohl im Rahmen des § 91 Abs. 2 AktG („geeignet“) als auch des § 87 Abs. 1 AktG („angemessen“) bestehen daher trotz des weiten

---

[159] *Harnos*, Geschäftsleiterhaftung, 2013, S. 146 f.

[160] *Harnos*, Gerichtliche Kontrolldichte, 2021, S. 478.

[161] *Schäfer*, ZIP 2005, 1253, 1258; *Harnos*, Gerichtliche Kontrolldichte, 2021, S. 478 f.; *Huthmacher*, Pflichten und Haftung der Aufsichtsratsmitglieder, 2015, S. 137 f.; *Kropff*, in: FS Raiser, 2005, S. 225, 234; *Schwark*, in: FS Raiser, 2005, S. 377, 387 ff., 391.

[162] *Harnos*, Geschäftsleiterhaftung, 2013, S. 147; *Harnos*, Gerichtliche Kontrolldichte, 2021, S. 487.

[163] *Dauner-Lieb*, in: Henssler/Strohn, Gesellschaftsrecht, 6. Aufl. 2024, § 91 AktG Rn. 6; *Mertens/Cahn*, in: KölnKomm, AktG, 3. Aufl. 2010, § 91 Rn. 14, 26; *Preußner/Becker*, NZG 2002, 846, 847.

[164] *Holle*, AG 2011, 778, 779; *Breitenfeld*, Die organschaftliche Binnenhaftung der Vorstandsmitglieder, 2016, S. 118 f.; *Harnos*, Geschäftsleiterhaftung, 2013, S. 144.

[165] *Breitenfeld*, Die organschaftliche Binnenhaftung der Vorstandsmitglieder, 2016, S. 118 f.; *Spindler*, in: FS Hüffer, 2010, S. 986, 993 f.

[166] *Dauner-Lieb*, in: Henssler/Strohn, Gesellschaftsrecht, 6. Auflage 2024, § 91 AktG Rn. 9; *Koch*, 18. Aufl. 2024, AktG § 91 Rn. 9; *Müller-Michaels*, in: Hölters/Weber, Aktiengesetz, 4. Auflage 2022, § 91 AktG Rn. 6; *Huth*, BB 2007, 2167.

Beurteilungsspielraumes gesetzliche Vorgaben, denen das Entscheidungsergebnis genügen muss.[167]

Daneben gibt es Vorschriften, bei denen sich ein Beurteilungsspielraum weder aus dem Wortlaut noch der Gesetzesbegründung entnehmen lässt und erst eine genauere Betrachtung der Vorschrift offenbart, dass dem Entscheidungsträger bei Anwendung der Vorschrift ein solcher zugestanden werden muss, da die Vorschrift den Normadressaten auf ein bestimmtes Ziel verpflichtet, der Weg zur Erreichung dieses Ziels aber in das Ermessen des Entscheidungsträgers gestellt wird.[168] Die Wegfindung kann dabei von komplexen Abwägungsentscheidungen abhängig sein. Solche Vorschriften werden auch als „Finalnormen" bezeichnet.[169] So hat der Aufsichtsrat etwa bei der Bestellung des Vorstands nach § 84 Abs. 1 AktG verschiedene Umstände – fachliche und persönliche Qualifikation, Erfahrung, Gehaltsvorstellungen usw. – gegeneinander abzuwägen.[170] Der Eignungsentscheidung liegt dabei zwar ein gesetzlicher Anknüpfungspunkt zugrunde, dieser formuliert jedoch keine inhaltlichen Vorgaben.[171] § 84 Abs. 1 AktG lautet wie folgt:

> „Vorstandsmitglieder bestellt der Aufsichtsrat auf höchstens fünf Jahre" (§ 84 Abs. 1 S. 1 AktG).

Der Mangel an inhaltlichen Vorgaben führt nicht dazu, dass der Aufsichtsrat bei der Auswahl und Bestellung vollkommen frei ist. Entscheidend für die Auswahl ist (neben den zwingenden Vorgaben des § 76 Abs. 3 AktG) nämlich das in § 84 Abs. 1 AktG nicht genannte Unternehmensinteresse.[172] Dies folgt daraus, dass § 93 Abs. 1 Satz 1 AktG in Verbindung mit § 116 AktG eine allgemeine Sorgfaltspflicht des Aufsichtsrats statuiert, deren Bezugspunkt das Gesellschaftsinteresse ist.[173] Die Erfüllung dieser Sorgfaltspflicht verlangt unter anderem das Unternehmensinteresse zu wahren (Zielvorgabe), indem bei der Bestellung des Vorstands geeignete Kandidaten für das Amt ausgewählt werden. Für die Auswahl geeigneter Kandidaten ist wiederum die soeben skizzierte Abwägung verschiedener Umstände erforderlich.[174] Aus der Bindung allein an das Unternehmensinteresse wird in der Literatur richtigerweise geschlussfolgert, dass es sich bei der Bestellung um eine unternehmeri-

---

[167] *Holle*, AG 2011, 778, 784.

[168] *Koch*, in: FS Grunewald, 2021, S. 547, 563 f.

[169] So etwa *Koch*, in: FS Grunewald, 2021, S. 547, 563 f.; zur Herleitung aus dem Verwaltungsrecht: *Harnos*, Gerichtliche Kontrolldichte, 2021, S. 110 ff., 163 ff.

[170] *Koch*, in: FS Grunewald, 2021, S. 547, 564.

[171] *Harnos*, Gerichtliche Kontrolldichte, 2021, S. 474 f.

[172] *Koch*, in: FS Grunewald, 2021, S. 547, 558.

[173] Zur Sorgfaltspflicht siehe *Koch*, 18. Aufl. 2024, AktG § 116 Rn. 2 ff.

[174] In diese Richtung wohl auch OLG München, ZIP 2017, 372, 374, welches die Pflichten des Aufsichtsrates bei der Bestellung des Vorstands – ohne nähere Begründung – aus § 116 AktG ableitet.

sche Entscheidung im Sinne des § 93 Abs. 1 Satz 2 AktG (in Verbindung mit § 116 Abs. 1 Satz 1 AktG) handelt.[175]

Festzuhalten bleibt also, dass es auch Vorschriften gibt, die – ohne Andeutung im Wortlaut oder den Gesetzesmaterialien – dem Entscheidungsträger einen Beurteilungsspielraum einräumen, da das Unternehmensinteresse bei der Entscheidung zu berücksichtigen ist. Bietet die Formulierung bzw. Struktur einer solchen Norm hingegen keinen Raum für ein Inkorporieren des Unternehmensinteresses in die Entscheidungsfindung, so handelt es sich um eine Vorschrift, die im klassischen „Wenn-Dann-Schema" den Eintritt einer bestimmten Rechtsfolge an das Vorliegen gewisser Voraussetzungen koppelt.[176] So muss der Vorstand etwa nach § 122 Abs. 1 Satz 1 Hs. 1 AktG die Hauptversammlung einberufen, wenn Aktionäre, deren Anteile zusammen den zwanzigsten Teil des Grundkapitals erreichen, die Einberufung schriftlich unter Angabe des Zwecks und der Gründe verlangen.[177]

cc) Abgrenzung zur unternehmerischen Entscheidung

Nachdem untersucht wurde, wann ein Beurteilungsspielraum vorliegt, ist die Frage zu klären, wie die Abgrenzung zur unternehmerischen Entscheidung im Sinne des § 93 Abs. 1 Satz 2 AktG erfolgen kann. Dies hat Koch überzeugend dargestellt: Die Pflichtaufgaben mit Entscheidungsspielraum ziehen ihre Daseinsberechtigung daraus, dass in einigen Fällen dem Entscheidungsträger zwar ein Ermessensspielraum zusteht, dieser aufgrund zwingender Einschränkungen jedoch enger ausgestaltet ist als im Rahmen des § 93 Abs. 1 Satz 2 AktG.[178] Zur Abgrenzung ist also lediglich zu prüfen, ob bei der Entscheidung allein das Unternehmensinteresse zu beachten ist, dann liegt eine unternehmerische Entscheidung im Sinne des § 93 Abs. 1 Satz 2 AktG vor. Muss der Entscheidungsträger bei der Entscheidungsfindung hingegen neben dem Unternehmensinteresse weitere (externe) Interessen berücksichtigen oder wird sein Ermessen durch tatbestandliche Einschränkungen oder sonstige gesetzliche Vorgaben reduziert, liegt eine Pflichtaufgabe mit Entscheidungsspielraum vor.[179]

dd) Handhabung der Pflichtaufgaben mit Entscheidungsspielraum

Zuletzt bleibt die Frage offen, wie Pflichtaufgaben mit Entscheidungsspielraum zu behandeln sind. Die soeben beschriebenen Fälle, in welchen den Entscheidungsträgern ein Beurteilungs- oder Ermessensspielraum eingeräumt wird, bewegen sich in einem Bereich zwischen unternehmerischer Entscheidung und gesetz-

---

[175] So etwa *Koch*, in: FS Grunewald, 2021, S. 547, 558.

[176] Vgl. auch *Koch*, in: FS Grunewald, 2021, S. 547, 563 f.

[177] *Kubis*, in: Münchener Kommentar zum AktG, 6. Auflage 2024, § 122 AktG Rn. 36.

[178] *Koch*, in: FS Grunewald, 2021, S. 547, 565.

[179] *Koch*, in: FS Grunewald, 2021, S. 547, 565 f.

lichen Vorgaben.[180] Sie fallen (mangels unternehmerischer Entscheidung) weder in den Anwendungsbereich der Business Judgment Rule noch sind sie (aufgrund des Beurteilungsspielraums) vollständig von der Legalitätspflicht erfasst. Es bietet sich daher an, die gerichtliche Prüfungsdichte spiegelbildlich zu den gesetzlichen Vorgaben und den sonstigen Gründen, welche den Beurteilungsspielraum einschränken, auszugestalten.[181] Mit anderen Worten: Müssen Interessen Dritter berücksichtigt werden oder gibt es gesetzliche Einschränkungen, kann das Gericht deren Einhaltung vollständig prüfen. Ein daneben bestehender Beurteilungsspielraum ist hingegen nur eingeschränkt überprüfbar. Überzeugend erscheint insoweit – in Anlehnung an die Grundsätze der Ermessensfehlerlehre aus dem Verwaltungsrecht[182] – danach zu fragen, ob die Geschäftsleiter die Handlungsmöglichkeiten erkannt, die vorgegebenen gesetzlichen Grenzen eingehalten und den zu entscheidenden Sachverhalt ausermittelt haben.[183] Ferner dürfen der Entscheidung keine sachfremden Erwägungen zugrunde liegen. Im Rahmen der sachfremden Erwägungen ist die jeweilige Norm dahingehend zu untersuchen, ob bestimmte Handlungsweisen intendiert sind oder die Vorstandsmitglieder überwiegend nach ihrer Vorstellung das Gesellschaftswohl verwirklichen sollen.[184] Ist Letzteres der Fall, darf keine oder nur eine sehr eingeschränkte richterliche Kontrolle der Entscheidung stattfinden, sodass es zu einer Quasi-Anwendung der Business Judgment Rule kommen kann.[185] In jedem Fall muss es den Gerichten aber unbenommen bleiben zu untersuchen, ob die getroffene Entscheidung dem Zweck der zu beobachtenden Vorschrift zuwiderläuft.[186]

b) Sorgfaltspflichten nach dem LkSG als Pflichtaufgaben mit Entscheidungsspielraum

Nachdem herausgearbeitet wurde, dass Pflichtaufgaben mit Entscheidungsspielraum eine eigenständige Kategorie von Vorschriften bilden und ihre rechtliche Behandlung sich in einigen Aspekten von der Business Judgment Rule unterscheidet, sind diese Untersuchungsergebnisse nun auf die Sorgfaltspflichten des LkSG zu übertragen.

---

[180] Vgl. *Geh*, Die Vorstandsbinnenhaftung unter dem LkSG, 2024, S. 95.

[181] *Koch*, in: FS Grunewald, 2021, S. 547, 566 f.

[182] Siehe dazu *Riese*, in: Schoch/Schneider, Verwaltungsrecht, Werkstand: 46. EL August 2024, § 114 VwGO Rn. 56 ff.

[183] *Harnos*, Gerichtliche Kontrolldichte, 2021, S. 355 f.

[184] *Harnos*, Gerichtliche Kontrolldichte, 2021, S. 355 f.

[185] Ähnlich *Harnos*, Gerichtliche Kontrolldichte, 2021, S. 356.

[186] *Holle*, AG 2011, 778, 785.

Die Anwendbarkeit der Business Judgment Rule auf den Sorgfaltspflichtenkatalog des LkSG ist in der Literatur umstritten.[187] Eine genauere Betrachtung der einzelnen Vorschriften zeigt aber, dass sämtliche Sorgfaltspflichten als Pflichtaufgaben mit Entscheidungsspielraum klassifiziert werden können.[188] Ausgangspunkt ist zunächst der, dass es sich bei dem Pflichtenkatalog des LkSG (§§ 3 ff.) grundsätzlich um verbindliche Verhaltensvorgaben handelt, die jedoch flexibel gestaltet sind, indem sie den Rechtsunterworfenen Beurteilungsspielräume auf Tatbestands- oder Rechtsfolgenseite einräumen.[189] Die Adressaten sind hinsichtlich des „ob" unfrei, da sämtliche Pflichten zu erfüllen sind. Hinsichtlich des „wie" besteht hingegen ein (häufig weiter) Beurteilungsspielraum.[190] So muss das Risikomanagementsystem nach § 4 Abs. 1 Satz 1 LkSG „angemessen und wirksam" sein und gemäß § 4 Abs. 1 Satz 2 LkSG durch „angemessene Maßnahmen" in die Geschäftsabläufe verankert werden. Nach § 5 Abs. 1 Satz 1 LkSG ist eine „angemessene Risikoanalyse" durchzuführen, wobei die ermittelten Risiken gemäß § 5 Abs. 2 Satz 1 „angemessen" zu gewichten und zu priorisieren sind. Der in § 3 Abs. 1 und 2 LkSG statuierte allgemeine Angemessenheitsvorbehalt findet sich dabei sowohl in den zuvor genannten als auch in beinahe sämtlichen übrigen Sorgfaltspflichten wieder.[191]

Da die gesetzliche Begrenzung des Entscheidungsspielraums (die Maßnahmen müssen stets „angemessen" und „wirksam" sein[192]) bei der Umsetzung verpflichtender Verhaltensvorgaben nach hier vertretener Auffassung die Anwendbarkeit der Business Judgment Rule ausschließt, findet § 93 Abs. 1 Satz 2 AktG schon aus diesem Grund keine Anwendung.[193] So müssen etwa die nach § 7 Abs. 1 Satz 1 LkSG zu ergreifenden Abhilfemaßnahmen „angemessen" sein, was sie vor dem

[187] Für eine Anwendbarkeit: *Fleischer*, DB 2022, 920, 928; wohl auch *Grabosch*, in: Grabosch, LkSG, § 5 Rn. 49; dagegen: *Paefgen*, ZIP 2021, 2006, 2013; *Burchardi*, NZG 2022, 1467, 1469; *Koch*, 17. Aufl. 2023, AktG § 76 Rn. 35o; *Irmscher/Bücker*, NVwZ 2023, 1368, 1371 f.; *Voland/Lohn*, in: Ghassemi-Tabar, LkSG, § 3 Rn. 194.

[188] So wohl auch *Geh*, Die Vorstandsbinnenhaftung unter dem LkSG, 2024, S. 95 ff.; *Koch*, 17. Aufl. 2023, AktG § 76 Rn. 35o.

[189] Vgl. *Breitenfeld*, Die organschaftliche Binnenhaftung der Vorstandsmitglieder, 2016, S. 113 ff.; *Koch*, in: FS Grunewald, 2021, S. 547, 551 f.

[190] Vgl. BT-Drucks. 19/28649, S. 42.

[191] Vgl. § 6 Abs. 1 LkSG („angemessene Präventionsmaßnahmen"); § 7 Abs. 1 Satz 1 LkSG („angemessene Abhilfemaßnahmen"); § 8 Abs. 1 Satz 1 LkSG („angemessenes Beschwerdeverfahren"); aufgrund dieser „zigfachen salvatorischen Anwendung des Attributs angemessen" wird auch eine Kontamination des Bestimmtheitsgrundsatzes bemängelt, so etwa *Wimmer*, in: FS Reuter, 2021, 535, 568.

[192] Das Wirksamkeitserfordernis des § 4 Abs. 2 LkSG beschreibt die Zielsetzung des lieferkettenbezogenen Risikomanagements und ist daher – wie auch der Angemessenheitsvorbehalt – bei der Erfüllung sämtlicher Sorgfaltspflichten zu beachten, vgl. *Balke*, in: Gehling/Ott, LkSG, § 4 Rn. 29; BT-Drucks. 19/28649, S. 43.

[193] *Geh*, Vorstandsbinnenhaftung unter dem LkSG, 2024, S. 118 ff., insb. 123 lässt die Anwendbarkeit der Business Judgment Rule ebenfalls am Angemessenheitsvorbehalt scheitern.

Hintergrund des § 4 Abs. 2 LkSG jedenfalls nur dann sein können, wenn sie überhaupt das Potenzial haben, Verletzungen zu verhindern, zu beenden oder das Ausmaß der Verletzungen zu minimieren.[194] Für den Menschenrechts- und Umweltschutz nutzlose oder unzureichende Maßnahmen sind nicht „angemessen“ bzw. nicht „wirksam“.[195] Der Angemessenheitsvorbehalt (§ 3 Abs. 1 LkSG) verlangt zudem, dass stets die in § 3 Abs. 2 LkSG genannten Kriterien (Art und Umfang der Geschäftstätigkeit, Einflussvermögen, Schwere der Verletzungen, Verursachungsbeitrag) zu berücksichtigen sind. Es bestehen also erhebliche gesetzliche Beschränkungen des Beurteilungsspielraums des Vorstands bei der Umsetzung der (zwingend zu erfüllenden) Sorgfaltspflichten.[196] Auch hinsichtlich des „wie“ ist die Geschäftsleitung somit nicht gänzlich frei.[197]

Darüber hinaus scheitert das Vorliegen einer unternehmerischen Entscheidung auch daran, dass sämtliche Sorgfaltspflichten im Lichte der vom LkSG formulierten Zielbestimmungen zu erfüllen sind. Dies verdeutlich bereits der Wortlaut des § 3 Abs. 1 LkSG, welcher wie folgt lautet:

> „Unternehmen sind dazu verpflichtet, in ihren Lieferketten die in diesem Abschnitt festgelegten menschenrechtlichen und umweltbezogenen Sorgfaltspflichten in angemessener Weise zu beachten mit dem Ziel, menschenrechtlichen oder umweltbezogenen Risiken vorzubeugen oder sie zu minimieren oder die Verletzung menschenrechtsbezogener oder umweltbezogener Pflichten zu beenden.“

Der Gesetzestext bringt zum Ausdruck, dass sämtliche Sorgfaltspflichten das Ziel verfolgen (sollen), menschenrechtliche und umweltbezogene Risiken zu bekämpfen.[198] Die für die Anwendung der Business Judgment Rule notwendige Beschränkung auf das Innenverhältnis und die Bindung des Vorstands allein an das Unternehmensinteresse sind mithin auch aus diesem Grund abzulehnen. Der Wortlaut des § 3 Abs. 1 LkSG verlangt, dass stets die Interessen Dritter (in Gestalt der Menschenrechte) und somit sonstige schutzwürdige Interessen zu beachten sind. Bei der Umsetzung und auch der Ausgestaltung der Sorgfaltspflichten kann es sich daher auch aus diesem Grund nicht mehr um unternehmerische Entscheidungen handeln.[199]

---

[194] Angemessenheitsvorbehalt (§ 3 Abs. 2 LkSG) und Wirksamkeitserfordernis (§ 4 Abs. 2 LkSG) bedingen sich gegenseitig und sind daher nicht streng voneinander zu trennen, vgl. nur *Mader*, in: Gehling/Ott, LkSG, § 3 Rn. 37.

[195] Vgl. *Fleischer/Götz*, in: Fleischer/Mankowski, LkSG, § 4 Rn. 39.

[196] *Geh*, Die Vorstandsbinnenhaftung unter dem LkSG, 2024, S. 123; *Paefgen*, ZIP 2021, 2006, 2013 spricht sogar von „strikt gebundenen Organentscheidungen“.

[197] *Koch*, 17. Aufl. 2023, AktG § 76 Rn. 35o.

[198] *Walden*, in: Depping/Walden, LkSG, § 3 Rn. 5.

[199] In eine ähnliche Richtung argumentiert *Koch*, 17. Aufl. 2023, AktG § 76 Rn. 35o.

Die Sorgfaltspflichten des LkSG fallen nach alledem nicht unter den Anwendungsbereich der Business Judgment Rule.[200] Bei einigen Sorgfaltspflichten ist allerdings zu klären, ob es sich bei ihnen nicht sogar um Pflichtaufgaben ohne Entscheidungsspielraum handelt. Zu nennen ist insbesondere § 4 Abs. 3 Satz 1 LkSG, der wie folgt lautet:

> „Das Unternehmen hat dafür zu sorgen, dass festgelegt ist, wer innerhalb des Unternehmens dafür zuständig ist, das Risikomanagement zu überwachen, etwa durch die Benennung eines Menschenrechtsbeauftragten."

Es könnte argumentiert werden, dass die Vorschrift im klassischen „Wenn-Dann-Schema" (Wenn der Anwendungsbereich des LkSG nach § 1 LkSG eröffnet ist, dann muss eine zuständige Person benannt werden) die Benennung eines Menschenrechtsbeauftragten verlangt. Allerdings ist auch hier zu beachten, dass ein erheblicher Spielraum bei der Implementierung einer solchen Zuständigkeit besteht (vgl. Kap. 4 B. II.). Da die Benennung im Lichte der Angemessenheit des Risikomanagements und seiner Eignung zum Schutz der Menschenrechte und der Umwelt zu erfolgen hat, darf zudem eine Person, welcher die für die Ausübung der Stellung erforderliche Sachkunde fehlt (vgl. Kap. 4 B. II. 1.), nicht benannt werden. Ebenso ist dem Menschenrechtsbeauftragten ein besonderer Kündigungsschutz einzuräumen (vgl. Kap. 4 B. II. 3. b). Es besteht also auch hier ein Ermessensspielraum, der durch die in Kap. 4 B. II. herausgearbeiteten (ungeschriebenen) gesetzlichen Grenzen eingeschränkt wird.[201]

Auch die Berichts- und Dokumentationspflicht aus § 10 LkSG stellt keine Pflichtaufgabe ohne Entscheidungsspielraum dar. Dies macht bereits § 10 Abs. 2 LkSG deutlich, welcher ausdrücklich Mindestanforderungen definiert und der Geschäftsleitung daher sowohl Entscheidungsspielraum einräumt als auch gesetzliche Grenzen (durch die Formulierung von Mindestanforderungen ist der Verzicht auf diese nicht möglich) statuiert.[202] Dasselbe gilt für die Grundsatzerklärung aus § 6 Abs. 2 LkSG, welche den Mindestanforderungen aus § 6 Abs. 2 Satz 3 LkSG unterliegt.[203]

Die Handhabung von Pflichtaufgaben mit Entscheidungsspielraum wurde bereits untersucht. Überträgt man die dort gewonnen Erkenntnisse auf das LkSG gilt Folgendes:

Bei der Erfüllung der Sorgfaltspflichten des LkSG steht dem Vorstand ein Beurteilungsspielraum zu. Dieser wird begrenzt durch die in den einzelnen Sorgfaltspflichten ausformulierten Einschränkungen und Mindestvorgaben sowie den Angemessenheitsvorbehalt des § 3 Abs. 2 LkSG, bei dem Art und Umfang der Tätig-

---

[200] So auch *Geh*, Die Vorstandsbinnenhaftung unter dem LkSG, 2024, S. 123 im Hinblick auf § 3 Abs. 2 LkSG.

[201] Vgl. *Grabosch*, in: Grabosch, LkSG, § 5 Rn. 35 ff.

[202] Vgl. *Schenk*, in: Depping/Walden, LkSG, § 10 Rn. 43.

[203] Vgl. *Rühmkorf*, in: Gehling/Ott, LkSG, § 6 Rn. 45.

keit, Einflussvermögen, Schwere der Verletzung und der Verursachungsbeitrag des Unternehmens zu berücksichtigen sind.[204] Zudem gebietet § 3 Abs. 1 LkSG durch die dort formulierte Zielvorgabe, dass sämtliche Maßnahmen der Bekämpfung von Menschenrechtsverletzungen und Umweltschädigungen dienen müssen und daher stets Interessen Außenstehender (vor allem Menschenrechte) bei der Entscheidungsfindung besonders zu berücksichtigen sind. Der noch verbleibende Entscheidungsspielraum ist gerichtlich nur eingeschränkt überprüfbar und ähnelt dem der Business Judgment Rule. Es ist danach zu fragen, ob die Geschäftsleiter die bestehenden Handlungsmöglichkeiten erkannt und den zu entscheidenden Sachverhalt ausermittelt haben.[205] Ferner dürfen der Entscheidung keine sachfremden Erwägungen zugrunde liegen.[206]

Dogmatisch kann dieser Lösungsweg mit einer entsprechenden Anwendung der verwaltungsrechtlichen Ermessensfehlerlehre zur Einschränkung der verwaltungsgerichtlichen Kontrollintensität behördlicher Ermessensentscheidungen gemäß § 40 VwVfG und § 114 Satz 1 VwGO begründet werden.[207]

Die für die Bildung einer Analogie[208] erforderliche Regelungslücke folgt daraus, dass das Kapitalgesellschaftsrecht bis auf § 93 Abs. 1 Satz 2 AktG keine Regelung kennt, welche Vorgaben zur gerichtlichen Kontrolldichte von Ermessensentscheidungen macht, die gerichtliche Kontrolldichte im Rahmen der Business Judgment Rule sich aber – wie soeben dargestellt – im Hinblick auf die Sorgfaltspflichten des LkSG als unpassend erweist.[209] Da der Gesetzgeber des § 93 Abs. 1 Satz 2 AktG die Vorschrift nach dem Vorbild der ARAG/GarmenbeckEntscheidung ausgestalten wollte[210], ist ferner davon auszugehen, dass er Pflichtaufgaben mit Entscheidungsspielraum während des Gesetzgebungsverfahrens überhaupt nicht im Blick hatte.[211]

Daneben kann auch eine vergleichbare Interessenlage zwischen den im LkSG angelegten Ermessensspielräumen und dem Regelungsbereich der §§ 40 VwVfG, 114 Satz 1 VwGO bejaht werden. Zunächst handelt es sich sowohl bei den Normen des LkSG als auch bei den Vorschriften des allgemeinen Verwaltungs(prozess)

---

[204] *Geh*, Die Vorstandsbinnenhaftung unter dem LkSG, 2024, S. 127.

[205] *Geh*, Die Vorstandsbinnenhaftung unter dem LkSG, 2024, S. 130; s. auch *Harnos*, Gerichtliche Kontrolldichte, 2021, S. 355 f.

[206] *Geh*, Die Vorstandsbinnenhaftung unter dem LkSG, 2024, S. 130; *Irmscher/Bücker*, NVwZ 2023, 1368, 1372 f. möchten eine Parallele zur Abwägungsfehlerlehre aus dem Bauplanungsrecht ziehen und eine LkSG-spezifische Abwägungsfehlerlehre entwerfen.

[207] So überzeugend *Geh*, Die Vorstandsbinnenhaftung unter dem LkSG, 2024, S. 128, an dessen Argumentation die nachstehenden Ausführungen angelehnt sind.

[208] Vgl. zu den Voraussetzungen für die Bildung einer Analogie Kap. 3 C. III. 6. a).

[209] *Geh*, Die Vorstandsbinnenhaftung unter dem LkSG, 2024, S. 128.

[210] Vgl. BT-Drucks. 15/5092, S. 11: Die Ausgestaltung der Business Judgment Rule „entspricht Vorbildern der Business Judgment Rule aus dem angelsächsischen Rechtskreis und findet Parallelen in der neueren höchstrichterlichen Rechtsprechung des BGH (Urteil vom 21. April 1997, BGHZ 135, 244 ‚ARAG/Garmenbeck')".

[211] *Geh*, Die Vorstandsbinnenhaftung unter dem LkSG, 2024, S. 128.

rechts um öffentlich-rechtliche Vorschriften, welche eine pflichtgemäße Ermessensausübung zum Gegenstand haben.[212] Der Umstand, dass Regressansprüche einer Aktiengesellschaft gegen den Vorstand eigentlich zivilrechtliche Haftungsfragen thematisieren, steht einer Wertungsparallele jedenfalls deshalb nicht entgegen, weil die Legalitätspflicht die von den Unternehmen einzuhaltenden öffentlich-rechtlichen Sorgfaltspflichten ins Innenverhältnis zwischen Gesellschaft und Vorstand transportiert.[213] Gegen die Analogie könnte zwar vorgebracht werden, dass es im Falle des LkSG um ein von den Unternehmen bzw. den Vorständen ausgeübtes Ermessen, im Falle der Normen des allgemeinen Verwaltungsrechts hingegen um die Ermessensausübung durch Behörden geht. Allerdings zeichnen sich die in Rede stehenden Ermessensentscheidungen gerade durch ein den jeweiligen Entscheidungsträgern zustehendes „Letztentscheidungsrecht" aus.[214] Auch insoweit ist also ein gewisser Interessengleichlauf zu erkennen. Hinzu kommt, dass die Sorgfaltspflichten des LkSG dem Vorstand bei der Entscheidungsfindung über den Angemessenheitsvorbehalt ein Rechtsfolgenermessen hinsichtlich der konkret zu ergreifenden Maßnahmen einräumen, welches prinzipiell auch § 40 VwVfG vor Augen hat.[215] Dieser bezieht sich nämlich vor allem auf solche Normen, welche die Ermächtigung zum Ermessenshandeln an bestimmte tatbestandliche Voraussetzungen knüpfen.[216] Einer ähnlichen Regelungssystematik folgen auch die Sorgfaltspflichten des LkSG. So hat ein pflichtiges Unternehmen bspw. gemäß § 6 Abs. 1 LkSG eine angemessene Präventionsmaßnahme erst dann zu ergreifen, wenn der Tatbestand der Vorschrift erfüllt ist. Dieser verlangt die Feststellung eines Risikos im Rahmen der Risikoanalyse nach § 5 LkSG. Das Unternehmen hat dann keinen Beurteilungsspielraum auf Tatbestandsseite beim „Ob" des Ergreifens einer Präventionsmaßnahme (etwa ob der in Rede stehende Sachverhalt ein menschenrechtliches oder umweltbezogenes Risiko begründet), sondern allein auf Rechtsfolgenseite beim „Wie" der Umsetzung.[217] Die Ermessensausübung ist also – wie im Anwendungsbereich des § 40 VwVfG – an das Vorliegen bestimmter Tatbestandsvoraussetzungen gekoppelt.

Die Wertungsparallele zu § 114 Satz 1 VwGO wird zudem anhand des gerichtlichen Prüfungsmaßstabes deutlich, welcher für die Vorschriften des LkSG gilt.[218] Der verwaltungsgerichtliche Prüfungsmaßstab ist darauf begrenzt, zu prüfen, ob die Grenzen des Ermessensspielraums überschritten wurden[219] und ob vom Ermessen in einer dem Zweck der Ermächtigung widersprechenden Weise Gebrauch gemacht

---

[212] *Geh*, Die Vorstandsbinnenhaftung unter dem LkSG, 2024, S. 128.

[213] *Geh*, Die Vorstandsbinnenhaftung unter dem LkSG, 2024, S. 128 f.

[214] *Geh*, Die Vorstandsbinnenhaftung unter dem LkSG, 2024, S. 128 f.

[215] *Geh*, Die Vorstandsbinnenhaftung unter dem LkSG, 2024, S. 129.

[216] *Sachs*, in: Stelkens/Bonk/Sachs, VwVfG, 10. Auflage 2023, § 40 Rn. 32.

[217] *Geh*, Die Vorstandsbinnenhaftung unter dem LkSG, 2024, S. 92.

[218] *Geh*, Die Vorstandsbinnenhaftung unter dem LkSG, 2024, S. 129.

[219] Vgl. dazu *Wolff*, in: Sodan/Ziekow, VwGO, 5. Auflage 2018, § 114 Rn. 122 ff.

wurde[220]. Eigene Zweckmäßigkeitserwägungen sind dem Gericht hingegen verboten.[221] Ähnlich verhält es sich bei der Umsetzung des LkSG. Bei der Erfüllung der Sorgfaltspflichten ist der Ermessensspielraum des Vorstands nämlich durch die in § 3 Abs. 2 LkSG genannten Kriterien, die Voraussetzungen der jeweils zu beobachtenden Sorgfaltspflicht sowie die Zielbestimmung des § 3 Abs. 1 LkSG eingeschränkt.[222] Im Übrigen besteht aber auch hier ein der gerichtlichen Kontrolle entzogener Ermessensspielraum.[223]

3. Zwischenergebnis

Es bleibt nach alledem festzuhalten, dass die Einhaltung öffentlich-rechtlicher Sorgfaltspflichten aus dem LkSG nicht von der Business Judgment Rule erfasst wird, da es sich bei der Erfüllung des Pflichtenkataloges nicht um unternehmerische Entscheidungen im Sinne des § 93 Abs. 1 Satz 2 AktG handelt. Stattdessen liegen Pflichtaufgaben mit Entscheidungsspielraum vor, die dem Vorstand bei der Umsetzung nur einen begrenzten Ermessensspielraum zur Verfügung stellen. Dieser ist der gerichtlichen Kontrolle allerdings weitgehend entzogen, was mittels einer Analogie zur verwaltungsrechtlichen Ermessensfehlerlehre begründet werden kann.

IV. Fehlendes Verschulden bei unvermeidbaren Rechtsirrtümern

Kann eine Pflichtverletzung bejaht werden und ist diese nicht nach den vorstehenden Ausführungen ausgeschlossen, setzt der Anspruch aus § 93 Abs. 2 Satz 1 AktG weiterhin voraus, dass der Pflichtverstoß schuldhaft – also vorsätzlich oder fahrlässig – erfolgte. Aufgrund des in § 93 Abs. 1 Satz 1 AktG statuierten typisierten Verschuldensmaßstabes kommt dem Verschuldenserfordernis nur eine geringe praktische Bedeutung zu, da Pflichtwidrigkeit und Verschulden in der Folge meist zusammenfallen.[224] Mangelnde Fähigkeiten und Kenntnisse, welche dem verlangten Standard nicht genügen, stellen keinen Entschuldigungsgrund dar.[225]

Dies gilt auch für Rechtsirrtümer, da grundsätzlich den Schuldner das Risiko trifft, die Rechtslage zu verkennen.[226] Gerade bei der Umsetzung der Sorgfalts-

---

[220] Vgl. dazu *Schübel-Pfister*, in: Eyermann, VwGO, 16. Auflage 2022, § 114 Rn. 20 ff.; *Wolff*, in: Sodan/Ziekow, VwGO, 5. Auflage 2018, § 114 Rn. 162 ff.

[221] *Wolff*, in: Sodan/Ziekow, VwGO, 5. Auflage 2018, § 114 Rn. 59.

[222] Vgl. die Ausführungen zu Beginn dieses Abschnitts.

[223] Ähnlich *Geh*, Die Vorstandsbinnenhaftung unter dem LkSG, 2024, S. 129.

[224] BeckOGK/*Fleischer*, Stand: 01.10.2024, AktG § 93 Rn. 247; *Hölters/Hölters*, in: Hölters/Weber, Aktiengesetz, 4. Aufl. 2022, § 93 AktG Rn. 230; BGH, NZG 2015, 792, 794 Rn. 28.

[225] BGH, NZG 2015, 792, 794 Rn. 28.

[226] BGH, NZG 2015, 792, 794 Rn. 28.

pflichten des LkSG besteht (noch) extreme Unsicherheit dahingehend, welche Vorkehrungen als ausreichend zu erachten sind, um den gesetzlichen Mindestanforderungen zu genügen, da sich eine „Best Practice" (wohl) noch nicht herausgebildet hat.[227] Geht der Vorstand also davon aus, dass das eingerichtete Risikomanagement den Anforderungen des LkSG genügt, so trifft ihn grundsätzlich das Risiko einer Fehlbeurteilung.

Nach der ISION-Rechtsprechung des II. Zivilsenates des BGH kann sich ein Vorstandsmitglied einer Aktiengesellschaft allerdings ausnahmsweise wegen eines Rechtsirrtums entlasten, wenn es sich „unter umfassender Darstellung der Verhältnisse der Gesellschaft und Offenlegung der erforderlichen Unterlagen von einem unabhängigen, für die zu klärende Frage fachlich qualifizierten Berufsträger beraten lässt und den erteilten Rechtsrat einer sorgfältigen Plausibilitätskontrolle unterzieht"[228]. Hat sich ein Vorstandsmitglied also umfassenden fremden Rat eingeholt (etwa durch eine Rechtsanwaltskanzlei) und durfte es diesen als sachgerecht und ausreichend ansehen, kann ein Verschulden bei fehlerhafter Beratung abzulehnen sein.[229] Als fachgerecht anzusehen sein dürften im Hinblick auf Sachverhalte, welche das LkSG betreffen, jedenfalls solche Auskünfte, die von einem Spezialisten für Compliance bzw. Lieferkettencompliance erteilt wurden.[230] Unter den Begriff der Spezialisten gefasst werden können in diesem Zusammenhang sämtliche Personen, welche im Hinblick auf das erforderliche Fachwissen die Idealqualifikationen für einen Menschenrechtsbeauftragten erfüllen.[231] Der ausgewählte Berater muss nach den soeben genannten Maßstäben aber nicht nur fachlich qualifiziert, sondern auch „unabhängig" sein. Nach der Rechtsprechung des II. Zivilsenates des BGH beschreibt das Erfordernis der Unabhängigkeit dabei nicht die persönliche Unabhängigkeit, sondern vielmehr, „dass der Berater seine Rechtsauskunft sachlich unabhängig, d. h. unbeeinflusst von unmittelbaren oder mittelbaren Vorgaben hinsichtlich des Ergebnisses erteilt hat"[232]. Diese Anforderungen sind bei hauseigenen Syndikusrechtsanwälten wohl regelmäßig zu bejahen, da ihre fachliche Unabhängigkeit im Rahmen der Berufsausübung nach § 46 Abs. 4 Satz 2 BRAO vertraglich und tatsächlich zu gewährleisten ist.[233] Vorstände sind folglich nicht darauf angewiesen, bei der Erfüllung der Sorgfaltspflichten des LkSG (unternehmens-)externe Hilfe in Anspruch zu nehmen, was die Entscheidungsfindung und Reduzierung von Haftungsrisiken erheblich erleichtern dürfte. Nach der Beratung ist zwingend eine Plausibilitätskontrolle vorzunehmen. Diese besteht nicht in einer rechtlichen Überprüfung der erhaltenen Rechtsauskunft, sondern beinhaltet vielmehr eine Überprü-

[227] Vgl. *Gehling/Ott/Lüneborg*, CCZ 2021, 230, 233.

[228] Zit.: BGH, NZG 2011, 1271, 1273 Rn. 18; BGH, NZG 2015, 792, 794 Rn. 28.

[229] *Hölters/Hölters*, in: Hölters/Weber, Aktiengesetz, 4. Aufl. 2022, § 93 AktG Rn. 231.

[230] *Geh*, Die Vorstandsbinnenhaftung unter dem LkSG, 2024, S. 137.

[231] Vgl. dazu Kap. 4 B. II. 1.

[232] Zit.: BGH, NZG 2015, 792, 795 Rn. 36.

[233] *Geh*, Die Vorstandsbinnenhaftung unter dem LkSG, 2024, S. 137.

fung dahingehend, ob dem Berater alle erforderlichen Informationen zur Verfügung standen, er die Informationen verarbeitet und alle sich in der Sache für einen Rechtsunkundigen aufdrängenden Fragen widerspruchsfrei beantwortet hat und ob sich auf Grund der Auskunft weitere Fragen aufdrängen.[234] Durch die Plausibilitätskontrolle wird insbesondere verhindert, dass Vorstandsmitglieder Gefälligkeitsgutachten anfertigen lassen und sich so einer Haftung entziehen.[235] Sind sämtliche Voraussetzung der ISION-Rechtsprechung erfüllt, handelt ein Vorstandsmitglied auch im Falle fehlerhaften Rechtsrates nicht schuldhaft.[236]

V. (Keine) Legal Judgment Rule bei unklarer Rechtslage

Hiervon abzugrenzen ist der Fall, in dem die Beratung nicht fehlerhaft erfolgt, sondern zu dem Ergebnis gelangt, dass die Rechtslage gänzlich unklar ist und mehrere Handlungsoptionen vertretbar erscheinen, da weder eine jüngere höchstrichterliche Rechtsprechung noch eine gefestigte herrschende Meinung zu der in Rede stehenden Frage existieren.[237] Derartige Auslegungsunsicherheiten treten insbesondere dann auf, wenn unbestimmte Rechtsbegriffe (noch) keine hinreichende Konkretisierung erfahren haben.[238] Es geht also nun um diejenigen Fälle, in denen eine nach Maßgabe der ISION-Kriterien hinreichende Rechtsermittlung durch den Vorstand stattgefunden hat, der erhaltene Rat aber zu dem Ergebnis gelangt, dass die Rechtmäßigkeit der beabsichtigten Maßnahme auch nach sorgfältiger juristischer Prüfung ungewiss ist.[239] Da den pflichtigen Unternehmen bei Rechtsverstößen gegen das LkSG massive Einbußen (etwa durch den Ausschluss von der Vergabe öffentlicher Aufträge oder Bußgelder) drohen und Regressansprüche gegen den Vorstand in der Praxis immer häufiger[240] durch den Aufsichtsrat geltend gemacht werden,[241] stellt sich die Frage, ob § 93 Abs. 1 Satz 2 AktG auch in den Fällen unklarer Rechtslage angewendet werden kann. Diskutiert wird dabei eine entsprechende Anwendung des § 93 Abs. 1 Satz 2 AktG[242] (sog. „Legal Judgment

---

[234] BGH, NZG 2015, 792, 795 Rn. 33.

[235] *Geh*, Die Vorstandsbinnenhaftung unter dem LkSG, 2024, S. 138.

[236] Vgl. BGH, NZG 2015, 792, 794 Rn. 28; *Hölters/Hölters*, in: Hölters/Weber, Aktiengesetz, 4. Auflage 2022, § 93 AktG Rn. 231 ff.

[237] Vgl. *Geh*, Die Vorstandsbinnenhaftung unter dem LkSG, 2024, S. 140.

[238] *Ott*, ZGR 2017, 149, 157.

[239] *Verse*, ZGR 2017, 174, 178.

[240] Vgl. *Bachmann*, Gutachten E zum 70. Deutschen Juristentag, 2014, E 12 ff.

[241] *Verse*, ZGR 2017, 174, 175 f.

[242] *Spindler*, in: FS Canaris II, 2007, S. 403, 420 f. (anders wiederum in *ders.*, AG 2013, 889, 893: Das Problem sei dogmatisch eher im Bereich des Rechtsirrtums anzusiedeln); *R. Werner*, ZRFC 2010, 130, 131, 134; in diese Richtung auch *Bicker*, AG 2014, 8, 10 f.; *Binder*, ZGR 2013, 760, 788; *v. Busekist/Hein*, CCZ 2012, 41, 44; *Schlimm*, Ermessen, 2009, S. 187 f.

Rule") auf rechtlich gebundene (und daher mangels Handlungsspielraum grundsätzlich aus dem Anwendungsbereich der Business Judgment Rule ausscheidende[243]), aber unter rechtlicher Unsicherheit getroffene Entscheidungen.[244]

Um eine „Legal Judgment Rule" bejahen zu können, müssten also die Voraussetzungen für eine Analogie vorliegen. Diese wurden bereits dargestellt.[245] Erste Voraussetzung für eine Analogie ist das Vorliegen einer (planwidrigen) Regelungslücke. Eine solche liegt jedenfalls dann nicht vor, wenn sich der Gesetzgeber bewusst gegen eine bestimmte Regelung entschieden hat.[246] Die Gesetzesbegründung zu § 93 Abs. 1 Satz 2 AktG weist ausdrücklich darauf hin, dass illegales Verhalten (also Gesetzesverstöße) nicht von der Business Judgment Rule privilegiert werden soll, deutet aber gleichzeitig an, dass eine Haftung im Einzelfall am Verschulden scheitern könne.[247] Der Gesetzgeber hatte die Fälle, in denen der Vorstand Rechtsvorschriften schuldlos verletzt, also vor Augen und wollte sie bewusst auf die Ebene des Verschuldens verlagern.[248] Es fehlt damit an einer (planwidrigen) Regelungslücke.

Ferner ist die Interessenlage bei unklarer Rechtslage mit den typischen unternehmerischen Entscheidungen nicht vergleichbar. Das Vorliegen eines Entscheidungsspielraums setzt nämlich notwendigerweise mehrere Handlungsalternativen voraus. Die Geschäftsleiter treffen üblicherweise Entscheidungen, die auf unterschiedliche Weise bewertet werden können. Bei rechtlich gebundenen Entscheidungen, in denen die Rechtslage unklar ist, liegt allerdings überhaupt kein Entscheidungsspielraum vor.[249] Die Entscheidung kann im Ergebnis nur rechtmäßig oder rechtswidrig sein und somit klar als „richtig" oder „falsch" klassifiziert werden.[250] Mangels Handlungsspielräumen liegt keine vergleichbare Interessenlage vor. Die (wenn auch unbekannten) Vorgaben bestehen. Richtigerweise ist eine Analogie daher auch aus diesem Grund abzulehnen.[251]

---

[243] *Habersack*, in: FS Uwe H. Schneider, 2011, S. 429, 437; gleichwohl für eine direkte Anwendung plädierend wohl *Cahn/Müchler*, BKR 2013, 45, 52; *Gottschalk/Weng*, GWR 2013, 243, 247; *Kocher*, CCZ 2009, 215, 217; *Winnen*, Die Innenhaftung des Vorstands nach dem UMAG, 2009, S. 157 ff.

[244] Zu den einzelnen Auffassungen, vgl. *Verse*, ZGR 2017, 174 ff.

[245] Vgl. Kap. 3 C. III. 6. a).

[246] *Larenz/Canaris*, Methodenlehre der Rechtswissenschaft, 3. Aufl. 1995, S. 194.

[247] Vgl. BT-Drucks. 15/5092, S. 33 f.

[248] Zutr. *Harnos*, Geschäftsleiterhaftung, 2013, S. 141 f.; in diese Richtung auch *Koch*, in: FS Bergmann, 2018, S. 413, 416.

[249] Es wird damit nicht gesagt, dass dem Vorstand bei der Erfüllung der Sorgfaltspflichten des LkSG kein Ermessenspielraum zusteht (dies stünde auch im Widerspruch zu den vorstehenden Ausführungen), die hier angesprochene rechtliche Unsicherheit bezieht sich auf die Erfüllung der gesetzlich festgelegten Mindestanforderungen, die das LkSG vorschreibt.

[250] Zutr. *Harnos*, Geschäftsleiterhaftung, 2013, S. 141 f.

[251] *Harnos*, Geschäftsleiterhaftung, 2013, S. 141 f. verneint ebenfalls sowohl die Regelungslücke als auch die vergleichbare Interessenlage.

VI. Vertrauensschutz durch BAFA-Hinweise

Die Unsicherheit kann dann auf Ebene des Verschuldens berücksichtigt werden.[252] Dabei steht dem Vorstand in den hier in Rede stehenden Fällen allerdings nicht die bei Rechtsunsicherheit häufig vorzugswürdige Option zur Verfügung, eine Maßnahme gänzlich zu unterlassen und so einem Verschuldensvorwurf zu entgehen. Die öffentlich-rechtlichen Sorgfaltspflichten des LkSG sind schließlich von Gesetzes wegen (in der Regel durch aktives Tun) zu erfüllen (bspw. muss ein angemessenes Risikomanagement nach Maßgabe des LkSG eingerichtet werden). Nicht schuldhaft dürfte der Vorstand daher regelmäßig handeln, wenn er bei (noch) unklarer Rechtslage eine Maßnahme durchführt, die mit hoher Wahrscheinlichkeit (mehr als 50 %) vor Gericht Bestätigung finden würde.[253] Bei dieser Prognose ist dann vor allem zu beachten, inwieweit sich eine gefestigte Praxis und Rechtsprechung herauskristallisiert haben.[254]

Im Rahmen der Pflichten des LkSG kann vor allem eine Befolgung der Hinweise des BAFA (vgl. Kap. 2 B. V.) indiziell ein Verschulden ausschließen, da Handlungsanweisungen der für die Kontrolle des LkSG zuständigen Behörde ein gewisser Vertrauensschutz zuzubilligen ist.[255] Verlangt das BAFA hinsichtlich der Erfüllung einer Sorgfaltspflicht die Maßnahme „A“, wäre es grundsätzlich nicht sachgerecht, ein Verschulden des Vorstands zu bejahen, wenn er genau diese Maßnahme veranlasst und ein Gericht sie später als unzureichend erachtet.[256] Das kann allerdings nach den eingangs genannten Maßstäben dann nicht mehr gelten, wenn die Hinweise des BAFA in dem rechtlich unklaren Gesichtspunkt kaum begründet werden und sich eine abweichende herrschende Meinung in der Literatur herausgebildet hat, welche schlüssige juristische (Gegen-)Argumente vorträgt. In diesem Fall dürfte zu erwarten sein, dass sich ein Gericht eher der Literaturauffassung anschließt. So behauptet das BAFA etwa, Beamte seien bei der Bemessung der Arbeitnehmerschwellenwerte des § 1 Abs. 1 LkSG nicht mitzuzählen. Diese Auffassung wird in der Literatur bereits kritisiert.[257] Verdichtet sich diese Gegenauffassung nun zu einer herrschenden Meinung, dürfte die Zugrundlegung der recht-

---

[252] Zutr. *Koch*, 18. Aufl. 2024, AktG § 93 Rn. 40; *Harnos*, Gerichtliche Kontrolldichte, 2021, S. 281; a. A. etwa *Dreher*, in: FS Konzen, 2006, S. 85, 97; *Habersack*, in: FS Uwe H. Schneider, 2011, S. 429, 437; siehe auch die zahlreichen Literaturnachweise bei *Verse*, ZGR 2017, 174, 180 (Fn. 25).

[253] Vgl. *Berger*, Vorstandshaftung und Beratung, 2015, S. 351 ff., 357; *Holle*, AG 2016, 270, 279; *Hasselbach/Ebbinghaus*, AG 2014, 873, 879 deren Ausführungen wohl auf diese Weise interpretiert werden können; so auch *Verse*, ZGR 2017, 174, 179; zur Vertretbarkeitsthese vgl. *Kuschnereit*, Die aktienrechtliche Legalitätspflicht, 2019, S. 183 m. w. N.

[254] Vgl. *Thole*, ZHR 173 (2009), 504, 524.

[255] *Johann*, in: Johann/Sangi, LkSG, § 20 Rn. 1: Die Handreichungen seien geeignet schutzwürdiges Vertrauen zu begründen, welches das BAFA daran hindere, im Einklang mit den Empfehlungen stehendes Verhalten zu sanktionieren.

[256] Siehe auch Kap. 2 B. V.

[257] Vgl. *Widdrat/Harnischmacher*, CRZ 2023, 37, 42.

lichen Einschätzung des BAFA ein Verschulden jedenfalls nicht mehr pauschal ausschließen.

Es bleibt nach alledem festzuhalten, dass das bloße Vorliegen einer unklaren Rechtslage dem Vorstand keinen Rückgriff auf die Business Judgment Rule bzw. eine Legal Judgment Rule ermöglicht. Rechtsunsicherheiten können allerdings das Verschulden entfallen lassen, was vor allem dann zu bejahen ist, wenn das zu beobachtende Unternehmen die Hinweise des BAFA befolgt hat.

VII. Bußgelder und Reputationseinbußen als ersatzfähige Schadenspositionen

Liegen die Voraussetzungen des § 93 Abs. 2 Satz 1 AktG vor, bedarf es eines ersatzfähigen Schadens. Im Folgenden ist daher zu untersuchen, in welchen Fällen Einbußen, die aus Verstößen des Vorstandes gegen seine Compliance-Pflicht resultieren, einen regressfähigen Schaden abbilden. Die Pflichten des LkSG werden überwiegend mittels Bußgeldtatbeständen durchgesetzt, sodass zunächst die in der Literatur umstrittene Frage geklärt werden muss, ob Bußgelder eine im Rahmen des § 93 Abs. 2 Satz 1 AktG ersatzfähige Schadensposition darstellen. Anschließend ist auf die Ersatzfähigkeit von Reputationsschäden einzugehen.

1. Grundsatz: Differenzhypothese

Nach § 249 Abs. 1 BGB hat derjenige, der zum Schadensersatz verpflichtet ist, den Zustand herzustellen, der bestehen würde, wenn der zum Ersatz verpflichtende Umstand nicht eingetreten wäre. Der Umfang des zu ersetzenden Schadens ist nach der sogenannten Differenzhypothese[258] zu ermitteln, welche die tatsächlich eingetretene Vermögenslage mit der hypothetischen Vermögenslage, die ohne das haftungsbegründende Ereignis eingetreten wäre, vergleicht.[259]

---

[258] Die Differenzhypothese ist wohl auf *Friedrich Mommsen* (Beiträge zum Obligationenrecht II: Zur Lehre vom Interesse, 1855) zurückzuführen; siehe dazu *Xynopoulou*, Die Vorhersehbarkeit als Voraussetzung des Schadensersatzes in der Vertragshaftung, 2013, S. 107 ff.; *Honsell*, JuS 1973, 69 ff.; *Honsell*, in: FS C. Huber, 2020, S. 199 ff.; *Schiemann*, in: FS Hagen, 1999, S. 27, 40 ff.; *Schiemann*, in: FS Seiler, 1999, S. 259 ff.; *Schieder*, Interesse und Sachwert, 2011, S. 35 ff.

[259] BGH, NJW 2015, 1373, 1374; BeckOK BGB/*Flume*, 72. Ed. 01.05.2024, BGB § 249 Rn. 37; *Binder/Kraayvanger*, BB 2015, 1219, 1225.

2. Der Bußgeldregress

Wird also gegen eine Aktiengesellschaft aufgrund eines Fehlverhaltens des Vorstandes ein Bußgeld verhängt, bildet die Höhe des Bußgeldes grundsätzlich den nach § 249 Abs. 1 BGB zu ersetzenden Schaden ab.

a) (Keine) normative Einschränkung der Differenzhypothese

Dieses Ergebnis kann jedoch im Falle einer Verbandsgeldbuße (§ 30 OWiG) unbillig sein: Da jedes Bußgeld neben der Schwere der Schuld auch die wirtschaftliche Leistungsfähigkeit des Täters berücksichtigt, werden gegenüber Unternehmen häufig sehr hohe Bußgelder verhängt, deren Abwälzung auf natürliche Personen für diese einer „wirtschaftlichen Todesstrafe“[260] gleichkäme. In Literatur und Rechtsprechung wird daher vielfach gefordert, in den Fällen des § 93 Abs. 2 Satz 1 AktG eine normative Einschränkung der Differenzhypothese[261] vorzunehmen und eine Abwälzung des Schadens auf den Vorstand ganz[262] oder teilweise[263] zu versagen. Dabei wird auf unterschiedliche Begründungsansätze zurückgegriffen:

aa) … zur Vermeidung von Widersprüchen innerhalb der Rechtsordnung

Einige Autoren befürchten erhebliche Widersprüche innerhalb der Rechtsordnung, sollten Bußgelder als regressfähige Schadenspositionen anerkannt werden. Die in § 30 OWiG zum Ausdruck kommende gesetzgeberische Wertung, dass Normadressat der Geldbuße das Unternehmen ist und nicht die für sie handelnden Personen, sei auch im Zivilrecht zu berücksichtigen.[264] Der mit einer Geldbuße verbundene wesentliche Zweck, eine bestimmte Ordnung zu garantieren, könne nämlich nicht wirksam erreicht werden, wenn die Rechtsordnung durch die Zivilgerichte das wiedergibt, was sie zuvor wegen individuellen Fehlverhaltens als Sanktion genommen hat.[265] Mit Schaffung des Bußgeldtatbestandes habe der Gesetzgeber entschieden, dass gerade die Gesellschaft den aus dem Bußgeld entstehenden Vermögensnachteil tragen solle. Da das Zivilrecht keine dem Öffentlichen

---

[260] Zit.: *Bayer*, in: FS K. Schmidt, 2009, 85, 97.

[261] Der dogmatische Ansatz, mit welchem das Vorliegen eines ersatzfähigen Schadens verneint wird, ist nicht immer klar erkennbar; teilweise wird auch eine teleologische Reduktion des § 93 Abs. 2 AktG befürwortet, vgl. etwa *Thomas*, NZG 2015, 1409, 1416.

[262] Vgl. etwa LAG Düsseldorf, ZIP 2015, 829 ff.

[263] Vgl. etwa ArbG Essen, Urteil vom 19.12.2013 – 1 Ca 657/13.

[264] So etwa *Labusga*, VersR 2017, 394, 398 f.

[265] LAG Düsseldorf, ZIP 2015, 829, 830.

Recht widersprechende Anordnung treffen dürfe, könne es die wirtschaftliche Beeinträchtigung nicht auf den Geschäftsleiter abwälzen.[266]

Es entspreche zudem allgemeiner Meinung im Privatrecht, dass die vertragliche Übernahme eines Bußgeldes vor der Tat als sittenwidrig anzusehen wäre (§ 138 Abs 1 BGB). Könnten Bußgelder aber stets weitergereicht werden, wäre es widersprüchlich, wenn eine derartige Vereinbarung – die dann der geltenden Rechtslage im Schadensrecht entspräche – im Vertragsrecht als nichtig angesehen würde.[267]

Diese Argumentation überzeugt nicht, da die staatliche Sanktionierung und die zivilrechtliche Beurteilung voneinander getrennt werden können und müssen. Der (zivilrechtliche) Regress im Innenverhältnis lässt die ordnungswidrigkeitsrechtliche Verantwortlichkeit im Außenverhältnis unberührt.[268] Wer das Bußgeld wirtschaftlich im Ergebnis zu tragen hat, wird weder durch die Behörden entschieden noch vom Ordnungswidrigkeitenrecht vorgegeben.[269] Auch die Rechtsprechung zu § 138 BGB lässt keine unerträglichen Widersprüche innerhalb der Rechtsordnung befürchten. Die Sittenwidrigkeit der vertraglichen Übernahme einer Geldbuße führt nicht dazu, dass in der Folge auch eine Geschäftsleiterhaftung nach § 93 Abs. 2 Satz 1 AktG ausgeschlossen sein muss. Der Verstoß gegen § 138 BGB ist nämlich auf die rechtsethische Wertung zurückzuführen, dass die Erstattungszusage die Hemmschwelle des Vertragspartners für einen Rechtsverstoß herabsetzt.[270] Dies ist bei der Geschäftsleiterhaftung aber gerade nicht zu befürchten, da für die Gesellschaft der Vorstand handelt und diesen über § 9 OWiG (in Verbindung mit § 130 OWiG) ein eigenes Bußgeldrisiko trifft. Droht ihm zusätzlich der Schadensersatzanspruch des § 93 Abs. 2 Satz 1 AktG wäre seine Hemmschwelle zum Rechtsverstoß nicht herabgesetzt, sondern sogar erheblich erhöht, weshalb er umso mehr für ein rechtskonformes Verhalten im Unternehmen sorgen wird.[271] Sieht man also – im Sinne der Einheit der Rechtsordnung – das Bedürfnis, die Wertungen aus dem

---

[266] LAG Düsseldorf, ZIP 2015, 829, 830; *Bachmann*, BB 2015, 911; *Kollmann/Aufdermauer*, BB 2015, 1024; *Lettl*, WuB 2015, 637; *Thomas*, NZG 2015, 1409, 1411; *Verse*, in: Scholz, GmbHG, 13. Aufl. 2024, § 43 Rn. 310 ff.

[267] *Grunewald*, NZG 2016, 1121,

[268] *Hahn*, Das Schadensrecht der Geschäftsleiterhaftung, 2022, S. 133; *Koch*, VersR 2015, 655, 658; *Rust*, ZWeR 2015, 299, 306.

[269] *Suchy*, NZG 2015, 591, 592.

[270] BAG, NJW 2001, 1962, 1963: „Zusagen des Arbeitgebers, dem Arbeitnehmer bei der Arbeitsausübung auferlegte Geldstrafen oder Geldbußen zu übernehmen, sind regelmäßig als Verstoß gegen die guten Sitten nach § 138 BGB nichtig, weil sie jedenfalls dem Zweck von Straf- und Bußgeldvorschriften zuwiderlaufen und geeignet sind, die Hemmschwelle des Arbeitnehmers, Straftaten oder Ordnungswidrigkeiten zu begehen, herabzusetzen"; siehe auch OLG Hamm, Urteil vom 09.01.1984 – 8 U 161/83: Die Übernahme von Bußgeldern vor der Tat sei deshalb sittenwidrig, weil sie dem Vertragspartner jeden Anreiz nehme, die gesetzlichen Vorgaben zu beachten und so den Schutzzweck der betroffenen Schutzvorschriften kontaminiere; siehe dazu auch *Hahn*, Das Schadensrecht der Geschäftsleiterhaftung, 2022, S. 161.

[271] Ähnlich *Hahn*, Das Schadensrecht der Geschäftsleiterhaftung, 2022, S. 161.

Vertragsrecht ins Haftungsrecht zu transportieren, sprächen diese sogar dafür, den Regress zuzulassen, da ein rechtskonformes Verhalten der Gesellschaft gerade über die Einwirkung auf den Vorstand erreicht werden kann. Die Einheit der Rechtsordnung gebietet mithin keine Einschränkung der Differenzhypothese.[272]

bb) … aufgrund eines höchstpersönlichen Charakters der Geldbuße

Die Regelungen zur Bußgeldbemessung weisen Unterschiede in Bezug auf natürliche Personen und Unternehmen auf. Zum einen ist der Sanktionsrahmen für Verbandsgeldbußen teilweise erheblich höher als für Individualgeldbußen.[273] Zum anderen knüpft die Höhe der Geldbuße – wie eingangs erwähnt – an die wirtschaftlichen Verhältnisse des Adressaten an (§ 17 Abs. 3 OWiG), weshalb gegen Gesellschaften in der Praxis erheblich höhere Bußgelder verhängt werden als gegen ihre Geschäftsleiter.[274] Aus dieser Regelungssystematik wird teilweise eine Unternehmensbezogenheit des jeweils verhängten Bußgeldes abgeleitet. Verhängung und Höhe des Bußgeldes seien ausschließlich auf das Unternehmen zugeschnitten und sollen gerade dieses treffen.[275] Diese Wertung sei auch im Rahmen des § 93 Abs. 2 AktG zu berücksichtigen und verbiete, dass über das Zivilrecht faktisch eine Geldbuße verhängt wird, welche im öffentlichen Recht gerade nicht festgesetzt wurde.[276] Mit anderen Worten: Die Geldbuße sei durch Hoheitsakt final einem bestimmten Rechtsträger zugeordnet worden, welcher auf diese Weise für sein (persönliches) Fehlverhalten sanktioniert werde. Die Sanktion müsse daher gerade diesen Rechtsträger auch wirtschaftlich treffen.

Eine derartige Höchstpersönlichkeit des Bußgeldes lässt sich dem Ordnungswidrigkeitenrecht aber jedenfalls im Rahmen des § 30 OWiG (Verbandsgeldbuße) nicht entnehmen. Da der bebußte Verband selbst handlungsunfähig ist, bedarf es eines Fehlverhaltens seiner Vertreter. Der Bußgeldtatbestand wird also gerade durch das Verhalten der Organe und sonstiger Vertreter verwirklicht. Es wäre widersprüchlich, die Geldbuße als höchstpersönliche Sanktion des Unternehmens zu verstehen, wenn das vorgeworfene Verhalten allein durch Dritte verwirklicht werden kann.[277] Gegen eine Höchstpersönlichkeit der Geldbuße spricht auch die Systematik des OWiG. Gäbe es nämlich einen allgemeinen Grundsatz im Ordnungswidrigkeitenrecht, der jegliche Weiterreichung von Bußgeldern verbietet, dürfte im Falle der Rechtsnachfolge ein verhängtes Bußgeld nicht auf den neuen Rechtsinhaber übergehen können. Eben diese Möglichkeit sieht das Gesetz aber vor (vgl.

---

[272] So wohl auch *Hahn*, Das Schadensrecht der Geschäftsleiterhaftung, 2022, S. 161.

[273] Vgl. nur § 24 Abs. 2 S. 2 LkSG, § 172 Abs. 2 S. 2 SAG, § 4 Abs. 2 S. 2 NetzDG.

[274] Vgl. etwa LAG Düsseldorf, ZIP 2015, 829: Verbandsgeldbuße in Höhe von 191 Millionen Euro.

[275] LAG Düsseldorf, ZIP 2015, 829, 830; *Thomas*, NZG 2015, 1409, 1413 ff.

[276] Vgl. *Ackermann*, ZHR 179 (2015), 538, 561.

[277] *Hahn*, Das Schadensrecht der Geschäftsleiterhaftung, 2022, S. 135.

etwa § 30 Abs. 2a OWiG, § 81 Abs. 3b, 3c GWB).[278] Schlussendlich überzeugt es auch nicht, die Höhe des verhängten Bußgeldes als durch Hoheitsakt determinierte abschließende Belastungsgrenze zu verstehen, welche alle aus einer Handlung resultierenden wirtschaftlichen Konsequenzen den Beteiligten final zuordnet und darüber hinausgehende privatrechtliche Ansprüche sperrt.[279] Genau dieses Ergebnis würde nämlich erreicht, wenn Regressansprüche unter Berufung auf den persönlichen Charakter der Sanktion vollständig ausgeschlossen werden. Eine abschließende und zivilrechtliche Haftungsregeln verdrängende Funktion kann dem Ordnungswidrigkeitenrecht nicht beigemessen werden.

Der Verbandsgeldbuße ist daher kein höchstpersönlicher Charakter zuzuschreiben, welcher die Abwälzung wirtschaftlicher Nachteile auf Dritte verbietet. Eine Einschränkung der Differenzhypothese ist auch insoweit nicht vorzunehmen.[280]

cc) … zur Erreichung des Schutzzwecks der Bußgeldvorschriften

Einige Autoren wollen einen regressfähigen Schaden verneinen, indem sie auf den Schutzzweck der Bußgeldvorschriften abstellen, welcher gegen eine Schadensverlagerung auf den Handelnden spreche. Dieser bestehe nämlich darin, die Unternehmen von bestimmten Verhaltensweisen durch Sanktionen abzuschrecken und sie so dazu zu bringen, Präventionsmaßnahmen zu ergreifen.[281] Könnten Unternehmen die Bußgelder weiterreichen, würde die gewünschte Sanktionswirkung nicht eintreten.[282] Die Unternehmen hätten keinen Anreiz, sich um ein sorgfältiges Handeln ihrer Organe zu bemühen.[283]

Auch diese Argumentation geht fehl. Richtig ist zwar, dass § 30 OWiG insbesondere einen generalpräventiven Zweck verfolgt, welcher darin besteht, Fehlverhalten aus dem Unternehmen heraus zu unterbinden, indem dieses durch drohende Bußgelder dazu angehalten wird, Rechtsverstößen vorzubeugen.[284] Dieser präventive Sanktionszweck wird allerdings auch bei Bestehen eines Regressanspruches gegen die Geschäftsleitung erreicht.[285] Adressat des Bußgeldbescheids bleibt stets das Unternehmen, welches den festgesetzten Betrag in voller Höhe zu erstatten hat. Ein der Gesellschaft in der Folge zustehender Erstattungsanspruch führt nicht dazu,

---

[278] *Hahn*, Das Schadensrecht der Geschäftsleiterhaftung, 2022, S. 135.

[279] Ähnlich *Hahn*, Das Schadensrecht der Geschäftsleiterhaftung, S. 136.

[280] So im Ergebnis auch *Geh*, Die Vorstandsbinnenhaftung unter dem LkSG, 2024, S. 182 ff.

[281] *Grunewald*, NZG 2016, 1121, 1122.

[282] LAG Düsseldorf, ZIP 2015, 829, 831; *Baur/Holle*, ZIP 2018, 459, 464 f.; *Horn*, ZIP 1997, 1129, 1136; *Dreher*, in: FS Konzen, 2006, S. 85, 105 f.; *Krause*, BB-Special, 2007 Nr. 8, 2, 13; *Bunte*, NJW 2018, 123, 125 f.

[283] *Dreher*, in: FS Konzen, 2006, S. 85, 105 f.; LAG Düsseldorf, ZIP 2015, 829, 831.

[284] Vgl. *Engelhart*, Sanktionierung von Unternehmen und Compliance, 2012, S. 374 f.

[285] *Suchy*, NZG 2015, 591, 592.

dass drohende Bußgelder ihre abschreckende Wirkung verlieren: Zum einen müssen nämlich sämtliche Haftungsvoraussetzungen des § 93 Abs. 2 Satz 1 AktG vorliegen, damit der Anspruch dem Grunde nach besteht und überhaupt auf den Geschäftsleiter abgewälzt werden kann. Zum anderen trägt die Gesellschaft stets das Bonitätsrisiko des Geschäftsleiters. Darüber hinaus besteht in nahezu jedem Zivilprozess ein nicht absehbares Prozessrisiko.[286] Die Geltendmachung des Anspruchs aus § 93 Abs. 2 AktG ist mithin kein „Selbstläufer“[287]. Es kann sogar davon ausgegangen werden, dass das Risiko einer persönlichen Haftung die Rechtstreue des Vorstandes und damit auch der Gesellschaft fördert.[288] Durch eine drohende persönliche Inanspruchnahme wird der Vorstand dazu angehalten, verschärfte Aufsichtsmaßnahmen zu veranlassen und die Compliance-Strukturen im Unternehmen zu verbessern.[289] Ein drohender Regressanspruch kontaminiert die präventive Funktion des § 30 OWiG mithin nicht. Vielmehr wird die Präventionsfunktion der Bußgeldvorschriften insbesondere auch durch das Haftungsrisiko der Geschäftsleiter und die damit einhergehende Verhaltenssteuerung verwirklicht.[290]

Problematischer erscheint eine uneingeschränkte Regressmöglichkeit aber vor dem Hintergrund des Abschöpfungszweckes der Bußgeldvorschriften. Die Verbandsgeldbuße soll auch verhindern, dass Verbände gegenüber natürlichen Personen privilegiert werden, indem sie zwar den Nutzen aus dem Rechtsverstoß ziehen, nicht aber von der dafür angedrohten Sanktion betroffen sind. Zu diesem Zwecke unterwirft sie die Gesellschaft der Vorteilsabschöpfung,[291] welche besagt, dass die Geldbuße den wirtschaftlichen Vorteil, den der Täter aus der Ordnungswidrigkeit gezogen hat, übersteigen soll.[292] Der Zweck der Regelung besteht darin zu verhindern, dass sich die Begehung einer Ordnungswidrigkeit für den Täter in irgendeiner Weise lohnt („crime does not pay“).[293]

Dieser vom Gesetzgeber insoweit gewollte Abschöpfungserfolg kann nur erzielt werden, wenn das Gesellschaftsvermögen durch die Sanktion auch nachhaltig materiell geschmälert wird. Eine Innenhaftung des Geschäftsleiters für die Verbandsgeldbuße würde dies aber verhindern, da sie das Gesellschaftsvermögen nach der Abschöpfung wieder auf den Stand vor der Abschöpfung zurücksetzt.[294]

Der Kartellsenat des BGH hat in einem Fall, in dem es um die Frage des Gesamtschuldnerausgleichs bei Verhängung einer EU-Geldbuße gegen Mutter- und

---

[286] *Binder/Kraayvanger*, BB 2015, 1219, 1225.

[287] Zit.: *Binder/Kraayvanger*, BB 2015, 1219, 1225.

[288] *Bayer/Scholz*, GmbHR 2015, 449, 452 f.

[289] *Binder/Kraayvanger*, BB 2015, 1219, 1225.

[290] Vgl. *Geh*, Die Vorstandsbinnenhaftung unter dem LkSG, 2024, S. 190; *Fleischer*, DB 2014, 345, 348; *Koch*, AG 2012, 429, 434; *Fleischer*, BB 2008, 1070, 1073.

[291] *Hahn*, Das Schadensrecht der Geschäftsleiterhaftung, 2022, S. 140.

[292] Vgl. § 17 Abs. 4 OWiG.

[293] *Mitsch*, in: Karlsruher Kommentar zum OWiG, 5. Auflage 2018, § 17 OwiG Rn. 113.

[294] *Hahn*, Das Schadensrecht der Geschäftsleiterhaftung, 2022, S. 140.

Tochtergesellschaft ging, ausdrücklich betont, dass derjenige Teil der Geldbuße, der ein Äquivalent zu dem aufgrund der Tat erzielten Erlös darstellt, entsprechend dem Zweck der Sanktion im Innenverhältnis grundsätzlich von demjenigen Gesamtschuldner zu tragen ist, bei dem der Erlös ohne die Sanktionierung verblieben wäre.[295] Auch wenn sich diese Entscheidung nicht auf den Binnenregress nach § 93 Abs. 2 Satz 1 AktG bezieht, zeigt sie jedenfalls, dass der Zweck der Geldbuße sich nach Auffassung der Richter auch in zivilrechtlichen Folgefragen niederschlagen kann.[296] In der Literatur wird die Vorteilsabschöpfung daher von einigen Autoren als Argument angeführt, um einen Regressanspruch wegen Bußgeldern vollständig abzulehnen.[297]

Überzeugender erscheint es jedoch, die Ersatzpflicht der Höhe nach zu beschränken (dazu sogleich). Denn nur wenn den Unternehmen ein Anspruch gegen den Geschäftsleiter in voller Höhe zugestanden würde, liefe der Zweck des § 17 Abs. 4 OWiG leer. Wird der Anspruch hingegen um den aufgrund der Tat erzielten Erlös gekürzt, können sämtliche rechtswidrig erlangten Vorteile dem Rechtsgedanken des § 17 Abs. 4 OWiG entsprechend abgeschöpft werden. Der Abschöpfungszweck verlangt also nicht, einen ersatzfähigen Schaden vollständig abzulehnen, vielmehr gebietet er, bei der Höhe des Schadensersatzanspruches sicherzustellen, dass der Bußgeldadressat wirtschaftlich nicht besser gestellt wird als ohne die pflichtwidrige Handlung.[298]

dd) Beschränkung der Höhe des Regressanspruchs

Die vorstehende Untersuchung hat gezeigt, dass Geldbußen grundsätzlich regressfähig sind. Die Auffassungen, welche Bußgelder aus dem Anwendungsbereich des § 93 Abs. 2 Satz 1 AktG vollständig ausklammern wollen, überzeugen nicht. Eine normative Einschränkung der §§ 249 ff. BGB ist abgesehen von den Fällen, in denen die Voraussetzungen der Vorteilsanrechnung vorliegen, nicht vorzunehmen.

Dieses Ergebnis kann allerdings – ließe man den Regressanspruch in voller Höhe zu – im Einzelfall zu existenzvernichtenden Haftungsrisiken führen, da Verbandsgeldbußen in mehrstelliger Millionenhöhe schon längst keine Seltenheit mehr darstellen. So wurde gegen die *Porsche AG* im Zuge des Dieselskandals ein Bußgeld in Höhe von 535 Mio. Euro verhängt.[299] Die *Thyssenkrupp Steel Europe AG* und zwei weitere Stahlhersteller sahen sich wegen Preisabsprachen Bußgeldern in Höhe von

---

[295] Vgl. BGHZ 203, 193, 201 ff., 206.

[296] *Hahn*, Das Schadensrecht der Geschäftsleiterhaftung, 2022, S. 140.

[297] So etwa *Thomas*, NZG 2015, 1409, 1413, 1416.

[298] Ähnlich *Hahn*, Das Schadensrecht der Geschäftsleiterhaftung, 2022, S. 140 f.

[299] Vgl. FAZ, Porsche muss im Dieselskandal 535 Millionen Euro zahlen, abrufbar unter: https://www.faz.net/aktuell/wirtschaft/unternehmen/porsche-muss-im-dieselskandal-535-millionen-euro-zahlen-16175069.html (Stand: 07. 05. 2019), zuletzt abgerufen am 30. 07. 2024.

insgesamt 646 Mio. Euro ausgesetzt.[300] Gegen die Modekette *H&M* erging aufgrund von Datenschutzverstößen ein Bußgeldbescheid in Höhe von 35 Mio. Euro.[301] Bei derartig hohen Zahlungsverpflichtungen wird das praktische Bedürfnis nach einer angemessenen Deckelung von Regressansprüchen gegen die Geschäftsleitung sehr deutlich. Selbst die Weiterreichung eines geringen Teils dieser Beträge könnte die wirtschaftliche Existenz einer natürlichen Person vollständig vernichten. Abgesehen von diesem praktischen Bedürfnis nach einer Haftungsbegrenzung wurde bereits herausgearbeitet, dass schon der Zweck der Vermögensabschöpfung es gebietet, den Regressanspruch um den aus der Tat erlangten Erlös zu kürzen.

Letzteres kann über die Grundsätze der Vorteilsanrechnung verwirklicht werden. Hat das zum Schadensersatz verpflichtende Ereignis nämlich nicht nur Nachteile, sondern auch Vorteile beschert, sind diese unter bestimmten Voraussetzungen auf den Schadensersatzanspruch anzurechnen.[302] Die Rechtsprechung verlangt hierfür einen adäquaten Kausalzusammenhang zwischen dem schädigenden Ereignis und dem Vorteil. Weiterhin muss die Anrechnung dem Zweck des Schadensersatzes entsprechen, darf also den Geschädigten nicht unzumutbar belasten und den Schädiger nicht unbillig begünstigen.[303] Zieht ein Unternehmen einen Vorteil aus seinem rechtswidrigen Verhalten und wird es infolgedessen mit einem Bußgeld belastet, damit dieser Vorteil abgeschöpft wird, kann kaum von einer unzumutbaren Belastung des Unternehmens gesprochen werden, sollte es diesen Schaden nicht weiterreichen dürfen. Durch Kürzung des Regressanspruches wird es schließlich allein um den aus dem Gesetzesverstoß resultierenden Gewinn gebracht.[304] Überhaupt wird dem Zweck der Vorteilsabschöpfung auf diesem Wege erst hinreichend Rechnung getragen und so eine unbillige Besserstellung des Unternehmens vermieden.[305] Der Geschäftsleiter wird durch die Anrechnung des Vorteils bei der Schadensberechnung auch nicht ungerechtfertigt begünstigt, da er sich in der Folge zwar einem gekürzten, aber regelmäßig weiterhin hohen Schadensersatzanspruch ausgesetzt sehen wird. Fordern Billigkeitserwägungen eine darüber hinaus gehende Belastung des Geschäftsleiters, dürfte diese regelmäßig ohnehin durch Verhängung einer Individualgeldbuße verwirklich worden sein. Über die Grundsätze der Vorteilsan-

---

[300] Vgl. Fallbericht des Bundeskartellamts vom 03. 08. 2020, abrufbar unter: https://www.bundeskartellamt.de/SharedDocs/Entscheidung/DE/Fallberichte/Kartellverbot/2020/B12-25-16.pdf?__blob=publicationFile&v=4, zuletzt abgerufen am 30. 07. 2024.

[301] Vgl. Pressemitteilung des Hamburgischen Beauftragten für Datenschutz und Informationsfreiheit, Bußgeld wegen Datenschutzverstößen im Service-Center von H&M, abrufbar unter: https://datenschutz-hamburg.de/fileadmin/user_upload/HmbBfDI/Pressemitteilungen/2020/2020-10-01-H_M.pdf (Stand: 01. 10. 2020), zuletzt abgerufen am 30. 07. 2024.

[302] Vgl. dazu ausführlich *Grüneberg*, in: Grüneberg, BGB, 83. Aufl. 2024, Vorb. § 249 Rn. 67 ff.

[303] Vgl. BGH, NJW 2019, 215, 216 ff.; BGH, NJW 2020, 40 ff.; BGH, NJW 2022, 2754, 2759; siehe auch *Grüneberg*, in: Grüneberg, BGB, 83. Aufl. 2024, Vorb. § 249 Rn. 68.

[304] Vgl. *Hauger/Palzer*, ZGR 2015, 33, 56 f.

[305] Vgl. *Werner*, CCZ 2010, 143, 145 f.

rechnung kann die Höhe des Regressanspruches folglich beschränkt werden.[306] Auf diese Weise wird dem Zweck der Vorteilsabschöpfung hinreichend Rechnung getragen.

b) Einrede des Rechtsmissbrauchs (§ 242 BGB) aufgrund von Treue- und Fürsorgepflichten

Die Vorteilsanrechnung begrenzt die Haftung allerdings nur in dem Umfang, in dem der Zweck der Vermögensabschöpfung es verlangt. Eine den Geschäftsleitern drohende Existenzvernichtung kann bei Millionenbußgeldern trotz entsprechender Anspruchskürzung weiterbestehen. Unerträgliche Haftungsrisiken für die Geschäftsleiter machen jedoch nur das Bedürfnis nach einer Haftungsbeschränkung deutlich, eine dogmatische Grundlage für die Begrenzung bieten sie nicht. Um unbillige Ergebnisse zu korrigieren, muss daher auf die Einrede des Rechtsmissbrauchs (§ 242 BGB) als gesetzlichen Anknüpfungspunkt zurückgegriffen werden[307]:

Die Ausübung eines Rechts kann nämlich im Einzelfall unzulässig sein, wenn der Berechtigte kein schutzwürdiges Eigeninteresse verfolgt oder überwiegende schutzwürdige Interessen der Gegenpartei entgegenstehen und die Rechtsausübung zu einem grob unbilligen Ergebnis führen würde.[308] Dabei ist zu beachten, dass der Gläubiger grundsätzlich nicht schon deshalb von der Durchsetzung von Rechten absehen muss, weil die Rechtsausübung den Gegner hart treffen könnte. Für eine Anwendung des § 242 BGB ist vielmehr erforderlich, dass weitere Umstände hinzukommen, welche die Rechtsausübung als eine mit der Gerechtigkeit nicht zu vereinbarende Benachteiligung des Schuldners erscheinen lassen.[309] Existenzvernichtende Haftungsrisiken können also jedenfalls nicht allein zur Begründung der Einrede des § 242 BGB herangezogen werden. Weitere Umstände, welche neben die wirtschaftliche Überlastung der Geschäftsleiter treten müssen, um den Tatbestand des Rechtsmissbrauchs bejahen zu können, lassen sich aber im Rahmen des § 93 Abs. 2 Satz 1 AktG mithilfe von gesellschaftsrechtlichen Treue- und Fürsorgepflichten begründen.[310]

Die Fürsorgepflicht der Gesellschaft gegenüber ihren Gesellschaftern ist nicht ausdrücklich gesetzlich normiert, kann aber aus § 242 BGB in Verbindung mit dem

[306] So auch *Binder/Kraayvanger*, BB 2015, 1219, 1229; *Bayer*, in: FS K. Schmidt, 2009, S. 75, 94 f.; *Fleischer*, DB 2014, 345, 350; *Fleischer*, BB 2008, 1070, 1073; siehe auch *Thole*, ZHR 173 (2009), 504, 526.

[307] So wohl auch ArbG Essen, Urteil vom 19.12.2013 – 1 Ca 657/13.

[308] *Mansel*, in: Jauernig, Bürgerliches Gesetzbuch, 19. Auflage 2023, § 242 BGB Rn. 37.

[309] Vgl. BGHZ 19, 75; *Mansel*, in: Jauernig, Bürgerliches Gesetzbuch, 19. Auflage 2023, § 242 BGB Rn. 41.

[310] *Koch*, 18. Aufl. 2024, AktG § 93 Rn. 97 stützt die Regressreduzierung dogmatisch allein auf die organschaftliche Fürsorgepflicht, für deren Herleitung aber ohnehin § 242 BGB bemüht wird; vgl. *Koch*, AG 2012, 429, 433 f.

gesellschaftsrechtlichen Fundament des Bestellungsaktes hergeleitet werden.[311] Im Rahmen der Fürsorgepflicht können dann auch ökonomische Erwägungen Berücksichtigung finden.[312] Die aus diesem besonderen Treueverhältnis resultierenden gegenseitigen Rücksichtnahmepflichten von Gesellschaft und Vorstand verlangen nämlich unter anderem, dass die Gesellschaft eine für sie wirtschaftlich tragbare Geldbuße nicht (vollständig) auf ein Vorstandsmitglied abwälzt, welches überhaupt nicht in der Lage wäre, den geforderten Betrag zu leisten.[313] Diese Reduzierung rechtfertigt sich auch daraus, dass der Vorstand einer Aktiengesellschaft dauerhaft zum Wohle der Gesellschaft tätig ist und sich eine fahrlässige Schadenszufügung im Laufe einer mehrjährigen Tätigkeit kaum vermeiden lässt.[314] Dogmatisch wird der Gesellschaft ein Regressanspruch nach hier vertretener Auffassung also in voller Höhe[315] zugestanden. Der Anspruch ist lediglich insoweit nicht durchsetzbar (Einrede des § 242 BGB), als er die wirtschaftliche Leistungsfähigkeit des Geschäftsleiters – unter Berücksichtigung einer bestehenden D&O-Versicherung[316] – übersteigen würde.[317]

In der Literatur wird teilweise versucht, den Umfang der Einrede weiter auszuformen.[318] Koch und Bromme möchten ergänzend auf die Grundsätze über die betrieblich veranlasste Tätigkeit zurückgreifen.[319] Zwar stünde § 93 Abs. 2 Satz 1 AktG einem vollständigen Haftungsausschluss bei leichter Fahrlässigkeit entgegen, im Übrigen würden die Gesellschafter aber den gesetzlichen Vorschriften entsprechend haften, wenn auch nicht in voller Höhe. Da die von § 93 AktG zwingend vorgesehene Haftung – in Gestalt eines gekürzten Anspruches – bestehen würde, läge kein Verstoß gegen § 93 Abs. 2 AktG vor.[320] Die Fürsorgepflicht und die

---

[311] So *Koch*, AG 2012, 429, 433 f.; siehe auch BeckOGK/*Fleischer*, Stand: 01.10.2024, AktG § 84 Rn. 34; *Mertens/Cahn*, in: KölnKomm, AktG, 3. Aufl. 2010, § 84 Rn. 41.

[312] Vgl. *Koch*, AG 2012, 429, 433 f.

[313] *Peltzer*, in: FS Hoffmann-Becking, 2013, S. 861, 865: In einer rechtlichen Sonderverbindung wie zwischen Gesellschaft und Organmitglied könne ein Missverhältnis von leichtem Verschulden und schwerer Lebensbeeinträchtigung keinen Bestand haben.

[314] *Koch*, 18. Aufl. 2024, AktG § 93 Rn. 97.

[315] Ggf. nach Rückgriff auf die Vorteilsabschöpfung.

[316] Dazu umfassend *Geh*, Vorstandsbinnenhaftung unter dem LkSG, 2024, S. 205 ff.

[317] *Bayer*, in: FS K. Schmidt, 2009, S. 85, 97: Die Ansprüche dürfen nur in einem „angemessenen Rahmen" geltend gemacht werden.

[318] Die Auffassungen, welche § 242 BGB heranziehen wollen, greifen dabei in der Regel nicht auf die Einrede des Rechtsmissbrauchs zurück, sondern begrenzen die Höhe des Anspruches im Rahmen der haftungsausfüllenden Kausalität über die gesellschaftsrechtliche Fürsorgepflicht, vgl. *Brommer*, Die Beschränkung der Rechtsfolgen der Vorstandsinnenhaftung, 2016, S. 264; *Koch*, AG 2012, 429, 433 ff.; für eine Einrede wohl *Bayer*, in: FS K. Schmidt, 2009, S. 85, 97: „Die Ansprüche dürfen nur […] geltend gemacht werden".

[319] *Koch*, AG 2012, 429, 435 f.; *Brommer*, Die Beschränkung der Rechtsfolgen der Vorstandsinnenhaftung, 2016, S. 264; dagegen: *Hoffmann*, Binnenregress für Verbandsgeldbußen im Kapitalgesellschaftsrecht, 2022, S. 72.

[320] *Koch*, AG 2012, 429, 435 f.

Grundsätze der beschränkten Arbeitnehmerhaftung ließen sich also verzahnen.[321] Die Orientierung der Haftungsbeschränkung am arbeitsrechtlichen Haftungsmodell stelle sicher, „dass kein diffuses Gerechtigkeitsgefühl die Anwendung des § 93 Abs. 2 AktG überlagert, sondern die notwendigen Einzelfallkorrekturen die Autorität einer anerkannten Rechtsfigur hinter sich versammeln"[322].

Die Konsequenz dieser Auffassung wäre, dass der Anspruch abhängig vom Grad der Fahrlässigkeit zu reduzieren ist (vgl. Kap. 4 B. VI. 2.). Sieht man aber die alleinige Rechtfertigung für die Einrede des Rechtsmissbrauchs in der aus dem Treueverhältnis resultierenden Pflicht der Gesellschaft, den Geschäftsleiter nicht existenzvernichtend in Anspruch zu nehmen, ist dieses Ergebnis nicht überzeugend. Es muss weiterhin der Grundsatz gelten, dass im Rahmen des § 242 BGB die wirtschaftliche Leistungsfähigkeit des Schuldners grundsätzlich nicht zu berücksichtigen ist. Allein aufgrund des gesellschaftsrechtlichen Fürsorgeverhältnisses darf ausnahmsweise auch die finanzielle Leistungsfähigkeit des Schuldners in den Tatbestand einbezogen werden. Dieser Ausnahmecharakter gebietet es aber, nur die wirtschaftliche Existenz des Geschäftsleiters als Grenze des Missbrauchs anzusehen. Eine Haftungsreduzierung abhängig von mittlerer oder leichter Fahrlässigkeit lässt sich vor diesem Hintergrund nicht rechtfertigen. Der Rückgriff auf die Grundsätze der beschränkten Arbeitnehmerhaftung ist mithin nicht möglich. Bei der Frage, ob der in Rede stehende Regressanspruch die Existenz des Vorstandsmitglieds gefährdet, müssen sowohl das Bestehen als auch die Leistungsbereitschaft einer D&O-Versicherung berücksichtigt werden. Soweit die Versicherung zahlungsbereit ist, besteht kein Anlass für eine Regressbeschränkung, da die Beschränkung dann allein der Versicherung zugute kommen würde.[323] Neben der Zahlungsbereitschaft der Versicherung müssen insbesondere gegen den Geschäftsleiter verhängte Bußgelder berücksichtigt werden.[324] Wird nämlich neben der Verbandsgeldbuße zusätzlich eine Individualgeldbuße angeordnet, dürfte regelmäßig ein enger zeitlicher Zusammenhang zwischen der Fälligkeit der Individualgeldbuße und der Geltendmachung des Regressanspruches gegen den Geschäftsleiter bestehen, sodass die Gefahr einer Doppelbelastung entsprechend hoch ist. Es erscheint schließlich denkbar (und realistisch), dass die wirtschaftliche Belastungsgrenze gerade durch die Addition beider Bußgelder erreicht wird.

---

321 So ausdrücklich *Brommer*, Die Beschränkung der Rechtsfolgen der Vorstandsinnenhaftung, 2016, S. 264.

322 Zit.: *Brommer*, Die Beschränkung der Rechtsfolgen der Vorstandsinnenhaftung, 2016, S. 264.

323 *Brommer*, Die Beschränkung der Rechtsfolgen der Vorstandsinnenhaftung, 2016, S. 290.

324 Um existenzvernichtende Haftungsrisiken zu vermeiden, möchte das ArbG Essen Regressansprüche gegen die Geschäftsleitung auf den zulässigen Höchstrahmen für Individuen deckeln, vgl. ArbG Essen, Urteil vom 19.12.2013 – 1 Ca 657/13.

c) Zwischenergebnis

Verletzen Vorstandsmitglieder ihre organschaftlichen Pflichten und wird infolgedessen gegen die Gesellschaft ein Bußgeldbescheid verhängt, kann der gezahlte Betrag über § 93 Abs. 2 Satz 1 AktG zurückverlangt werden. Eine normative Einschränkung der Differenzhypothese ist nicht geboten. Erlangt die Gesellschaft aber aufgrund des sanktionierten Rechtsverstoßes einen Vorteil, ist dieser auf den Schadensersatzanspruch anzurechnen, um eine unbillige – § 17 Abs. 4 OWiG widersprechende – Besserstellung des Unternehmens zu verhindern. Soweit durch die Geltendmachung des Regressanspruches die wirtschaftliche Existenz des in Anspruch genommenen Vorstandsmitgliedes ernsthaft bedroht wird, kann sich dieses aufgrund der gesellschaftsrechtlichen Treue- und Fürsorgepflicht auf die Einrede des Rechtsmissbrauchs berufen. Für eine Anwendung der Grundsätze der beschränkten Arbeitnehmerhaftung ist hingegen kein Raum. Die mit der Einrede des § 242 BGB naturgemäß einhergehende Rechtsunsicherheit ist hinzunehmen.

3. Übertragung auf das LkSG

Bußgelder nach dem LkSG sind mithin grundsätzlich in voller Höhe ersatzfähig.[325] Erlangt das pflichtige Unternehmen durch die Nichterfüllung der Sorgfaltspflicht allerdings einen Vorteil, ist dieser auf den Regressanspruch anzurechnen. Dabei dürfte stets zu prüfen sein, ob durch die Nicht- oder Schlechtdurchführung von Compliance-Maßnahmen Aufwendungen erspart wurden, welche dann von der Schadensersatzforderung abzuziehen sind.[326] Werden etwa sorgfaltspflichtwidrige Einkaufsstrategien weiterverfolgt (vgl. § 6 Abs. 3 Nr. 2 LkSG), welche auf Basis der Risikoanalyse hätten angepasst werden müssen, sind diese wirtschaftlich mit der (regelmäßig aufwendigeren) rechtlich gebotenen Strategie zu vergleichen. Der geldwerte Vorteil der rechtswidrigen Strategie (bspw. ersparte Personalkosten, niedrigere Schulungskosten) gegenüber der rechtskonformen Strategie ist zu ermitteln, wobei der Differenzbetrag dann auf den Regressanspruch anzurechnen ist.[327]

Daneben sind Ausnahmefälle denkbar, in denen ebenfalls eine Anrechnung erfolgen muss. So könnten etwa Zulieferer dem Auftraggeber Produkte günstiger verkaufen, damit dieser menschenrechtliche oder umweltbezogene Risiken in

---

[325] *Spindler*, ZHR 186 (2022), 67, 106: Bußgelder können „im Ansatz" im Wege des Regresses auf die Organmitglieder übergewälzt werden; siehe auch *Fleischer*, DB 2022, 920, 927; *Fleischer*, in: Fleischer/Mankowski, LkSG, § 3 Rn. 89.

[326] Vgl. *Geh*, Die Vorstandsbinnenhaftung unter dem LkSG, 2024, S. 172 möchte Regressansprüche daher stets um den Abschöpfungsteil einer Geldbuße kürzen, soweit dieser die aus der Verfehlung erlangten Vorteile exakt abbildet.

[327] *Geh*, Die Vorstandsbinnenhaftung unter dem LkSG, 2024, S. 172 möchte derartige Konstellationen wohl ausschließlich über die Differenzhypothese lösen, im Rahmen derer die Grundsätze der Vorteilsanrechnung hinreichend berücksichtigt werden könnten.

Bezug auf diesen Zulieferer nicht veröffentlicht, obwohl er hierzu im Rahmen der Berichtspflicht des § 10 Abs. 2 LkSG verpflichtet gewesen wäre. Bejaht die Aufsichtsbehörde in der Folge eine Ordnungswidrigkeit nach § 24 Abs. 1 Nr. 10 LkSG und verhängt eine Verbandsgeldbuße gegen das Unternehmen, wäre der Wert der Vergünstigungen auf einen Regressanspruch gegen den Vorstand ebenfalls anzurechnen, was sogar zum vollständigen Untergang des Anspruches führen könnte, wenn die Vergünstigungen in ihrer Summe das Bußgeld überschreiten.

Macht das in Anspruch genommene Vorstandsmitglied geltend, durch einen Regressanspruch in seiner wirtschaftlichen Existenz bedroht zu sein, sind ferner die Voraussetzungen des § 242 BGB zu prüfen.[328] Liegen sie vor ist der Anspruch zu kürzen. Derartige Fälle sind durchaus denkbar, da nach dem LkSG Bußgelder bis zu einer Höhe von 8 Millionen Euro verhängt werden dürfen, in Sonderfällen sogar in Höhe von 2 % des durchschnittlichen Jahresumsatzes[329], was insbesondere bei Größtunternehmen zu Beträgen in dreistelliger Millionenhöhe führen kann.

Im Falle des Ausschlusses von der Vergabe öffentlicher Aufträge ist nach der Differenzhypothese die hypothetische Vermögenslage des Unternehmens ohne den Ausschluss mit der tatsächlichen Vermögenslage zu vergleichen. Abhängig von den Gesamtumständen ist danach zu fragen, ob das Unternehmen ohne Vergabesperre mit hinreichender Wahrscheinlichkeit einen künftigen Gewinn hätte erzielen können (§ 252 BGB).[330] Dabei wird es regelmäßig allerdings nicht genügen, den Schaden in Höhe des entgangenen Auftragshonorars zu beziffern, da sowohl ersatzweise angenommene Aufträge (die nicht neben dem entgangenen Auftrag hätten durchgeführt werden können) als auch ersparte Personalkosten etc. den Schadensersatzanspruch im Wege der Vorteilsanrechnung begrenzen.[331]

4. Reputationsschäden

Es wurde bereits angedeutet, dass im Rahmen der Schadensabwendungspflicht vor allem die Pflicht zur Abwehr von Reputationsschäden eine Rolle spielt. Da eine Pflicht zum Reputationsmanagement besteht (vgl. Kap. 4 A. II. 3. b) und transnationale Menschenrechtsverletzungen sowie Umweltschädigungen häufig Gegenstand medialer Berichterstattung sind (was auch die zuvor genannten beim BAFA eingelegten Beschwerden gegen *Rewe* und *Edeka* gezeigt haben, über welche unter anderem die *Tagesschau* berichtet hat), stellen Reputationsschäden in den hier in Rede stehenden Fällen eine denkbare Schadensposition des Unternehmens dar, die möglicherweise auf den Vorstand abgewälzt werden kann. Der Begriff des Reputationsschadens wurde noch nicht näher beleuchtet. Es soll daher zunächst erläutert

---

[328] Vgl. Kap. 4 A. VII. 2 b).

[329] Vgl. Kap. 2 B. V.

[330] *Geh*, Die Vorstandsbinnenhaftung unter dem LkSG, 2024, S. 203.

[331] Zur Ersatzfähigkeit ersparter Aufwendungen siehe *Grüneberg*, in: Grüneberg, BGB, 83. Aufl. 2024, Vorbem. § 249 Rn. 93.

werden, welche wirtschaftliche Bedeutung der Unternehmensreputation zukommt. Anschließend wird auf die Errechenbarkeit eines Reputationsschadens eingegangen:

a) Begriff des Reputationsschadens

Häufig können Käufer die Qualität eines Produktes – im Gegensatz zum Verkäufer – nicht eigenständig und umfassend bewerten. Aufgrund dieses Informationsgefälles sind sie dazu bereit, einen Preisaufschlag zu zahlen, wenn sie sich darauf verlassen können, dass die Kaufsache einen bestimmten Qualitätsstandard erfüllt.[332] Unternehmen haben daher den Anreiz, sich einen Ruf als redlicher Marktteilnehmer zu erarbeiten, um dauerhaft erhöhte Preise verlangen zu können. Haben Verkäufer diesen Ruf erworben, entscheiden sie sich zur Maximierung des wirtschaftlichen Ertrages dafür, stets die erwartete Qualität zu liefern, sofern der erwartete Gewinn bei einer Vertragsverletzung niedriger ist als der erwartete Schaden auf Grund des Rufverlusts. Dies ist häufig der Fall, da der Verkäufer mit jeder Vertragsverletzung riskiert, den gesamten Zahlungsstrom zukünftiger Verkäufe zum erhöhten Preis zu verlieren.[333]

Diese wirtschaftlichen Erwägungen werden von Klöhn/Schmolke als „Kerngedanke der Reputationsökonomik"[334] bezeichnet und haben zur Folge, dass die Unternehmensreputation als Vermögensgegenstand begriffen werden kann.[335] So schätzen laut einer Studie aus dem Jahre 2012 Führungskräfte den Anteil der Unternehmensreputation am Wert des eigenen Unternehmens im Durchschnitt auf 60 %.[336] Verschlechtert sich diese, können wirtschaftliche Folgen eintreten: Möglicherweise verlangen Aktionäre eine höhere Rendite für die Zeichnung neuer Aktien. Kreditgeber bestehen eventuell auf einem höheren Zins bei der Fremdkapitalfinanzierung. Lieferanten und Abnehmer passen unter Umständen die Vertragsbedingungen an, zu denen sie Handel mit der Gesellschaft treiben. Auch Kunden kaufen möglicherweise weniger Produkte bzw. verlangen niedrigere Preise und Arbeitnehmer könnten sich von ihrem Arbeitgeber abwenden. Hat die Gesellschaft hingegen einen guten Ruf, profitiert sie spiegelbildlich von niedrigeren Finanzierungskosten, besseren Vertragsbedingungen usw.[337]

---

[332] *Hübner*, Unternehmenshaftung für Menschenrechtsverletzungen, 2022, S. 341; *Klöhn/Schmolke*, NZG 2015, 689, 690.

[333] *Klöhn/Schmolke*, NZG 2015, 689, 690.

[334] Zit.: *Klöhn/Schmolke*, NZG 2015, 689, 690.

[335] *Nordhues*, Die Haftung der Muttergesellschaft für Menschenrechtsverletzungen, 2019, S. 251; *Klöhn/Schmolke*, NZG 2015, 689, 690.

[336] So das Ergebnis der Studie „The Company behind the Brand: In Reputation we trust" der PR-Beratungsgesellschaft Weber Shandwick aus dem Jahre 2012; vgl. S. 18 der Zusammenfassung, abrufbar unter: http://www.webershandwick.com/uploads/news/files/InRepWeTrust_ExecutiveSummary.pdf, zuletzt abgerufen am 30.07.2024.

[337] *Klöhn/Schmolke*, NZG 2015, 689, 691.

Der Wert der Reputation wird daher als „Barwert aller künftigen Kosteneinsparungen, die auf dem Ruf der Gesellschaft beruhen“[338] definiert. Ein Reputationsschaden entsteht, wenn die Stakeholder die Bereitschaft oder Fähigkeit der Gesellschaft zur Einhaltung ihrer Versprechen bezweifeln. Die aus diesen Zweifeln entstehenden Mehrkosten und Mindereinnahmen bilden dann die Höhe des Reputationsvermögensschadens ab.[339]

b) Berechnung des Reputationsschadens mithilfe der Ereignisstudie

Die Ermittlung des Reputationsschadens erfolgt bei börsennotierten Gesellschaften in erster Linie über die Ereignisstudie (*event study*): Dabei werden die Entwicklungen des Aktienkurses vor und nach dem schädigenden Ereignis beobachtet und um mit dem Schadensereignis nicht in Verbindung stehende Einflüsse auf den Aktienkurs bereinigt. Anschließend sind alle Verluste herauszurechnen, die nicht auf die Rufschädigung zurückzuführen sind, weil sie auf anderen Sanktionen fußen (Geldbußen, Schadensersatzzahlungen etc.). Der verbleibende Börsenwertverlust ist der Reputationsschaden.[340] Bei dieser Berechnungsmethode handelt es sich allerdings nicht um eine mathematisch genaue Berechnung, sondern vielmehr um eine bloße Schätzung, weshalb mit ihr jedenfalls keine zuverlässigen Ergebnisse errechnet werden können.[341] Die Unzuverlässigkeit der Ereignisstudie wird umso deutlicher, wenn man sich vor Augen führt, dass nicht alle Reputationsschäden relevante Auswirkungen auf den Aktienkurs zeigen.[342] So sollen Beobachtungen zufolge etwa Verhaltensweisen wie Verbraucherbetrug und falsche Darstellungen von Finanzinformationen erhebliche Reputationsschäden nach sich ziehen. Die für die hiesige Fragestellung besonders relevanten Umweltschäden seien hingegen regelmäßig nicht mit signifikanten Reputationsschäden verbunden.[343] Erklärt wird dieses Phänomen damit, dass sich Reputationseinbußen besonders dann im Aktienkurs widerspiegeln würden, wenn die reputationsschädigende Handlung sogenannte „related parties“ betrifft, worunter diejenigen Stakeholder gefasst werden, die eine besondere Verbindung zur betroffenen Gesellschaft aufweisen (bspw. Aktionäre, Kunden, Lieferanten, Abnehmer, Arbeitnehmer, Kreditgeber). Andersher-

---

[338] Zit.: *Klöhn/Schmolke*, NZG 2015, 689, 691.

[339] *Klöhn/Schmolke*, NZG 2015, 689, 692; *Nordhues*, Die Haftung der Muttergesellschaft für Menschenrechtsverletzungen, 2019, S. 253.

[340] Vgl. dazu *Nordhues*, Die Haftung der Muttergesellschaft für Menschenrechtsverletzungen, 2019, S. 253 f.; *Klöhn/Schmolke*, NZG 2015, 689, 692 m. w. N.

[341] *Nordhues*, Die Haftung der Muttergesellschaft für Menschenrechtsverletzungen, 2019, S. 254.

[342] Vgl. nur *Karpoff*, in: Barnett/Polock, The Oxford Handbook of Corporate Reputation, S. 361 ff.

[343] Vgl. *Karpoff*, in: Barnett/Polock, The Oxford Handbook of Corporate Reputation, S. 361 ff.

um wirken sich schädigende Handlungen, die nur „third parties" betreffen, seltener auf den Aktienkurs aus.[344]

Veranschaulicht wird dieser Befund auch anhand des folgenden Beispiels: Leitet ein Galvanikunternehmen giftige Chemikalien in einen kommunalen Abwasserkanal, schadet dies den flussabwärts lebenden Fischern. Die Fischer machen jedoch keine Geschäfte mit dem Unternehmen, die Kunden des Unternehmens haben wiederum keinen direkten Anreiz, ihre Nachfrage nach den Produkten des Unternehmens zu senken, wenn das Einleiten die Qualität dieser Produkte nicht beeinträchtigt. Infolgedessen entstehen dem verschmutzenden Galvanikunternehmen keine Reputationskosten.[345] Die These, dass sich eine fehlende persönliche Betroffenheit relevanter Personengruppen kaum auf den Aktienkurs auswirkt, mag in Einzelfällen unzutreffend sein, da viele Verbraucher und sonstige Marktteilnehmer ihre Kaufentscheidungen zunehmend auch von der Einhaltung bestimmter Nachhaltigkeitsstandards abhängig machen[346]. Im Übrigen erscheint es aber jedenfalls einleuchtend, dass spürbare Nachteile für „related parties", die aus dem Verhalten eines Unternehmens bzw. seiner Entscheidungsträger resultieren, regelmäßig zu einem höheren Reputationsschaden führen.

Ist die zu beobachtende Gesellschaft nicht börsennotiert, wird der Nachweis eines Schadens zusätzlich erschwert, da die Ereignisstudie in derartigen Konstellationen nicht anzuwenden ist und es eben auch sein kann, dass aus einer Rufschädigung überhaupt keine Konsequenzen seitens der Stakeholder gezogen werden.[347] Es gilt dann der übliche Maßstab des § 286 ZPO, sodass mit den nach der ZPO zulässigen Beweismitteln ein Schaden nachgewiesen werden muss, was regelmäßig wohl nicht gelingen wird. Gleichwohl dürfte der Befund, dass Auswirkungen des in Rede stehenden schädigenden Verhaltens, die sich auf „related parties" beziehen, mit höherer Wahrscheinlichkeit zu einem Reputationsschaden führen, zumindest im Rahmen der Beweiswürdigung eine Rolle spielen, da für die richterliche Überzeugungsbildung weder eine unumstößliche Gewissheit noch eine an Sicherheit grenzende Wahrscheinlichkeit erforderlich ist.[348] Vielmehr genügt ein „für das praktische Leben brauchbarer Grad an Gewissheit, der Zweifeln Schweigen gebietet, ohne sie völlig auszuschließen"[349]. Ist das Vorliegen eines Reputationsschadens also

---

[344] Vgl. *Nordhues*, Die Haftung der Muttergesellschaft für Menschenrechtsverletzungen, 2019, S. 254 m.w.N.

[345] Vgl. *Karpoff*, in: Barnett/Polock, The Oxford Handbook of Corporate Reputation, S. 361 ff.

[346] Vgl. etwa die Studie der *IUBH Internationalen Hochschule*, Einstellungen zu Klimaschutz und Nachhaltigkeit in Deutschland, abrufbar unter: https://docplayer.org/192673813-Einstellungen-zu-klimaschutz-und-nachhaltigkeit-in-deutschland.html (Stand: Juni 2020), zuletzt abgerufen am 30.07.2024, nach welcher 69,8 % Prozent der Befragten angaben, bei Lebensmitteleinkäufen auf Nachhaltigkeitsaspekte zu achten.

[347] *Klöhn/Schmolke*, NZG 2015, 689, 693.

[348] BGH, NJW 2018, 3513, 3517 Rn. 34.

[349] Zit.: BGH, NJW 2018, 3513, 3517 Rn. 34.

wahrscheinlicher, dürfte es zumindest einfacher sein, ein Gericht von dieser Tatsache zu überzeugen.[350]

Es bleibt also festzuhalten, dass Reputationsschäden zwar grundsätzlich ersatzfähige Schadenspositionen im Sinne des § 93 Abs. 2 Satz 1 AktG darstellen, ihr Nachweis in der Praxis aber nur selten möglich sein wird. Allein im Falle börsennotierter Gesellschaften bestehen wohl realistische Erfolgschancen, da Einbußen infolge eines unzureichenden Reputationsmanagements durch den Vorstand mittels der Ereignisstudie zumindest schlüssig dargelegt werden können.

c) Reputationsschäden im Wirkungsbereich des LkSG

Für die im Anwendungsbereich des LkSG besonders relevanten Reputationsschäden infolge von Menschenrechtsverstößen in der Lieferkette mag nach den vorstehenden Ausführungen der Schluss naheliegen, dass diese nur selten zu einer signifikanten Einbuße für das Unternehmen führen. Schließlich sind in transnationalen Menschenrechtsfällen regelmäßig nur „third parties" (Angestellte eines Zulieferers oder Tochterunternehmens) betroffen, nicht aber die Arbeitnehmer oder sonstige Stakeholder des zu beobachtenden Unternehmens.[351] Allerdings scheinen insbesondere Menschenrechtsverletzungen im Ausland – entgegen der zuvor dargestellten Befunde – ein besonders reputationssensibles Thema abzubilden. Studien zeigen nämlich, dass selbst Menschenrechtsbeeinträchtigungen durch Zulieferer und Subunternehmen den „westlichen Unternehmen" zugerechnet werden.[352] So waren, nachdem bekannt wurde, dass Zulieferer des Sportartikelanbieters *Nike* Kleidung unter Verstößen gegen Arbeitsschutzstandards anfertigen ließen, erhebliche Einbrüche im Aktienkurs von *Nike* zu beobachten. Ein ähnliches Phänomen offenbarte sich auch im Hinblick auf andere Unternehmen wie *Disney*, *Gap* oder *Wal-Mart*.[353] Begreift man also transnationale Menschenrechtsverletzungen – obwohl überwiegend „third parties" betroffen sind – als besonderes Reputationsrisiko, dürften Vorstände umso mehr dazu angehalten sein, zum Zwecke der Haftungsvermeidung ihre Lieferkette von entsprechenden Verstößen zu bereinigen.

Gerade die Missachtung von CSR-Selbstverpflichtungen kann die Ursache für einen Reputationsschaden sein, da sich das Unternehmen dann in Widerspruch zu seinen selbstgesetzten und öffentlich kommunizierten Standards verhält. Auch Verstöße gegen ethische Standards sind aufgrund der hohen gesellschaftlichen

---

[350] Ziel der Beweiswürdigung ist die Überzeugung des Gerichts, vgl. dazu *Prütting*, in: Münchener Kommentar zur ZPO, 6. Auflage 2020, § 286 Rn. 16 ff.

[351] Vgl. *Nordhues*, Die Haftung der Muttergesellschaft für Menschenrechtsverletzungen, 2019, S. 255.

[352] *Nordhues*, Die Haftung der Muttergesellschaft für Menschenrechtsverletzungen, 2019, S. 255.

[353] Vgl. *Rock*, Michael T.: Public Disclosure of the Sweatshop Practices of American Multinational Garment/Shoe Makers/Retailers: Impact on Their Stock Prices, Competition & Change 2003, S. 23 ff.

Anerkennung dieser Regelwerke in der Lage, den Ruf eines Unternehmens nachhaltig zu schädigen.[354] Bspw. können Verstöße gegen die OECD-Leitsätze für multinationale Unternehmen im Falle von Verfahren vor der nationalen Kontaktstelle eine besondere mediale Aufmerksamkeit auf sich ziehen.[355]

Nichts anderes gilt für Verstöße gegen das LkSG bzw. Verfahren vor dem BAFA aufgrund von Sorgfaltspflichtverletzungen.[356] Diesen kommt – wie bereits gezeigt – ebenfalls eine gesteigerte mediale Aufmerksamkeit zu, was zu einem besonderen Risiko im Hinblick auf Reputationsschäden führt. Aufgrund eines Verstoßes gegen die Vorschriften des LkSG könnte ein Unternehmen so doppelt geschädigt werden. Zum einen durch das Bußgeld selbst, zum anderen durch Reputationsschäden infolge der medialen Aufmerksamkeit des Bußgeldverfahrens.[357] Auch hier ist aber eine etwaige Vorteilsanrechnung zu berücksichtigen. Die Vorteilsanrechnung wurde bereits im Rahmen des Bußgeldregresses dargestellt, da ihr vor dem Hintergrund des § 17 Abs. 4 OWiG in diesem Zusammenhang eine besondere Bedeutung zukommt und den in der Vorschrift enthaltenen Wertungen allgemeine Auskünfte über die Regressfähigkeit von Bußgeldern entnommen werden können.[358] Denkbar ist aber auch im Falle von Reputationsschäden, dass die Unternehmen aus dem Verhalten, welches zum Reputationsschaden führt, gleichzeitig einen wirtschaftlichen Vorteil ziehen, der die Höhe des entstandenen Schadens übersteigt. Solchen Fällen tragen dann die Grundsätze der Vorteilsausgleichung Rechnung. Sie gelten für Schadensersatzansprüche aller Art[359] und können damit umfassend im Rahmen der Organhaftung nach § 93 AktG fruchtbar gemacht werden.[360]

VIII. Zusammenfassung

Die bisherigen Untersuchungen in diesem Kapitel haben gezeigt, dass Vorstandsmitglieder eine allgemeine Compliance-Pflicht trifft. Im Rahmen der Legalitäts- bzw. Legalitätskontrollpflicht und auch der Schadensabwendungspflicht sind sie dazu verpflichtet, die Einhaltung der Pflichten des LkSG durch die Gesellschaft

---

[354] *Brunk*, Menschenrechtscompliance, 2022, S. 52 f.

[355] *Mittwoch*, Nachhaltigkeit und Unternehmensrecht, 2022, S. 175; zu einzelnen Verfahren siehe *Germanwatch*, Für eine wirksame Umsetzung der OECD-Leitsätze sind funktionierende Kontaktstellen essentiell, abrufbar unter: https://www.germanwatch.org/sites/default/files/publication/11119.pdf (Stand Juni 2007), zuletzt abgerufen am 30.07.2024.

[356] Vgl. *S. Wagner*, in: Wagner/Ruttloff/Wagner, LkSG, § 12 Rn. 1757; siehe auch *Ruttloff/Kappler*, in: Wagner/Ruttloff/Wagner, LkSG, § 3 Rn. 384 (zur CSR-Richtlinie): „Die Durchsetzungskraft […] ergibt sich mithin aus Reputationsrisiken und dem Druck durch Investoren und Konsumenten".

[357] Siehe auch *Brunk*, Menschenrechtscompliance, 2022, S. 53.

[358] Vgl. Kap. 4 A. VII. 2. a) cc).

[359] *Grüneberg*, in: Grüneberg, BGB, 83. Aufl. 2024, Vorbem. § 249 Rn. 76.

[360] Vgl. *Bayer*, in: FS K. Schmidt, 2009, S. 85, 94; *Fleischer*, ZIP 2005, 141, 151.

sicherzustellen. Eigenständige Bedeutung erlangt die Schadensabwendungspflicht vor dem Hintergrund, dass auch Reputationsschäden vermieden werden müssen. Die konkrete Umsetzung der Sorgfaltspflichten des LkSG steht weitgehend im Ermessen des Vorstands, wird aber durch gesetzliche Mindestvorgaben begrenzt, weshalb insoweit keine unternehmerische Entscheidung vorliegt und eine Berufung auf die Business Judgment Rule (§ 93 Abs. 1 Satz 1 AktG) ausscheidet. Bei den Pflichten nach dem LkSG handelt es sich um Pflichtaufgaben mit Entscheidungsspielraum. Diese verlangen auf der einen Seite die Einhaltung der vorgegebenen gesetzlichen Mindestvorgaben, gewähren dem Vorstand aber auf der anderen Seite einen Beurteilungsspielraum, dessen rechtliche Behandlung an die Ermessensfehlerlehre im Verwaltungsrecht angelehnt ist. Ein Verschulden des Vorstands kann im Falle unvermeidbarer Rechtsirrtümer aufgrund fehlerhafter Beratung oder einer unklaren Rechtslage entfallen, wobei den Hinweisen des BAFA bei der Auslegung des LkSG grundsätzlich gefolgt werden darf. Verletzt der Vorstand seine Pflichten schuldhaft und entsteht der Gesellschaft daraus ein Schaden, ist dieser nach den §§ 249 ff. BGB ersatzfähig. Wird bei Verstößen gegen das LkSG eine Verbandsgeldbuße verhängt, gebietet es das gesellschaftsrechtliche Treueverhältnis zwischen Gesellschaft und Vorstandsmitglied, dass Regressansprüche über § 242 BGB durch die wirtschaftliche Leistungsfähigkeit des pflichtwidrig handelnden Organvertreters begrenzt werden.

B. Binnenhaftung des Menschenrechtsbeauftragten bei Verstößen gegen das LkSG

Nachdem die Haftung des Vorstands näher untersucht wurde, sollen nun Regressansprüche gegen den Menschenrechtsbeauftragten in den Blick genommen werden. Zur zivilrechtlichen Haftung des Menschenrechtsbeauftragten finden sich in der Literatur kaum Ausführungen.[361] Diskutiert wird vor allem die Frage, unter welchen Voraussetzungen über § 9 Abs. 2 OWiG Bußgelder gegen eine solche Person verhängt werden können.[362] Da sich die hiesige Arbeit aber allein mit zivilrechtlichen Ansprüchen befasst, ist die strafrechtliche Verantwortlichkeit nach dem OWiG nicht von Interesse. Um Haftungsfragen im Zusammenhang mit dem Menschenrechtsbeauftragten beantworten zu können, ist im ersten Schritt dessen Funktion im LkSG näher zu beleuchten. Anschließend kann auf Regressansprüche eingegangen werden.

---

[361] Siehe aber *Rudkowski*, CRZ 2024, 25, 32 f.

[362] Vgl. etwa *Fleischer*, in: Fleischer/Mankowski, LkSG, § 4 Rn. 67 ff.; *Lorenzen*, in: Kaltenborn/Krajewski/Rühl/Saage-Maaß, LkSG, § 4 Rn. 125 ff.; *Grabosch*, in: Grabosch, LkSG, § 5 Rn. 37.

I. (Kein) Haftungsausschluss gemäß § 3 Abs. 3 Satz 1 LkSG

Zunächst ist jedoch festzustellen, dass die (in der Literatur bislang beinahe unbehandelte[363]) Frage, ob der Haftungsausschluss des § 3 Abs. 3 Satz 1 LkSG auch auf die Innenhaftung des Menschenrechtsbeauftragten anwendbar ist, nach den vorstehenden Ausführungen zur Vorstandsinnenhaftung nicht anders als dort beantwortet werden kann. Es wurde bereits herausgearbeitet, dass der Ausschlusstatbestand innergesellschaftliche Haftungsfragen unberührt lässt (vgl. Kap. 4 A. I.). Auch die Innenhaftung des Menschenrechtsbeauftragten bleibt somit von § 3 Abs. 3 Satz 1 LkSG verschont.[364]

II. Grundlagen: Die Rolle des Menschenrechtsbeauftragten im LkSG

Im Rahmen des nach dem LkSG einzurichtenden Risikomanagements haben Unternehmen dafür zu sorgen, dass festgelegt ist, wer innerhalb des Unternehmens dafür zuständig ist, das Risikomanagement zu überwachen.[365] Als „Regelbeispiel"[366] schlägt das Gesetz die Benennung eines Menschenrechtsbeauftragten vor.[367] Der vom Gesetz verwendete Begriff des Menschenrechtsbeauftragten taucht an keiner anderen Stelle des LkSG auf. Nach den Gesetzesmaterialien sind „am Unternehmensstandort in allen maßgeblichen unternehmensinternen Geschäftsabläufen, welche voraussichtlich die Risikominimierung beeinflussen können, Zuständigkeiten zu verankern, um die Erfüllung der Sorgfaltspflichten zu überwachen, etwa im Vorstand, in der Compliance-Abteilung oder im Einkauf."[368] Die Einrichtung der Stelle eines Menschenrechtsbeauftragten, welcher unmittelbar der Geschäftsleitung unterstellt ist, wird empfohlen.[369] Zudem erfolgt der Hinweis, das Unternehmen habe die notwendigen Hilfsmittel zur Verfügung zu stellen, um eine angemessene Überwachung zu gewährleisten.[370] Im Übrigen schweigen die Gesetzesmaterialien.

Auch wenn sich der Gesetzgeber wohl bewusst dagegen entschieden hat, ausführlichere Vorschriften zum Menschenrechtsbeauftragten zu erlassen und darin Anforderungen oder Befugnisse festzulegen, könnte die Überwachungsfunktion, welche das Gesetz für diesen vorsieht, gleichwohl die Erfüllung bestimmter Min-

---

[363] Siehe aber *Rudkowski*, CRZ 2024, 25, 32 f.

[364] A. A. *Rudkowski*, CRZ 2024, 25, 32 f.

[365] Vgl. § 4 Abs. 3 S. 1 LkSG.

[366] Zit.: *Würz/Birker*, Lieferkettensorgfaltspflichtengesetz, S. 136.

[367] Vgl. § 4 Abs. 3 S. 1 LkSG.

[368] Zit.: BT-Drucks. 19/28649, S. 43.

[369] Vgl. BT-Drucks. 19/28649, S. 43.

[370] Vgl. BT-Drucks. 19/28649, S. 43.

destvoraussetzungen verlangen.[371] Die Frage ist auch für die Vorstandsinnenhaftung relevant, weil die Benennung eines nicht hinreichend qualifizierten Menschenrechtsbeauftragten zu einem Sorgfaltspflichtenverstoß und damit zu einer Verletzung der Legalitätspflicht führen kann.[372] Aus demselben Grund ist von Interesse, ob und unter welchen Voraussetzungen die Einsetzung eines externen Menschenrechtsbeauftragen zulässig ist. Ein solcher könnte ferner von bestimmten Haftungserleichterungen nicht profitieren, die für einen angestellten Menschenrechtsbeauftragten gelten.

1. Qualifikation des Menschenrechtsbeauftragten

Für die erforderliche Qualifikation des Menschenrechtsbeauftragten kann zunächst nichts anderes gelten, als der auf alle Betriebsbeauftragten anzuwendende Grundsatz, dass die für die Ausübung der anfallenden Tätigkeiten erforderliche Expertise vorhanden sein muss.[373] Der Menschenrechtsbeauftragte hat also die für seine Stellung erforderliche fachliche Sachkunde, Erfahrung und Vorbildung vorzuweisen.[374] Anderenfalls würde seine Einsetzung nicht zu einem wirksamen Risikomanagement im Sinne des § 4 Abs. 1 LkSG beitragen.[375]

Es stellt sich mithin die Frage, welche Qualifikationen ein Menschenrechtsbeauftragter mindestens vorzuweisen hat, um als Baustein eines wirksamen Compliance-Systems zu funktionieren. Die Ausführungen in der Literatur zu dieser Frage sind überwiegend vage. Jedenfalls muss die benannte Person Kenntnisse über die rechtlichen Vorgaben und deren Umsetzung vorweisen. Letzteres setzt notwendigerweise voraus, dass der Menschenrechtsbeauftragte mit der individuellen Geschäftstätigkeit des Unternehmens, den Unternehmensstrukturen und der Liefer-

---

[371] *Schneider/Brouwer/Scholz-Fröhling*, CCZ 2023, 133, 140: Fehlen gesetzliche Regelungen zu einem Betriebsbeauftragten, sei stets zu prüfen, ob sich aus der Beauftragtenfunktion eine „ungeschriebene Unvereinbarkeitsregel" ergibt.

[372] Vgl. *Fleischer/Götz*, in: Fleischer/Mankowski, LkSG, § 4 Rn. 7, 45 f.; § 24 Abs. 1 Nr. 1 OWiG sieht sogar einen Bußgeldtatbestand vor, der bei Nichtbenennung eines Menschenrechtsbeauftragten zur Geltung kommen kann (nach *Weinbrenner*, in: Ghassemi-Tabar, LkSG, § 24 Rn. 45 können Bußgelder allerdings nur bei „vollkommener Unterlassung" der Benennung einer Zuständigkeit im Sinne des § 4 Abs. 3 Satz 1 LkSG verhängt werden und nicht bereits bei der Missachtung ungeschriebener gesetzlicher Vorgaben).

[373] Vgl. § 55 Abs. 2 Satz 1 BImSchG für den Immissionsschutzbeauftragten, § 60 Abs. 3 KrWG für den Abfallbeauftragten, Art. 37 Abs. 5 DS-GVO für den Datenschutzbeauftragten; *Hauschka*, BB 2004, 1178, 1180 für den gesetzlich nicht geregelten Compliance-Beauftragten.

[374] *Grabosch*, in: Grabosch, LkSG, § 5 Rn. 35; *Walden*, in: Depping/Walden, LkSG, § 4 Rn. 100.

[375] *Grabosch*, in: Grabosch, LkSG, § 5 Rn. 35; *Fleischer/Götz*, in: Fleischer/Mankowski, LkSG, § 4 Rn. 58: Bei der Auswahl des Menschenrechtsbeauftragten sei das „Gebot eines wirksamen Risikomanagements" zu beachten.

kette vertraut ist.[376] In wenigen Fällen wird die benannte Person bereits bei ihrer Einsetzung über sämtliche mitzubringenden Qualifikationen verfügen. Nach ihrer Ernennung dürften daher regelmäßig Weiterbildungen, die Zugänglichmachung von Informationen und Freistellungen (auch für Schulungen) erforderlich werden. Soweit zertifizierte Lehrgänge angeboten werden[377] (etwa von Industrie- oder Handelskammern) kann hierdurch ebenfalls erforderliches Wissen erworben werden.[378]

a) Praktische Erfahrung

Da dem Menschenrechtsbeauftragten jedenfalls nach dem gesetzlichen Leitbild eine Überwachungsfunktion zukommt, bietet sich an dieser Stelle eine Parallele zur vorgeschriebenen Besetzung des Aufsichtsrats an, der ebenfalls eine Überwachungs- und Kontrollfunktion innehat.[379] Nach § 100 Abs. 5 AktG muss bei Gesellschaften, die Unternehmen von öffentlichem Interesse (§ 316a Satz 2 HGB) sind, mindestens ein Mitglied des Aufsichtsrats über Sachverstand auf dem Gebiet Rechnungslegung und mindestens ein weiteres Mitglied des Aufsichtsrats über Sachverstand auf dem Gebiet Abschlussprüfung verfügen (Finanzexperten). Dabei müssen die Mitglieder in ihrer Gesamtheit mit dem Sektor, in dem die Gesellschaft tätig ist, vertraut sein. Ausweislich der Gesetzesmaterialien zu § 100 AktG liegt der geforderte Sachverstand insbesondere bei Angehörigen der steuerberatenden oder wirtschaftsprüfenden Berufe oder einer speziellen beruflichen Ausbildung vor.[380] Er könne aber auch regelmäßig bei Finanzvorständen, fachkundigen Angestellten aus den Bereichen Rechnungswesen und Controlling, Analysten, sowie langjährigen Mitgliedern in Prüfungsausschüssen bejaht werden.[381] Es ist mithin nicht erforderlich, dass der Sachverstand gerade durch eine schwerpunktmäßige Tätigkeit in Rechnungslegung oder Abschlussprüfung erworben worden ist oder der Finanzexperte als Abschlussprüfer oder Finanzvorstand tätig war. Entscheidend kommt es darauf an, dass das zu beobachtende Aufsichtsratsmitglied in der Lage ist, auftretende Fragen mit dem Finanzvorstand, dem Abschlussprüfer und den Leitern der einschlägigen Fachabteilungen (Revision, Controlling, Compliance) „auf Augenhöhe" zu verhandeln.[382]

Überträgt man diese Wertungen auf den Menschenrechtsbeauftragten ist für dessen ordnungsgemäße Aufgabenerfüllung vor allem erforderlich, dass er mit dem

---

[376] *Ruttloff/Wagner/Hahn/Freihoff*, CCZ 2022, 20, 25.

[377] Einen Zertifikatslehrgang bietet bspw. der TÜV-Rheinland an, Informationen dazu sind abrufbar unter: https://akademie.tuv.com/weiterbildungen/menschenrechtsbeauftragter-tuev-11736932, zuletzt abgerufen am 30.07.2024.

[378] *Grabosch*, in: Grabosch, LkSG, § 5 Rn. 35.

[379] Vgl. § 111 Abs. 1 AktG.

[380] Vgl. BT-Drs. 16/10067, S. 102.

[381] Vgl. BT-Drs. 16/10067, S. 102.

[382] *Habersack*, in: Münchener Kommentar zum Aktiengesetz, 6. Auflage 2023, § 100 AktG Rn. 73.

Vorstand und ggf. auch dem Aufsichtsrat über die Implementierung der Sorgfaltspflichten ebenbürtig disputieren kann. Einschlägige praktische Erfahrung dürfte vor allem in denjenigen Abteilungen, in die der Menschenrechtsbeauftragte ohnehin implementiert werden soll, hilfreich sein. Dadurch wird sichergestellt, dass er über die notwendigen Kenntnisse hinsichtlich der unternehmensinternen Vorgänge, der Lieferkette und auch der Vertragsbeziehungen verfügt und mit dem Sektor, auf dem das Unternehmen tätig wird, ausreichend vertraut ist.[383] Auch die Vernetzung mit anderen Fachabteilungen würde dadurch erleichtert.

Generell dürfte – ähnlich wie für den gesetzlich nicht geregelten Compliance-Beauftragten – gelten: Je länger die Berufserfahrung in der entsprechenden Abteilung, desto eher kann von hinreichenden praktischen Erfahrungen und von einem zur effektiven Aufgabenerfüllung erforderlichen „Standing" im Unternehmen ausgegangen werden.[384]

b) Fachwissen

Die erforderlichen theoretischen Kenntnisse dürften vor allem durch ein Studium der Rechtswissenschaften oder ein sonstiges Studium mit rechtswissenschaftlichem Einschlag nachgewiesen werden können.[385] Gerade vor dem Hintergrund, dass das Berufsbild des Menschenrechtsbeauftragten noch keine klaren Konturen erlangt hat, dürfte ein gewisses juristisches Grundverständnis förderlich sein. Da es bei den meisten Fragestellungen um die Anwendung und Auslegung der Vorgaben des LkSG gehen dürfte, sind vor allem die Kompetenzen relevant, welche durch die erste juristische Prüfung vermittelt werden. Diese soll die Befähigung nachweisen, dass der Absolvent das Recht mit Verständnis erfassen und anwenden kann und über die hierzu erforderlichen Rechtskenntnisse mit ihren europarechtlichen, wirtschaftlichen und politischen Bezügen, ihren rechtswissenschaftlichen Methoden sowie gesellschaftlichen Grundlagen verfügt.[386] Im Rahmen der Überwachungstätigkeit wird der Menschenrechtsbeauftragte wohl überwiegend zu prüfen haben, ob die vom Unternehmen geschaffenen Strukturen die Anforderungen des LkSG erfüllen. Es geht also um eine typische juristische Subsumtion eines Sachverhalts unter die Voraussetzungen einer Vorschrift.[387] Auch Studiengänge im Bereich Wirtschaftsrecht, die häufig auf die Unternehmenspraxis zugeschnittene Rechts-

---

[383] *Walter/Minderjahn*, ESGZ 2023, 27, 30.

[384] Vgl. *Hauschka*, BB 2004, 1178, 1180 für den Compliance-Beauftragten.

[385] *Hüffer/U. H. Schneider*, ZIP 2010, 55: „Fachlich geeignet ist als Chief-Compliance-Officer, jedenfalls bei Industrieunternehmen, nur, wer eine handfeste juristische Ausbildung und einschlägige Berufserfahrung hat"; *Bertke/Sandbrink*, NJW 2024, 319, 321: Für die Tätigkeiten des Menschenrechtsbeauftragten seien vor allem die Mitarbeiter der Rechts- und Compliance-Abteilungen prädestiniert; zurückhaltender *Rudkowski*, CRZ 2024, 25, 26: Der Volljuristenstatus sei nicht zwingend vorausgesetzt.

[386] Vgl. etwa § 2 Abs. 2 JAG NRW.

[387] Vgl. auch *Hüffer/U. H. Schneider*, ZIP 2010, 55 für den Compliance-Beauftragten.

kenntnisse zum Gegenstand haben und daneben auch Fachwissen auf den Gebieten Betriebswirtschaftslehre und Management vermitteln[388], dürften eine einschlägige fachliche Qualifikation ermöglichen.[389] Ferner ist zu erwarten, dass Masterstudiengänge im Nachhaltigkeitsrecht von den innerstaatlichen Universitäten zunehmend angeboten werden und damit ebenfalls ein zu großen Teilen auf das LkSG zugeschnittenes Fachwissen vermitteln.[390]

Zusammenfassend lässt sich festhalten, dass die zum Menschenrechtsbeauftragten benannte Person stets als hinreichend qualifiziert anzusehen sein dürfte, wenn sie über hinreichende praktische Kenntnis der Abläufe im Unternehmen verfügt, eine juristische Ausbildung absolviert hat und regelmäßig einschlägige Lehrgänge besucht.[391] Allgemeingültige und auf jedes Unternehmen übertragbare Voraussetzungen lassen sich allerdings nicht bestimmen, da sich die Frage, ob sich der benannte Menschenrechtsbeauftragte in das jeweils zu beobachtende Risikomanagementsystem einfügt, nur einzelfallbezogen beantworten lässt.[392]

2. Aufgaben des Menschenrechtsbeauftragten

Ein Aufgabenkatalog für den Menschenrechtsbeauftragten ist nicht gesetzlich vorgeschrieben. Denkbar wäre daher, ihm sämtliche Aufgaben zu übertragen, die unter seine Rolle als „Menschrechtsgewissen des Unternehmens"[393] fallen. Da dem Menschenrechtsbeauftragten nach dem Wortlaut des § 4 Abs. 3 Satz 1 LkSG in erster Linie die Aufgabe zukommt, „das Risikomanagement zu überwachen", wird in der Literatur vorgeschlagen, ein zweigliedriges System – bestehend aus Umsetzung der Sorgfaltspflichten und Kontrolle – zu etablieren, bei dem der Menschenrechtsbeauftragte die Funktion einer betrieblichen Selbstüberwachung übernimmt, der Vorstand hingegen für die Umsetzung verantwortlich ist.[394] Ein solches wäre zweifellos zulässig.

Es stellt sich allerdings die Frage, ob und inwieweit die Funktion des Menschenrechtsbeauftragten als „Überwacher" erweitert werden kann, indem ihm zusätzliche Kompetenzen und Aufgaben eingeräumt werden. Die Antwort ist in der

---

[388] Vgl. etwa *Hamburger Fernhochschule*, Bachelor Wirtschaftsrecht, LL.B., abrufbar unter: https://www.hfh-fernstudium.de/bachelor-wirtschaftsrecht-online#studienablauf, zuletzt abgerufen am 30.07.2024.

[389] *Rudkowski*, CRZ 2024, 25, 26.

[390] Vgl. etwa *Hochschule Hof*, Master Nachhaltigkeitsrecht, LL.M., abrufbar unter: https://www.hof-university.de/studium/studiengaenge-und-weiterbildungs-programme/studiengaenge/nachhaltigkeitsrecht-llm.html, zuletzt abgerufen am 30.07.2024.

[391] Jedenfalls ähnlich *Rudkowski*, CRZ 2024, 25, 26.

[392] In diese Richtung auch *Balke*, in: Gehling/Ott, LkSG, § 4 Rn. 44 ff.

[393] Zit.: *Harings/Jürgens/Thalhammer*, CB 2022, 93, 95.

[394] *Harings/Jürgens/Thalhammer*, CB 2022, 93, 94.

Literatur umstritten. Nach einer Auffassung[395] dürfe der Menschenrechtsbeauftragte nicht mit der operativen Umsetzung der Sorgfaltspflichten betraut werden. Eine Kontrolle funktioniere nur, wenn die beauftragte Person unabhängig von denjenigen Tätigkeiten ist, welche sie überwachen soll. Setzt der Menschenrechtsbeauftragte die Sorgfaltspflichten um, müsste er sich in der Folge selbst überwachen, was die gesetzlich vorgeschriebene Überwachungsfunktion unerträglich kontaminieren würde.[396] Aus diesem Grund könne er auch kein Mitglied der Geschäftsführung sein.[397]

Diese Auffassung ist allerdings zu eng, da sie verkennt, dass der Gesetzgeber die Sorgfaltspflichten des LkSG – insbesondere § 4 LkSG – bewusst so ausgestaltet hat, dass den Unternehmen ein weiter Umsetzungsspielraum zur Verfügung steht.[398] Das zur Umsetzung gewählte Konzept muss – im Rahmen gewisser gesetzlicher Vorgaben – vor allem im Ergebnis funktionieren und als angemessen und wirksam zur Bekämpfung von Menschenrechtsverletzungen zu bewerten sein.[399] Mangels konkreter gesetzlicher Vorgaben und Beschränkungen im Wortlaut des § 4 Abs. 3 LkSG obliegt es daher auch an dieser Stelle den Unternehmen, den Kanon der Aufgaben und Kompetenzen des Menschenrechtsbeauftragten selbst festzulegen.[400] Ihm können also durchaus auch eigene Entscheidungsbefugnisse eingeräumt werden, sofern keine ernst zu nehmenden Interessenkonflikte zu erwarten sind (vgl. auch 23 Abs. 4 Nr. 3 InstVergV).[401] Eine unabhängige Kontrolle der Effektivität des Risikomanagements kann dann ergänzend durch die interne Revision sichergestellt werden.[402]

Überzeugend erscheint daher die von Grabosch vorgeschlagene Differenzierung zwischen einem eigenverantwortlichen und einem nicht eigenverantwortlichen Menschenrechtsbeauftragten:[403]

---

[395] *Harings/Jürgens/Thalhammer*, CB 2022, 93, 95.

[396] *Harings/Jürgens/Thalhammer*, CB 2022, 93, 94.

[397] *Walden*, in: Depping/Walden, LkSG, § 4 Rn. 98; *Harings/Jürgens/Thalhammer*, CB 2022, 93, 94.

[398] Vgl. BT-Drs. 19/28649, S. 42.

[399] Vgl. *Walden*, in: Depping/Walden, LkSG, § 4 Rn. 36 ff.

[400] Vgl. *Ruttloff/Wagner/Hahn/Freihoff*, CCZ 2022, 20, 26.

[401] *Rudkowski*, CRZ 2024, 25, 30.

[402] Vgl. *Bäumges/Jürgens*, CCZ 2022, 195, 197; siehe auch *Moosmayer*, in: Moosmayer, Compliance, 4. Aufl. 2021, § 4 Rn. 130 in Bezug auf den Compliance-Beauftragten, dessen Funktion einem eigenverantwortlichen Menschenrechtsbeauftragten (dazu sogleich) regelmäßig ähneln wird; *Bertke/Sandbrink*, NJW 2024, 319, 320 f. führen an, dass der Wortlaut des § 4 Abs. 3 Satz 1 LkSG („innerhalb des Unternehmens“) gegen eine strenge Trennung von Kontrolle und operativem Geschäft spreche, da eine solche vor allem dann möglich wäre, wenn die Funktion des Menschenrechtsbeauftragten durch einen externen Dritten ausgeübt wird, was das Gesetz nicht verlangt.

[403] Vgl. *Grabosch*, in: Grabosch, LkSG, § 5 Rn. 36 ff.; eine ähnliche Differenzierung („prozessunabhängige“ und „prozessabhängige“ Gestaltung) nehmen *Fleischer/Götz*, in: Fleischer/Mankowski, LkSG, § 4 Rn. 63 f. vor.

Ein nicht eigenverantwortlicher Menschenrechtsbeauftragter fungiert lediglich als Überwacher und hat weder die Implementierung noch die Einhaltung des Risikomanagements sicherzustellen. Stattdessen übt er primär unterstützende Tätigkeiten aus. Diese beinhalten die Überwachung der Sorgfaltspflichten des § 3 LkSG, im Rahmen derer er bspw. interne Kontrollen durchführen sowie Missstände gegenüber Mitarbeitern monieren oder der Geschäftsleitung melden kann.[404] Ebenso ist die Durchführung von Mitarbeiterschulungen oder die Beratung der Geschäftsleitung denkbar. Konkret könnte er bspw. bei der Einführung und Aktualisierung des Risikomanagementsystems eingesetzt werden, indem er in Beschaffungs- und Einkaufsstrategien eingebunden wird oder (nur) die Kontrolle dieser wahrnimmt.[405] Ferner könnte der nicht eigenverantwortliche Menschenrechtsbeauftragte bei Organisationsmaßnahmen – etwa der Erstellung eines Lieferantenkodex – oder der Entwicklung der nach § 6 Abs. 2 LkSG abzugebenden Grundsatzerklärung mitwirken.[406] Auch eine Einsetzung als Beschwerdebeauftragter ist möglich.[407]

Ein eigenverantwortlicher Menschenrechtsbeauftragter überwacht und sorgt für die Einhaltung der Sorgfaltspflichten, indem er Verstöße nicht nur beanstandet, sondern auch aktiv verhindert.[408] Er wird also mit eigenen Befugnissen (bspw. Weisungsbefugnissen) und Mitteln ausgestattet, um dafür zu sorgen, dass das Unternehmen den Sorgfaltspflichtenkatalog erfüllt, wobei sich seine Rolle – je nach konkreter Ausgestaltung – auch nur auf einen Teil der Sorgfaltspflichten beziehen kann.[409]

Den Unternehmen steht es frei, ob sie die zuständige Person im Sinne des § 4 Abs. 3 LkSG als eigenverantwortlichen oder nichteigenverantwortlichen Menschenrechtsbeauftragten bestellen möchten oder ob sie möglicherweise auf ein gänzlich anderes Umsetzungsmodell zurückgreifen wollen. Da sämtliche denkbaren Gestaltungsmöglichkeiten unmöglich abgebildet werden können, soll sich im Folgenden auf die soeben dargestellte Differenzierung beschränkt werden.

---

404 Vgl. *Harings/Jürgens/Thalhammer*, CB 2022, 93, 95, welche die Differenzierung zwischen einem eigenverantwortlichen und einem nicht eigenverantwortlichen Menschenrechtsbeauftragten nicht vornehmen, da sie nur eine reine Überwachungs- und Hilfstätigkeit des Menschenrechtsbeauftragten für möglich halten.

405 *Ruttloff/Kappler*, in: Wagner/Ruttloff/Wagner, LkSG, § 3 Rn. 498.

406 *Ruttloff/Kappler*, in: Wagner/Ruttloff/Wagner, LkSG, § 3 Rn. 498 ff.

407 *Ruttloff/Kappler*, in: Wagner/Ruttloff/Wagner, LkSG, § 4 Rn. 665: Die Zuständigkeit des Beschwerdebeauftragten kann auch in „Personalunion" beim Menschenrechtsbeauftragten verortet werden; in diese Richtung auch *Klerner*, ESGZ 2024, 29, 31.

408 *Grabosch*, in: Grabosch, LkSG, § 5 Rn. 37.

409 Vgl. *Rudkowski*, CRZ 2024, 25, 32.

3. Implementierung in das Unternehmen

Der Menschenrechtsbeauftragte wird zwar nur als Beispiel für eine betriebsinterne Zuständigkeit genannt und seine Implementierung ist nicht zwingend vorgeschrieben. Gleichwohl wird den Unternehmen in der Literatur nahegelegt eine solche Position zu schaffen, da eine Abweichung vom gesetzgeberischen Beispiel[410] faktisch zu einem größeren Begründungsaufwand führen würde, inwiefern die alternative Gestaltung mit der Ernennung eines Menschenrechtsbeauftragten gleichwertig ist (*comply or explain*).[411]

a) Menschenrechtsbeauftragter als Mitglied der Geschäftsleitung?

Die Gesetzesbegründung empfiehlt den Menschenrechtsbeauftragten unterhalb der Geschäftsführung zu verankern.[412] Darüber hinausgehend wird vertreten, dass der Menschenrechtsbeauftragte nicht gleichzeitig Mitglied der Geschäftsführung sein könne. Diese insbesondere von Harings/Jürgens/Thalhammer[413] vorgetragene Auffassung stützt sich auf die Argumentation, dass die Geschäftsführung für die Erfüllung der Sorgfaltspflichten zuständig ist und daher nicht gleichzeitig Überwachungsfunktionen wahrnehmen könne. Wie bereits dargestellt, sieht das LkSG jedoch keine derartige Beschränkung vor[414], solange es den Unternehmen gelingt, eine funktionierende Überwachung sicherzustellen. Denkbar ist daher auch, den Menschenrechtsbeauftragten direkt in der Geschäftsführung einzusetzen.[415] Hierfür spricht ferner, dass die von § 4 Abs. 3 Satz 2 LkSG geforderte Kommunikation durch Benennung eines Menschenrechtsbeauftragten auf Vorstandsebene regelmäßig sogar erleichtert werden dürfte, da kurze Kommunikationswege dann garantiert sind, was einem effektiven Risikomanagement jedenfalls zuträglich ist.[416] Zudem dürfte es möglich sein, die Aufgaben des Menschenrechtsbeauftragten einem bereits

---

[410] Denkbar wäre auch, die Zuständigkeit in sachnahen Abteilungen (Compliance, Legal, Nachhaltigkeit, Qualitätsmanagement) zu verankern, *Ruttloff/Kappler*, in: Wagner/Ruttloff/Wagner, LkSG, § 5 Rn. 897.

[411] *Ruttloff/Kappler*, in: Wagner/Ruttloff/Wagner, LkSG, § 3 Rn. 488; *Ruttloff/Wagner/Hahn/Freihoff*, CCZ 2022, 20, 22; *Walter/Minderjahn*, ESGZ 2023, 27; *Frank/Edel/Heine/Heine*, BB 2021, 2165, 2167 vertreten die Auffassung, dass bereits die gesetzliche Forderung nach einem angemessenen Risikomanagement eine derartige Position notwendig mache.

[412] BT-Drucks. 19/28649, S. 43.

[413] Vgl. *Harings/Jürgens/Thalhammer*, CB 2022, 93, 94; zust. *Walden*, in: Depping/Walden, LkSG, § 4 Rn. 98; im Ergebnis wohl auch gegen die Einsetzung eines Mitgliedes der Geschäftsleitung als Menschenrechtsbeauftragter: *Bertke/Sandbrink*, NJW 2024, 319, 321 f.

[414] *Rudkowski*, CRZ 2024, 25, 27: Das LkSG enthält „keine ausdrückliche Inkompatibilitätsregelung“.

[415] *Lorenzen*, in: Kaltenborn/Krajewski/Rühl/Saage-Maaß, LkSG, § 4 Rn. 124; *Ruttloff/Kappler*, in: Wagner/Ruttloff/Wagner, LkSG, § 4 Rn. 620; *Fleischer/Götz*, in: Fleischer/Mankowski, LkSG, § 4 Rn. 47; wohl auch *Altenschmidt/Helling*, LkSG, § 4 Rn. 10.

[416] *Rudkowski*, CRZ 2024, 25, 27.

vorhandenen Beauftragten zu übertragen, sofern dieser über das nötige Fachwissen auf beiden Aufgabengebieten verfügt.[417] Seine bisherige Funktion würde dann um die Einhaltung der Pflichten des LkSG erweitert.[418] Dies darf allerdings nicht dazu führen, dass Unklarheit darüber entsteht, welche Mitarbeiter welche Funktionen des Menschenrechtsbeauftragten erfüllen.[419] Um eine Verantwortungsdiffusion zu verhindern, können die Aufgaben des Menschenrechtsbeauftragten bspw. – nach dem Vorbild des § 4 AMWHV – in Arbeitsplatzbeschreibungen festgelegt und die hierarchischen Beziehungen in einem Organisationsschema festgelegt werden.

b) Arbeitsrechtlicher Schutz des Menschenrechtsbeauftragten als Bestandteil der Compliance-Pflicht?

Weitgehend ungeklärt ist die Frage, inwieweit die als Menschenrechtsbeauftragter eingesetzte Person unabhängig sein muss, da keine entsprechende Regelung oder Klarstellung im LkSG zu finden ist. Für sonstige betriebliche Beauftragte existieren häufig Vorschriften, welche deren Unabhängigkeit gewährleisten, indem sie Kündigungs- und Diskriminierungsverbote festsetzen.[420]

aa) Kündigungsschutz

In der Literatur wird daher vertreten, dass es für die Unabhängigkeit und Weisungsfreiheit des Menschenrechtsbeauftragten an einer gesetzlichen Grundlage fehle. Dies folge auch daraus, dass ohnehin keine Pflicht zur Benennung eines Menschenrechtsbeauftragten bestehe. Wenn bereits die Ernennung nicht verpflichtend sei, könne erst recht keine Weisungsfreiheit oder Unabhängigkeit gefordert werden.[421]

Diese Auffassung verkennt jedoch, dass zwar keine Pflicht zur Benennung eines „Menschenrechtsbeauftragten" besteht, sehr wohl aber eine für die Überwachung zuständige Person festgelegt werden muss.[422] Zwingend ist also jedenfalls die Einsetzung eines „Risikomanagementüberwachers". Es ist zwar richtig, dass das LkSG seiner Konzeption nach die Ausgestaltung der Sorgfaltspflichten überwiegend den Unternehmen selbst überlässt. Der insoweit eingeräumte Entscheidungsspielraum steht aber stets unter dem Vorbehalt, dass das Risikomanagementsystem im Er-

---

[417] *Harings/Jürgens/Thalhammer*, CB 2022, 93 f.; *Grabosch*, in: Grabosch, LkSG, § 5 Rn. 34; *Rudkowski*, CRZ 2024, 25, 28.

[418] *Grabosch*, in: Grabosch, LkSG, § 5 Rn. 34.

[419] *Grabosch*, in: Grabosch, LkSG, § 5 Rn. 34 spricht von einer „Verantwortungsdiffusion".

[420] Vgl. etwa § 58 BImschG für den Immissionsschutzbeauftragten sowie §§ 60 Abs. 3 KrWG (Abfallbeauftragter), 66 WHG (Gewässerschutzbeauftragter), die jeweils auf § 58 BImSchG verweisen.

[421] *Hembach*, Praxisleitfaden LkSG, 2022, S. 128.

[422] Vgl. *Rudkowski*, CRZ 2024, 25.

gebnis angemessen und wirksam sein muss.[423] Dieser Angemessenheitsvorbehalt verlangt, dass der Menschenrechtsbeauftragte nicht durch Täuschung, Sanktionen oder vergleichbare Maßnahmen in der Ausübung seiner Tätigkeit beschränkt werden darf. Anderenfalls würde seine Überwachungsfunktion erheblich beeinträchtigt.[424] Das wird umso deutlicher, wenn man sich vor Augen führt, dass die Überwachungstätigkeit des Menschenrechtsbeauftragten beinhalten kann, die Geschäftsleitung bei der Ausgestaltung des Risikomanagements zu unterstützen und sie im Rahmen dessen auch auf eine gewisse Weise zu überwachen.[425] Auch für den (gesetzlich ebenfalls nicht geregelten) Compliance-Beauftragten wird vertreten, dass dieser seine Kontrollaufgaben – insbesondere in Bezug auf das Handeln kündigungsberechtigter Vorgesetzter – ohne besonderen Kündigungsschutz nicht effektiv wahrnehmen könne.[426]

Es bleibt also festzuhalten, dass ein besonderer Kündigungsschutz des Menschenrechtsbeauftragen notwendig ist, um die gesetzlich vorgeschriebene Überwachungsfunktion wirksam wahrnehmen zu können.[427]

bb) Benachteiligungsverbot

Aus demselben Grund ist auch sicherzustellen, dass keine Benachteiligung aufgrund der Ausübung seiner Tätigkeit als Menschenrechtsbeauftragter erfolgt.[428] Entgegen anderslautender Auffassungen in der Literatur[429] ist allerdings keine vollständige Unabhängigkeit zu gewährleisten.[430] Der Geschäftsleitung muss es insbesondere jederzeit möglich sein, den Menschenrechtsbeauftragten abzuberufen, etwa weil dieser seine Überwachungsaufgabe mangelhaft ausübt und dem Unternehmen infolgedessen Bußgelder drohen. Ein effektives Risikomanagement erfordert nämlich auch, schnellstmöglich auf Probleme reagieren zu können, die innerhalb des Managementsystems auftreten. Dieses Spannungsverhältnis zwischen der Notwendigkeit eines Kündigungsschutzes und dem Erfordernis jederzeitiger Ab-

---

[423] Vgl. § 3 Abs. 1 und 2 sowie § 4 Abs. 2 LkSG; siehe ferner Kap. 3 A. II. 2. d) aa) (2) (a).

[424] *Ruttloff/Kappler*, in: Wagner/Ruttloff/Wagner, LkSG, § 3 Rn. 497; *Ruttloff/Wagner/Hahn/Freihoff*, CCZ 2022, 20, 25 f.

[425] Vgl. *Meier*, NZA 2011, 779, 781 in Bezug auf den Compliance-Beauftragten.

[426] Vgl. *Meier*, NZA 2011, 779, 781.

[427] *Harings/Jürgens/Thalhammer*, CB 2022, 93, 94; *Gehne/Humbert/Philipp*, in: Johann/Sangi, LkSG, § 4 Rn. 50.

[428] Vgl. *Ruttloff/Kappler*, in: Wagner/Ruttloff/Wagner, LkSG, § 3 Rn. 497, welche sämtliche Behinderungen der Tätigkeit des Menschenrechtsbeauftragten durch Maßnahmen oder Unterlassungen für unzulässig halten; *Göpfert/Jacobs*, NZA 2023, 144, 145: „Ein effektives Risikomanagement dürfte […] nur möglich sein, wenn der Menschenrechtsbeauftragte bei seinen Aufgaben nicht gemaßregelt oder behindert werden kann".

[429] Für eine vollständige Unabhängigkeit plädieren etwa *Harings/Jürgens/Thalhammer*, CB 2022, 93, 94.

[430] Vgl. *Ruttloff/Kappler*, in: Wagner/Ruttloff/Wagner, LkSG, § 3 Rn. 497.

berufbarkeit kann wie folgt gelöst werden: In Anlehnung an die organschaftliche Trennungstheorie ist zwischen der Funktion als Menschenrechtsbeauftragter und dem zugrunde liegenden Arbeits- bzw. Dienstvertrag zu differenzieren.[431] Es erscheint daher sachgerecht, Abberufungen auch ohne gesetzlichen Kündigungsgrund zuzulassen, dem Beauftragten in der Folge aber ein Wahlrecht auf ein selbstbestimmtes Ausscheiden mit einer zuvor vereinbarten Abfindung oder auf eine vergleichbare Beschäftigung einzuräumen. Für den letztgenannten Fall sollte ihm nach seiner Abberufung ein (einjähriger) Schutz vor ordentlichen Kündigungen gewährt werden.[432] Um Rechtssicherheit zu schaffen, können entsprechende Regelungen bereits im Anstellungsvertrag getroffen werden. Es sollten also sowohl ein besonderer Kündigungsschutz als auch ein Benachteiligungsverbot vertraglich festgehalten werden, was auch die Beweisführung in behördlichen Verfahren erleichtert.[433]

Dieser Lösungsweg ist angesichts des breiten Umsetzungsspielraums der Unternehmen selbstverständlich nicht zwingend, dürfte aber eine sachgerechte und stets sorgfaltspflichtenkonforme Lösung darstellen, welche Bußgeldrisiken minimiert.

Das Erfordernis einer gewissen Weisungsfreiheit folgt aus der Überwachungsfunktion des Menschenrechtsbeauftragten, die ansonsten den Anforderungen des Angemessenheitsvorbehalts nicht genügen würde.[434] Der Angemessenheitsvorbehalt fordert nämlich, dass die Überwachungsfunktion des Menschenrechtsbeauftragten nicht durch eine vollständige Weisungsgebundenheit kontaminiert werden darf. Auch der nicht eigenverantwortliche Menschenrechtsbeauftragte, der lediglich unterstützende Tätigkeiten ausübt, nimmt die von § 4 Abs. 3 Satz 1 LkSG geforderte Rolle eines Überwachers ein. Die Geschäftsleitung darf daher jedenfalls nicht verhindern, dass der Menschenrechtsbeauftragte bei Wahrnehmung seiner Aufgaben Fakten schafft, die bei der Findung unternehmens- oder betriebsleitender Entscheidungen mit Bezug zum LkSG beachtet werden müssen.[435]

In welchem konkreten Umfang Weisungsbefugnisse bei der Geschäftsleitung verbleiben sollten, um den Anforderungen des § 4 Abs. 3 Satz 1 LkSG zu genügen, hängt stets vom Einzelfall und der Ausgestaltung der Rolle des Menschenrechtsbeauftragten ab. Generell dürfte jedoch gelten: Je umfassender der Menschenrechtsbeauftragte nach dem Verständnis des Unternehmens als zusätzliche Kon-

---

[431] Zur Trennungstheorie siehe *Oetker*, in: Henssler/Strohn, Gesellschaftsrecht, 6. Auflage 2024, § 35 GmbHG Rn. 6.

[432] So zutr. herausgearbeitet von *Meier*, NZA 2011, 779, 781 f. in Bezug auf den Compliance-Beauftragten.

[433] Im Ergebnis ähnlich *Rudkowski*, CRZ 2024, 25, 31.

[434] Ähnlich *Ruttloff/Kappler*, in: Wagner/Ruttloff/Wagner, LkSG, § 3 Rn. 497; *Ruttloff/Wagner/Hahn/Freihoff*, CCZ 2022, 20, 25 f.

[435] Vgl. *Richardi/Maschmann*, in: Richardi, Betriebsverfassungsgesetz, 17. Aufl. 2022, § 5 BetrV Rn. 242 zum Merkmal der Weisungsfreiheit in § 5 BetrVG.

trollinstanz agieren soll, desto zweckmäßiger und für die Aufgabenerfüllung notwendiger erscheint es, dass er unabhängig arbeiten kann, was eben auch eine (teilweise) Weisungsfreiheit einschließt.[436] Weisungen, welche die Aufgabenerfüllung in keiner Weise behindern, wie etwa Vorgaben bezüglich der Nutzung betrieblicher IT sind hingegen stets zulässig.[437]

c) Einsetzung eines externen Menschenrechtsbeauftragten

aa) Zulässigkeit

Nicht abschließend geklärt ist die Frage, ob die Einsetzung einer unternehmensfremden Person als Menschenrechtsbeauftragter zulässig ist. Einige Autoren lehnen dies zwar ab.[438] Richtigerweise kann die Geschäftsleitung aber Aufgaben des Menschenrechtsbeauftragten an externe Dienstleister delegieren:[439] Denn obwohl der Menschenrechtsbeauftragte die Person ist, die nach § 4 Abs. 3 Satz 1 LkSG „innerhalb“ des Unternehmens für die Überwachung des Risikomanagements zuständig ist, bringt diese Formulierung im Gesetzestext lediglich zum Ausdruck, dass eine Selbstkontrolle durch das Unternehmen – im Gegensatz zur behördlichen Kontrolle – zu erfolgen hat. Wollte der Gesetzgeber nicht zulassen, dass externe Dienstleister diese Aufgabe wahrnehmen hätte er eine Formulierung wie in § 1 Abs. 5 der 5. BImSchVO gewählt, nach der Anlagenbetreiber einen „betriebsangehörigen Immissionsschutzbeauftragten“ zu bestellen haben.[440]

bb) Mindestanforderungen

Da eine ordnungsgemäße Überwachung des Risikomanagements aber nicht durch jede beliebige Person sichergestellt werden kann, stellt sich die Frage, welche Anforderungen an externe Dienstleistungsanbieter zu stellen sind, damit diesen die Überwachungsaufgaben aus § 4 Abs. 3 Satz 1 LkSG übertragen werden können.

Als Orientierungshilfe bietet sich eine Parallele zum NetzDG a.F. an, welches der Bekämpfung von Hasskriminalität auf Internetplattformen diente.[441] Das NetzDG a.F. verpflichtete Anbieter sozialer Netzwerke unter anderem dazu, rechtswidrige Inhalte[442] auf Beschwerden hin zu entfernen oder den Zugang zu

---

[436] Vgl. BeckOK LkSG/*Rudkowski*, 1. Ed. 01.02.2023, LkSG § 4 Rn. 50.

[437] *Frank/Edel/Heine/Heine*, BB 2021, 2165, 2167.

[438] So *Rudkowski*, CRZ 2024, 25, 26f.; wohl auch *Grabosch*, in: Grabosch, LkSG, § 5 Rn. 35; *Lorenzen*, in: Kaltenborn/Krajewski/Rühl/Saage-Maaß, LkSG, § 4 Rn. 132.

[439] *Harings/Jürgens/Thalhammer*, CB 2022, 93, 97.

[440] *Harings/Jürgens/Thalhammer*, CB 2022, 93, 97; a.A. *Rudkowski*, CRZ 2024, 25, 26.

[441] BT-Drucks. 18/12356, S. 1 f.

[442] Rechtswidrige Inhalte im Sinne des NetzDG sind solche, die die den Tatbestand der §§ 86, 86a, 89a, 91, 100a, 111, 126, 129 bis 129b, 130, 131, 140, 166, 184b, 185 bis 187, 189,

ihnen zu sperren.[443] Die Frage, ob ein rechtswidriger Inhalt vorlag, erforderte eine juristische Subsumtion unter einen Katalog von ausgewählten Straftatbeständen.[444] Die Entscheidung über die Rechtswidrigkeit konnte dabei einer anerkannten Einrichtung der Regulierten Selbstregulierung übertragen werden.[445] Es erfolgte dann eine Auslagerung der Subsumtion.

Ähnlich verhält es sich, wenn die Überwachungstätigkeit des Menschenrechtsbeauftragten auf einen Dritten übertragen wird. Dieser würde nicht prüfen, ob ein Verhalten die Voraussetzungen eines Straftatbestandes erfüllt, sondern inwieweit das Risikomanagement des Unternehmens den gesetzlichen Anforderungen genügt. In beiden Fällen wird ein Teil der Selbstüberwachung auf einen externen Dritten verlagert, der dem Unternehmen bzw. Anbieter des sozialen Netzwerks hilft, seine öffentlich-rechtlichen Pflichten zu erfüllen. Nach § 3 Abs. 6 NetzDG a. F. hatte die Einrichtung der Regulierten Selbstregulierung insbesondere die Unabhängigkeit und Sachkunde ihrer Prüfer zu gewährleisten sowie eine sachgerechte Ausstattung und zügige Prüfung sicherzustellen. Ferner musste eine Verfahrensordnung bestehen, die den Umfang und Ablauf der Prüfung sowie Vorlagepflichten regelte und die Möglichkeit der Überprüfung von Entscheidungen vorsah.[446]

Die Erfordernisse hinreichender Sachkunde und sachgerechter Ausstattung können ohne Weiteres auf den (externen) Menschenrechtsbeauftragten übertragen werden.[447] Für die Sachkunde gilt das zur Qualifikation des Menschenrechtsbeauftragten Gesagte (vgl. Kap. 4 B. II. 1.). Von der sachgerechten Ausstattung sollte sich die Geschäftsleitung vor der Beauftragung des externen Dienstleisters überzeugen. Liegt eine solche nicht vor, kann der Dienstleister nicht als zuständige Person benannt werden, da er die von § 4 Abs. 3 Satz 1 LkSG geforderte Überwachungstätigkeit nicht effektiv wahrnehmen könnte. Anstelle einer „zügigen" Prüfung (vgl. § 3 Abs. 6 NetzDG a. F.) müsste eine kontinuierliche Prüfung gewährleistet werden, deren Ablauf und Inhalt (auch zu Beweiszwecken) durch eine Verfahrensordnung konkretisiert werden sollte. Da betriebsangehörige Mitarbeiter mit den unternehmensinternen Abläufen üblicherweise vertrauter sind als externe Dienstleister[448], muss dieses Defizit durch einen stetigen und besonders intensiven

201a, 241 oder 269 des Strafgesetzbuchs erfüllen und nicht gerechtfertigt sind, vgl. § 1 Abs. 3 NetzDG.

[443] Vgl. § 3 Abs. 2 NetzDG a. F.

[444] *Liesching*, in: Netzwerkdurchsetzungsgesetz, 1. Online-Auflage 2018, § 3 NetzDG Rn. 23.

[445] Vgl. § 3 Abs. 2 S. 1 Nr. 3b NetzDG a. F.

[446] Die weiteren Voraussetzungen des § 3 Abs. 6 NetzDG a. F. erscheinen für den Menschenrechtsbeauftragten nicht passend, da kein Grund ersichtlich ist, warum weitere Unternehmen in den externen Überwachungsmechanismus eingebunden werden sollten.

[447] *Harings/Jürgens/Thalhammer*, CB 2022, 93, 97 möchten sämtliche für den unternehmensinternen Menschenrechtsbeauftragten geltenden Anforderungen auf den externen Menschenrechtsbeauftragten übertragen.

[448] Vgl. *Balke*, in: Gehling/Ott, LkSG, § 4 Rn. 56.

Informationsaustausch zwischen Geschäftsleitung und Menschenrechtsbeauftragtem kompensiert werden.

Zuvor wurde bereits herausgearbeitet, dass eine ideale Qualifikation des Menschenrechtsbeauftragten eine gewisse Berufserfahrung in besonders relevanten Abteilungen des Unternehmens erfordert. Diese Anforderung wird ein externer Dienstleister kaum erfüllen können, weshalb seine Benennung unter den zuvor genannten Voraussetzungen zwar möglich sein dürfte, sich aber regelmäßig als weniger effektiv darstellen wird als die Benennung eines betriebsinternen Menschenrechtsbeauftragten.[449]

Im Ergebnis bleibt daher festzuhalten, dass externe Dienstleister als Menschenrechtsbeauftragte eingesetzt werden können, sie aber in den meisten Fällen einen geringeren Beitrag zu einem funktionierenden Risikomanagementsystem leisten werden als betriebsinterne Beauftragte. In der Literatur wird den Unternehmen geraten, dieses Problem anderweitig zu umgehen: Soweit ein Unternehmen sich externer Unterstützung bedienen möchte, könnte es einen betriebsinternen Menschenrechtsbeauftragten einsetzen, diesem aber in erheblichem Umfang ermöglichen, auf die Hilfe Dritter zuzugreifen.[450]

4. Zwischenergebnis

Das LkSG verlangt die Benennung einer für die Überwachung des Risikomanagements zuständigen Person. Obwohl das Gesetz keine darüber hinaus gehenden Anforderungen ausdrücklich formuliert, ergeben sich aus der Überwachungsfunktion eines solchen Menschenrechtsbeauftragten ungeschriebene Mindestanforderungen, bei deren Nichterfüllung ein Verstoß gegen § 4 Abs. 3 Satz 1 LkSG zu bejahen ist.

Der Menschenrechtsbeauftragte muss zunächst über die erforderliche Qualifikation verfügen. Welche konkreten Anforderungen zu stellen sind, ist stets vom Einzelfall abhängig. Ein Studium der Rechtswissenschaften oder ein vergleichbarer Studienabschluss sind regelmäßig sachdienlich, aber nicht zwingend. Dasselbe gilt für langjährige Berufserfahrung im zu beobachtenden Unternehmen.

Zwingende Voraussetzung des § 4 Abs. 3 Satz 1 LkSG ist neben der erforderlichen Qualifikation, dass dem Menschenrechtsbeauftragten die notwendigen Ressourcen und Arbeitsmittel zur Verfügung gestellt werden und eine zur Aufgabenerfüllung ausreichende Infrastruktur geschaffen wird.

Eine gewisse Unabhängigkeit und Weisungsfreiheit ist dem Menschenrechtsbeauftragten angesichts seiner Überwachungsfunktion ebenfalls zu gewähren. Wie weit diese zu reichen hat, ist von den konkreten Umständen und der Ausgestaltung

---

[449] Ähnlich *Balke*, in: Gehling/Ott, LkSG, § 4 Rn. 56.

[450] Vgl. *Walden*, in: Depping/Walden, LkSG, § 4 Rn. 103.

der Rolle des Menschenrechtsbeauftragten abhängig. Ihm ist aber mindestens ein zeitlich begrenzter Kündigungsschutz einzuräumen.

Die Aufgaben des Menschenrechtsbeauftragten können mannigfaltig ausgestaltet werden. Seine Tätigkeit kann sich auf die Wahrnehmung reiner Überwachungsaufgaben beschränken. Ihm können aber auch Entscheidungsbefugnisse eingeräumt werden. Ebenso können mehrere Personen und auch externe Dritte als Menschenrechtsbeauftragte eingesetzt werden. Der Menschenrechtsbeauftragte kann ferner auf Vorstandsebene benannt werden.

Wird ein externer Dritter beauftragt, verlangt die Überwachungsfunktion mindestens, dass die jeweiligen Prüfer über die erforderliche Unabhängigkeit und Sachkunde sowie über eine sachgerechte Ausstattung verfügen. Ferner muss eine Verfahrensordnung bestehen, die den Umfang und Ablauf der Prüfung sowie Vorlagepflichten regelt und die Möglichkeit der Überprüfung von Entscheidungen vorsieht.

III. Haftungsrelevante Pflichten des Menschenrechtsbeauftragten bei der Erfüllung der Sorgfaltspflichten

Die vorstehenden Untersuchungen haben gezeigt, dass dem Menschenrechtsbeauftragten kein allgemeingültiger Aufgabenkatalog zugeordnet werden kann. Er ist grundsätzlich nicht zur Leitung der Gesellschaft verpflichtet und unterliegt auch keinen gesellschaftsrechtlichen Haftungsnormen wie etwa der Vorstand einer Aktiengesellschaft. Somit trifft ihn regelmäßig auch keine allgemeine Pflicht, innerhalb des Unternehmens für die Einhaltung der Pflichten des LkSG zu sorgen.[451]

1. Menschenrechtsbeauftragter auf Vorstandsebene

Anders ist dies aber, wenn der Menschenrechtsbeauftragte auf Geschäftsleitungsebene benannt wird. Es wurde bereits dargestellt, dass es dem Vorstand grundsätzlich möglich ist, mittels Ressortverteilung eine bestimmte Risikoverteilung zu erreichen. In der Folge wäre dann primär ein Mitglied der Geschäftsleitung für die Einhaltung der Sorgfaltspflichten zuständig. Dieser Person könnte zusätzlich die Funktion des Menschenrechtsbeauftragten übertragen werden, da dessen Benennung nach den hiesigen Untersuchungsergebnissen auch auf Vorstandsebene möglich ist.[452] Die Haftung des als Menschenrechtsbeauftragten eingesetzten Vorstandsmitgliedes richtet sich in der Folge nach § 93 Abs. 2 Satz 1 AktG und folgt

[451] Vgl. *Fleischer/Götz*, in: Fleischer/Mankowski, LkSG, § 4 Rn. 62 ff.

[452] *Rudkowski*, CRZ 2024, 25, 27 geht zwar ebenfalls davon aus, dass der Menschenrechtsbeauftragte auf Vorstandsebene angesiedelt werden kann, setzt aber wohl auch eine Personenverschiedenheit von Menschenrechtsbeauftragtem und dem für die Umsetzung des LkSG zuständigen Vorstandsmitglied voraus.

den in Kap. 4 A. dargestellten Grundsätzen. Der Menschenrechtsbeauftragte hat dann im Rahmen der Legalitätspflicht für die Einhaltung der Sorgfaltspflichten zu sorgen und im Rahmen der Legalitätskontrollpflicht diese auch gegenüber nachgeordneten Mitarbeitern durchzusetzen.[453] Ferner hat er als Überwacher dafür zu sorgen, dass das Risikomanagement den gesetzlichen Anforderungen genügt. In diesem Fall nimmt das benannte Vorstandsmitglied also sowohl die operative Umsetzung als auch die Überwachung des Risikomanagements wahr, was nach den hiesigen Untersuchungsergebnissen regelmäßig möglich ist, wenn eine unabhängige Überwachung anderweitig (bspw. durch die interne Revision) sichergestellt wird.[454]

Da den Unternehmen bei der Umsetzung der Sorgfaltspflichten ein weiter Ermessensspielraum zusteht, ist es aber nicht nur möglich, die Aufgabe des Menschenrechtsbeauftragten dem ressortzuständigen Vorstandsmitglied zu übertragen, sondern auch einem anderen Mitglied der Geschäftsleitung.[455] In der Folge bestünden auf Vorstandsebene zwei Zuständigkeiten im Hinblick auf die Erfüllung des Pflichtenkataloges des LkSG. Zum einen wäre eine Ressortzuständigkeit für die Umsetzung der Sorgfaltspflichten zu bejahen, zum anderen eine Überwachungszuständigkeit für das Risikomanagement (Menschenrechtsbeauftragter). Die Pflichten des Menschenrechtsbeauftragten ergeben sich dann aus den ihm konkret übertragenen Überwachungs- und Unterstützungstätigkeiten.[456]

2. Menschenrechtsbeauftragter unterhalb der Vorstandsebene

Wird eine Person unterhalb der Geschäftsleitung als Menschenrechtsbeauftragter benannt, kommt eine Haftung gemäß § 93 Abs. 2 Satz 1 AktG nicht in Betracht. Stattdessen haftet diese gegenüber dem Unternehmen gemäß § 280 Abs. 1 BGB bei Verletzung ihrer vertraglichen Pflichten, da sie im Rahmen eines Arbeits- (Angestellter als Menschenrechtsbeauftragter) oder Dienstvertrages (externer Menschenrechtsbeauftragter) tätig wird und keine Sonderregeln bezüglich der Haftung bestehen.[457] Auch für sonstige (gesetzliche) Beauftragte ist eine Haftung nach § 280

---

[453] Vgl. *Korch/Chatard*, AG 2019, 551, 557 ff. in Bezug auf den Datenschutzbeauftragten nach der DS-GVO.

[454] *Harings/Jürgens/Thalhammer*, CB 2022, 93, 94 lehnen die Personenidentität von Menschenrechtsbeauftragtem und der für die Umsetzung der Sorgfaltspflichten zuständigen Person ab, weshalb der Menschenrechtsbeauftragte kein Mitglied der Geschäftsleitung sein könne; so auch *Schneider/Brouwer/Scholz-Fröhling*, CCZ 2023, 133, 144 allgemein zu Beauftragten.

[455] *Rudkowski*, CRZ 2024, 25, 27.

[456] Vgl. Kap. 4 B. II. 2.

[457] Vgl. *Nagel*, Der Immissionsschutz- und Störfallbeauftragte, 2021, S. 109 zur Haftung des Immissionsschutzbeauftragten.

Abs. 1 BGB bei Verletzungen des Anstellungsvertrages anerkannt.[458] Die Innenhaftung richtet sich dann nach dem Inhalt des Arbeits- oder Dienstvertrages. Im Falle eines Arbeitsvertrages kommt dem Menschenrechtsbeauftragten die Beweislastumkehr des § 619a BGB zugute, sodass ein Vertretenmüssen bei Pflichtverletzungen nicht vermutet wird.[459]

Der konkrete Inhalt vertraglicher Pflichten des Menschenrechtsbeauftragten kann nach den vorstehenden Untersuchungsergebnissen auf verschiedene Art und Weise ausgestaltet werden und sich in Hilfstätigkeiten erschöpfen, aber auch in der Wahrnehmung von Führungsaufgaben bestehen (vgl. Kap. 4 B. II. 2.). Sämtliche denkbaren Vertragskonstellationen können an dieser Stelle unmöglich abgebildet werden. Die Differenzierung zwischen einem eigenverantwortlichen Menschenrechtsbeauftragten und einem nicht eigenverantwortlichen Menschenrechtsbeauftragten gewinnt aber auch im Rahmen der Innenhaftung an Bedeutung. Ist der (nicht eigenverantwortliche) Menschenrechtsbeauftragte bspw. vertraglich dazu verpflichtet, dem Vorstand fortlaufend darüber zu berichten, ob das Risikomanagement den gesetzlichen Anforderungen genügt und unterlässt er eine solche Prüfung, verletzt er seine Pflichten im Innenverhältnis.[460] Für die Umsetzung der Sorgfaltspflichten ist er hingegen nicht zuständig.

a) Voraussetzungen für eine Verantwortungsübernahme

Ein eigenverantwortlicher Menschenrechtsbeauftragter, welcher vertraglich dazu verpflichtet ist, die Einhaltung der Sorgfaltspflichten selbst sicherzustellen, verletzt seine Pflichten, wenn die in seinen Verantwortungsbereich fallenden Maßnahmen mit den Vorgaben des LkSG nicht übereinstimmen. Werden ihm weitreichende Leitungsbefugnisse eingeräumt, kann daraus im Einzelfall eine auf dem Anstellungsvertrag beruhende „fachbereichsspezifische Quasi-Legalitätspflicht" resultieren.[461] Abhängig von den ihm übertragenen Weisungsmöglichkeiten und den Regelungen im Anstellungsvertrag ist er schließlich dafür verantwortlich, die Sorgfaltspflichten operativ umzusetzen und die Einhaltung auch gegenüber sonstigen Beschäftigten durchzusetzen.[462] Zu klären ist also im nächsten Schritt,

---

[458] Vgl. *Hünnekens*, in: Landmann/Rohmer, Umweltrecht, Werkstand: 105. EL September 2024, § 65 WHG Rn. 32 zum Gewässerschutzbeauftragten; *Nagel*, Der Immissionsschutz- und Störfallbeauftragte, 2021, S. 109 zum Immissionsschutzbeauftragten.

[459] *Rudkowski*, CRZ 2024, 25, 32; vgl. auch *Paal*, in: Paal/Pauly, DS-GVO BDSG, 3. Auflage 2021, Art. 39 Rn. 11 zum Datenschutzbeauftragten.

[460] Vgl. *Rudkowski*, CRZ 2024, 25, 32.

[461] Der Vorstand kann dem Menschenrechtsbeauftragten eingeräumte Weisungsbefugnisse aber selbstverständlich jederzeit beseitigen, etwa indem er die Weisungen gegenüber anderen Unternehmensangehörigen, sich den Weisungen des Menschenrechtsbeauftragten zu fügen, zurücknimmt, vgl. *Rudkowski*, CRZ 2024, 25, 32.

[462] Vgl. *Grabosch*, in: Grabosch, LkSG, § 5 Rn. 37.

unter welchen Voraussetzungen eine solche verantwortungsbegründende Delegation von Aufgaben an den Menschenrechtsbeauftragten erfolgt:

Im Strafrecht hat der V. Strafsenat des BGH eine Garantenstellung des Leiters der Innenrevision der Berliner Stadtreinigung bejaht, welcher überwiegend die Funktion eines sogenannten (gesetzlich nicht geregelten) „Compliance-Officers" wahrnahm. Der Senat führte aus, dass durch einen Dienstvertrag die Übernahme von Überwachungs- und Schutzpflichten erfolgen könne. Dabei reiche der bloße Vertragsschluss nicht aus. Entscheidend für die Begründung einer Garantenstellung sei vielmehr die tatsächliche Übernahme des Pflichtenkreises.[463] Allerdings begründe nicht jede Übertragung von Pflichten eine Garantenstellung. Hinzutreten müsse regelmäßig ein besonderes Vertrauensverhältnis, welches den Übertragenden dazu veranlasst, dem Verpflichteten besondere Schutzpflichten zu überantworten. Der Inhalt und der Umfang der Garantenpflicht bestimme sich aus dem konkreten Pflichtenkreis, den der Verantwortliche übernommen hat, wobei auf die besonderen Verhältnisse des Unternehmens und den Zweck der Beauftragung abzustellen sei. Entscheidend komme es auf die Zielrichtung der Beauftragung an, also darauf, ob sich die Pflichtenstellung des Beauftragten allein darin erschöpft, die unternehmensinternen Prozesse zu optimieren und gegen das Unternehmen gerichtete Pflichtverstöße aufzudecken und zukünftig zu verhindern, oder ob der Beauftragte weitergehende Pflichten dergestalt hat, dass er auch vom Unternehmen ausgehende Rechtsverstöße beanstanden und unterbinden muss. Unter diesen Gesichtspunkten müsse auch die Beschreibung des Dienstpostens bewertet werden.[464]

Der Senat hat zwar nicht ausgeführt, wie eine Dienstpostenbeschreibung, mit der Pflichten übernommen werden, auszusehen hat. Er verweist aber an späterer Stelle als Gegenstück zur dienstvertraglichen Pflichtenübernahme auf gesetzliche Regelungen zum Gewässerschutzbeauftragten, zum Immissionsschutzbeauftragten sowie zum Strahlenschutzbeauftragten. Aus dem Verweis kann geschlussfolgert werden, dass bestimmte gesetzliche Vorgaben, die den Beauftragten Pflichten, Befugnisse und Schutz einräumen, auch im Dienstvertrag bzw. in der Dienstpostenbeschreibung verankert werden können und so eine hinreichende Eigenverantwortlichkeit des Beauftragten gewährleisten, welche die Annahme eines besonderen Vertrauensverhältnisses rechtfertigen.[465]

Aus den Ausführungen des Senates lassen sich somit zwei wesentliche Kriterien für die Verantwortungsübernahme herausfiltern: Zunächst muss der Beauftragte dazu verpflichtet werden, vom Unternehmen ausgehende Rechtsverstöße zu unterbinden und diese Pflicht auch tatsächlich übernehmen. Weiterhin ist ein besonderes Vertrauensverhältnis zwischen Übertragendem und Verpflichtetem erforderlich. Das Vertrauen gerichtet auf die ordnungsgemäße Erfüllung der übernommenen

[463] BGH, NJW 2009, 3173, 3174 f.

[464] BGH, NJW 2009, 3173, 3174 f.

[465] In diese Richtung auch *Meier*, NZA 2011, 779, 780 f.

Aufgaben folgt daraus, dass dem Beauftragten sowohl Pflichten als auch besondere Befugnisse und Schutz eingeräumt werden (bspw. Weisungsfreiheit, unmittelbare Berichterstattung gegenüber dem Vorstand, Kündigungsschutz) und er sorgsam ausgewählt (hinreichende Qualifikation etc.) und instruiert (Schulungen etc.) wurde.[466] Liegen die Voraussetzungen für eine Verantwortungsübernahme durch den Compliance-Beauftragten vor, kann neben der dann über § 13 StGB gegebenen strafrechtlichen Verantwortlichkeit auch eine wirksame Aufgabendelegation bejaht werden, welche dazu führt, dass der Vorstand hinsichtlich der delegierten Tätigkeiten nur noch Überwachungsaufgaben wahrnehmen muss.[467] Den Compliance-Beauftragten trifft hingegen eine entsprechende Pflicht zur Erfüllung der in Rede stehenden Aufgaben aufgrund des Dienst- bzw. Arbeitsvertrages.

b) Schlussfolgerungen für den Menschenrechtsbeauftragten

Auf die Kriterien, bei deren Vorliegen einem Compliance-Beauftragten die Verantwortung für die Erfüllung bestimmter Aufgaben der Geschäftsleitung übertragen wird, kann auch im Rahmen der Delegation von Aufgaben an einen Menschenrechtsbeauftragten zurückgegriffen werden.[468] Dieser wird zur Erfüllung der Sorgfaltspflichten des LkSG eingesetzt und hat daher unabhängig von der konkreten Vertragsgestaltung jedenfalls die (dem Compliance-Officer ähnliche[469]) Funktion, in irgendeiner Weise für gesetzeskonformes Verhalten des Unternehmens bei der Einhaltung der §§ 3 ff. LkSG zu sorgen. Die Einräumung eines besonderen arbeitsrechtlichen Schutzes ist nach hier vertretener Auffassung ebenso erforderlich wie das Vorliegen bestimmter Mindestqualifikationen und das Besuchen von Schulungen, weshalb das geforderte Vertrauensverhältnis bereits bei Erfüllung der (ungeschriebenen) Mindestvoraussetzungen des § 4 Abs. 3 Satz 1 LkSG bejaht werden kann. Für eine wirksame Aufgabendelegation bedarf es in der Folge nur noch einer entsprechenden vertraglichen Verpflichtung.

Obwohl die soeben dargestellten Grundsätze die Verantwortungsübernahme im Ordnungswidrigkeitenrecht betreffen, gelten sie faktisch auch für die vertragliche Pflichtenübernahme durch einen Menschenrechtsbeauftragten. Liegen die vom Strafsenat verlangten Kriterien nämlich nicht vor, ist der Menschenrechtsbeauftragter auch nicht in der Lage, seinen Pflichten nachzukommen, weshalb ein pflichtgemäßes Verhalten regelmäßig unmöglich wäre (§ 275 Abs. 1 BGB). Jedenfalls wäre ihm eine ordnungsgemäße Leistungserbringung (etwa Infragestellen der Vorstandsentscheidungen) nicht zumutbar (§ 275 Abs. 3 BGB). Das soeben skizzierte Vertrauensverhältnis (geschaffen durch die Einräumung besonderer Be-

---

[466] Vgl. *Meier*, NZA 2011, 779, 780 ff.; *Bürkle*, in: Hauschka, Corporate Compliance, 1. Aufl. 2007, § 8 Rn. 8.

[467] Vgl. *Meier*, NZA 2011, 779, 780 ff.

[468] *Grabosch*, in: Grabosch, LkSG, § 4 Rn. 37.

[469] Vgl. BGH, NJW 2009, 3173, 3175 zur Funktion des Compliance-Officers.

fugnisse, besonderen Schutz und die erforderlichen Qualifikationen) wird nämlich durch das Vorliegen all jener Kriterien bedingt, die eine ordnungsgemäße Aufgabenerfüllung durch den Menschenrechtsbeauftragten erst möglich machen.[470]

IV. Beurteilungsspielraum bei der Umsetzung der Sorgfaltspflichten

Da der eigenverantwortliche Menschenrechtsbeauftragte bei der Umsetzung der Sorgfaltspflichten des LkSG stellenweise faktisch die Rolle des Vorstands einnimmt, stellt sich die Frage, ob er sich bei der Kontrolle der Sorgfaltspflichten auf eine der Business Judgment Rule ähnelnde (vertragliche) Haftungsprivilegierung berufen kann.[471] Es wurde bereits herausgearbeitet, dass die Erfüllung der Sorgfaltspflichten des LkSG deshalb nicht in den Anwendungsbereich des § 93 Abs. 1 Satz 2 AktG fällt, weil die Durchführung der Maßnahmen gesetzlich vorgeschrieben ist und daher keine unternehmerische Entscheidung mehr vorliegen kann. Stattdessen handelt es sich um Pflichtaufgaben mit Entscheidungsspielraum, die in ihrer Rechtsfolge nach besonderen in Kap. 4 A. III. 2. a) dargestellten Regeln zu behandeln sind. Diese Grundsätze sind aufgrund der Parallelen zur Vorstandsverantwortlichkeit – soweit vertraglich nicht explizit etwas Abweichendes vereinbart wurde – im Wege der ergänzenden Vertragsauslegung (§§ 133, 157, 242 BGB)[472] auch auf die Umsetzung der Sorgfaltspflichten durch einen eigenverantwortlichen Menschenrechtsbeauftragten anzuwenden.

Eine ergänzende Vertragsauslegung setzt voraus, dass der zu beobachtende Vertrag eine durch sie zu schließende Regelungslücke enthält.[473] Das ist der Fall, wenn der Vertrag innerhalb des durch ihn gesteckten Rahmens oder innerhalb der objektiv gewollten Vereinbarung ergänzungsbedürftig ist, weil er eine Bestimmung vermissen lässt, die erforderlich ist, um den ihm zu Grunde liegenden Regelungsplan der Parteien zu verwirklichen.[474] Falls die Vertragschließenden zu einem bestimmten Punkt keine Regelung treffen, ist zwar zunächst anzunehmen, dass sie die Ausgestaltung ihrer vertraglichen Beziehungen den Gesetzesvorschriften überlassen wollten, weshalb in einem solchen Fall primär zu prüfen ist, ob die vorhandene Regelungslücke durch Heranziehen dispositiven Rechts geschlossen werden

[470] Siehe auch *Rudkowski*, CRZ 2024, 25, 30: „Die Aufgabenerfüllung nach § 4 Abs. 3 Satz 1 LkSG […] setzt die Unabhängigkeit der zuständigen Person voraus".

[471] *Korch/Chatard*, AG 2019, 551, 557 ff. erwägen die Anwendung der Business Judgment Rule wohl nur in Bezug auf Datenschutzbeauftragte auf Vorstandsebene.

[472] Dazu grundlegend *Bayindir*, Die ergänzende Vertragsauslegung im Spiegel der Rechtsprechung, 2016, S. 7 ff.

[473] BGH, NJW 2004, 1590, 1591; BGH, NJW 1994, 1008, 1011.

[474] BeckOK BGB/*Wendtland*, 72. Ed. 01.11.2024, BGB § 157 Rn. 35.

kann.[475] Weder die Vorschriften über den Arbeitsvertrag noch die Vorschriften über den Dienstvertrag weisen allerdings Regelungen zum Pflichtenkatalog des Menschenrechtsbeauftragten auf, weshalb ein „Stopfen" der Vertragslücke mit dispositivem Recht ohnehin nicht in Betracht kommt. Es ist daher unter Anknüpfung an den vorhandenen Vertragsinhalt der hypothetische Parteiwille zu ermitteln:[476]

Wurde ein Menschenrechtsbeauftragter mit der eigenverantwortlichen Umsetzung gewisser Sorgfaltspflichten ohne nähere vertragliche Präzisierung beauftragt, kann grundsätzlich davon ausgegangen werden, dass der vom LkSG intendierte Beurteilungsspielraum auch in den Anstellungs- oder Dienstvertrag inkorporiert werden soll. Dieser wird begrenzt durch die in den einzelnen Sorgfaltspflichten ausformulierten Einschränkungen und Mindestvorgaben sowie den Angemessenheitsvorbehalt des § 3 Abs. 2 LkSG, da nur auf diese Weise ein rechtmäßiges Verhalten des Unternehmens erreicht wird. Zudem gebietet § 3 Abs. 1 LkSG durch die dort formulierte Zielvorgabe, dass sämtliche Maßnahmen der Bekämpfung von Menschenrechtsverletzungen und Umweltschädigungen dienen müssen und daher stets Interessen Außenstehender (vor allem Menschenrechte) bei der Entscheidungsfindung besonders zu berücksichtigen sind.[477] Würde man dem Menschenrechtsbeauftragten eine entsprechende Rücksichtnahme nicht auferlegen, bestünde das Risiko, dass der Sorgfaltspflichtenkatalog nicht effektiv umgesetzt wird. Im Übrigen besteht ein Entscheidungsspielraum. Es entspricht dabei – in Anlehnung an die Grundsätze der Ermessensfehlerlehre aus dem Verwaltungsrecht – wohl dem hypothetischen Willen der Vertragsparteien, dass der Menschenrechtsbeauftragte stets versucht, alle ihm zu Verfügung stehenden Handlungsmöglichkeiten zu erkennen, die vorgegebenen gesetzlichen Grenzen einzuhalten und den zu entscheidenden Sachverhalt auszuermitteln. Ferner dürfen seinen Entscheidungen keine sachfremden Erwägungen zugrunde liegen.[478]

V. Rechtsirrtümer und unklare Rechtslage

Wie im Rahmen der Innenhaftung des Vorstands stellt sich auch bei der Innenhaftung des Menschenrechtsbeauftragten die Frage, ob er solche Pflichtverletzungen nicht zu vertreten hat, die auf einen Rechtsirrtum zurückzuführen sind. Für den eigenverantwortlichen Menschenrechtsbeauftragten kann nach den soeben gewonnenen Erkenntnissen nichts anderes gelten als für den Vorstand. Der eigenverantwortliche Menschenrechtsbeauftragte übernimmt bei der Einhaltung bestimmter Sorgfaltspflichten quasi die Rolle des Vorstands, weshalb auch im Rahmen des Vertretenmüssens die Maßstäbe der ISION-Rechtsprechung des BGH heranzuzie-

---

[475] BeckOK BGB/*Wendtland*, 72. Ed. 01.11.2024, BGB § 157 Rn. 38.

[476] BeckOK BGB/*Wendtland*, 72. Ed. 01.11.2024, BGB § 157 Rn. 40.

[477] Vgl. Kap. 4 A. III. 2. b).

[478] Vgl. Kap. 4 A. III. 2. a) und b).

hen sind, soweit eine Rechtsberatung notwendig erscheint (nach hier vertretener Auffassung ist eine juristische Qualifikation des Menschenrechtsbeauftragten grundsätzlich erforderlich, weshalb der Menschenrechtsbeauftragte regelmäßig ohnehin in der Lage sein sollte, juristische Auslegungsprobleme zu lösen). Nichts Abweichendes darf aber auch für den nicht eigenverantwortlichen Menschenrechtsbeauftragten gelten. Dieser übernimmt zwar regelmäßig nur Überwachungs- und Beratungsaufgaben und wirkt bei der Umsetzung der Sorgfaltspflichten nicht gestaltend mit.[479] Auch die Überwachungsaufgaben können aber die Einholung umfassenden Rechtsrates fordern. Die Beratung des Vorstandes dahingehend, ob das Risikomanagement den gesetzlichen Anforderungen entspricht, ist schließlich nur möglich, wenn Rechtsunsicherheiten so weit wie möglich ausgeräumt werden. Nicht umsonst ist die Anwendung der Maßstäbe der ISION-Rechtsprechung auch bei der Innenhaftung des Aufsichtsrates anerkannt.[480] Bei der Überwachung darf sich der Menschenrechtsbeauftragte also etwa – wie auch der Aufsichtsrat – grundsätzlich auf ein vom Vorstand eingeholtes Gutachten verlassen, wenn ihm dieses zugänglich ist und nach seiner Wahrnehmung den ISION-Grundsätzen genügt.[481]

Im Übrigen können auch Unsicherheiten bei der Auslegung unbestimmter Rechtsbegriffe auftreten. Die Neuartigkeit der Vorschrift des LkSG kann mangels Rechtsprechung schließlich zu erheblichen Rechtsunsicherheiten führen.[482] Hat der Menschenrechtsbeauftragte etwa im Rahmen der Beratung oder auch bei der Umsetzung von Sorgfaltspflichten darüber zu befinden, ob die vom Vorstand oder von ihm selbst durchgeführten Maßnahmen den gesetzlichen Anforderungen entsprechen, beachtet er die im Verkehr erforderlich Sorgfalt dann, wenn er diejenigen Maßnahmen empfiehlt oder umsetzt, die mit hoher Wahrscheinlichkeit (mehr als 50 %) vor Gericht Bestätigung finden würde.[483] Insbesondere eine Befolgung der Hinweise des BAFA lässt – wie auch bei der Vorstandsinnenhaftung – aufgrund des Vertrauens, welches durch die Äußerungen hervorgerufen wird, indiziell ein Verschulden entfallen.[484] Die im Rahmen der Vorstandshaftung gewonnen Erkenntnisse können also auch an dieser Stelle auf den Menschenrechtsbeauftragten übertragen werden.

---

[479] Vgl. Kap. 4 B. II. 2.

[480] Vgl. etwa *Koch*, 18. Aufl. 2024, AktG § 116 Rn. 15; *Habersack*, in: Münchener Kommentar zum Aktiengesetz, 6. Auflage 2023, § 116 Rn. 75.

[481] Vgl. *Koch*, 18. Aufl. 2024, AktG § 116 Rn. 15 zum Aufsichtsrat.

[482] Siehe auch *Gehling/Ott*, CCZ 2021, 230, 233.

[483] Vgl. *Berger*, Vorstandshaftung und Beratung, 2015, S. 351 ff., 357; *Holle*, AG 2016, 270, 279; *Hasselbach/Ebbinghaus*, AG 2014, 873, 879; *Verse*, ZGR 2017, 174, 179 in Bezug auf Entscheidungen des Vorstands unter Unsicherheit.

[484] Vgl. *Johann*, in: Johann/Sangi, LkSG, § 20 Rn. 1.

VI. Bußgeldregress und Haftungsbegrenzung

Verletzt der Menschenrechtsbeauftragte nach den vorstehenden Ausführungen seine vertraglichen Pflichten, ist er gemäß § 280 Abs. 1 BGB zum Ersatz des dadurch entstehenden Schadens verpflichtet.[485] Aufgrund der Vielzahl der möglichen Vertragsgestaltungen können sämtliche denkbaren Schadensfälle auch an dieser Stelle unmöglich abgebildet werden. Die Arbeit beschränkt sich daher auf die Frage, ob gegen das Unternehmen verhängte Bußgelder auf den Menschenrechtsbeauftragten abgewälzt werden können.

1. Keine normative Einschränkung der Differenzhypothese

Die bereits im Rahmen der Vorstandsinnenhaftung diskutierte Frage, ob eine normative Einschränkung der Differenzhypothese vorzunehmen ist, stellt sich somit auch im Rahmen der Haftung des Menschenrechtsbeauftragten. Zunächst könnten an dieser Stelle die in Kap. 4 A.VII. 2. dargestellten Argumente wiederholt werden, da diese sich auch im Rahmen der Innenhaftung des Menschenrechtsbeauftragten anführen lassen. Zur Vermeidung von Redundanzen soll darauf weitestmöglich verzichtet werden. Entscheidend sind folgende Untersuchungsergebnisse[486]:

Eine finale den Regress ausschließende Zuordnung eines verhängten Bußgeldes zum bebußten Verband lässt sich dem Ordnungswidrigkeitenrecht nicht entnehmen. Ferner gefährdet die Zulassung eines Regressanspruches nicht den generalpräventiven Charakter der Geldbuße. Ebenso wenig weist die Verhängung einer Geldbuße einen höchstpersönlichen Charakter auf. Auch die Hemmschwelle der für die Erfüllung der Sorgfaltspflichten zuständigen Personen für einen Rechtsverstoß würde nicht herabgesetzt, wenn ein Bußgeldregress gegen den Menschenrechtsbeauftragten über § 280 Abs. 1 BGB zugelassen wird. Ist nämlich ausschließlich der Vorstand für die Erfüllung der zu beobachtenden Sorgfaltspflichten zuständig, trifft diesen über § 9 Abs. 1 Nr. 1 OWiG (in Verbindung mit § 130 OWiG) ein eigenes Bußgeldrisiko. Ebenso sieht er sich bei Verstößen gegen die Legalitätspflicht einem Regressanspruch nach § 93 Abs. 2 Satz 1 AktG ausgesetzt, sodass er ein hohes Interesse daran hat, dass sich die Gesellschaft rechtskonform verhält. Ist der Menschenrechtsbeauftragte partiell selbst für die Umsetzung der Sorgfaltspflichten zuständig (eigenverantwortlicher Menschenrechtsbeauftragter), würde seine Schwelle zum Rechtsverstoß ebenfalls erheblich erhöht, da ihm bei pflichtwidrigem Verhalten der Bußgeldregress und somit ein erhöhtes Haftungsrisiko droht.[487] Eine nor-

---

[485] *Rudkowski*, CRZ 2024, 25, 32.

[486] Vgl. die Herausarbeitung der nachstehenden Thesen zur Vorstandshaftung in Kap. 4 A. VII. 2. (mit entsprechenden Literaturnachweisen).

[487] Vgl. *Hahn*, Das Schadensrecht der Geschäftsleiterhaftung, 2022, S. 161 zur Vorstandsinnenhaftung.

mative Einschränkung der Differenzhypothese lässt sich daher im Ergebnis auch für den Menschenrechtsbeauftragten nicht begründen.

2. Anwendbarkeit der Rechtsprechung des BAG über die beschränkte Arbeitnehmerhaftung

Aufgrund der hohen Bußgelder, welche im Falle von Ordnungswidrigkeiten nach dem LkSG denkbar sind, besteht allerdings ein praktisches Bedürfnis danach, wie auch bei der Vorstandsinnenhaftung gemäß § 93 Abs. 2 Satz 1 AktG die Haftung des Menschenrechtsbeauftragten dahingehend zu begrenzen, dass seine wirtschaftliche Existenz nicht gefährdet werden darf. Eine derartige Beschränkung lässt sich allerdings mangels Organstellung nicht – wie im Rahmen des § 93 Abs. 2 Satz 1 AktG – aus dem gesellschaftsrechtlichen Treueverhältnis (in Verbindung mit § 242 BGB) herauslesen.[488]

Handelt der Menschenrechtsbeauftragte auf Basis eines Arbeitsvertrages können aber jedenfalls die Grundsätze über die beschränkte Arbeitnehmerhaftung Anwendung finden.[489] Diese sind nämlich auch auf „Leitende Angestellte" anzuwenden,[490] sodass selbst eigenverantwortliche Menschenrechtsbeauftragte von der Haftungsprivilegierung profitieren. Nach den Grundsätzen der beschränkten Arbeitnehmerhaftung haftet der Arbeitnehmer (Menschenrechtsbeauftragte) bei leichter bzw. leichtester Fahrlässigkeit überhaupt nicht und bei mittlerer Fahrlässigkeit nur mit einer bestimmten Quote. Die Quote richtet sich nach den Umständen des Einzelfalls.[491] Im Rahmen einer Abwägung der Gesamtumstände (insbesondere von Anlass des Schadens und den Folgen des Schadens) ist dann nach Billigkeitskriterien und Zumutbarkeitskriterien zu ermitteln, ob und in welchem Umfang der Menschenrechtsbeauftragte den Schaden zu tragen hat.[492] Diese ermöglichen es, die Haftung des Menschenrechtsbeauftragten derart zu begrenzen, dass seine wirtschaftliche Existenz durch die Inanspruchnahme nicht gefährdet wird. Im Gegensatz zur Einrede des § 242 BGB in Verbindung mit der gesellschaftsrechtlichen Treuepflicht wird die Anspruchskürzung im Rahmen der begrenzten Arbeitnehmerhaftung allerdings nicht zwingend durch die wirtschaftliche Leistungsfähigkeit des Schuldners beschränkt.[493] Es bleibt also vollumfänglich möglich, die Höhe der Regressansprüche an Zumutbarkeitskriterien auszurichten, weshalb der Regressan-

[488] Vgl. Kap. 4 A. VII. 2 b).

[489] *Rudkowski*, CRZ 2024, 33; vgl. auch *Paal*, in: Paal/Pauly, DS-GVO BDSG, 3. Auflage 2021, Art. 39 Rn. 11 zum Datenschutzbeauftragten.

[490] Zutr. BGH, NJW 2001, 3123; eingehend zu dieser umstrittenen Frage und zum Meinungsstand vgl. *Fritz*, NZA 2017, 673 ff.

[491] Vgl. BAG, BB 1994, 2205.

[492] Vgl. BAG, BB 1994, 2205, 2206; *Nagel*, Der Immissionsschutz- und Störfallbeauftragte, 2021, S. 111 zum Immissionsschutzbeauftragten.

[493] Vgl. Kap. 4 A. VII. 2 b).

spruch gegen den Menschenrechtsbeauftragten im Einzelfall weitreichender zu kürzen sein kann als der des Vorstandes (etwa aufgrund höherer Vorstandsvergütungen etc.).

Nicht in den Genuss der beschränkten Haftung kommt hingegen der externe Menschenrechtsbeauftragte, da dieser nur über einen Dienstvertrag mit dem Unternehmen verbunden ist.[494] Die Grundsätze der beschränkten Arbeitnehmerhaftung greifen nämlich nur bei Vorliegen eines Arbeitsvertrages, da durch sie gerade das dem Arbeitgeber zuzurechnende Betriebsrisiko sowie seine Befugnis zur Organisation des Betriebs und zur Gestaltung der Arbeitsbedingungen berücksichtigt werden können und auf diese Weise den Besonderheiten des Arbeitsverhältnisses Rechnung getragen wird.[495] Der externe Menschenrechtsbeauftragte profitiert folglich nicht von einer Haftungsbegrenzung. Er kann sich weder auf ein gesellschaftsrechtliches Treueverhältnis noch auf seine Stellung als Arbeitnehmer berufen. Mangels einer derartig engen Verbundenheit mit dem Unternehmen wäre eine Haftungsprivilegierung aber auch nicht sachgerecht. Wird nämlich ein hohes Haftungsrisiko außerhalb eines persönlichen Abhängigkeitsverhältnisses im Rahmen eines Dienstvertrages übernommen, besteht kein Grund für ein Haftungsprivileg. Vielmehr ist die Möglichkeit einer existenzvernichtenden Inanspruchnahme des Dienstleisters Ausfluss der Privatautonomie.[496]

VII. Minderung von Haftungsrisiken für den Vorstand durch Benennung eines Menschenrechtsbeauftragten?

Nachdem sowohl die Vorstandsinnenhaftung als auch die Haftung des Menschenrechtsbeauftragten eingehend untersucht wurden ist abschließend die in der Literatur umstrittene Frage, inwieweit der Vorstand seine eigenen Haftungsrisiken durch Delegation von Aufgaben an den Menschenrechtsbeauftragten senken kann, zu beantworten. Im Kern geht es dabei um das bereits dargestellte Problem, welche Sorgfaltspflichten delegierbar sind und welche dem Kernbereich der Unternehmensleitung zuzuordnen sind und daher nicht auf nachgeordnete Mitarbeiter übertragen werden können. Gerade die Pflicht zur Einrichtung eines Risikomanagements wird von einigen Autoren als nicht delegierbar bewertet. Für die Einrichtung des Risikomanagements sei allein die Geschäftsleitung zuständig. Auch die Pflicht zur Überwachung und Beaufsichtigung des Risikomanagements dürfe nicht auf einen Menschenrechtsbeauftragten übertragen werden.[497]

---

[494] Vgl. *Rudkowski*, CRZ 2024, 25, 33.

[495] Vgl. BAG, BB 1994, 2205 ff.

[496] Vgl. *Grüneberg*, in: Grüneberg, BGB, 83. Aufl. 2024, § 242 Rn. 54.

[497] *Ruttloff/Kappler*, in: Wagner/Ruttloff/Wagner, LkSG, § 3 Rn. 490; *Ruttloff/Wagner/Hahn/Freihoff*, CCZ 2022, 20, 23 f.

Dieser Auffassung ist nicht zu folgen. Es wurde bereits herausgearbeitet, dass sämtliche Sorgfaltspflichten des LkSG an nachgeordnete Mitarbeiter delegiert werden können, was insbesondere die Systematik des LkSG zeigt.[498] Die Delegation kann daher sowohl an den Menschenrechtsbeauftragten als auch an einen sonstigen Mitarbeiter erfolgen. Wurde dieser mit eigenen Entscheidungsbefugnissen ausgestattet und beauftragt, die Aufgaben in eigener Verantwortung wahrzunehmen, profitiert die Geschäftsleitung von delegationsbedingten Haftungsbeschränkungen. Sie haftet nämlich nur noch in denjenigen Fällen, in denen sie ihre aus der Delegation folgende Überwachungs- und Auswahlpflicht verletzt oder pflichtwidrig nicht interveniert, obwohl ein Eingreifen offensichtlich notwendig war.[499]

VIII. Zusammenfassung

Die vorstehenden Untersuchungen haben gezeigt, welche Rolle der Menschenrechtsbeauftragte im LkSG einnimmt und auf welche Weise er Unternehmen bei der Erfüllung der Sorgfaltspflichten des LkSG unterstützt. Dabei ist zunächst festzuhalten, dass den nach dem LkSG pflichtigen Unternehmen bei der Ausgestaltung der Position des Menschenrechtsbeauftragten ein weiter Ermessensspielraum zusteht. Der Menschenrechtsbeauftragte kann mit Entscheidungsbefugnissen ausgestattet werden (eigenverantwortlicher Menschenrechtsbeauftragter) oder reine Überwachungsaufgaben wahrnehmen (nicht eigenverantwortlicher Menschenrechtsbeauftragter), wobei ihm stets die zur Aufgabenerfüllung erforderliche Ausstattung zur Verfügung zu stellen ist. Er hat aufgrund seiner Stellung als Überwacher notwendigerweise bestimmte Mindestqualifikationen vorzuweisen, namentlich praktische Erfahrung im zu beobachtenden Unternehmen und das für seine Stellung erforderliche Fachwissen. Auch externe Dritte können als Menschenrechtsbeauftragte eingesetzt werden. Zur Erfüllung seiner Überwachungsfunktion sind dem Menschenrechtsbeauftragten zwingend ein vertraglicher Kündigungsschutz sowie eine gewisse Weisungsfreiheit einzuräumen.

Für die Innenhaftung des Menschenrechtsbeauftragten ist danach zu differenzieren, ob es sich um ein Vorstandsmitglied handelt oder einen unterhalb der Geschäftsleitung angesiedelten Angestellten bzw. einen externen Dienstleister. Ferner kommt es darauf an, ob es sich um einen eigenverantwortlichen Menschenrechtsbeauftragten oder einen nicht eigenverantwortlichen Menschenrechtsbeauftragten handelt. Wird ein Menschenrechtsbeauftragter auf Vorstandsebene benannt und ist er gleichzeitig für die operative Umsetzung der Sorgfaltspflichten des LkSG zuständig, gelten die allgemeinen Regeln der Vorstandsinnenhaftung (§ 93 Abs. 2 Satz 1 AktG). Wird ein Menschenrechtsbeauftragter, der nicht zeitgleich für die

---

[498] Vgl. Kap. 4 A. II. 1. c) bb).

[499] Vgl. *Harings/Jürgens/Thalhammer*, CB 2022, 93, 96 f.; *Grabosch*, in: Grabosch, LkSG, § 5 Rn. 37.

operative Umsetzung der Sorgfaltspflichten zuständig ist, auf Vorstandsebene benannt, treffen ihn nur die konkret zugewiesenen Überwachungs- und Unterstützungspflichten.

Die Benennung eines Menschenrechtsbeauftragten unterhalb der Vorstandsebene führt dazu, dass dieser im Innenverhältnis bei Pflichtverletzungen gemäß § 280 Abs. 1 BGB haftet. Ein eigenverantwortlicher Menschenrechtsbeauftragter, welcher vertraglich dazu verpflichtet ist, die Einhaltung der Sorgfaltspflichten selbst sicherzustellen, verletzt seine Pflichten grundsätzlich dann, wenn die in seinen Verantwortungsbereich fallenden Maßnahmen mit den Vorgaben des LkSG nicht übereinstimmen. Gegebenenfalls ist aber eine ergänzende Vertragsauslegung (§§ 133, 157, 242 BGB) dahingehend vorzunehmen, dass dem Menschenrechtsbeauftragten ein gewisser, besonderen Einschränkungen unterliegender Entscheidungsspielraum zuzubilligen ist.

Eine normative Einschränkung der Differenzhypothese muss beim Bußgeldregress gegen den Menschenrechtsbeauftragten nicht vorgenommen werden. Stattdessen finden – sofern der Menschenrechtsbeauftragte nicht auf Vorstandsebene benannt wurde – die vom BAG entwickelten Grundsätze über die beschränkte Arbeitnehmerhaftung Anwendung, welche die Höhe des Haftungsanspruches erheblich reduzieren können. Externe Menschenrechtsbeauftragte können sich mangels Arbeitsverhältnisses nicht auf diese Privilegierung berufen.

5. Kapitel

De lege ferenda: Einführung eines menschenrechtlichen Haftungstatbestandes und einer Klimasorgfaltspflicht

Die bisherige Untersuchung hat gezeigt, dass das LkSG einen umfangreichen Sorgfaltspflichtenkatalog statuiert, der von dem Deliktsrecht zu entnehmenden menschenrechtsbezogenen Verkehrspflichten abweicht. Dies hat für Unternehmen den Nachteil, dass sie nicht nur die Anforderungen des LkSG erfüllen müssen, sondern darüber hinaus auch das Bestehen und den Inhalt deliktischer Verkehrspflichten zu ermitteln haben. Erschwerend kommt hinzu, dass die Voraussetzungen deliktischer Verkehrspflichten in der Literatur höchst umstritten sind und die Rechtsprechung sich mit der Frage ihrer Existenz bislang nicht befasst hat.[1] Folgt man den hiesigen Untersuchungsergebnissen, ist der Inhalt menschenrechtsbezogener Verkehrspflichten zudem stets einzelfallbezogen zu beurteilen und kann nicht durch bloße Anwendung eines detaillierten Sorgfaltspflichtenkataloges ermittelt werden.

Die Divergenz zwischen den im Zivilrecht und im öffentlichen Recht bestehenden menschenrechtsbezogenen Pflichten demonstriert gesetzgeberischen Handlungsbedarf.[2] Im Folgenden soll daher versucht werden, die zivilrechtliche Menschenrechtshaftung und die öffentlich-rechtliche Verantwortlichkeit zu harmonisieren, indem ein an das LkSG gekoppelter Vorschlag für einen menschenrechtlichen Haftungstatbestand unterbreitet wird.[3]

Ferner haben die Untersuchungen in Kap. 2 B. II. 3. gezeigt, dass das LkSG *de lege lata* keinen Klimaschutz gewährleistet. Es wird daher ebenfalls untersucht, wie *de lege ferenda* eine öffentlich-rechtliche Klimasorgfaltspflicht ins deutsche Recht implementiert werden könnte. Zwar ist die Frage, ob die unternehmerische Verantwortlichkeit für Nachhaltigkeitsbelange durch Schaffung klimabezogener Sorgfaltspflichten ausgeweitet werden sollte, in erster Linie eine politische. Aufgrund der Vorgaben des Art. 22 CSDDD (vgl. Kap. 6 A. IV.) muss der deutsche Gesetzgeber klimabezogene Unternehmenspflichten aber ohnehin adressieren und in die-

[1] Ähnliche Bedenken äußert *Kieninger*, ZIP 2024, 1037, 1048 (auch aufgrund der Rechtsunsicherheiten, die § 3 Abs. 3 LkSG hervorruft).

[2] Siehe auch *Kieninger*, ZIP 2024, 1037, 1048.

[3] Vgl. für einen solchen Ansatz auch BT-Drucks. 19/30505, S. 27; ferner die Ausführungen in Kap. 6 B. II.

sem Bereich tätig werden. Zwar wäre es prinzipiell denkbar, bei der Umsetzung der Richtlinienvorgaben auf die Schaffung klimabezogener öffentlich-rechtlicher Sorgfaltspflichten zu verzichten und stattdessen das Gesellschaftsrecht zu bemühen.[4] Vorzugswürdig erscheint dieser Ansatz aus Sicht des Verfassers allerdings nicht. Nach den hiesigen Forschungsergebnissen können nämlich bereits *de lege lata* (die jeweiligen Unternehmensträger treffende) deliktische klimabezogene Verkehrspflichten bestehen. Im Rahmen dieser Arbeit soll daran angeknüpft werden, indem versucht wird, parallel laufende Sorgfaltspflichten für das öffentliche Recht zu entwickeln, die mit der zivilrechtlichen Haftung derart verbunden sind, dass sie keine zusätzlichen bürokratischen Belastungen auslösen. Ziel dieses Kapitels ist es daher auch, – wie für die Menschenrechtsverantwortlichkeit angekündigt – einen Vorschlag für eine Harmonisierung öffentlich-rechtlicher Sorgfaltspflichten und deliktischer Verkehrspflichten zum Schutze des Klimas zu unterbreiten.

Im Folgenden wird daher zunächst untersucht, wie (unabhängig von den Vorgaben der CSDDD[5]) eine deliktische Menschenrechtshaftung *de lege ferenda* ausgestaltet werden könnte. Anschließend wird der Frage nachgegangen, ob es möglich ist, die zivilrechtliche Klimahaftung um öffentlich-rechtliche Sorgfaltspflichten zu ergänzen, ohne dabei inhaltlich neue Pflichten zu schaffen.

A. Zur Schaffung eines zivilrechtlichen Haftungstatbestandes zum Schutz der Menschenrechte

I. Legislativvorschläge in der Literatur

Seit einigen Jahren wird in der Literatur gelegentlich die Schaffung eines eigenständigen deliktischen Haftungstatbestandes (etwa eines § 823a BGB) zum Schutz der Menschenrechte erwogen.[6]

---

[4] Vgl. *Weller*, Gutachten DJT 2024, F 60 ff., F 73 f.

[5] Inwieweit die Vorgaben der CSDDD durch die hiesigen Legislativvorschläge umgesetzt werden könnten, wird in Kap. 6 B. II. und III. untersucht.

[6] *Blach*, CCZ 2022, 13 ff.; *Rudkowski*, RdA 2020, 232, 238 ff.; *Nordhues*, Die Haftung der Muttergesellschaft für Menschenrechtsverletzungen, 2019, S. 331; mit konkretem Gesetzesvorschlag: *Schall*, ZIP 2021, 1241, 1251.

1. Allgemeine menschenrechtliche Sorgfaltspflicht nach § 823a BGB (n. F.)

Schall hat im Zuge dessen folgenden Vorschlag unterbreitet[7]:

„§ 823a BGB

(1) Ein Unternehmer (§ 14), der im Rahmen seiner internationalen Geschäftstätigkeit eine bewusste und schwerwiegende Missachtung der international anerkannten Menschenrechte (Menschenrechtsverletzung) verschuldet, haftet den Opfern auf Ersatz des daraus entstehenden Schadens.

(2) Die gleiche Verpflichtung trifft den Unternehmer, wenn im Rahmen seiner internationalen Geschäftstätigkeit ein abhängiges Unternehmen (§§ 16, 17 AktG)/beherrschtes Unternehmen (§ 17 AktG)/abhängiges Konzernunternehmen (§ 18 Abs. 1 AktG) eine Menschenrechtsverletzung verschuldet. Die Ersatzpflicht tritt nicht ein, wenn der Unternehmer seine menschenrechtliche Sorgfaltspflicht gewahrt hat, indem er die abhängigen Unternehmen zur Wahrung der Menschenrechte verpflichtet, die Einhaltung angemessen überwacht und etwaigen Verstößen unverzüglich abgeholfen hat.

(3) Abhängigen Unternehmen i. S. d. Absatz 2 stehen Unternehmen gleich, die vom Unternehmer in der Weise wirtschaftlich abhängig sind, dass er ihnen seinen Willen aufzwingen kann, sofern sie die Menschenrechtsverletzung im Zusammenhang mit der geschäftlichen Beziehung zum Unternehmer verschulden.

(4) Ein Unternehmer haftet den Opfern einer Menschenrechtsverletzung, die durch einen Dritten begangen wird, auf Ersatz ihres Schadens, wenn er i. S. d. § 830 mit dem Dritten zusammengewirkt hat oder wenn er wusste oder wissen musste, dass der Dritte die Menschenrechtsverletzung im Zusammenhang mit den gemeinsamen Geschäftsbeziehungen begangen hat und er dadurch in nicht unerheblichem Maße profitiert hat."

a) Person des Schädigers

Der Vorschlag von Schall veranschaulicht einige zentrale Probleme, die zur Schaffung eines menschenrechtlichen Haftungstatbestandes überwunden werden müssen.

Bereits die Bezeichnung des Anspruchsgegners erweist sich als problematisch. Es wurde bereits an anderer Stelle ausgeführt, dass Unternehmen als solche keine Rechtssubjekte darstellen, sondern vielmehr eine Rechts- und Organisationsgesamtheit bilden.[8] Adressat des § 823 Abs. 1 BGB kann daher nur der Unternehmensträger sein.[9] Würde sich die deliktische Haftung nach einem § 823a BGB also

---

[7] *Schall*, ZIP 2021, 1241, 1251.

[8] *Brunk*, Menschenrechtscompliance, 2022, S. 377.

[9] *Holle*, Legalitätskontrolle im Kapitalgesellschafts- und Konzernrecht, 2014, S. 309, 313; RGZ 53, 276, 281 f.; BGHZ 11, 151, 155 f.; BGHZ 11, 175, 178 f.; BGHZ 17, 214, 220; OLG Karlsruhe, GmbHR 2013, 267; *v. Bar*, in: FS Kitagawa, 1992, S. 279, 285 f.; *Habetha*, Direktorenhaftung, 1995, S. 27; *Kleindiek*, Deliktshaftung, 1997, S. 191 ff., 202 f.; *Lutter*, ZHR 157 (1993), 464, 470 f.; *H.-J. Mertens/G. Mertens*, JZ 1990, 488, 489; *K. Schmidt*, in: Karls-

allgemein gegen „Unternehmen" richten, stünde dies im Widerspruch zu fundamentalen zivilrechtlichen Grundsätzen. Auch das LkSG ermöglicht nicht die Verhängung von Bußgeldern gegen „Unternehmen". Diese sind nach dem Wortlaut des § 3 Abs. 1 LkSG zwar Pflichtadressaten. Eine Verbandsgeldbuße (§ 30 OWiG) kann aber nur gegen juristische Personen, nicht rechtsfähige Vereine und gegen rechtsfähige Personengesellschaften verhängt werden.[10]

Der Vorschlag von Schall bedient sich daher des § 14 BGB und greift den dort verwendeten Unternehmerbegriff auf. Der Anspruch nach dem vorgeschlagenen § 823a BGB richtet sich dadurch ausschließlich gegen taugliche Unternehmensträger. Nach § 14 BGB ist Unternehmer im Sinne der Vorschrift nämlich jede „natürliche oder juristische Person oder rechtsfähige Personengesellschaft, die bei Abschluss eines Rechtsgeschäfts in Ausübung ihrer gewerblichen oder selbständigen beruflichen Tätigkeit handelt".

An diesem Ansatz wurde kritisiert, dass die Vorschrift (§ 14 BGB) den Unternehmer als Partei eines schuldrechtlichen Sonderverhältnisses vor Augen habe. Ein Rekurs auf die Komplementärbestimmung des § 13 BGB sei im deliktischen Haftungsrecht somit systeminkohärent.[11] Dieser Einwand überzeugt allerdings nicht. Denn obwohl die §§ 13, 14 BGB der Abgrenzung von Verbraucher und Unternehmer dienen und daher auf das Bestehen einer schuldrechtlichen Beziehung[12] abzielen,[13] verbietet dies nicht, den darin verwendeten Unternehmerbegriff an anderer Stelle (etwa im Deliktsrecht) fruchtbar zu machen. Da sowohl natürliche als auch juristische Personen von dem Begriff erfasst werden, kann die deliktische Haftung bei Verwendung des Unternehmerbegriffes aus § 14 BGB wohl auf sämtliche Unternehmensträger erstreckt werden, die im Rahmen einer deliktischen Menschenrechtshaftung als potenzielle Schädiger anzusehen sind.

b) Menschenrechtsbegriff als (fast) unüberwindbare Hürde

Eine zweite erhebliche Hürde bei der Formulierung eines Haftungstatbestandes stellt die Einbeziehung der zu schützenden Menschenrechte dar. Schall verweist pauschal auf die „international anerkannten Menschenrechte". Eine derart allgemein gehaltene Formulierung dürfte sich allerdings als kaum subsumtionsfähig erweisen.[14] Zwar erscheint es durchaus möglich, gewissen Menschenrechtskonventionen eine gesteigerte gesellschaftliche und politische Akzeptanz zuzubilligen. So greifen etwa die UN-Leitprinzipien für Wirtschaft und Menschenrechte den Begriff

ruher Forum 1993, S. 4, 7 f.; a. A. *Larenz/Canaris*, SchuldR II/2, § 76 III 5d; *Schlechtriem*, in: FS Heiermann, 1995, S. 281, 289.

[10] *Rogall*, in: Karlsruher Kommentar zum OWiG, 5. Auflage 2018, § 30 Rn. 33.

[11] *Blach*, CCZ 2022, 13, 18.

[12] Siehe auch den Wortlaut des Absatz 1 „bei Abschluss eines Rechtsgeschäfts".

[13] Vgl. *Dörner*, in: Schulze, Bürgerliches Gesetzbuch, 12. Auflage 2024, § 14 Rn. 1 f.

[14] *Blach*, CCZ 2022, 13, 18.

der „international anerkannten Menschenrechte" auf und fassen darunter „mindestens die Menschenrechte, die in der Internationalen Menschenrechtscharta ausgedrückt sind, sowie die in der Erklärung der Internationalen Arbeitsorganisation über die grundlegenden Prinzipien und Rechte bei der Arbeit genannten [...]".[15] Auch die OECD-Leitsätze für multinationale Unternehmen bedienen sich dieses Menschenrechtsverständnisses.[16] „International anerkannte Menschenrechte" sind nach diesen Maßstäben, welche sich auch der deutsche Gesetzgeber im LkSG zu eigen gemacht hat[17], also sämtliche Menschenrechte, die in der allgemeinen Erklärung der Menschenrechte, dem ICESCR, dem ICCPR und den ILO-Kernübereinkommen festgehalten wurden.[18]

Trotz der Ausformung des Menschenrechtsbegriffes in anerkannten *soft-law*-Regelwerken ist das zuvor skizzierte Begriffsverständnis bei weitem nicht zwingend.[19] Denkbar wäre etwa auch, andere Menschenrechtskonventionen als „international anerkennt" einzustufen oder den Katalog zu reduzieren bzw. einzelne Bestimmungen auszuklammern, welchen keine praktische Relevanz zukommt oder die sich aus anderen Gründen innerhalb eines zivilrechtlichen Haftungstatbestandes als ungeeignet erweisen. Es wird aber selbst dann, wenn man (nur) die genannten Übereinkommen als anerkannten Menschenrechtskanon versteht, nicht deutlich, welche konkreten Normen aus den ohnehin sehr allgemein formulierten völkerrechtlichen Übereinkommen heranzuziehen sind.[20] Wegen der Unbestimmtheit der Begriffe „droits humains" (Menschenrechte) und „libertés fondamentales" (grundlegende Freiheiten) wurden schließlich auch die im französischen Lieferkettengesetz zunächst vorgesehenen Bußgeldtatbestände vom *Conseil constitutionnel* für verfassungswidrig erklärt.[21]

Erschwerend hinzu kommt, dass die anerkannten Menschenrechtskonventionen sich in erster Linie an Staaten richten und in der Folge auch entsprechend formuliert

---

[15] Leitprinzip Nr. 12.

[16] *OECD* (2011), OECD-Leitsätze für multinationale Unternehmen, Kapitel IV, Erläuterungen Ziff. 39.

[17] Vgl. BT-Drucks. 19/28649, S. 34.

[18] *OECD* (2011), OECD-Leitsätze für multinationale Unternehmen, Kapitel IV, Erläuterungen Ziff. 39.

[19] *Blach*, CCZ 2022, 13, 15.

[20] Vgl. *Wagner/Ruttloff*, NJW 2021, 2145, 2146 f. zum Auffangtatbestand des § 2 Abs. 2 Nr. 12 LkSG.

[21] Vgl. Conseil constitutionnel, Dec. no. 2017-750 vom 23.03.2017 Rn. 13: „Compte tenu de la généralité des termes qu'il a employés, du caractère large et indéterminé de la mention des ‚droits humains' et des ‚libertés fondamentales' et du périmètre des sociétés, entreprises et activités entrant dans le champ du plan de vigilance qu'il instituait, le législateur ne pouvait, sans méconnaître les exigences découlant de l'article 8 de la Déclaration de 1789 et en dépit de l'objectif d'intérêt général poursuivi par la loi déférée, retenir que peut être soumise au paiement d'une amende d'un montant pouvant atteindre dix millions d'euros la société qui aurait commis un manquement défini en des termes aussi insuffisamment clairs et précis".

sind.[22] Der Rechtsanwender müsste also nicht nur sämtliche in den Konventionen formulierten Verbote und Rechte im Blick haben, sondern im Einzelfall sogar prüfen, ob die zu beobachtende Regelung überhaupt zur Anwendung im Verhältnis „Bürger – Unternehmen" geeignet ist. So kann etwa Art. 21 Abs. 2 AEMR („Jeder hat das Recht auf gleichen Zugang zu öffentlichen Ämtern") nicht ohne Weiteres auf privatrechtliche Beziehungen angewendet werden. Es wäre aber zumindest denkbar, die zum Ausdruck kommende Wertung auf die Besetzung von Stellen innerhalb des Unternehmens zu übertragen.

Dieses Problem umgeht der vom LkSG gewählte Ansatz zur Ausformung des Menschenrechtsbegriffes. Wie bereits dargestellt (vgl. Kap. 2 B. II.), formuliert das LkSG einen Katalog an konkreten Verbotstatbeständen und verknüpft diesen stellenweise mit völkerrechtlichen Übereinkommen. Auf diese Weise kann das Gesetz zumindest eine gewisse Rechtssicherheit im Hinblick auf das Bestehen eines menschenrechtlichen Risikos erzeugen.[23]

c) (Keine) Notwendigkeit einer Erheblichkeitsschwelle

Schließlich formuliert der Vorschlag von Schall auch eine Erheblichkeitsschwelle. Die Haftung tritt nach dem Wortlaut des Legislativvorschlages nämlich nur bei „schwerwiegender Missachtung der international anerkannten Menschenrechte" ein.

Auch dieses Tatbestandsmerkmal erweist sich als problematisch. Es überzeugt zwar im Ansatz, die deliktische Haftung nicht für jegliche Verletzungshandlungen zu ermöglichen, durch welche Rechtspositionen beeinträchtigt werden, die in einem völkerrechtlichen Menschenrechtsstandard kodifiziert sind. Ansonsten könnte bspw. jeder geringfügige Diebstahl als Menschenverletzung verstanden werden, da der Schutz vor Eigentumsentziehung von Art. 17 Abs. 2 AEMR als Menschenrecht anerkannt wird.[24] Gleichwohl ist zu berücksichtigen, dass es nach den vorstehenden Ausführungen bereits kaum möglich sein dürfte, einen trennscharfen Menschenrechtsbegriff zu schaffen. Unabhängig davon, welcher Ansatz für eine Haftungsvorschrift gewählt wird, ist also jedenfalls der in Tatbestand zu integrierende Begriff der „Menschenrechte" bzw. seine Umschreibung naturgemäß mit Unsicherheiten behaftet. Um trotzdem insgesamt ein höchstmögliches Maß an Rechtssicherheit erzeugen zu können, bedarf es jedenfalls einer näheren Ausgestaltung der Erheblichkeitsschwelle, welche sich nicht in unbestimmten Rechtsbegriffen erschöpfen darf. Eine Konkretisierung könnte etwa erfolgen, indem Regelbeispiele

---

[22] Vgl. *Blach*, CCZ 2022, 13, 15.

[23] Gleichwohl sieht sich das LkSG vor dem Hintergrund des Bestimmtheitsgrundsatzes erheblicher Kritik ausgesetzt, vgl. nur *Neuhöfer*, in: Johann/Sangi, LkSG, § 24 Rn. 33 f.; siehe auch die zahlreichen Literaturnachweise in Kap. 2 Fn. 344.

[24] Vgl. *Blach*, CCZ 2022, 13, 19.

aufgenommen werden[25], an denen sich der Rechtsanwender orientieren kann, oder indem nach dem Vorbild des LkSG eine Auflistung von verschiedenen Verbotstatbeständen erfolgt. Der Ansatz des LkSG bringt in diesem Zusammenhang den zusätzlichen Vorteil, dass mittels des Angemessenheitsvorbehaltes sämtlichen zu berücksichtigenden Interessen Rechnung getragen werden kann (vgl. Kap. 2 B. IV.). So können Art und Umfang der Geschäftstätigkeit des Unternehmens, dessen Einflussvermögen sowie die typischerweise zu erwartende Schwere der Verletzungen und der Verursachungsbeitrag berücksichtigt werden.[26]

2. Billigkeitshaftung

Erwogen wird in der Literatur auch die Implementierung einer menschenrechtlichen Billigkeitshaftung nach dem Vorbild des § 829 BGB.[27] Die Vorschrift statuiert für den Fall, dass jemand aufgrund der §§ 827, 828 BGB für einen von ihm verursachten Schaden nicht verantwortlich ist, eine Ausnahme von den üblichen Zurechnungsprinzipien – Verschulden, Gefährdung, Aufopferung – und nimmt stattdessen die effiziente Risikoverteilung durch Zuweisung der Schadenskosten an dasjenige Subjekt, das sie leichter tragen kann, zum Maßstab.[28] Soweit die Schadenszurechnung im Einzelfall keine hinreichenden Sorgfaltsanreize generieren kann, weil der Adressat der Haftungsandrohung für solche Anreize konstitutionell nicht empfänglich ist, soll wenigstens eine effiziente Schadensverteilung gewährleistet werden, indem die Haftung primär an den wirtschaftlichen Verhältnissen der Beteiligten orientiert wird. Aufgrund des vorrangigen Abstellens auf monetäre Aspekte wird die Vorschrift auch als „Millionärsparagraph" bezeichnet.[29]

Blach ist der Ansicht, dass die Grundsätze der Billigkeitshaftung sich in Bezug auf die deliktische Menschenrechtshaftung insbesondere deshalb als passend erweisen würden, weil gerade das Wohlstandsgefälle zwischen inländischen Unternehmen und von Menschenrechtsverletzungen Betroffenen die Grundlage für eine zivilrechtliche Haftung der Unternehmen bilde. Durch die Anwendung des § 829 BGB könnten dann verteilungspolitische Interessen angemessen berücksichtigt werden.[30] Zudem würde auf diese Weise ermöglicht, im Rahmen einer Gesamtbetrachtung sonstigen Umständen Rechnung zu tragen, welche unter Billigkeitsgesichtspunkten eine deliktische Haftung beeinflussen sollten (etwa die vorhandenen Möglichkeiten des Selbstschutzes in Schwellenländern). So könne stets eine ein-

---

[25] Vgl. zur Funktionsweise von Regelbeispielen *Horn*, Die besonders schweren Fälle und Regelbeispiele im Strafgesetzbuch, 2001, S. 3 f.

[26] Vgl. § 3 Abs. 2 LkSG.

[27] *Blach*, CCZ 2022, 13, 19 f.

[28] *Wagner*, in: Münchener Kommentar zum BGB, 9. Auflage 2024, § 829 Rn. 2.

[29] *Wagner*, in: Münchener Kommentar zum BGB, 9. Auflage 2024, § 829 Rn. 2.

[30] *Blach*, CCZ 2022, 13, 19.

zelfallgerechte Lösung erzielt werden.[31] Die fehlende Deliktsfähigkeit, welche § 829 BGB voraussetzt[32], möchte Blach dadurch ersetzen, dass sich der zu schaffende Billigkeitshaftungstatbestand auf diejenigen Fälle beschränkt, in denen der Geschädigte von dem unmittelbaren Schädiger keinen Ersatz verlangen kann.[33] Bei der „gewöhnlichen Anwendung" des § 829 BGB würde ein Anspruch also an der fehlenden Deliktsfähigkeit des Schädigers scheitern müssen. Im Falle der menschenrechtlichen Billigkeitshaftung scheitert er an der Zugriffsmöglichkeit des Geschädigten auf den unmittelbaren Schädiger.

Für einen derartigen Ansatz besteht allerdings einerseits kein Bedürfnis. Zudem begegnet er dogmatischen Bedenken. Da § 829 BGB in transnationalen Menschenrechtsfällen tatbestandlich keine Anwendung finden kann, weil er die fehlende Deliktsfähigkeit des Schädigers voraussetzt (hier wäre über § 31 BGB die Deliktsunfähigkeit der Repräsentanten des Unternehmens erforderlich[34]), müsste ein entsprechender allgemeiner Grundsatz bestehen bzw. ein entsprechender Tatbestand müsste speziell für Menschenrechtsfälle geschaffen werden. Der deutsche Gesetzgeber hat sich durch die Einführung des § 829 BGB und die Beschränkung auf die dort genannten Fälle aber gerade bewusst gegen eine weiterreichende – über die Voraussetzungen des § 829 BGB hinausgehende – Billigkeitshaftung entschieden.[35] Der Erlass eines neuen Billigkeitshaftungstatbestandes könnte diesen gesetzgeberischen Willen zwar prinzipiell auf Menschenrechtsfälle erweitern. Es sollte allerdings beachtet werden, dass eine Billigkeitshaftung bereits aus verfassungsrechtlicher Perspektive nicht unbedenklich erscheint und auf sie deshalb – wenn möglich – verzichtet werden sollte. Die Bedenken rühren daher, dass eine vor dem Gewaltenteilungsprinzip höchst problematische Kompetenzdelegation von Legislative auf Judikative stattfinden würde, da das Bestehen von Schadensersatzansprüchen kaum an gesetzlich determinierte Voraussetzungen geknüpft wird, sondern diese stattdessen weitestgehend in das Ermessen des erkennenden Richters gestellt werden.[36] Bereits die Vorkommission des Reichsjustizamtes erkannte bei der Schaffung des BGB, dass eine Billigkeitshaftung den Gerichten „für den einzelnen Fall gewissermaßen die Aufgabe des Gesetzgebers zuweist"[37]. Schließlich gehen mit einer Billigkeitshaftung auch naturgemäß umfassende Rechtsunsicherheiten einher, die auf anderem Wege ebenfalls vermieden werden könnten. Verknüpft man nämlich (wie zuvor dargestellt) den im zu schaffenden Haftungstatbestand verwendeten Menschenrechtsbegriff mit einem Angemessenheitsvorbehalt nach dem Vorbild des

---

[31] *Blach*, CCZ 2022, 13, 19 f.

[32] Vgl. dazu BeckOK BGB/*Spindler/Förster*, 72. Ed. 01.11.2024, BGB § 829 Rn. 2 ff.

[33] *Blach*, CCZ 2022, 13, 20.

[34] *Brunk*, Menschenrechtscompliance, 2022, S. 377.

[35] Vgl. *Wagner*, in: Münchener Kommentar zum BGB, 9. Auflage 2024, § 829 Rn. 3 auch zur Entstehungsgeschichte.

[36] Vgl. *Wagner*, in: Münchener Kommentar zum BGB, 9. Auflage 2024, § 829 Rn. 3.

[37] Zit.: *Jakobs/Schubert*, Die Beratung des BGB, Recht der Schuldverhältnisse, Bd. III, 1983, 919.

LkSG, können die von Blach geforderten Billigkeitserwägungen in den Haftungstatbestand implementiert werden, ohne eine umfassende und aus verfassungsrechtlicher Perspektive problematische Billigkeitshaftung eröffnen zu müssen.

3. Zwischenergebnis

Es bleibt nach alledem festzuhalten, dass der Entwurf eines menschenrechtsbezogenen Haftungstatbestandes diverse Probleme bereitet. Vor allem die Eingrenzung des Begriffes der Menschenrechte und die Formulierung einer hinreichend bestimmten Erheblichkeitsschwelle bereiten Schwierigkeiten. Für beide Problemfelder sieht das LkSG allerdings eine Lösung vor, indem es einerseits konkrete menschenrechtsbezogene Verbotstatbestände formuliert und anderseits sämtliche Sorgfaltspflichten unter einen Angemessenheitsvorbehalt stellt, bei dessen Anwendung verschiedene Faktoren, insbesondere auch die Schwere der zu erwartenden Verletzungen zu berücksichtigen sind. Zwar ist nicht von der Hand zu weisen, dass auch der Ansatz des LkSG Rechtsunsicherheiten mit sich bringt, weshalb in der Literatur sogar die Verfassungsmäßigkeit einzelner Vorschriften in Zweifel gezogen wird.[38] Gleichwohl müssen die Sorgfaltspflichten des LkSG bereits *de lege lata* erfüllt werden. Könnte man diese Pflichten nun auch in die zivilrechtliche Haftung integrieren, würden zumindest keine neuen Rechtsunsicherheiten im Privatrecht geschaffen, die bei der Schaffung eines eigenständigen Deliktstatbestandes wohl ohnehin unvermeidbar wären. Stattdessen entstünde ein „Rechtsunsicherheitsgleichlauf" zwischen dem LkSG und der neu eingeführten zivilrechtlichen Haftungsnorm. Dieser Ansatz soll im Folgenden weiterverfolgt werden.

II. Das französische Sorgfaltspflichtengesetz (*loi de vigilance*)

Um Erkenntnisse zur Umsetzung eines solchen Ansatzes zu gewinnen, bietet sich ein Blick nach Frankreich an. Das französische Lieferkettengesetz verpflichtet nämlich die von ihr erfassten Muttergesellschaften dazu, einen Wachsamkeitsplan („plan de vigilance") zu entwickeln, um schwerwiegende Menschenrechtsverletzungen („graves envers les droits humains"), die Verletzung grundlegender Freiheiten („libertés fondamentales"), Körperverletzungen sowie Umwelt- und Gesundheitsschäden zu verhindern, welche durch die eigene Gesellschaft oder durch abhängige Gesellschaften sowie durch Subunternehmer und Zulieferer, mit denen eine gefestigte Geschäftsbeziehung besteht, verursacht werden. In den Anwendungsbereich des Gesetzes fallen Gesellschaften, die ihren Sitz in Frankreich haben

[38] Vgl. etwa *Berg*, in: Berg/Kramme, LkSG, § 2 Rn. 4 ff.; *Wagner/Ruttloff*, NJW 2021, 2145, 2147.

und die mit ihren französischen Tochtergesellschaften 5.000 oder weltweit 10.000 Arbeitnehmer beschäftigen.[39]

Für die hier zu behandelnde Fragestellung von besonderem Interesse ist die im Gesetz enthaltene Verknüpfung der zuvor beschriebenen Sorgfaltspflicht mit einer zivilrechtlichen Haftung. Die entsprechende Haftungsanordnung lautet wie folgt:

> „Dans les conditions prévues aux articles 1240 et 1241 du code civil, le manquement aux obligations définies à l'article L. 225-102-4 du présent code engage la responsabilité de son auteur et l'oblige à réparer le préjudice que l'exécution de ces obligations aurait permis d'éviter."

Die freie deutsche Übersetzung lautet:

> „Unter den in den Artikeln 1240 und 1241 des code civil (Zivilgesetzbuch) vorgesehenen Voraussetzungen zieht die Nichteinhaltung der in Artikel L. 225-102-4 des vorliegenden Gesetzbuchs festgelegten Verpflichtungen die Haftung des Verursachers nach sich und verpflichtet ihn zum Ersatz des Schadens, der durch die Erfüllung dieser Verpflichtungen hätte vermieden werden können."[40]

Der in Bezug genommene Artikel L. 225–102–4 regelt insbesondere die zuvor dargestellte zentrale Pflicht zur Erstellung eines Wachsamkeitsplans, welcher unter anderem die Implementierung von Risikoanalysen, Präventions- und Abhilfemaßnahmen sowie Whistleblowingsystemen beinhalten muss. Die Artikel 1240[41] und 1241[42] des *code civil*, auf welche ebenfalls verwiesen wird, statuieren im französischen Recht den allgemeinen deliktischen Haftungstatbestand.[43] Der französische Gesetzgeber verknüpft die Pflichten nach der *loi de vigilance* also mit dem „gewöhnlichen" Deliktsrecht. Für den aus den Art. 1240, 1241 des *code civil* resultierenden Anspruch bedarf es lediglich einer „faute" (Verschulden), eines Schadens sowie einer kausalen Verbindung zwischen diesen. Objektive Maßstäbe für den Richter ergeben sich daraus nicht. Grundsätzlich begründet also jeder Schaden die Ersatzpflicht, unabhängig von der Verletzung bestimmter Rechte oder Rechtsgüter.[44] Die französische Generalklausel ist damit deutlich weiter gefasst als die Re-

---

[39] Vgl. Art. L. 225-102-4 C. code de commerce; siehe auch *Nordhues*, Die Haftung der Muttergesellschaft für Menschenrechtsverletzungen, 2019, S. 271 ff.; *Fleischer/Danninger*, DB 2017, 2849, 2850 ff.

[40] Vgl. Art. L. 225-102-5 code de commerce.

[41] Die freie Übersetzung von Art. 1240 *code civil* lautet: „Jede beliebige Handlung eines Menschen, die einem anderen einen Schaden zufügt, verpflichtet denjenigen, durch dessen Verschulden sie entstanden ist, diesen Schaden wiedergutzumachen".

[42] Die freie Übersetzung von Art. 1241 *code civil* lautet: „Jeder haftet für den Schaden, den er nicht nur durch sein Handeln, sondern auch durch seine Fahrlässigkeit oder Unvorsichtigkeit verursacht hat".

[43] *Thomale/Murko*, EuZA 2021, 40, 53.

[44] *Woyciechowski*, Haftungsgrenzen im französischen Deliktsrecht, 2017, S. 2.

gelung in § 823 Abs. 1 BGB und erfasst grundsätzlich auch reine Vermögensschäden.[45]

Stellt man sich nun die Frage, ob der französische Ansatz auch bei der Implementierung eines zivilrechtlichen Haftungstatbestandes in Deutschland fruchtbar gemacht werden könnte, erweisen sich gerade die in den Rechtsordnungen bestehenden Unterschiede im allgemeinen Deliktsrecht als problematisch. Lässt man nämlich reine Vermögensschäden für das Bestehen eines Schadensersatzanspruches genügen, können wohl sämtliche aus Menschenrechtsverletzungen resultierenden Beeinträchtigungen deliktisch geltend gemacht werden. Bedarf es allerdings – wie in Deutschland – der Verletzung eines absoluten Rechts, sind nur noch diejenigen Menschenrechte deliktisch geschützt, die sich auch in absoluten Rechten widerspiegeln (vgl. Kap. 3 B. I.). Soweit also eine Kongruenz zwischen Menschenrechtsverletzungen und absoluten Rechten besteht, könnte im LkSG – nach französischem Vorbild – auf § 823 Abs. 1 BGB verwiesen werden. Liegen hingegen nur reine Vermögensschäden vor, würde der Verweis nicht mehr weiterhelfen (etwa bei Verletzung des Rechts auf Zahlung eines angemessenen Lohns).

Der in Frankreich gewählte Weg kann mithin in Deutschland jedenfalls nicht 1:1 eingeschlagen werden. Gleichwohl würde eine Verknüpfung von Sorgfaltspflichtengesetz und Deliktsrecht den erheblichen Vorteil bieten, dass öffentlich-rechtliche Sorgfaltspflichten und Verkehrspflichten harmonisiert werden können. Die hiesige Untersuchung hat schließlich ergeben, dass die Sorgfaltspflichten des LkSG mit den deliktischen Verkehrspflichten nicht identisch sind.[46] Um eine Überforderung der Unternehmen durch divergierende Sorgfalts- und Verkehrspflichten zu vermeiden und (mehr) Rechtssicherheit zu schaffen, erscheint eine Gleichschaltung *de lege ferenda* sachgerecht. Der nachstehende Gesetzesvorschlag soll daher eine Vereinheitlichung von öffentlich-rechtlicher und deliktischer Menschenrechtshaftung gewährleisten.

III. Eigener Legislativvorschlag: § 823a BGB n. F.

Folgender § 823a wird unter Aufhebung des § 3 Abs. 3 LkSG in das Bürgerliche Gesetzbuch eingefügt:

„Menschenrechtsverletzung; Menschenrechtliche Sorgfaltspflicht[47]

(1) Ein Unternehmer (§ 14 BGB), der seinen ihm nach dem LkSG (§§ 3–10 mit Ausnahme des § 3a[48]) obliegenden Pflichten nicht oder nicht ordnungsgemäß nachkommt

[45] *Woyciechowski*, Haftungsgrenzen im französischen Deliktsrecht, 2017, S. 5 f.

[46] *Kieninger*, ZIP 2024, 1037, 1041 spricht insoweit von einer „zweifachen Pflichtenspur".

[47] So auch die von *Schall*, ZIP 2021, 1241, 1251 gewählte Überschrift.

[48] § 3a LkSG existiert *de lege lata* nicht, sollte aber nach hier vertretener Auffassung in das LkSG integriert werden, dazu sogleich (Kap. 5 B. III.).

und dadurch eine natürliche Person schädigt, für die nach Maßgabe des LkSG ein menschenrechtliches Risiko ermittelt wurde oder hätte ermittelt werden müssen, ist dieser zum Ersatz des entstandenen Schadens verpflichtet.

(2) Handelt ein Unternehmer im Einklang mit den Vorschriften des LkSG (§§ 3–10 mit Ausnahme des § 3a), ist eine über Absatz 1 hinaus gehende deliktische Haftung (insbesondere nach den §§ 823 Absatz 1 und 2 BGB, 1 UmwHG) ausgeschlossen.“

1. Allgemeine Erläuterungen

Den hier vorgeschlagenen Gleichlauf von Sorgfaltspflichten und deliktischen Verkehrspflichten verhindert § 3 Abs. 3 Satz 1 LkSG. Die Vorschrift müsste also zunächst aufgehoben werden. Anschließend kann eine Verknüpfung der Sorgfaltspflichten des LkSG mit der zivilrechtlichen Haftung erfolgen. Um den zentralen deliktischen Haftungstatbestand des § 823 Abs. 1 BGB nicht ändern zu müssen, sollte dieser im Anwendungsbereich der Menschenrechtshaftung gesperrt werden. Die entsprechende Anordnung erfolgt im vorgeschlagenen § 823a BGB, welcher die deliktische Menschenrechtshaftung bei grenzüberschreitenden Sachverhalten umfassend regelt. Die Vorschrift inkorporiert dabei den Sorgfaltspflichtenkatalog des LkSG. Da nicht sämtliche Menschenrechte in § 823 Abs. 1 BGB abgebildet werden, sollte die Haftung nicht an die Verletzung absoluter Rechte geknüpft werden.[49] Systematisch wird der vorgeschlagene Tatbestand ins Deliktsrecht integriert, da es sich letzlich um eine spezielle Ausprägung des § 823 BGB handelt. Im öffentlich-rechtlichen LkSG wäre ein privatrechtlicher Haftungstatbestand als Fremdkörper zu betrachten, weshalb auf eine solche Platzierung verzichtet wird.[50] Die Schaffung eines gänzlich neuen Haftungstatbestandes ist gegenüber einer Öffnung des § 823 Abs. 2 BGB für Sorgfaltspflichten aus dem LkSG vorzugswürdig, da sonstige Vorschriften aus dem Deliktsrecht (§§ 823 Abs. 1, 831 Abs. 1 Satz 1, 826 BGB, 1 UmwHG) durch die Haftung für Schutzgesetzverletzungen nicht ausgeschlossen werden. Die Diskussion um die Bedeutung von menschenrechtsbezogenen Verkehrspflichten im Rahmen des § 823 Abs. 1 BGB würde also fortbestehen.[51] Zudem könnten weiterhin unterschiedliche Pflichten und Haftungsvoraussetzungen aus verschiedenen deliktischen Vorschriften folgen.[52] Auch die Frage, ob bestimmte Sorgfaltspflichten des LkSG überhaupt Schutzgesetze im Sinne des § 823 Abs. 2 BGB darstellen, wird auf diese Weise vermieden.

---

[49] Für eine Begrenzung der deliktischen Haftung auf die Verletzung absoluter Rechte plädiert wohl *Blach*, CCZ 2022, 13, 16; dies sah auch der Änderungsantrag der Fraktion Bündnis 90/Die Grünen vor, der einen Haftungstatbestand im LkSG verankern wollte, vgl. BT-Drucks. 19/30505, S. 26 f.

[50] So bereits *Depping*, in: Depping/Walden, LkSG, § 11 Rn. 2 in Bezug auf § 11 LkSG (Besondere Prozessstandschaft).

[51] Vgl. Kap. 3 B. II.

[52] Vgl. für einen Überblick über die in Betracht kommenden deliktischen Anspruchsgrundlagen *Ziegler*, in: Depping/Walden, LkSG, § 3 Rn. 154 ff.

2. Zu Absatz 1

Absatz 1 enthält eine durch die Verletzung von Sorgfaltspflichten bedingte Schadensersatzpflicht. Der Verweis auf das LkSG bietet dabei eine Vielzahl von Vorteilen. Zunächst führt die Formulierung „seinen ihm nach dem LkSG obliegenden Pflichten" dazu, dass sich nur diejenigen Rechtsträger schadensersatzpflichtig machen können, die in den Anwendungsbereich des LkSG fallen. Mit anderen Worten: Wen keine Pflicht nach dem LkSG trifft, der kann auch nicht deliktisch (nach § 823a BGB) haften. Die Diskussion um die Reichweite des Unternehmensbegriffes des LkSG[53] wird somit in § 823a BGB transportiert. Auf diese Weise können Handreichungen des BAFA und gerichtliche Entscheidungen zum LkSG bei der Auslegung des Haftungstatbestandes berücksichtigt werden. Zudem ist keine gesonderte Regelung für verbundene Unternehmen erforderlich, da § 2 Abs. 6 Satz 2 LkSG Tochtergesellschaften unter bestimmten Voraussetzungen dem eigenen Geschäftsbereich des pflichtigen Unternehmens zuordnet, sodass die Sorgfaltspflichten nach den §§ 3 ff. LkSG dann auch in Bezug auf diese Tochtergesellschaft gelten.[54] Eine komplexe Zurechnungsklausel, wie sie Schall für Tochterunternehmen und Zulieferer vorsieht, ist im hier vorgeschlagenen § 823a BGB mithin nicht erforderlich.

Der Verweis auf die Pflichten nach dem LkSG unter gleichzeitiger Verwendung des Unternehmerbegriffes (§ 14 BGB) führt ferner dazu, dass Arbeitnehmer und Organvertreter des pflichtigen Unternehmens von der Haftung ausgeschlossen werden. Dies erscheint vor dem Hintergrund, dass der Schadensersatzanspruch sich parallel zum LkSG bewegen und damit gegen die Unternehmen im Sinne des LkSG richten soll, sachgerecht. Da die Unternehmen als solche keine tauglichen Anspruchsgegner darstellen, wird sich des Unternehmerbegriffes aus dem BGB bedient. Die Formulierung „ihm nach dem LkSG obliegenden Pflichten" führt dann wiederum dazu, dass sich keine Unternehmer schadensersatzpflichtig machen können, die überhaupt nicht in den Anwendungsbereich des LkSG fallen. Für die Innenhaftung enthält § 823a BGB keine Vorgaben. Regressansprüche gegen die Geschäftsleitung (insb. § 93 Abs. 2 Satz 1 AktG) folgen daher auch nach dem hier unterbreiteten Legislativvorschlag weiterhin den in Kap. 4 A. erarbeiteten Grundsätzen.

Da vor allem die Menschenrechte von im Ausland geschädigten natürlichen Personen deliktisch geschützt werden sollen, greift die Haftung nach § 823a BGB nicht, wenn der Schaden bei einer juristischen Person oder einer Personengesellschaft entstanden ist.[55] Denkbar wäre etwa, dass Vertragspartner des nach dem

[53] Vgl. dazu ausführlich *Widdrat/Harnischmacher*, CRZ 2023, 37 ff.

[54] Vgl. Kap. 2 B. I. 2.

[55] Der von *Schall*, ZIP 2021, 1241, 1251 vorgeschlagene Haftungstatbestand sieht Ansprüche der „Opfer" von Menschenrechtsverstößen vor, was zumindest klarstellt, dass nur in ihren Menschenrechten verletzte natürliche (oder juristische Personen) Anspruchsteller sein können.

LkSG pflichtigen Unternehmens infolge der Missachtung von Sorgfaltspflichten Schäden erleiden.[56] Solche Schäden sind gemäß § 823a BGB nicht ersatzfähig, da es sich hierbei nicht um Schäden der in ihren Menschenrechten verletzten Personen handelt, welche § 823a BGB ersetzen und das LkSG verhindern möchte. Die Beschränkung auf Personen, für die ein menschenrechtliches Risiko (§ 2 Abs. 2 LkSG) ermittelt wurde, sorgt zusätzlich dafür, dass natürlichen Personen, die überhaupt nicht vom Schutzgedanken des LkSG erfasst werden, kein Schadensersatzanspruch nach § 823a BGB zusteht. Diese Einschränkung ist – trotz damit möglicherweise einhergehender Auslegungsschwierigkeiten – erforderlich, da es denkbar ist, dass Unternehmensangehörige des pflichtigen Unternehmens, eines Zulieferers oder sonstige Dritte infolge der Missachtung von Sorgfaltspflichten geschädigt werden. Auf diese Weise wird also sichergestellt, dass Anspruchsteller nur in ihren Menschenrechten verletzte natürliche Personen sein können.[57]

Der Begriff der Menschenrechte selbst wird in § 823a BGB nicht aufgenommen, da dieser aus den zuvor genannten Gründen nicht klar definierbar ist und zu erheblichen Auslegungsschwierigkeiten und Rechtsunsicherheiten führen würde. Aus demselben Grund erfolgt auch keine Beschränkung des Anspruches auf besonders schwerwiegende Verstöße. Stattdessen bedient sich der hier vorgeschlagene § 823a BGB erneut der Regelungssystematik des LkSG. Das führt dazu, dass der Haftungstatbestand keinen eigenen Menschenrechtsbegriff statuieren muss. Indem auf die Pflichten nach dem LkSG verwiesen wird, wird nämlich auch der Menschenrechtsbegriff des LkSG in § 823a BGB inkorporiert. Ergreift ein Unternehmen etwa keine hinreichenden Präventionsmaßnahmen (§ 6 LkSG), weil es eine fehlerhafte Risikoanalyse (§ 5 LkSG) durchgeführt hat, und erleiden Arbeitnehmer bei einem Zulieferer infolgedessen Gesundheitsschäden, wurden menschenrechtliche Risiken (§ 2 Abs. 2 LkSG) nicht hinreichend berücksichtigt. Die Risikoanalyse ist gemäß § 5 Abs. 1 Satz 1 LkSG schließlich durchzuführen, „um die menschenrechtlichen und umweltbezogenen Risiken im eigenen Geschäftsbereich sowie bei […] unmittelbaren Zulieferern zu ermitteln". Der Begriff des menschenrechtlichen Risikos folgt dann aus § 2 Abs. 2 LkSG, welcher den Verbotskatalog enthält, der Menschenrechtsverstöße (teilweise unter Verweis auf völkerrechtliche Übereinkommen) auflistet und damit das Menschenrechtsverständnis des LkSG widerspiegelt.[58]

Noch einmal: Damit ist nicht gesagt, dass bei der Anwendung des LkSG keine Auslegungsschwierigkeiten auftreten können. Der Verweis auf das LkSG führt aber somit zumindest zu einem Gleichlauf der Rechtsunsicherheit zwischen Deliktsrecht und LkSG, sodass sich verfestigende Verwaltungspraxis und Rechtsprechung zum LkSG auch im Rahmen des § 823a BGB berücksichtigt werden können. Umgekehrt

---

[56] *S. Wagner*, in: Wagner/Ruttloff/Wagner, LkSG, § 12 Rn. 1758 f. hält derartige Ansprüche für möglich, meint aber, dass sie „nur sehr selten in Betracht kommen".

[57] Der von der CSDDD vorgesehene Haftungstatbestand (Art. 29 Abs. 1) verlangt, dass auch juristische Personen Ansprüche geltend machen können (dazu näher Kap. 6 B. II.).

[58] Vgl. Kap. 2 B. II. 1.

ist es möglich, die Entscheidungen der Zivilgerichte zu § 823a BGB bei der Auslegung des LkSG zu berücksichtigen. Zudem wird durch den Verweis auf die Sorgfaltspflichten des LkSG der Angemessenheitsvorbehalt des LkSG ins Deliktsrecht transportiert, was eine einzelfallbezogene Würdigung sämtlicher haftungsrelevanter Umstände ermöglicht.

Auf ein schuldhaftes Handeln wird im Tatbestand des § 823a BGB verzichtet, da die Vorschrift an die Sorgfaltspflichten nach dem LkSG anknüpft, deren Verletzung bereits ein Verschuldenselement innewohnt, was in Bezug auf die Verletzung von Verkehrspflichten bereits dargestellt wurde (vgl. Kap. 3 B. II. 1. a).[59]

3. Zu Absatz 2

Absatz 2 schließt eine über § 823a BGB hinausgehende deliktische Haftung für Menschenrechtsverletzungen aus. Ein Vorteil der Gleichschaltung von Sorgfaltspflichten und Verkehrspflichten ist insbesondere darin zu sehen, dass den Unternehmen Rechtssicherheit geboten und die Auferlegung unterschiedlicher Sorgfalts- und Verkehrspflichten vermieden wird.[60] Durch die Erfüllung des Pflichtenkataloges des LkSG kommen sie nämlich nicht nur ihren öffentlich-rechtlichen Pflichten nach, sondern vermeiden gleichzeitig eine zivilrechtliche Haftung. Rechtsgebietsübergreifend ist also nur ein gesetzlich determinierter Pflichtenkatalog zu erfüllen. Damit diese Vorteile tatsächlich zum Tragen kommen, dürfen sie nicht durch die in Kapitel 3 erarbeiteten *de lege lata* bestehenden deliktischen Verkehrspflichten konterkariert werden. Aus diesem Grund wird § 823 BGB im Anwendungsbereich des § 823a BGB gänzlich gesperrt. Von dem Haftungsausschluss erfasst wird auch § 823 Abs. 2 BGB, da auf diese Weise die durch die Aufhebung des § 3 Abs. 3 LkSG hervorgerufene Rechtsunsicherheit vermieden wird, ob die Sorgfaltspflichten des LkSG als Schutzgesetze interpretiert werden können.[61] Eine potenzielle vertragliche Haftung inländischer Unternehmen für transnationale Menschen- und Umweltrechtsverletzungen gegenüber Abnehmern und Endkunden wird durch den vorgeschlagenen § 823a BGB nicht berührt. Absatz 2 schließt explizit nur die deliktische Haftung aus. Ohnehin sind schon nach Absatz 1 nur von menschenrechtlichen Risiken betroffene Personen zur Geltendmachung des Schadensersatzanspruches aktivlegitimiert.

---

[59] *Grabosch*, in: Grabosch, LkSG, § 5 Rn. 2: Das LkSG „erinnert auch an die im deutschen Delikts- und Schuldrecht bekannten Sorgfaltspflichten, insb, im Kontext der Haftung für fahrlässige Schädigungen (§§ 823 Abs. 1, 276 Abs. 2 BGB)".

[60] Vgl. auch *Kieninger*, ZIP 2024, 1037, 1041 (Warnung vor divergierenden Pflichten), 1048 (Plädoyer für Rechtssicherheit).

[61] Vgl. *Ziegler*, in: Depping/Walden, LkSG, § 3 Rn. 155.

B. Zur Schaffung einer Klimasorgfaltspflicht

Nachdem ein Vorschlag für einen Haftungstatbestand zum Schutz der Menschenrechte unterbreitet wurde, sollen nun öffentlich-rechtliche Sorgfaltspflichten zum Schutz des Klimas entwickelt werden. Nach den hiesigen Untersuchungsergebnissen wird die Begehung von Menschenrechtsverletzungen im Ausland durch das LkSG verhindert (präventiver Schutz). Hinsichtlich bereits eingetretener Menschenrechtsverletzungen bietet vor allem das Deliktsrecht Schutz, indem es unter bestimmten Voraussetzungen Schadensersatzansprüche Betroffener gegen inländische Unternehmen ermöglicht. Infolge des anthropogenen Klimawandels Geschädigte können bei Verletzung einer klimabezogenen Verkehrspflicht Beseitigungs- und Schadensersatzansprüche über § 1004 Abs. 1 BGB und § 823 Abs. 1 BGB gegen große Treibhausgasemittenten geltend machen.[62] Zukunftsgewandte Klimahaftungsklagen scheitern hingegen an der drohenden Beeinträchtigung eines absoluten Rechts.

De lege lata wird also ein weitreichender Menschenrechtsschutz mittels öffentlich-rechtlicher Sorgfaltspflichten und deliktischer Verkehrspflichten gewährleistet. Da kein mit dem LkSG vergleichbares „Klimasorgfaltspflichtengesetz" existiert, bleibt präventiver Klimaschutz jedenfalls vor dem Hintergrund von öffentlich-rechtlichen Sorgfaltspflichten aus. Aufgrund der soeben dargestellten Schutzlücke besteht gesetzgeberischer Handlungsbedarf im Bereich des Klimaschutzes.

I. Vorfrage: Systematische Stellung der Klimasorgfaltspflicht

De lege ferenda stellt sich zunächst die Frage, ob das LkSG eines klimabezogenen Schwestergesetzes bedarf. Soweit bereits bestehende Regulierungsmaßnahmen zum Klimaschutz – wie etwa das TEHG – für unzureichend erachtet werden und dem Klimawandel gleichzeitig das Potenzial zugesprochen wird, apokalyptische Zustände hervorzurufen,[63] lässt sich der Verzicht auf allgemeine Klimasorgfaltspflichten nur schwer begründen. Unternehmen spielen nämlich eine wichtige Rolle, wenn es darum geht, einen Beitrag zur Treibhausgasneutralität und zu einer klimaresilienten Wirtschaft zu leisten, weshalb die international vereinbarten Ziele für Klimaschutz und -anpassung ohne sie nicht erreicht werden können.[64] Allein der

---

[62] Auch wenn der Klimahaftungsanspruch häufig an den prozessualen Hürden scheitern dürfte, bieten die §§ 1004 Abs. 1, 823 Abs. 1 BGB jedenfalls materiell-rechtlichen Schutz.

[63] Vgl. RND, Endzeitszenarien durch Klimawandel? Forscher warnen vor dem Ende der Menschheit, abrufbar unter: https://www.rnd.de/wissen/klimawandel-ende-der-menschheit-durch-erderwaermung-experten-warnen-vor-moeglichen-endzeitszenarien-NLCZOHGA2WYJLVE4C52VPBYDBI.html (Stand: 02.08.2022), zuletzt abgerufen am 30.07.2024.

[64] *OECD* (2023), Leitsätze für multinationale Unternehmen, Kap. VI Erläuterungen Ziff. 76.

Volkswagen-Konzern ist nach eigenen Angaben (aus dem Jahre 2019) für ca. 2 % der weltweiten CO_2-Emissionen verantwortlich.[65]

Zur Frage der Schaffung eines Klimasorgfaltspflichtengesetzes haben Gailhofer/Verheyen Pionierarbeit geleistet. In ihrem Beitrag erwägen sie, klimabezogene Sorgfaltspflichten in einem eigenständigen Gesetz niederzuschreiben und dessen Aufbau stark an das LkSG anzulehnen.[66] Der Sorgfaltspflichtenkatalog könne sowohl die Abgabe einer Grundsatzerklärung als auch die Durchführung von Risikoanalysen, Präventions- und Abhilfemaßnahmen sowie eine sorgfaltspflichtenbezogene Berichterstattung umfassen und die Einrichtung von Beschwerdemechanismen vorsehen.[67] Die unvermeidbaren Beurteilungsspielräume, die mit Präventionspflichten verbunden sind, könnten dann durch die Verwaltung ausgefüllt werden, welche im Zusammenspiel mit sich weiter herausbildenden wissenschaftlichen Erkenntnissen und praktischen Erfahrungen dazu beitragen würde, nach und nach konkrete Maßstäbe für spezifische Präventionspflichten festzulegen.[68] Sobald zu konkreten Notwendigkeiten der Reduktion von THG-Emissionen belastbare wissenschaftliche Erkenntnisse bezüglich des erforderlichen Reduktionsverhalten vorhanden sind, sei es ferner möglich, die Rechtmäßigkeit behördlicher Einschätzungen zumindest teilweise auch durch die Verwaltungsgerichte überprüfen zu lassen.[69]

De lege ferenda zu schaffende Klimasorgfaltspflichten sind aber nicht zwingend in einem gänzlich neuen Gesetz niederzuschreiben, sondern könnten möglicherweise sogar in das (bereits bestehende) LkSG übernommen werden.[70] Die Entscheidung, ob ein weitreichendes Klimasorgfaltspflichtengesetz geschaffen werden soll oder lediglich das LkSG angepasst wird, ist zwar in erster Linie eine politische Entscheidung. Vor dem Hintergrund, dass von Unternehmensseite zunehmend eine Entbürokratisierung gefordert wird und auch die Bundesregierung solche Maßnahmen angekündigt hat[71], bietet sich wohl eher Letzteres an. Die Aufnahme einer Klimasorgfaltspflicht in das LkSG ermöglicht insbesondere die bereits angesprochene Bündelung menschenrechtlicher sowie umwelt- und klimabezogener Sorgfalts- und Verkehrspflichten in einem Gesetz:

---

[65] Wirtschaftswoche, VW weltweit für zwei Prozent der CO_2-Emissionen verantwortlich, abrufbar unter: https://www.wiwo.de/unternehmen/auto/volkswagen-konzern-vw-weltweit-fuer-zwei-prozent-der-co2-emissionen-verantwortlich/24155948.html (Stand: 29.03.2019), zuletzt abgerufen am 30.07.2024.

[66] *Gailhofer/Verheyen*, ZUR 2021, 402, 403 ff.

[67] *Gailhofer/Verheyen*, ZUR 2021, 402, 403.

[68] *Gailhofer/Verheyen*, ZUR 2021, 402, 410.

[69] *Gailhofer/Verheyen*, ZUR 2021, 402, 410.

[70] *Hübner/Lieberknecht*, NJW 2024, 1841, 1844.

[71] Vgl. etwa *Bundesregierung*, Gegen Bürokratie-Burnout: Verwaltung soll effizienter werden, abrufbar unter: https://www.bundesregierung.de/breg-de/service/gesetzesvorhaben/buerokratieabbau-2231816 (Stand: 25.10.2023), zuletzt abgerufen am 30.07.2024.

Da zuvor bereits vorgeschlagen wurde, menschenrechtliche Verkehrs- und Sorgfaltspflichten zu harmonisieren, dürfte es für Unternehmen eine erhebliche (bürokratische) Entlastung darstellen, wenn dieser Ansatz im Rahmen der Klimahaftung fortgeführt wird. Werden nämlich klimabezogene Sorgfaltspflichten ebenfalls in das LkSG integriert, bilden die Sorgfaltspflichten des LkSG den (öffentlich-rechtlichen) Compliance-Rahmen für die (transnationale) Menschen-, Umwelt-, und Klimaverantwortlichkeit. Findet darüber hinaus sogar eine Harmonisierung von Klimasorgfaltspflichten und klimabezogenen Verkehrspflichten statt, wird die gesamte deliktische und öffentlich-rechtliche Verantwortlichkeit, welche Gegenstand der hiesigen Untersuchung war, über das LkSG reguliert. Es entsteht also ein weitreichender Gleichlauf zwischen lieferkettenbezogenen öffentlich-rechtlichen und zivilrechtlichen Pflichten. Mit anderen Worten: Erfüllen Unternehmen den Pflichtenkatalog des LkSG, verhindern sie nicht nur öffentlich-rechtliche Sanktionen, sondern gleichzeitig auch eine zivilrechtliche (deliktische) Haftung.[72] Lediglich zusätzliche Belastungen durch EU-Regelungen (Konfliktmineralien-VO etc.) könnten auf diesem Wege nicht reduziert werden. Deren Erlass hat der nationale Gesetzgeber aber (abgesehen von der Möglichkeit, politischen Einflussnahme auf EU-Ebene auszuüben) ohnehin nicht in der Hand.

II. Inhalt der Klimasorgfaltspflicht

1. Völkerrechtliche Verträge

Im nächsten Schritt stellt sich nun die Frage, welchen Inhalt eine Klimasorgfaltspflicht haben sollte. Das LkSG orientiert sich an völkerrechtlichen Übereinkommen zum Schutz der Menschenrechte und der Umwelt und integriert diese in seinen Pflichtenkatalog (vgl. Kap. 2 B. II.). Im Umweltvölkerrecht existiert kein Kanon international zumindest weitgehend anerkannter Abkommen, welche den Schutz der Umwelt umfassend und abschließend regeln. Stattdessen zeichnet sich das Umweltvölkervertragsrecht gerade durch seinen fragmentarischen Charakter aus (in Deutschland befinden sich derzeit wohl insgesamt 303 Umweltabkommen in Kraft).[73] Die Fülle von völkerrechtlichen Regelungen erweist sich bei der Schaffung einer Klimasorgfaltspflicht allerdings nur als Scheinproblem. Im Bereich des Klimaschutzes kann nämlich vor allem das Pariser Klimaabkommen als zentrales völkerrechtliches Abkommen genannt werden, welches Klimaziele formuliert und Vertragsstaaten zur Reduzierung ihrer CO_2-Emissionen verpflichtet (vgl. Kap. 3 C.

[72] Vgl. *Gailhofer/Verheyen*, ZUR 2021, 402, 403 im Hinblick auf klimabezogene Sorgfaltspflichten.

[73] Vgl. *Scherf/Kampffmeyer/Gailhofer u. a.*, Umweltbezogene und menschenrechtliche Sorgfaltspflichten als Ansatz zur Stärkung einer nachhaltigen Unternehmensführung, S. 65.

I. 2.).[74] Dem Völkerrecht können damit zumindest globale Zielvorgaben entnommen werden. Bei der Formulierung ausdifferenzierter Sorgfaltspflichten hilft es jedoch nicht weiter.

2. Die OECD-Leitsätze für multinationale Unternehmen und Klimaschutz

Eine Verknüpfung von Unternehmenstätigkeit, Klimawandel und Sorgfaltspflichten findet sich allerdings in den OECD-Leitsätzen für multinationale Unternehmen. Die Überarbeitung der Leitsätze im Jahre 2023 führte dazu, dass die unternehmerische Verantwortung für den Klimawandel stärker in den Blick genommen wurde:

Unternehmen sollen nun gewährleisten, dass ihre Auswirkungen auf den Klimawandel gemäß dem wissenschaftlichen Kenntnisstand mit den international vereinbarten globalen Temperaturzielen und den Einschätzungen des Zwischenstaatlichen Ausschusses für Klimaänderungen (*Intergovernmental Panel on Climate Change*) im Einklang stehen.[75] Es sei zu diesem Zwecke erforderlich, dass sie wissenschaftlich fundierte Maßnahmen, Strategien und Übergangspläne zur Bekämpfung des Klimawandels und zur Klimaanpassung einführen sowie kurz-, mittel-, und langfristige Klimaschutzziele festlegen, umsetzen sowie deren Einhaltung überwachen und in Berichten festhalten. Vorgeschlagen wird die Aufnahme von absoluten Treibhausgasreduktionszielen, welche Treibhausgasemissionen in den *Scopes 1* und *2* sowie – falls möglich – im *Scope 3* berücksichtigen. Die OECD-Leitsätze verlangen ferner, dass Unternehmen regelmäßig über die Einhaltung ihrer Klimaziele berichten und diese stetig in Bezug auf ihre Angemessenheit und Relevanz überprüfen sowie aktualisieren. Der Beseitigung oder Reduktion von Emissionsquellen solle Vorrang vor Ausgleichs-, Kompensations- und Neutralisierungsmaßnahmen eingeräumt werden.[76] Auch die Einflussnahme auf Zulieferer wird multinationalen Unternehmen nahegelegt. Diese sollen sich für Klimaschutz und Klimaanpassung einsetzen, indem sie gegenüber Lieferanten und anderen Geschäftspartnern ihren Einfluss geltend machen, entsprechende Technologie zu für beide Seiten akzeptablen Bedingungen bereitstellen sowie technische und finanzielle Unterstützung leisten.[77]

Die OECD-Leitsätze liefern also erste Anhaltspunkte für die Ausgestaltung einer klimabezogenen Sorgfaltspflicht im Hinblick auf transnational agierende Unter-

---

[74] Vgl. zur Globalität des Abkommens *Bischof*, Das Pariser Klimaschutzabkommen, 2022, S. 106 ff.

[75] *OECD* (2023), Leitsätze für multinationale Unternehmen, Kap. VI Erläuterungen Ziff. 76.

[76] *OECD* (2023), Leitsätze für multinationale Unternehmen, Kap. VI Erläuterungen Ziff. 77.

[77] *OECD* (2023), Leitsätze für multinationale Unternehmen, Kap. VI Erläuterungen Ziff. 78.

nehmen. Gleichwohl beinhalten auch sie keinen über abstrakte Ausführungen hinausgehenden Pflichtenkanon.

3. Das Den Haager Shell Urteil

Weitere Anhaltspunkte für eine klimabezogene Sorgfaltspflicht können möglicherweise der viel beachteten Entscheidung der Rechtbank Den Haag entnommen werden. Das niederländische Gericht verpflichtete, nachdem mehrere Nichtregierungsorganisationen (*Milieudefensie, Greenpeace* etc.) und Privatpersonen Klage erhoben hatten, das Mineralölunternehmen *Royal Dutch Shell (RDS)* mit Urteil vom 26.05.2021[78] dazu, seine Kohlendioxid-Emissionen bis zum Jahre 2030 um 45 % im Vergleich zu 2019 zu senken. Die Minderungspflicht leitet die Rechtbank aus einem ungeschriebenen Sorgfaltsmaßstab im niederländischen Deliktsrecht ab. Aus diesem Sorgfaltsmaßstab ergebe sich, dass *RDS* bei der Festlegung der Unternehmenspolitik die in der Gesellschaft übliche Sorgfalt, welche auch in den UN-Leitprinzipien zum Ausdruck komme, beachten müsse. Sodann nahm das Gericht eine umfassende Interessenabwägung vor, bei welcher unter anderem die CO_2-Emissionen des *Shell-Konzerns*, die Folgen der CO_2-Emissionen für die Niederlande und seine Bevölkerung, Einflussmöglichkeiten auf Zulieferer sowie mögliche Reduktionspfade berücksichtigt wurden.[79] Das Gericht nahm ferner eine Verhältnismäßigkeitsprüfung vor, bei welcher es zu dem Ergebnis gelangte, dass die mit dem Klimawandel einhergehenden Gefahren für die niederländische Bevölkerung es rechtfertigen würden, von *RDS* vor dem Hintergrund einer klimabezogenen Sorgfaltspflicht finanzielle Opfer zu verlangen. Die daher bestehende Reduktionspflicht erfasse das gesamte Energie-Portfolio des Konzerns und schließe auch *Scope 3*-Emissionen ein.[80]

Bei der Auseinandersetzung mit möglichen Reduktionspfaden berief sich die Rechtbank auf die Untersuchungsergebnisse des *IPCC*[81], nach welchen solche Reduktionspfade, die auf eine Netto-Reduktion der CO_2-Emissionen im Jahr 2030 um 45 % im Vergleich zu 2010 abzielen, eine 50%ige Chance hätten, die globale Erwärmung auf 1,5 °C zu begrenzen, und eine 85%ige Chance, die globale Erwärmung auf 2 °C zu begrenzen. Der vom *IPCC* skizzierte Reduktionspfad biete die bestmögliche Chance, die schwerwiegendsten Folgen eines gefährlichen Klimawandels zu verhindern. Auch *RDS* sei daher im Rahmen seiner Klimasorgfalt zum Beschreiten dieses Pfades verpflichtet.[82] Die Rechtbank betonte allerdings, dass der *IPCC* keinen bestimmten Reduktionspfad vorschreibe und sich vor allem nicht zu

---

[78] Rechtbank Den Haag, EWeRK 2021, 163.

[79] Rechtbank Den Haag, EWeRK 2021, 163, 171 ff.

[80] Rechtbank Den Haag, EWeRK 2021, 163, 180.

[81] *IPCC*, Sonderbericht Global Warming of 1.5 °C, abrufbar unter: https://www.ipcc.ch/sr15/, zuletzt abgerufen am 30.07.2024.

[82] Rechtbank Den Haag, EWeRK 2021, 163, 177.

der Frage äußere, ob und wie seine Szenarien in Beiträge der verschiedenen Akteure und Sektoren übersetzt werden können. Es könne nicht davon ausgegangen werden, dass „ein einziger Pfad das Maß aller Dinge im globalen Maßstab ist“. Aus diesem Grund verzichtete das Gericht auf die Formulierung konkreter Sorgfaltspflichten und macht sich stattdessen die Ausführungen des *IPCC* insoweit zunutze, indem es *RDS* die (Verkehrs-)Pflicht auferlegte, sämtliche von ihr verursachten Treibhausgasemissionen bis zum Jahre 2030 um 45 % zu verringern.[83]

Gerade die zuletzt genannten Ausführungen der Rechtbank vermögen zu überzeugen. Es dürfte im Einklang mit den Erkenntnissen des *Weltklimarates* im Rahmen einer effektiven Klimasorgfaltspflicht vor allem darum gehen, durch „science based targets“ (also Reduktionszielen, orientiert an wissenschaftlich fundierten Dekarbonisationspfaden[84]) bis zum Jahre 2050 Klimaneutralität zu erreichen und die Emissionen bis zum Jahre 2030 erheblich zu reduzieren. Auf welchem konkreten Weg die Erreichung dieser Klima(zwischen)ziele möglich ist, kann keinesfalls pauschal ermittelt werden. Vielmehr dürfte es erforderlich sein, dass für jedes Unternehmen ein gesonderter Emissionsreduktionspfad entworfen wird.

4. Klimamanagement nach den Empfehlungen des UN Global Compact

An diese Erkenntnis knüpfen auch Vorschläge zur Ausgestaltung eines Klimamanagements aus der Praxis an, welche gleichwohl versuchen, ein paar allgemeingültige Leitlinien zu entwerfen. So bietet der *UN Global Compact*[85] Unternehmen Hilfestellungen zur langfristigen Erreichung von Klimaneutralität an.[86] Diese erfassen zunächst die Erstellung einer Treibhausgasbilanz. Anschließend sollen konkrete Klimaziele festgelegt werden, wobei vorgeschlagen wird, sowohl kurz- bis mittelfristige Ziele zu formulieren (*science-based-targets*) als auch langfristig Klimaneutralität anzustreben. Ferner sollen besondere Klimarisiken in die Erwägungen mit einbezogen werden.

a) Einrichtung einer Governance-Struktur

Erforderlich sei dabei zunächst die Schaffung einer entsprechenden Governance-Struktur. Dabei gebe es nicht nur eine mögliche Organisationsstruktur, sondern unterschiedliche Ansätze, die je nach vorhandener Unternehmensstruktur individuell angepasst werden müssten. Kleine Unternehmen, die nur wenige Standorte haben und keine Tochtergesellschaften verwalten, könnten etwa mit einer sehr einfachen Struktur auskommen und hätten nur wenige Mitarbeitende an den operativen Prozessen des Klimamanagements zu beteiligen. Größere Unternehmen

---

[83] Rechtbank Den Haag, EWeRK 2021, 163, 177.

[84] *Rauscher/Stachelscheid*, WPg 2023, 433, 434.

[85] Näher zum UN Global Compact: *Brunk*, Menschenrechtscompliance, 2022, S. 159 ff.

[86] Vgl. *UN Global Compact*, Einführung Klimamanagement, S. 4 ff.

seien hingegen dazu angehalten, die organisatorischen und operativen Prozesse breiter aufzustellen und mehrere Abteilungen und Mitarbeitende in das Klimamanagement zu involvieren, da verschiedene Geschäftsfelder und Produktionsstandorte einbezogen werden müssten. Empfohlen wird dann auch die Benennung einer zentralen Nachhaltigkeitsabteilung oder die Einbettung einer solchen in die Strategieabteilung.[87]

b) Erstellung einer Treibhausgasbilanz

Die Erstellung einer möglichst genauen Treibhausgasbilanz wird als zentrales Instrument zur Bewertung der Klimawirkungen des Unternehmens begriffen. Eine Treibhausgasbilanz bestimme die Menge an Treibhausgasen, die durch eine Aktivität, einen Prozess oder eine Handlung freigesetzt wird. Sie ermögliche damit die Erfassung, Überwachung, Auswertung und Berichterstattung von Treibhausgasemissionen („you can't manage what you can't measure"). Zur Bilanzierung solle auf international anerkannte Richtlinien und Standards für die Erstellung von unternehmensbezogenen Klimabilanzen zurückgegriffen werden (etwa das *Greenhouse Gas Protocol* oder *DIN ISO 14064-1*). Es wird empfohlen, sämtliche Schritte zur Bilanzierung zu dokumentieren, damit bspw. die zugrunde liegenden Berechnungsmethoden auch in Zukunft nachvollzogen werden können.[88]

c) Formulierung von Klimazielen

Auf Basis der Treibhausgasbilanz könnten anschließend Klimaziele formuliert werden. Unterschieden wird insoweit zwischen absoluten und relativen Zielen. Bei relativen Zielen liege der Fokus auf der Reduktion der Emissionsintensität (etwa pro Wertschöpfungseinheit, Produkteinheit oder Mitarbeitenden). Relative Ziele ließen sich verhältnismäßig leicht steuern, ermöglichten aber nur einen bedingten Wettbewerbsvergleich. Absolute Klimaziele seien hingegen mit einer tatsächlichen Reduktion der Gesamtemissionen des Unternehmens verbunden. Unternehmen hätten bei der Formulierung solcher Ziele die Möglichkeit, ihre absoluten Klimaziele durch darauf spezialisierte Organisationen öffentlich validieren zu lassen (etwa durch die *Science Based Targets Initiative*[89]). Empfohlen wird der Rückgriff auf wissenschaftsbasierte Klimaziele, welche auf die Ziele des Pariser Abkommens abgestimmt sind.[90] Auch hier könne auf externe Unterstützung zurückgegriffen werden. So habe die *Science Based Targets Initiative* unter Berücksichtigung von wissenschaftlichen Klimamodellen eine Vielzahl von Emissionsszenarien für glo-

---

[87] *UN Global Compact*, Einführung Klimamanagement, S. 16 ff.

[88] *UN Global Compact*, Einführung Klimamanagement, S. 22 f.

[89] Zum Tätigkeitsbereich, vgl. *Science Based Targets*, About Us, abrufbar unter: https://sciencebasedtargets.org/about-us/, zuletzt abgerufen am 30. 07. 2024.

[90] *UN Global Compact*, Einführung Klimamanagement, S. 64 f.

bale Emissionsverläufe ermittelt, die verschiedene Klimaziele (vor allem die Erreichung der Ziele des Pariser Klimaabkommens) beinhalte.[91]

d) Science-based-targets auf EU- und Unternehmensebene

Die Ausführungen des *UN Global Compact* zur Formulierung bestimmter Klimaziele decken sich mit End- und Zwischenzielen, welche sich die Europäische Union, einzelne Staaten und Privatunternehmen bereits zur Aufgabe gemacht haben. So stellte der CSDDD-Entwurf[92] maßgeblich auf die Erreichung des 1,5 Grad-Ziels aus dem Pariser Klimaabkommen ab, dessen Erreichung auch das deutsche Klimaschutzgesetz (KSG) bezweckt.[93] Damit diese Ziele erreicht werden können, haben sich etwa Deutschland und die Europäische Union mit ihren Klimaschutzgesetzen Zielvorgaben gemacht. Das deutsche Klimaschutzgesetz sieht vor, dass Treibhausgasemissionen im Vergleich zum Jahr 1990 schrittweise gemindert werden. Bis zum Jahr 2030 sollen die Emissionen um mindestens 65 Prozent gemindert werden, bis zum Jahr 2040 um mindestens 88 Prozent.[94] Im Jahr 2045 soll dann Netto-Treibhausgasneutralität[95], nach dem Jahr 2050 sollen negative Treibhausgasemissionen erreicht werden.[96] Das Europäische Klimaschutzgesetz[97] zielt darauf ab, innerhalb der Europäischen Union bis spätestens 2050 Netto-Treibhausgasneutralität zu erreichen,[98] wobei bis 2030 eine Senkung der Nettotreibhausgasemissionen innerhalb der Union um mindestens 55 % gegenüber dem Stand von 1990 erfolgen solle[99].

In einem globalen Klimaschutz-Ranking hat das *Carbon Disclosure Project* (CDP) die Klimaschutzpläne und -aktivitäten von knapp 15.000 Unternehmen nach wissenschaftlichen Kriterien geprüft.[100] Zu den Unternehmen, die im Bereich Kli-

---

[91] *UN Global Compact*, Einführung Klimamanagement, S. 71.

[92] Proposal for a directive of the European Parliament and of the Council on Corporate Sustainability Due Diligence and amending directive (EU) 2019/1937, COM(2022), 71 final; zum Entwurf des Europäischen Parlaments siehe *Schmidt*, EuZW 2021, 276.

[93] Vgl. § 1 KSG.

[94] Vgl. § 3 Abs. 1 KSG.

[95] § 2 Nr. 9 des KSG definiert Netto-Treibhausgasemissionen als „das Gleichgewicht zwischen den anthropogenen Emissionen von Treibhausgasen aus Quellen und dem Abbau solcher Gase durch Senken“.

[96] Vgl. § 3 Abs. 2 KSG.

[97] Verordnung (EU) 2021/1119 des Europäischen Parlaments und des Rates vom 30. Juni 2021 zur Schaffung des Rahmens für die Verwirklichung der Klimaneutralität und zur Änderung der Verordnungen (EG) Nr. 401/2009 und (EU) 2018/1999 (ABl. EU L 243 vom 09. 07. 2021, S. 1).

[98] Vgl. Art. 2 Abs. 1 des Europäischen Klimagesetzes.

[99] Vgl. Art. 4 Abs. 1 des Europäischen Klimagesetzes.

[100] Die Ergebnisse des Rankings (2022) sowie die Bewertungskriterien sind abrufbar unter: https://www.cdp.net/en/companies/companies-scores, zuletzt abgerufen am 30. 07. 2024.

maschutz am besten abgeschnitten haben, zählen unter anderem die *Beiersdorf AG*, *Danone* oder auch *L'Oréal*. *Danone* hat sich nach eigenen Angaben das Ziel gesetzt, Klimaneutralität bis 2050 zu erreichen. Zu diesem Zwecke formulierte das Unternehmen konkrete Emissionsreduktionszwischenziele und entwarf eine Strategie zum Schutz von Wald, Land und Landwirtschaft. Bis zum Jahr 2030 möchte es vor allem Treibhausgasemissionen in den Bereichen *Scope 1* und *2* um 47,2 % verringern, *Scope-3*-Emissionen um 42 %.[101] *L'Oréal* hat sich vorgenommen, seine Treibhausgasemissionen derart an das Pariser 1,5 °C-Ziel anzupassen, dass sämtliche *Scope 1*, *2* und *3*-Emissionen im Vergleich zu 2016 um 50 % pro Endprodukt gesenkt werden.[102] Die *Beiersdorf AG* hat sich zum Ziel gesetzt, bis 2025 sämtliche absoluten Treibhausgasemissionen (*Scope 1–3*) um 30 % gegenüber 2018 zu reduzieren und bis 2030 ausnahmslos klimaneutrale Produktionsstandorte zu betreiben. Im Jahre 2050 soll Klimaneutralität erreicht werden.[103]

Die Formulierung eines Zwischenziels (etwa 2030) sowie die Festlegung eines Jahres, in dem vollständige Klimaneutralität angestrebt wird (etwa 2050), kann nach alledem wohl als „best practice" bei der Ausgestaltung von Klimaplänen zur Erreichung der Pariser Klimaziele bezeichnet werden. Eine entsprechende Anordnung ist zwar nicht zwingend in eine Klimasorgfaltspflicht aufzunehmen, gleichwohl dürfte sich eine Überwachungsbehörde an dieser Praxis bei der Überprüfung zukünftiger Klimapläne orientieren. Ferner kann bei der Schaffung einer allgemein formulierten Klimasorgfaltspflicht davon ausgegangen werden, dass Unternehmen einen ähnlichen Ansatz wählen werden.

e) Maßnahmen zur Zielerreichung

Sobald die Klimaschutzziele festgelegt wurden, schlägt der *UN Global Compact* die Erarbeitung eines Klimaschutzkonzeptes vor. Der Reduktionspfad könne etwa Strategien zur Verringerung und Vermeidung von CO_2-Emissionen vorsehen, Maßnahmen zur Entnahme von CO_2 aus der Erdatmosphäre (vor allem durch Kohlenstoffsenken) oder Kompensationsmaßnahmen (etwa die Förderung erneuerbarer Energien).[104]

---

[101] Vgl. *Danone*, Our Climate actions, abrufbar unter: https://www.danone.com/impact/planet/climate-actions.html, zuletzt abgerufen am 30.07.2024.

[102] Vgl. *L'Oréal Groupe*, Fighting Climate Change, abrufbar unter: https://www.loreal.com/en/commitments-and-responsibilities/for-the-planet/fighting-climate-change/, zuletzt abgerufen am 30.07.2024.

[103] Vgl. *Beiersdorf*, FOR A CLIMATE CARING FUTURE, abrufbar unter: https://www.beiersdorf.de/nachhaltigkeit/environment/climate-caring-future, zuletzt abgerufen am 30.07.2024.

[104] *UN Global Compact*, Einführung Klimamanagement, S. 82.

Abbildung 5: Möglichkeiten zur Reduktion und Vermeidung von CO_2-Emissionen[105]

5. Zwischenergebnis

Auf Basis der gewonnenen Erkenntnisse soll nun ein Vorschlag für die Einführung einer gesetzlichen Klimasorgfaltspflicht unterbreitet werden. Es wurde bereits herausgestellt, dass die Implementierung einer Klimasorgfalt in das LkSG sachgerechter erscheint, als ein gänzlich neues Klimasorgfaltspflichtengesetz zu schaffen. Die OECD-Leitsätze für multinationale Unternehmen haben die grundlegende Verantwortung von Unternehmen für die Auswirkungen ihrer Emissionen auf das Klima aufgezeigt. Dem Den Haager Shell Urteil können verschiedene Faktoren entnommen werden, die bei der Schaffung einer Klimasorgfalt berücksichtigt werden sollten (etwa Risiken des Klimawandels, Beitrag des Emittenten zum Klimawandel, gesellschaftliche Erwartungen oder die Belastung der Unternehmen durch klimabezogene Sorgfaltspflichten). Ferner verdeutlichen die Ausführungen des

[105] Die Grafik ist angelehnt an *UN Global Compact*, Einführung Klimamanagement, S. 84.

Gerichts, dass die Formulierung eines allgemeingültigen Pflichtenkanons, welcher bei seiner Einhaltung sämtliche erfassten Unternehmen zur Einhaltung der Pariser Klimaziele treibt, nach aktuellem Forschungsstand unmöglich sein dürfte. Der *UN Global Compact* bietet Anhaltspunkte für die konkrete Ausgestaltung einer Klimasorgfalt im Einklang mit den Pariser Klimazielen, die wohl zumindest in ihren Grundzügen auf die meisten Unternehmen übertragen werden könnten.

Die von Gailhofer/Verheyen in ihrem Beitrag aufgeworfene Frage[106], ob Klimasorgfaltspflichten als Erfolgspflichten oder Verfahrenspflichten ausgestaltet werden sollten, ist nach alledem zugunsten einer Erfolgspflicht zu entscheiden. Letzlich geht es allein um das Erreichen der Pariser Klimaziele. Warum hierfür konkrete Verfahrensvorgaben gemacht werden müssten, ist weitgehend nicht ersichtlich. Vielmehr erscheint es sachgerecht, den Unternehmen die Möglichkeit einzuräumen, ihre Klimastrategie überwiegend frei zu gestalten und an die individuellen Verhältnisse, Produkte und die Branche anzupassen, solange eine Übereinstimmung mit den Pariser Klimazielen erreicht wird. Die Unternehmen können dann eine ressourcenschonende Strategie entwerfen und werden nicht durch allgemeine Verfahrenspflichten, deren konkreter Erfolg für das Klima kaum messbar sein dürfte, behindert. Es erscheint praktisch nicht möglich, einen Sorgfaltspflichtenkatalog zu entwerfen, der auf sämtliche Unternehmen unabhängig von ihrer Branche angewandt werden kann und bei Erfüllung zu einem kollektiven Erreichen der Pariser Klimaziele durch sämtliche pflichtigen Unternehmen führen würde.[107] Trotzdem sollte zumindest eine gewisse Konvergenz zwischen den zu erstellenden Klimaplänen erzeugt werden, um ein Minimum an Vergleichbarkeit zu gewährleisten. Ferner erscheint es sachgerecht, ein paar grundlegende Mindestanforderungen zu formulieren, ohne den Beurteilungsspielraum der Unternehmen zu weit einzuschränken, damit ein *level playing field* geschaffen wird und den Überwachungsbehörden ein Kontrollrahmen zur Verfügung steht.

Zu diesem Zwecke wird im hiesigen Legislativvorschlag auf die Konkretisierung der Klimasorgfaltspflicht nicht gänzlich verzichtet. Gleichwohl werden die Anforderungen unter Verzicht auf spezifische Sorgfaltspflichten sehr allgemein formuliert. Es ist etwa nicht ersichtlich, warum bspw. die Ernennung eines Klimabeauftragten (nach dem Vorbild des Menschenrechtsbeauftragten) verpflichtend vorgeschrieben werden sollte, wenn ein Unternehmen eine klimazielkonforme Strategie präsentiert, welche ohne eine derartige Zuständigkeit auskommt. Eine allgemein gefasste Verpflichtung zur Erstellung und Umsetzung eines Klimaplans bringt ferner den Vorteil, dass eine dynamische Anpassung der Unternehmensstrategie an (neue) wissenschaftliche Erkenntnisse und neue technische Entwicklungen anlassbezogen möglich ist und von dem Unternehmen jederzeit selbst durchgeführt werden kann, ohne dass Gesetzesänderungen erforderlich werden.[108]

---

[106] *Gailhofer/Verheyen*, ZUR 2021, 402, 407 ff.

[107] Vgl. insb. Kap. 5 B. II. 3.

[108] Vgl. auch *Gailhofer/Verheyen*, ZUR 2021, 402, 409.

III. Eigener Legislativvorschlag: § 3a LkSG n.F. unter Anpassung des § 2 LkSG

Es wird nach alledem der nachstehende Gesetzesvorschlag unterbreitet:

„In § 2 LkSG wird folgender Absatz 9 eingefügt:

Treibhausgase im Sinne dieses Gesetzes sind Kohlendioxid (CO_2), Methan (CH4), Distickstoffoxid (N2O), Schwefelhexafluorid (SF6), Stickstofftrifluorid (NF3) sowie teilfluorierte Kohlenwasserstoffe (HFKW) und perfluorierte Kohlenwasserstoffe (PFKW) gemäß Anhang V Teil 2 der Europäischen Governance-Verordnung ((EU) 2018/1999) in der jeweils geltenden Fassung.

In § 2 LkSG wird folgender Absatz 10 eingefügt:

Unter Treibhausgasemissionen versteht dieses Gesetz die anthropogene Freisetzung von Treibhausgasen in Tonnen Kohlendioxidäquivalent, wobei eine Tonne Kohlendioxidäquivalent eine Tonne Kohlendioxid oder die Menge eines anderen Treibhausgases ist, die in ihrem Potenzial zur Erwärmung der Atmosphäre einer Tonne Kohlendioxid entspricht; das Potenzial richtet sich nach der Delegierten Verordnung (EU) Nr. 666/2014 der Kommission vom 12. März 2014 über die grundlegenden Anforderungen an ein Inventarsystem der Union und zur Berücksichtigung von Veränderungen der Treibhauspotenziale und der international vereinbarten Inventarleitlinien gemäß der Verordnung (EU) Nr. 525/2013 des Europäischen Parlaments und des Rates (ABl. L 179 vom 19.6.2014, S. 26) oder nach einer aufgrund von Artikel 26 Absatz 6 Buchstabe b der Europäischen Governance-Verordnung erlassenen Nachfolgeregelung.

In § 2 LkSG wird folgender Absatz 11 eingefügt:

Netto-Treibhausgasneutralität im Sinne dieses Gesetzes bezeichnet das Gleichgewicht zwischen den anthropogenen Emissionen von Treibhausgasen aus Quellen und dem Abbau solcher Gase durch Senken.

In § 2 LkSG wird folgender Absatz 12 eingefügt:

Unter dem Begriff Pariser Klimaabkommen versteht dieses Gesetz das von den Vertragsstaaten der Klimarahmenkonvention der Vereinten Nationen unterzeichnete und mit Gesetz vom 28. September 2016 ratifizierte Übereinkommen von Paris vom 12. Dezember 2015 (BGBl. 2016 II S. 1082, 1083).

In das LkSG wird folgender § 3a eingefügt:

Klimasorgfalt

(1) Unternehmen haben das Geschäftsmodell und die Strategie des Unternehmens mit dem Übergang zu einer nachhaltigen Wirtschaft und der Begrenzung der Erderwärmung auf 1,5 C gemäß dem Übereinkommen von Paris in Einklang zu bringen. Zu diesem Zwecke haben sie angemessene Maßnahmen zur Reduktion und Verhinderung von Treibhausgasemissionen sowie zur Erreichung von Netto-Treibhausgasneutralität zu ergreifen.

(2) Es ist ein Klimaplan zu erstellen und jährlich sowie bei besonderem Anlass zu aktualisieren. Der Klimaplan hat mindestens Folgendes zu enthalten:

1. Eine Treibhausgasbilanz nach Maßgabe der gemäß Absatz 5 erlassenen Verordnung.

2. Die Formulierung konkreter Emissionsreduktionsziele zur Begrenzung der Erderwärmung auf 1,5 Grad Celsius gemäß dem Pariser Klimaabkommen.

3. Die Maßnahmen zur Verringerung und Vermeidung von Treibhausgasemissionen oder sonstige Maßnahmen, mit Hilfe derer die Emissionsreduktionsziele erreicht werden sollen.

4. Informationen darüber, inwieweit der Klimawandel ein Risiko für die Unternehmenstätigkeit darstellt und wie er sich auf diese auswirkt.

(3) Die Erfüllung der Pflichten nach Absatz 1 ist fortlaufend zu dokumentieren. Über sie ist jährlich sowie anlassbezogen zu berichten. Tätigkeiten und Maßnahmen, über die bereits nach den […][109] berichtet werden muss, sind von der Berichtspflicht ausgenommen. Der nach Satz 2 zu erstellende Bericht ist spätestens vier Monate nach dem Schluss jedes Geschäftsjahrs auf der Internetseite des Unternehmens für einen Zeitraum von sieben Jahren kostenfrei öffentlich zugänglich zu machen. Der nach Absatz 2 zu erstellende Klimaplan ist spätestens vier Monate nach seiner Fertigstellung auf der Internetseite des Unternehmens dauerhaft und kostenfrei öffentlich zugänglich zu machen.

(4) Handelt ein Unternehmen im Einklang mit den Absätzen 1 und 2, ist eine deliktische Haftung gegenüber Dritten (insbesondere nach den §§ 1004, 823 Absatz 1 BGB, 1 UmwHG) für solche Schäden, die auf den Beitrag des Unternehmens zum anthropogenen Klimawandel zurückzuführen sind, ausgeschlossen.

(5) Das Bundesumweltamt wird ermächtigt durch Rechtsverordnung im Einvernehmen mit dem Bundesamt für Wirtschaft und Ausfuhrkontrolle und nach Anhörung des Expertenrates für Klimafragen (§ 11 Abs. 1 Satz 1 KSG) ohne Zustimmung des Bundesrates das von den Unternehmen anzuwendende Verfahren zur Ermittlung der Treibhausgasbilanz näher zu regeln."

1. Allgemeine Erwägungen

Die systematische Verortung der Klimasorgfalt in § 3a LkSG bietet den Vorteil, dass die Durchsetzungsmechanismen des LkSG (§§ 14 ff.) ohne weitere Gesetzesänderungen auf § 3a LkSG Anwendung finden, da diese an „die Pflichten nach den §§ 3 bis 10 Absatz 1" anknüpfen.[110] So können etwa die nach dem LkSG bislang vorgesehen Betretens- und Einsichtsrechte auch zur Durchsetzung der Klimasorgfaltspflicht genutzt werden. Die Schaffung eines Expertenrates, wie es etwa das deutsche KSG (§§ 11 ff.) oder das Europäische Klimagesetz (Art. 10a) vorsehen, ist nicht erforderlich. Da zur Kontrolle der Klimasorgfaltspflicht ohnehin eine Ausstattung der Überwachungsbehörde mit hinreichend qualifiziertem Personal zu er-

---

[109] Die Berichtspflichten nach der CSRD, welche auch Angaben zur Bekämpfung des Klimawandels erfassen, wurden noch nicht in nationales Recht umgesetzt. Absatz 3 verweist auf diese, damit eine doppelte Berichterstattung vermieden wird.

[110] Vgl. nur §§ 14 Abs. 1 Nr. 1a, 15, 16 Nr. 2, 17 Abs. 2 LkSG.

folgen hat, bedarf es keines weiteren Sachverständigengremiums.[111] Welche Unternehmen von § 3a LkSG erfasst werden sollen, stellt eine politische Frage dar. Eine Einschränkung der pflichtigen Unternehmen findet im Rahmen des hiesigen Legislativvorschlages daher nicht statt, könnte aber bei Bedarf ergänzt werden.[112] Ebenso eine politische Entscheidung stellt die Festlegung des Bußgeldrahmens dar.

2. Zu § 3a Abs. 1 LkSG n. F.

§ 3a Abs. 1 LkSG enthält eine aus den zu vor genannten Gründen (vgl. Kap. 5 B. II. 5.) sehr offen formulierte Sorgfaltspflicht. Die Einhaltung der Pariser Klimaziele wird – orientiert am Wortlaut des Art. 15 Abs. 1 des CSDDD-Entwurfes sowie Art. 22 Abs. 1 der CSDDD – fast ausschließlich in das Ermessen der pflichtigen Unternehmen gestellt. Im Vordergrund steht dabei eine weitestmögliche Reduktion der Treibhausgasemissionen. Im Übrigen bleibt den pflichtigen Unternehmen selbst überlassen, auf welchem Wege sie Treibhaugasneutralität erreichen möchten. Denkbar wären sowohl Strategien zur Verringerung und Vermeidung von CO_2-Emissionen als auch Maßnahmen zur Entnahme von CO_2 aus der Erdatmosphäre oder Kompensationsmaßnahmen. Die offene Formulierung „das Geschäftsmodell ist mit den Pariser Klimazielen in Einklang zu bringen" bezieht die gesamte Unternehmenstätigkeit und ihre Auswirkungen in die Klimasorgfalt ein. Zu berücksichtigen sind also auch *Scope 2*- und *3*-Emissionen. Soweit deren Ermittlung und Berücksichtigung nicht zuverlässig möglich sein sollte oder mit erheblichen Unsicherheiten behaftet ist, trägt diesem Umstand der in Satz 2 untergebrachte Angemessenheitsvorbehalt Rechnung. Insbesondere *Scope 3*-Emissionen kann ein Unternehmen schließlich nur im Rahmen der ihm zur Verfügung stehenden Möglichkeiten in seine Unternehmenstätigkeit einbeziehen. Zur Konkretisierung der Sorgfaltspflicht wird § 2 LkSG (Begriffsbestimmungen) um Legaldefinitionen der Begriffe Treibhausgase, Treibhausgasemissionen sowie Netto-Treibhausgasneutralität ergänzt, welche dem deutschen KSG entnommen wurden.[113]

3. Zu § 3a Abs. 2 LkSG n. F.

§ 3a Abs. 2 LkSG enthält die Verpflichtung zur Erstellung eines Klimaplanes. Die erforderlichen Mindestvorgaben orientieren sich an den Vorschlägen des *UN Global Compact*. Da die ordnungsgemäße Erstellung einer Treibhausgasbilanz den

[111] Aufgrund der infolge des LkSG entstehenden zusätzlichen Kontroll- und Überwachungsaufgaben der Bundesbehörden prognostizierte der Gesetzgeber einen zusätzlichen Personalaufwand in Höhe von 65 Vollzeitäquivalenten (vgl. BT-Drucks. 19/28649, S. 2 f.); bei Schaffung einer Klimasorgfaltspflicht dürfte sich dieser Aufwand weiter erhöhen.

[112] Weller schlägt in seinem Gutachten zum DJT die Einführung einer Klimaquote (§ 76a AktG n. F.) vor, welche allerdings nur Pflichten für die Vorstände börsennotierter oder mitbestimmter Gesellschaften vorsieht, vgl. *Weller*, Gutachten DJT 2024, F 60.

[113] Vgl. § 2 KSG.

Ausgangspunkt für das Verständnis und die Nachvollziehbarkeit eines jeden Klimaplanes bildet, soll das dabei anzuwendende Verfahren mittels Rechtsverordnung konkretisiert werden. Die damit einhergehende Vereinheitlichung der Treibhausgasbilanzen ermöglicht es der zuständigen Überwachungsbehörde zudem, sämtliche Bilanzen zuverlässig prüfen zu können, da nicht eine Vielzahl unterschiedlicher Verfahren angewendet wird. Eine Pflicht zur Formulierung von Emissionsreduktionszielen soll dabei für alle nach dem LkSG pflichtigen Unternehmen gelten. Zwar wurde eine solche vom CSDDD-Entwurf nur in Bezug auf diejenigen Unternehmen verlangt, die den Klimawandel als ein Hauptrisiko der Unternehmenstätigkeit ermitteln oder hätten ermitteln müssen.[114] Es bietet sich allerdings eine darüber hinausgehende Sorgfaltspflicht an, um die mit der Frage, wann der Klimawandel ein Hauptrisiko der Unternehmenstätigkeit darstellt, einhergehende Rechtsunsicherheit zu verhindern. Zudem dürfte es praktisch kaum möglich sein, einen Klimaplan zur Erreichung der Pariser Klimaziele zu entwerfen, welcher gänzlich ohne die Formulierung von Emissionsreduktionszielen auskommt.[115] Eine spürbare Entlastung von Unternehmen, die nur einen geringen Beitrag zur Erderwärmung leisten, würde daher ohnehin nicht eintreten. In der finalen Fassung der CSDDD ist eine derartige Einschränkung auch nicht mehr vorgesehen. Die in Nr. 4 aufgenommene Pflicht zur Darlegung von bestimmten Informationen orientiert sich an Art. 15 Abs. 1 des CSDDD-Entwurfes und dient der besseren Nachvollziehbarkeit des Klimaplanes.

4. Zu § 3a Abs. 3 LkSG n. F.

§ 3a Abs. 3 LkSG enthält eine Dokumentations- sowie eine Berichtspflicht im Hinblick auf die Erfüllung der Klimasorgfalt und verpflichtet die Unternehmen zur Veröffentlichung ihres Klimaplanes. Die Kontrolle der Klimasorgfalt durch die zuständige Überwachungsbehörde würde in der Praxis wohl – wie auch im Rahmen des § 10 LkSG angenommen[116] – überwiegend mittels der Berichtspflichten verwirklicht werden. Damit eine doppelte Nachhaltigkeitsberichterstattung weitgehend vermieden wird, ist über solche Maßnahmen und Tätigkeiten, welche bereits von den Offenlegungspflichten der CSRD-Umsetzungsgesetze erfasst sind, nicht zu berichten.[117]

---

[114] Vgl. Art. 15 Abs. 2 des CSDDD-Entwurfs.

[115] Vgl. Kap. 5 B. II. 4. d).

[116] *Falder/Frank-Fahle/Poleacov*, Lieferkettensorgfaltspflichtengesetz, S. 101.

[117] Der Referentenentwurf des BMJ für ein CSRD-Umsetzungsgesetz sieht vor, dass die Berichtspflicht des § 10 Abs. 2 LkSG entfällt, soweit ein Unternehmen einen Nachhaltigkeitsbericht nach Maßgabe der CSRD vorlegen muss, vgl. Ref-E des BMJ, S. 58, 142 (soweit § 3a Abs. 3 LkSG n. F. also eine eigene Berichtspflicht statuiert, sollte auch diese im Falle der Berichterstattung nach Maßgabe der CSRD entfallen).

5. Zu § 3a Abs. 4 LkSG n. F.

Der Haftungsausschluss ermöglicht es den Unternehmen, die je nach Einzelfall zu bestimmenden klimabezogenen Verkehrspflichten allein durch die Achtung des Pariser Klimaabkommens zu erfüllen. Dadurch wird gleich mehreren Problembereichen der Klimahaftung Rechnung getragen: Kann ein Unternehmen jegliche deliktische Haftung durch Anpassung der Unternehmensstrategie an das Pariser Klimaabkommen ausschließen, bringt dies nicht nur eine Begrenzung der Haftungsrisiken mit sich, sondern sorgt zudem für Rechtssicherheit und harmonisiert die öffentlich-rechtliche Klimasorgfaltspflicht mit klimabezogenen Verkehrspflichten. Zwar wird im Rahmen der deliktischen Klimahaftung keine Veröffentlichung eines Klimaplanes verlangt. Ohne einen solchen dürfte die behördliche Kontrolle der Einhaltung der Sorgfaltspflicht jedoch praktisch nicht (effektiv) möglich sein.[118] Gewisse zusätzliche bürokratische Belastungen der Unternehmen gegenüber der deliktischen Klimahaftung lassen sich daher nicht gänzlich vermeiden. Gleichwohl wird jedes Erfüllen der Voraussetzungen des § 3a LkSG auch den Anforderungen des § 1004 Abs. 1 BGB genügen. Die bezweckte Harmonisierung der deliktischen Haftung und der öffentlich-rechtlichen Verantwortlichkeit findet also statt, was auch zu Rechtssicherheit auf dem umstrittenen Gebiet des privatrechtlichen Klimahaftungsrechtes führen würde.

6. Zu § 3a Abs. 5 LkSG n. F.

§ 3a Abs. 5 LkSG enthält eine Verordnungsermächtigung zugunsten des Bundesumweltamtes. Dieses ist bereits nach dem KSG für die Erstellung von Emissionsdaten zuständig.[119] Es dürfte daher bereits über eine gewisse Ausstattung und Erfahrung im Umgang mit Treibhausgasbilanzen verfügen und in der Lage sein, das für die Erstellung der Treibhausgasbilanz anzuwendende Verfahren auszuwählen.[120]

---

[118] Vgl. auch *Falder/Frank-Fahle/Poleacov*, Lieferkettensorgfaltspflichtengesetz, S. 101 zur Bedeutung der (*de lege lata* bestehenden) Berichtspflichten des LkSG für die Überwachung durch die Kontrollbehörde.

[119] Vgl. § 5 Abs. 1 KSG.

[120] Siehe nur *Umweltbundesamt*, Finale Treibhausgasbilanz 2021: Emissionen sanken um 39 Prozent gegenüber 1990 – EU-Klimaschutzvorgaben werden eingehalten, abrufbar unter: https://www.umweltbundesamt.de/presse/pressemitteilungen/finale-treibhausgasbilanz-2021-emissionen-sanken-um, zuletzt abgerufen am 30. 07. 2024.

6. Kapitel

Auswirkungen der EU-Lieferkettenrichtlinie

Am 13.06.2024 hat der Unionsgesetzgeber die EU-Lieferkettenrichtlinie (CSDDD) verabschiedet, deren Vorgaben nun innerhalb von zwei Jahren in nationales Recht umzusetzen sind.[1] In Deutschland wird dies voraussichtlich durch eine Anpassung des LkSG erfolgen.[2] Nachdem die derzeitige Rechtslage dargestellt und Vorschläge für die Harmonisierung der zivilrechtlichen Haftung und der öffentlich-rechtlichen Verantwortlichkeit unterbreitet wurden, werden in diesem Kapitel die Auswirkungen der Richtlinie auf die im Rahmen dieser Untersuchung gewonnenen Erkenntnisse näher beleuchtet. Zu diesem Zwecke erfolgt zunächst eine Darstellung derjenigen Vorgaben des Rechtsaktes, welche für die hiesige Fragestellung von Relevanz sind. Anschließend kann dann herausgearbeitet werden, inwieweit die zivilrechtliche Haftung künftig durch die Richtlinie beeinflusst werden wird und ob zur Umsetzung der Richtlinienvorgaben ein Rückgriff auf die in Kap. 5 A. III. und Kap. 5 B. III. unterbreiteten Legislativvorschläge möglich ist.

A. Überblick über die Vorgaben der EU-Lieferkettenrichtlinie

Die CSDDD verfolgt ausweislich ihres Erwägungsgrundes 16 den Zweck, im Binnenmarkt tätige Unternehmen zu einer nachhaltigen Entwicklung beitragen zu lassen, indem sie potenzielle oder tatsächliche negative Auswirkungen auf die Menschenrechte und die Umwelt im Zusammenhang mit ihrer eigenen Geschäftstätigkeit, der Geschäftstätigkeit ihrer Tochterunternehmen und der Geschäftstätigkeit ihrer Geschäftspartner ermitteln und vermeiden müssen. Um diese Ziele zu erreichen, bedient sich der Unionsgesetzgeber eines Regulierungsansatzes, der sowohl auf die öffentlich-rechtliche Durchsetzung von Nachhaltigkeitsbelangen als auch auf eine zivilrechtliche Haftung zurückgreift. Die CSDDD enthält dabei eine ganze Reihe von Sorgfaltspflichten (Risikoermittlung, Präventionsmaßnahmen, Abhilfemaßnahmen, Einrichtung eines Beschwerdeverfahrens, Berichtspflichten),

---

[1] Vgl. Art. 37 Abs. 1 CSDDD.

[2] Vgl. BT-Drucks. 19/28649, S. 2.

die denen des LkSG zwar ähneln[3], sich allerdings auch in einigen Aspekten von ihnen unterscheiden.[4] Dabei wird ein differenziertes Harmonisierungskonzept verfolgt.[5] In einigen Bereichen bleibt es den Mitgliedstaaten verwehrt, von den Richtlinienvorgaben abweichende Regelungen zu treffen, sodass vor allem in Bezug auf die insoweit betroffenen Regelungskomplexe zur Risikoanalyse (Art. 8) sowie zu den Präventions- (Art. 10) und Abhilfemaßnahmen (Art. 11) eine Vollharmonisierung denkbar ist.[6] Der Unionsgesetzgeber sichert auf diese Weise den die Sorgfaltspflichten der Art. 8, 10 und 11 CSDDD kennzeichnenden Begriff der „Angemessenheit" (engl.: *appropriateness*), welcher in den Vorschriften weiter konkretisiert wird und eine inhaltliche Nähe zu § 3 Abs. 2 LkSG aufweist, gegen Sonderwege in den Mitgliedstaaten ab.[7] Im Übrigen dürfen die nationalen Gesetzgeber strengere Vorschriften erlassen als die CSDDD vorsieht.[8]

I. Anwendungsbereich

Ein erster Unterschied der CSDDD gegenüber dem LkSG betrifft bereits den Anwendungsbereich der Rechtsakte. Unter die Richtlinienvorgaben der CSDDD fallen nämlich alle im Unionsgebiet ansässigen Unternehmen(sgruppen) mit durchschnittlich mehr als 1.000 Mitarbeitern und einem weltweiten Nettoumsatz von mehr als 450 Millionen Euro.[9] Insoweit ist der Anwendungsbereich also enger als der des LkSG, welches seit 2024 zwar den gleichen Arbeitnehmerschwellenwert verwendet, jedoch nicht ergänzend auf den Umsatz abstellt.[10] Darüber hinaus wird die Richtlinie auf Unternehmen(sgruppen) aus Drittländern ausgeweitet, die mehr als 450 Millionen Euro Nettojahresumsatz in der EU erzielen[11], sowie auf bestimmte Unternehmen(sgruppen), welche Franchising- oder Lizenzvereinbarungen

[3] *Bartz/Schmidt/Weber*, CCZ 2024, 172, 175: „Die Konzeption der Sorgfaltspflichten [der CSDDD] entspricht derjenigen des LkSG"; *Seibt/Vesper-Gräske*, DB 2024, 1530, 1532: Im Hinblick auf die Umsetzung der in der CSDDD vorgesehenen Präventions- und Abhilfemaßnahmen bestehe nur „geringer Handlungsbedarf"; *Tschäpe/Trefzger*, ZfBR 2023, 423, 433 bewerten die Sorgfaltspflichten des LkSG und des CSDDD-Entwurfs sogar als „nahezu identisch".

[4] Vgl. *Seibt/Vesper-Gräske*, DB 2024, 1530, 1531 ff. für eine genauere Untersuchung der Unterschiede zwischen LkSG und CSDDD; *Rothermel*, in: Rothermel, LkSG – Lieferkettensorgfaltspflichtengesetz, VI. EU Rn. 36 für eine umfangreiche Tabelle, welche Gemeinsamkeiten und Unterschiede zwischen LkSG und CSDDD-Entwurf ausweist.

[5] *Hübner/Lieberknecht*, NJW 2024, 1841.

[6] Vgl. Art. 4 Abs. 1 CSDDD.

[7] *Schäfer/Schütze*, BB 2024, 1091, 1092 (s. dort auch Fn. 18).

[8] Vgl. Art. 4 Abs. 2 CSDDD.

[9] Vgl. Art. 2 Abs. 1 lit. a CSDDD.

[10] Vgl. § 2 Abs. 1 LkSG.

[11] Vgl. Art. 2 Abs. 1 lit. b CSDDD.

in der Europäischen Union geschlossen haben[12]. Im Gegensatz zum LkSG erfasst die CSDDD nur bestimmte Rechtsformen (in Deutschland: Aktiengesellschaften, Kommanditgesellschaften, Gesellschaften mit beschränkter Haftung sowie offene Handelsgesellschaften).[13] Dies führt dazu, dass etwa die vom LkSG grundsätzlich erfassten juristischen Personen des öffentlichen Rechts von den Richtlinienvorgaben verschont bleiben.[14]

II. Geschützte Rechtsgüter

Der Umfang der geschützten Rechtsgüter unterscheidet sich ebenfalls vom Katalog des LkSG, indem er über diesen hinausgeht. Während das LkSG vor allem arbeitnehmerbezogene und den Schutz der Lebensgrundlagen betreffende Güter in Bezug nimmt, bezieht die CSDDD[15] weitere Menschenrechte bzw. diese schützende Verbote ein.[16] Die aufgezählten Menschenrechte umfassen nicht nur arbeitsbezogene Normen wie das Verbot von Zwangs- und Kinderarbeit (Nr. 10–12), den Schutz der Gesundheit von Arbeitnehmern (Nr. 6) und die Koalitionsfreiheit (Nr. 13) sowie das Recht auf einen angemessenen Lohn (Nr. 6). Vielmehr erstrecken sie sich auch auf den Schutz der Privatsphäre und des Rufs (Nr. 4), den Schutz der Gedanken- und Gewissensfreiheit (Nr. 5) sowie bestimmte Kinderrechte (bspw. das Recht des Kindes auf das erreichbare Höchstmaß an Gesundheit, das Recht auf Bildung sowie das Recht auf einen angemessenen Lebensstandard, vgl. Nr. 8).[17] Die Auflistung völkerrechtlicher Überreinkommen zum Schutz der Menschenrechte reichte im Entwurf der EU-Kommission noch erheblich weiter als die des LkSG.[18] In der Auflistung enthalten waren neben den bereits ins LkSG integrierten Abkommen etwa die UN-Völkermordkonvention oder die UN-Behindertenrechtskonvention. Diese sind in der finalen Fassung jedoch nicht mehr vorzufinden. Als einziges in der CSDDD enthaltenes Regelwerk zum Schutz der Menschenrechte, auf dessen Einbeziehung das LkSG gänzlich verzichtet, verbleibt die UN-Kinderrechtskonvention.

Einen größeren Fokus als das LkSG legt die CSDDD ferner auf Umweltaspekte. Diesen kommt im Rahmen der Richtlinie eine gesteigerte Bedeutung zu, weshalb

---

[12] Vgl. Art. 2 Abs. 1 lit. c CSDDD.

[13] Vgl. Art. 3 Abs. 1 lit. a i) CSDDD.

[14] Auch juristische Personen des öffentlichen Rechts können „Unternehmen" im Sinne des LkSG darstellen, vgl. dazu umfassend *Widdrat/Harnischmacher*, CRZ 2023, 37 ff.

[15] Vgl. Anhang, Teil I der CSDDD.

[16] *Schäfer/Schütze*, BB 2024, 1091, 1095 zur CSDDD; *Lutz-Bachmann/Vorbeck/Wengenroth*, BB 2022, 835, 838 zum CSDDD-Entwurf.

[17] Für die Unterschiede zwischen LKSG und CSDDD-Entwurf siehe *Stöbener de Mora/Noll*, EuZW 2023, 14, 16.

[18] Einen groben Überblick über wesentliche Unterschiede zwischen dem CSDDD-Entwurf und der finalen Fassung der Richtlinie gibt *Schmidt*, NZG 2024, 417.

viele Umweltübereinkommen, die im LkSG nicht vorzufinden sind, in die CSDDD einbezogen werden.[19] Das LkSG bedient sich lediglich dreier Umweltübereinkommen, welche allesamt ebenfalls dem Schutz der Menschenrechte dienen.[20] Konkret handelt es sich um das Minamata-Übereinkommen über Quecksilber, das Stockholmer Übereinkommen über persistente organische Schadstoffe sowie das Basler Übereinkommen über die Kontrolle der grenzüberschreitenden Verbringung gefährlicher Abfälle (vgl. Kap. 2 A. III.). Diese werden stellenweise auch in die CSDDD inkorporiert. Darüber hinaus nimmt diese aber auf zahlreiche weitere Übereinkommen wie das Seerechtsübereinkommen der Vereinten Nationen vom 10. Dezember 1982 (SRÜ), das Übereinkommen zur Verhütung der Meeresverschmutzung durch Schiffe vom 02. November 1973 in der Fassung des Protokolls von 1978 (MARPOL 73/78), die Wiener Konvention zum Schutz der Ozonschicht, das Übereinkommen von Ramsar (Schutz von Feuchtgebieten) oder das Übereinkommen von 1992 über die biologische Vielfalt Bezug.[21]

III. Lieferkette versus Aktivitätskette

Unterschiede zwischen dem LkSG und der CSDDD ergeben sich ferner aus dem verwendeten Lieferkettenbegriff (die CSDDD nutzt den Begriff „Aktivitätskette“ – engl.: „chain of activities“). Während das LkSG nach unmittelbaren und mittelbaren Zulieferern differenziert, denen von vorneherein divergierende Regelungsbereiche zugeordnet werden (vgl. insb. § 9 LkSG),[22] differenziert die CSDDD nach direkten (Vertragspartner[23]) und indirekten Geschäftspartnern (welche grundsätzlich beide von den allgemeinen Sorgfaltspflichten erfasst werden[24]). Die Unterscheidung zwischen „Zulieferern“ und „Geschäftspartnern“ liegt begrifflich wohl unter anderem darin begründet, dass „Zulieferer“ sich denklogisch nur im vorgelagerten Teil der Lieferkette befinden können. Der Lieferkettenbegriff der CSDDD bezieht sich aber nicht – wie der des LkSG – nur auf die *Upstream*-Lieferkette, sondern grundsätzlich auch auf die *Downstream*-Lieferkette (vgl. Art. 3 Abs. 1 lit. g CSDDD).[25] Letztere muss nach der finalen Fassung der CSDDD allerdings nur noch in wenigen

[19] *Ruttloff/Wagner/Burchert*, DB 2024, 1189, 1191.

[20] Siehe Kap. 2 Fn. 85.

[21] Vgl. Anhang, Teil II der CSDDD.

[22] Vgl. Kap. 2 B. IV. 6., Kap. 2 B. IV. 4 und Kap. 2 B. IV. 3.

[23] Vgl. Art. 3 Abs. 1 lit. f i) CSDDD.

[24] Die Differenzierung wird etwa bei der Frage relevant, welche Maßnahmen im Einzelfall ergriffen werden müssen und angemessen erscheinen, siehe nur Art. 10 Abs. 1 und 11 Abs. 1 CSDDD.

[25] *Baumüller/Müller/Scheid*, StuB 2024, 349, 351; *Hübner/Lieberknecht*, NJW 2024, 1841, 1843; zum CSDDD-Entwurf siehe *Bomsdorf/Blatecki-Burgert*, ZRP 2022, 141, 142; *Tschäpe/Trefzger*, ZfBR 2023, 423, 433; ferner Erwägungsgrund 18 des CSDDD-Entwurfs.

Teilen von Unternehmen berücksichtigt werden[26], weshalb die Unterschiede zwischen dem LkSG und der CSDDD an dieser Stelle erheblich geringer ausfallen als es der Entwurf der EU-Kommission vorsah, der prinzipiell die gesamte *Downstream*-Lieferkette dem Sorgfaltspflichtenkatalog der Richtlinie unterwerfen wollte.[27]

IV. Klimasorgfaltspflicht

Eine weitere Neuerung gegenüber dem LkSG stellt ferner die in Art. 22 CSDDD enthaltene Klimasorgfaltspflicht dar. Von dieser erfasste Unternehmen haben nach Art. 22 Abs. 1 Satz 1 CSDDD einen Plan zur Minderung der Folgen des Klimawandels anzunehmen und umzusetzen, mit dem gewährleistet werden soll, dass sie „alles in ihrer Macht stehende tun" (engl. „through best efforts"), um ihr Geschäftsmodell und ihre Strategie mit dem Übergang zu einer nachhaltigen Wirtschaft und der Begrenzung der Erderwärmung auf 1,5 °C, wie im Übereinkommen von Paris festgeschrieben, sowie mit dem Ziel, Klimaneutralität zu erreichen, in Einklang zu bringen. In dem Klimaplan, dessen Inhalt in Art. 22 Abs. 1 Satz 2 CSDDD genauer beschrieben wird, sind auch Klimazwischenziele und das Ziel der Klimaneutralität, welche bis 2050 erreicht werden soll, anzugeben. Die Klimasorgfaltspflicht kann sich auf sämtliche *Scopes* (1 – 3) erstrecken.[28] Ihr konkreter Inhalt wird in Kap. 6 B. III. näher beleuchtet.

V. Enforcement

Die für die hiesige Fragestellung relevanteste Abweichung der CSDDD vom LkSG stellt schlussendlich der Sanktionsmechanismus der Richtlinie dar, welcher verlangt, dass die Sorgfaltspflichten nicht nur auf öffentlich-rechtlichem Wege (vgl. insb. Art. 27 CSDDD, der vor allem Bußgelder sowie ein „naming & shaming"[29] vorgibt), sondern auch mit Mitteln des Privatrechts durchgesetzt werden. Die zentrale Vorschrift für die zivilrechtliche Haftung ist dabei der in Kap. 6 B. II. 1. ausführlich dargestellte Art. 29 CSDDD, der in bestimmten Konstellationen Schadensersatzansprüche geschädigter natürlicher und juristischer Personen vorsieht, deren Rechte dann unter gewissen Voraussetzungen auch von Nichtregierungsorganisationen (NGO) und Gewerkschaften geltend gemacht werden können (vgl. Art. 29 Abs. 3 lit. d CSDDD). Neben dieser Möglichkeit der Prozessstandschaft

---

[26] Vgl. Art. 3 Abs. 1 lit. g ii) CSDDD.

[27] Zum Lieferkettenbegriff des CSDDD-Entwurfes siehe *Tschäpe/Trefzger*, ZfBR 2023, 423, 433; *Spindler*, ZIP 2022, 765, 768.

[28] Vgl. Erwägungsgrund 73 der CSDDD.

[29] Zit.: *Schäfer/Schütze*, BB 2024, 1091, 1998.

enthält Art. 29 CSDDD für die prozessuale Durchsetzung von Haftungsansprüchen weitere Erleichterungen. Zu diesen gehören etwa eine mindestens fünfjährige Verjährungsfrist, einstweiliger Rechtsschutz sowie Regelungen zur Beweismitteloffenlegung.[30]

B. Einfluss der Richtlinienvorgaben auf die zivilrechtliche Haftung

Die vorstehenden Ausführungen stellen keine vollständige Auflistung sämtlicher Unterschiede zwischen dem LkSG und der CSDDD dar. Vielmehr sollen sie nur grundlegende für die hiesige Fragestellung besonders relevante Abweichungen der beiden Rechtsakte voneinander aufzeigen. Inwieweit das LkSG und die CSDDD auf Mikroebene – etwa bei der konkreten Ausgestaltung der Sorgfaltspflichten[31] – Divergenzen aufweisen, ist für die Untersuchung ihres Verhältnisses zur zivilrechtlichen Haftung nicht von Relevanz, weshalb auf eine weitreichendere Gegenüberstellung verzichtet wird und eine genaue Betrachtung im Folgenden nur im Hinblick auf diejenigen Richtlinienvorgaben erfolgt, welche die in den vorstehenden Kapiteln gewonnenen Erkenntnisse beeinflussen könnten.

I. Einfluss auf die vertragliche Haftung

Auswirkungen dürfte die CSDDD zunächst auf die vertragliche Haftung inländischer Unternehmen haben. Nach den hiesigen Untersuchungsergebnissen führen vor allem die zur Erfüllung der Sorgfaltspflicht des § 6 Abs. 4 Nr. 2 LkSG zu verwenden Vertragsklauseln zu einer potenziellen vertraglichen Haftung nach § 280 Abs. 1 BGB oder dem Sachmängelgewährleistungsrecht. Ferner haben Verstöße gegen die Sorgfaltspflichten des LkSG bei hinreichendem Produktbezug eine unübliche Beschaffenheit der hergestellten Waren zur Folge. Angaben in der Nachhaltigkeitsberichterstattung (§ 10 Abs. 2 LkSG) und die Abgabe der Grundsatzerklärung über die Menschenrechtsstrategie (§ 6 Abs. 2 Satz 1 LkSG) verfügen zudem über das Potenzial, als „öffentliche Äußerungen" im Sinne des § 434 Abs. 3 Satz 1 Nr. 2 lit. b BGB bewertet zu werden. An diesen Erkenntnissen wird sich infolge der CSDDD jedenfalls nichts Grundlegendes ändern:

Das Vorliegen kaufrechtlicher Gewährleistungsansprüche dürfte nämlich weiterhin vor allem von der Reichweite des Beschaffenheitsbegriffes des § 434 BGB abhängen.[32] Da dieser nicht Gegenstand der Richtlinienvorgaben ist, wird er *de lege*

---

[30] *Bartz/Schmidt/Weber*, CCZ 2024, 172, 175.

[31] Siehe dazu *Schäfer/Schütze*, BB 2024, 1091, 1096 ff.

[32] Vgl. Kap. 3 A. II. 1.

ferenda weiterhin extensiv auszulegen sein und herstellungsprozessbezogene Faktoren erfassen. Der Durchschnittskäufer kann also im Hinblick auf § 434 Abs. 3 Satz 1 Nr. 2 BGB auch künftig erwarten, dass Produkte im Einklang mit den (an die CSDDD angepassten) Vorschriften des LkSG hergestellt wurden. Ist dies nicht der Fall, liegt regelmäßig eine unübliche Beschaffenheit vor.[33] Insoweit ändert sich also voraussichtlich nichts.

Gleiches gilt grundsätzlich für die Berichterstattung. Ähnlich wie das LkSG (§ 10 Abs. 2) sieht die CSDDD (Art. 16 Abs. 1) vor, dass pflichtige Unternehmen über die Erfüllung ihrer Sorgfaltspflichten zu berichten haben. Die Berichterstattung ist allerdings nicht verpflichtend, soweit das zu beobachtende Unternehmen einen Nachhaltigkeitsbericht nach Maßgabe der CSRD und den zur Konkretisierung der Richtlinie erlassenen delegierten Rechtsakten (*European Sustainability Reporting Standards* – ESRS) vorlegen muss.[34] Im Referentenentwurf für ein CSRD-Umsetzungsgesetz ist daher eine entsprechende Anpassung des LkSG vorgesehen, welche die Berichtspflicht nach dem LkSG entfallen lässt, soweit gemäß den §§ 289b ff. HGB (idF des Entwurfes) in Verbindung mit den ESRS zu berichten ist oder (freiwillig) berichtet wird.[35] Diese Änderungen dürften sich allerdings nicht auf die in Kap. 3 A. II. 4. gewonnenen Erkenntnisse auswirken. Nach welchen Vorschriften die Berichterstattung künftig erfolgt, ist für die Frage, ob unrichtige Angaben eine öffentliche Äußerung im Sinne des § 434 Abs. 3 Satz 1 Nr. 2 lit. b BGB darstellen, nämlich irrelevant.[36] Erwirbt ein Käufer ein Produkt in dem Glauben, es sei frei von Kinderarbeit hergestellt worden, spielt es keine Rolle, ob er diese Informationen aufgrund einer Berichterstattung nach § 10 Abs. 2 LkSG oder aufgrund einer Berichterstattung nach den ESRS erlangt hat. Der Käufer vertraut in beiden Fällen darauf, dass die Angaben bezüglich des die Beschaffenheit betreffenden produktbezogenen Faktors zutreffen.[37] Es gelten also auch hier zunächst die bereits herausgearbeiteten Grundsätze. Zu beachten ist allerdings, dass die Nachhaltigkeitsberichterstattung nach den ESRS nicht dem Haftungsausschluss des § 3 Abs. 3 LkSG unterliegt (dieser bezieht sich schließlich nur auf die Sorgfaltspflichten des LkSG), die Nachhaltigkeitsberichterstattung nach § 10 Abs. 2 LkSG hin-

[33] Vgl. Kap. 3 A. II. 3.

[34] Vgl. Art. 16 Abs. 2 CSDDD.

[35] Vgl. Ref-E des BMJ, S. 58, 142.

[36] Vgl. etwa *Görgen*, Unternehmerische Haftung in transnationalen Menschenrechtsfällen, 2019, S. 438: „Aus Nachhaltigkeitsberichten [im Allgemeinen] lassen sich theoretisch ebenfalls bestimmte Eigenschaften der Produkte des Unternehmens ableiten. Dies gilt zumindest dann, wenn die Angaben zur unternehmerischen Verantwortung so gefasst sind, dass sie konkrete objektiv nachprüfbare bzw. messbare Anforderungen an Rohstoffgewinnung, Produktion o. Ä. aufstellen".

[37] Vgl. *Büdenbender*, in: Dauner-Lieb/Langen, BGB Schuldrecht, 4. Aufl. 2021, § 434 Rn. 40: Maßgeblich kommt es im Rahmen der öffentlichen Äußerung auf das Vorliegen einer sachbezogenen Aussage mit hinreichend konkretem Informationsgehalt an, welche die Eigenschaften der zu beobachtenden Kaufsache beschreibt (hier: Angaben zu Kinderarbeit in der Lieferkette entweder auf Basis des § 10 Abs. 2 LkSG oder der ESRS).

gegen schon, weshalb aus der Perspektive der Unternehmen jedenfalls vor dem Hintergrund der in den §§ 434 ff. BGB wurzelnden zivilrechtlichen Haftungsrisiken die Berichterstattung auf Basis des LkSG auf den ersten Blick vorzugswürdig erscheint. Legt man jedoch die in Kap. 3 A. IV. 2. herausgearbeiteten Untersuchungsergebnisse zugrunde, dürfte § 3 Abs. 3 LkSG regelmäßig auch dann nicht eingreifen, wenn die (unzutreffende) Berichterstattung nach § 10 Abs. 2 LkSG erfolgt. Der Haftungsausschluss findet schließlich keine Anwendung, soweit die in Rede stehenden Informationen ohnehin offengelegt worden wären bzw. hätten offengelegt werden müssen.[38] Da der Anwendungsbereich der CSDDD grundsätzlich enger gefasst ist als der Anwendungsbereich der CSRD,[39] dürften Unternehmen, die nach Maßgabe des Art. 16 Abs. 1 CSDDD berichtspflichtig sind, ohnehin auch einen Nachhaltigkeitsbericht nach den ESRS anzufertigen und zu veröffentlichen haben.[40] Soweit das der Fall ist, kann davon ausgegangen werden, dass sie die in Rede stehenden Informationen auch bei Hinwegdenken der Berichtspflicht des § 10 Abs. 2 LkSG veröffentlicht hätten, weshalb eine aus der Veröffentlichung resultierende zivilrechtliche Haftung „unabhängig" vom LkSG erfolgt. Der Haftungsausschluss des § 3 Abs. 3 LkSG findet dann keine Anwendung. Anders wäre dies zwar in den Fällen, in denen die in Rede stehenden Informationen ausschließlich zur Erfüllung der Berichtspflicht des § 10 Abs. 2 LkSG veröffentlicht werden müssen und von den Offenlegungspflichten der CSRD nicht umfasst sind. Ein solches Szenario dürfte aber praktisch nur selten vorkommen. Das LkSG verlangt primär die Berichterstattung über die Erfüllung seiner Sorgfaltspflichten, wobei auch die Wirksamkeit der ergriffenen Maßnahmen zu bewerten ist und Schlussfolgerungen für künftige Maßnahmen dargestellt werden sollen.[41] Nach der CSRD muss umfassend über negative Auswirkungen auf Menschenrechte und Umweltbelange berichtet werden, die im eigenen Geschäftsbereich und in der gesamten Wertschöpfungskette entstehen.[42] Vorgesehen ist dabei etwa eine umfangreiche Berichterstattung über Arbeitsbedingungen, Chancengleichheit und die Achtung „grundlegender Menschenrechtsübereinkommen".[43] Die Berichtspflichten der CSRD sind

[38] Vgl. Kap. 3 A. IV. 2.

[39] Vgl. *Baumüller/Müller/Scheid*, StuB 2024, 349, 351, 352.

[40] Art. 5 Abs. 2 CSRD sieht eine gestaffelte Umsetzung der Berichtspflichten vor, nach welcher große Unternehmen (Unternehmen, die am Bilanzstichtag mindestens zwei der drei folgenden Größenmerkmale überschreiten: Bilanzsumme: 20.000.000 EUR; Nettoumsatzerlöse: 40.000.000 EUR; durchschnittliche Zahl der während des Geschäftsjahres Beschäftigten: 250) die neuen Vorschriften zur Nachhaltigkeitsberichterstattung grundsätzlich für ab dem 01.01.2025 beginnende Geschäftsjahre anwenden müssen; die CSDDD gilt hingegen grundsätzlich für Unternehmen mit durchschnittlich mehr als 1.000 Mitarbeitern und einem weltweiten Nettoumsatz von mehr als 450 Millionen Euro, vgl. Art. 2 Abs. 1 lit. a CSDDD.

[41] Vgl. § 10 Abs. 2 LkSG.

[42] Vgl. Art. 19a Abs. 2 lit. f der Bilanzrichtlinie (idF CSRD).

[43] Vgl. Art. 29b Abs. 2 lit. b der Bilanzrichtlinie (idF CSRD).

so weitreichend und die sie konkretisierenden ESRS derart detailliert[44], dass § 10 Abs. 2 LkSG nur sehr selten die Berichterstattung über einen Aspekt verlangen dürfte, der von der CSRD nicht erfasst wird.[45]

Wesentliche Neuerungen könnte die CSDDD also nur für die Beantwortung der Frage mit sich bringen, welche Anforderungen AGB zu erfüllen haben, die (*de lege ferenda*) zur Umsetzung des LkSG verwendet werden (müssen). Die Sorgfaltspflichten des LkSG verlangen von Unternehmen (*de lege lata)* das Ergreifen bestimmter Präventionsmaßnahmen, die unter anderem die Vereinbarung von Compliance- und Weitergabeklauseln mit ihren unmittelbaren Zulieferern einschließen (§ 6 Abs. 4 Nr. 2 LkSG).[46] Um die Einhaltung der vertraglichen Pflichten des Zulieferers sicherzustellen, sind Kontrollmechanismen in das Vertragsverhältnis zu implementieren, wofür vor allem sogenannte Auditklauseln genutzt werden können (§ 6 Abs. 4 Nr. 4 LkSG).[47] Die benötigten Informationen zur Erfüllung der Sorgfaltspflichten können insbesondere unter Zuhilfenahme von Informationsklauseln erlangt werden.[48] Unter welchen Bedingungen die genannten Klauselarten in AGB derzeit zulässig sind, wurde bereits umfassend untersucht. Damit die Auswirkungen der CSDDD vor diesem Hintergrund näher beleuchtet werden können, ist also zunächst zu klären, welche der Klauselarten voraussichtlich in einem künftigen, die CSDDD umsetzenden LkSG eine Rolle spielen werden. Anschließend ist zu prüfen, ob die CSDDD die Anforderungen an ihre Wirksamkeit nach den §§ 305 ff. BGB in irgendeiner Weise beeinflusst.

1. Compliance-, Weitergabe-, Informations- und Auditklauseln in der CSDDD

Nach Art. 10 Abs. 1 CSDDD[49] haben die Mitgliedstaaten sicherzustellen, dass unter die Richtlinie fallende Unternehmen geeignete Maßnahmen ergreifen, um

---

[44] Vgl. nur die Angaben, deren Veröffentlichung der Berichtsstandard ESRS S2 (Arbeitskräfte in der Wertschöpfungskette) verlangt.

[45] Vgl. *Wüstemann*, BB 2023, 363, 367, die aber auch zutreffend darauf hinweist, dass das den Berichtspflichten nach der CSRD zugrunde liegende Prinzip der doppelten Wesentlichkeit stellenweise zu einem Hinausragen der Berichtspflichten des LkSG über die der CSRD führen kann.

[46] Vgl. Kap. 2 B. IV. 3 und Kap. 3 A. II. 2. d) aa) sowie bb).

[47] Vgl. Kap. 2 B. IV. 3 und Kap. 3 A. II. 2. d) cc).

[48] Vgl. Kap. 2 B. IV. 3 und Kap. 3 A. II. 2. d) dd).

[49] Die nachstehenden Ausführungen zu Präventionsmaßnahmen (Art. 10), welche die CSDDD verlangt, gelten grundsätzlich ebenfalls im Hinblick auf Abhilfemaßnahmen (Art. 11), da die CSDDD in Art. 11 Abs. 3 CSDDD insoweit einen fast identischen Verhaltenskatalog formuliert (die zu ergreifenden Maßnahmen sind selbstredend nicht mehr auf Prävention, sondern auf Abhilfe ausgelegt – bspw. Aufstellung eines Korrekturmaßnahmenplanes anstelle eines Präventionsaktionsplanes); zur Vermeidung von Redundanzen zieht die Untersuchung insoweit allein Art. 10 CSDDD heran; siehe auch *Schäfer/Schütze*, BB 2024,

potenzielle negative Auswirkungen zu verhindern oder angemessen zu mindern. In Absatz 2 wird dann eine Reihe von Maßnahmen aufgelistet, die „erforderlichenfalls“ zu ergreifen sind. Dazu gehören neben der Erstellung eines Präventionsaktionsplans auch die Tätigung von Investitionen, Anpassungen der Geschäftsstrategie sowie die Zusammenarbeit mit anderen Unternehmen. Insbesondere ist dort aber vorgesehen, dass von direkten Geschäftspartnern vertragliche Zusicherungen eingeholt werden und die Einhaltung des Verhaltenskodex des CSDDD-pflichtigen Unternehmens sowie ggf. eines Präventionsaktionsplans sicherzustellen sind, was die Einholung entsprechender Zusicherungen der Vertragspartner des direkten Zulieferers (durch diesen) einschließt (vgl. Art. 10 Abs. 2 lit. b CSDDD – sog. „Vertragskaskade“[50]). Die Richtlinie hat damit jedenfalls die Verwendung von Compliance-Klauseln und Weitergabeklauseln im Blick.[51] Sind die in Art. 10 Abs. 2 genannten Maßnahmen nicht erfolgsversprechend, sieht Art. 10 Abs. 4 CSDDD zudem hilfsweise vor, dass vertragliche Zusicherungen direkt von indirekten Geschäftspartnern eingeholt werden. Mit diesen wäre dann also ein gesonderter Vertrag zu schließen.[52] Wie das praktisch auszusehen hat, erscheint zunächst fraglich. Denn ein mit dem nach der Richtlinie pflichtigen Unternehmen nicht in einem Vertragsverhältnis stehender Dritter hat grundsätzlich keinerlei Interesse an einer einseitigen Selbstverpflichtung.[53] Denkbar wäre, dass der Dritte eine finanzielle Gegenleistung erhält[54] oder der Abnehmer des Dritten – also bspw. der direkte Geschäftspartner des pflichtigen Unternehmens – den Dritten im Rahmen des mit ihm geschlossenen Liefervertrages zu einer Zusicherung verpflichtet.[55] Es handelt sich dann im Verhältnis „CSDDD-pflichtiges Unternehmen – direkter Geschäftspartner“ nicht um eine typische Weitergabeklausel im oben genannten Sinne[56], welche einen Zulieferer verpflichtet, die ihm obliegenden Compliance-Pflichten in der Lieferkette weiterzureichen, sondern um eine atypische Weitergabeklausel,

1091, 1096: „Der [Abhilfe-]Maßnahmenkatalog [...] gleicht im Wesentlichen dem der Präventionsmaßnahmen“.

[50] Vgl. Art. 7 Abs. 2 lit. b CSDDD-E; *König*, NZG 2022, 1186, 1189; *Nietsch*, CCZ 2023, 61, 64; *Kalss*, ZfPW 2024, 181, 206.

[51] In diese Richtung auch *Kalss*, ZfPW 2024, 181, 206.

[52] *Kalss*, ZfPW 2024, 181, 210.

[53] *Rieth/Messing*, in: Ghassemi-Tabar, LkSG, § 9 Rn. 37: Die Durchführung von Audits bei mittelbaren Zulieferern sei schwierig, weil „es idR keine direkte vertragliche Beziehung mit den mittelbaren Zulieferern gibt“.

[54] Vgl. *Brunk*, Menschenrechtscompliance, 2022, S. 478, der zur Erfüllung der Sorgfaltspflicht des § 9 Abs. 3 Nr. 2 LkSG eine „gezielte und langfristige Unterstützung“ des mittelbaren Zulieferers vorschlägt.

[55] Zur Erfüllung der Pflichten aus § 9 Abs. 3 Nr. 2 LkSG wird vorgeschlagen, Kontrollmaßnahmen gegenüber einem mittelbaren Zulieferer dadurch abzusichern, dass unmittelbare Zulieferer dazu angehalten werden, den mittelbaren Zulieferer zur Einhaltung des Lieferantenkodex des nach dem LkSG pflichtigen Unternehmens zu verpflichten und dem pflichtigen Unternehmen zu gestatten, die Kontrollmaßnahmen selbst durchzuführen, vgl. *Stemberg*, in: Fleischer/Mankowski, LkSG, § 9 Rn. 68; *Depping*, in: Depping/Walden, LkSG, § 9 Rn. 33.

[56] Vgl. Kap. 2 B. IV. 3 und Kap. 3 A. II. 2. d) bb).

welche dem direkten Geschäftspartner auferlegt darauf hinzuwirken, dass sich diesem in der Lieferkette vorgelagerte Unternehmen dazu verpflichten, dem *chain leader* die Erfüllung von Compliance-Pflichten zuzusichern. Es bedarf also zunächst einer atypischen Weitergabeklausel im Verhältnis „CSDDD-pflichtiges Unternehmen – direkter Geschäftspartner". Anschließend bedarf es einer vertraglichen Verpflichtung (gerichtet auf Zusicherung) des indirekten Geschäftspartners im Verhältnis „direkter Geschäftspartner – indirekter Geschäftspartner". Die Zusicherung des indirekten Geschäftspartners gegenüber dem CSDDD-pflichtigen Unternehmen erfolgt dann entweder unmittelbar gegenüber diesem oder im Liefervertrag mit dem direkten Geschäftspartner.[57] Im letztgenannten Fall dürfte regelmäßig ein echter Vertrag zugunsten Dritter (zugunsten des *chain leaders*) vorliegen, da das CSDDD-pflichtige Unternehmen durch die Zusicherung unmittelbar das Recht erwirbt, die Leistung (Erfüllung der Compliance-Pflicht) vom indirekten Geschäftspartner zu fordern.[58]

Ähnlich wie § 6 Abs. 4 Nr. 4 LkSG sichert die CSDDD die angemessene Überprüfung der Einhaltung der vertraglichen Zusicherungen durch eine Pflicht zur Vereinbarung von Kontrollmechanismen ab.[59] Die Kontrollen kann das CSDDD pflichtige Unternehmen selbst oder von unabhängigen Dritten durchführen lassen.[60] Es bedarf also entsprechender vertraglicher Vereinbarungen, welche durch die Verwendung von Auditklauseln begründet werden können. Die Klauselart spielt in der CSDDD also ebenfalls eine Rolle. Eine Pflicht zur Verwendung von Informationsklauseln enthält die CSDDD nicht. Diese werden aber – wie auch im Rahmen des LkSG – zur Informationsbeschaffung regelmäßig unerlässlich sein, da stets nach Maßgabe der Art. 8 und 9 der CSDDD eine umfangreiche Risikoanalyse durchzuführen ist.[61]

Es bleibt damit festzuhalten, dass sämtliche hier untersuchten Klauselarten (Compliance-Klauseln, Weitergabeklauseln, Auditklauseln, Informationsklauseln) wohl auch nach der Umsetzung der CSDDD zur Erfüllung der Sorgfaltspflichten des LkSG weiterhin verwendet werden müssen. Zu klären ist daher im Hinblick auf die Wirksamkeit derartiger Klauseln, ob sich infolge der EU-Regulierung Abweichungen von den oben herausgearbeiteten Grundsätzen ergeben.

---

[57] Vgl. auch *Rieth/Messing*, in: Ghassemi-Tabar, LkSG, § 9 Rn. 37 zur Durchführung von Kontrollen bei mittelbaren Zulieferern (§ 9 Abs. 3 Nr. 2 LkSG).

[58] Siehe auch Kap. 2 A. III.

[59] Vgl. Art. 10 Abs. 5 Satz 1 CSDDD.

[60] Vgl. Art. 10 Abs. 5 Satz 2 CSDDD.

[61] Vgl. *Kalss*, ZfPW 2024, 181, 209.

2. Wirksamkeit von Klauseln in AGB zur Erfüllung der Sorgfaltspflichten *de lege ferenda*

Die CSDDD enthält keine Regelungen zur Wirksamkeit von Vertragsbedingungen, weshalb die allgemeinen Regeln der AGB-Kontrolle grundsätzlich weiterhin gelten.[62] Ausgangspunkt der Wirksamkeitskontrolle ist also nach wie vor § 307 BGB. Dies führt dazu, dass die herausgearbeiteten Grundsätze zu sorgfaltspflichtenwiederholenden, sorgfaltspflichtenreduzierenden und sorgfaltspflichtenverschärfenden Klauseln auch künftig angewendet werden müssen, sofern vom deutschen Gesetzgeber nicht ausdrücklich spezielle Anforderungen an Vertragsbedingungen ins LkSG integriert werden (etwa zur Umsetzung des in der CSDDD vorgesehenen Schutzes für kleine und mittlere Unternehmen[63] oder – soweit zulässig – im Sinne einer richtlinienüberschießenden Regelung). Sorgfaltspflichtenverschärfende Klauseln bleiben damit indiziell unwirksam[64], sorgfaltspflichtenreduzierende und sorgfaltspflichtenwiederholende Klauseln dürften hingegen regelmäßig als wirksam bewertet werden können[65].

Die indizielle Unwirksamkeit sorgfaltspflichtenverschärfender Klauseln richtet sich dann denklogisch nach dem Anwendungsbereich und Pflichtenkreis des LkSG, wie er sich nach Umsetzung der Richtlinienvorgaben darstellt. Fallen also bspw. Unternehmen, die *de lege lata* vom LkSG erfasst sind, nach Umsetzung der Richtlinie nicht mehr in den Anwendungsbereich des Gesetzes, ist die Auferlegung von Compliance-Vorgaben, die denen des LkSG (n. F.) inhaltlich entsprechen, indiziell unwirksam, da die ursprünglich als sorgfaltspflichtenwiederholende Klausel zu klassifizierende Bedingung nunmehr als sorgfaltspflichtenverschärfende Klausel zu bewerten ist. Anders herum wäre eine Compliance-Klausel, welche die *Downstream*-Lieferkette in dem von der CSDDD vorgesehenen Umfang in eine vertragliche Sorgfaltspflicht einbezieht, regelmäßig wirksam, da eine derartige Vertragsbedingung zwar *de lege lata* noch als sorgfaltspflichtenverschärfende Klausel zu bewerten wäre (der Pflichtenkatalog des LkSG bezieht sich derzeit schließlich nur auf die *Upstream*-Lieferkette), nach Umsetzung der CSDDD jedoch dem Pflichtenkatalog des LkSG (n. F.) entsprechen würde und damit künftig eine sorgfaltspflichtenwiederholende Klausel darstellt, die von Unternehmen nur das verlangt, was sie ohnehin erfüllen müssen und folglich nicht mehr als unangemessen bewertet werden kann. Auch für Weitergabeklauseln gilt unverändert das oben Gesagte, weshalb lediglich *best-efforts*-Klauseln einer AGB-Inhaltskontrolle standhalten können.[66] Hinsichtlich der Wirksamkeit von Informations- und Auditklauseln wird

[62] Anders wohl *Wais*, JZ 2023, 429, 437, der für einen Ausschluss der §§ 305 ff. BGB im Anwendungsbereich der CSDDD plädiert.

[63] Dazu Kap. 6 B. I. 2. b).

[64] Vgl. Kap. 3 A. II. 2. d) aa) (2) (a).

[65] Vgl. Kap. 3 A. II. 2. d) aa) (2) (b) und Kap. 3 A. II. 2. d) aa) (1).

[66] Vgl. Kap. 3 A. II. 2. d) bb).

mangels abweichender Regelungen in der CSDDD ebenfalls auf die Ausführungen in Kap. 3 A. II. 2. d) cc) und dd) verwiesen.

a) Mustervertragsklauseln

Die herausgearbeiteten Grundsätze zur Wirksamkeit von Compliance- und Weitergabeklauseln könnten allerdings durch Art. 18 der CSDDD in Ausnahmefällen beeinflusst werden. Nach dieser Vorschrift wird die EU-Kommission nämlich (freiwillig anzuwendende) Mustervertragsklauseln zur Erfüllung der Sorgfaltspflichten der CSDDD entwerfen. Wären die vorgeschlagenen Klauseln nach den im Rahmen dieser Arbeit herausgearbeiteten Maßstäben gemäß § 307 BGB als unwirksam zu bewerten, würde sich die Frage stellen, ob ihre Einbeziehung in das Unionsrecht die Regeln des nationalen Rechts „durchbricht" und der Klausel zur Wirksamkeit verhelfen kann.

aa) Unionsrechtskonforme Auslegung des § 307 BGB

Die Rechtsakte der Europäischen Union genießen Anwendungsvorrang.[67] Dieser besagt, dass im Anwendungsbereich des Unionsrechts entgegenstehendes mitgliedstaatliches Recht grundsätzlich unanwendbar ist. Der Anwendungsvorrang führt also nicht dazu, dass entgegenstehendes nationales Recht nichtig wäre. Mitgliedstaatliches Recht kann vielmehr weiter seine Geltung entfalten, wenn und soweit es jenseits des Anwendungsbereichs einschlägigen Unionsrechts einen sachlichen Regelungsbereich behält.[68] Der Anwendungsvorrang folgt primär aus dem Unionsrecht, weil die Union als Rechtsgemeinschaft nicht bestehen könnte, wenn die einheitliche Wirksamkeit des Unionsrechts in den einzelnen Mitgliedstaaten nicht gewährleistet wäre. Das Recht der Europäischen Union kann sich schließlich nur wirksam entfalten, soweit es entgegenstehendes mitgliedstaatliches Recht verdrängt.[69] Der Anwendungsvorrang entspricht dabei der verfassungsrechtlichen Ermächtigung des Art. 23 Abs. 1 GG, wonach Hoheitsrechte auf die Europäische Union übertragen werden können. Die Übertragung von Hoheitsrechten erlaubt nämlich zugleich deren unmittelbare Ausübung innerhalb der mitgliedstaatlichen Rechtsordnung, weshalb der Vorschrift ein Wirksamkeits- und Durchsetzungsversprechen zu entnehmen ist, welches mit dem unionsrechtlichen Anwendungsvorrang übereinstimmt.[70]

---

[67] Statt aller *Ruffert*, in: Calliess/Ruffert, EUV/AEUV, 6. Auflage 2022, Art. 1 AEUV Rn. 16 m. w. N.

[68] BVerfGE 186, 286, 301.

[69] BVerfGE 186, 286, 301.

[70] BVerfGE 186, 286, 302.

Ein Ausfluss des Anwendungsvorranges ist der aus Art. 288 Abs. 3 AEUV sowie Art. 4 Abs. 3 EUV abzuleitende Grundsatz der richtlinienkonformen Auslegung.[71] Dieser ist in der Rechtsprechung des EuGH und der Mitgliedstaaten anerkannt. Nach ihm ist mitgliedstaatliches Recht durch die nationalen Gerichte im Lichte des Wortlauts und des Zwecks der Richtlinie auszulegen, wobei das erkennende Gericht diese Auslegung „unter voller Ausschöpfung des Beurteilungsspielraums, den ihm das nationale Recht einräumt, in Übereinstimmung mit den Anforderungen des Gemeinschaftsrechts" vornehmen muss.[72] Die Pflicht zur richtlinienkonformen Auslegung besteht innerhalb des sachlichen, personellen und gegenständlichen Regelungsbereiches der zu beobachtenden Richtlinie. Innerhalb dieses Bereichs muss das gesamte nationale Recht (nicht nur das Umsetzungsrecht) richtlinienkonform sein. Nationale Normen außerhalb dieses Regelungsbereichs dürfen die praktische Wirksamkeit (*effet utile*) der umgesetzten Richtlinienvorgaben nicht beeinträchtigen. Das Unionsrecht verpflichtet die nationale Judikative daher, den nationalen Methodenkanon soweit wie möglich einzusetzen, um ein richtlinienkonformes Ergebnis durch Auslegung und Fortbildung des nationalen Rechts zu erzielen.[73] Erfasst sind dabei nicht nur diejenigen Fälle, in denen es zu direkten Kollisionen zwischen dem Unionsrecht und dem Recht eines Mitgliedstaates kommt, sondern auch indirekte Kollisionen.[74] Die Situation einer indirekten Kollision ergibt sich immer, wenn Gemeinschaftsrecht und nationales Recht zwar nicht in direktem Widerspruch zueinander stehen, die Anwendung des nationalen Rechts die Anwendung des Gemeinschaftsrechts aber mittelbar beeinträchtigen kann.[75]

In den hier diskutierten Fällen (bspw. Verwendung einer als sorgfaltspflichtenverschärfende Klausel zu bewertenden Mustervertragsklausel) würde die Anwendung des § 307 Abs. 2 Nr. 1 BGB die Funktion des Art. 18 CSDDD kontaminieren (indirekte Kollision). Diese besteht ausweislich des Erwägungsgrundes 66 der CSDDD darin, den Unternehmen „Instrumente an die Hand zu geben, die sie bei der Erfüllung ihrer Sorgfaltspflichten entlang ihrer Aktivitätsketten unterstützen". Unterstützen können die Mustervertragsklauseln die Unternehmen aber nur, soweit sie sich auf die Wirksamkeit der Klauseln nach mitgliedstaatlichem Recht verlassen können und ein bedenkenloser Rückgriff auf die von der Kommission unterbreiteten Vorschläge möglich ist. Würde man von den Unternehmen vor der Verwendung der Mustervertragsklauseln verlangen, diese umfassend auf ihre Wirksamkeit hin zu überprüfen und ggf. anzupassen, ginge der „Unterstützungscharakter" weitgehend

---

[71] *Ruffert*, in: Calliess/Ruffert, EUV/AEUV, 6. Auflage 2022, Art. 1 AEUV Rn. 24; *Herresthal*, JuS 2014, 289, 290.

[72] EuGH, Slg. 2006, I-6057 (Rn. 111) = NJW 2006, 2465 – Adeneler; *Herresthal*, JuS 2014, 289, 290.

[73] *Herresthal*, JuS 2014, 289, 290 f. mit zahlreichen Nachweisen zur Rechtsprechung des EuGH.

[74] *Brinker/Meyer*, EuR 2004, 488, 494.

[75] *Brinker/Meyer*, EuR 2004, 488, 494 f.

verloren. § 307 Abs. 1 BGB ist daher im Wege unionsrechtskonformer Auslegung[76] derart auszulegen, dass sämtliche von der Kommission vorgeschlagenen Mustervertragsklauseln stets als wirksam zu betrachten sind und keine[77] unangemessene Benachteiligung des Vertragspartners darstellen.

bb) Modifikation des § 310 BGB

Die im Rahmen dieser Untersuchung gewonnenen Erkenntnisse zur Wirksamkeit von AGB sind – wie bereits dargestellt – nicht unumstritten. Ferner ist die unionsrechtskonforme Auslegung des § 307 BGB im Anwendungsbereich der CSDDD basierend auf einer indirekten Kollision des deutschen AGB-Rechts mit europäischem Sekundärrecht zwar aus den genannten Gründen überzeugend, dogmatisch aber nicht über alle Zweifel erhaben. Praktisch besteht daher ein Bedürfnis nach Rechtssicherheit. Die Umsetzung der CSDDD würde dem nationalen Gesetzgeber die Gelegenheit bieten, dieses zu befriedigen. Als Vorbild könnte dabei § 310 Abs. 1 Satz 3 BGB dienen. Für die Vergabe- und Vertragsordnung für Bauleistungen (VOB-B) formuliert die Vorschrift in Deutschland eine Privilegierung bei der AGB-rechtlichen Wirksamkeitskontrolle.[78] Die VOB-B ist ein im Bausektor entwickeltes und vom deutschen Vergabe- und Vertragsausschuss formuliertes Regelwerk für Vertragsklauseln, welches zur Verwendung als AGB konzipiert ist.[79] Bereits im Jahre 1982 hatte der VII. Zivilsenat des BGH entschieden, dass jedenfalls die VOB-B in ihrer Gesamtheit einen angemessenen Interessenausgleich herstellen und sie einbeziehende Vertragsklauseln daher einer AGB-Kontrolle stets standhalten würden, sofern das Regelwerk 1:1 Vertragsbestandteil wird.[80] Aufgrund verschiedener Gesetzesänderungen im Baurecht wurde die Frage nach der AGB-rechtlichen Wirksamkeit der VOB-B trotz höchstrichterlicher Rechtsprechung allerdings weiterhin diskutiert.[81] Der Gesetzgeber hat sich der Auffassung des VII. Zivilsenates im Jahre 2008 angeschlossen und versucht, durch eine Änderung des § 310 BGB für entsprechende Rechtssicherheit zu sorgen.[82] § 310 Abs. 1 Satz 3 BGB wurde daher durch das am 01.01.2009 in Kraft getretene Forderungssicherungsgesetz in das AGB-Recht integriert und ordnet mittlerweile an, dass eine In-

---

[76] Dazu *Ruffert*, in: Calliess/Ruffert, EUV/AEUV, 6. Auflage 2022, Art. 1 AEUV Rn. 24.

[77] Eine Ausnahme läge wohl vor, wenn die Kommission ihre Befugnisse offenkundig missbrauchen würde, was praktisch jedoch nicht zu erwarten ist.

[78] *v. Rintelen*, in: Kapellmann/Messerschmidt, VOB-Kommentar, 3. Teil, Teil B, 8. Aufl. 2022, Einleitung Rn. 55.

[79] Vgl. *Voit*, in: Messerschmidt/Voit, Privates Baurecht, 4. Aufl. 2022, Vorbem. § 1 VOB/B Rn. 1; *v. Rintelen*, in: Kapellmann/Messerschmidt, VOB-Kommentar, 3. Teil, Teil B, 8. Aufl. 2022, Einleitung Rn. 51.

[80] Vgl. BGH, NJW 1983, 816, 818; bestätigt durch BGH, NZBau 2004, 267.

[81] Vgl. dazu *v. Rintelen*, in: Kapellmann/Messerschmidt, VOB-Kommentar, 3. Teil, Teil B, 8. Aufl. 2022, Einleitung Rn. 56 ff.

[82] Vgl. BT-Drucks. 16/511, S. 32.

haltskontrolle nicht stattfindet, wenn die VOB-B gegenüber Unternehmen oder diesen gleichgestellten Personen verwendet werden. Ein derartiger Schutz greift allerdings nur ein, wenn die Vertragsbedingungen als Ganzes in den Vertrag aufgenommen wurden, da nur dann eine ausgewogene Berücksichtigung sämtlicher Interessen unterstellt werden darf.[83]

Für die von der Kommission zu erlassenden Mustervertragsklauseln gilt eine solche Privilegierung *de lege lata* noch nicht. Zum einen bringt § 310 Abs. 1 Satz 3 BGB zum Ausdruck, dass der Gesetzgeber, möchte er ein Regelwerk der AGB-Inhaltskontrolle entziehen, die §§ 307 ff. BGB ausdrücklich ganz oder teilweise für unanwendbar erklärt. Eine mit § 310 Abs. 1 Satz 3 BGB vergleichbare Regelung existiert aber für die Mustervertragsklauseln noch nicht. Ferner entwickelt die EU-Kommission die Mustervertragsklauseln allgemein auf europäischer Ebene, um sie den Unternehmen in sämtlichen Mitgliedstaaten zur Verfügung zu stellen. Die Klauseln werden also voraussichtlich nicht mit den §§ 305 ff. BGB abgestimmt sein, da die Kommission sich wohl in die Rechtsordnungen sämtlicher Mitgliedstaaten und die dort geltenden Anforderungen an AGB erwartungsgemäß kaum einarbeiten dürfte.[84] Möchte der Gesetzgeber also die bedenkenlose Verwendung der Mustervertragsklauseln gewährleisten, könnte er § 310 BGB um eine weitere Privilegierung ergänzen. Denkbar wäre folgende Gesetzesänderung:

> „Nach § 310 Abs. 1 Satz 3 BGB wird folgender Satz 4 eingefügt:
>
> In den Fällen des Satzes 1 finden § 307 Absatz 1 und 2 sowie § 308 Nummer 1a und 1b auf Vertragsbedingungen, welche den von der EU-Kommission nach Maßgabe des Artikels 18 der Richtlinie (EU) 2024/1760 angenommenen Mustervertragsklauseln in der jeweils zum Zeitpunkt des Vertragsschlusses geltenden Fassung vollständig entsprechen, in Bezug auf eine Inhaltskontrolle keine Anwendung."

Der Legislativvorschlag entzieht sämtliche Mustervertragsklauseln, welche die EU-Kommission annimmt, der AGB-Inhaltskontrolle, da auf diesem Wege der Komplexität der von der CSDDD potenziell erfassten Lieferbeziehungen und dem möglichen Interesse eines Unternehmens daran, nicht alle vorgeschlagenen Klauseln gleichzeitig zu verwenden, hinreichend Rechnung getragen wird. Die Privilegierung ginge insoweit als sogar über die des § 310 Abs. 1 Satz 3 BGB hinaus. Alternativ wäre es selbstverständlich auch möglich, die Mustervertragsklauseln nur in ihrer Gesamtheit aus der Inhaltskontrolle auszunehmen. Der Wortlaut müsste dann entsprechend angepasst werden. Entscheidend dürfte es für die Frage, ob das Regelwerk nur als Ganzes oder auch die einzelnen Klauseln der Inhaltskontrolle entzogen werden sollen, darauf ankommen, inwieweit die EU-Kommission ein in sich geschlossenes, abgestimmtes Regelwerk entwirft.

---

[83] *v. Rintelen*, in: Kapellmann/Messerschmidt, VOB-Kommentar, 3. Teil, Teil B, 8. Aufl. 2022, Einleitung Rn. 55 ff.

[84] Auch der Umstand, dass die Mustervertragsklauseln nach Art. 18 CSDDD „in Abstimmung mit den Mitgliedstaaten" entwickelt werden müssen, dürfte nicht zu einer umfassenden Anpassung der Klauseln an die Besonderheiten des AGB-Rechts jedes Mitgliedstaates führen.

b) Sonderregeln zum Schutz von KMU

Neben den für die hiesige Fragestellung relevanten Mustervertragsklauseln sieht die CSDDD zudem einen besonderen Schutz von kleinen und mittleren Unternehmen (KMU) vor. Dieser erfolgt, indem die Leistung „gezielter und angemessener Unterstützung" für KMU, welche Geschäftspartner der pflichtigen Unternehmen sind, als mögliche Präventionsmaßnahme in Art. 10 Abs. 2 lit. e CSDDD aufgezeigt wird. Unterstützungsmaßnahmen sollen (sofern erforderlich) der Zugang zu Kapazitätsaufbau, Schulungen oder die Modernisierung von Managementsystemen sein. Ferner verlangt die CSDDD eine finanzielle Unterstützung der KMU, sofern die Einhaltung des Verhaltenskodex des CSDDD-pflichtigen Unternehmens die „Tragfähigkeit" eines KMU, welches Geschäftspartner dieses Unternehmens ist, gefährden würde.[85] Insbesondere bei der Einholung einer vertraglichen Zusicherung von einem KMU kommen derartige Maßnahmen in Betracht.[86] Die Kosten für Auditmaßnahmen bei einem KMU soll nach Art. 10 Abs. 5 CSDDD stets das CSDDD-pflichtige Unternehmen zu tragen haben. In Bezug auf Vertragsbedingungen, die der Einholung von Zusicherungen von einem KMU dienen, verlangt die Vorschrift ferner, dass diese „fair, angemessen und diskriminierungsfrei" sein müssen.

Bereits der Wortlaut dieser Richtlinienvorgabe erinnert an die in § 307 Abs. 1 Satz 1 BGB verwendete Formulierung, welche die Unwirksamkeit einer Klausel anordnet, soweit diese den Vertragspartner „unangemessen benachteiligt". Sind Vertragsbedingungen „unfair", „unangemessen" oder „diskriminierend" dürften sie wohl regelmäßig von § 307 Abs. 1 Satz 1 BGB erfasst werden. Änderungen oder gesetzgeberischer Handlungsbedarf folgen aus der Richtlinienvorgabe daher wohl nicht.[87] Dennoch ist der besondere Schutz, den die CSDDD für KMU vorsieht, bei der Auslegung des § 307 BGB (künftig) zu berücksichtigen. Klar ist zunächst, dass KMU weder mittels AGB noch individualvertraglich die Kosten für Audits auferlegt werden können. Dem steht der soeben genannte Art. 10 Abs. 5 CSDDD ausdrücklich entgegen. Aber auch die in Art. 10 Abs. 1 lit. e CSDDD enthaltene Pflicht zur angemessenen Unterstützung von KMU dürfte für die Klassifizierung einer Bedingung als „unangemessen benachteiligend" Bedeutung erlangen. Da Unternehmen bei der Einholung von Zusicherungen sowohl im Rahmen von Präventions- als auch von Abhilfemaßnahmen prüfen müssen, ob Unterstützungsmaßnahmen zugunsten von KMU notwendig sind (vgl. Art. 10 Abs. 5 sowie Art. 11 Abs. 6 CSDDD), handelt es sich hierbei wohl um einen wesentlichen Grundgedanken der Sorgfaltspflichten der CSDDD (§ 307 Abs. 2 Nr. 1 BGB), welcher auch in zahl-

---

[85] Vgl. Art. 10 Abs. 2 lit. e CSDDD.

[86] Vgl. Art. 10 Abs. 5 CSDDD.

[87] *Wais*, JZ 2023, 429, 437 schlussfolgert aus Art. 7 Abs. 4 CSDDD-E (entspricht im Wesentlichen Art. 10 Abs. 4 CSDDD) einen besonderen Schutz von KMU im Rahmen der AGB-Kontrolle, lässt aber wohl offen, ob dieser aus der Richtlinie selbst abzuleiten ist oder im Rahmen der Umsetzung der CSDDD durch den nationalen Gesetzgeber zu gewährleisten ist.

reichen Erwägungsgründen (etwa 46, 54, 56, 57, 69, 71) explizit erwähnt wird.[88] Vertragsbedingungen gegenüber KMU, die zur Erfüllung der Sorgfaltspflichten der CSDDD (bzw. des künftigen LkSG) verwendet werden, bedürfen daher grundsätzlich eines Absicherungsmechanismus, der verhindert, dass KMU überfordert werden. Die Implementierung eines derartigen Mechanismus in Lieferverträge ist folglich als Leitbild im Sinne des § 307 Abs. 2 Nr. 1 BGB zu bewerten. Fehlt er, ist die Klausel indiziell unwirksam. Sofern das KMU den ihm auferlegten Pflichten allerdings ohne großen Aufwand nachkommen kann, ist es möglich, die Vermutung zu widerlegen.[89]

Wie ein in Lieferverträge zu implementierender Absicherungsmechanismus auszusehen hat, ist Frage des Einzelfalles. Grundsätzlich dürfte den Unternehmen dabei ein erheblicher Entscheidungsspielraum zustehen. Denkbar wäre etwa folgende Formulierung:

> „Ist der Vertragspartner seiner Auffassung nach nicht in der Lage die Pflichten aus § [Verweis auf Compliance-Klausel] zu erfüllen oder ist er der Meinung, diese nur mit einem unangemessen hohen Aufwand erfüllen zu können, hat der Verwender angemessene Unterstützung zu leisten. Sind sich die Parteien uneinig, ob die Unterstützung ausreicht, um den Vertragspartner in die Lage zu versetzen, mit einem angemessenen Aufwand den Pflichten aus § [Verweis auf Compliance-Klausel] nachzukommen, so ist eine Einigung zu erzielen und schriftlich zu dokumentieren. Solange eine Einigung nicht erfolgt ist, hat der Vertragspartner die Pflichten aus § [Verweis auf Compliance-Klausel] nicht zu erfüllen."

Die vorgeschlagene Klausel dürfte den Interessen des Vertragspartners (KMU) hinreichend Rechnung tragen, da dieser bei Streitigkeiten über die Höhe bzw. Art und Weise der Unterstützung von seinen Compliance-Pflichten freigestellt wird. Für das CSDDD-pflichtige Unternehmen birgt sie hingegen auf den ersten Blick ein erhebliches Risiko. Verweigert das KMU nämlich die Erfüllung der Compliance-Pflichten durch Verweis auf eine unzureichende Unterstützung, könnte dem CSDDD-pflichtigen Unternehmen vorgeworfen werden, seinen Pflichten aus Art. 10 Abs. 2 lit. b CSDDD (Einholung einer vertraglichen Zusicherung) nicht nachzukommen. Richtigerweise wäre eine Verletzung von Sorgfaltspflichten in seinem solchen Fall aber nicht anzunehmen. Denn der in der CSDDD an zahlreichen Stellen zum Ausdruck kommende gesetzgeberische Wille, KMU in besonderer Weise zu schützen[90], muss auch bei der Frage berücksichtigt werden dürfen, welche Präventions- oder Abhilfemaßnahmen überhaupt in welchem Umfang vorzunehmen sind. Es ist bei der Auswahl von Präventions- und Abhilfemaßnahmen also nicht nur den Interessen Rechnung zu tragen, welche die Richtlinie primär schützen möchte

---

[88] *Nietsch/Wiedmann*, CCZ 2022, 125, 132: „Im Gegensatz zum LkSG versucht der RL-Entwurf KMUs explizit nicht zu belasten".

[89] Vgl. Kap. 3 A. II. 2. d) aa) (2) (a).

[90] Vgl. neben den bereits genannten Erwägungsgründen auch Art. 10 Abs. 2 lit. c CSDDD; Art. 10 Abs. 5 CSDDD; Art. 11 Abs. 3 lit. f CSDDD; Art. 11 Abs. 6 CSDD; Art. 20 Abs. 1 und 2 CSDDD.

(Menschenrechte und Umweltbelange), sondern eben auch den Interessen der KMU.[91] Daraus folgt, dass im Hinblick auf KMU die Einholung von solchen Zusicherungen genügt, die unter dem Vorbehalt der Einigung über Art und Weise bzw. Höhe von Unterstützungsleistungen stehen.

Nicht erforderlich ist die Formulierung eines besonderen Schutzes für KMU in Vertragsbedingungen, die Weitergabeklauseln zum Gegenstand haben. Da ohnehin nur *best-efforts*-Klauseln nach Maßgabe des § 307 BGB als wirksam zu betrachten sind, kann von KMU bei der Weiterreichung von Compliance-Vorgaben stets nur ein „angemessenes Bemühen" verlangt werden. Eine solche Pflicht kann aus den bereits genannten Gründen[92] nicht zu einer Überforderung führen.

II. Einfluss auf die deliktische Haftung für Menschenrechtsverletzungen

Die deliktische Haftung für Menschenrechtsverletzungen wird durch das LkSG nach den hiesigen Untersuchungsergebnissen *de lege lata* nicht beeinflusst. Die in § 3 Abs. 3 LkSG verbürgte Haftungsneutralität verbietet im Anwendungsbereich des Deliktsrechts jedweden Rückgriff auf den gesetzlich determinierten Sorgfaltspflichtenkatalog, weshalb Verkehrspflichten nur unabhängig vom LkSG entwickelt werden dürfen.[93] Die Einhaltung der Sorgfaltspflichten kann ausschließlich auf öffentlich-rechtlichem Wege durchgesetzt werden. Art. 29 Abs. 1 Satz 1 CSDDD sieht nun allerdings vor, dass „ein Unternehmen für einen Schaden haftbar gemacht werden kann, der einer natürlichen oder juristischen Person entstanden ist, sofern das Unternehmen es vorsätzlich oder fahrlässig versäumt hat, den Pflichten gemäß den Artikeln 10 und 11 [CSDDD] nachzukommen, wenn die im Anhang aufgeführten Rechte, Verbote oder Pflichten dem Schutz der natürlichen oder juristischen Person dienen, und durch das Versäumnis […] die nach nationalem Recht geschützten rechtlichen Interessen der natürlichen oder juristischen Person beschädigt wurden". Nach Art. 29 Abs. 1 Satz 2 CSDDD kann ein Unternehmen zudem nicht haftbar gemacht werden, „wenn der Schaden nur von seinen Geschäftspartnern in seiner Aktivitätskette verursacht wurde". Der Vorschrift können damit die folgenden Voraussetzungen entnommen werden:

- Vorsätzlicher oder fahrlässiger Verstoß des Unternehmens gegen eine Verpflichtung nach Art. 10 oder 11 CSDDD
- Anspruchsteller ist vom Schutzzweck des betroffenen Rechts oder Verbots nach dem Anhang der CSDDD erfasst

[91] Vgl. *Nietsch/Wiedmann*, CCZ 2022, 125, 132.

[92] Vgl. Kap. 3 A. II. 2. d) bb).

[93] Vgl. Kap. 3 B. II. 2 und 5.

- Kausaler Schaden für ein nach nationalem Recht geschütztes Interesse des Anspruchstellers
- Kein Ausschluss nach der „Safe-Harbor"-Regelung in Art. 29 Abs. 1 Satz 2 CSDDD[94].

Die ausdrückliche Aufnahme einer zivilrechtlichen Haftung in die CSDDD stellt einen der elementaren Unterschiede zum deutschen LkSG dar und wird den nationalen Gesetzgeber möglicherweise dazu veranlassen, die Haftungsneutralität des LkSG (derzeit ausgedrückt durch § 3 Abs. 3 LkSG) aufzugeben und durch eine den Richtlinienanforderungen entsprechende Schadensersatzpflicht zu ersetzen.[95]

Auf welche Weise die Umsetzung erfolgt, bleibt abzuwarten. Zunächst wird sich der deutsche Gesetzgeber die Frage stellen müssen, ob die Haftungsneutralität gänzlich eliminiert werden soll oder insoweit erhalten bleibt, wie es die Richtlinie zulässt.[96] Art. 29 CSDDD verlangt schließlich nur, dass eine Schadensersatzpflicht gegenüber bestimmten natürlichen und juristischen Personen bei Verletzung der genannten Sorgfaltspflichten (Art. 10 und 11) eingeführt wird. Im Übrigen wäre es möglich, an der Haftungsneutralität festzuhalten.[97] Im letztgenannten Fall würde vor allem der in Kap. 3 A. IV. herausgearbeitete Einfluss des § 3 Abs. 3 LkSG auf die vertragliche Haftung erhalten bleiben. Ferner müsste das Deliktsrecht nicht gänzlich für Haftungsansprüche, die aus Menschenrechtsverletzungen resultieren, geöffnet werden. Die vollständige Aufhebung des § 3 Abs. 3 LkSG würde schließlich nicht nur die Einführung eines „LkSG-spezifischen Haftungstatbestandes" im Sinne des Art. 29 CSDDD ermöglichen, sondern gleichzeitig auch erlauben, sämtliche (nicht nur die in Art. 10 und 11 CSDDD vorgeschriebenen) Sorgfaltspflichten des LkSG zur Konkretisierung des § 823 Abs. 1 BGB heranzuziehen.[98] Ferner würde sich die Frage stellen, welche Vorschriften des LkSG dann als Schutzgesetze zu qualifizieren wären und im Falle ihrer Verletzung zu einer Haftung (auch) nach § 823 Abs. 2 BGB führen könnten.

---

[94] So zutr. *Hübner/Lieberknecht*, NJW 2024, 1841, 1845.

[95] *Rubner/Schidlo*, NJW-Spezial 2024, 399, 400; *Hübner/Lieberknecht*, NJW 2024, 1841, 1846.

[96] Vgl. *Hübner/Lieberknecht*, NJW 2024, 1841, 1846: Gesetzgeber könnte sich auf eine Streichung des § 3 Abs. 3 LkSG beschränken oder einen eigenen Haftungstatbestand schaffen.

[97] So wohl auch *Rubner/Schidlo*, NJW-Spezial 2024, 399, 400, welche die Aufrechterhaltung des § 3 Abs. 3 LkSG scheinbar ebenfalls für möglich halten.

[98] Vgl. dazu *Paefgen*, ZIP 2021, 2006, 2011 f., der allerdings auch § 3 Abs. 3 LkSG nicht als Hindernis ansieht, welches die Übersetzung der Sorgfaltspflichten des LkSG in Verkehrspflichten verbietet.

1. Umsetzung des Art. 29 Abs. 1 CSDDD durch Aufhebung des § 3 Abs. 3 LkSG?

Die im Falle der (vollständigen) Aufhebung des § 3 Abs. 3 LkSG wiederauflebende Möglichkeit, einen Schadensersatzanspruch über § 823 Abs. 2 BGB zu konstruieren, würde nach hiesigem Verständnis zur Umsetzung der Richtlinienvorgabe aus Art. 29 Abs. 1 CSDDD genügen.[99] Denn die Art. 10 und 11 CSDDD beschreiben die in der Richtlinie verbürgten Präventions- und Abhilfemaßnahmen, die Unternehmen zur Verhinderung von Menschenrechtsverletzungen und Umweltschäden ergreifen müssen. Die Richtlinienvorgaben werden – soweit sie nicht bereits im derzeitigen LkSG festgeschrieben wurden – durch die Umsetzung der CSDDD ins LkSG transferiert werden, was ihre Klassifizierung als Schutzgesetze ermöglichen dürfte. § 823 Abs. 2 BGB enthält für die Einstufung eines Gesetzes als Schutzgesetz zwei Voraussetzungen. Zum einen muss es sich um ein „Gesetz" handeln. Zum anderen muss dieses Gesetz den individuellen Schutz des Anspruchstellers gerade vor den in Rede stehenden Beeinträchtigungen bezwecken.[100]

Beide Voraussetzungen dürften jedenfalls hinsichtlich der Sorgfaltspflichten des LkSG, die (*de lege ferenda*) Art. 10 und 11 CSDDD umsetzen werden, vorliegen. Bei den Sorgfaltspflichten wird es sich nämlich um formelle Gesetze und damit zweifellos um Rechtsnormen im Sinne des Art. 2 EGBGB handeln.[101] Ferner werden im Falle ihrer Verletzung regelmäßig sowohl der persönliche (verletzte Norm dient dem Schutz des Geschädigten) als auch der sachliche Schutzbereich (verletzte Norm schützt die beeinträchtigten Interessen) der missachteten Vorschrift eröffnet sein.[102] Für den Bereich der deliktischen Menschenrechts- und Umwelthaftung macht Art. 29 Abs. 1 CSDDD nämlich keine Vorgaben, denen die Schutzgesetzhaftung nach § 823 Abs. 2 BGB nicht genügen könnte. Art. 29 Abs. 1 Satz 1 CSDDD verlangt für das Bestehen einer Schadensersatzpflicht im Falle von Sorgfaltspflichtverletzungen, dass „die im Anhang aufgeführten Rechte, Verbote oder Pflichten dem Schutz der [geschädigten] natürlichen oder juristischen Person dienen" müssen. Dabei verweist die Richtlinienvorgabe ihrem Wortlaut nach zwar lediglich auf den Anhang der CSDDD, die dort niedergeschriebenen Rechte und Interessen entsprechen aber denen, von welchen die Art. 10 und 11 CSDDD (und damit auch die im LkSG zur Umsetzung der CSDDD *de lege ferenda* niederzuschreibenden Sorgfaltspflichten) Schäden abwenden sollen. In dem Anhang aufgeführt sind schließlich die Menschenrechte bzw. Menschenrechts- und Umweltabkommen, welche sämtliche Belange definieren, die durch Präventions- und Abhilfemaßnahmen (Art. 10 und 11 CSDDD) vor „negativen Auswirkungen" bewahrt

---

[99] Hiervon gehen wohl auch *Rubner/Schidlo*, NJW-Spezial 2024, 399, 400 aus; ebenso *Kieninger*, ZIP 2024, 1037, 1047.

[100] *Staudinger*, in: Schulze, Bürgerliches Gesetzbuch, 12. Auflage 2024, § 823 Rn. 146 ff.

[101] Vgl. *Paefgen*, ZIP 2021, 2006, 2010.

[102] Vgl. *Staudinger*, in: Schulze, Bürgerliches Gesetzbuch, 12. Auflage 2024, § 823 Rn. 148 f.

werden sollen. Etwas einfacher ausgedrückt: Jede Verletzung der Sorgfaltspflichten (in denen künftig die Vorgaben aus Art. 10 und 11 CSDDD enthalten sein werden) wird eine Schutzgesetzverletzung im Sinne des § 823 Abs. 2 BGB zulasten derjenigen Personen darstellen, deren Interessen die Sorgfaltspflichten schützen, wobei der geschützte Personenkreis dem des Anhanges der CSDDD entsprechen wird.[103]

An seine Grenzen stößt der derzeitige § 823 Abs. 2 BGB auch nicht im Hinblick auf die weiteren Richtlinienvorgaben, welche Art. 29 Abs. 1 CSDDD vorsieht.[104] So kann ein Unternehmen nach Art. 29 Abs. 1 Satz 2 CSDDD ausdrücklich nicht haftbar gemacht werden, „wenn der Schaden nur von seinen Geschäftspartnern in seiner Aktivitätskette verursacht wurde". Erwägungsgrund 79 der CSDDD stellt in diesem Zusammenhang klar, dass Kausalitätsfragen grundsätzlich nicht Gegenstand der Richtlinie sind, eine Ausnahme aber für die soeben zitierte *Safe-Harbour*-Regelung[105] gelten solle. Weitere eindeutige Anhaltspunkte für die Auslegung der Regelung lassen sich den Erwägungsgründen allerdings nicht entnehmen. Es stellt sich damit die Frage nach der Reichweite des Haftungsausschlusses. Hübner/Lieberknecht haben diese zu beantworten versucht und dabei sämtliche ersichtlichen Argumentationslinien präsentiert.[106] Sie gelangen zu dem Ergebnis, dass die Haftungsprivilegierung des Art. 29 Abs. 1 Satz 2 CSDDD solche Handlungsweisen des nach der CSDDD-pflichtigen Unternehmens nicht erfasse, welche die Verursachung negativer Auswirkungen durch den Geschäftspartner in erheblichem Maße erleichtern oder fördern. Bei geringfügigen oder unerheblichen Verursachungsbeiträgen solle der Haftungsausschluss also Anwendung finden. Zur Begründung ziehen sie Erwägungsgrund 53 der CSDDD heran, der Legaldefinitionen enthält, welche zwischen alleiniger Verursachung („verursachen") und gemeinsamer Verursachung („beitragen") von negativen Auswirkungen unterscheiden. Ein „Beitragen" liegt danach nur in denjenigen Fällen vor, in denen die soeben genannten Anforderungen erfüllt sind. Die Anforderungen an das „gemeinsame Verursachen" im Sinne des Erwägungsgrundes werden also auf Art. 29 Abs. 1 Satz 2 CSDDD übertragen. Dies sei sachgerecht, da ansonsten bereits in der Veranlassung der Produktion beim Geschäftspartner ein kausaler Verursachungsbeitrag erblickt werden könne, der den Haftungsausschluss sperrt.

Genau dies ist aber der Fall. Überzeugender sind nämlich die – von Hübner/Lieberknecht ebenfalls vorgetragenen – Gegenargumente und das daraus resultierende engere Verständnis des Haftungsausschlusses. Erwägungsgrund 53 der CSDDD bezieht sich schließlich allein auf die Verursachung negativer Auswirkungen, Art. 29 Abs. 1 Satz 2 CSDDD hingegen auf die Verursachung von Schäden und ihre Ersatzfähigkeit im Deliktsrecht. Gesetzessystematisch erscheint eine

---

[103] Vgl. auch die Ausführungen von *Kieninger*, ZIP 2024, 1037, 1044 zum „Schutzzweckzusammenhang" des Art. 22 CSDDD-E.

[104] A. A. *Hübner/Lieberknecht*, NJW 2024, 1841, 1846.

[105] So bezeichnet von *Hübner/Lieberknecht*, NJW 2024, 1841, 1845.

[106] Vgl. *Hübner/Lieberknecht*, NJW 2024, 1841, 1845.

Übertragung des Begriffsverständnisses der negativen Auswirkungen auf den zivilrechtlichen Haftungsausschluss daher fernliegend. Zudem stellt Art. 29 Abs. 1 Satz 2 CSDDD klar, dass allein solche Schäden ausgeschlossen sein sollen, die „nur" (engl.: „only") von Geschäftspartnern in der Aktivitätskette verursacht werden. Diese Wortwahl lässt auf ein sehr restriktives Verständnis des Haftungsausschlusses schließen und legt nahe, nur solche Schäden auszunehmen, zu deren Entstehung das pflichtige Unternehmen in keiner Weise beigetragen hat.[107]

Folgt man diesem Begriffsverständnis, so bedarf § 823 Abs. 2 BGB auch insoweit keiner Überarbeitung. Die Vorschrift ermöglicht nämlich nur Schadensersatzansprüche in denjenigen Fällen, in denen der Schaden „durch die Schutzgesetzverletzung" eingetreten ist.[108] Haben aber ausschließlich andere als das pflichtwidrig handelnde Unternehmen den in Rede stehenden Schaden verursacht (nur dann müsste nach hiesigem Verständnis auch die *Safe-Harbour*-Regelung greifen und eine Haftung verhindern), kann die Schutzgesetzverletzung denklogisch nicht (mit-) ursächlich für die zu beobachtende Schädigung sein. Der Argumentation von Hübner/Lieberknecht, der Haftungsausschluss des Art. 29 Abs. 1 Satz 2 CSDDDD hätte bei dem hier vertretenen restriktiven Verständnis praktisch keinen Anwendungsbereich mehr, was – so wohl die Befürchtung – zu uferlosen Haftungsrisiken führen würde, kann jedenfalls insoweit entgegengetreten werden, als dass das Risiko der Inanspruchnahme durch die übrigen Voraussetzungen des Art. 29 Abs. 1 CSDDD bzw. des § 823 Abs. 2 BGB angemessen verringert wird. Ein Unternehmen, welches seine Sorgfaltspflichten ordnungsgemäß erfüllt, wird auf Basis des Art. 29 Abs. 1 CSDDD niemals schadensersatzpflichtig werden können, da das Verletzen einer Sorgfaltspflicht stets eine notwendige Bedingung für die deliktische Haftung darstellen muss. Das hier präferierte restriktive Verständnis des Art. 29 Abs. 1 Satz 2 CSDDD ist damit auch sachgerecht. Eine weiterreichende *Safe Harbour*-Klausel, wie sie noch Art. 22 Abs. 2 des CSDDD-Entwurfes vorsah,[109] hat es nicht in die finale Fassung der Richtlinie geschafft.

Als unproblematisch für den Rückgriff auf § 823 Abs. 2 BGB erweisen sich schlussendlich auch die beiden bislang unbehandelt gebliebenen Voraussetzungen des Art. 29 Abs. 1 CSDDD. Die Haftung darf wie bereits dargestellt nur im Falle vorsätzlichen oder fahrlässigen Verhaltens eintreten. Ferner muss sich die Schadensersatzpflicht auf ein nach dem jeweiligen nationalen Recht geschütztes Interesse beziehen. Letzteres stellt schon deshalb keine Hürde dar, weil § 823 Abs. 2 BGB die von ihm geschützten Interessen von denen der jeweils verletzten Schutznorm abhängig macht.[110] Erfasst sind damit prinzipiell sogar reine Vermögens-

---

[107] Vgl. *Hübner/Lieberknecht*, NJW 2024, 1841, 1845.

[108] *Wagner*, in: Münchener Kommentar zum BGB, 9. Auflage 2024, § 823 BGB Rn. 709.

[109] Vgl. dazu *König*, NZG 2022, 1186, 1190.

[110] Vgl. *Kern*, in: Jauernig, Bürgerliches Gesetzbuch, 19. Aufl. 2023, § 823 BGB Rn. 41; *Katzenmeier*, in: Dauner-Lieb/Langen, BGB Schuldrecht, 4. Aufl. 2021, § 823 Rn. 525.

schäden.[111] Zudem setzt die Vorschrift ausdrücklich Verschulden – also Vorsatz oder Fahrlässigkeit – voraus.[112]

Die von Art. 29 Abs. 1 CSDDD verlangten materiellen Voraussetzungen für einen Schadensersatzanspruch können nach alledem bereits durch die Aufhebung des § 3 Abs. 3 LkSG umgesetzt werden, da § 823 Abs. 2 BGB dann sämtliche von Art. 29 Abs. 1 CSDDD vorgesehenen Fälle erfasst. Die Aufhebung wäre also prinzipiell ausreichend, um die Richtlinienvorgaben im Hinblick auf die zivilrechtliche Haftung[113] zu erfüllen.[114] Gleichwohl sollte beachtet werden, dass § 3 Abs. 3 LkSG nicht nur deliktische Ansprüche aus § 823 Abs. 2 BGB im Anwendungsbereich des LkSG ausschaltet, sondern die Haftungsrisiken für Unternehmen auch im sonstigen Deliktsrecht und im Vertragsrecht begrenzt.[115] Seine Aufhebung könnte also verschiedenen bislang gesperrten Ansprüchen den Weg ebnen und Unternehmen kaum überschaubaren Haftungsrisiken aus verschiedenen Bereichen des Zivilrechts (nicht nur des Deliktsrechts) aussetzen.

2. Alternative: Modifikation des § 3 Abs. 3 LkSG

Denkbar erscheint daher auch eine Modifizierung des §3 Abs. 3 LkSG, im Rahmen derer die Haftungsneutralität des LkSG grundsätzlich aufrechterhalten bleibt, eine Öffnung jedoch für diejenige Haftungsnorm geschaffen wird, die Art. 29 CSDDD umsetzen soll.[116] Es empfiehlt sich bei diesem Vorgehen, die Umsetzung nicht über § 823 Abs. 2 BGB zu verwirklichen, da diese Vorschrift dem allgemeinen Deliktsrecht entspringt und tatbestandlich auch weitere als die von der CSDDD geforderten Sorgfaltspflichten erfassen kann. Stattdessen sollte ein „LkSG-spezifischer Haftungstatbestand" geschaffen werden, wie etwa der zuvor vorgeschlagene § 823a BGB, der mit leichten Modifizierungen (der hiesige Legislativvorschlag ermöglicht bspw. keine Ansprüche juristischer Personen, Art. 29 CSDDD verlangt dies aber) zur Umsetzung des Art. 29 CSDDD bemüht werden könnte. In diesem Fall wäre die folgende Neufassung des § 3 Abs. 3 LkSG denkbar:

---

[111] Vgl. *Katzenmeier*, in: Dauner-Lieb/Langen, BGB Schuldrecht, 4. Aufl. 2021, § 823 Rn. 525; *Kieninger*, ZIP 2024, 1037, 1047 ermittelt die geschützten Rechtsgüter hingegen nicht anhand des § 823 Abs. 2 BGB, sondern stellt auf den Katalog des § 823 Abs. 1 BGB ab.

[112] Vgl. *Sprau*, in: Grüneberg, BGB, 83. Aufl. 2024, § 823 Rn. 61; siehe ferner § 823 Abs. 2 Satz 2 BGB.

[113] Auf Grund des Verweises in Art. 29 Abs. 1 CSDDD auf die Art 10 und 11 CSDDD hat vorher denklogisch eine Anpassung der Sorgfaltspflichten des LkSG an die der CSDDD zu erfolgen.

[114] Die Art. 29 Abs. 1 CSDDD in den Folgeabsätzen ergänzenden Bestimmungen (Verfahrensvorgaben, Verjährung etc.) werden an dieser Stelle nicht untersucht.

[115] Vgl. Kap. 3 A. I, Kap. 3 A. IV.; sowie Kap. 3 B. II. 2. und 5.

[116] Diese Möglichkeit erwägen wohl auch *Voland/Lohn*, in: Ghassemi-Tabar, LkSG, § 3 Rn. 156.

„Eine Verletzung der Pflichten aus diesem Gesetz begründet nur nach Maßgabe des § 823a BGB eine zivilrechtliche Haftung. Eine unabhängig von diesem Gesetz begründete zivilrechtliche Haftung bleibt stets unberührt.“

Durch die Begrenzung der Haftung auf die Vorgaben des Art. 29 CSDDD wird die Haftungsneutralität im Übrigen gewahrt, sodass weiterhin die im Rahmen dieser Arbeit herausgearbeiteten Anwendungsfälle des § 3 Abs. 3 LkSG verbleiben. Dadurch können etwa bestimmte Gewährleistungsansprüche bei der Verletzung von Berichtspflichten ausgeschlossen werden. Deliktische Ansprüche auf Basis der allgemeinen Verkehrspflichtendogmatik werden nach hiesiger Auffassung durch § 3 Abs. 3 LkSG nicht ausgeschlossen, weshalb es sich bei einer Verabschiedung des hier vorgeschlagenen § 3 Abs. 3 LkSG n.F. empfehlen würde, auf den in § 823a Abs. 2 BGB des hiesigen Legislativvorschlages[117] vorgesehenen Haftungsausschluss oder eine vergleichbare Regelung nicht zu verzichten. Die deliktische Haftung für Menschenrechtsverletzungen und die von der CSDDD erfassten Umweltschäden würden dann ausschließlich über § 823a BGB reguliert.

Für welchen der soeben aufgezeigten Umsetzungswege sich der Gesetzgeber letzlich entscheiden wird, bleibt abzuwarten. Trotz der soeben genannten Vorzüge einer Aufrechterhaltung des § 3 Abs. 3 LkSG wird im Rahmen der hiesigen Untersuchung dafür plädiert, die Vorschrift grundlegend zu ändern und in der Folge ihren Anwendungsbereich deutlicher herauszustellen oder sie gänzlich aufzuheben, da die Reichweite der Vorschrift *de lege lata* höchst umstritten ist und die zivilrechtlichen Folgen des LkSG mithin (in der Praxis) vollkommen unklar sind.[118]

3. Schaffung eines neuen Haftungstatbestandes

Die Schaffung eines eigenständigen Haftungstatbestandes zum Schutz der Menschenrechte wurde in Kap. 5 A. ausführlich diskutiert.[119] Art. 29 Abs. 1 CSDDD wählt einen ähnlichen Ansatz wie der hier vorgeschlagene § 823a BGB, indem er die Schadensersatzpflicht an die Verletzung einer Sorgfaltspflicht koppelt. Der hiesige Legislativvorschlag verlangt zudem die Schädigung einer natürlichen Personen, für die nach Maßgabe des LkSG ein menschenrechtliches Risiko ermittelt wurde oder hätte ermittelt werden müssen. Dieses Erfordernis dient im vorgeschlagenen § 823a BGB vor allem dazu, den Schadensersatzanspruch auf in ihren Menschenrechten verletzte Personen zu beschränken und den Menschenrechtsbegriff des LkSG in den Haftungstatbestand zu transferieren.[120] Der vom LkSG geschützte Personenkreis wird damit in § 823a BGB aufgenommen. Nichts anderes verlangt auch Art. 29 Abs. 1 CSDDD, welcher – wie bereits gezeigt – die Beein-

---

[117] Vgl. Kap. 5 A. III.

[118] Vgl. *Kieninger*, ZIP 2024, 1037, 1038; ferner die Fn. 3 und 8 in Kap. 3; sowie die in Kap. 3 B. II. 2. und Kap. 4 B. I. dargestellten Meinungsstreitigkeiten.

[119] Siehe hierzu auch *Kieninger*, ZIP 2024, 1037, 1048.

[120] Vgl. Kap. 5 A. III.

trächtigung der von der Richtlinie gesicherten Interessen in den Haftungstatbestand integriert. Wird die CSDDD also umgesetzt, muss der (den des LkSG übersteigende) Rechtsgüterschutz der Richtlinie ohnehin ins LkSG aufgenommen werden, was – wenn sich an der Systematik des LkSG nichts Grundlegendes ändert – durch eine Erweiterung der Begriffe des menschenrechtlichen und umweltbezogenen Risikos erfolgen dürfte. Der vorgeschlagene § 823a BGB kann daher insoweit zur Umsetzung der CSDDD bemüht werden, wobei die Verweise auf die Sorgfaltspflichten des LkSG gegebenenfalls anzupassen sind, sollten dort Änderungen erfolgen.

Die Schadensersatzpflicht des Art. 29 Abs. 1 CSDDD bezieht allerdings auch aus Umweltbeeinträchtigungen resultierende Schäden ein. Der hiesige Legislativvorschlag sollte lediglich einen deliktischen Haftungstatbestand zum Schutz der Menschenrechte zum Gegenstand haben, weshalb zur Umsetzung der CSDDD wohl auch Personen, für die nach Maßgabe des LkSG ein umweltbezogenes Risiko ermittelt wurde oder hätte ermittelt werden müssen, in den vom Tatbestand geschützten Personenkreis zu integrieren sind. Der Begriff des umweltbezogenen Risikos dürfte aufgrund der stärkeren Fokussierung der Richtlinie auf Umweltaspekte ohnehin umfassend zu überarbeiten sein.[121] Eine weitere wesentliche Abweichung des Art. 29 Abs. 1 CSDDD vom vorgeschlagenen § 823a BGB stellt der Kreis der potenziellen Anspruchsteller dar. Die Ersatzpflicht aus der CSDDD erlaubt nämlich auch juristischen Personen die Geltendmachung von Ansprüchen. Der hiesige Legislativvorschlag beschränkt sich hingegen auf natürliche Personen. Eine Anpassung des Wortlauts ist insoweit aber unproblematisch möglich.

Nach dem Wortlaut des Art. 29 Abs. 1 CSDDD sind zudem „Unternehmen“ ersatzpflichtig. Gemeint sind damit aber ausweislich Art. 3 Abs. 1 lit. a CSDDD die dort genannten Rechtsträger. Es dürfte sich daher auch insoweit empfehlen, den im Rahmen des § 823a BGB vorgeschlagenen Weg zu beschreiten und bei der Schaffung eines Haftungstatbestandes zur Umsetzung der CSDDD den Unternehmerbegriff des § 14 BGB heranzuziehen, da die im Legislativvorschlag enthaltene Beschränkung auf „dem Unternehmer nach dem LkSG obliegende Pflichten“ dazu führen dürfte, dass nach Anpassung des Anwendungsbereiches des LkSG an die Richtlinienvorgaben exakt die von Art. 29 Abs. 1 CSDDD geforderten juristischen Personen unter den Haftungstatbestand fallen werden.

Das Kausalitätserfordernis des Art. 29 Abs. 1 Satz 2 CSDDD erweist sich aus den bereits bei der Frage, ob § 823 Abs. 2 BGB die Vorgaben der CSDDD zur zivilrechtlichen Haftung erfüllt, dargelegten Gründen als unproblematisch, sollte der vorgeschlagene § 823a BGB zur Umsetzung der CSDDD herangezogen werden. Nach dem hiesigen Legislativvorschlag muss der geltend gemachte Schaden schließlich durch die Verletzung der Sorgfaltspflichten eingetreten sein, was jedenfalls dann nicht der Fall sein wird, wenn „allein“ Geschäftspartner diesen verursacht haben.

---

[121] Vgl. Kap. 6 A. II.

Es bleibt damit festzuhalten, dass der vorgeschlagene § 823a BGB den Anforderungen des Art. 29 Abs. 1 CSDDD im Wesentlichen genügt. Sollte dieser also zur Umsetzung der Richtlinienvorgaben bemüht werden, wären nur geringfügige Anpassungen vorzunehmen.

4. Schaffung einer Eingriffsnorm

Im Zuge der Umsetzung der CSDDD werden voraussichtlich auch kollisionsrechtliche Probleme, denen sich die deliktische Menschenrechtshaftung *de lege lata* ausgesetzt sieht, gelöst werden können. Ausgangspunkt der Problematik ist der, dass Art. 4 Abs. 1 Rom-II-VO bei deliktischen Handlungen an den Erfolgsort anknüpft. In der Folge würde in den hier in Rede stehenden Fällen regelmäßig das ausländische Deliktsrechts des Verletzungsortes berufen sein.[122] Solange man also keine Ausnahmeanknüpfungen – etwa über Art. 4 Abs. 3 Rom-II-VO[123] oder den *ordre public* (Art. 26 Rom-II-VO)[124] – zulässt, wäre bspw. § 823 Abs. 1 BGB nicht anwendbar.

Nach Art. 29 Abs. 7 CSDDD müssen die Mitgliedstaaten nun allerdings sicherstellen, dass „die nationalen Rechtsvorschriften zur Umsetzung dieses Artikels zwingend Anwendung finden und Vorrang haben in Fällen, in denen das auf entsprechende Ansprüche anzuwendende Recht nicht das nationale Recht eines Mitgliedstaats ist“. Vorgeschrieben wird damit die Schaffung einer sogenannten Eingriffsnorm.[125] Eine Eingriffsnorm ist eine zwingende Vorschrift, deren Einhaltung von einem Staat als so entscheidend für die Wahrung seines öffentlichen Interesses angesehen wird, dass sie ungeachtet des nach Maßgabe der Rom-II-VO berufenen Rechts auf alle Sachverhalte anzuwenden ist, die in ihren Anwendungsbereich fallen.[126] Ein als Eingriffsnorm ausgestalteter menschenrechtsbezogener Haftungstatbestand könnte demnach auch dann eingreifen, wenn eigentlich ausländisches Deliktsrecht berufen wäre. Die Eingriffsnorm gilt dann vorrangig vor dem ausländischen Recht.[127] Als Eingriffsnormen wurden etwa die §§ 32, 32a UrhG, 13 TMG a. F. sowie § 47b TKG a. F. eingestuft.[128] Eine ausdrückliche Klassifizierung der zu beobachtenden Vorschrift als Eingriffsnorm durch das Gesetz verlangen Literatur

---

[122] *Habersack/Ehrl*, AcP 219 (2019), 155, 183; *Mansel*, ZGR 2018, 439, 454.

[123] So *Weller/Thomale*, ZGR 2017, 509, 524.

[124] Vgl. dazu *Mansel*, ZGR 2018, 439, 468 ff.

[125] *Lutz-Bachmann/Vorbeck/Wengenroth*, BB 2022, 835, 843 bezeichnen dies als „Bruch mit den universalen Regeln der Rom-II-Verordnung“.

[126] Vgl. Art. 9 Abs. 1 Rom-I-VO.

[127] *Mansel*, ZGR 2018, 439, 468 ff.

[128] Vgl. *Bach*, in: Spindler/Schuster, Recht der elektronischen Medien, 4. Auflage 2019, Art. 9 Rom-I-VO Rn. 11.

und Rechtsprechung wohl nicht,[129] weshalb ein (ausweislich der Gesetzesbegründung) zur Umsetzung der CSDDD erlassener zivilrechtlicher Haftungstatbestand schon aufgrund des regulatorischen Zusammenhangs mit Art. 29 Abs. 7 CSDDD als Eingriffsnorm erkennbar wäre. Der hier vorgeschlagene § 823a Abs. 1 BGB könnte gleichwohl (sollte er zur Umsetzung der CSDDD bemüht werden) zur Klarstellung, dass es sich um eine solche handeln soll, um folgenden Absatz 3 ergänzt werden:

> „Die Absätze 1 und 2 finden auch dann zwingend Anwendung, wenn sich aus sonstigen Rechtsvorschriften ergibt, dass deutsches Recht nicht berufen ist".[130]

III. Einfluss auf die deliktische Klimahaftung

Die deliktische Klimahaftung muss im Zuge der Umsetzung der CSDDD nicht zwingend novelliert werden. Denn Art. 29 CSDDD verweist nur auf Sorgfaltspflichten, die der Verhinderung von Menschenrechtsverletzungen und (nicht klimawandelbedingten) Umweltschäden dienen, nicht hingegen auf Art. 22 CSDDD und die darin beschriebene Klimasorgfaltspflicht.[131] Die CSDDD macht im Hinblick auf eine zivilrechtliche Klimahaftung also überhaupt keine Vorgaben. Gleichwohl besteht aus Sicht des Verfassers Handlungsbedarf. Die vorstehende Untersuchung hat nämlich gezeigt, dass privatrechtliche Klimahaftungsklagen naturgemäß einer ganzen Reihe von prozessualen und materiell-rechtlichen (Auslegungs-)Problemen begegnen. Um eine angemessene Rechtssicherheit zu gewährleisten, sollten zumindest Letztere so weit wie möglich ausgeräumt werden, weshalb sich eine Harmonisierung von zivilrechtlichem und öffentlich-rechtlichem Klimaschutzrecht nach hiesigem Vorbild[132] empfiehlt. In Kap. 5 B. III. wurde ein Legislativvorschlag für eine Klimasorgfaltspflicht unterbreitet, der im Wesentlichen auch den Anforderungen des Art. 22 CSDDD genügt. § 3a Abs. 1 LkSG legt nämlich ein den Richtlinienvorgaben entsprechendes Verständnis des Begriffes der Treibhausgasemissionen zugrunde[133], sieht ebenfalls die Anpassung der Unternehmensstrategie an die Pariser Klimaziele vor und verlangt zudem die Erstellung eines

---

[129] Vgl. etwa BAG, NZA 2002, 734, 737: „Inländische Gesetze sind deshalb nur dann Eingriffsnormen i. S. des Art. 34 EGBGB, wenn sie entweder ausdrücklich (so z. B. § 98 II 1 GWB) oder nach ihrem Sinn und Zweck ohne Rücksicht auf das nach den deutschen Kollisionsnormen anwendbare Recht gelten sollen"; *Bach*, in: Spindler/Schuster, Recht der elektronischen Medien, 4. Auflage 2019, Art. 9 Rom-I-VO Rn. 3 ff. m. w. N.

[130] Die Eingriffsnorm darf so ausgestaltet werden, dass sie auch dann Anwendung findet, wenn eigentlich das Recht eines anderen Mitgliedstaates (der die CSDDD ebenfalls umzusetzen hat) berufen wäre, vgl. dazu und zu den Vorteilen eines derartigen Vorgehens *Kieninger*, ZIP 2024, 1037, 1048 („überschießende Eingriffsnormenqualifikation").

[131] *Seibt/Vesper-Gräske*, DB 2024, 1530, 1536.

[132] Vgl. Kap. 5 B. III.

[133] Vgl. Art. 22 Abs. 1 Satz 1 CSDDD in Verbindung mit Art. 1 Europäisches Klimagesetz sowie Anhang V Teil 2 der Verordnung (EU) 2018/1999.

Klimaplanes sowie das Erreichen von Netto-Treibhausgasneutralität[134]. Auf die Nennung eines konkreten Datums, an dem spätestens Netto-Treibhausgasneutralität erreicht werden muss, hat der vorgeschlagene § 3a LkSG allerdings verzichtet, um Unternehmen einen möglichst großen Handlungsspielraum bei der Erfüllung der Sorgfaltspflicht einzuräumen. Die CSDDD handhabt dies anders. Da der Unionsgesetzgeber im Europäischen Klimagesetz das Ziel der Erreichung von Netto-Treibhausgasneutralität bis zum Jahre 2050 festgelegt[135] und diese Zielvorgabe konsequenterweise auf die CSDDD übertragen hat[136], müsste § 3a LkSG zur Umsetzung der Richtlinie um eine solche Vorgabe ergänzt werden.

Art. 22 Abs. 1 Satz 2 CSDDD legt fest, welche Mindestanforderungen ein von den Unternehmen zu erstellender Klimaplan zu erfüllen hat. Bereits aus Absatz 1 Satz 1 folgt, dass dieser primär das Ziel der Erreichung von Netto-Treibhausgasneutralität im Jahre 2050 vorzusehen hat. Konkretisiert werden diese Anforderungen dann in Satz 2 durch die Verpflichtung zur Festlegung von Klimazwischenzielen ab dem Jahre 2030 sowie (falls zweckmäßig) der Festlegung absoluter Ziele zur Verringerung der Treibhausgasemissionen in sämtlichen *Scopes.* Daneben sind die ermittelten Dekarbonisierungsfaktoren sowie die zentralen Maßnahmen, mithilfe derer die Klima(zwischen)ziele erreicht werden sollen, darzulegen. Ferner sind Investitionen und Finanzmittel, die zur Umsetzung des Klimaplanes genutzt werden, zu erläutern. Die Rolle, die Verwaltungs-, Leitungs- und Aufsichtsorgane bei der Umsetzung des Klimaplanes spielen, ist ebenfalls zu beschreiben. Der im vorgeschlagenen § 3a Abs. 1 LkSG vorgesehene Klimaplan verlangt viele dieser Angaben nicht. Sie müssten zur Umsetzung der Richtlinie also ebenfalls aufgenommen werden. Art. 22 Abs. 1 Satz 1 CSDDD fordert ferner – abweichend von dem hiesigen Legislativvorschlag –, dass Unternehmen ihre Beteiligung an Tätigkeiten in Verbindung mit Kohle, Öl und Gas angeben.[137]

Bei den genannten Aspekten handelt es sich letzlich nur um Ergänzungen, auf welche der hiesige Legislativvorschlag verzichtet hat, da den Unternehmen bei der Umsetzung der Pariser Klimaziele so wenig Vorgaben wie möglich gemacht werden sollten. Sie können aber allesamt in den Pflichtenkatalog des § 3a LkSG aufgenommen werden. Soll dieser zur Umsetzung der CSDDD-Vorgaben bemüht werden, erweist sich allerdings die Konzeption der in Art. 22 CSDDD verlangten Klimasorgfaltspflicht jedenfalls auf den ersten Blick als problematisch. Im Gegen-

---

[134] Art. 22 CSDDD verwendet zwar den Begriff „Klimaneutralität", verlangt wird allerdings ausweislich Art. 2 Abs. 1 Europäisches Klimagesetz, auf den Art. 22 Abs. 1 Satz 1 CSDDD verweist, das Erreichen von Netto-Treibhausgasneutralität.

[135] Vgl. Art. 2 Abs. 1 Europäisches Klimagesetz; anders das deutsche KSG, welches das Erreichen von Netto-Treibhausgasneutralität bereits im Jahre 2045 verlangt, vgl. § 3 Abs. 2 Satz 1 KSG.

[136] Vgl. Art. 22 Abs. 1 Satz 1 CSDDD.

[137] Eine Übersicht über die Wirtschaftszweige, welche mit Kohle-, Öl-, und Gasaktivitäten assoziiert werden, findet sich bei *Lopatta/Sopp*, in: Freiberg/Lanfermann, ESRS-Kommentar, § 6 Rn. 18.

satz zum hiesigen Legislativvorschlag ist diese nämlich eindeutig als Bemühenspflicht ausgestaltet.[138] Die Pariser Klimaziele müssen nach Art. 22 Abs. 1 Satz 1 der Richtlinie daher „through best efforts" eingehalten werden, wodurch diejenigen Unternehmen von der Pflicht zu entbinden sind, denen die Einhaltung der Zielvorgaben aufgrund besonderer Umstände nicht zumutbar ist.[139] Bei genauerer Betrachtung stellt sich allerdings heraus, dass dieser Regelungsansatz faktisch überhaupt nicht vom hiesigen Legislativvorschlag abweicht. Denn die CSDDD verlangt zwar nur ein „angemessenes Bemühen" zur Erreichung der Klimaziele, grundsätzlich dürfte deren Einhaltung aber mit zumutbaren Anstrengungen erreicht werden können, weshalb letzlich doch in den meisten Fällen ein Erfolg herbeizuführen ist.[140] Der vorgeschlagene § 3a LkSG verlangt zwar zunächst pauschal die Einhaltung der Pariser Klimaziele, auch er lässt durch den in Absatz 1 Satz 2 untergebrachten Angemessenheitsvorbehalt Ausnahmen zu, da nur „angemessene" (und somit zumutbare) Maßnahmen zu ergreifen sind. Unzumutbare Anstrengungen sind also auch hier ausgenommen. Die Unterscheidung zwischen Erfolgs- und Bemühenspflichten verschwimmt daher. Um Missverständnissen vorzubeugen, dürfte es sich bei der Umsetzung der CSDDD gleichwohl anbieten, die zu schaffende Klimasorgfaltspflicht eindeutig als Bemühenspflicht zu kennzeichnen.

Wird die CSDDD durch Schaffung einer öffentlich-rechtlichen Klimasorgfaltspflicht umgesetzt, bietet es sich an, im Zuge dessen die ohnehin notwendige Harmonisierung von öffentlich-rechtlichen (Klima-)Sorgfaltspflichten und dem deutschen Deliktsrecht voranzutreiben. Es könnte durch Rückgriff auf den hier vorgeschlagenen § 3a Abs. 4 LkSG oder eine vergleichbare Regelung verhindert werden, dass Unternehmen neben öffentlich-rechtlichen Klimasorgfaltspflichten davon abweichende deliktische (Klima-)Verkehrspflichten treffen. Vor allem würde dadurch eine gewisse Rechtssicherheit entstehen, da die juristische Diskussion um das Bestehen und die Reichweite klimabezogener Verkehrspflichten jegliche praktische Relevanz verlieren dürfte und Unternehmen sich dann (ohne zivilrechtliche Haftungsrisiken befürchten zu müssen) allein an den Vorgaben des LkSG n.F. orientieren können. Der im Rahmen dieser Arbeit präferierte Ansatz wird also auch zur Umsetzung der CSDDD vorgeschlagen. Alternativ könnte der im vorgeschlagenen § 823a BGB platzierte Verweis auf die Sorgfaltspflichten des LkSG auf eine neu eingeführte Klimasorgfaltspflicht erstreckt werden. Eine solche überschießende Umsetzung der CSDDD stünde den Richtlinienvorgaben nicht entgegen.[141]

---

[138] Vgl. Erwägungsgrund 73 der CSDDD.

[139] Vgl. Erwägungsgrund 73 der CSDDD.

[140] Siehe auch *Gailhofer/Verheyen*, ZUR 2021, 402, 412: „Klimaschutzbezogene Bemühenspflichten können […] in Erfolgspflichten umschlagen".

[141] *Seibt/Vesper-Gräske*, DB 2024, 1530, 1536 Fn. 62.

IV. Einfluss auf die Binnenhaftung

Die Innenhaftung der Menschenrechtsbeauftragten und der Geschäftsleiter reguliert die CSDDD ebenfalls nicht. Nach Art. 25 Abs. 1 des CSDDD-Entwurfes hatten die Mitgliedstaaten noch sicherzustellen, „dass Mitglieder der Unternehmensleitung bei Ausübung ihrer Pflicht, im besten Interesse des Unternehmens zu handeln, die kurz-, mittel- und langfristigen Folgen ihrer Entscheidungen für Nachhaltigkeitsaspekte berücksichtigen, gegebenenfalls auch die Folgen für Menschenrechte, Klimawandel und Umwelt“. Art. 26 des CSDDD-Entwurfes präzisierte diese Pflichten weiter. Trotz der damit verbundenen Betonung nachhaltigkeitsbezogener Geschäftsleiterpflichten dürfte die von der Vorschrift verlangte Verantwortlichkeit der Unternehmensleitung der nach deutschem Recht bereits bestehenden Legalitätspflicht entsprochen haben.[142] In der finalen Fassung der CSDDD sind diese Vorgaben aber ohnehin nicht mehr enthalten. Es bleibt damit bei den bereits herausgearbeiteten Grundsätzen zur Innenhaftung. Auch nach Umsetzung der CSDDD dürfte das LkSG weiterhin mit Mitteln des Verwaltungsrechts und der Möglichkeit Bußgelder zu verhängen bzw. vergaberechtliche Sanktionen zu ergreifen, durchgesetzt werden. Art. 27 Abs. 1 CSDDD verlangt nämlich, dass die Einhaltung der Sorgfaltspflichten der CSDDD unter anderem mittels „Sanktionen, einschließlich Zwangsgeldern“ sicherzustellen ist, wobei die Sanktionen „wirksam, verhältnismäßig und abschreckend“ sein müssen. Verletzt ein Unternehmen also die Sorgfaltspflichten des LkSG und ergreift die zuständige Behörde in der Folge Sanktionsmaßnahmen, sind Regressansprüche gegen die Geschäftsleitung (insb. § 93 Abs. 2 Satz 1 AktG) oder einen Menschenrechtsbeauftragten (insb. § 280 Abs. 1 BGB) auch nach Umsetzung der CSDDD unter den in Kap. 4 A. und Kap. 4 B. beschriebenen Grundsätzen denkbar, wobei die Legalitäts(kontroll)pflicht sich aufgrund der in Art. 22 CSDDD vorgesehenen Klimasorgfaltspflicht künftig auf Maßnahmen zur Bekämpfung des Klimawandels erstrecken wird[143].

Abzuwarten bleibt, ob der deutsche Gesetzgeber die Benennung eines Menschenrechtsbeauftragten (§ 4 Abs. 3 Satz 1) auch nach der Umsetzung der CSDDD im LkSG verpflichtend vorsieht. Die Richtlinie verlangt die Benennung einer solchen Person nicht. Es bleibt dem deutschen Gesetzgeber aber unbenommen, die Regelung in § 4 Abs. 3 Satz 1 LkSG aufrechtzuerhalten, da sie in keinerlei Widerspruch zu den Vorgaben der CSDDD steht.[144] Sollte die Pflicht im Zuge der Richtlinienumsetzung gestrichen werden, würde sich dies auf die in Kap. 4 B. untersuchte Innenhaftung auswirken. Ausgangspunkt dieser Überlegung ist, dass es

---

[142] So im Ergebnis auch *Burchardi*, NZG 2022, 1467, 1471; *Hübner/Habrich/Weller*, NZG 2022, 644, 650 entnehmen ihr sogar eine Anordnung der Innenhaftung gemäß § 93 Abs. 2 AktG; a. A. etwa *Mittwoch/Friedmann*, NZG 2023, 1439, 1444 f.

[143] *Seibt/Vesper-Gräske*, DB 2024, 1530, 1535.

[144] Man könnte die Pflicht zur Benennung eines Menschenrechtsbeauftragten auch als „strengere Bestimmung“ im Sinne des Art. 4 Abs. 2 CSDDD begreifen, sie wäre dann allein deshalb mit der Richtlinie zu vereinbaren.

Unternehmen auch bei Wegfall des § 4 Abs. 3 Satz 1 LkSG weiterhin möglich sein würde, eine Person zur Überwachung der Sorgfaltspflichten des LkSG zu benennen und diese ggf. mit Entscheidungsbefugnissen auszustatten.[145] Viele Unternehmen werden einen Menschenrechtsbeauftragten ohnehin bereits zur Erfüllung des Sorgfaltspflichtenkataloges des LkSG in die Unternehmensstruktur implementiert haben und diesen beibehalten wollen. Auch ein freiwillig ernannter Menschenrechtsbeauftragter wird auf Basis eines Dienst- oder Werkvertrages tätig werden und dementsprechend gemäß § 280 Abs. 1 BGB für Pflichtverstöße haften. Wurde der Menschenrechtsbeauftragte auf Vorstandsebene benannt, kommt zudem eine Haftung nach § 93 Abs. 2 Satz 1 AktG in Betracht (vgl. Kap. 4 B. III. 1.).

Wer sich zur Erfüllung der Sorgfaltspflichten des LkSG eines (*de lege ferenda* möglicherweise nicht mehr gesetzlich vorgeschriebenen) Beauftragten bedient, muss sicherstellen, dass dieser – wie auch der Menschenrechtsbeauftragte nach § 4 Abs. 3 Satz 1 LkSG – die erforderliche Sachkunde und Erfahrung vorweist.[146] Anderenfalls würde die Einhaltung der Sorgfaltspflichten wohl kaum hinreichend sichergestellt werden können. Die Anforderungen an Sachkunde und Erfahrung blieben also jedenfalls faktisch erhalten. Mit der Pflicht zur Benennung eines Menschenrechtsbeauftragten wegfallen dürfte aber die gesetzliche Vorgabe, dass ein Menschenrechtsbeauftragter zwingend (auch) als „Überwacher" des Risikomanagements einzusetzen ist. Dies wird nämlich nur von § 4 Abs. 3 Satz 1 LkSG ausdrücklich verlangt.[147] Aus der Überwacherfunktion wurden im Rahmen der hiesigen Untersuchung ungeschriebene Voraussetzungen für die Implementierung eines Menschenrechtsbeauftragten abgeleitet. Eine Konsequenz der gesetzlich vorgeschriebenen Stellung waren etwa eine gewisse Weisungsfreiheit sowie ein besonderer Kündigungsschutz.[148] Da bei Aufhebung des § 4 Abs. 3 Satz 1 LkSG aber die Überwacherfunktion des Menschenrechtsbeauftragten nur noch fakultativer Natur ist, entfallen auch die aus der Pflicht resultierenden Anforderungen an seine Implementierung, sofern ihm eine andere Rolle zugewiesen wird. Haftungsrechtlich wirkt sich dies derart aus, dass der Vorstand dann nicht mehr gegen seine Legalitätspflicht verstoßen dürfte, sollte er die Erfüllung der derzeit geltenden ungeschriebenen Anforderungen an den Menschenrechtsbeauftragten nicht hinreichend sicherstellen. Ein Verstoß würde nur noch zu bejahen sein, wenn die konkrete Organisation des Risikomanagements (§ 4 LkSG) im Einzelfall trotz Wegfall des § 4

[145] Vgl. auch *Meier*, NZA 2011, 779, 780 für den Compliance-Beauftragten, der – gäbe es § 4 Abs. 3 Satz 1 LkSG nicht – wohl in vielen Unternehmen in besonderer Weise in die Umsetzung der Sorgfaltspflichten des LkSG eingebunden würde.

[146] Vgl. *Hauschka*, BB 2004, 1178, 1180 für den Compliance-Beauftragten.

[147] Vgl. *Ziegler*, in: Depping/Walden, LkSG, § 4 Rn. 93 ff., 106.

[148] Vgl. Kap. 4 B. II. 3. b).

Abs. 3 Satz 1 LkSG den besonderen arbeitsrechtlichen Schutz weiterhin zwingend verlangt.[149]

V. Zusammenfassung

Die CSDDD wird die hiesigen Untersuchungsergebnisse voraussichtlich nur partiell beeinflussen. Während die gewonnenen Erkenntnisse zur vertraglichen Haftung im Wesentlichen unberührt bleiben dürften und insoweit nur mit geringfügigen Änderungen zu rechnen ist (etwa verbesserter KMU-Schutz durch das AGB-Recht und Hilfestellungen bei der Formulierung von Vertragsbedingungen aufgrund von Mustervertragsklauseln), sind grundlegende Änderungen im Deliktsrecht zu erwarten. Die derzeit das LkSG umspannende Haftungsneutralität wird künftig zumindest aufgeweicht werden müssen, da Art. 29 Abs. 1 CSDDD eine deliktische Haftung bei der Verletzung bestimmter Sorgfaltspflichten vorsieht. Für die Umsetzung der Vorgaben zur zivilrechtlichen Haftung genügt prinzipiell der Rückgriff auf § 823 Abs. 2 BGB. Alternativ könnte aber auch ein gänzlich neuer deliktischer Haftungstatbestand geschaffen werden, der speziell an das LkSG bzw. die CSDDD angepasst ist.[150] Weiterhin sieht die CSDDD die Implementierung einer Klimasorgfaltspflicht in das Recht der Mitgliedstaaten vor. Mit einer zivilrechtlichen Haftung ist diese allerdings nicht zwingend zu verknüpfen. Die Untersuchungsergebnisse zur Vorstandsbinnenhaftung werden voraussichtlich auch nach Umsetzung der CSDDD weiterhin gelten. Gleiches gilt für die Erkenntnisse zur Binnenhaftung des Menschenrechtsbeauftragten, soweit die gesetzlichen Vorgaben zu dessen Implementierung aufrechterhalten bleiben. Die Benennung einer derartigen Person ist von der CSDDD nämlich überhaupt nicht vorgesehen, weshalb sie prinzipiell aus dem LkSG gestrichen werden könnte.

---

[149] Vgl. *Schneider/Brouwer/Scholz-Fröhling*, CCZ 2023, 133, 134: Die Pflichtenlage für den Compliance-Beauftragten lässt sich „nur aus den Pflichten zur ordnungsgemäßen Geschäftsführung und Unternehmensorganisation ableiten".

[150] *Kieninger*, ZIP 2024, 1037, 1047 f. sieht die durch eine Aufhebung des § 3 Abs. 3 LkSG freigeschaltete Haftung über § 823 Abs. 2 BGB als mit „Rechtsunsicherheit […] im Hinblick auf das anwendbare Recht und eine Ausweitung der Haftung auf reine Vermögensschäden erkauft" an und plädiert daher für die Schaffung eines eigenständigen Haftungstatbestandes.

7. Kapitel

Schluss

A. Untersuchungsergebnisse

Vor dem Hintergrund der erzielten Erkenntnisse kann festgehalten werden, dass die Sorgfaltspflichten des LkSG zwar in erheblicher Weise auf die zivilrechtliche Haftung inländischer Unternehmen und ihrer Geschäftsleiter ausstrahlen, einige der daraus resultierenden Ansprüche jedoch *de lege lata* (noch) durch § 3 Abs. 3 Satz 1 LkSG gesperrt werden:

Einfluss nehmen die Sorgfaltspflichten zunächst auf Lieferverträge (b2b), da inländische Unternehmen zur Umsetzung der Pflichten aus § 6 Abs. 4 Nr. 2 und 4 LkSG sowie zur Durchführung einer Risikoanalyse (§ 5 LkSG) auf die Verwendung von CSR-Klauseln in AGB angewiesen sind, mithilfe derer dem Vertragspartner Compliance-Pflichten auferlegt oder dem Verwender Auskunfts- und Auditrechte eingeräumt werden. Die Wirksamkeit derartiger Klauseln nach den §§ 305 ff. BGB hängt maßgeblich von den Vorschriften des LkSG ab. Eine Verletzung der mittels CSR-Klauseln vereinbarten vertraglichen Pflichten kann zu Schadensersatzansprüchen (§ 280 Abs. 1 BGB) oder Gewährleistungsrechten (§ 434 ff. BGB) führen. § 3 Abs. 3 Satz 1 LkSG findet auf derartige Ansprüche keine Anwendung.

Verstöße gegen das LkSG und falsche Angaben in der Nachhaltigkeitsberichterstattung haben über § 434 Abs. 3 Satz 1 Nr. 2 BGB in bestimmten Konstellationen eine unübliche Beschaffenheit verkaufter Waren zur Folge. Die daraus resultierenden Ansprüche schließt § 3 Abs. 3 Satz 1 LkSG jedoch weitgehend aus.

Deliktische Ansprüche ausländischer Arbeitnehmer gegen inländische Unternehmen können aus der Verletzung einer mithilfe der allgemeinen Verkehrspflichtendogmatik hergeleiteten Verkehrspflicht folgen. Das LkSG beeinflusst diese Haftung nicht, da § 3 Abs. 3 Satz 1 LkSG sowohl die Einordnung der Sorgfaltspflichten des LkSG als Schutzgesetze als auch die Konkretisierung des § 823 Abs. 1 BGB durch den Sorgfaltspflichtenkatalog (§§ 3 ff. LkSG) verbietet. Unternehmen haben daher – weil sich die Sorgfaltspflichten des LkSG von deliktischen (menschenrechtsbezogenen) Verkehrspflichten unterscheiden – *de lege lata* divergierende menschenrechtliche Compliance-Pflichten zu erfüllen.

Der Vorstand einer Aktiengesellschaft muss im Rahmen der Legalitätspflicht für die Einhaltung der Sorgfaltspflichten des LkSG sorgen, wobei eine Berufung auf die Business Judgment Rule (§ 93 Abs. 1 Satz 2 AktG) ausgeschlossen ist. Verstößt er gegen diese Pflicht haftet, er gegenüber der Gesellschaft für den entstandenen Schaden. Wird die Erfüllung der Sorgfaltspflichten (partiell) von einem Menschenrechtsbeauftragten durchgeführt, haftet dieser bei Verletzung seiner vertraglichen Pflichten gemäß § 280 Abs. 1 BGB.

De lege ferenda könnte § 3 Abs. 3 Satz 1 LkSG aufgehoben werden, um die deliktische Menschenrechtshaftung und die Sorgfaltspflichten des LkSG mittels Schaffung einer neuen Anspruchsgrundlage (§ 823a BGB) zu harmonisieren. Eine Änderung des LkSG würde es ferner ermöglichen, *de lege lata* bestehende klimabezogene Verkehrspflichten mit noch einzuführenden Klimasorgfaltspflichten gleichzuschalten.

Die CSDDD verlangt nunmehr ohnehin die Implementierung einer deliktischen Menschenrechtshaftung in das Recht der Mitgliedstaaten. Eine solche könnte in Deutschland durch Aufhebung des § 3 Abs. 3 LkSG und die damit einhergehende Möglichkeit, die Sorgfaltspflichten des LkSG als Schutzgesetze einzustufen, verwirklicht werden. Alternativ wäre es denkbar, § 3 Abs. 3 LkSG lediglich zu modifizieren und gleichzeitig einen eigenständigen Haftungstatbestand zu schaffen, der von dem Haftungsausschluss unberührt bleibt.

Im Einzelnen lassen sich die Ergebnisse der Untersuchung wie folgt zusammenfassen:

I. Rechtliche Grundlagen des globalen Menschenrechtsschutzes

Das LkSG beruht auf völkerrechtlichen Übereinkommen und schützt sowohl transnationale Menschenrechte als auch Umweltbelange. Klimabezogene Sorgfaltspflichten lassen sich dem Gesetz hingegen nicht entnehmen.

Der Pflichtenkatalog des LkSG erstreckt sich nur auf die *Upstream*-Lieferkette. Die *Downstream*-Lieferkette ist nicht erfasst, da die Sorgfaltspflichten mit der Lieferung an den Kunden bzw. Abnehmer enden.

II. Vertragliche Haftung inländischer Unternehmen

Endkunden und Abnehmern inländischer Unternehmen können bei Menschenrechtsverletzungen und Umweltschädigungen in der Lieferkette vertragliche Ansprüche zustehen. Das LkSG beeinflusst solche Ansprüche in mannigfaltiger Weise und wirkt sich vor allem auf die Haftung nach dem Sachmängelgewährleistungsrecht (§§ 434 ff. BGB) aus:

Der kaufrechtliche Beschaffenheitsbegriff (§ 434 BGB) ist extensiv auszulegen und erfasst jegliche produktbezogenen Faktoren, die in qualitätsbezogene und herstellungsbezogene Faktoren unterteilt werden können. Qualitätsbezogene Faktoren umfassen die körperlichen Merkmale einer Sache, während die herstellungsprozessbezogenen Faktoren sich auf die Herstellungsweise eines Gegenstandes (also auch die Einhaltung von Menschenrechts- und Umweltstandards nach dem LkSG) beziehen. Ein Anknüpfen an die physischen Eigenschaften einer Kaufsache ist nicht erforderlich. Unternehmensbezogene Faktoren, die keinerlei Bezug zur Kaufsache aufweisen, sind vom Sachmangelbegriff ausgenommen.

Das Vorliegen eines Sachmangels kann aus einer Beschaffenheitsvereinbarung folgen, wenn bestimmte (ethische oder nachhaltige) Produktstandards ausdrücklich oder konkludent vereinbart worden waren und gegen diese Standards verstoßen wurde. Eine Pflicht zur Verwendung entsprechender Vertragsbedingungen gegenüber unmittelbaren Zulieferern formuliert § 6 Abs. 4 Nr. 2 LkSG. Erfüllt werden kann die Sorgfaltspflicht mittels Einbeziehung von CSR-Klauseln in Lieferverträge.

Die Aufnahme von CSR-Klauseln hält einer Einbeziehungskontrolle (§ 305c Abs. 1 BGB) regelmäßig stand, da Vertragspartner die Verwendung derartiger Vertragsbedingungen aufgrund einer entsprechenden Vertragspraxis und der aus dem LkSG folgenden Pflichten zu erwarten haben. Öffentlich zugängliche CSR-Selbstverpflichtungen (etwa die nach § 6 Abs. 2 Satz 1 LkSG abzugebende Grundsatzerklärung) werden in Lieferverträge nur einbezogen, wenn ihre Geltung explizit vereinbart wird. Im Übrigen fehlt es an einem Rechtsbindungswillen des Kundgebers. Einer Einbeziehung mittels Auslegung (§§ 133, 157 BGB) steht § 434 Abs. 3 Satz 1 Nr. 2 lit. b BGB entgegen.

Klauseln in AGB, die zur Erfüllung der Sorgfaltspflichten des LkSG verwendet werden, können in Compliance-Klauseln, Weitergabeklauseln, Auditklauseln und Informationsklauseln unterteilt werden.

Compliance-Klauseln verpflichten den Vertragspartner zur Einhaltung bestimmter Nachhaltigkeitsstandards. Die Standards können den Sorgfaltspflichten des LkSG inhaltlich entsprechen (sorgfaltspflichtenwiederholende Klauseln), den Sorgfaltsmaßstab des LkSG absenken (sorgfaltspflichtenreduzierende Klauseln) oder ihn verschärfen (sorgfaltspflichtenverschärfende Klauseln). Denkbar ist auch, dass Compliance-Klauseln gänzlich anders ausgestaltet sind als die Sorgfaltspflichten des LkSG (sorgfaltspflichtenferne Klauseln).

Sorgfaltspflichtenwiederholende Klauseln sind nicht von vorneherein gemäß § 307 Abs. 3 BGB als wirksam zu betrachten, da die vereinbarten vertraglichen Sanktionsmechanismen stets von denen des LkSG abweichen. Fällt der Vertragspartner des Verwenders in den Anwendungsbereich des LkSG, kann in der Nutzung einer sorgfaltspflichtenwiederholenden Klausel aber gleichwohl regelmäßig keine unangemessene Benachteiligung (§ 307 Abs. 1 Satz 1 BGB) erblickt werden, weil der Vertragspartner ohnehin inhaltsgleiche Pflichten erfüllen muss. Treffen den Vertragspartner die Pflichten des LkSG nicht, handelt es sich bei einer Vertragsbedingung, die den Sorgfaltspflichtenkatalog (§§ 3 ff. LkSG) rekapituliert, um eine sorgfaltspflichtenverschärfende Klausel, da dem Vertragspartner mehr Pflichten auferlegt werden, als das LkSG für ihn vorsieht.

Bei der Verwendung sorgfaltspflichtenverschärfender Klauseln wird eine unangemessene Benachteiligung nach § 307 Abs. 2 Nr. 1 BGB unabhängig davon, ob der Vertragspartner unter das LkSG fällt, grundsätzlich deshalb indiziert, weil vom Leitbild des LkSG abgewichen wird. Dieses formuliert nämlich nicht nur Mindeststandards, sondern statuiert über das Wirksamkeitserfordernis (§ 4 Abs. 2 LkSG) und den Angemessenheitsvorbehalt (§ 3 Abs. 2 LkSG) auch Belastungshöchstgrenzen für Zulieferer, da das Stellen von Vertragsbedingungen, die einen Zulieferer überfordern, zur Bekämpfung von Menschen- und Umweltrechtsverletzungen regelmäßig ungeeignet ist. Einem Unternehmen, dem es im Einzelfall zumutbar ist, den Sorgfaltspflichtenkatalog des LkSG zu übertreffen, können allerdings weitreichendere Pflichten auferlegt werden, als es das LkSG verlangt, sodass die Vermutung des § 307 Abs. 2 Nr. 1 BGB in derartigen Konstellationen widerlegt wird.

Bei der Verwendung sorgfaltspflichtenreduzierender Klauseln greift die Unwirksamkeitsvermutung des § 307 Abs. 2 Nr. 1 BGB unabhängig davon, ob der Vertragspartner unter das LkSG fällt, nicht ein. Zwar liegt eine Abweichung vom Leitbild des LkSG vor. Im Falle der Unwirksamkeit derartiger Klauseln würde allerdings der Zweck des LkSG, die internationale Menschenrechtslage zu verbessern, kontaminiert, da anstelle der Einhaltung unzureichender Menschenrechtsstandards überhaupt keine Vereinbarung von Menschenrechtsstandards mehr vorläge. Sorgfaltspflichtenreduzierende Klauseln können nur in Ausnahmefällen nach § 307 Abs. 1 Satz 1 BGB als unwirksam bewertet werden.

Werden sorgfaltspflichtenferne Klauseln verwendet, ist zunächst zu versuchen, einen Vergleichsmaßstab herzustellen, indem der Sorgfaltsmaßstab der zu beobachtenden Klauseln den Anforderungen der §§ 3 ff. LkSG gegenübergestellt und im Hinblick auf Gemeinsamkeiten und Unterschiede genauestens untersucht wird. Finden sich Gemeinsamkeiten, die anhand des Sorgfaltsmaßstabes des LkSG gemessen werden können, ist insoweit auf die Grundsätze zu sorgfaltspflichtenverschärfenden und sorgfaltspflichtenreduzierenden Klauseln zurückzugreifen. Es handelt sich dann nämlich nicht um sorgfaltspflichtenferne Klauseln, sondern um verkappte sorgfaltspflichtenverschärfende bzw. sorgfaltspflichtenreduzierende Klauseln. Sind Elemente beider Klauseltypen (sorgfaltspflichtenverschärfend und sorgfaltspflichtenreduzierend) enthalten, ist die zu beobachtende Vertragsbedingung indiziell unwirksam (§ 307 Abs. 2 Nr. 1 BGB), da das sorgfaltspflichtenverschärfende Element eine solche Rechtsfolge regelmäßig auslöst. Sorgfaltspflichtenferne Klauseln können im Übrigen nur einzelfallbezogen nach Maßgabe des § 307 Abs. 1 Satz 1 BGB auf ihre Wirksamkeit hin überprüft werden.

Pauschale Verweise in Compliance-Klauseln auf Gesetze oder sonstige Regelwerke verletzen das Transparenzgebot (§ 307 Abs. 1 Satz 2 BGB) grundsätzlich nicht, da Unternehmen sich mit den Bestimmungen ohnehin auseinandersetzen müssen und ihnen gegenüber ein großzügigerer Maßstab angelegt wird als gegenüber Verbrauchern.

Weitergabeklauseln sind Bestimmungen in AGB, die verlangen, dass der Vertragspartner die Einhaltung bestimmter Menschenrechts- und Umweltstandards in der gesamten Lieferkette weiterreicht. Der Umstand, dass § 6 Abs. 4 Nr. 2 LkSG die Verwendung einer solchen Klausel zur Erfüllung der Sorgfaltspflicht verlangt, führt regelmäßig zur Wirksamkeit der Vertragsbedingung, da der Verwender aufgrund seiner gesetzlichen Verpflichtung ein hohes Interesse an ihrer Einbeziehung hat. Eine unangemessene Benachteiligung des Vertragspartners ist allerdings zu bejahen, wenn dieser durch die Klausel dazu verpflichtet wird, selbst unwirksame AGB zu verwenden oder das von ihm verlangte Verhalten über ein angemessenes Bemühen (*best effort*) hinausgeht.

Auditklauseln sind Bestimmungen in AGB, die verlangen, dass der Vertragspartner sich bestimmten Kontrollmechanismen unterwirft. Der Umstand, dass § 6 Abs. 4 Nr. 4 LkSG die Verwendung einer solchen Klausel zur Erfüllung der Sorgfaltspflicht voraussetzt, führt regelmäßig zur Wirksamkeit der Vertragsbedingung. Eine unangemessene Benachteiligung des Vertragspartners ist allerdings zu bejahen, wenn keine angemessene Begrenzung der Kontrolle vorgesehen ist und der Vertragspartner jederzeit mit zeitlich eng getakteten, verdachtsunabhängigen Kontrollen rechnen muss.

Informationsklauseln sind solche Vertragsbedingungen, die eine regelmäßige Berichterstattung über bestimmte relevante Aspekte der Arbeitsbedingungen eines Zulieferers vorsehen oder Auskunftsverlangen (etwa zur Durchführung der Risikoanalyse) ermöglichen. Sie sind jedenfalls unwirksam, wenn die nach § 5 LkSG vom Verwender durchzuführende Risikoanalyse faktisch auf den Vertragspartner verlagert wird. Im Übrigen ist eine umfassende Interessenabwägung vorzunehmen, welche vor allem das Interesse des Verwenders an den durch die Klausel gesicherten Informationen sowie den Aufwand des Vertragspartners, den er zur Informationsbeschaffung betreiben muss, berücksichtigt. Verpflichtet eine Informationsklausel den Vertragspartner dazu, eigene Verstöße gegen sonstige Vereinbarungen aus dem Liefervertrag (insbesondere Compliance- oder Weitergabeklauseln) preiszugeben und sich so „selbst ans Messer zuliefern", liegt regelmäßig eine unangemessene Benachteiligung vor, sofern die Verstöße unmittelbar eine Haftung und nicht lediglich Kooperationspflichten auslösen.

Verstöße gegen CSR-Vereinbarungen führen zu einer Haftung nach § 280 Abs. 1 BGB oder zu Gewährleistungsansprüchen (§§ 434 ff. BGB), wenn die Abrede gleichzeitig als Beschaffenheitsvereinbarung zu bewerten ist. Im Falle von Compliance- und Weitergabeklauseln ist dies regelmäßig dann der Fall, wenn die Vertragsbedingung sich erkennbar auf ein bestimmtes Produkt bezieht und nicht nur produktunabhängige, allgemeine Verhaltenspflichten zum Gegenstand hat. Audit- und Informationsklauseln können nicht in Beschaffenheitsvereinbarungen übersetzt werden.

Verstöße gegen die Sorgfaltspflichten des LkSG führen – soweit von den Vertragsparteien nichts Abweichendes vereinbart wurde – bereits aus sich heraus zu einer unüblichen Beschaffenheit der Kaufsache (§ 434 Abs. 3 Satz 1 Nr. 2 BGB) und können in der Folge einen Sachmangel begründen, wenn der Verstoß produktbezogene Faktoren zum Gegenstand hat. Der Grund hierfür ist, dass Käufer die Einhaltung öffentlich-rechtlicher Vorgaben durch Unternehmen berechtigterweise erwarten dürfen.

Die Berichtspflichten des LkSG (§ 10 Abs. 2 LkSG) adressieren unter anderem die allgemeine Öffentlichkeit und stellen daher öffentliche Äußerungen im Sinne des § 434 Abs. 3 Satz 1 Nr. 2 lit. b BGB dar, sodass unrichtige Äußerungen über die Erfüllung der Sorgfaltspflichten zu einem Sachmangel führen können, wenn ein hinreichender Produktbezug vorliegt. Unrichtige Angaben in der unternehmensbezogenen Berichterstattung weisen einen solchen Bezug nicht auf. In die Zukunft gerichtete Bemühenszusagen fallen ebenfalls unter § § 434 Abs. 3 Satz 1 Nr. 2 lit. b BGB, wenn das zu beobachtende Versprechen produktbezogene Faktoren zum Gegenstand hat. Das Gleiche gilt für Angaben in der Grundsatzerklärung über die Menschenrechtsstrategie (§ 6 Abs. 2 Satz 1 LkSG).

Bei Vorliegen eines Sachmangels können sowohl Nachbesserung als auch Nachlieferung das Umstellen des gesamten Herstellungsprozesses verlangen und somit unmöglich im Sinne des § 275 BGB sein, was unter den allgemeinen Voraussetzungen (§§ 434 ff. BGB) die Geltendmachung von Minderungsrechten und Schadensersatzansprüchen sowie die Erklärung eines Rücktritts rechtfertigt.

Die Haftung inländischer Unternehmen und ihrer Zulieferer über die Grundsätze des Vertrages (mit Schutzwirkung) zugunsten Dritter wird durch das LkSG nicht beeinflusst, da zur Erfüllung der Sorgfaltspflichten verwendete CSR-Klauseln in aller Regel nicht so ausgelegt werden können, dass den Arbeitnehmern des Zulieferers eigene Ansprüche eingeräumt werden sollen und § 6 Abs. 4 Nr. 2 LkSG dies auch nicht verlangt.

Nach dem LkSG pflichtige Unternehmen trifft infolge der Veröffentlichung einer Grundsatzerklärung über die Menschenrechtsstrategie (§ 6 Abs. 2 Satz 1 LkSG) auch keine menschenrechtliche Schutzpflicht zugunsten fremder Arbeitnehmer, welche ebenfalls eine Haftung nach den Grundsätzen des Vertrages (mit Schutzwirkung) zugunsten Dritter auslösen könnte, weil CSR-Selbstverpflichtungen regelmäßig nicht in Lieferverträge integriert werden und die Haftungsneutralität des LkSG derartige Ansprüche ohnehin nicht zulässt.

Compliance-Klauseln, welche inländische Zulieferer zur Einhaltung von Menschenrechts- und Umweltstandards verpflichten, vermögen bei entsprechender Formulierung zwar prinzipiell Schutzpflichten der Zulieferer zugunsten ihrer eigenen Arbeitnehmer zu erschaffen. Bei der Auslegung von Vertragsbedingungen, deren Verwendung allein der Umsetzung der Vorgaben des LkSG dient, können allerdings die Wertungen und die Konzeption des Gesetzes als Auslegungshilfen herangezogen werden, was regelmäßig dazu führt, dass eine Einbeziehung von Dritten in Compliance-Pflichten an dem „Wunsch des LkSG nach Haftungsneutralität“ scheitert. Ferner stehen im Inland geschädigten Angestellten bei Menschenrechtsverletzungen ohnehin Schadensersatzansprüche gemäß § 280 Abs. 1 BGB zu.

Die Anwendung des § 3 Abs. 3 Satz 1 LkSG richtet sich stets nach der mit der Vorschrift intendierten Haftungsneutralität des LkSG. Ansprüche aufgrund von CSR-Klauseln, die zur Erfüllung der Sorgfaltspflichten des LkSG verwendet wurden, fallen nicht unter den Haftungsausschluss, da mittelbar aus dem LkSG resultierende Pflichten aus seinem Anwendungsbereich ausgenommen sind. Gewährleistungsansprüche, die auf der unüblichen Beschaffenheit einer Kaufsache basieren, sind von ihm hingegen grundsätzlich erfasst. Eine Ausnahme gilt für unrichtige Angaben in der öffentlichen Berichterstattung (§ 10 Abs. 2 LkSG) oder der Grundsatzerklärung über die Menschenrechtsstrategie (§ 6 Abs. 2 Satz 1 LkSG), wenn das zu beobachtende Unternehmen ohnehin (freiwillig oder nach anderen gesetzlichen Vorschriften) über die in Rede stehenden (produktbezogenen) Aspekte berichtet hätte. § 3 Abs. 3 Satz 1 LkSG ist in derartigen Konstellationen nicht einschlägig, da der Zweck der Norm (Gewährleistung der Haftungsneutralität des LkSG) ihre Anwendung verbietet.

III. Deliktische Haftung inländischer Unternehmen

Deliktische Ansprüche im Ausland geschädigter Arbeitnehmer gegen inländische Unternehmen sind bei transnationalen Menschenrechtsverletzungen in Ausnahmefällen denkbar:

Zwischen Menschenrechten und absoluten Rechten (§ 823 Abs. 1 BGB) besteht eine gewisse Kongruenz, sodass einige Menschenrechte auch in Gestalt von absoluten Rechten auftreten können, was dann eine faktische Menschenrechtsbindung von Unternehmen erzeugt. Menschenrechtsverletzungen können etwa zu Beeinträchtigungen der Gesundheit und des Lebens der lokalen Bevölkerung führen, wenn am Arbeitsplatz Sicherheitsstandards nicht eingehalten wurden oder Umweltverschmutzungen erfolgt sind. Daneben sind eine Vielzahl weiterer Konstellationen denkbar, in denen Menschenrechtsverletzungen Gesundheitsschädigungen auslösen (bspw. im Falle von Folter).

Eine Verletzung des Allgemeinen Persönlichkeitsrechts (Art. 1 Abs. 1 GG in Verbindung mit Art. 2 Abs. 1 GG) ist im Falle von besonders schwerwiegenden Verstößen gegen arbeitsrechtliche Mindeststandards, Zwangsarbeit, Sklaverei oder Kinderarbeit zu bejahen. Da der Schutzbereich des Allgemeinen Persönlichkeitsrechts sich auf die engere persönliche Lebenssphäre und die Erhaltung ihrer Grundbedingungen beschränkt, vermögen Verstöße gegen Höchstarbeitszeiten, ein fehlender Urlaubsanspruch sowie das Nichtvorhanden sein eines Kündigungs- oder Mutterschutzes keine deliktische Haftung nach § 823 Abs. 1 BGB zu begründen, soweit sie keine Diskriminierung darstellen und auch nicht der Zwangsarbeit nahekommen.

Die Freiheit im Sinne des § 823 Abs. 1 BGB ist verletzt, wenn die körperliche Bewegungsfreiheit gegen den Willen des Betroffenen nicht nur unerheblich beeinträchtigt wird. Eine Verletzung des Menschenrechtes auf Freiheit führt daher zu einer Freiheitsverletzung im Sinne des § 823 Abs. 1 BGB, wenn Arbeiter daran gehindert werden, das Betriebsgelände zu verlassen, dazu gezwungen werden, sich an bestimmten Orten aufzuhalten oder Arbeitgeber sie während der Arbeitszeit in der Fabrik einsperren. Das bloße Abnehmen der Ausweispapiere genügt hingegen nicht, da in derartigen Fällen nur die von § 823 Abs. 1 BGB nicht erfasste „Hinbewegungsfreiheit" beeinträchtigt wird, die deliktisch geschützte „Fortbewegungsfreiheit" bleibt hingegen unberührt.

Menschenrechte können nicht in ihrer Gesamtheit als „sonstiges Recht" im Sinne des § 823 Abs. 1 BGB begriffen werden, weil ein solches Recht nicht hinreichend bestimmbar wäre und auch nicht den für die Klassifizierung als absolutes Recht erforderlichen Zuweisungsgehalt aufweisen würde.

Das (Menschen-)Recht auf einen angemessenen Lohn scheidet aus dem Anwendungsbereich des § 823 Abs. 1 BGB grundsätzlich ebenfalls aus, da im Falle seiner Verletzung allein die Erwerbsaussichten enttäuscht werden und somit ein reiner Vermögensschaden vorliegt, vor dessen Eintritt die Vorschrift nicht schützen möchte. Umweltgüter sind durch das Deliktsrecht nur dann geschützt, wenn die Umweltbeeinträchtigung mit der Verletzung eines absoluten Rechts einhergeht. Die Begründung eines absoluten Rechts auf „saubere Luft" oder „sauberes Wasser" ist aufgrund des fehlenden Zuweisungsgehaltes nicht möglich.

Weder der Vertrauensgrundsatz noch das Rechtsträgerprinzip stehen einer deliktischen Menschenrechtshaftung von vorneherein entgegen, da auf ein menschenrechtskonformes Verhalten in bestimmten Risikogebieten nicht vertraut werden darf und mittels normativer Zurechnungskriterien ein das Rechtsträgerprinzip nicht verletzender Bezug zur Verantwortungssphäre inländischer Unternehmen hergestellt werden kann.

Menschenrechtsbezogene Verkehrspflichten können nicht aus den Sorgfaltspflichten des LkSG hergeleitet werden. Ansonsten würde die durch § 3 Abs. 3 Satz 1 LkSG gewährleistete Haftungsneutralität des LkSG gefährdet. Ein Rückgriff auf die allgemeine Verkehrspflichtendogmatik ist jedoch möglich, weshalb mittels dieser begründete menschenrechtsbezogene Verkehrspflichten eine deliktische Haftung auslösen können.

Das Entstehen einer Verkehrspflicht ist nach der allgemeinen Verkehrspflichtendogmatik einzelfallabhängig mithilfe normativer Zurechnungskriterien (Gefahrerhöhung, Gefahrbeherrschung, Schaffung von besonderem Vertrauen, wirtschaftlicher Nutzen) zu bestimmen und setzt die Möglichkeit der Gefahrbeherrschung zwingend voraus. Menschenrechtsbezogene Verkehrspflichten können daher prinzipiell in den folgenden Konstellationen bejaht werden:

- Schaffung oder erhebliche Erhöhung eines menschenrechtlichen Risikos bei einem Zulieferer oder Tochterunternehmen
- Tatsächliche Beherrschung einer die Menschenrechte Dritter bedrohenden Gefahrenquelle
- Delegation originärer menschenrechtsbezogener Verkehrspflichten
- Auslagerung einer die Menschenrechte Dritter bedrohenden Gefahrenquelle
- Übernahme von Sicherungspflichten durch Einmischung
- Übernahme einer Fürsorgepflicht durch Veröffentlichung einer CSR-Selbstverpflichtung (wird die Selbstverpflichtung allerdings zu Erfüllung der Pflicht aus § 6 Abs. 2 Satz 1 LkSG abgegeben, steht § 3 Abs. 3 Satz 1 LkSG einer deliktischen Haftung von vorneherein entgegen).

Aus einer globalen Verkehrserwartung oder der bloßen Kenntnis von Menschenrechtsverletzungen lässt sich eine Verkehrspflicht nicht herleiten, da derartige Begründungsansätze im Widerspruch zur allgemein anerkannten Verkehrspflichtendogmatik stehen. Ließe man die Kenntnis von menschenrechtswidrigen Umständen für die Entstehung einer Verkehrspflicht genügen, würde dies zudem zu einer uferlosen Hilfeleistungspflicht führen.

Kann eine Verkehrspflicht bejaht werden, hat der Pflichtige alle im Einzelfall zur Schadensabwendung erforderlichen und zumutbaren Maßnahmen zu ergreifen, was eine hinreichende Gefahrermittlung einschließt. Bei hinreichender Gefahrermittlung müssen keine Präventionsmaßnahmen hinsichtlich unbekannter Risiken (ins Blaue hinein) durchgeführt werden. Der konkrete Inhalt der Verkehrspflicht ist stets einzelfallbezogen zu ermitteln. Grundsätzlich kann aber Folgendes festgehalten werden:

Soweit die normative Zuständigkeit aus der Gefahrerhöhung folgt, genügt es in der Regel, wenn der Gefahrenbeitrag beseitigt wird. Im Falle der Übernahme einer Verkehrspflicht ist grundsätzlich der übernommene Inhalt Gegenstand der Verpflichtung. Rührt die Verkehrspflicht aus der Veröffentlichung einer (freiwilligen) CSR-Selbstverpflichtung her, in welcher das Ergreifen bestimmter Schutzmaßnahmen behauptet wird, genügt die Klarstellung, dass die in Rede stehenden Schutzmaßnahmen tatsächlich nicht ergriffen wurden. Verlangt die Erfüllung einer Verkehrspflicht die Einflussnahme auf einen Zulieferer, ist der Abbruch der Vertragsbeziehungen mit diesem regelmäßig unzumutbar. Kann dem pflichtigen Unternehmen der Abbruch der Vertragsbeziehungen ausnahmsweise zugemutet werden, ist genau zu untersuchen, ob das menschenrechtliche Risiko, dass diagnostiziert wurde, auf diese Weise überhaupt gesenkt bzw. ausgelöscht würde. Bliebe es von dem Abbruch der Geschäftsbeziehung unberührt, kann ein solcher nicht verlangt werden.

Die Verkehrspflichten des § 823 Abs. 1 BGB zum Schutz der Menschenrechte unterscheiden sich von den Sorgfaltspflichten des LkSG:

Letztere gelten unabhängig davon, ob ein Unternehmen selbst eine Gefahrenquelle geschaffen, beherrscht oder Sicherungs- und Fürsorgepflichten übernommen hat. Entscheidend ist allein das Vorliegen einer Lieferkette, das Setzen eines Verursachungsbeitrags sowie die eigene Einflussmöglichkeit auf die Menschenrechtsverletzungen. § 823 Abs. 1 BGB setzt für das Entstehen von Verkehrspflichten hingegen normative Zurechnungskriterien voraus, an welche höhere Anforderungen gestellt werden als an den nach dem LkSG erforderlichen Verursachungsbeitrag. Nur erhebliche Gefahrerhöhungen, welche über das Potenzial verfügen, die Menschenrechtslage tatsächlich zu verschlechtern, können Sicherungspflichten erschaffen. Ein Sorgfaltspflichten nach dem LkSG auslösender Verursachungsbeitrag liegt hingegen bereits dann vor, wenn bestehende menschenrechtliche Risiken durch das zu beobachtende Unternehmen verstärkt werden, sodass auch geringe Verursachungsbeiträge pflichtenbegründend wirken können.

Darüber hinaus erlegt das LkSG den betroffenen Unternehmen auch in Bezug auf mittelbare Zulieferer Sorgfaltspflichten auf. Im Rahmen der Verkehrspflichten kann es den Unternehmen hingegen nicht zugemutet werden, als Aufseher für die gesamte Lieferkette zu fungieren und Gefahrprävention an allen Gliedern der Wertschöpfungskette zu betreiben.

Zudem ist der sehr detailliert vorgeschriebene Pflichtenkanon des LkSG stets zu erfüllen, während im Rahmen der deliktischen Verkehrspflicht – abgesehen von einer hinreichenden Gefahrerforschung bei entsprechenden Anhaltspunkten – keine universellen (Compliance-)Vorgaben existieren, die unabhängig vom Einzelfall ergriffen werden müssen.

Schlussendlich entspricht auch der Rechtsgüterschutz des § 823 Abs. 1 BGB nicht (vollständig) dem des LkSG, sodass die Sorgfaltspflichten (§§ 3 ff. LkSG) Eingriffe in bestimmte Rechtspositionen vermeiden möchten, welche überhaupt nicht von deliktischen Verkehrspflichten erfasst werden können.

IV. Klimahaftung inländischer Unternehmen

Die Durchsetzung von Klimahaftungsansprüchen begegnet hohen Hürden. Erfolg haben können grundsätzlich nur rückwärtsgewandte Klimahaftungsklagen, die sich gegen einen Großemittenten richten, dessen streitgegenständliche Emissionen nicht der Daseinsvorsorge dienen. Für die Darlegung und den Beweis des Anspruches aus § 1004 Abs. 1 BGB müssen stets komplexe Kausalitätsnachweise erbracht werden, wobei auf Ebene der adäquaten Kausalität klimawandeluntypische Schäden aussortiert werden. Der Schutzzweck der Norm gebietet es zudem, nur solche klimawandelbedingten Schäden als ersatzfähig anzuerkennen, die sich nicht als Ausfluss des allgemeinen Lebensrisikos darstellen und den Geschädigten mit außergewöhnlicher Härte treffen. Selbst wenn der Kausalitätsnachweis nach alledem gelingt, ist weiterhin erforderlich, dass das beklagte Unternehmen keine hinreichenden

Maßnahmen zum Klimaschutz ergriffen hat. Bei Bestehen eines Anspruches haftet es ferner nur anteilig und nur für die unter Verletzung der im Einzelfall bestehenden Sicherungspflicht ausgestoßenen Emissionen. Im Einzelnen lässt sich Folgendes festhalten:

Klimahaftungsklagen können in rückwärts- und vorwärtsgewandte Klimaklagen unterteilt werden. Erstere richten sich gegen (bevorstehende) Beeinträchtigungen, die auf vergangene Treibhausgasemissionen zurückzuführen sein sollen. Letztere richten sich gegen Beeinträchtigungen, die aufgrund bevorstehender Emissionen befürchtet werden.

Die zentrale Haftungsnorm im Klimahaftungsrecht ist § 1004 Abs. 1 BGB (Unterlassungs- und Beseitigungsanspruch). Über die Rechtsfolge der Vorschrift kann begehrt werden, künftige Treibhausgasemissionen zu unterlassen sowie klimawandelbedingte Beeinträchtigungen zu beseitigen. Die Kosten für selbst durchgeführte Vorsorgemaßnahmen gegen Klimaschäden können unter Hinzuziehung der Vorschriften zur Geschäftsführung ohne Auftrag bzw. des Bereicherungsrechts erstattet verlangt werden.

Tatbestandlich bestehen allerdings einige (teilweise unüberwindbare) Hürden: Zunächst scheitern vorwärtsgewandte Klimahaftungsansprüche regelmäßig an der bevorstehenden Beeinträchtigung eines absoluten Rechts, da die Verletzung von deliktisch geschützten Rechtsgütern in den in Rede stehenden Konstellationen nicht unmittelbar bevorsteht.

Rückwärtsgewandte Klimahaftungsansprüche scheitern hingegen nicht an dieser Voraussetzung, weil bereits eingetretene Klimaschäden in der Regel deliktisch geschützte Rechtsgüter beeinträchtigen. Diese sehen sich jedoch Kausalitätsproblemen ausgesetzt, da für eine äquivalent kausale Verursachung sowohl ein Beitrag des Emittenten zum anthropogenen Klimawandel vorliegen muss als auch eine Beeinträchtigung infolge des Klimawandels zwingende Haftungsvoraussetzung des § 1004 Abs. 1 BGB ist. Obwohl es sich bei Klimaschäden um sogenannte Summationsschäden handelt, welche erst durch ein Zusammenwirken unzähliger Emittenten entstehen, führt die fehlende Eignung der Emissionen des Einzelnen zur Schadensherbeiführung nicht zu einer kollektiven Enthaftung.

Die Adäquanztheorie verlangt keine Überschreitung einer Erheblichkeitsschwelle im Hinblick auf die vom Emittenten ausgestoßenen Treibhausgase. Stattdessen schließt sie solche Schäden und Beeinträchtigungen aus der Haftung aus, die zwar auf den Klimawandel zurückzuführen sind, aber vollkommen untypische und nicht erwartbare Folgen der Erderwärmung darstellen. Die Erheblichkeit von Emissionsmengen wird auf Ebene der Zurechnung bei der Begründung einer klimabezogenen Verkehrspflicht berücksichtigt.

Die Lehre vom Schutzzweck der Norm gebietet es, nur Folgen des Klimawandels, die nicht jedermann (gleich) treffen, sondern eine gegenüber der Allgemeinheit wesentlich intensivere persönliche Belastung zur Folge, unter den Schutz des

Deliktsrechts zu stellen. Sonstige Beeinträchtigungen stellen einen bloßen Ausfluss des allgemeinen Lebensrisikos dar.

Da es sich bei der Klimahaftung um einen Fall der mittelbaren Störerhaftung handelt, bedarf es einer wertenden Zurechnung der zu beobachtenden Beeinträchtigung zum Emittenten, welche nichts anderes als die Begründung einer klimabezogenen Verkehrspflicht darstellt. Eine solche Zurechnung ist nur bei Großemittenten möglich, da diese durch ihren hohen Treibhausgasausstoß einen erheblich höheren Beitrag zum anthropogenen Klimawandel und dessen Folgen leisten als Kleinemittenten (etwa Verbraucher) und zudem einen beachtlichen wirtschaftlichen Nutzen aus ihrer Tätigkeit ziehen.

Soweit ein Unternehmen zur Daseinsvorsorge beiträgt, führt das damit verbundene Versorgungsinteresse der Zivilgesellschaft dazu, dass die für das Leisten der Daseinsvorsorge erforderlichen Emissionen stets ausgestoßen werden dürfen, weshalb Energieversorger regelmäßig keine Verkehrspflicht trifft. Der konkrete Inhalt einer klimabezogenen Verkehrspflicht hängt vom Einzelfall ab, ist aber primär auf die höchstmögliche Vermeidung und Reduktion von Treibhausgasemissionen sowie die Anpassung der Unternehmensstrategie an die Ziele des Pariser Klimaabkommens gerichtet.

Die Einhaltung öffentlich-rechtlicher Vorschriften schließt aufgrund der Trennung von Zivilrecht und öffentlichem Recht eine deliktische Haftung nicht aus.

Besteht ein Beseitigungsanspruch nach § 1004 Abs. 1 Satz 1 BGB ist der Schuldner nicht nur dazu verpflichtet, die Störungsquelle zu beseitigen, vielmehr hat der Anspruch daneben die Wiederherstellung des ursprünglichen Zustandes zum Inhalt. Droht eine Beeinträchtigung, findet der Unterlassungsanspruch nach § 1004 Abs. 1 Satz 2 BGB Anwendung. Dieser beschränkt sich nicht auf ein bloßes „Nichtstun", sondern verlangt auch ein aktives Eingreifen, wenn sich die Rechtsgutsverletzung anderweitig nicht verhindern lässt.

Die Beteiligung des Klima-Störers an Sicherungs- und Reparaturmaßnahmen darf nur in Höhe seines Anteils an den globalen Treibhausgasemissionen erfolgen. Der Anspruch ist zu diesem Zwecke über § 242 BGB entsprechend zu kürzen.

Das Klimahaftungsrecht kennt *de lege lata* keine globalen Haftungshöchstgrenzen, da § 15 UmwHG auf die Störerhaftung nach § 1004 Abs. 1 BGB nicht analog angewendet werden kann. Die Vielzahl potenzieller Kläger bei Klimaschäden rechtfertigt aber ihre Implementierung *de lege ferenda.*

Neben § 1004 Abs. 1 BGB kommt auch eine Klimahaftung über § 823 Abs. 1 BGB in Betracht. Aufgrund der für die (mittelbare) Störerhaftung erforderlichen Verletzung einer klimabezogenen Verkehrspflicht, welcher ein Verschuldenselement innewohnt, ist ein weitgehender Haftungsgleichlauf zwischen den beiden Vorschriften zu beobachten.

V. Regressansprüche gegen den Vorstand

Vorstandsmitglieder trifft eine allgemeine Compliance-Pflicht, welche aus der Leitungssorgfalt des Vorstandes (§§ 76 Abs. 1, 93 Abs. 1 Satz 1 AktG) herauszulesen ist. Im Rahmen der Legalitäts- bzw. Legalitätskontrollpflicht und der Schadensabwendungspflicht sind Vorstandsmitglieder in der Folge dazu verpflichtet, die Einhaltung öffentlich-rechtlicher Pflichten aus dem LkSG durch die Gesellschaft sicherzustellen. Die Verantwortung trifft dabei grundsätzlich den Vorstand als Gesamtorgan, über eine Ressortverteilung kann aber auch eine horizontale Delegation an einzelne Vorstandsmitglieder erfolgen. Sämtliche Sorgfaltspflichten können zudem (vertikal) an nachgeordnete Mitarbeiter delegiert werden, da das LkSG ausdrücklich festlegt, welche Aufgaben nur von der Geschäftsleitung wahrgenommen werden dürfen.

Eigenständige Bedeutung neben der Legalitätspflicht erlangt die Schadensabwendungspflicht vor dem Hintergrund, dass Reputationsschäden vermieden werden müssen. Solche können insbesondere aufgrund medialer Berichterstattung über Menschenrechtsverletzungen im Ausland auftreten, weshalb die Einhaltung der Vorschriften des LkSG auch als Bestandteil des Reputationsmanagements angesehen werden kann.

In Konzernkonstellationen gebietet die Schadensabwendungspflicht zudem eine Einflussnahme der Muttergesellschaft auf die Tochtergesellschaft in dem Umfang, in dem es das Interesse der Muttergesellschaft erfordert. Der Vorstand hat daher regelmäßig Verstöße gegen das LkSG durch Tochtergesellschaften zu verhindern, da die mediale Berichterstattung über das Fehlverhalten der Tochtergesellschaft auch zu Reputationsschäden der Muttergesellschaft führen kann. Eine allgemeine konzerndimensionale Legalitätsdurchsetzungspflicht existiert hingegen nicht.

Die konkrete Umsetzung der Sorgfaltspflichten des LkSG steht überwiegend im Ermessen des Vorstands, wird aber durch gesetzliche Mindestvorgaben begrenzt, weshalb keine unternehmerische Entscheidung vorliegt und eine Berufung auf die Business Judgment Rule (§ 93 Abs. 1 Satz 2 AktG) ausscheidet. Bei sämtlichen Sorgfaltspflichten handelt es sich um Pflichtaufgaben mit Entscheidungsspielraum. Ihre ordnungsgemäße Erfüllung verlangt zum einen die Einhaltung der gesetzlichen Mindestvorgaben, gleichzeitig wird dem Vorstand aber auch ein Beurteilungsspielraum gewährt, dessen rechtliche Behandlung an die Ermessensfehlerlehre im Verwaltungsrecht angelehnt ist. Dogmatisch kann dies mit einer entsprechenden Anwendung der verwaltungsrechtlichen Ermessensfehlerlehre zur Einschränkung der verwaltungsgerichtlichen Kontrollintensität behördlicher Ermessensentscheidungen (§§ 40 VwVfG, 114 Satz 1 VwGO) begründet werden.

Verletzt der Vorstand seine Pflichten und entsteht der Gesellschaft daraus ein Schaden, ist dieser gemäß § 93 Abs. 2 Satz 1 AktG nach Maßgabe der §§ 249 ff. BGB ersatzfähig, wobei § 3 Abs. 3 Satz 1 LkSG keine Anwendung findet. Das Verschulden der einzelnen Vorstandsmitglieder kann bei Verstößen gegen Sorgfaltspflichten des LkSG entfallen, wenn im Einklang mit der ISION-Rechtsprechung des BGH umfassender Rechtsrat eingeholt wurde und in der Folge die Berufung auf einen unvermeidbaren Verbotsirrtum möglich ist. Bleibt die Rechtslage trotz sachgerechter Beratung unklar, kann § 93 Abs. 1 Satz 2 AktG nicht entsprechend angewandt werden (keine Legal Judgment Rule), da weder die für die Bildung einer Analogie erforderliche Regelungslücke noch eine vergleichbare Interessenlage vorliegen. Das Verschulden der Vorstandsmitglieder entfällt aber, wenn sie eine Maßnahme durchzuführen, die mit hoher Wahrscheinlichkeit (mehr als 50 %) vor Gericht Bestätigung finden würde. Hinweise des BAFA gewährleisten dabei einen Vertrauensschutz, weshalb ihre Befolgung ein Verschulden regelmäßig ausschließt.

Wird bei Verstößen gegen das LkSG eine Verbandsgeldbuße verhängt, gebietet es das gesellschaftsrechtliche Treueverhältnis zwischen Gesellschaft und Vorstandsmitglied, dass Regressansprüche durch die wirtschaftliche Leistungsfähigkeit des pflichtwidrig handelnden Organvertreters begrenzt werden. Ferner hat bei Vorliegen der Voraussetzungen eine Vorteilsanrechnung zu erfolgen, welche die Höhe des Regressanspruches reduzieren kann.

VI. Regressansprüche gegen den Menschenrechtsbeauftragten

Der Menschenrechtsbeauftragte unterstützt Unternehmen bei der Erfüllung der Sorgfaltspflichten des LkSG. Er kann mit Entscheidungsbefugnissen ausgestattet werden (eigenverantwortlicher Menschenrechtsbeauftragter) oder reine Überwachungsaufgaben wahrnehmen (nicht eigenverantwortlicher Menschenrechtsbeauftragter), wobei ihm stets die zur Aufgabenerfüllung erforderliche Ausstattung zur Verfügung zu stellen ist.

Der Menschenrechtsbeauftragte hat aufgrund seiner Stellung als Überwacher notwendigerweise bestimmte Mindestqualifikationen vorzuweisen, namentlich praktische Erfahrung im zu beobachtenden Unternehmen und das für seine Stellung erforderliche Fachwissen.

Auch externe Dritte können als Menschenrechtsbeauftragte eingesetzt werden. Die Erfordernisse hinreichender Sachkunde und sachgerechter Ausstattung sind auch auf sie anzuwenden. Anderenfalls kann ein Dienstleister nicht als Menschenrechtsbeauftragter benannt werden, da er die von § 4 Abs. 3 Satz 1 LkSG geforderte Überwachungstätigkeit nicht effektiv wahrnehmen könnte. Bei Bestellung eines externen Dritten muss – in Anlehnung an § 3 Abs. 6 NetzDG (a.F.) – eine kontinuierliche Prüfung durch diesen gewährleistet werden.

Ein Menschenrechtsbeauftragter trägt nur wenig zu einem effektiven Risikomanagement bei, wenn er bestimmte, seine Tätigkeit behindernde Repressalien – bspw. eine Kündigung – zu befürchten hat. Zur Erfüllung seiner Überwachungsfunktion ist ihm daher zwingend ein vertraglicher Kündigungsschutz einzuräumen.

Um auf pflichtwidriges Verhalten angemessen reagieren zu können, muss seine Abberufung jedoch jederzeit möglich sein. Die Überwachungsfunktion des Menschenrechtsbeauftragten führt ferner zur Notwendigkeit einer gewissen Weisungsfreiheit, dessen Reichweite maßgeblich von der Ausgestaltung seiner Rolle im Einzelfall abhängt. Dabei gilt: Je umfassender der Menschenrechtsbeauftragte nach dem Verständnis des Unternehmens als zusätzliche Kontrollinstanz agieren soll, desto zweckmäßiger und für die Aufgabenerfüllung notwendiger erscheint es, dass er unabhängig arbeiten kann. Eine stark ausgeprägte Kontrollfunktion verlangt damit auch eine weitreichende Weisungsfreiheit. Umgekehrt verlangt eine schwach ausgeprägte Kontrollfunktion nur eine geringe Weisungsfreiheit.

Da das LkSG die Umsetzung der Sorgfaltspflichten weitgehend den Unternehmen selbst überlässt, kann der Menschenrechtsbeauftragte auf Vorstandsebene benannt werden.

Für die Innenhaftung des Menschenrechtsbeauftragten ist danach zu differenzieren, ob es sich um ein Vorstandsmitglied handelt oder einen unterhalb der Geschäftsleitung angesiedelten Angestellten bzw. einen externen Dienstleister:

Wird ein Menschenrechtsbeauftragter auf Vorstandsebene benannt und ist er gleichzeitig für die operative Umsetzung der Sorgfaltspflichten des LkSG zuständig, gelten die allgemeinen Regeln der Vorstandsinnenhaftung (§ 93 Abs. 2 Satz 1 AktG). Der Menschenrechtsbeauftragte hat dann im Rahmen der Legalitätspflicht für die Einhaltung der Sorgfaltspflichten zu sorgen und im Rahmen der Legalitätskontrollpflicht diese auch gegenüber nachgeordneten Mitarbeitern durchzusetzen. Ferner hat er als Überwacher dafür zu sorgen, dass das Risikomanagement den gesetzlichen Anforderungen genügt. Wird ein Menschenrechtsbeauftragter, der nicht zeitgleich für die operative Umsetzung der Sorgfaltspflichten zuständig ist, auf Vorstandsebene benannt, treffen ihn nur die ihm konkret zugewiesenen Überwachungs- und Unterstützungspflichten.

Wird ein Menschenrechtsbeauftragter unterhalb der Vorstandsebene benannt, haftet er im Innenverhältnis nach § 280 Abs. 1 BGB. Die haftungsrelevanten Pflichten des Menschenrechtsbeauftragten hängen davon ab, ob es sich um einen eigenverantwortlichen oder einen nicht-eigenverantwortlichen Menschenrechtsbeauftragen handelt. Im Falle eines nicht-eigenverantwortlichen Menschenrechtsbeauftragten treffen diesen nur die konkret vereinbarten vertraglichen Pflichten, die im Einzelfall nach allgemeinen Regeln bestimmt werden müssen.

Ein eigenverantwortlicher Menschenrechtsbeauftragter, welcher vertraglich dazu verpflichtet ist, die Einhaltung der Sorgfaltspflichten selbst sicherzustellen, verletzt seine Pflichten grundsätzlich dann, wenn die in seinen Verantwortungsbereich fallenden Maßnahmen mit den Vorgaben des LkSG nicht übereinstimmen. Liegen die vom V. Strafsenat des BGH im Fall „Berliner Stadtreinigung“ verlangten Kriterien nicht vor, ist es dem Menschenrechtsbeauftragten allerdings regelmäßig unmöglich (§ 275 Abs. 1 oder 3 BGB) seine Pflichten zu erfüllen, weshalb eine Haftung ausscheidet.

Werden im Anstellungsvertrag eines Menschenrechtsbeauftragten, dessen Aufgaben in der Erfüllung bestimmter Sorgfaltspflichten bestehen, keine Regelungen über Beurteilungsspielräume bei der Umsetzung der Vorgaben des LkSG getroffen, ist eine ergänzende Vertragsauslegung (§§ 133, 157, 242 BGB) vorzunehmen, mittels derer dem Menschenrechtsbeauftragten ein gewisser, besonderen Einschränkungen unterliegender Entscheidungsspielraum zuzubilligen ist.

Eine normative Einschränkung der Differenzhypothese ist beim Bußgeldregress gegen den Menschenrechtsbeauftragten nicht geboten. Stattdessen finden – sofern der Menschenrechtsbeauftragte nicht auf Vorstandsebene benannt wurde – die vom BAG entwickelten Grundsätze über die beschränkte Arbeitnehmerhaftung Anwendung, welche die Höhe des Haftungsanspruches erheblich reduzieren können. Externe Menschenrechtsbeauftragte können sich mangels Arbeitsverhältnisses auf diese Privilegierung nicht berufen.

VII. Zur Schaffung eines zivilrechtlichen Haftungstatbestandes zum Schutz der Menschenrechte

Da das LkSG einen Pflichtenkatalog statuiert, der von den § 823 Abs. 1 BGB zu entnehmenden menschenrechtsbezogenen Verkehrspflichten abweicht (Doppelbelastung für Unternehmen) und die Voraussetzungen der deliktischen Menschenrechtshaftung einzelfallbezogen zu bestimmen, in der Literatur höchst umstritten und von der Rechtsprechung nicht geklärt sind, besteht gesetzgeberischer Handlungsbedarf. *De lege ferenda* könnte ein deliktischer Haftungstatbestand zum Schutz der Menschenrechte geschaffen werden, welcher die Sorgfaltspflichten des LkSG und die zivilrechtlich zu beachtenden Verkehrspflichten harmonisiert. Die Formulierung einer entsprechenden Vorschrift erweist sich allerdings unter mehreren Gesichtspunkten als problematisch:

Schwierigkeiten bereitet zunächst die Beschreibung der Person des Schädigers, da Unternehmen nur eine Organisations- und Rechtsgesamtheit bilden und daher keine tauglichen Anspruchsgegner darstellen. Weiterhin ist es kaum möglich, einen hinreichend bestimmten Menschenrechtsbegriff zu formulieren. Schließlich ist zu berücksichtigen, dass auch geringfügige Beeinträchtigungen Menschenrechtsverletzungen darstellen könnten, weshalb die Aufnahme einer Erheblichkeitsschwelle oder der Rückgriff auf eine allgemeine Billigkeitshaftung zu erwägen ist. Eine Verknüpfung der deliktischen Haftung mit öffentlich-rechtlichen Sorgfaltspflichten nach dem Vorbild des französischen Sorgfaltspflichtengesetzes (*loi de vigilance*) kann aufgrund von Divergenzen im allgemeinen Deliktsrecht nicht erfolgen.

Gelöst werden können diese Probleme im Ergebnis wie folgt:

Für die Umschreibung der Person des Menschenrechtsschädigers als geeignet erweist sich der Unternehmerbegriff des § 14 BGB. Die Formulierung eines eigenständigen Menschenrechtsbegriffes kann durch Verweis auf das LkSG umgangen werden. Auf diese Weise werden die Sorgfaltspflichten des LkSG (mitsamt ihren Rechtsunsicherheiten) und das darin zum Ausdruck kommende Menschenrechtsverständnis ins Deliktsrecht transportiert. Auf die Formulierung einer Erheblichkeitsschwelle kann dann aufgrund des im LkSG vorgesehenen Angemessenheitsvorbehaltes (§ 3 Abs. 2 LkSG) verzichtet werden. Der Rückgriff auf eine vor dem Hintergrund der Gewaltenteilung höchst problematische Billigkeitshaftung sollte nicht erfolgen.

Vorgeschlagen wird (unter Aufhebung des § 3 Abs. 3 LkSG) folgender § 823a BGB:

„Menschenrechtsverletzung; Menschenrechtliche Sorgfaltspflicht

(1) Ein Unternehmer (§ 14 BGB), der seinen ihm nach dem LkSG (§§ 3–10 mit Ausnahme des § 3a) obliegenden Pflichten nicht oder nicht ordnungsgemäß nachkommt und dadurch eine natürliche Person schädigt, für die nach Maßgabe des LkSG ein menschenrechtliches Risiko ermittelt wurde oder hätte ermittelt werden müssen, ist dieser zum Ersatz des entstandenen Schadens verpflichtet.

(2) Handelt ein Unternehmer im Einklang mit den Vorschriften des LkSG (§§ 3–10 mit Ausnahme des § 3a), ist eine über Absatz 1 hinaus gehende deliktische Haftung (insbesondere nach den §§ 823 Absatz 1 und 2 BGB, 1 UmwHG) ausgeschlossen."

Der Haftungstatbestand harmonisiert öffentlich-rechtliche Sorgfaltspflichten und deliktische Verkehrspflichten zum Schutz der Menschenrechte und erzeugt gleichzeitig einen „Rechtsunsicherheitsgleichlauf", welcher keine neuen Auslegungsprobleme schafft, die von Unternehmen zur Erfüllung der Sorgfaltspflichten des LkSG nicht ohnehin bewältigt werden müssen.

VIII. Zur Schaffung eines Klimasorgfaltspflichtengesetzes

Da das LkSG keinen Klimaschutz gewährleistet, einige Unternehmen aber *de lege lata* klimabezogene Verkehrspflichten zu erfüllen haben, besteht ein Missverhältnis zwischen öffentlichem Recht und Privatrecht. Soweit klimabezogene Sorgfaltspflichten politisch gewünscht sind oder zur Erfüllung der Pflicht aus Art. 22 CSDDD für erforderlich gehalten werden, sollte jedenfalls eine Harmonisierung von öffentlich-rechtlicher und deliktischer Klimaverantwortlichkeit erfolgen. Die Verknüpfung bietet gleichzeitig die Gelegenheit, durch Formulierung eines an die Klimaverantwortlichkeit angepassten zivilrechtlichen Haftungsausschlusses Unsicherheiten im Rahmen der privatrechtlichen Klimahaftung zu eliminieren. Erkenntnisse zur Formulierung einer klimabezogenen Sorgfaltspflicht liefern die OECD-Leitsätze für multinationale Unternehmen, das Den Haager Shell Urteil und die Empfehlungen des *UN Global Compact* zum Klimamanagement. Weiterhin kann sich an der im CSDDD-Entwurf der EU-Kommission sowie der in der finalen Fassung der CSDDD enthaltenen Klimasorgfaltspflicht orientiert werden.

Es wird der folgende Gesetzesvorschlag unterbreitet:

„In § 2 LkSG wird folgender Absatz 9 eingefügt:

Treibhausgase im Sinne dieses Gesetzes sind Kohlendioxid (CO_2), Methan (CH4), Distickstoffoxid (N2O), Schwefelhexafluorid (SF6), Stickstofftrifluorid (NF3) sowie teilfluorierte Kohlenwasserstoffe (HFKW) und perfluorierte Kohlenwasserstoffe (PFKW) gemäß Anhang V Teil 2 der Europäischen Governance-Verordnung ((EU) 2018/1999) in der jeweils geltenden Fassung.

In § 2 LkSG wird folgender Absatz 10 eingefügt:

Unter Treibhausgasemissionen versteht dieses Gesetz die anthropogene Freisetzung von Treibhausgasen in Tonnen Kohlendioxidäquivalent, wobei eine Tonne Kohlendioxidäquivalent eine Tonne Kohlendioxid oder die Menge eines anderen Treibhausgases ist, die in ihrem Potenzial zur Erwärmung der Atmosphäre einer Tonne Kohlendioxid entspricht; das Potenzial richtet sich nach der Delegierten Verordnung (EU) Nr. 666/2014 der Kommission vom 12. März 2014 über die grundlegenden Anforderungen an ein Inventarsystem der Union und zur Berücksichtigung von Veränderungen der Treibhauspotenziale und der international vereinbarten Inventarleitlinien gemäß der Verordnung (EU) Nr. 525/2013 des Europäischen Parlaments und des Rates (ABl. L 179 vom 19. 6. 2014, S. 26) oder nach einer aufgrund von Artikel 26 Absatz 6 Buchstabe b der Europäischen Governance-Verordnung erlassenen Nachfolgeregelung.

In § 2 LkSG wird folgender Absatz 11 eingefügt:

Netto-Treibhausgasneutralität im Sinne dieses Gesetzes bezeichnet das Gleichgewicht zwischen den anthropogenen Emissionen von Treibhausgasen aus Quellen und dem Abbau solcher Gase durch Senken.

In § 2 LkSG wird folgender Absatz 12 eingefügt:

Unter dem Begriff Pariser Klimaabkommen versteht dieses Gesetz das von den Vertragsstaaten der Klimarahmenkonvention der Vereinten Nationen unterzeichnete und mit Gesetz vom 28. September 2016 ratifizierte Übereinkommen von Paris vom 12. Dezember 2015 (BGBl. 2016 II S. 1082, 1083).

In das LkSG wird folgender § 3a eingefügt:

Klimasorgfalt

(1) Unternehmen haben das Geschäftsmodell und die Strategie des Unternehmens mit dem Übergang zu einer nachhaltigen Wirtschaft und der Begrenzung der Erderwärmung auf 1,5 C gemäß dem Übereinkommen von Paris in Einklang zu bringen. Zu diesem Zwecke haben sie angemessene Maßnahmen zur Reduktion und Verhinderung von Treibhausgasemissionen sowie zur Erreichung von Netto-Treibhausgasneutralität zu ergreifen.

(2) Es ist ein Klimaplan zu erstellen und jährlich sowie bei besonderem Anlass zu aktualisieren. Der Klimaplan hat mindestens Folgendes zu enthalten:

1. Eine Treibhausgasbilanz nach Maßgabe der gemäß Absatz 5 erlassenen Verordnung.
2. Die Formulierung konkreter Emissionsreduktionsziele zur Begrenzung der Erderwärmung auf 1,5 Grad Celsius gemäß dem Pariser Klimaabkommen.
3. Die Maßnahmen zur Verringerung und Vermeidung von Treibhausgasemissionen oder sonstige Maßnahmen, mit Hilfe derer die Emissionsreduktionsziele erreicht werden sollen.

4. Informationen darüber, inwieweit der Klimawandel ein Risiko für die Unternehmenstätigkeit darstellt und wie er sich auf diese auswirkt.

(3) Die Erfüllung der Pflichten nach Absatz 1 ist fortlaufend zu dokumentieren. Über sie ist jährlich sowie anlassbezogen zu berichten. Tätigkeiten und Maßnahmen, über die bereits nach den (…)[1] berichtet werden muss, sind von der Berichtspflicht ausgenommen. Der nach Satz 2 zu erstellende Bericht ist spätestens vier Monate nach dem Schluss jedes Geschäftsjahrs auf der Internetseite des Unternehmens für einen Zeitraum von sieben Jahren kostenfrei öffentlich zugänglich zu machen. Der nach Absatz 2 zu erstellende Klimaplan ist spätestens vier Monate nach seiner Fertigstellung auf der Internetseite des Unternehmens dauerhaft und kostenfrei öffentlich zugänglich zu machen.

(4) Handelt ein Unternehmen im Einklang mit den Absätzen 1 und 2, ist eine deliktische Haftung gegenüber Dritten (insbesondere nach den §§ 1004, 823 Absatz 1 BGB, 1 UmwHG) für solche Schäden, die auf den Beitrag des Unternehmens zum anthropogenen Klimawandel zurückzuführen sind, ausgeschlossen.

(5) Das Bundesumweltamt wird ermächtigt durch Rechtsverordnung im Einvernehmen mit dem Bundesamt für Wirtschaft und Ausfuhrkontrolle und nach Anhörung des Expertenrates für Klimafragen (§ 11 Abs. 1 Satz 1 KSG) ohne Zustimmung des Bundesrates das von den Unternehmen anzuwendende Verfahren zur Ermittlung der Treibhausgasbilanz näher zu regeln."

Grafisch können die Auswirkungen der im Rahmen dieser Arbeit vorgeschlagenen Gesetzesänderungen wie folgt dargestellt werden:

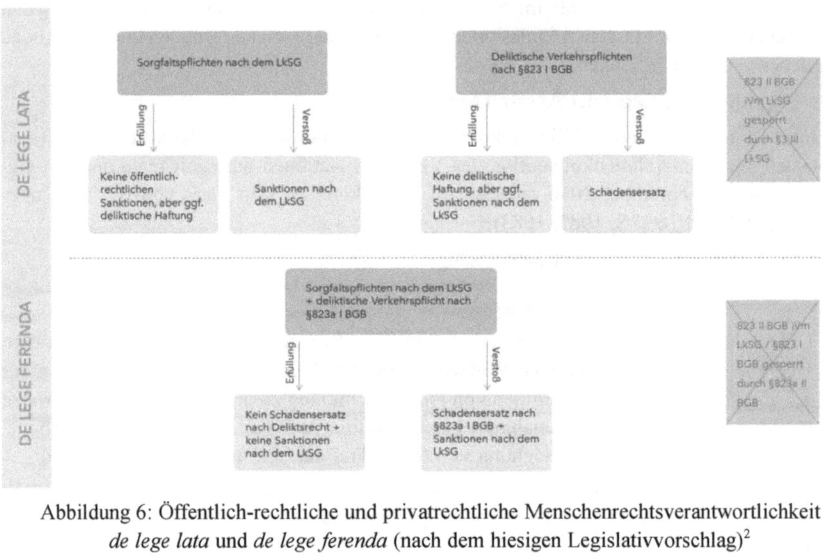

Abbildung 6: Öffentlich-rechtliche und privatrechtliche Menschenrechtsverantwortlichkeit *de lege lata* und *de lege ferenda* (nach dem hiesigen Legislativvorschlag)[2]

---

[1] Die Berichtspflichten nach der CSRD, welche auch Angaben zur Bekämpfung des Klimawandels erfassen, wurden noch nicht in nationales Recht umgesetzt. Absatz 3 verweist auf diese, damit eine doppelte Berichterstattung vermieden wird.

[2] Die Abbildung wurde im Auftrag und nach den Vorgaben des Verfassers von Frau Marcy Maria Katharina Derigs erstellt.

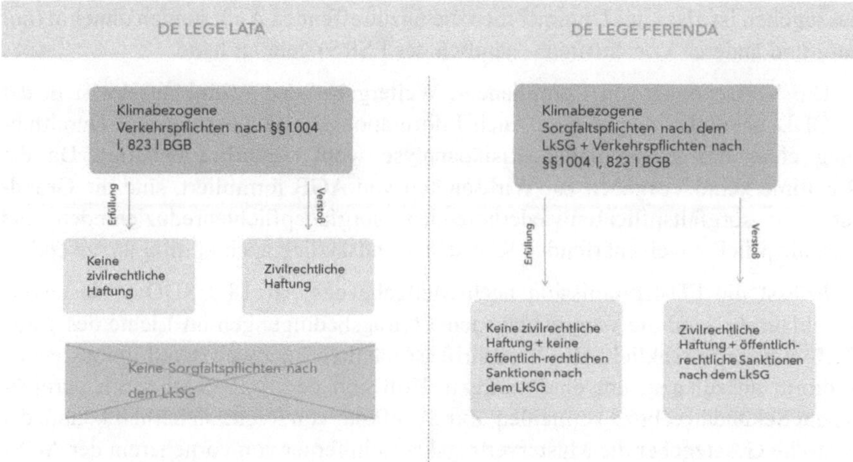

Abbildung 7: Öffentlich-rechtliche und privatrechtliche Klimaverantwortlichkeit *de lege lata* und *de lege ferenda* (nach dem hiesigen Legislativvorschlag)[3]

IX. Auswirkungen der EU-Lieferkettenrichtlinie

An den vorstehenden Untersuchungsergebnissen zur vertraglichen Haftung dürfte sich infolge der CSDDD jedenfalls nichts Grundlegendes ändern:

Der Durchschnittskäufer kann im Hinblick auf § 434 Abs. 3 Satz 1 Nr. 2 BGB auch künftig erwarten, dass Produkte im Einklang mit den (an die CSDDD angepassten) Vorschriften des LkSG hergestellt wurden. Ist dies nicht der Fall, liegt weiterhin (regelmäßig) eine unübliche Beschaffenheit vor.

Gleiches gilt grundsätzlich für die Berichterstattung. Die in der CSDDD vorgesehenen Offenlegungspflichten müssen zwar nach Art. 16 Abs. 2 der Richtlinie nicht mehr erfüllt werden, sofern ein Nachhaltigkeitsbericht nach Maßgabe der CSRD zu veröffentlichen ist. An den Haftungsrisiken ändert dies aber nichts, da unrichtige Angaben in der Nachhaltigkeitsberichterstattung unabhängig davon, ob die in Rede stehende Äußerung aufgrund des § 10 Abs. 2 LkSG oder der ESRS erfolgt, eine öffentliche Äußerung im Sinne des § 434 Abs. 3 Satz 1 Nr. 2 lit. b BGB darstellen können. Sofern ein Unternehmen in den Anwendungsbereich der CSRD fällt, greift der Haftungsausschluss des § 3 Abs. 3 LkSG bei der Berichterstattung auf Basis des LkSG in der Regel nicht, weil anlässlich der von der CSRD verlangten umfangreichen Berichterstattung über Menschenrechte und Umweltbelange davon

[3] Die Abbildung wurde im Auftrag und nach den Vorgaben des Verfassers von Frau Marcy Maria Katharina Derigs erstellt.

auszugehen ist, dass das Unternehmen die unzutreffenden Äußerungen ohnehin (nur aufgrund anderer Vorschriften – nämlich der ESRS) getätigt hätte.

Die Verwendung von Compliance-, Weitergabe- und Auditklauseln ist in der CSDDD ebenfalls vorgesehen. Auch Informationsklauseln werden zur Durchführung einer ordnungsgemäßen Risikoanalyse wohl weiterhin benötigt. Da die Richtlinie keine Vorgaben zur Wirksamkeit von AGB formuliert, sind die Grundsätze zu sorgfaltspflichtenwiederholenden, sorgfaltspflichtenreduzierenden und sorgfaltspflichtenverschärfenden Klauseln grundsätzlich auch künftig anzuwenden.

Erlässt die EU-Kommission nach Maßgabe des Art. 18 CSDDD Mustervertragsklauseln, sind die vorgeschlagenen Vertragsbedingungen im Lichte des § 307 BGB stets unbedenklich. Die Vorschrift ist nämlich im Zweifelsfall unionsrechtskonform auszulegen, um eine indirekte Kollision des AGB-Rechts mit europäischem Sekundärrecht zu vermeiden. Zur Schaffung von Rechtssicherheit könnte der deutsche Gesetzgeber die Mustervertragsklauseln ferner von vorneherein der AGB-Kontrolle entziehen, indem – nach dem Vorbild des § 310 Abs. 1 Satz 3 BGB – eine entsprechende Anordnung in die §§ 305 ff. BGB aufgenommen wird.

Die CSDDD legt einen besonderen Fokus auf den Schutz von KMU. Dieser ist bei der Auslegung des § 307 Abs. 1 BGB zu berücksichtigen und führt dazu, dass KMU nicht die Kosten für Audits auferlegt werden dürfen. Zudem sind in Vertragsbedingungen regelmäßig Absicherungsmechanismen zu implementieren, welche explizit darauf abzielen, die Überforderung von KMU zu vermeiden.

Während die herausgearbeiteten Grundsätze zur vertraglichen Haftung von der CSDDD weitgehend unberührt bleiben, sind im Deliktsrecht wesentliche Änderungen zu erwarten:

Art. 29 Abs. 1 CSDDD verlangt die Implementierung einer deliktischen Menschenrechtshaftung in das Recht der Mitgliedstaaten, welche bei Verstößen gegen bestimmte Sorgfaltspflichten zu greifen hat. Zur Umsetzung dieser Pflicht könnte entweder § 3 Abs. 3 LkSG aufgehoben werden, da die in der Folge eröffnete Möglichkeit, die (an die CSDDD angepassten) Sorgfaltspflichten des LkSG als Schutzgesetze zu klassifizieren und so zu einer deliktischen Haftung nach § 823 Abs. 2 BGB zu gelangen, den Anforderungen der Richtlinie genügt. Die Haftungsneutralität des LkSG würde dann gänzlich eliminiert. Weiterhin ist es denkbar, § 3 Abs. 3 LkSG lediglich zu modifizieren und eine deliktische Haftung nur in dem von Art. 29 Abs. 1 CSDDD verlangten Umfang zuzulassen. In diesem Fall würde es sich anbieten, einen eigenständigen an das Lieferkettenrecht angepassten Haftungstatbestand ins Deliktsrecht aufzunehmen. Im Übrigen könnte die Haftungsneutralität des LkSG aufrechterhalten bleiben. Der im Rahmen dieser Untersuchung vorgeschlagene § 823a BGB müsste nur geringfügig angepasst werden, um die Anforderungen der CSDDD zu erfüllen. Da die Vorschriften, welche zur Umsetzung der in der Richtlinie vorgesehenen deliktischen Haftung dienen sollen, als Eingriffsnormen ausgestaltet werden müssen, wäre es aus Gründen der Rechtsklarheit ratsam, den hiesigen Legislativvorschlag – sollte er zur Umsetzung verwendet werden – um eine entsprechende Klarstellung zu ergänzen. Notwendig ist dies allerdings nicht, da der regulatorische Zusammenhang zwischen der CSDDD und ihrem Umsetzungsgesetz genügt, um einen Eingriffsnormcharakter zu bejahen.

Die deliktische Klimahaftung muss im Zuge der Umsetzung der CSDDD nicht novelliert werden:

Zwar verlangt die CSDDD die Einführung einer Klimasorgfaltspflicht (Art. 22). Eine deliktische Haftung ist bei Verstößen gegen diese allerdings nicht vorgesehen. Gleichwohl sollten zur Schaffung von Rechtssicherheit und zur Vermeidung verschiedenartiger klimabezogener Sorgfalts-, bzw. Verkehrspflichten die deliktische Klimahaftung und die öffentlich-rechtliche Klimaverantwortlichkeit harmonisiert werden, indem die nun ohnehin zu schaffende Klimasorgfaltspflicht nach dem Vorbild des vorgeschlagenen § 3a LkSG ausgestaltet wird. Der hiesige Legislativvorschlag könnte – nachdem einige Ergänzungen vorgenommen wurden – zur Umsetzung des Art. 22 CSDDD dienen.

Die Erkenntnisse zur Binnenhaftung werden durch die CSDDD voraussichtlich kaum beeinflusst:

Der Vorstand hat die Einhaltung der Sorgfaltspflichten des LkSG (sollte die CSDDD in diesem umgesetzt werden) aufgrund der Legalitätspflicht weiterhin sicherzustellen. Soweit keine grundlegenden Änderungen an den §§ 3 ff. LkSG erfolgen, gelten daher auch künftig die in Kap. 4 A. dargelegten Grundsätze zur Innenhaftung. Die Legalitätspflicht wird sich dabei aufgrund der in Art. 22 CSDDD vorgesehenen Klimasorgfaltspflicht *de lege ferenda* jedenfalls auch auf das Ergreifen von Maßnahmen zur Bekämpfung des anthropogenen Klimawandels erstrecken.

Einen Menschenrechtsbeauftragten sieht die CSDDD überhaupt nicht vor, weshalb die Untersuchungsergebnisse zu dessen Innenhaftung fortgelten, soweit der nationale Gesetzgeber sich nicht dazu entschließt, diesen gänzlich aus dem Sorgfaltspflichtenkatalog zu entfernen.

B. Ausblick

I. Zunahme von menschen- und umweltrechtsbezogenen Verfahren vor deutschen Zivilgerichten

Zu Beginn dieser Arbeit wurde die Frage aufgeworfen, wie Menschenrechte und Umweltbelange global durchgesetzt werden können. Die hiesige Untersuchung hat gezeigt, dass prinzipiell sowohl ein Rückgriff auf das öffentliche Recht als auch auf das Privatrecht möglich ist, um global agierende Unternehmen in die Verantwortung zu nehmen. Während die öffentlich-rechtliche Lieferkettenregulierung spätestens seit Inkrafttreten des LkSG enorme praktische Relevanz aufweist, bleibt die Debatte um eine zivilrechtliche Menschenrechtshaftung jedenfalls in Deutschland bislang eher theoretischer Natur und beschäftigt nur selten die Justiz.[4] Die auf Schadensersatz gerichtete Klage gegen die *KiK Textilien und Non-Food GmbH* wurde vom Landgericht Dortmund abgewiesen, da nach pakistanischem Recht bereits Verjährung eingetreten war und die erkennenden Richter im deutschen Recht keine taugliche Anspruchsgrundlage ausmachen konnten.[5] Weitere medienwirksame Menschenrechtsfälle sind nicht ersichtlich, weshalb Erkenntnisse aus der Praxis vor allem mittels einer Auswertung der Entscheidungen der ausländischen Justiz gewonnen werden können.[6]

Ein wesentlicher Grund für die geringe Anzahl an Menschenrechtsfällen vor deutschen Gerichten dürfte vor allem darin liegen, dass bei transnationalen Menschenrechtsverletzungen wohl regelmäßig kein inländisches Recht berufen wäre. Menschenrechtsbezogene Ansprüche aus dem Deliktsrecht sehen sich schließlich – wie bereits angedeutet[7] – *de lege lata* kollisionsrechtlichen Problemen ausgesetzt. *De lege ferenda* dürfte dieses Problem aber durch die EU-Lieferkettenrichtlinie gelöst werden, da innerhalb der nächsten zwei Jahre eine zivilrechtliche Haftung für Menschen- und Umweltrechtsverletzungen einzuführen und die entsprechenden Vorschriften als Eingriffsnormen auszugestalten sind.[8] In der Folge wird es wohl auch zu einer höheren Anzahl von gerichtlichen Verfahren kommen, welche aus Menschenrechtsverletzungen und Umweltschädigungen resultierende privatrechtliche Ansprüche zum Gegenstand haben.[9]

Privatrechtliche Klimaklagen beschäftigen bereits jetzt zunehmend die deutschen Gerichte.[10] Dieser Trend wird sich voraussichtlich fortsetzen, da NGO immer häufiger versuchen, Nachhaltigkeitsbelange auf gerichtlichem Wege durchzusetzen. Zwar wurde in Deutschland bislang über keine Klimahaftungsklage affirmativ entschieden.[11] In der Literatur wird die Möglichkeit einer deliktischen Klimahaf-

---

[4] Ein Überblick über Praxisfälle von Menschenrechtsverletzungen im Konzern und in der Lieferkette findet sich bei *Welwert*, Menschenrechtsverantwortung deutscher Konzerne, 2023, S. 39 ff.

[5] Vgl. LG Dortmund, Urteil vom 10.01.2019 – 7 O 95/15.

[6] Zu den Entwicklungen im Vereinigten Königreich und in den Niederlanden siehe *Rühl/Brunk*, in: Kaltenborn/Krajewski/Rühl/Saage-Maaß, LkSG, § 3 Anh. 2 Rn. 25 ff.

[7] Vgl. Kap. 6 B. II. 4.

[8] Vgl. Kap. 6 B. II.

[9] Vgl. *Kärcher*, Lieferkettengesetz könnte zu Klagewelle führen, Tagesspiegel vom 25.04.2024, abrufbar unter: https://background.tagesspiegel.de/finance/briefing/lieferkettengesetz-koennte-zu-klagewelle-fuehren, zuletzt abgerufen am 30.07.2024, der sogar eine „Klagewelle“ befürchtet.

[10] Vgl. Kap. 3 C. II.

[11] Vgl. nur LG Stuttgart, NVwZ 2022, 1663; LG Braunschweig, Urteil vom 14.02.2023 – 6 O 3931/21; LG München I, Urteil vom 07.02.2023 – 3 O 12581/21.

tung aber mittlerweile von einigen Autoren bejaht[12], weshalb es nicht ausgeschlossen erscheint, dass sich künftig auch Gerichte dieser Auffassung anschließen werden und entsprechende Urteile ergehen. Im Fall *Lliuya* gegen *RWE* haben die zuständigen Richter des OLG Hamm jedenfalls die Schlüssigkeit der Klage bejaht und sich damit für die Anerkennung eines zivilrechtlichen Klimahaftungsanspruches zumindest offen gezeigt.[13]

Wie die gerichtliche Praxis im Hinblick auf eine privatrechtliche Menschen- und Umweltrechtshaftung künftig tatsächlich aussehen wird, dürfte im Wesentlichen davon abhängen, welche gesetzgeberischen Maßnahmen in den kommenden Jahren ergriffen oder möglicherweise sogar zurückgefahren werden.

II. Die rechtspolitische Zukunft der unternehmerischen Verantwortung für Nachhaltigkeitsbelange in der Lieferkette

Angesichts der im Rahmen dieser Untersuchung gewonnen Erkenntnisse, der dabei aufgezeigten Rechtsunsicherheiten und der Entwicklungen auf europäischer Ebene kann nämlich mit hoher Sicherheit prognostiziert werden, dass das Zusammenspiel von öffentlich-rechtlichen Sorgfaltspflichten und zivilrechtlicher Haftung den deutschen Gesetzgeber vor dem Hintergrund transnationaler Menschen- und Umweltrechtsverletzungen auch in Zukunft beschäftigen wird. Absehbarer Handlungsbedarf besteht dabei sowohl im Hinblick auf die Umsetzung der EU-Lieferkettenrichtlinie als auch im Hinblick auf die Angleichung öffentlich-rechtlicher Sorgfaltspflichten und zivilrechtlicher Verkehrspflichten. Der nebulös formulierte § 3 Abs. 3 Satz 1 LkSG schafft mehr Rechtsunsicherheit als er gewährleistet und bedarf daher ebenfalls einer umfassenden Überarbeitung, welche im Rahmen der Umsetzung der CSDDD ohnehin zu erwarten ist.[14]

Im Rahmen der Lieferkettenregulierung dürfen auch die zunehmend lauter werdenden Rufe nach einer Entbürokratisierung nicht ignoriert werden.[15] Immer wieder wird angemahnt, dass Unternehmen bei zu hohen bürokratischen Belastungen im EU-Wirtschaftsraum ihre Produktion gänzlich ins EU-Ausland verlagern könnten, was einerseits den Wirtschaftsstandort schwächen würde. Andererseits

---

[12] Siehe nur *Kieninger*, ZHR 187 (2023), 348, 361 ff.; *Schirmer*, KlimaRZ 2023, 129, 130 f.; *Ipsen/Waßmuth/Plappert*, ZIP 2021, 1843, 1844 ff.

[13] Vgl. Kap. 3 C. II.

[14] Vgl. *Kieninger*, ZIP 2024, 1037, 1038.

[15] Statt vieler *Birk*, Brandbrief an Scholz: EU-Lieferkettenrichtlinie belastet Betriebe, abrufbar unter: https://www.deutsche-handwerks-zeitung.de/brandbrief-an-scholz-eu-lieferkettenrichtlinie-belastet-betriebe-309182/ (Stand: 25.08.2023), zuletzt abgerufen am 30.07.2024; *Hennrichs*, KlimaRZ 2022, 77; siehe auch *Burgi*, WiVerw 2021, 97 ff. zur Nachhaltigkeitsbürokratie und zu einem verfassungsrechtlichen Auftrag ihrer Reduzierung.

könnte eine Abwanderung von Unternehmen dazu führen, dass diese sich überhaupt nicht mehr oder noch weniger als bisher für Menschenrechte und Umweltbelange in ihrer Lieferkette engagieren, weil sie den in der EU geltenden lieferkettenregulierenden Rechtsakten dann nicht mehr unterworfen wären.[16] Die internationale Menschenrechtslage könnte durch eine überbordende Bürokratie also sogar verschlechtert werden.

Die Frage nach der Entschärfung bürokratieträchtiger Gesetze ist eng verbunden mit der Frage, welchen Nutzen öffentlich-rechtliche Pflichten wie die des LkSG für die internationale Menschenrechtslage tatsächlichen mit sich bringen. Kritische Stimmen befürchten, dass es sich bei den bisher erlassenen lieferkettenregulierenden Rechtsakten nur um „Papiertiger"[17] handelt, denen primär ein symbolischer Charakter zukomme. Ob das LkSG, die CSDDD, die CSRD oder auch die Konfliktmineralien VO und die EU-Verordnung gegen Entwaldung spürbare nachhaltigkeitsbezogene Erfolge erzielen, die in einem angemessenen Verhältnis zum damit verbundenen bürokratischen Aufwand stehen, bleibt abzuwarten. Soweit solche Rechtsakte erlassen werden, erscheint es jedenfalls sachgerecht, dass durch ein Tätigwerden des Unionsgesetzgebers einheitliche Vorgaben im europäischen Wirtschaftsraum geschaffen werden, um Wettbewerbsnachteile innerhalb der EU zu vermeiden und ein *level playing field* zu etablieren.[18]

Die Nachhaltigkeitsregulierung durch die EU führt dann allerdings wiederum zu grundlegenden Fragen der Kompetenzverteilung. So wurde etwa bei Erlass der CSRD in der Literatur diskutiert, ob die vom Unionsgesetzgeber als Kompetenzgrundlage bemühten Art. 50, 114 AEUV den Rechtsakt tatsächlich tragen können.[19] Inwieweit diese Diskussion auf andere Nachhaltigkeitsvorschriften (etwa die CSDDD) übergreift, bleibt abzuwarten. Die rechtswissenschaftliche Literatur und

---

[16] Vgl. etwa *Wernicke*, BB 2023, I; *Stöbener de Mora/Noll*, EuZW 2023, 14, 24; *Ramthun*, Umstrittenes EU-Projekt – Die FDP stoppt das Lieferkettengesetz in letzter Minute, abrufbar unter: https://www.wiwo.de/politik/deutschland/umstrittenes-eu-projekt-die-fdp-stoppt-das-lieferkettengesetz-in-letzter-minute-/29632872.html (Stand: 01.02.2014), zuletzt abgerufen am 30.07.2024.

[17] Siehe nur *Kieninger*, ZfPW 2021, 252; *Fratzscher*, Ein moralisches Versagen, das der Wirtschaft schaden wird, abrufbar unter: https://www.welt.de/debatte/kommentare/article226478401/Warum-das-Lieferkettengesetz-ein-fauler-Kompromiss-ist.html (Stand: 16.02.2021), zuletzt abgerufen am 30.07.2024; kritisch auch *Hennrichs*, KlimaRZ 2023, 149, 150; *Hennrichs*, NZG 2023, 1149.

[18] Vgl. *Wolf*, in: Dorsch, Zollrecht, 221. Ergänzungslieferung, November 2023, (D 2) LkSG Rn. 7; *Balke*, AG 2023, 732, 734; *Schmidt*, BB 2022, 1859, 1860.

[19] Siehe insbesondere *Hennrichs*, ACI-Quarterly extra 2021 „Nachhaltigkeitsberichterstattung", S. 16f.; Stellungnahme des Arbeitskreises Bilanzrecht Hochschullehrer Rechtswissenschaft, DB 2021, 2301, 2303f.; *Widdrat*, KlimaRZ 2023, 12ff.; *Pöschke*, GmbHR 2023, R68: An der Primärrechtskonformität „mag man zweifeln".

auch die Gerichte sollten sich der Frage nach der Reichweite des Art. 50 AEUV[20] oder auch des Art. 114 AEUV jedenfalls nicht gänzlich verschließen.

Abschließend kann noch Folgendes festgehalten werden. So komplex die in der hiesigen Untersuchung aufgeworfenen rechtlichen (und politischen) Fragen nach der unternehmerischen Verantwortlichkeit für Nachhaltigkeitsbelange sein mögen, bleibt zumindest auch eine simple Erkenntnis übrig: Langfristigen Erfolg können die öffentlich-rechtliche und die privatrechtliche Lieferkettenregulierung wohl nur haben, wenn die Interessen sämtlicher Beteiligter hinreichend berücksichtigt werden. Der nationale Gesetzgeber und der Unionsgesetzgeber sollten daher versuchen, einen „Mittelweg" zu finden, welcher Unternehmen auf der einen Seite nicht übermäßig belastet, auf der anderen Seite aber auch einen hinreichenden Menschenrechts-, Umwelt-, und Klimaschutz gewährleistet. Aus großer Macht folgt zwar große, aber keine grenzenlose Verantwortung.[21]

[20] Siehe dazu bereits *Schön*, JZ 1998, 194, 195; *Schön*, ZHR 185 (2021), 781, 785 zum „Country-by-Country Reporting".

[21] Winston Churchill führte das zu Beginn dieser Untersuchung genannte Zitat schließlich wie folgt fort: „where there is less power there is less responsibility, and where there is no power there can, I think, be no responsibility".

Literaturverzeichnis

Ackermann, Thomas: Unternehmenssteuerung durch finanzielle Sanktionen, ZHR 179 (2015), 538–562 (zitiert: *Ackermann*, ZHR 179 (2015), 538)

Altenschmidt, Stefan/*Helling*, Denise (Hrsg.): Kommentar zum Lieferkettensorgfaltspflichtengesetz, 1. Aufl., Berlin 2022 (zitiert: *Altenschmidt/Helling*, LkSG, § Rn.)

Altmeppen, Holger (Hrsg.): Kommentar zum Gesetz betreffend die Gesellschaften mit beschränkter Haftung, 11. Aufl., München 2023 (zitiert: *Bearbeiter*, in: Altmeppen, GmbHG, 11. Aufl. 2023, § Rn.)

Arbeitskreis Bilanzrecht Hochschullehrer Rechtswissenschaft (AKBR): Stellungnahme zum CSRD-Vorschlag der EU-Kommission, DB 2021, 2301–2307 (zitiert: Stellungnahme des Arbeitskreises Bilanzrecht Hochschullehrer Rechtswissenschaft, DB 2021, 2301)

Armbrüster, Christian: Eigentumsschutz durch den Beseitigungsanspruch nach § 1004 I 1 BGB und durch Deliktsrecht, NJW 2003, 3087–3090 (zitiert: *Armbrüster*, NJW 2003, 3087)

Asmussen, Sven: Haftung für CSR, Tübingen 2020, zugleich Diss. Berlin 2018 (zitiert: *Asmussen*, Haftung für CSR, 2020, S.)

Asmussen, Sven: Haftung für unwahre Aussagen über Nachhaltigkeitskodizes vor Abschluss eines Kaufvertrags, NJW 2017, 118–123 (zitiert: *Asmussen*, NJW 2017, 118)

Bachmann, Gregor: Compliance – Rechtsgrundlagen und offene Fragen, in: Gesellschaftsrechtliche Vereinigung (Hrsg.), Gesellschaftsrecht in der Diskussion 2007 (Band 13), Köln 2008, S. 65–102 (zitiert: *Bachmann*, in: Gesellschaftsrechtliche Vereinigung (Hrsg.), Gesellschaftsrecht in der Diskussion 2007, 2008, S. 65)

Bachmann, Gregor: LAG Düsseldorf: Keine Haftung des GmbH-Geschäftsführers für Kartellbuße des Unternehmens – „Schienenkartell“, BB 2015, 907–911 (zitiert: *Bachmann*, BB 2015, 907)

Bachmann, Gregor: Verhandlungen des 70. Deutschen Juristentages Hannover 2014 Bd. I: Gutachten Teil E: Reform der Organhaftung? – Materielles Haftungsrecht und seine Durchsetzung in privaten und öffentlichen Unternehmen, München 2014 (zitiert: *Bachmann*, Gutachten E zum 70. Deutschen Juristentag, 2014, E S.)

Bachmann, Gregor: Zehn Thesen zur deutschen Business Judgment Rule, WM 2015, 105–112 (zitiert: *Bachmann*, WM 2015, 105)

Balke, Michaela: Zwischenbefund aus der Praxis zu den organisatorischen Herausforderungen der ESG-Richtlinien für Unternehmen, AG 2023, 732–741 (zitiert: *Balke*, AG 2023, 732)

Bälz, Kilian: Haftung für Menschenrechtsverletzungen im internationalen Projektgeschäft, BB 2021, 648–654 (zitiert: *Bälz*, BB 2021, 648)

Bar, Christian von: Entwicklungen und Entwicklungstendenzen im Recht der Verkehrs(sicherungs)pflichten, JuS 1988, 169–174 (zitiert: *v. Bar*, JuS 1988, 169)

Bar, Christian von: Verkehrspflichten: Richterliche Gefahrsteuerungsgebote im deutschen Deliktsrecht, Köln 1980, zugleich Habil. Göttingen 1979 (zitiert: *v. Bar*, Verkehrspflichten, 1980, S.)

Bar, Christian von: Zur Struktur der Deliktshaftung von juristischen Personen, ihren Organen und ihren Verrichtungsgehilfen, in: Leser, Hans/Isomura, Tamotsu (Hrsg.), Festschrift für Zentaro Kikagawa, Berlin 1992, S. 279–298 (zitiert: *v. Bar*, in: FS Kitagawa, 1992, S. 279)

Bartz, Stefan/*Schmidt*, Falko/*Weber*, Jacqueline: Die wichtigsten Entwicklungen im Lieferkettenrecht im ersten Halbjahr 2024, CCZ 2024, 172–178 (zitiert: *Bartz/Schmidt/Weber*, CCZ 2024, 172)

Baumbach, Adolf (Begr.), bearb. v. *Hopt*, Klaus/*Kumpan*, Christoph/*Leyens*, Patrick, u. a.: Kommentar zum Handelsgesetzbuch, 44. Aufl., München 2025 (zitiert: *Bearbeiter*, in: Hopt, Handelsgesetzbuch, 44. Auflage 2025, § Rn.)

Bäumges, Johannes/*Jürgens*, Robert: Vorbereiter, Challenger, Verantwortlicher, Überwacher – die Rolle von Compliance bei der Umsetzung des LkSG, CCZ 2022, 195–198 (zitiert: *Bäumges/Jürgens*, CCZ 2022, 195)

Baums, Theodor: Der Geschäftsleitervertrag, Begründung, Inhalt und Beendigung der Rechtsstellung der Vorstandsmitglieder und Geschäftsführer in den Kapitalgesellschaften und Genossenschaften, Köln 1987, zugleich Habil. Bonn 1985 (zitiert: *Baums*, Der Geschäftsleitervertrag, 1987, S.)

Baumüller, Josef: Von der CSRD zu den ESRS: ein neues Fundament für Nachhaltigkeitsberichte, PiR 2022, 300–306 (zitiert: *Baumüller*, PiR 2022, 300)

Baumüller, Josef/*Haring*, Nikolai/*Merl*, Stefan: Erstanwendung der Berichtspflichten gem. Taxonomie-VO: Überblick und Handlungsempfehlungen, IRZ 2022, 77–84 (zitiert: *Baumüller/Haring/Merl*, IRZ 2022, 77)

Baumüller, Josef/*Müller*, Stefan/*Scheid*, Oliver: Die Endfassung der Corporate Sustainability Due Diligence Directive, StuB 2024, 349–355 (zitiert: *Baumüller/Müller/Scheid*, StuB 2024, 349)

Baur, Alexander/*Holle*, Philipp Maximilian: Bußgeldregress im Kapitalgesellschaftsrecht nach der (Nicht-)Entscheidung des BAG, ZIP 2018, 459–467 (zitiert: *Baur/Holle*, ZIP 2018, 459)

Bayer, Walter: Legalitätspflicht der Unternehmensleitung, nützliche Gesetzesverstöße und Regress bei verhängten Sanktionen – dargestellt am Beispiel von Kartellverstößen –, in: Bitter, Georg/Lutter, Marcus/Priester, Hans-Joachim, u. a. (Hrsg.), Festschrift für Karsten Schmidt zum 70. Geburtstag, Köln 2009, S. 85–104 (zitiert: *Bayer*, in: FS K. Schmidt, 2009, S. 85)

Bayer, Walter/*Scholz*, Philipp: Zulässigkeit und Grenzen des Kartellbußgeldregresses, GmbHR 2015, 449–456 (zitiert: *Bayer/Scholz*, GmbHR 2015, 449)

Bayindir, Melike Isil: Die ergänzende Vertragsauslegung im Spiegel der Rechtsprechung – Der Versuch einer Dogmatik, Berlin 2016, zugleich Diss. Siegen 2016 (zitiert: *Bayindir*, Die ergänzende Vertragsauslegung im Spiegel der Rechtsprechung, 2016, S.)

Beck, Lukas: Die Rechte des Käufers bei fehlender Nachhaltigkeit der Kaufsache, NJW 2022, 3313–3318 (zitiert: *Beck*, NJW 2022, 3313)

Beck'scher Online-Großkommentar zum AktG, hrsg. Gsell, Beate/Krüger, Wolfgang/Lorenz, Stephan/Reymann, Christoph: Stand: 01.10.2024, München (zitiert: BeckOGK/*Bearbeiter*, Stand, AktG § Rn.)

Beck'scher Online-Großkommentar zum BGB, hrsg. Gsell, Beate/Krüger, Wolfgang/Lorenz, Stephan/Reymann, Christoph: Stand: 01.07.2022 u.a., München (zitiert: BeckOGK/*Bearbeiter*, Stand, BGB § Rn.)

Beck'scher Online-Großkommentar zum HGB, hrsg. Gsell, Beate/Krüger, Wolfgang/Lorenz, Stephan/Reymann, Christoph: Stand: 01.11.2023, München (zitiert: BeckOGK/*Bearbeiter*, Stand, HGB § Rn.)

Beck'scher Online-Kommentar zum BGB, hrsg. Hau, Wolfgang/Poseck, Roman: Stand: 72. Edition, München 2024 (zitiert: BeckOK BGB/*Bearbeiter*, 72. Ed., BGB § Rn.)

Beck'scher Online-Kommentar zum Grundgesetz, hrsg. Epping, Volker/Hillgruber, Christian: Stand: 59. Edition, München 2024 (zitiert: BeckOK GG/*Bearbeiter*, 59. Ed., GG Art. Rn.)

Beck'scher Online-Kommentar zum Lieferkettensorgfaltspflichtengesetz, hrsg. Henn, Elisabeth/Jahn, Jannika: Stand: 1. Edition, München 2023 (zitiert: BeckOK LkSG/*Bearbeiter*, 1. Ed., LkSG § Rn.)

Beckers, Anna: Enforcing Corporate Social Responsibility Codes – On Global Self-Regulation and National Private Law, Portland (USA) 2015, zugleich Diss. Maastricht (Niederlande) 2014 (zitiert: *Beckers*, Enforcing Corporate Social Responsibility Codes, 2015, S.)

Beckers, Anna: Globale Wertschöpfungsketten: Theorie und Dogmatik unternehmensbezogener Pflichten, ZfPW 2021, 220–251 (zitiert: *Beckers*, ZfPW 2021, 220)

Berg, Cai: Korruption in Unternehmen und Risikomanagement nach § 91 Abs. 2 AktG, AG 2007, 271–278 (zitiert: *Berg*, AG 2007, 271)

Berg, Daniel/*Kramme*, Malte (Hrsg.): Kommentar zum Lieferkettensorgfaltspflichtengesetz, 1. Aufl., München 2023 (zitiert: *Bearbeiter*, in: Berg/Kramme, LkSG, § Rn.)

Berger, Viktoria Anna: Vorstandshaftung und Beratung – Ision-Kriterien, unternehmerische Entscheidung und Legal Judgment Rule, Baden-Baden 2015, zugleich Diss. Mannheim 2015 (zitiert: *Berger*, Vorstandshaftung und Beratung, 2015, S.)

Bertke, Anne-Kathrin/*Sandbrink*, Ria: Menschenrechts- und Beschwerdebeauftragte nach dem LkSG, NJW 2024, 319–325 (zitiert: *Bertke/Sandbrink*, NJW 2024, 319)

Bettermann, Maximilian/*Hoes*, Volker: Das Lieferkettensorgfaltspflichtengesetz – Besondere Pflichten für Kreditinstitute?, BKR 2022, 23–29 (zitiert: *Bettermann/Hoes*, BKR 2022, 23)

Bicker, Eike: Legalitätspflicht des Vorstands – ohne Wenn und Aber?, AG 2014, 8–14 (zitiert: *Bicker*, AG 2014, 8)

Binder, Jens-Hinrich: Vorstandshandeln zwischen öffentlichem und Verbandsinteresse, ZGR 2023, 760–801 (zitiert: *Binder*, ZGR 2013, 760)

Binder, Ulrike/*Kraayvanger*, Jan: Regress der Kapitalgesellschaft bei der Geschäftsleitung für gegen das Unternehmen verhängte Geldbußen, BB 2015, 1219–1230 (zitiert: *Binder/Kraayvanger*, BB 2015, 1219)

Bischof, Thorsten: Das Pariser Klimaschutzabkommen – Zur Effektivität völkerrechtlicher Klimaschutzverträge, Tübingen 2022, zugleich Diss. Düsseldorf 2021 (zitiert: *Bischof*, Das Pariser Klimaschutzabkommen, 2022, S.)

Blach, Joshua: „Menschenrechtsschutz" durch Billigkeitshaftung – Konzeptionelle Überlegungen zur Haftungsverfassung von Wertschöpfungsketten –, CCZ 2022, 13–20 (zitiert: *Blach*, CCZ 2022, 13)

Böhringer, Ayse-Martina: Das neue Pariser Klimaübereinkommen, ZaöRV 2016, 753–795 (zitiert: *Böhringer*, ZaöRV 2016, 753)

Bomsdorf, Tobias/*Blatecki-Burgert*, Berthold: Haftung deutscher Unternehmen für „Menschenrechtsverstöße", ZRP 2022, 42–45 (zitiert: *Bomsdorf/Blatecki-Burgert*, ZRP 2020, 42, 44)

Bomsdorf, Tobias/*Blatecki-Burgert*, Berthold: Lieferketten-Richtlinie und Lieferkettensorgfaltspflichtengesetz, ZRP 2022, 141–144 (zitiert: *Bomsdorf/Blatecki-Burgert*, ZRP 2022, 141)

Breitenfeld, Eva: Die organschaftliche Binnenhaftung der Vorstandsmitglieder für gesetzwidriges Verhalten – Eine Untersuchung der aktienrechtlichen Legalitätspflicht, Berlin 2016, zugleich Diss. Mainz 2015 (zitiert: *Breitenfeld*, Die organschaftliche Binnenhaftung der Vorstandsmitglieder, 2016, S.)

Brinker, Ingo/*Meyer*, Michael: Europarechtlicher effet utile und deutsches AGB-Recht – Verkürzte Kündigungsfristen des Herstellers nach der neuen Kfz-GVO –, EuR 2004, 488–497 (zitiert: *Brinker/Meyer*, EuR 2004, 488)

Brommer, Andreas: Die Beschränkung der Rechtsfolgen der Vorstandsinnenhaftung, Berlin 2016, zugleich Diss. Bonn 2015 (zitiert: *Brommer*, Die Beschränkung der Rechtsfolgen der Vorstandsinnenhaftung, 2016, S.)

Brüggemeier, Gert: Prinzipien des Haftungsrechts – Eine systematische Darstellung auf rechtsvergleichender Grundlage, Baden-Baden 1999 (zitiert: *Brüggemeier*, Prinzipien des Haftungsrechts, 1999, S.)

Brune, Julia: Menschenrechte und transnationale Unternehmen – Grenzen und Potentiale des UN Framework for Business and Human Rights, Baden-Baden 2020, zugleich Diss. Bochum 2019 (zitiert: *Brune*, Menschenrechte und transnationale Unternehmen, 2020, S.)

Brunk, Bastian: Menschenrechtscompliance – Eine Untersuchung menschenrechtlicher Verhaltenspflichten von Unternehmen und ihrer Umsetzung im Gesellschaftsrecht, Tübingen 2022, zugleich Diss. Freiburg 2021 (zitiert: *Brunk*, Menschenrechtscompliance, 2022, S.)

Bunte, Hermann-Josef: Regress gegen Mitarbeiter bei kartellrechtlichen Unternehmensgeldbußen, NJW 2018, 123–126 (zitiert: *Bunte*, NJW 2018, 123)

Bunting, Nikolaus: Konzernweite Compliance – Pflicht oder Kür?, ZIP 2012, 1542–1549 (zitiert: *Bunting*, ZIP 2012, 1542)

Burchardi, Sophie: Lieferkettensorgfaltspflichten: Risiken für die Unternehmensleitung, NZG 2022, 1467–1473 (zitiert: *Burchardi*, NZG 2022, 1467)

Burgi, Martin: Nachhaltigkeit als Bürokratielast für KMU: Dimensionen, Rechtsrahmen und Reduzierungspotenzial, WiVerw 2021, 97–120 (zitiert: *Burgi*, WiVerw 2021, 97)

Bürkle, Jürgen: Corporate Compliance – Pflicht oder Kür für den Vorstand der AG?, BB 2005, 565–570 (zitiert: *Bürkle*, BB 2005, 565)

Burmann, Michael/*Hühnermann*, Katrin/*Jahnke*, Jürgen (Hrsg.): Kommentar zum Straßenverkehrsrecht, 27. Aufl., München 2022 (zitiert: *Bearbeiter*, in: Burmann/Heß/Hühnermann/Jahnke, Straßenverkehrsrecht, 27. Auflage 2022, § Rn.)

Busekist, Konstantin von/*Hein*, Oliver: Der IDW PS 980 und die allgemeinen rechtlichen Mindestanforderungen an ein wirksames Compliance Management System (1) – Grundlagen, Kultur und Ziele, CCZ 2012, 41–48 (zitiert: *v. Busekist/Hein*, CCZ 2012, 41)

Cahn, Andreas: Pflichten und Haftung der Organe der Erwerbergesellschaft bei M&A-Transaktionen, in: Habersack, Mathias/Huber, Karl/Spindler, Gerald (Hrsg.), Festschrift für Eberhard Stilz zum 65. Geburtstag, München 2014, S. 99–110 (zitiert: *Cahn*, in: FS Stilz, 2014, S. 99)

Cahn, Andreas/*Müchler*, Henny: Produktinterventionen nach MiFID II Eingriffsvoraussetzungen und Auswirkungen auf die Pflichten des Vorstands von Wertpapierdienstleistungsunternehmen, BKR 2013, 45–55 (zitiert: *Cahn/Müchler*, BKR 2013, 45)

Calliess, Christian: Klimapolitik und Grundrechtsschutz, ZUR 2021, 323–332 (zitiert: *Calliess*, ZUR 2021, 323)

Calliess, Christian/*Ruffert*, Matthias (Hrsg.): EUV/AEUV – Das Verfassungsrecht der Europäischen Union mit Europäischer Grundrechtecharta, Kommentar, 6. Aufl., München 2022 (zitiert: *Bearbeiter*, in: Callies/Ruffert, EUV/AEUV, 6. Aufl. 2022, Art. Rn.)

Canaris, Claus-Wilhelm: Die Neuregelung des Leistungsstörungs- und des Kaufrechts – Grundstrukturen und Problemschwerpunkte, in: Lorenz, Egon (Hrsg.), Karlsruher Forum 2002: Schuldrechtmodernisierung, Karlsruhe 2003, S. 1–100 (zitiert: *Canaris*, in: Lorenz (Hrsg.), Karlsruher Forum 2002 (2002), S. 5)

Charnitzky, Milena/*Weigel*, Jukka: Die Krux mit der Sorgfalt, RiW 2022, 12–19 (zitiert: *Charnitzky/Weigel*, RiW 2022, 12)

Chatzinerantzis, Alexandros/*Appel*, Markus: Haftung für den Klimawandel, NJW 2019, 881–886 (zitiert: *Chatzinerantzis/Appel*, NJW 2019, 881)

Christensen, Guido: Verkehrspflichten in arbeitsteiligen Prozessen, Berlin 1995, zugleich Diss. Hamburg 1995 (zitiert: *Christensen*, Verkehrspflichten in arbeitsteiligen Prozessen, 1995, S.)

Coudenhove-Kalergi, Barbara/*Merl*, Stefan: EU-Entwaldungsverordnung – Anforderungen und Herausforderungen, IRZ 2024, 167–170 (zitiert: *Coudenhove-Kalergi/Merl*, IRZ 2024, 167)

Croon-Gestefeld, Johanna: Die nachhaltige Beschaffenheit der Kaufsache, NJW 2022, 497–502 (zitiert: *Croon-Gestefeld*, NJW 2022, 497)

Däubler, Wolfgang: Haftung für gefährliche Technologien – Das Beispiel Atomrecht, Heidelberg 1988 (zitiert: *Däubler*, Haftung für gefährliche Technologien, 1988, S.)

Dauner-Lieb, Barbara: Unternehmerische Tätigkeit zwischen Kontrolle und Kreativität, in: Crezelius, Georg/Hirte, Heribert/Vieweg, Klaus (Hrsg.), Festschrift für Volker Röhricht zum 65. Geburtstag, Köln 2005, S. 83–104 (zitiert: *Dauner-Lieb*, in: FS Röhricht, 2005, S. 83)

Dauner-Lieb, Barbara/*Langen*, Werner (Hrsg.): BGB Schuldrecht, ProdHaftG, UKlagG, Band II, §§ 241–853 BGB, 4. Aufl., Baden-Baden 2021 (zitiert: *Bearbeiter*, in: NK-BGB, § Rn.)

Davarnejad, Leyla: Menschenrechtsverantwortung multinationaler Unternehmen und Corporate Social Responsibility (CSR) – Zugleich ein Beitrag zur Verbindlichkeit von Verhaltenskodizes internationaler Organisationen als Soft Law, Baden-Baden 2020, zugleich Diss. Bochum 2019 (zitiert: *Davarnejad*, Menschenrechtsverantwortung multinationaler Unternehmen, 2020, S.)

DAV-Ausschüsse: Stellungnahme zum Regierungsentwurf eines Gesetzes über die unternehmerischen Sorgfaltspflichten in Lieferketten, NZG 2021, 546–557 (zitiert: *DAV*, NZG 2021, 546)

Depping, André/*Walden*, Daniel (Hrsg.): Kommentar zum Lieferkettensorgfaltspflichtengesetz, 1. Aufl., München 2022 (zitiert: *Bearbeiter*, in: Depping/Walden, LkSG, § Rn.)

Deutschmann, Lennart: Der neue Sachmangelbegriff des § 434 BGB n. F., NJ 2022, 14–19 (zitiert: Deutschmann, NJ 2022, 14)

Dölling, Dieter/*Duttge*, Gunnar/*König*, Stefan/*Rössner*, Dieter (Hrsg.): Gesamtes Strafrecht (Kommentar StGB, StPO, Nebengesetze), 5. Aufl., Baden-Baden 2022 (zitiert: *Bearbeiter*, in: Dölling/Duttge/König/Rössner, Gesamtes Strafrecht, 5. Auflage 2022, § Rn.)

Dörrwächter, Jan: Nachhaltigkeit und Gesellschaftsinteresse – Zu den Pflichten des Vorstands im Zusammenhang mit ESG, NZG 2022, 1083–1093 (zitiert: *Dörrwächter*, NZG 2022, 1083)

Dorsch, Eberhard (Begr.): Kommentar zum Zollrecht, hrsg. Rüsken, Reinhart, 221. Ergänzungslieferung, Bonn 2023 (zitiert: *Bearbeiter*, in: Dorsch, Zollrecht, 221. Ergänzungslieferung, November 2023, Abschnitt, Rn.)

Dreher, Meinrad: Die kartellrechtliche Bußgeldverantwortlichkeit von Vorstandsmitgliedern. Vorstandshandeln zwischen aktienrechtlichem Legalitätsprinzip und kartellrechtlicher Unsicherheit, in: Dauner-Lieb, Barbara/Hommelhoff, Peter/Jacobs, Matthias u. a. (Hrsg.), Festschrift für Horst Konzen zum 70. Geburtstag, Tübingen 2006, S. 85–108 (zitiert: *Dreher*, in: FS Konzen, 2006, S. 85)

Dreher, Meinrad: Die Vorstandsverantwortung im Geflecht von Risikomanagement, Compliance und interner Revision, in: Kindler, Peter/Koch, Jens/Ulmer, Peter/Winter, Martin (Hrsg.), Festschrift für Uwe Hüffer zum 70. Geburtstag, München 2010, S. 161–178 (zitiert: *Dreher*, in: FS Hüffer, 2010, S. 161)

Dreher, Meinrad: Nicht delegierbare Geschäftsleiterpflichten, in: Grundmann, Stefan/Haar, Brigitte/Merkt, Hanno u. a. (Hrsg.), Festschrift für Klaus Hopt zum 70. Geburtstag, Berlin 2010, S. 517–540 (zitiert: *Dreher*, in: FS Hopt, 2010, S. 517)

Edel, Golo/*Frank*, Justus/*Heine*, Nils/*Heine*, Maurice: Pionierarbeiten in der Lieferkette – Praxisfolgen für das Handels- und Arbeitsrecht (Teil II), BB 2021, 2890–2896 (zitiert: *Edel/Frank/Heine/Heine*, BB 2021, 2890)

Ehmann, Erik: Das Lieferkettensorgfaltspflichtengesetz (LkSG) kommt!, ZVertriebsR 2021, 205–207 (zitiert: *Ehmann*, ZVertriebsR 2021, 205)

Ehmann, Erik/*Berg*, Daniel: Das Lieferkettensorgfaltspflichtengesetz (LkSG): ein erster Überblick, GWR 2021, 287–293 (zitiert: *Ehmann/Berg*, GWR 2021, 287)

Eisele, Stefan: § 93 Abs. 1 Satz 2 AktG – Ein sicherer Hafen? – Ein Beitrag zur Konkretisierung der Business Judgment Rule deutscher Prägung, Jena 2016, zugl. Diss. Jena 2015 (zitiert: *Eisele*, § 93 Abs. 1 Satz 2 AktG? Ein sicherer Hafen?, 2016, S.)

Ekardt, Felix: Klimaklagen gegen Unternehmen – das Den Haager Shell-Urteil, KlimR 2022, 15–18 (zitiert: *Ekardt*, KlimR 2022, 15)

Emmerich, Volker/*Habersack*, Mathias (Hrsg.): Aktien- und GmbH-Konzernrecht (Kommentar), 10. Aufl., München 2022 (zitiert: *Emmerich*, in: Emmerich/Habersack, Aktien- und GmbH-Konzernrecht, 10. Aufl. 2022, § Rn.)

Engelhart, Marc: Sanktionierung von Unternehmen und Compliance – Eine rechtsvergleichende Analyse des Straf- und Ordnungswidrigkeitenrechts in Deutschland und den USA, 2. Aufl., Berlin 2012, zugleich Diss. Freiburg 2010 (zitiert: *Engelhart*, Sanktionierung von Unternehmen und Compliance, 2012, S.)

Erman, Walter (Begr.)/*Westermann*, Harm-Peter/*Grunewald*, Barbara/*Meier-Reimer*, Georg (Hrsg.): Kommentar zum Bürgerlichen Gesetzbuch, Band II, §§ 598–1588 BGB, WZGA, VersAusglG, 17. Aufl., Köln 2023 (zitiert: *Bearbeiter*, in: Erman BGB, Kommentar, 17. Auflage 2023, § Rn.)

Eyermann, Erich/*Fröhler*, Ludwig (Begr.): Kommentar zur VwGO, 16. Aufl., München 2022 (zitiert: *Bearbeiter*, in: Eyermann, VwGO, 16. Auflage 2022, § Rn.)

Fabritius, Andreas/*Korkmaz*, Mesut: Climate Change-Litigation im neuen Gewand – Haftungsrisiken für Organmitglieder aufgrund derivativer Haftungsklagen?, ESGZ 2023, 31–35 (zitiert: *Fabritius/Korkmaz*, ESGZ 2023, 31)

Falder, Roland/*Frank-Fahle*, Constantin/*Poleacov*, Peter (Hrsg.): Lieferkettensorgfaltspflichtengesetz – Ein Überblick für Praktiker, Wiesbaden 2022 (zitiert: *Falder/Frank-Fahle/Poleacov*, Lieferkettensorgfaltspflichtengesetz, S.)

Falkenhausen, Joachim von: Der Aufsichtsrat der Aktiengesellschaft als Geschäftsführungs- und Vertretungsorgan, ZIP 2015, 956–961 (zitiert: *von Falkenhausen*, ZIP 2015, 956)

Falkenhausen, Marie von: Menschenrechtsschutz durch Deliktsrecht – Unternehmerische Pflichten in internationalen Lieferketten, Tübingen 2020, zugleich Diss. Göttingen 2019 (zitiert: *von Falkenhausen*, Menschenrechtsschutz durch Deliktsrecht, 2020, S.)

Fehse, Marthe-Louise/*Markmann*, Friedrich: Die Konfliktmineralienverordnung der Europäischen Union – Neue Pflichten für Unionseinführer und nationaler Vollzug, EuZW 2021, 133–119 (zitiert: *Fehse/Markmann*, EuZW 2021, 133)

Fink, Christian/*Schmidt*, Rüdiger: Nachhaltigkeitsberichterstattung nach der Corporate Sustainability Reporting Directive, KoR 2023, 105–116 (zitiert: *Fink/Schmidt*, KoR 2023, 105)

Fleischer, Holger: Aktienrechtliche Legalitätspflicht und „nützliche" Pflichtverletzungen von Vorstandsmitgliedern, ZIP 2005, 141–152 (zitiert: *Fleischer*, ZIP 2005, 141)

Fleischer, Holger: Behavioral Law and Economics im Gesellschafts- und Kapitalmarktrecht – ein Werkstattbericht, in: Fuchs, Andreas/Schwintowski, Hans-Peter/Zimmer, Daniel (Hrsg.), Festschrift für Ulrich Immenga zum 70. Geburtstag, München 2004, S. 575–588 (zitiert: *Fleischer*, in: FS Immenga, 2004, S. 575)

Fleischer, Holger: Corporate Compliance im aktienrechtlichen Unternehmensverbund, CCZ 2008, 1–6 (zitiert: *Fleischer*, CCZ 2008, 1)

Fleischer, Holger: Die „Business Judgment Rule" im Spiegel von Rechtsvergleichung und Rechtsökonomie, in: Wank, Rolf/Hirte, Heribert/Frey, Kaspar u. a. (Hrsg.), Festschrift für Herbert Wiedemann zum 70. Geburtstag, München 2002, S. 827–850 (zitiert: *Fleischer*, in: FS Wiedemann, 2002, S. 827)

Fleischer, Holger: Grundstrukturen der lieferkettenrechtlichen Sorgfaltspflichten, CCZ 2022, 205–214 (zitiert: *Fleischer*, CCZ 2022, 205)

Fleischer, Holger: Kartellrechtsverstöße und Vorstandsrecht, BB 2008, 1070–1076 (zitiert: *Fleischer*, BB 2008, 1070)

Fleischer, Holger: Regresshaftung von Geschäftsleitern wegen Verbandsgeldbußen, DB 2014, 345–352 (zitiert: *Fleischer*, DB 2014, 345)

Fleischer, Holger: Zivilrechtliche Haftung im Halbschatten des Lieferkettensorgfaltspflichtengesetzes, DB 2022, 920–929 (zitiert: *Fleischer*, DB 2022, 920)

Fleischer, Holger/*Danninger*, Nadja: Konzernhaftung für Menschenrechtsverletzungen – Französische und schweizerische Reformen als Regelungsvorbilder für Deutschland?, DB 2017, 2849–2858 (zitiert: *Fleischer/Danninger*, DB 2017, 2849)

Fleischer, Holger/*Korch*, Stefan: Konzerndeliktsrecht: Entwicklungsstand und Zukunftsperspektiven, DB 2019, 1944–1952 (zitiert: *Fleischer/Korch*, DB 2019, 1944)

Fleischer, Holger/*Korch*, Stefan: Okpabi v Royal Dutch Shell und das deutsche Deliktsrecht in Konzernlagen, ZIP 2021, 709–718 (zitiert: *Fleischer/Korch*, ZIP 2021, 709)

Fleischer, Holger/*Korch*, Stefan: Zur deliktsrechtlichen Verantwortlichkeit von Auftraggebern in der Lieferkette, ZIP 2019, 2181–2191 (zitiert: *Fleischer/Korch*, ZIP 2019, 2181)

Fleischer, Holger/*Mankowski*, Peter (Hrsg.): Kommentar zum Lieferkettensorgfaltspflichtengesetz, 1. Aufl., München 2023 (zitiert: *Bearbeiter*, in: Fleischer/Mankowski, LkSG, § Rn.)

Frank, Justus/*Edel*, Golo/*Heine*, Maurice/*Heine*, Nils: Pionierarbeiten in der Lieferkette Praxisfolgen für das Handels- und Arbeitsrecht (Teil I), BB 2021, 2165–2171 (zitiert: *Frank/Edel/Heine/Heine*, BB 2021, 2165)

Frank, Will: Climate Change Litigation – Klimawandel und haftungsrechtliche Risiken Erwiderung auf Chatzinerantzis/Herz (NJOZ 2010, 594 = NJW 2010, 910), NJOZ 2010, 2296–2300 (zitiert: *Frank*, NJOZ 2010, 2296)

Frank, Will: Störerhaftung für Klimaschäden?, NVwZ 2017, 664–669 (zitiert: *Frank*, NVwZ 2017, 664)

Frank-Fahle, Constantin: Nominated Sub-Contractor-Klauseln im Lichte des Lieferkettensorgfaltspflichtengesetzes: Die Wahl zwischen Pest und Cholera?, ZfBR 2023, 6–9 (zitiert: *Frank-Fahle*, ZfBR 2023, 6)

Franzius, Claudio: Das Paris-Abkommen zum Klimaschutz, ZUR 2017, 515–525 (zitiert: *Franzius*, ZUR 2017, 515)

Freiberg, Jens/*Lanfermann*, Georg (Hrsg.): ESRS-Kommentar, Freiburg 2023 (zitiert: *Bearbeiter*, in: Freiberg/Lanfermann, ESRS-Kommentar, § Rn.)

Fremuth, Michael Lysander: Menschenrechte – Grundlagen und Dokumente, Wien (Österreich) 2019 (zitiert: *Fremuth*, Menschenrechte, 2019, S.)

Friebel, Lisa-Marie: Corporate Social Responsibility – Die nichtfinanzielle Erklärung nach §§ 289b ff. HGB und ihre Auswirkungen auf die Aktiengesellschaft, Berlin 2021, zugleich Diss. Augsburg 2021 (zitiert: *Friebel*, Corporate Social Responsibility, 2021, S.)

Fritz, Hans-Joachim: Haftungsbegrenzung bei Führungskräften, NZA 2017, 673–679 (zitiert: *Fritz*, NZA 2017, 673)

Fuchs, Michael: Die „Nationale Kontaktstelle für die OECD-Leitsätze für multinationale Unternehmen", EuZW 2023, 399–406 (zitiert: *Fuchs*, EuZW 2023, 399)

Gailhofer, Peter/*Verheyen*, Roda: Klimaschutzbezogene Sorgfaltspflichten: Perspektiven der gesetzlichen Regelung in einem Lieferkettengesetz, ZUR 2021, 402–413 (zitiert: *Gailhofer/Verheyen*, ZUR 2021, 402)

Geh, Felix: Die Vorstandsbinnenhaftung unter dem Lieferkettensorgfaltspflichtengesetz, Berlin 2024, zugleich Diss. Augsburg 2023 (zitiert: *Geh*, Die Vorstandsbinnenhaftung unter dem LkSG, 2024, S.)

Gehling, Christian: Umsetzung des LkSG im Konzern, CCZ 2023, 211–220 (zitiert: *Gehling*, CCZ 2023, 211)

Gehling, Christian/*Ott*, Nicolas (Hrsg.): Kommentar zum Lieferkettensorgfaltspflichtengesetz, 1. Aufl., Köln 2022, (zitiert: *Bearbeiter*, in: Gehling/Ott, LkSG, § Rn.)

Gehling, Christian/*Ott*, Nicolas/*Lüneborg*, Cäcilie: Das neue Lieferkettensorgfaltspflichtengesetz – Umsetzung in der Unternehmenspraxis, CCZ 2021, 230–240 (zitiert: *Gehling/Ott/Lüneborg*, CCZ 2021, 230)

Geier, Bernd/*Meringdal*, Inga Elise/*Stille*, Simone: ESG-Compliance – Taxonomie, Offenlegung, Governance, München 2023 (zitiert: *Geier/Meringdal/Stille*, ESG-Compliance, § Rn.)

Geigel, Reinhart (Begr.): Der Haftpflichtprozess, 28. Aufl., München 2020 (zitiert: *Bearbeiter*, in: Geigel, Haftpflichtprozess, 28. Aufl. 2020, Kapitel Rn.)

Geiser, Martina: Leitungspflichten des Vorstandes in der AG – Grenzziehung zwischen der Business Judgment Rule und den notwendigen Anforderungen an eine Compliance-Organisation, Hamburg 2010, zugleich Diss. Köln 2009 (zitiert: *Geiser*, Leitungspflichten des Vorstandes in der AG, 2010, S.)

Gereffi, Gary/*Humphrey*, John/*Sturgeon*, Timothy: The governance of global value chains, Review of International Political Economy 12 (2005), S. 78–104 (zitiert: *Gereffi/Humphrey/Sturgeon*, Review Int. Political Economy 12 (2005), 78)

Ghassemi-Tabar, Nima (Hrsg.): Kommentar zum Lieferkettensorgfaltspflichtengesetz, 1. Aufl., München 2024 (zitiert: *Bearbeiter*, in: Ghassemi-Tabar, LkSG, § Rn.)

Gilch, Andreas/*Pelz*, Christian: Compliance-Klauseln – Gut gemeint aber unwirksam?, CCZ 2008, 131–136 (zitiert: *Gilch/Pelz*, CCZ 2008, 131)

Glinski, Carola: Die rechtliche Bedeutung der privaten Regulierung globaler Produktionsstandards, Baden-Baden 2011, zugleich Diss. Bremen 2010 (zitiert: *Glinski*, Die rechtliche Bedeutung der privaten Regulierung globaler Produktionsstandards, 2011, S.)

Göpfert, Burkard/*Jakobs*, Steffen: Der Menschenrechtsbeauftragte – das (noch) unbekannte Wesen?, NZA 2023, 144–146 (zitiert: *Göpfert/Jacobs*, NZA 2023, 144)

Görgen, Theresa: Unternehmerische Haftung in transnationalen Menschenrechtsfällen – Eine Untersuchung der zivilrechtlichen Haftung unter besonderer Berücksichtigung der UN-Leitprinzipien für Wirtschaft und Menschenrechte, Baden-Baden 2019, zugleich Diss. Berlin 2019 (zitiert: *Görgen*, Unternehmerische Haftung in transnationalen Menschenrechtsfällen, 2019, S.)

Gottschalk, Eckart/*Weng*, Andreas: Was ist bei der Inanspruchnahme rechtlicher Beratung zu beachten? Ein Leitfaden für Geschäftsleiter, GWR 2013, 243–247 (zitiert: *Gottschalk/Weng*, GWR 2013, 243)

Götz, Claas-Lennart: Ein Lieferkettengesetz nordischer Prägung – Norwegens neues Transparenzgesetz, RIW 2022, 99–105 (zitiert: *Götz*, RIW 2022, 99)

Grabosch, Robert (Hrsg.): Das neue Lieferkettensorgfaltspflichtengesetz, Baden-Baden 2021 (zitiert: *Bearbeiter*, in: Grabosch, LkSG, § Rn.)

Grigoleit, Hans Christoph (Hrsg.): Kommentar zum Aktiengesetz, 2. Aufl., München 2020 (zitiert: *Grigoleit/Tomasic*, in: Grigoleit Aktiengesetz, 2. Aufl. 2020, § Rn.)

Grigoleit, Hans-Christoph/*Herresthal*, Carsten: Grundlagen der Sachmängelhaftung im Kaufrecht, JZ 2003, 118–127 (zitiert: *Grigoleit/Herresthal*, JZ 2003, 118)

Grundmeier, Charlotte Elisabeth: Rechtspflicht zur Compliance im Konzern, Köln 2011, zugleich Diss. Bonn 2011 (zitiert: *Grundmeier*, Rechtspflicht zur Compliance im Konzern, 2011, S.)

Grüneberg, Christian: Kommentar zum Bürgerlichen Gesetzbuch, vormals Palandt (Begr.), bearb. von Ellenberger, Jürgen/Götz, Isabelle/Grüneberg, Christian u. a., 83. Aufl., München 2024 (zitiert: *Bearbeiter*, in: Grüneberg, BGB, 83. Aufl. 2024, § Rn.)

Grunewald, Barbara: Die Abwälzung von Bußgeldern, Verbands- und Vertragsstrafen im Wege des Regresses, NZG 2016, 1121–1124 (zitiert: *Grunewald*, NZG 2016, 1121)

Grunewald, Barbara: Inhaltskontrolle von AGB in Lieferverträgen im Hinblick auf die sich aus dem LKSG ergebenden Pflichten, ZIP 2023, 2238–2241 (zitiert: *Grunewald*, ZIP 2023, 2238)

Grunewald, Barbara: Verkäuferhaftung für unrichtige CSR-Berichte des Herstellers, NJW 2021, 1777–1780 (zitiert: *Grunewald*, NJW 2021, 1777)

Grunewald, Barbara/*Hennrichs*, Joachim: Haftungsgrundsätze für Entscheidungen unter Unsicherheit, in: Grunewald, Barbara/Westermann, Harm Peter (Hrsg.), Festschrift für Georg Maier-Reimer zum 70. Geburtstag, München 2010, S. 147–160 (zitiert: *Grunewald/Hennrichs*, in: FS Maier-Reimer, 2010, S. 147)

Grziwotz, Herbert/*Schmidt-Räntsch*, Johanna/*Ring*, Gerhard (Hrsg.): Kommentar zum Bürgerlichen Gesetzbuch, Band III, §§ 854–1296 BGB, 5. Aufl., Baden-Baden 2022 (zitiert: Bearbeiter, in: *Ring/Grziwotz/Schmidt-Räntsch*, NK-BGB, Band 3: Sachenrecht, 5. Auflage 2022, § Rn.)

Güngör, Volkan: Sorgfaltspflichten für Unternehmen in transnationalen Menschenrechtsfällen, Hamburg 2016, zugleich Diss. Lüneburg 2016 (zitiert: *Güngör*, Sorgfaltspflichten für Unternehmen in transnationalen Menschenrechtsfällen, 2016, S.)

Habersack, Mathias: Die Legalitätspflicht des Vorstands der AG, in: Burgard, Ulrich/Hadding, Walther/Mülbert, Peter u. a. (Hrsg.), Festschrift für Uwe H. Schneider zum 70. Geburtstag, Köln 2011, S. 429–441 (zitiert: *Habersack*, in: FS Uwe H. Schneider, 2011, S. 429)

Habersack, Mathias: Gedanken zur konzernweiten Compliance-Verantwortung des Geschäftsleiters eines herrschenden Unternehmens, in: Bechtold, Stefan/Jickeli, Joachim/Rohe, Mathias (Hrsg.), Festschrift für Wernhard Möschel zum 70. Geburtstag, Baden-Baden 2011, S. 1175–1192 (zitiert: *Habersack*, in: FS Möschel, 2011, S. 1175)

Habersack, Mathias/*Ehrl*, Max: Verantwortlichkeit inländischer Unternehmen für Menschenrechtsverletzungen durch ausländische Zulieferer – de lege lata und de lege ferenda, AcP 219 (2019), 155–210 (zitiert: *Habersack/Ehrl*, AcP 219 (2019), 155)

Habersack, Mathias/*Zickgraf*, Peter: Deliktsrechtliche Verkehrs- und Organisationspflichten im Konzern, ZHR 182 (2018), 252–295 (zitiert: *Habersack/Zickgraf*, ZHR 182 (2018), 252)

Habetha, Joachim: Direktorenhaftung und gesellschaftsfinanzierte Haftpflichtversicherung – Ein deutsch-englischer Rechtsvergleich vor dem Hintergrund des Binnenmarktes für Versicherungsleistungen, Heidelberg 1995, zugleich Diss. Kiel 1994 (zitiert: *Habetha*, Direktorenhaftung, 1995, S.)

Hager, Günter: Umweltschäden – ein Prüfstein für die Wandlungs- und Leistungsfähigkeit des Deliktsrechts, NJW 1986, 1961–1971 (zitiert: *Hager*, NJW 1986, 1961–1971)

Hahn, Jakob: Das Schadensrecht der Geschäftsleiterhaftung Schadensbegriff – Verbandsgeldbußenregress – Reputationsschaden – Vorteilsausgleichung, Berlin 2022, zugleich Diss. Hamburg 2021 (zitiert: *Hahn*, Das Schadensrecht der Geschäftsleiterhaftung, 2022, S.)

Haider, Katharina: Haftung von transnationalen Unternehmen und Staaten für Menschenrechtsverletzungen – Eine Untersuchung der Rechtsschutzmöglichkeiten am Maßstab des Völkerrechts, des Internationalen Zivilverfahrensrechts, des (Internationalen) Privatrechts, des Staatshaftungsrechts und des Strafrechts, Baden-Baden 2019, zugleich Diss. Passau 2018 (zitiert: *Haider*, Haftung von transnationalen Unternehmen und Staaten für Menschenrechtsverletzungen, 2019, S.)

Haller, Heiko/*Risse*, Jörg: Klimaschutzklagen und Streitverkündung gegen den Staat, NJW 2021, 3500–3505 (zitiert: *Haller/Risse*, NJW 2021, 3500)

Harings, Lothar/*Jürgens*, Max/*Thalhammer*, Veronika: Die Rolle des Menschenrechtsbeauftragten im Lieferkettensorgfaltspflichtengesetz, CB 2022, 93–98 (zitiert: *Harings/Jürgens/Thalhammer*, CB 2022, 93)

Harms, Charlotte: Die neue EU-Batterieverordnung und ihr Potenzial für die Elektrofahrzeugregulierung, RAW 2023, 174–177 (zitiert: *Harms*, RAW 2023, 174)

Harnischmacher, Sebastian: Unternehmensrecht im Wandel: Sinnvolle Wege zu mehr Nachhaltigkeit?, KlimaRZ 2024, 101–106 (zitiert: *Harnischmacher*, KlimaRZ 2024, 101)

Harnos, Rafael: Gerichtliche Kontrolldichte im Gesellschaftsrecht, Köln 2021, zugleich Habil. Bonn 2020 (zitiert: *Harnos*, Gerichtliche Kontrolldichte, 2021, S.)

Harnos, Rafael: Geschäftsleiterhaftung bei unklarer Rechtslage – Eine Untersuchung am Beispiel des Kartellrechts, Berlin 2013, zugleich Diss. Konstanz 2013 (zitiert: *Harnos*, Geschäftsleiterhaftung, 2013, S.)

Harzenetter, Tobias: Innenhaftung des Vorstands der Aktiengesellschaft für so genannte nützliche Pflichtverletzungen – Illegales Verhalten von Vorstandsmitgliedern in der Absicht, das Unternehmenswohl zu fördern, und die Haftung aus § 93 Abs. 2 AktG, Hamburg 2008, zugleich Diss. Augsburg 2008, (zitiert: *Harzenetter*, Innenhaftung, 2008, S.)

Hasselbach, Kai/*Ebbinghaus*, Felix: Anwendung der Business Judgement Rule bei unklarer Rechtslage, AG 2014, 873–883 (zitiert: *Hasselbach/Ebbinghaus*, AG 2014, 873)

Hauger, Nils/*Palzer*, Christoph: Kartellbußen und gesellschaftsrechtlicher Innenregress, ZGR 2015, 33–83 (zitiert: *Hauger/Palzer*, ZGR 2015, 33)

Hauschka, Christoph (Hrsg.): Corporate Compliance – Handbuch der Haftungsvermeidung in Unternehmen, 1. Aufl., München 2007 (zitiert: *Bearbeiter*, in: Hauschka, Corporate Compliance, 1. Aufl. 2007, § Rn.)

Hauschka, Christoph (Hrsg.): Corporate Compliance, Handbuch der Haftungsvermeidung in Unternehmen, 2. Aufl., München 2010 (zitiert: *Bearbeiter*, in: Hauschka, Corporate Compliance, 2. Aufl. 2010, § Rn.)

Hauschka, Christoph: Der Compliance-Beauftragte im Kartellrecht Absicherungsstrategien für mittelständische Unternehmen und deren Organe, BB 2004, 1178–1182 (zitiert: *Hauschka*, BB 2004, 1178)

Hauschka, Christoph: Ermessensentscheidungen bei der Unternehmensführung, GmbHR 2007, 11–16 (zitiert: *Hauschka*, GmbHR 2007, 11)

Hauschka, Christoph/*Moosmayer*, Klaus/*Lösler*, Thomas (Hrsg.): Corporate Compliance – Handbuch der Haftungsvermeidung in Unternehmen, 3. Aufl., München 2016 (zitiert: *Bearbeiter*, in: Hauschka/Moosmayer/Lösler, Corporate Compliance, 3. Auflage 2016, § Rn.)

Heichl, Veronika/*Henselmann*, Klaus: Nachhaltigkeitsberichterstattung im Wandel: Von der NFRD zu CSRD – Empirische Analyse von Unternehmen der DAX-Familie im Geschäftsjahr 2022, IRZ 2024, 75–82 (zitiert: *Heichl/Henselmann*, IRZ 2024, 75)

Heinen, Anna: Auf dem Weg zu einem transnationalen Deliktsrecht? – Zur Begründung deliktischer Sorgfalts- und Organisationspflichten in globalen Wertschöpfungsketten, in: Krajewski, Markus/Saage-Maß, Miriam (Hrsg.), Die Durchsetzung menschenrechtlicher Sorgfaltspflichten von Unternehmen – Zivilrechtliche Haftung und Berichterstattung als Steuerungsinstrumente, Baden-Baden 2018, S. 87–124 (zitiert: *Heinen*, in: Krajewski/Saage-Maaß, Die Durchsetzung menschenrechtlicher Sorgfaltspflichten von Unternehmen, 2018, S. 87)

Heinen, Anna: Deliktische Sorgfaltspflichten in transnationalen Lieferketten – Ansätze einer Haftung für Menschenrechtsbeeinträchtigungen durch Unternehmen, Baden-Baden 2022, Diss. 2021 Frankfurt an der Oder (zitiert: *Heinen*, Deliktische Sorgfaltspflichten, 2022, S.)

Heinlein, Ingrid: Zivilrechtliche Verantwortung transnationaler Unternehmen für sichere und gesunde Arbeitsbedingungen in den Betrieben ihrer Lieferanten, NZA 2018, 276–282 (zitiert: *Heinlein*, NZA 2018, 276)

Hembach, Holger: Praxisleitfaden Lieferkettensorgfaltspflichtengesetz, Frankfurt am Main 2022 (zitiert: *Hembach*, Praxisleitfaden LkSG, 2022, S.)

Hennings, Antje: Über das Verhältnis von multinationalen Unternehmen zu Menschenrechten – Eine Bestandsaufnahme aus juristischer Perspektive, Göttingen 2009, zugleich Diss.

Göttingen 2009 (zitiert: *Hennings*, Über das Verhältnis von Multinationalen Unternehmen zu Menschenrechten, 2009, S.)

Hennrichs, Joachim: Die Grundkonzeption der CSR-Berichterstattung und ausgewählte Problemfelder, ZGR 2018, 206–230 (zitiert: *Hennrichs*, ZGR 2018, 206)

Hennrichs, Joachim: Europäische Standards für die Nachhaltigkeitsberichterstattung – Gold Standard oder Irrweg?, NZG 2023, 1149 (zitiert: *Hennrichs*, NZG 2023, 1149)

Hennrichs, Joachim: European Sustainability Reporting – Exportschlager zur Klimarettung?, KlimaRZ 2023, 149–150 (zitiert: *Hennrichs*, KlimaRZ 2023, 149)

Hennrichs, Joachim: Klimaschutz durch European Sustainability Reporting Standards, KlimaRZ 2022, 77 (zitiert: *Hennrichs*, KlimaRZ 2022, 77)

Hennrichs, Joachim: Zum erweiterten Anwendungsbereich der Nachhaltigkeitsberichterstattung nach dem Vorschlag der EU-Kommission, in: Audit Committee Institute e. V. (Hrsg.), Nachhaltigkeitsberichterstattung – Zum Entwurf der EU-Kommission: Corporate Sustainability Reporting Directive (CSRD), S. 16–17, abrufbar unter: https://audit-committee-institute.de/html/de/qextra_Nachhaltigkeitsberichterstattung.html, zuletzt abgerufen am 30.07.2024 (zitiert: *Hennrichs*, ACI-Quarterly extra 2021 „Nachhaltigkeitsberichterstattung", S.)

Henssler, Martin/*Strohn*, Lutz (Hrsg.): Gesellschaftsrecht (Kommentar), 6. Aufl., München 2024 (zitiert: *Bearbeiter*, in: Henssler/Strohn, Gesellschaftsrecht, 6. Auflage 2024, § Rn.)

Henze, Hartwig: Entscheidungen und Kompetenzen der Organe in der AG: Vorgaben der höchstrichterlichen Rechtsprechung, BB 2001, 53–61 (zitiert: *Henze*, BB 2001, 53)

Herresthal, Carsten: Die richtlinienkonforme und die verfassungskonforme Auslegung im Privatrecht, JuS 2014, 289–298 (zitiert: *Herresthal*, JuS 2014, 289)

Herrler, Sebastian: Schuldrechtsreform 2.0 – Neuerungen im BGB aufgrund der Umsetzung der Warenkaufrichtlinie und der Richtlinie über digitale Inhalte –, DNotZ 2022, 491–525 (zitiert: *Herrler*, DNotZ 2022, 491)

Herrmann, Volker/*Rünz*, Sebastian: Praktische Hinweise und Maßnahmen zur Umsetzung des Lieferkettensorgfaltspflichtengesetzes im Unternehmen, DB 2021, 3078–3084 (zitiert: *Herrmann/Rünz*, DB 2021, 3078)

Hirschmann, Stefan: Sozialer Mindestschutz gemäß EU-Taxonomie, ESG 2023, 42–46 (zitiert: *Hirschmann*, ESG 2023, 42 ff.)

Hirte, Heribert/*Mülbert*, Peter/*Roth*, Markus (Hrsg.): Großkommentar zum Aktiengesetz, Vierter Band, Teilband 2, §§ 92–94 AktG, 5. Aufl., Berlin 2015 (zitiert: *Hopt/Roth*, in: GK-AktG, 5. Aufl. 2015, § Rn.)

Hoffmann, Silke: Binnenregress für Verbandsgeldbußen im Kapitalgesellschaftsrecht – Eine rechtsvergleichende Untersuchung, Baden-Baden 2022, zugleich Diss. Heidelberg 2021 (zitiert: *Hoffmann*, Binnenregress für Verbandsgeldbußen im Kapitalgesellschaftsrecht, 2022, S.)

Hoffmann-Becking, Michael: Haftungsbeschränkung durch Geschäftsverteilung in Geschäftsführung und Vorstand, NZG 2021, 93–95 (zitiert: *Hoffmann-Becking*, NZG 2021, 93)

Holbach, Selina: Das Recht auf Wasser im Lieferkettensorgfaltspflichtengesetz – Schutzgut, Grenzen, Möglichkeiten, Baden-Baden 2023, zugleich Diss. Trier 2023 (zitiert: *Holbach*, Das Recht auf Wasser im LkSG, 2023, S.)

Holle, Philipp Maximilian: Legalitätskontrolle im Kapitalgesellschafts- und Konzernrecht, Tübingen 2014, zugleich Diss. Konstanz 2014 (zitiert: *Holle*, Legalitätskontrolle im Kapitalgesellschafts- und Konzernrecht, 2014, S.)

Holle, Philipp Maximilian: Rechtsbindung und Business Judgment Rule, AG 2011, 778–786 (zitiert: *Holle*, AG 2011, 778)

Hölters, Wolfgang/*Weber*, Markus (Hrsg.): Kommentar zum Aktiengesetz, 4. Aufl., München 2022 (zitiert: *Bearbeiter*, in: Hölters/Weber, Aktiengesetz, 4. Auflage 2022, § Rn.)

Hommelhoff, Peter: Zentrale Aspekte eines Konzernverfassungsrechts, Köln 1982, zugleich Habil. Bochum 1981 (zitiert: *Hommelhoff*, Die Konzernleitungspflicht, 1982, S.)

Honsell, Heinrich: Die Differenzhypothese – Zur Perseveranz eines dogmatischen Irrtums, in: Danzl, Karl-Heinz/Dauner-Lieb, Barbara/Wittwer, Alexander (Hrsg.), Festschrift für Christian Huber zum 65. Geburtstag, München 2020, S. 199–208 (zitiert: *Honsell*, in: FS C. Huber, 2020, S. 199)

Honsell, Heinrich: Differenztheorie und normativer Schadensbegriff, JuS 1973, 69–84 (zitiert: *Honsell*, JuS 1973, 69)

Horn, Norbert: Die besonders schweren Fälle und Regelbeispiele im Strafgesetzbuch, Köln 2001, zugleich Diss. Köln 2001 (zitiert: *Horn*, Die besonders schweren Fälle und Regelbeispiele im Strafgesetzbuch, 2001, S.)

Horn, Norbert: Die Haftung des Vorstands der AG nach § 93 AktG und die Pflichten des Aufsichtsrats (§ 93 AktG), ZIP 1997, 1129–1139 (zitiert: *Horn*, ZIP 1997, 1129)

Huber, Ulrich: Die Praxis des Unternehmenskaufs im System des Kaufrechts, AcP 202 (2002), 180–223 (zitiert: *Huber*, AcP 202 (2002), 180)

Hübner, Leonhard: Enforcement-Modelle in der Lieferkettenregulierung, KlimaRZ 2023, 238–244 (zitiert: *Hübner*, KlimaRZ 2023, 238)

Hübner, Leonhard: Unternehmenshaftung für Menschenrechtsverletzungen, Tübingen 2022, zugleich Habil. Heidelberg 2021 (zitiert: *Hübner*, Unternehmenshaftung für Menschenrechtsverletzungen, 2022, S.)

Hübner, Leonhard/*Habrich*, Victor/*Weller*, Marc-Philippe: Corporate Sustainability Due Diligence Der EU-Richtlinienentwurf für eine Lieferkettenregulierung, NZG 2022, 644–651 (zitiert: *Hübner/Habrich/Weller*, NZG 2022, 644)

Hübner, Leonhard/*Lieberknecht*, Markus: Mehr Pflichten für weniger Unternehmen? – Kerninhalte der EU-Lieferketten-RL und ihre Umsetzung im deutschen Recht, NJW 2024, 1841–1846 (zitiert: *Hübner/Lieberknecht*, NJW 2024, 1841)

Hüffer, Jens/*Schneider*, Uwe: Juristen an die Compliance-Front!, ZIP 2010, 55 (zitiert: *Hüffer/U. H. Schneider*, ZIP 2010, 55)

Hugge, Christian/*Carey*, Mark/*Emmer*, Adam u. a.: Anthropogenic climate change and glacier lake outburst flood risk: local and global drivers and responsibilities for the case of lake Palcacocha, Peru, Natural Hazards and Earth System Sciences 2020, 2175–2193 (zitiert:

Huggel/Carey/Emmer/Frey/Walker-Crawford/Wallimann-Helmer, Nat. Hazards Earth Syst. Sci. 2020, 2175)

Huth, Mark-Alexander: Grundsätze ordnungsmäßiger Risikoüberwachung, BB 2007, 2167–2170 (zitiert: *Huth*, BB 2007, 2167)

Huthmacher, David: Pflichten und Haftung der Aufsichtsratsmitglieder – Zugleich eine Untersuchung zur kollegialorganschaftlichen Innenhaftung des Aufsichtsrats, Berlin 2015, zugleich Diss. Köln 2015 (zitiert: *Huthmacher*, Pflichten und Haftung der Aufsichtsratsmitglieder, 2015, S.)

Ihrig, Hans-Christoph: Reformbedarf beim Haftungstatbestand des § 93 AktG, WM 2004, 2098–2107 (zitiert: *Ihrig*, WM 2004, 2098)

Ipsen, Nils/*Waßmuth*, Guido/*Plappert*, Liesa: Klimawandel als Haftungsrisiko, ZIP 2021, 1843–1853 (zitiert: *Ipsen/Waßmuth/Plappert*, ZIP 2021, 1843)

Irmscher, Philipp/*Bücker*, Henrike: Der (erzwungene) Abbruch der Geschäftsbeziehung nach dem LkSG, NVwZ 2023, 1368–1373 (zitiert: *Irmscher/Bücker*, NVwZ 2023, 1368)

Jahn, Jannika: Die OECD-Leitsätze als Instrument für den Klimaschutz, ZUR 2020, 526–536 (zitiert: *Jahn*, ZUR 2020, 526)

Jakobs, Horst Heinrich/*Schubert*, Werner (Hrsg.): Die Beratung des Bürgerlichen Gesetzbuchs in systematischer Zusammenstellung der unveröffentlichten Quellen, Recht der Schuldverhältnisse, Band III, §§ 652–853 BGB, Berlin 1983 (zitiert: *Jakobs/Schubert*, Die Beratung des BGB, Recht der Schuldverhältnisse, Bd. III, 1983, S.)

Jarass, Hans (Begr.): Kommentar zum Bundesimmissionsschutzgesetz, 15. Aufl., München 2024 (zitiert: *Bearbeiter*, in: Jarass, BImSchG, 15. Auflage 2024, § Rn.)

Jarass, Hans/*Pieroth*, Bodo (Begr.): Kommentar zum Grundgesetz, 18. Aufl., München 2024 (zitiert: *Bearbeiter*, in: Jarass/Pieroth, GG-Kommentar, 18. Aufl. 2024, Art. Rn.)

Jauernig, Othmar (Begr.): Kommentar zum Bürgerlichen Gesetzbuch, 19. Aufl., München 2023 (zitiert: *Bearbeiter*, in: Jauernig, Bürgerliches Gesetzbuch, 19. Auflage 2023, § Rn.)

Jena, Jan-Ole: Die Business Judgment Rule im Prozess – Eine prozessrechtliche Betrachtung der Business Judgment Rule und Beweislastverteilung im Organhaftungsrecht, Baden-Baden 2020, zugleich Diss. Heidelberg 2019 (zitiert: *Jena*, Die Business Judgment Rule im Prozess, 2020, S. 9)

Johann, Christian/*Sangi*, Roya (Hrsg.): Kommentar zum Lieferkettensorgfaltspflichtengesetz, 1. Aufl., Baden-Baden 2023 (zitiert: *Bearbeiter*, in: Johann/Sangi, LkSG, § Rn.)

Jouannaud, Victor: Rechtstheoretische und verfassungsrechtliche Grundlagen des privatrechtlichen Nachhaltigkeitsdiskurses, in: Gesellschaft junge Zivilrechtswissenschaft e. V. (Hrsg.), Nachhaltigkeit im Privatrecht, Baden-Baden 2023, S. 9–38 (zitiert: *Jouannaud*, in: Nachhaltigkeit im Privatrecht, 2023, S.)

Jungkind, Vera/*Raspé*, Carolin/*Terbrack*, Simone: Unternehmensverantwortung in der Lieferkette – Das Lieferkettensorgfaltspflichtengesetz und seine Folgen für die Unternehmensorganisation, DK 2021, 445–453 (zitiert: *Jungkind/Raspé/Terbrack*, DK 2021, 445)

Jungkurth, Frank: Konzernleitung bei der GmbH: Die Pflichten des Geschäftsführers, Berlin 2000, zugleich Diss. Darmstadt 1998 (zitiert: *Jungkurth*, Konzernleitung bei der GmbH: Die Pflichten des Geschäftsführers, 2000, S.)

Jungmann, Carsten: Die Business Judgment Rule – ein Institut des allgemeinen Verbandsrechts? – Zur Geltung von § 93 Abs. 1 Satz 2 AktG außerhalb des Aktienrechts, in: Bitter, Georg/Lutter, Marcus/Priester, Hans-Joachim, u. a. (Hrsg.), Festschrift für Karsten Schmidt zum 70. Geburtstag, Köln 2009, S. 831–856, (zitiert: *Jungmann*, in: FS K. Schmidt, 2009, S. 831)

Jungmann, Carsten: Die Business Judgment Rule im Gesellschaftsinsolvenzrecht – Wider eine Haftungsprivilegierung im Regelinsolvenzverfahren und in der Eigenverwaltung, NZI 2009, 80–86 (zitiert: *Jungmann*, NZI 2009, 80)

Kahl, Wolfgang/*Weller*, Marc-Philippe (Hrsg.): Climate Change Litigation, München 2021 (zitiert: *Bearbeiter*, in: Climate Change Litigation, S.)

Kalss, Susanne: Wie sollen die Verhaltenspflichten nach der Lieferkettensorgfalts-Richtlinie (CSDDD) erfüllt werden – ein rechtspolitischer Zuruf!, ZfPW 2024, 181–216 (zitiert: *Kalss*, ZfPW 2024, 181)

Kaltenborn, Markus/*Krajewski*, Markus/*Rühl*, Giesela/*Saage-Maaß*, Miriam (Hrsg.): Kommentar zum Lieferkettensorgfaltspflichtengesetz (LkSG, GwB, EU-HolzhandelsVO, EU-KonfliktmineralienVO, BetrVG, WregG), CSR-RL-UmsG, 1. Aufl., München 2023 (zitiert: *Bearbeiter*, in: Kaltenborn/Krajewski/Rühl/Saage-Maaß, LkSG, § Rn.)

Kamann, Hans-Georg/*Irmscher*, Philipp: Das Sorgfaltspflichtengesetz – Ein neues Sanktionsrecht für Menschenrechts- und Umweltverstöße in Lieferketten, NZWiSt 2021, 249–256 (zitiert: *Kamann/Irmscher*, NZWiSt 2021, 249)

Kappelmann, Klaus/*Messerschmidt*, Burkhard/*Jochen*, Markus (Hrsg.): Kommentar zur Vergabe- und Vertragsordnung für Bauleistungen mit VgV, 8. Aufl., München 2022 (zitiert: *Bearbeiter*, in: Kapellmann/Messerschmidt, VOB-Kommentar, Teil, 8. Aufl. 2022, Einleitung Rn.)

Karlsruher Kommentar zum OWiG, hrsg. Mitsch, Wolfgang, 5. Aufl., München 2018 (zitiert: *Bearbeiter*, in: Karlsruher Kommentar zum OwiG, 5. Auflage 2018, § Rn.)

Kebekus, Frank/*Zänker*, Wolfgang: Business Judgment Rule und Geschäftsleiterermessen – auch in Krise und Insolvenz?, in: Grunewald, Barbara/Westermann, Harm Peter (Hrsg.), Festschrift für Georg Maier-Reimer zum 70. Geburtstag, München 2010, S. 319–344 (zitiert: *Kebekus/Zänker*, in: FS Maier-Reimer, 2010, S. 319)

Keller, Moritz/*Kapoor*, Sunny: Climate Change Litigation – zivilrechtliche Haftung für Treibhausgasemissionen, BB 2019, 706–712 (zitiert: *Keller/Kapoor*, BB 2019, 706)

Khanian, Linette Mirza: Finanzkrise und Organhaftung, KSzW 2010, 127–136 (zitiert: *Khanian*, KSzW 2010, 127)

Kieninger, Eva-Maria: Klimaklagen im internationalen und deutschen Privatrecht, ZHR 187 (2023), 348–391 (zitiert: *Kieninger*, ZHR 187 (2023), 348)

Kieninger, Eva-Maria: Miniatur: Lieferkettengesetz – dem deutschen Papiertiger fehlen die Zähne, ZfPW 2021, 252–256 (zitiert: *Kieninger*, ZfPW 2021, 252)

Kieninger, Eva-Maria: Zivilrechtliche Haftung für Sorgfaltspflichtverletzungen nach Lieferkettengesetz und Sustainability-Richtlinie, ZIP 2024, 1037–1048 (zitiert: *Kieninger*, ZIP 2024, 1037)

Kindler, Peter: Vorstands- und Geschäftsführerhaftung mit Augenmaß – Über einige neuere Grundsatzentscheidungen des II. Zivilsenates des BGH zu § 93 AktG und 43 GmbHG, in: Habersack, Mathias/Hommelhoff, Peter (Hrsg.), Festschrift für Wulf Goette zum 65. Geburtstag, München 2011, S. 231–238 (zitiert: *Kindler*, in: FS Goette, 2011, S. 231)

Klausing, Friedrich: Gesetz über Aktiengesellschaften und Kommanditgesellschaften auf Aktien (Aktien-Gesetz) samt Einführungsgesetz und amtlicher Begründung sowie Durchführungsverordnungen, Berlin 1937 (zitiert: *Klausing*, Amtliche Begründung zum AktG 1937, S.)

Kleindiek, Detlef: Deliktshaftung und juristische Person – Zugleich zur Eigenhaftung von Unternehmensleitern, Tübingen 1997, zugleich Diss. Heidelberg 1997 (zitiert: *Kleindiek*, Deliktshaftung, 1997, S.)

Klerner, Norman: Jobbild: Human Rights Manager*in – Aufgaben, Funktionen und Herausforderungen des HRM, ESGZ 2024, 29–31 (zitiert: *Klerner*, ESGZ 2024, 29)

Klöhn, Lars/*Schmolke*, Klaus Ulrich: Unternehmensreputation (Corporate Reputation) Ökonomische Erkenntnisse und ihre Bedeutung im Gesellschafts- und Kapitalmarktrecht, NZG 2015, 689–697 (zitiert: *Klöhn/Schmolke*, NZG 2015, 689)

Koch, Jens (Hrsg.): Kommentar zum Aktiengesetz, 17. Aufl., München 2023 (zitiert: *Koch*, 17. Aufl. 2023, AktG § Rn.)

Koch, Jens (Hrsg.): Kommentar zum Aktiengesetz, 18. Aufl., München 2024 (zitiert: *Koch*, 18. Aufl. 2024, AktG § Rn.)

Koch, Jens: Beschränkung der Regressfolgen im Kapitalgesellschaftsrecht, AG 2012, 429–440 (zitiert: *Koch*, AG 2012, 429)

Koch, Jens: Compliance-Pflichten im Unternehmensverbund?, WM 2009, 1013–1020 (zitiert: *Koch*, WM 2009, 1013)

Koch, Jens: Die Legal Judgment Rule: Ein Fall für die Wolfsschlucht, in: Dreher, Meinrad/Drescher, Ingo/Mülbert, Peter/Verse, Dirk (Hrsg.), Festschrift für Alfred Bergmann zum 65. Geburtstag (zitiert: *Koch*, in: FS Bergmann, 2018, S. 413)

Koch, Jens: Pflichtaufgaben mit Entscheidungsspielraum, in: Dauner-Lieb, Barbara/Hennrichs, Joachim, Henssler, Martin u. a. (Hrsg.), Festschrift für Barbara Grunewald zum 70. Geburtstag, Köln 2021, S. 547–568 (zitiert: *Koch*, in: FS Grunewald, 2021, S. 547)

Koch, Raphael: Das Lieferkettensorgfaltspflichtengesetz – Compliance, Sorgfaltspflichten und zivilrechtliche Haftung, MDR 2022, 1–7 (zitiert: *Koch*, MDR 2022, 1)

Koch, Robert: Ersatzfähigkeit von Kartellbußen, VersR 2015, 655–661 (zitiert: *Koch*, VersR 2015, 655)

Kocher, Dirk: Zur Reichweite der Business Judgment Rule, CCZ 2009, 215–221 (zitiert: *Kocher*, CCZ 2009, 215)

Kollmann, Anni/*Aufdermauer*, Christian: LAG Düsseldorf: Haftung des Geschäftsführers einer GmbH für Kartellrechtsbußen des Unternehmens, BB 2015, 1024 (zitiert: *Kollmann/Aufdermauer*, BB 2015, 1024)

Kolter, Max: Nachhaltigkeit durch Transparenz? – Berichtspflichten als Instrument der Unternehmensregulierung, Tübingen 2023, zugleich Diss. Berlin 2022 (zitiert: *Kolter*, Nachhaltigkeit durch Transparenz?, 2023, S.)

Köndgen, Johannes: FHOeffR Nr. 9343: – Überlegungen zur Fortbildung des Umwelthaftpflichtrechts. –, UPR 1983, 345–356 (zitiert: *Köndgen*, UPR 1983, 345)

König, Carsten: Deliktshaftung von Konzernmuttergesellschaften, AcP 217 (2017), 611–686 (zitiert: *König*, AcP 217 (2017), 611)

König, Carsten: Die geplante EU-Richtlinie über Nachhaltigkeitspflichten von Unternehmen – Zivilrechtliche Haftung und gesellschaftsrechtliche Konsequenzen, NZG 2022, 1186–1192 (zitiert: *König*, NZG 2022, 1186)

Korch, Stefan/*Chatard*, Yannick: Datenschutz als Vorstandsverantwortung, AG 2019, 551–560 (zitiert: *Korch/Chatard*, AG 2019, 551)

Kort, Michael: Compliance-Pflichten von Vorstandsmitgliedern und Aufsichtsratsmitgliedern, in: Grundmann, Stefan/Haar, Brigitte/Merkt, Hanno u. a. (Hrsg.), Festschrift für Klaus Hopt zum 70. Geburtstag, Berlin 2010, S. 983–1004 (zitiert: *Kort*, in: FS Hopt, 2010, S. 983)

Krajewski, Markus/*Bozorgzad*, Marzieh/*Heß*, Ronja: Menschenrechtliche Pflichten von multinationalen Unternehmen in den OECD-Leitsätzen: Taking Human Rights More Seriously?, ZaöRV 2016, 309–340 (zitiert: *Krajewski/Bozorgzad/Heß*, ZaöRV 2016, 309)

Kramer, Nadine/*Schunder*, Maximilian Luca: Business Human Rights Due Diligence nach dem Lieferkettensorgfaltspflichtengesetz – need to know für Unternehmen, BB 2024, 74–79 (zitiert: *Kramer/Schunder*, BB 2024, 74)

Krause, Rüdiger: Das Lieferkettensorgfaltspflichtengesetz als Baustein eines transnationalen Arbeitsrechts – Teil I, RdA 2022, 303–310 (zitiert: *Krause*, RdA 2022, 303)

Krause, Rüdiger: Nützliche Rechtsverstöße im Unternehmen – Verteilung finanzieller Lasten und Sanktionen, BB-Special 2007 Nr. 8, 2–16 (zitiert: *Krause*, BB-Special 2007 Nr. 8, 2)

Kropff, Bruno: Informationspflichten des Aufsichtsrates, in: Damm, Reinhard/Veil, Rüdiger/Heermann, Peter (Hrsg.), Festschrift für Thomas Raiser zum 70. Geburtstag, Berlin 2005, S. 225–246 (zitiert: *Kropff*, in: FS Raiser, 2005, S. 225)

Kropff, Bruno: Zur Konzernleitungspflicht, ZGR 1984, 112–133 (zitiert: *Kropff*, ZGR 1984, 112)

Kuschnereit, Rouven: Die aktienrechtliche Legalitätspflicht – Vorstandspflichten zwischen Unternehmens- und Drittinteressen, Wiesbaden 2019, zugleich Diss. Konstanz 2019 (zitiert: *Kuschnereit*, Die aktienrechtliche Legalitätspflicht, 2019, S.)

Kutschelis, Julian: Korruptionsprävention und Geschäftsleiterpflichten im nationalen und internationalen Unternehmensverbund – Ausländisches Recht als Schranke für Compliance im Konzern am Beispiel Argentiniens, Baden-Baden 2014, zugleich Diss. Berlin 2014 (zitiert: *Kutschelis*, Korruptionsprävention und Geschäftsleiterpflichten im nationalen und internationalen Unternehmensverbund, 2014, S.)

Labusga, Katja: Die Ersatzfähigkeit von Unternehmensgeldbußen im Innenregress gegen verantwortliche Vorstandsmitglieder, VersR 2017, 394–402 (zitiert: *Labusga*, VersR 2017, 394)

Landmann, Robert/*Rohmer*, Gustav (Begr.): Kommentar zum Umweltrecht, Band I, Umweltrecht Allgemeiner Teil (UVPG, UIG, USchadG u. a.), 105. Ergänzungslieferung, München 2024 (zitiert: *Bearbeiter*, in: Landmann/Rohmer, Umweltrecht, Werkstand: 105. EL September 2024, § Rn.)

Landmann, Robert/*Rohmer*, Gustav (Begr.): Kommentar zum Umweltrecht, Band IV, Umweltrecht Besonderer Teil (BImSchV, TA Luft, TA Lärm, TEHG u. a.), 105. Ergänzungslieferung, München 2024 (zitiert: *Bearbeiter*, in: Landmann/Rohmer, Umweltrecht, Werkstand: 105. EL September 2024, § Rn.)

Lanfermann, Georg/*Baumüller*, Josef: Die Endfassung der Corporate Sustainability Reporting Directive (CSRD), DB 2022, 2745–2755 (zitiert: *Lanfermann/Baumüller*, DB 2022, 2745)

Lang, Peter: Corporate Compliance – Verantwortung, Implementierungspflichten und Umsetzung in der unverbundenen Aktiengesellschaft und im Konzern, Hamburg 2013, zugleich Diss. Bayreuth 2012 (zitiert: *Lang*, Corporate Compliance, 2013, S.)

Larenz, Karl/*Canaris*, Claus-Wilhelm (Hrsg.): Lehrbuch des Schuldrechts, Band II, Besonderer Teil, 2. Halbband, 13. Aufl., München 1994 (zitiert: *Larenz/Canaris*, SchuldR II/2, §)

Larenz, Karl/*Canaris*, Claus-Wilhelm (Hrsg.): Methodenlehre der Rechtswissenschaft, 3. Aufl., Berlin 1995 (zitiert: *Larenz/Canaris*, Methodenlehre der Rechtswissenschaft, 3. Aufl. 1995, S.)

Lettl, Tobias: Haftung des Geschäftsführers einer GmbH im Innverhältnis für Kartellrechtsbußen des Unternehmens, WuB 2015, 637–638 (zitiert: *Lettl*, WuB 2015, 637)

Leuering, Dieter: Schafft es das Lieferkettensorgfaltspflichtengesetz noch über die Ziellinie?, NZG 2021, 753–754 (zitiert: *Leuering*, NZG 2021, 753)

Leuering, Dieter/*Rubner*, Daniel: Lieferkettensorgfaltspflichtengesetz, NJW-Spezial 2021, 399–400 (zitiert: *Leuering/Rubner*, NJW-Spezial 2021, 399)

Liesching, Marc: Netzwerkdurchsetzungsgesetz (Kommentar), 1. Online-Aufl., 2018 (zitiert: *Liesching*, in: Netzwerkdurchsetzungsgesetz, 1. Online-Auflage 2018, § Rn.)

Lindacher, Walter/*Pfeiffer*, Thomas (Hrsg.): AGB-Recht (Kommentar), 7. Aufl., München 2020 (zitiert: *Bearbeiter*, in: Wolf/Lindacher/Pfeiffer, AGB-Recht, 7. Aufl. 2020, § Rn.)

Löbbe, Marc/*Fischbach*, Jonas: Die Business Judgment Rule bei Kollegialentscheidungen des Vorstands. AG 2014, 717–729 (zitiert: *Löbbe/Fischbach*, AG 2014, 717)

Loeck, Henning: Strafbarkeit des Vorstands der Aktiengesellschaft wegen Untreue, Frankfurt am Main 2006, zugleich Diss. Berlin 2006 (zitiert: *Loeck*, Strafbarkeit des Vorstands der Aktiengesellschaft wegen Untreue, 2006, S.)

Lorenz, Fabian/*Krülls*, Sebastian: Die Lieferketten-Risikoanalyse nach dem LkSG – Ein taugliches Konzept, aber unklare Maßstäbe, CCZ 2023, 100–108 (zitiert: *Lorenz/Krülls*, CCZ 2023, 100)

Lorenz, Stephan: Grundwissen: Der Vertrag mit Schutzwirkung für Dritte, JuS 2021, 817–820 (zitiert: *Lorenz*, JuS 2021, 817)

Lutter, Marcus: Haftung und Verantwortlichkeit – Verantwortung von Organen und Beratern, DZWIR 2011, 265–270 (zitiert: *Lutter*, DZWIR 2011, 265)

Lutter, Marcus: Zur Binnenstruktur des Konzerns, in: Hefermehl, Wolfgang/Gmühl, Rudolf/Brox, Hans (Hrsg.), Festschrift für Harry Westermann zum 65. Geburtstag, Karlsruhe 1974, S. 347–368 (zitiert: *Lutter*, in: FS Westermann, 1974, S. 347)

Lutter, Marcus: Zur persönlichen Haftung des Geschäftsführers aus deliktischen Schäden im Unternehmen, ZHR 157 (1993), 464–482 (zitiert: *Lutter*, ZHR 157 (1993), 464)

Lutz-Bachmann, Sebastian/*Vorbeck*, Kristin/*Wengenroth*, Lenard: Menschenrechte und Umweltschutz in Lieferketten – der Regierungsentwurf eines Sorgfaltspflichtengesetzes, BB 2021, 906–914 (zitiert: *Lutz-Bachmann/Vorbeck/Wengenroth*, BB 2021, 906)

Lutz-Bachmann, Sebastian/*Vorbeck*, Kristin/*Wengenroth*, Lenard: Nachhaltigkeitsbezogene Sorgfaltspflichten in Geschäftsbeziehungen – zum Entwurf der EU-Kommission für eine „Lieferkettenrichtlinie“, BB 2022, 835–845 (zitiert: *Lutz-Bachmann/Vorbeck/Wengenroth*, BB 2022, 835)

Mansel, Heinz-Peter: Internationales Privatrecht de lege lata wie de lege ferenda und Menschenrechtsverantwortlichkeit deutscher Unternehmen, ZGR 2018, 439–478 (zitiert: *Mansel*, ZGR 2018, 439)

Matt, Holger/*Renzikowski*, Joachim (Hrsg.): Kommentar zum Strafgesetzbuch, 2. Aufl., München 2020 (zitiert: *Bearbeiter*, in: Matt/Renzikowski, Strafgesetzbuch, 2. Auflage 2020, § Rn.)

Maunz, Theodor/*Dürig*, Günter (Begr.), hrsg. Herzog, Roman/Scholz, Rupert/Herdegen, Matthias/Klein, Hans: Grundgesetz-Kommentar, Band I, Art. 1–5 GG, 105. Ergänzungslieferung, München 2024 (zitiert: *Bearbeiter*, in: Dürig/Herzog/Scholz, Grundgesetz-Kommentar, 105. EL August 2024, Art. Rn.)

Maunz, Theodor/*Dürig*, Günter (Begr.), hrsg. Herzog, Roman/Scholz, Rupert/Herdegen, Matthias/Klein, Hans: Grundgesetz-Kommentar, Band III, Art. 17–28 GG, 105. Ergänzungslieferung, München 2024 (zitiert: *Bearbeiter*, in: Dürig/Herzog/Scholz, GG-Kommentar, Werkstand: 105. EL August 2024, Art. Rn.)

Medicus, Dieter: Zivilrecht und Umweltschutz, JZ 1986, 778–785 (zitiert: *Medicus*, JZ 1986, 778)

Medicus, Dieter/*Lorenz*, Stephan: Schuldrecht II – Besonderer Teil, 15. Aufl., München 2010 (zitiert: *Medicus/Lorenz*, SchuldR BT, 15. Aufl. 2010, Rn.)

Meier, Hans-Georg: Der Arbeitsvertrag des Compliance-Beauftragten – Rechtliche Notwendigkeiten und Möglichkeiten, NZA 2011, 779–782 (zitiert: *Meier*, NZA 2011, 779)

Merkt, Hanno: Managerhaftung im Finanzsektor: Status Quo und Reformbedarf, in: Erle, Bernd/Goette, Wulf/Kleindiek, Detlef u. a. (Hrsg.), Festschrift für Peter Hommelhoff zum 70. Geburtstag, Köln 2012, S. 711–730 (zitiert: *Merkt*, in: FS Hommelhoff, 2012, S. 711)

Mertens, Hans-Joachim: Verkehrspflichten und Deliktsrecht – Gedanken zu einer Dogmatik der Verkehrspflichtverletzung –, VersR 1980, 397–408 (zitiert: *Mertens*, VersR 1980, 397)

Mertens, Hans-Joachim/*Mertens*, Georg: Anmerkung zu BGH, Urteil vom 05. 12. 1989 – VI ZR 335/88 (OlG Zweibrücken), JZ 1990, 488–490 (zitiert: *H.-J. Mertens/G. Mertens*, JZ 1990, 488)

Messerschmidt, Burkhard/*Voit*, Wolfgang (Hrsg.): Privates Baurecht, Kommentar zu §§ 631 ff. BGB samt systematischer Darstellungen sowie Kurzkommentierungen zu VOB/B, HAOI, und BauFordSiG, 4. Aufl., München 2022 (zitiert: *Bearbeiter*, in: Messerschmidt/Voit, Privates Baurecht, 4. Aufl. 2022, § Rn.)

Meyer, Lennart: Plattformökonomie und Lieferketten: Ist das LkSG fit für Online-Marktplätze wie Amazon, eBay, Etsy & Co.?, ZVertriebsR 2023, 350–355 (zitiert: *Meyer*, ZVertriebsR 2023, 350)

Mittwoch, Anne-Christin: Nachhaltigkeit und Unternehmensrecht, Tübingen 2022, zugleich Habil. Marburg 2020 (zitiert: *Mittwoch*, Nachhaltigkeit und Unternehmensrecht, 2022, S.)

Mittwoch, Anne-Christin/*Friedmann*, Tonio: Nachhaltiges Geschäftsleiterhandeln nach der CSDDD – im Unternehmensinteresse, NZG 2023, 1439–1446 (zitiert: *Mittwoch/Friedmann*, NZG 2023, 1439)

Mock, Sebastian: Berichterstattung über Corporate Social Responsibility nach dem CSR-Richtlinie-Umsetzungsgesetz, ZIP 2017, 1195–1203 (zitiert: *Mock*, ZIP 2017, 1195)

Möller, Thomas: Juristische Methodenlehre, 3. Aufl., München 2020 (zitiert: *Möllers*, Methodenlehre, 3. Aufl. 2020, S.)

Mommsen, Friedrich: Beiträge zum Obligationenrecht II, Zur Lehre vom Interesse, Braunschweig 1855 (zitiert: *Friedrich Mommsen* (Beiträge zum Obligationenrecht II: Zur Lehre vom Interesse, 1855))

Moosmayer, Klaus: Compliance – Praxisleitfaden für Unternehmen, 4. Aufl., München 2021, (zitiert: *Bearbeiter*, in: Moosmayer, Compliance, 4. Aufl. 2021, § Rn.)

Mörsdorf, Roland: Das norwegische Lieferkettensorgfaltspflichtengesetz, IWRZ 2022, 251–255 (zitiert: *Mörsdorf*, IWRZ 2022, 251)

Mugdan, Benno: Die gesammelten Materialien zum Bürgerlichen Gesetzbuch für das Deutsche Reich, Band III, Sachenrecht, Berlin 1899 (zitiert: *Mugdan*, Die gesammelten Materialien zum Bürgerlichen Gesetzbuch für das Deutsche Reich, Band III, Sachenrecht, S.)

Müller, Welf: Bilanzentscheidungen und Business Judgment Rule, in: Hoffmann-Becking, Michael (Hrsg.), liber amicorum Wilhelm Happ: zum 70. Geburtstag, Köln 2006, S. 179–200 (zitiert: *Müller*, in: liber amicorum Happ, 2006, S. 179)

Müller-Glöge, Rudi/*Preis*, Ulrich/*Gallner*, Inken/*Schmidt*, Ingrid (Hrsg.): Erfurter Kommentar zum Arbeitsrecht, 22. Aufl., München 2022 (zitiert: *Bearbeiter*, in: Erfurter Kommentar zum Arbeitsrecht, 25. Aufl. 2025, § Rn.)

Münchener Kommentar zum Aktiengesetz, hrsg. Goette, Wulf/Habersack, Mathias/Kalss, Susanne, Band II, §§ 76–117 AktG, MitbestG, DrittelbG, 6. Aufl., München 2023 (zitiert: *Bearbeiter*, in: Münchener Kommentar zum Aktiengesetz, 6. Auflage 2023, § Rn.)

Münchener Kommentar zum Aktiengesetz, hrsg. Goette, Wulf/Habersack, Mathias/Kalss, Susanne, Band III, §§ 118–178 AktG, 6. Aufl., München 2024 (zitiert: *Bearbeiter*, in: Münchener Kommentar zum Aktiengesetz, 6. Auflage 2024, § Rn.)

Münchener Kommentar zum Bürgerlichen Gesetzbuch, hrsg. von Säcker, Jürgen/Rixecker, Roland/Oetker, Hartmut/Limperg, Bettina/Schubert, Claudia, Band I, Allgemeiner Teil, §§ 1–240 BGB, AllgPersönlR, ProstG, AGG, 9. Aufl., München 2021 (zitiert: *Bearbeiter*, in: Münchener Kommentar zum BGB, 9. Aufl. 2023, § Rn.)

Münchener Kommentar zum Bürgerlichen Gesetzbuch, hrsg. von Säcker, Jürgen/Rixecker, Roland/Oetker, Hartmut/Limperg, Bettina/Schubert, Claudia, Band II, Schuldrecht Allgemeiner Teil I, 9. Aufl., München 2022 (zitiert: *Bearbeiter*, in: Münchener Kommentar zum BGB, 9. Aufl. 2022, § Rn.)

Münchener Kommentar zum Bürgerlichen Gesetzbuch, hrsg. von Säcker, Jürgen/Rixecker, Roland/Oetker, Hartmut/Limperg, Bettina/Schubert, Claudia, Band V, Schuldrecht Besonderer Teil II, §§ 535–630h BGB, BetrKV, HeizkostenV, WärmeLV, EFZG, TzBfG,

KSchG, MiLoG, 9. Aufl., München 2023 (zitiert: *Bearbeiter*, in: Münchener Kommentar zum BGB, 9. Aufl. 2023, § Rn.)

Münchener Kommentar zum Bürgerlichen Gesetzbuch, hrsg. von Säcker, Jürgen/Rixecker, Roland/Oetker, Hartmut/Limperg, Bettina/Schubert, Claudia, Band VII, Recht der Schuldverhältnisse, §§ 705–853 BGB, PartGG, ProdHaftG, 9. Aufl., München 2024 (zitiert: *Bearbeiter*, in: Münchener Kommentar zum BGB, 9. Aufl. 2024, § Rn.)

Münchener Kommentar zum Bürgerlichen Gesetzbuch, hrsg. von Säcker, Jürgen/Rixecker, Roland/Oetker, Hartmut/Limperg, Bettina/Schubert, Claudia, Band VIII, Sachenrecht, §§ 854–1296 BGB, WEG, ErbbauRG, 9. Aufl., München 2023 (zitiert: *Bearbeiter*, in: Münchener Kommentar zum BGB, 9. Aufl. 2023, § Rn.)

Münchener Kommentar zur Zivilprozessordnung, hrsg. von Krüger, Wolfgang/Rauscher, Thomas, Band I, §§ 1–354 ZPO, 6. Aufl., München 2020 (zitiert: *Bearbeiter*, in: Münchener Kommentar zur ZPO, 6. Auflage 2020, § Rn.)

Nagel, Jürgen: Der Immissionsschutz- und Störfallbeauftragte – Bestellung, Aufgaben, Haftung und Rechtsschutz, Berlin 2021, (zitiert: *Nagel*, Der Immissionsschutz- und Störfallbeauftragte, 2021, S.)

Nasse, Laura: Devoir de vigilance – Die neue Sorgfaltspflicht zur Menschenrechtsverantwortung für Großunternehmen in Frankreich, ZEuP 2019, 774–802 (zitiert: *Nasse*, ZEuP 2019, 774)

Nattkemper, Kristina: Die Untreuestrafbarkeit des Vorstands einer Aktiengesellschaft, Berlin 2013, zugleich Diss. Berlin 2012 (zitiert: *Nattkemper*, Die Untreuestrafbarkeit des Vorstands einer Aktiengesellschaft, 2013, S.)

Nauheim, Markus/*Goette*, Constantin: Managerhaftung im Zusammenhang mit Unternehmenskäufen – Anmerkungen zur Business Judgment Rule aus der M&A-Praxis, 2013, 2520–2526 (zitiert: *Nauheim/Goette*, DStR 2013, 2520)

Neuner, Jörg: Das nachbarrechtliche Haftungssystem, JuS 2005, 385–391 (zitiert: *Neuner*, JuS 2005, 385)

Nietsch, Michael: Nachhaltigkeit als Aufgabe von Compliance? – Grundsatzüberlegungen zur organisatorischen Zuweisung im Unternehmen, CCZ 2023, 61–69 (zitiert: *Nietsch*, CCZ 2023, 61)

Nietsch, Michael: Von der nichtfinanziellen Berichterstattung zur Nachhaltigkeitsberichterstattung – Eine Momentaufnahme zum Vorschlag der Corporate Sustainability Reporting Directive, ZIP 2022, 449–461 (zitiert: *Nietsch*, ZIP 2022, 449)

Nietsch, Michael/*Wiedmann*, Michael: Adressatenkreis und sachlicher Anwendungsbereich des neuen Lieferkettensorgfaltspflichtengesetz, NJW 2022, 1–7 (zitiert: *Nietsch/Wiedmann*, NJW 2022, 1)

Nietsch, Michael/*Wiedmann*, Michael: Der Vorschlag zu einer europäischen Sorgfaltspflichten-Richtlinie im Unternehmensbereich (Corporate Sustainability Due Diligence Directive), CCZ 2022, 125–137 (zitiert: *Nietsch/Wiedmann*, CCZ 2022, 125)

Nordhues, Sophie: Die Haftung der Muttergesellschaft und ihres Vorstands für Menschenrechtsverletzungen im Konzern – Eine Untersuchung de lege lata und de lege ferenda, Baden-Baden 2019, zugleich Diss. Berlin 2018 (zitiert: *Nordhues*, Die Haftung der Muttergesellschaft für Menschenrechtsverletzungen, 2019, S.)

Nowak, Manfred: Einführung in das internationale Menschenrechtssystem, Wien (Österreich) 2002 (zitiert: *Nowak*, Einführung in das internationale Menschenrechtssystem, 2002, S.)

Oehler, Wolfgang: Produzentenhaftung im Konzern – Deliktsrecht und Haftungsbeschränkung, ZIP 1990, 1445–1455 (zitiert: *Oehler*, ZIP 1990, 1445)

Ott, Nicolas: Anwendungsbereich der Business Judgment Rule aus Sicht der Praxis – Unternehmerische Entscheidungen und Organisationsermessen des Vorstands, ZGR 2017, 149–172 (zitiert: *Ott*, ZGR 2017, 149)

Ott, Nicolas/*Klein*, Karen: Hindsight Bias bei der Vorstandshaftung wegen Compliance-Verstößen – Auswirkungen und Methoden des „Debiasing", AG 2017, 209–221 (zitiert: *Ott/Klein*, AG 2017, 209)

Öttinger, Michael: Die Novelle des Batteriegesetzes, NVwZ 2021, 1084–1090 (zitiert: *Öttinger*, NVwZ 2021, 1084)

Öttinger, Michael: Revolution im Batterierecht – erste Einordnungen zum Entwurf einer EU-Batterieverordnung, InTer 2021, 202–207 (zitiert: *Öttinger*, InTer 2021, 202)

Paal, Boris/*Pauly*, Daniel (Hrsg.): Kommentar zur Datenschutzgrundverordnung und zum Bundesdatenschutzgesetz, 3. Aufl., München 2021 (zitiert: *Bearbeiter*, in: Paal/Pauly, DS-GVO BDSG, 3. Auflage 2021, Art. Rn.)

Paefgen, Walter: Haftung für die Verletzung von Pflichten nach dem neuen Lieferkettensorgfaltspflichtengesetz, ZIP 2021, 2006–2016 (zitiert: *Paefgen*, ZIP 2021, 2006)

Paefgen, Walter: Organhaftung: Bestandsaufnahme und Zukunftsperspektiven – Ein kritischer Werkstattbericht vor dem Hintergrund der Beratungen des 70. Deutschen Juristentages 2014, AG 2014, 554–584 (zitiert: *Paefgen*, AG 2014, 554)

Pardey, Frank/*Balke*, Rüdiger/*Link*, Jochen (Hrsg.): Schadenrecht – Haftungsgrund, Haftungsumfang, Versicherung, 1. Aufl., München 2023 (zitiert: *Bearbeiter*, in: Pardey/Balke/Link, Schadenrecht, Produkt- und Produzentenhaftung, Rn.)

Paschke, Marian: Extraterritoriale Sorgfaltspflichten von Außenwirtschaftsunternehmen zur Achtung von Menschenrechten ante portas?, RdTW 2016, 121–131 (zitiert: *Paschke*, RdTW 2016, 121)

Passas, Johannes/*Holtz*, Rudolph Anthony: Die Gestaltung von LkSG-Compliance-Klauseln in Lieferbeziehungen, BB 2023, 387–393 (zitiert: *Passas/Holtz*, BB 2023, 387)

Payandeh, Merdad: Deliktische Haftung von Unternehmen für transnationale Menschenrechtsverletzungen, in: Boele-Woelki, Katharina/Faust, Florian/Jacobs, Matthias u. a. (Hrsg.), Festschrift für Karsten Schmidt zum 80. Geburtstag, Band II, München 2019, S. 131–146 (zitiert: *Payandeh*, in: FS K. Schmidt, 2019, Bd. II, S. 131)

Peltzer, Martin: Mehr Ausgewogenheit bei der Vorstandshaftung, in: Krieger, Gert/Lutter, Marcus/Schmidt, Karsten (Hrsg.), Festschrift für Michael Hoffmann-Becking zum 70. Geburtstag, München 2013, S. 943–964 (zitiert: *Peltzer*, in: FS Hoffmann-Becking, 2013, S. 861)

Pöschke, Moritz: Neue Regeln zur Nachhaltigkeitsberichterstattung: Die Corporate Sustainability Reporting Directive (CSRD) hat massive Auswirkungen für mittelständische Gesellschaften, GmbHR 2023, R68 – R70 (zitiert: *Pöschke*, GmbHR 2023, R68)

Pöttker, Erik: Klimahaftungsrecht – Die Haftung für die Emission von Treibhausgasen in Deutschland und den Vereinigten Staaten von Amerika, Tübingen 2014, zugleich Diss. Potsdam (zitiert: *Pöttker*, Klimahaftungsrecht, 2014, S.)

Pour Rafsendjani, Mansur/*Schäfer*, Michael: Das Lieferkettensorgfaltspflichtengesetz und seine Umsetzung in der Praxis, RFamU 2023, 299–306 (zitiert: *Pour Rafsendjani/Schäfer*, RFamU 2023, 299)

Preußner, Joachim/*Becker*, Florian: Ausgestaltung von Risikomanagementsystemen durch die Geschäftsleitung – Zur Konkretisierung einer haftungsrelevanten Organisationspflicht, NZG 2002, 846–851 (zitiert: *Preußner/Becker*, NZG 2002, 846)

Prütting, Hans/*Wegen*, Gerhard/*Weinreich*, Gerd (Hrsg.): Kommentar zum Bürgerlichen Gesetzbuch, 19. Aufl., Köln 2024 (zitiert: *Bearbeiter*, in: Prütting/Wegen/Weinreich, 19. Aufl. 2024, § Rn.)

Purnhagen, Kai/*Reisch*, Lucia: „Nudging Germany"? Herausforderungen für eine verhaltensbasierte Regulierung in Deutschland, ZEuP 2016, 629–655 (zitiert: *Purnhagen/Reisch*, ZEuP 2016, 629)

Rauscher, Celina/*Stachelscheid*, Sarah: Green and more: Die Zeit ist reif für eine „echte" Dekarbonisierung – Der künftige europäische Klimastandard (ESRS E1), WPg 2023, 433–435 (zitiert: *Rauscher/Stachelscheid*, WPg 2023, 433)

Reichert, Jochem: Corporate Compliance und der Grundsatz der Verhältnismäßigkeit, in: Krieger, Gert/Lutter, Marcus/Schmidt, Karsten (Hrsg.), Festschrift für Michael Hoffmann-Becking zum 70. Geburtstag, München 2013, S. 943–964 (zitiert: *Reichert*, in: FS Hoffmann-Becking, 2013, S. 943)

Reichert, Jochem: Das Prinzip der Regelverfolgung von Schadensersatzansprüchen nach „ARAG/Garmenbeck" – Eine kritische Würdigung, in: Erle, Bernd/Goette, Wulf/Kleindiek, Detlef u. a. (Hrsg.), Festschrift für Peter Hommelhoff zum 70. Geburtstag, Köln 2012, S. 907–926 (zitiert: *Reichert*, in: FS Hommelhoff, 2012, S. 907)

Reichert, Jochem/*Ott*, Nicolas: Non Compliance in der AG – Vorstandspflichten im Zusammenhang mit der Vermeidung, Aufklärung und Sanktionierung von Rechtsverstößen, ZIP 2009, 2173–2174 (zitiert: *Reichert/Ott*, ZIP 2009, 2173)

Renner, Moritz: Menschenrechts- und umweltbezogene Unternehmensverantwortung zwischen Kapitlamarkt und Lieferkette, ZEuP 2022, 782–819 (zitiert: *Renner*, ZEuP 2022, 782)

Richardi, Reinhard (Hrsg.): Kommentar zum Betriebsverfassungsgesetz, 17. Aufl., München 2022 (zitiert: Bearbeiter, in: *Richardi*, Betriebsverfassungsgesetz, 17. Aufl. 2022, § Rn.)

Ridder, Helmmuth (Begr.), hrsg. Breitbach, Michael/Deiseroth, Dieter: Versammlungsrecht des Bundes und der Länder (Völker- und Europarecht, GG, VersammlG, StGB, Landesrecht, Geschichte), 2. Aufl., Baden-Baden 2020 (zitiert: *Bearbeiter*, in: Ridder/Breitbach/Deiseroth, Versammlungsrecht, 2. Aufl. 2020, Transnationalisierung des Versammlungsrechts, Rn.)

Rock, Michael T.: Public Disclosure of the Sweatshop Practices of American Multinational Garment/Shoe Makers/Retailers: Impact on Their Stock Prices, Competition & Change 2003, S. 23–38 (zitiert: *Rock*, Michael T.: Public Disclosure of the Sweatshop Practices of

American Multinational Garment/Shoe Makers/Retailers: Impact on Their Stock Prices, Competition & Change 2003, S.)

Roth, Herbert: Urteilsanmerkung zu BGH, Urteil vom 24.03.2006 – V ZR 173/05 (OLG Oldenburg), JZ 2006, 1026–1028 (zitiert: *Roth*, JZ 2006, 1026)

Rothermel, Martin: Kommentar zum Lieferkettensorgfaltspflichtengesetz, 1. Aufl., Frankfurt am Main 2022 (zitiert: *Bearbeiter*, in: Rothermel, LkSG – Lieferkettensorgfaltspflichtengesetz, Teil Rn.)

Roth-Mingram, Berrit: Corporate Social Responsibility (CSR) durch eine Ausweitung der nichtfinanziellen Informationen von Unternehmen, NZG 2015, 1341–1346 (zitiert: *Roth-Mingram*, NZG 2015, 1341)

Rubner, Daniel/*Schidlo*, Felix: Die EU-Lieferkettenrichtlinie (CSDDD) – ein Überblick, NJW-Spezial 2024, 399–400 (zitiert: *Rubner/Schidlo*, NJW-Spezial 2024, 399)

Rudkowski, Lena: Arbeitsbedingungen in den globalen Lieferketten – Verantwortung deutscher Unternehmen de lege lata und de lege ferenda, RdA 2020, 232–240 (zitiert: *Rudkowski*, RdA 2020, 232)

Rudkowski, Lena: Die Rechtsstellung des Menschenrechtsbeauftragten nach dem LkSG, CRZ 2024, 25–33 (zitiert: *Rudkowski*, CRZ 2024, 25)

Rühl, Giesela/*Knauer*, Constantin: Zivilrechtlicher Menschenrechtsschutz? Das deutsche Lieferkettengesetz und die Hoffnung auf den europäischen Gesetzgeber, JZ 2022, 105–114 (zitiert: *Rühl/Knauer*, JZ 2022, 105)

Rust, Ulrich: Innenregress und Haftung der Unternehmensleitung bei Kartellverstößen, ZWeR 2015, 299–317 (zitiert: *Rust*, ZWeR 2015, 299)

Ruttloff, Marc/*Wagner*, Eric/*Burchert*, Tobias: Lieferketten-Due-Diligence aus Brüssel – Ein Überblick zu den zentralen Zielen und Pflichten der CSDDD, DB 2024, 1189–1194 (zitiert: *Ruttloff/Wagner/Burchert*, DB 2024, 1189)

Ruttloff, Marc/*Wagner*, Eric/*Hahn*, Matthias/*Freihoff*, Lisa: Der Menschenrechtsbeauftragte, CCZ 2022, 20–27 (zitiert: *Ruttloff/Wagner/Hahn/Freihoff*, CCZ 2022, 20)

Ruttloff, Marc/*Wagner*, Eric/*Misztl*, Marius: Die neue Europäische Batterieverordnung – ein Überblick, ZfPC 2023, 54–58 (zitiert: *Ruttloff/Wagner/Misztl*, ZfPC 2023, 54)

Saage-Maaß, Miriam/*Leifker*, Maren: Haftungsrisiken deutscher Unternehmen und ihres Managements für Menschenrechtsverletzungen im Ausland, BB 2015, 2499–2504 (zitiert: *Saage-Maaß/Leifker*, BB 2015, 2499)

Sagan, Adam/*Schmidt*, Alexander: Das Lieferkettensorgfaltspflichtengesetz – Ein Überblick aus der Perspektive des Arbeitsrechts, NZA-RR 2022, 281–291 (zitiert: *Sagan/Schmidt*, NZA-RR 2022, 281)

Schäfer, Carsten: Die Binnenhaftung von Vorstand und Aufsichtsrat nach der Renovierung durch das UMAG, ZIP 2005, 1232–1259 (zitiert: *Schäfer*, ZIP 2005, 1253)

Schäfer, Stephan/*Schütze*, Alexandra Manon: Die CSDDD – eine erste Vorstellung der Richtlinie und ihrer Folgen für die deutsche Wirtschaft, BB 2024, 1091–1100 (zitiert: *Schäfer/Schütze*, BB 2024, 1091)

Schall, Alexander: (Berechtigte) Lücken in der Lieferkettensorgfaltspflicht des LkSG?, NZG 2022, 787–790 (zitiert: *Schall*, NZG 2022, 787)

Schall, Alexander: Die erhöhten Haftungsrisiken für Menschenrechtsverletzungen nach King Okpabi v Royal Dutch Shell – und die überraschende Enthaftungswirkung des Lieferkettengesetzes, ZIP 2021, 1241–1251 (zitiert: *Schall*, ZIP 2021, 1241)

Schall, Alexander: Die Mutter-Verantwortlichkeit für Menschenrechtsverletzungen ihrer Auslandstöchter, ZGR 2018, 479–512 (zitiert: *Schall*, ZGR 2018, 479)

Schall, Alexander/*Theusinger*, Ingo/*Pour Rafsendjani*, Mansur (Hrsg.): Kommentar zum Lieferkettensorgfaltspflichtengesetz, 1. Aufl., Berlin 2023 (zitiert: *Bearbeiter*, in: Schall/Theusinger/Pour Rafsendjani, LkSG, § Rn.)

Scherf, Cara-Sophie/*Kampffmeyer*, Nele/*Gailhofer*, Peter u. a.: Umweltbezogene und menschenrechtliche Sorgfaltspflichten als Ansatz zur Stärkung einer nachhaltigen Unternehmensführung – Abschlussbericht im Auftrag des Bundesumweltamtes, 2020, abrufbar unter: https://www.umweltbundesamt.de/publikationen/sorgfaltspflichten-nachhaltige-unternehmensfuehrung, zuletzt abgerufen am 30.07.2024 (zitiert: *Scherf/Kampffmeyer/Gailhofer u. a.*, Umweltbezogene und menschenrechtliche Sorgfaltspflichten als Ansatz zur Stärkung einer nachhaltigen Unternehmensführung, S.)

Schieder, Christian: Interesse und Sachwert – Zur Konkurrenz zweier Grundbegriffe des römischen Rechts, Göttingen 2011 (zitiert: *Schieder*, Interesse und Sachwert, 2011, S.)

Schiemann, Gottfried: „Neues" allgemeines Schadensrecht durch Rückfall hinter Friedrich Mommsen?, in: Zimmermann, Reinhard/Knütel, Rolf/Meincke, Jens Peter (Hrsg.), Festschrift für Hans Hermann Seiler zum 70. Geburtstag, Heidelberg 1999, S. 259–268 (zitiert: *Schiemann*, in: FS Seiler, 1999, S. 259)

Schiemann, Gottfried: Rechtspolitik und Rechtsdogmatik im gegenwärtigen deutschen Sachschadensrecht, in: Brambring, Günter/Medicus, Dieter/Vogt, Max (Hrsg.), Festschrift für Horst Hagen, Köln 1999, S. 27–48 (zitiert: *Schiemann*, in: FS Hagen, 1999, S. 27)

Schilling, Theodor: Internationaler Menschenrechtsschutz – Das Recht der EMRK und des IPbpR, 4. Aufl., Tübingen 2022 (zitiert: *Schilling*, Internationaler Menschenrechtsschutz, 2022, S.)

Schirmer, Jan-Erik: Haftung für künftige Klimaschäden, NJW 2023, 113–118 (zitiert: *Schirmer*, NJW 2023, 113)

Schirmer, Jan-Erik: Klimahaftung und Compliance, KlimaRZ 2023, 129–135 (zitiert: *Schirmer*, KlimaRZ 2023, 129)

Schirmer, Jan-Erik: Klimahaftung und Kausalität – und es geht doch!, JZ 2021, 1099–1106 (zitiert: *Schirmer*, JZ 2021, 1099)

Schirmer, Jan-Erik: Nachhaltiges Privatrecht, Tübingen 2023, zugleich Habil. Berlin 2022 (zitiert: *Schirmer*, Nachhaltiges Privatrecht, 2023, S.)

Schlechtriem, Peter: Organisationsverschulden als zentrale Zurechnungskategorie, in: Doerry, Jürgen/Watzke, Hans-Georg (Hrsg.), Festschrift für Wolfgang Heiermann zum 60. Geburtstag, Berlin 1995, S. 281–292 (zitiert: *Schlechtriem*, in: FS Heiermann, 1995, S. 281)

Schlimm, Katrin: Das Geschäftsleiterermessen des Vorstands einer Aktiengesellschaft – Die Kodifikation einer "Business Judgment Rule" deutscher Prägung in § 93 Abs. 1 S. 2 AktG, Baden-Baden 2009, zugleich Diss. Münster 2008, (zitiert: *Schlimm*, Ermessen, 2009, S.)

Schmidt, Bernd: Compliance in Kapitalgesellschaften, Baden-Baden 2010, zugleich Diss. Oldenburg 2010 (zitiert: *Schmidt*, Compliance in Kapitalgesellschaften, 2010, S.)

Schmidt, Jessica: BB-Gesetzgebungs- und Rechtsprechungsreport zum Europäischen Unternehmensrecht 2021/22, BB 2022, 1859–1876 (zitiert: *Schmidt*, BB 2022, 1859)

Schmidt, Jessica: Unternehmensrecht: Supply chain due diligence – EP-Entwurf, EuZW 2021, 276 (zitiert: *Schmidt*, EuZW 2021, 276)

Schmidt, Karsten: Haftung und Zurechnung im Unternehmensbereich – Grundlagen im Zivil- und Versicherungsrecht, in: Klingmüller, Ernst (Hrsg.), Karlsruher Forum 1993: Haftung und Zurechnung im Unternehmensbereich, Karlsruhe 1993, S. 4–15 (zitiert: *K. Schmidt*, in: Karlsruher Forum 1993, S. 4)

Schmidt-Ahrens, Nils/*Schneider*, Viktoria: Gerichtsverfahren zum Klimaschutz, NJW 2022, 3475–3481 (zitiert: *Schmidt-Ahrendts/Schneider*, NJW 2022, 3475)

Schmidt-Räntsch, Annette: Sorgfaltspflichten der Unternehmen – Von der Idee über den politischen Prozess bis zum Regelwerk, ZUR 2021, 387–394 (zitiert: *Schmidt-Räntsch*, ZUR 2021, 387)

Schneider, Björn: Deliktische „Lieferkettenhaftung" unter Geltung des Lieferkettensorgfaltspflichtengesetzes (LkSG) – Zur genauen Bedeutung des missglückten § 3 Abs. 3 LkSG, ZIP 2022, 407–418 (zitiert: *Schneider*, ZIP 2022, 407)

Schneider, Björn: Menschenrechtsbezogene Verkehrspflichten in der Lieferkette und ihr problematisches Verhältnis zu vertraglichen Haftungsgrundlagen – Über ein drohendes haftungsrechtliches Dilemma als Ergebnis der CSR-Debatte, NZG 2019, 1369–1379 (zitiert: *Schneider*, NZG 2019, 1369)

Schneider, Sven: „Unternehmerische Entscheidungen" als Anwendungsvoraussetzung für die Business Judgment Rule, DB 2005, 707–712 (zitiert: *Schneider*, DB 2005, 707)

Schneider, Thomas: Möglichkeiten und Grenzen der Umsetzung der gesellschaftsrechtlichen und bankenaufsichtsrechtlichen Anforderungen an Risikomanagement auf Gruppenebene, Berlin 2009, zugleich Diss. Mainz 2009 (zitiert: *Schneider*, Möglichkeiten und Grenzen der Umsetzung der gesellschaftsrechtlichen und bankenaufsichtsrechtlichen Anforderungen an Risikomanagement auf Gruppenebene, 2009, S.)

Schneider, Uwe: Compliance als Aufgabe der Unternehmensleitung, ZIP 2003, 645–650 (zitiert: *Schneider*, ZIP 2003, 645)

Schneider, Uwe/*Brouwer*, Tobias/*Scholz-Fröhling*, Sabine: Der Mehrfachbeauftragte – Vorüberlegungen zu einem allgemeinen Recht des Beauftragten, CCZ 2023, 133–145 (zitiert: *Schneider/Brouwer/Scholz-Fröhling*, CCZ 2023, 133)

Schneider, Uwe/*Schneider*, Sven: Konzern-Compliance als Aufgabe der Konzernleitung, ZIP 2007, 2061–2065 (zitiert: *U. H. Schneider/S. H. Schneider*, ZIP 2007, 2061)

Schnieders, Ferit: Haftungsfreiräume für unternehmerische Entscheidungen in Deutschland und Italien, Köln 2009, zugleich Diss. Bonn 2007 (zitiert: *Schnieders*, Haftungsfreiräume für unternehmerische Entscheidungen in Deutschland und Italien, 2009, S.)

Schoch, Friedrich/*Schneider*, Jens-Peter (Hrsg.): Verwaltungsrecht, Bände zur VwGO, 46. Ergänzungslieferung, München 2024, (zitiert: *Bearbeiter*, in: Schoch/Schneider, Verwaltungsrecht, Werkstand: 46. EL August 2024, § Rn.)

Schockenhoff, Martin: Haftung und Enthaftung von Geschäftsleitern bei Compliance-Verstößen in Konzernen mit Matrix-Strukturen, ZHR 180 (2016), 197–232 (zitiert: *Schockenhoff*, ZHR 180 (2016), 197)

Schockenhoff, Martin/*Roßkopf*, Gabriele/*Arnold*, Michael: Konzern-Compliance im Lichte neuer Sanktionsgesetze, AG 2021, 66–74 (zitiert: *Schockenhoff/Roßkopf/Arnold*, AG 2021, 66)

Scholz, Franz (Begr.): Kommentar zum GmbHG, Band II, §§ 35–52 GmbHG, 13. Aufl., Köln 2024 (zitiert: *Bearbeiter*, in: Scholz, GmbHG, 13. Aufl. 2024, § Rn.)

Schön, Wolfgang: Anmerkung zu EuGH, Urteil vom 04. 12. 1997 – Rs. C-97/96 – Daihatsu, JZ 1998, 194–195 (zitiert: *Schön*, JZ 1998, 194)

Schön, Wolfgang: Der Zweck der Aktiengesellschaft – geprägt durch europäisches Gesellschaftsrecht?, ZHR 180 (2016), 279–288 (zitiert: *Schön*, ZHR 180 (2016), 279)

Schön, Wolfgang: Etikettenschwindel im Europäischen Bilanzrecht, ZHR 185 (2021), 781–791 (zitiert: *Schön*, ZHR 185 (2021), 781)

Schönfelder, Daniel/*Braun*, Bettina/*Dadush*, Sarah: Contracting for Human Rights – Einhaltung menschenrechtlicher Anforderungen in Zuliefererverträgen gemäß LkSG: Ansätze gemeinsamer Verantwortlichkeit durch MCC 2.0 und EMC, ESG 2023, 66–73 (zitiert: *Schönfelder/Braun/Dadush*, ESG 2023, 66)

Schönke, Adolf/*Schröder*, Horst (Begr.): Kommentar zum Strafgesetzbuch, 30. Aufl., München 2019 (zitiert: *Bearbeiter*, in: Schönke/Schröder, Strafgesetzbuch, 30. Auflage 2019, § Rn.)

Schramm, Alexander: Privatrechtliche Wirkungen unternehmerischer Selbstverpflichtungen zur Einhaltung der Menschenrechte, Baden-Baden 2020, zugleich Diss. Nürnberg-Erlangen 2020 (zitiert: *Schramm*, Privatrechtliche Wirkungen unternehmerischer Selbstverpflichtungen zur Einhaltung der Menschenrechte, 2020, S.)

Schröder, Deike: Der Ausschluss von öffentlichen Aufträgen als Sanktion des neuen LkSG, CB 2023, 15–20 (zitiert: *Schröder*, CB 2023, 15)

Schröter, Ulrich: Risikoberichterstattung in der „nichtfinanziellen Erklärung“: Maßstab, Adressaten und gewährleistungsrechtliche Publizitätshaftung, in: Grundmann, Stefan/ Merkt, Hanno/Mülbert, Peter u. a. (Hrsg), Festschrift für Klaus Hopt zum 80. Geburtstag, Berlin 2020, S. 1155–1170 (zitiert: *Schröter*, in: FS Hopt, 2020, S. 1155)

Schulze, Reiner/*Dörner*, Heinrich/*Ebert*, Ina u. a. (Hrsg.): Kommentar zum Bürgerlichen Gesetzbuch, 12. Aufl., Baden-Baden 2024 (zitiert: *Bearbeiter*, in: Schulze, Bürgerliches Gesetzbuch, 12. Auflage 2024, § Rn.)

Schutter, Olivier de: International Human Rights Law – Cases, Materials, Commentary, Cambridge 2019 (zitiert: *de Schutter*, International Human Rights Law, S.)

Schwark, Eberhard: Zur Angemessenheit der Vorstandsvergütung, in: Damm, Reinhard/Veil, Rüdiger/Heermann, Peter (Hrsg.), Festschrift für Thomas Raiser zum 70. Geburtstag, Berlin 2005, S. 377–398 (zitiert: *Schwark*, in: FS Raiser, 2005, S. 377)

Schwintowski, Hans-Peter: Gesellschaftsrechtliche Anforderungen an Vorstandshaftung und Corporate Governance durch das neue System der kartellrechtlichen Legalausnahme, NZG 2005, 200–203 (zitiert: *Schwintowski*, NZG 2005, 200)

Schwintowski, Hans-Peter/*Klaue*, Siegfried: Kartellrechtliche und gesellschaftsrechtliche Konsequenzen des Systems der Legalausnahme für die Kooperationspraxis der Unternehmen, WuW 2005, 370–379 (zitiert: *Schwintowski/Klaue*, WuW 2005, 370)

Seibt, Christoph: CSR-Richtlinie-Umsetzungsgesetz: Berichterstattung über nichtfinanzielle Aspekte der Geschäftstätigkeit, DB 2016, 2707–2716 (zitiert: *Seibt*, DB 2016, 2707)

Seibt, Christoph/*Vesper-Gräske*, Marlen: EU-Lieferketten-Richtlinie (CSDDD): Praxishinweise zum Handlungsbedarf, DB 2024, 1530–1538 (zitiert: *Seibt/Vesper-Gräske*, DB 2024, 1530)

Seibt, Christoph/*Vesper-Gräske*, Marlen: Lieferkettensorgfaltspflichtengesetz erweitert Compliance-Pflichten, CB 2021, 357–363 (zitiert: *Seibt/Vesper-Gräske*, CB 2021, 357)

Semler, Johannes: Entscheidungen und Ermessen im Aktienrecht, in: Habersack, Mathias/Hommelhoff, Peter/Hüffer, Uwe/Schmidt, Karsten (Hrsg.), Festschrift für Peter Ulmer zum 70. Geburtstag, Berlin 2003, S. 627–642 (zitiert: *Semler*, in: FS Ulmer, 2003, S. 627)

Semler, Johannes: Leitung und Überwachung der Aktiengesellschaft – Die Leitungsaufgabe des Vorstands und die Überwachungsaufgabe des Aufsichtsrats, 2. Aufl., Köln 1996, zugleich Diss. Bochum 1980 (zitiert: *Semler*, Leitung und Überwachung, 1996, Rn.)

Sharei, Mika Meran: Lieferkettenrechtliche Sorgfaltspflichten und Bemühenspflichten, NJW 2023, 3462–3467 (zitiert: *Sharei*, NJW 2023, 3462)

Sodan, Helge/*Ziekow*, Jan (Hrsg.): Kommentar zur VwGO, 5. Aufl., Baden-Baden 2018 (zitiert: *Bearbeiter*, in: Sodan/Ziekow, VwGO, 5. Auflage 2018, § Rn.)

Soergel, Hans Theodor (Begr.): Kommentar zum BGB, Band 12, §§ 823–853 BGB, ProdHaftG, UmweltHG, 13. Aufl., Stuttgart 2005 (zitiert: *Bearbeiter*, in: Soergel, BGB, 13. Aufl. 2005, § Rn.)

Späth, Patrick/*Werner*, Felix: Die Opkabi-Entscheidung des Supreme Court of the United Kingdom zur Internationalen Konzernhaftung aus rechtsvergleichender Sicht, CCZ 2021, 241–251 (zitiert: *Späth/Werner*, CCZ 2021, 241)

Spießhofer, Birgit: Wirtschaft und Menschenrechte – rechtliche Aspekte der Corporate Social Responsibility, NJW 2014, 2473–2479 (zitiert: *Spießhofer*, NJW 2014, 2473)

Spießhofer, Birgit/*Graf von Westphalen*, Friedrich: Corporate Social Responsibility und AGB-Recht, BB 2015, 75–82 (zitiert: *Spießhofer/Westphalen*, BB 2015, 75)

Spießhofer, Birgit/*Späth*, Patrick (Hrsg.): Kommentar zum Lieferkettensorgfaltspflichtengesetz unter Berücksichtigung AGB-rechtlicher Besonderheiten, Berlin 2024 (zitiert: *Bearbeiter*, in: Spießhofer/Späth, LkSG, § Rn.)

Spindler, Gerald: Der Vorschlag einer EU-Lieferketten-Richtlinie, ZIP 2022, 765–777 (zitiert: *Spindler*, ZIP 2022, 765)

Spindler, Gerald: Die Haftung von Vorstand und Aufsichtsrat für fehlerhafte Auslegung von Rechtsbegriffen, in: Heldrich, Andreas/Prölss, Jürgen/Koller, Ingo u. a. (Hrsg.), Festschrift für Claus-Wilhelm Canaris zum 70. Geburtstag, Band II, München 2007, S. 403–428 (zitiert: *Spindler*, in: FS Canaris II, 2007, S. 403)

Spindler, Gerald: Organhaftung in der AG – Reformbedarf aus wissenschaftlicher Perspektive, AG 2013, 889–904 (zitiert: *Spindler*, AG 2013, 889)

Spindler, Gerald: Unternehmensorganisationspflichten – Zivilrechtliche und öffentlich-rechtliche Regelungskonzepte, 2. Aufl., Göttingen 2011, zugleich Habil. Frankfurt am Main 1996 (zitiert: *Spindler*, Unternehmensorganisationspflichten, 2011, S.)

Spindler, Gerald: Verantwortlichkeit und Haftung in Lieferantenketten – das Lieferkettensorgfaltspflichtengesetz aus nationaler und europäischer Perspektive, ZHR 186 (2022), 67–124 (zitiert: *Spindler*, ZHR 186 (2022), 67)

Spindler, Gerald: Von der Früherkennung von Risiken zum umfassenden Risikomanagement – zum Wandel des § 91 AktG unter europäischem Einfluss, in: Kindler, Peter/Koch, Jens/Ulmer, Peter/Winter, Martin (Hrsg.), Festschrift für Uwe Hüffer zum 70. Geburtstag, München 2010, S. 986–998 (zitiert: *Spindler*, in: FS Hüffer, 2010, S. 986)

Spindler, Gerald/*Schuster*, Fabian (Hrsg.): Recht der elektronischen Medien, Kommentar, 4. Aufl., München 2019 (zitiert: *Bearbeiter*, in: Spindler/Schuster, Recht der elektronischen Medien, 4. Auflage 2019, Art./§ Rn.)

Stathopoulos, Michael: Bemerkungen zum Verhältnis von Fahrlässigkeit und Rechtswidrigkeit im Zivilrecht, in: Canaris, Claus-Wilhelm/Diederichsen, Uwe (Hrsg.), Festschrift für Karl Larenz zum 80. Geburtstag, München 1983, S. 631–648 (zitiert: *Stathopoulos*, in: FS Larenz, 1983, S. 631)

Staudinger, Julius von (Begr.): Kommentar zum Bürgerlichen Gesetzbuch, Buch 1: Allgemeiner Teil: §§ 134–138 BGB; ProstG (Gesetzliches Verbot, Verfügungsverbot, Sittenwidrigkeit), Neubearbeitung, Berlin 2021 (zitiert: *Bearbeiter*, in: Staudinger, BGB (2021), § Rn.)

Staudinger, Julius von (Begr.): Kommentar zum Bürgerlichen Gesetzbuch, Buch 2: Recht der Schuldverhältnisse: Anhang zu §§ 305–310 BGB (AGB-Recht 2: AGB-Kontrolle wichtiger Vertragstypen), 19. Aufl., Berlin 2022 (zitiert: *Bearbeiter*, in: Staudinger, BGB (2022), § Rn.)

Staudinger, Julius von (Begr.): Kommentar zum Bürgerlichen Gesetzbuch, Buch 2: Recht der Schuldverhältnisse: Kaufrecht 1 – Allgemeine Grundsätze; Gewährleistung, §§ 433–448 BGB, Neubearbeitung, Berlin 2023 (zitiert: *Bearbeiter*, in: Staudinger, BGB (2023), § Rn.)

Staudinger, Julius von (Begr.): Kommentar zum Bürgerlichen Gesetzbuch, Buch 2: Recht der Schuldverhältnisse: §§ 823 A-D (Unerlaubte Handlungen 1 – Rechtsgüter und Rechte; Persönlichkeitsrecht; Gewerbebetrieb), Neubearbeitung 2017, Berlin 2017 (zitiert: *Bearbeiter*, in: Staudinger, BGB, Neubearbeitung 2017, § Rn.)

Stelkens, Paul/*Bonk*, Heinz-Joachim/*Klaus*, Leonhardt (Begr.)/*Sachs*, Michael/*Schmitz*, Heribert/*Stelkens*, Ulrich (Hrsg.): Kommentar zum Verwaltungsverfahrensgesetz, 10. Aufl., München 2023 (zitiert: *Bearbeiter*, in: Stelkens/Bonk/Sachs, VwVfG, 10. Auflage 2023, § Rn.)

Stemberg, Christian: Zur substantiierten Kenntnis nach § 9 III Lieferkettensorgfaltspflichtengesetz, NZG 2022, 1093–1099 (zitiert: *Stemberg*, NZG 2022, 1093)

Stöbener de Mora, Patricia Sarah/*Noll*, Paul: Grenzenlose Sorgfalt? – Das Lieferkettensorgfaltspflichtengesetz, NZG 2021, 1285–1292 (zitiert: *Stöbener de Mora/Noll*, NZG 2021, 1285)

Stöbener de Mora, Patricia Sarah/*Noll*, Paul: Noch grenzenlosere Sorgfalt? Der Richtlinienvorschlag zu Sorgfaltspflichten von Unternehmen im Hinblick auf Nachhaltigkeit, EuZW 2023, 14–25 (zitiert: *Stöbener de Mora/Noll*, EuZW 2023, 14)

Strohn, Lutz: Schutz der Menschenrechte durch das Sorgfaltspflichtengesetz, ZHR 185 (2021), 629–636 (zitiert: *Strohn*, ZHR 185 (2021), 629)

Stuart-Smith, Rupert/*Roe*, Gerard/*Li*, Lin/*Allen*, Myles: Increased outburst flood hazard from Lake Palcacocha due to human-induced glacier retreat, Nature Geoscience 2021, vol 14, 85–90 (zitiert: *Stuart-Smith et al.*, Nature Geoscience 14 (2021), S. 85)

Stürner, Michael: Die Rolle des Kollisionsrechts bei der Durchsetzung von Menschenrechten, in: Hilbig-Lugani, Katharina/Jakob, Dominique/Mäsch, Gerald u. a. (Hrsg.), Festschrift für Dagmar Coester-Waltjen zum 70. Geburtstag, Bielefeld 2015, S. 843–854 (zitiert: *Stürner*, in: FS Coester-Waltjen, 2015, S. 843)

Suchy, Oliver: Schadensumfang bei Haftung von Vorständen und Geschäftsführern wegen Unternehmensgeldbußen für kartellrechtliche Verstöße, NZG 2015, 591–594 (zitiert: *Suchy*, NZG 2015, 591)

Teicke, Tobias/*Rust*, Maximilian: Gesetzliche Vorgaben für Supply Chain Compliance – Die neue Konfliktmineralien-Verordnung, CCZ 2018, 39–43 (zitiert: *Teicke/Rust*, CCZ 2018, 39)

Thalhammer, Veronika: Das umstrittene Lieferkettensorgfaltspflichtengesetz – Ein juristischer Blick auf Kritik aus Zivilgesellschaft, Wirtschaft und Politik, DÖV 2021, 825–835 (zitiert: *Thalhammer*, DÖV 2021, 825)

Thiede, Thomas/*Bell*, Andrew: Klagen clever kaufen! Zur Haftung einer deutschen Textilhändlerin für die Opfer eines Brandes in der Fabrik eines pakistanischen Zuliefererbetriebes, RIW 2017, 263–272 (zitiert: *Thiede/Bell*, RIW 2017, 263)

Thole, Christoph: Managerhaftung für Gesetzesverstöße – Die Legalitätspflicht des Vorstands gegenüber seiner Aktiengesellschaft, ZHR 173 (2009), 504–535 (zitiert: *Thole*, ZHR 173 (2009), 504)

Thomale, Chris/*Hübner*, Leonhard: Zivilrechtliche Durchsetzung völkerrechtlicher Unternehmensverantwortlichkeit, JZ 2017, 385–397 (zitiert: *Thomale/Hübner*, JZ 2017, 385)

Thomale, Chris/*Murko*, Marina: Unternehmerische Haftung für Menschenrechtsverletzungen in transnationalen Lieferketten, EuZA 2021, 40–60 (zitiert: *Thomale/Murko*, EuZA 2021, 40)

Thomas, Heinz/*Putzo*, Hans (Begr.): Kommentar zur Zivilprozessordnung, 37. Aufl., München 2016 (zitiert: *Bearbeiter*, in: Thomas/Putzo, ZPO, 37. Aufl. 2016, § Rn.)

Thomas, Heinz/*Putzo*, Hans (Begr.): Kommentar zur Zivilprozessordnung, 43. Aufl., München 2022 (zitiert: *Bearbeiter*, in: Thomas/Putzo, ZPO, 43. Aufl. 2022, § Rn.)

Thomas, Stefan: Bußgeldregress, Übelszufügung und D&O-Versicherung, NZG 2015, 1409–1419 (zitiert: *Thomas*, NZG 2015, 1409)

Thöne, Meik: Klimaschutz durch Haftungsrecht – vier Problemkreise, ZUR 2022, 323–333 (zitiert: *Thöne*, ZUR 2022, 323)

Timm, Wolfram: Hauptversammlungskompetenzen und Aktionärsrechte in der Konzernspitze – zugleich Überlegungen zum Urteil des LG Hamburg vom 01. 10. 1979, AG 1980, 172–187 (zitiert: *Timm*, AG 1980, 172)

Traeger, Ludwig: Der Kausalbegriff im Zivilrecht und Strafrecht – Zugleich ein Beitrag zur Auslegung des BGB, Marburg 1904 (zitiert: *Traeger*, Der Kausalbegriff im Zivilrecht und Strafrecht, 1904, S.)

Tschäpe, Philipp/*Trefzger*, Dominik: Die Sorgfaltspflicht des Lieferkettengesetzes – Rechtsnatur, Inhalt und Haftung, ZfBR 2023, 423–433 (zitiert: *Tschäpe/Trefzger*, ZfBR 2023, 423)

Tüshaus, Fee: Nachhaltigkeitsberichterstattung – Eine Bestandsaufnahme, „Was bringt das alles?", Kurzanalyse für Regierungsforschung.de, 2023, abrufbar unter: https://regierungsforschung.de/wp-content/uploads/2023/11/29112023_regierungsforschung.de_Tueshaus_Nachhaltigkeitsberichterstattung.pdf (Stand: 29. 11. 2023), zuletzt abgerufen am 30. 07. 2024 (zitiert: *Tüshaus*, Nachhaltigkeitsberichterstattung – Eine Bestandsaufnahme, S.)

UN Global Compact: Einführung Klimamanagement, abrufbar unter: https://www.globalcompact.de/themen/environment/klimamanagement (Stand: März 2022), zuletzt abgerufen am 30. 07. 2024 (zitiert: *UN Global Compact*, Einführung Klimamanagement, S.)

United Nations High Commissioner on Human Rights: Guiding Principles on Business and Human Rights, New York 2011, abrufbar unter: https://www.ohchr.org/en/publications/reference-publications/guiding-principles-business-and-human-rights, zuletzt abgerufen am 30. 07. 2024 (zitiert: *United Nations High Commissioner on Human Rights*, Guiding Principles on Business and Human Rights, S.)

United Nations High Commissioner on Human Rights: The Corporate Responsibility to Protect Human Rights, An Interpretative Guide, 2012, abrufbar unter: https://www.ohchr.org/sites/default/files/Documents/Publications/HR.PUB.12.2_En.pdf, zuletzt abgerufen am 30. 07. 2024 (zitiert: *High Commissioner of Human Rights of the United Nations*, The Corporate Responsibility to Protect Human Rights, An Interpretative Guide, 2012, S.)

Verheyen, Roda/*Franke*, Johannes: Deliktsrechtlich begründete CO_2-Reduktionspflichten von Privatunternehmen, ZUR 2021, 624–632 (zitiert: *Verheyen/Franke*, ZUR 2021, 624)

Verse, Dirk: Compliance im Konzern – Zur Legalitätskontrollpflicht der Geschäftsleiter einer Konzernobergesellschaft, ZHR 175 (2011), 401–424 (zitiert: *Verse*, ZHR 175 (2011), 401)

Verse, Dirk: Organhaftung bei unklarer Rechtslage – Raum für eine Legal Judgment Rule?, ZGR 2017, 174–195 (zitiert: *Verse*, ZGR 2017, 174)

Vitzthum, Wolfgang Graf/*Proelß*, Alexander (Hrsg.): Völkerrecht, Tübingen 2020 (zitiert: *Bearbeiter*, in: Vitzthum/Proelß, Völkerrecht, 8. Aufl. 2020, S.)

Voland, Thoma: Unternehmen und Menschenrechte – vom Soft Law zur Rechtspflicht, BB 2015, 67–75 (zitiert: *Voland*, BB 2015, 67)

Wagner, Eric/*Ruttloff*, Marc (Hrsg.): Das Lieferkettensorgfaltspflichtengesetz – Eine erste Einordnung, NJW 2021, 2145–2152 (zitiert: *Wagner/Ruttloff*, NJW 2021, 2145)

Wagner, Eric/*Ruttloff*, Marc/*Wagner*, Simon (Hrsg.): Das Lieferkettensorgfaltspflichtengesetz in der Unternehmenspraxis, 1. Aufl., München 2022 (zitiert: *Bearbeiter*, in: Wagner/Ruttloff/Wagner, LkSG, § Rn.)

Wagner, Gerhard: Das Lieferkettengesetz: Viele Pflichten, keine Haftung, in: Tölle, Antje/Benedict, Jörg/Koch, Harald u. a. (Hrsg.), Festschrift für Reinhard Singer zum 70. Geburtstag, Berlin 2021, S. 693–712 (zitiert: *Wagner*, in: FS Singer, 2021, S. 693)

Wagner, Gerhard: Haftung für Menschenrechtsverletzungen, RabelsZ 80 (2016), 717–782 (zitiert: *Wagner*, RabelsZ 80 (2016), 717)

Wagner, Gerhard: Haftung für Menschenrechtsverletzungen in der Lieferkette, ZIP 2021, 1095–1105 (zitiert: *Wagner*, ZIP 2021, 1095)

Wagner, Gerhard: Klimahaftung vor Gericht: Eine Fallstudie, München 2020 (zitiert: *Wagner*, Klimahaftung vor Gericht: Eine Fallstudie, 2020, S.)

Wagner, Gerhard: Lieferkettenverantwortlichkeit – alles eine Frage der Durchsetzung, ZEuP 2023, 517–528 (zitiert: *Wagner*, ZEuP 2023, 517)

Wais, Hannes: Die vertragliche Seite des LkSG, JZ 2023, 429–438 (zitiert: *Wais*, JZ 2023, 429)

Walden, Daniel: Corporate Social Responsibility: Rechte, Pflichten und Haftung von Vorstand und Aufsichtsrat, NZG 2020, 50–60 (zitiert: *Walden*, NZG 2020, 50)

Walter, Kristina/*Minderjahn*, Niclas: Der Menschenrechtsbeauftragte nach dem Lieferkettensorgfaltspflichtengesetz (LkSG) – Zu den Aufgaben des Menschenrechtsbeauftragten und seiner Integration im Unternehmen, ESGZ 2023, 27–30 (zitiert: *Walter/Minderjahn*, ESGZ 2023, 27)

Weidmann, Karen: Der Beitrag der OECD-Leitsätze für multinationale Unternehmen zum Schutz der Menschenrechte, Berlin 2014, zugleich Diss. Bonn 2013 (zitiert: *Weidmann*, Der Beitrag der OECD-Leitsätze für multinationale Unternehmen zum Schutz der Menschenrechte, 2014, S.)

Weiss, Thomas/*Daws*, Sam (Hrsg.): The Oxford Handbook on the United Nations, 2. Edition, Oxford 2018 (zitiert: *Bearbeiter*, in: The Oxford Handbook on The United Nations, S.)

Weitnauer, Manuel: Corporate Sustainability – Compliance, Unternehmensstrategien und Risiken (Teil II), GWR 2023, 239–244 (zitiert: *Weitnauer*, GWR 2023, 239)

Wellenhofer, Marina/*Wolf*, Manfred: Sachenrecht, 39. Aufl., München 2024 (zitiert: *Wellenhofer*, Sachenrecht, 39. Aufl. 2022, S.)

Weller, Marc-Philippe: Empfehlen sich im Kampf gegen den Klimawandel gesetzgeberische Maßnahmen auf dem Gebiet des Gesellschaftsrechts?, Gutachten F zum 74. Deutschen Juristentag, in: Ständige Deputation des Deutschen Juristentages (Hrsg.),Verhandlungen des 74. Deutschen Juristentages, Band I, München 2024 (zitiert: *Weller*, Gutachten DJT 2024, F)

Weller, Marc-Philippe/*Kaller*, Luca/*Schulz*, Alix: Haftung deutscher Unternehmen für Menschenrechtsverletzungen im Ausland, AcP 216 (2016), 387–420 (zitiert: *Weller/Kaller/Schulz*, AcP 216 (2016), 387)

Weller, Marc-Philippe/*Nasse*, Laura: Menschenrechtsarbitrage als Gefahrenquelle – Systemkohärenz einer Verkehrspflicht zur Menschenrechtssicherung in Lieferketten?, ZGR 2020, Sonderheft (22), 107–136 (zitiert: *Weller/Nasse*, ZGR 2020, Sonderheft (22), 107)

Weller, Marc-Philippe/*Nasse*, Laura: Unternehmensorganisation zum Schutz der Menschenrechte: Eine neue Verkehrspflicht in § 823 Abs. 1 BGB, in: Paal, Boris/Poelzig, Dörte/

Fehrenbacher, Oliver (Hrsg.), Festschrift für Werner F. Ebke zum 70. Geburtstag, München 2021, S. 1071–1082 (zitiert: *Weller/Nasse*, in: FS Ebke, 2021, S. 1071)

Weller, Marc-Philippe/*Thomale*, Chris: Menschenrechtsklagen gegen deutsche Unternehmen, ZGR 2017, 509–526 (zitiert: *Weller/Thomale*, ZGR 2017, 509)

Weller, Marc-Philippe/*Tran*, Mai-Lan: Klimawandelklagen im Rechtsvergleich – private enforcement als weltweiter Trend?, ZEuP 2021, 573–605 (zitiert: *Weller/Tran*, ZEuP 2021, 573)

Welwert, Sophie: Menschenrechtsverantwortung deutscher Konzerne – Untersuchung einer konzern- und lieferkettendimensionalen Fortentwicklung von Verkehrspflichten und deren Wechselwirkungen zum Corporate Governance-System, Berlin 2023, zugleich Diss. Köln 2023 (zitiert: *Welwert*, Menschenrechtsverantwortung deutscher Konzerne, 2023, S.)

Wenzel, Joachim: Der Störer und seine verschuldensunabhängige Haftung im Nachbarrecht, NJW 2005, 241–247 (zitiert: *Wenzel*, NJW 2005, 241)

Werner, Rüdiger: Die Pflicht des Vorstands zur Information über juristische Risiken – Enthaftung des Vorstands durch Vertrauen auf juristischen Rat, ZRFC 2010, 130–137 (zitiert: *R. Werner*, ZRFC 2010, 130)

Werner, Rüdiger: Die zivilrechtliche Haftung des Vorstands einer AG für gegen die Gesellschaft verhängte Geldbußen gegenüber der Gesellschaft, CCZ 2010, 143–147 (zitiert: *Werner*, CCZ 2010, 143)

Wernicke, Stephan: Das Lieferkettensorgfaltspflichtengesetz: Eine Chimäre des Menschenrechtsschutzes?, BB 2023, I (zitiert: *Wernicke*, BB 2023, I)

Westphalen, Friedrich von: Lieferkettensorgfaltsgesetz und ausgewählte Aspekte der AGB-rechtlichen Inhaltskontrolle, ZIP 2023, 1279–1288 (zitiert: *von Westphalen*, ZIP 2023, 1279)

Widdrat, Leon: Zur Vereinbarkeit der CSRD mit europäischem Primärrecht, KlimaRZ 2023, 12–16 (zitiert: *Widdrat*, KlimaRZ 2023, 12)

Widdrat, Leon/*Harnischmacher*, Sebastian: Anwendbarkeit des LkSG auf juristische Personen des öffentlichen Rechts, CRZ 2023, 37–43 (zitiert: *Widdrat/Harnischmacher*, CRZ 2023, 37)

Wiedemann, Herbert: Ein Lehrbuch des Unternehmens- und Verbandsrechts, Bd. I, Grundlagen, München 1980 (zitiert: *Wiedemann*, Gesellschaftsrecht, Bd. I (1980) §, S.)

Wieding, Jutta/*Stubenrauch*, Jessica/*Ekardt*, Felix: Human Rights and Precautionary Principle: Limits to Geoengineering, SRM, and IPCC Scenarios, Sustainability 2020, 12 (21), 8858 (zitiert: *Wieding/Stubenrauch/Ekardt*, Sustainability 2020, 8858)

Wiethölter, Rudolf: Der Rechtfertigungsgrund des verkehrsrichtigen Verhaltens: eine Studie zum zivilrechtlichen Unrecht, Karlsruhe 1960 (zitiert: *Wiethölter*, Der Rechtfertigungsgrund des verkehrsrichtigen Verhaltens, 1960, S.)

Wilhelm, Alexander: Compliance-Klauseln im unternehmerischen Geschäftsverkehr, AcP 221 (2021), 657–694 (zitiert: *Wilhelm*, AcP 221 (2021), 657)

Wimmer, Norbert: Über grünen Tee, bittere Schokolade und die Sorgfalt im Allgemeinen Überlegungen zum Gesetz über die unternehmerischen Sorgfaltspflichten zur Vermeidung von Menschenrechtsverletzungen in Lieferketten, in: Martinek, Michael/Rawert, Peter/

Weitemeyer, Birgit (Hrsg.), Festschrift für Alexander Reuter zum 65. Geburtstag, Köln 2021, S. 535–570 (zitiert: *Wimmer*, in: FS Reuter, 2021, 535)

Windbichler, Christine (Hrsg.): Gesellschaftsrecht – Ein Studienbuch, München 2013 (zitiert: *Windbichler*, Gesellschaftsrecht (2013), §, S.)

Winnen, Armin: Die Innenhaftung des Vorstandes nach dem UMAG – Eine Untersuchung des § 93 Abs. 1 S. 2 AktG und der Durchsetzungsmöglichkeiten von Innenhaftungsansprüchen, Baden-Baden 2009, zugleich Diss. Köln 2008 (zitiert: *Winnen*, Die Innenhaftung des Vorstandes nach dem UMAG, 2009, S.)

Wittig, Petra: Die Strafbarkeit des Geschäftsherrn nach deutschem Strafrecht für transnationale Menschenrechtsverletzungen, in: Krajewski, Markus/Oehm, Franziska/Saage-Maß, Miriam (Hrsg.), Zivil- und strafrechtliche Unternehmensverantwortung für Menschenrechtsverletzungen, Berlin 2018, S. 195–219 (zitiert: *Wittig*, in: Krajewski/Oehm/Maaß, Zivil- und strafrechtliche Unternehmensverantwortung für Menschenrechtsverletzungen, S.)

Woyciechowski, Sarah: Haftungsgrenzen im französischen Deliktsrecht – Zur Reichweite der deliktischen Generalklausel in Art. 1382 f. Code civil, Tübingen 2017, zugleich Diss. Münster 2016 (zitiert: *Woyciechowski*, Haftungsgrenzen im französischen Deliktsrecht, 2017, S.)

Würz, Karl/*Birker*, Ann-Kathrin: Das Lieferkettensorgfaltspflichtengesetz – Regelungen, Anforderungen, Umsetzung in der Praxis, 1. Aufl., Freiburg 2022 (zitiert: *Würz/Birker*, Lieferkettensorgfaltspflichtengesetz, S.)

Wüstemann, Sonja: Bericht nach dem LkSG und dem BAFA-Fragenkatalog – Harmonisierungsmöglichkeiten mit der nichtfinanziellen Berichterstattung nach HGB, BB 2023, 363–367 (zitiert: *Wüstemann*, BB 2023, 363)

Xynopoulou, Athina: Die Vorhersehbarkeit als Voraussetzung des Schadensersatzes in der Vertragshaftung, Tübingen 2013, zugleich Diss. Tübingen 2012 (zitiert: *Xynopoulou*, Die Vorhersehbarkeit als Voraussetzung des Schadensersatzes in der Vertragshaftung, 2013, S.)

Zeh, Ricarda/*Weitzel*, Fabian: Die arbeitsrechtliche Risikoanalyse im eigenen Geschäftsbereich nach dem LkSG, NZA 2023, 1553–1560 (zitiert: *Zeh/Weitzel*, NZA 2023, 1553)

Zeidler, Sophie: Klimahaftungsklagen. Die Internationale Haftung für die Folgen des Klimawandels – Zugleich eine Untersuchung des Europäischen Zuständigkeitsrechts und des Europäischen Internationalen Privatrechts der Umwelthaftung, Berlin 2022, zugleich Diss. München 2021 (zitiert: *Zeidler*, Klimahaftungsklagen, 2022, S.)

Zimmermann, Andreas/*Weiss*, Norman: Völker- und verfassungsrechtliche Parameter eines deutschen Lieferkettengesetzes, AVR 2021, 424–463 (zitiert: *Zimmermann/Weiss*, AVR 2021, 424)

Zimmermann, Martin: Kartellrechtliche Bußgelder gegen Aktiengesellschaft und Vorstand: Rückgriffsmöglichkeiten, Schadensumfang und Verjährung, WM 2008, 433–442 (zitiert: *Zimmermann*, WM 2008, 433)

Zöllner, Wolfgang/*Noack*, Ulrich (Hrsg.): Kölner Kommentar zum Aktiengesetz, Band II, §§ 76–94 AktG, 3. Aufl., Köln 2010 (zitiert: *Bearbeiter*, in: KölnKomm, AktG, 3. Aufl. 2010, § Rn.)

Stichwortverzeichnis

Felix Geh

Die Vorstandsbinnenhaftung unter dem Lieferkettensorgfaltspflichtengesetz

Die Untersuchung setzt sich mit der Frage zur Vorstandsbinnenhaftung unter dem LkSG auseinander. Weil das LkSG die Vorstandspflichten konturiert, beeinflusst es die Vorstandshaftung gem. § 93 Abs. 2 S. 1 AktG. Die vertiefte Beschäftigung mit den Normen des LkSG mündet in der Erkenntnis, dass das LkSG ein nicht unerhebliches Maß an Rechtsunsicherheit aufweist und dem Vorstandsmitglied einen weiten Entscheidungsspielraum bei der Pflichtenerfüllung einräumt. Vor diesem Hintergrund erarbeitet die Untersuchung differenzierte Maßstäbe, wie der gesetzliche Entscheidungsspielraum und die unklare Rechtslage im Hinblick auf die Vorstandsbinnenhaftung rechtlich zu behandeln sind. Auf Rechtsfolgenseite setzt sich die Untersuchung u.a. mit der Zulässigkeit des Bußgeldregresses auseinander. Sie stellt schließlich fest, dass sich die Vorstandsbinnenhaftung aufgrund neuer Haftungsrisiken erweitert. Relevante Änderungen aufgrund europäischen Regulierungsbestrebungen sind berücksichtigt.

Abhandlungen zum Deutschen und Europäischen
Gesellschafts- und Kapitalmarktrecht, Band 233
260 Seiten, 2024
ISBN 978-3-428-19116-1, € 79,90
Titel auch als E-Book erhältlich.